审计精要

CPA证券业务行政处罚案例分析

石文先 管云鸿 杨荣华 黄家明◎编著

中国财经出版传媒集团
中国财政经济出版社
·北 京·

图书在版编目（CIP）数据

计学精要 ：CPA证券业务行政处罚案例分析 / 石文先等编著. -- 北京 ：中国财政经济出版社，2024.4

ISBN 978-7-5223-2570-5

Ⅰ. ①计… Ⅱ. ①石… Ⅲ. ①证券交易—行政处罚—案例—分析—中国 Ⅳ. ①D922.287.5

中国国家版本馆CIP数据核字（2023）第217488号

责任编辑：孙 琛　　责任校对：胡永立
封面设计：陈宇琰　　责任印制：党 辉

计学精要——CPA证券业务行政处罚案例分析
JIXUE JINGYAO——CPA ZHENGQUAN YEWU XINGZHENG CHUFA ANLI FENXI

中国财政经济出版社 出版

URL：http：//www.cfeph.cn
E-mail：cfeph @cfemg.cn

社址：北京市海淀区阜成路甲28号　邮政编码：100142
营销中心电话：010-88191522
天猫网店：中国财政经济出版社旗舰店
网址：https：//zgczjjcbs.tmall.com
中煤（北京）印务有限公司印刷　各地新华书店经销
成品尺寸：180mm × 255mm　16开　39.75印张　765 000字
2024年4月第1版　2024年4月北京第1次印刷
定价：128.00元
ISBN 978-7-5223-2570-5
（图书出现印装问题，本社负责调换，电话：010-88190548）
本社图书质量投诉电话：010-88190744
打击盗版举报热线：010-88191661　QQ：2242791300

序 | PREFACE

党和国家历来高度重视注册会计师行业发展，习近平总书记多次对行业发展作出重要指示批示。2023年中共中央办公厅、国务院办公厅印发《关于进一步加强财会监督工作的意见》，要求“构建起财政部门主责监督、有关部门依责监督、各单位内部监督、相关中介机构执业监督、行业协会自律监督的财会监督体系”。习近平总书记早在开展学习教育实践活动视察会计师事务所时，就要求会计中介机构“内强素质、外树形象”，有效发挥会计中介执业机构在服务国家建设中的财会监督作用。

2021年，国务院办公厅印发《关于进一步规范财务审计秩序促进注册会计师行业健康发展的意见》（国办发〔2021〕30号）明确要求：“坚持问题导向，坚决纠正违反职业规范和道德规范的重大问题，严厉打击会计审计违法违规行为，发现一起、查处一起，做到‘零容忍’，曝光典型案例，树行业正气。”面对从严监管、从严执法的监管形势，会计师事务所要提升审计质量，有必要将监管部门对会计师事务所给予行政处罚的相关案例进行分析。

中审众环会计师事务所从2016年上半年开始着手证券行政处罚案例研究，历时7年有余，倾注了大量心血，体现了执着的专业研究精神。《计学精要——CPA证券行政处罚案例分析》把证券监管机构2001—2023年对会计师事务所及注册会计师作出行政处罚的公开案例进行分析，既作为自己的执业指引，又作为业内同行和专家学者参考，为会计师事务所和注册会计师提高审计质量开了一个好头。

《计学精要——CPA证券业务行政处罚案例分析》是《计学精要》系列出版物的组成部分。先后出版的5本《计学精要》（前4本为《计学撮要》）重点是对会计实务问题的思考、认识和判断，《计学精要——CPA证券业务行政处罚案例分析》是对审计实务问题的研究、分析和认识。《计学精要——CPA证券业务行政处罚案例分析》体现的是中审众环会计师事务所对审计实务的严谨态度和对证券行政执法的专业思考。这些专业分析成果体现了专业机构和整个注册会计师行业对提升审计信息质量的信心和决心。

《计学精要——CPA证券业务行政处罚案例分析》引用的案例反映出证券监管机构对审计责任的认定思路。其实，审计准则与法律规定有一个衔接问题，无论是行政监管还是落实民事责任，审计准则都非常重要，它是判定注册会计师审计责任的依据。审计准则对审计责任是有规定的，叫“审计目标”，达到目标就是尽到责任，没有达到目标就没有尽到责任。审计目标是这样表述的：“注册会计师针对财务报表是否在所有重大方面按照财务报告编制基础编制并实现公允反映发表审计意见。”更重要的第二句表述是：“注册会计师按照审计准则和相关职业道德要求执行审计工作，能够形成这样的意见。”也就是说按照审计准则办就能够实现目标，只要能办，就能够达到这样的目标，就可以免责。而证券法没有针对审计责任的专门条款，它是针对所有中介机构一起强调的：“证券服务机构为证券的发行、上市、交易等证券业务活动制作、出具审计报告及其他鉴证报告、资产评估报告、财务顾问报告、资信评级报告或者法律意见书等文件，应当勤勉尽责，对所依据的文件资料内容的真实性、准确性、完整性进行核查和验证。”审计准则讲的是注册会计师要对财务报告所有重大方面，其编制基础是否实现了公允发表意见。而证券法强调的是要针对所依据的文件资料的真实性、准确性、完整性进行核查和验证，要勤勉尽责。从中可以看出来，上述两个表述、语言是不同的。证券法没有提到审计准则的概念，这就带来了审计准则与证券法相衔接的问题，最突出的就是如何判断财务会计报告的真实性、准确性、完整性问题。如何判断注册会计师勤勉尽责，不仅是一个概念问题，更是一个实践问题。《计学精要——CPA证券业务行政处罚案例分析》对推动审计准则与法律法规的衔接做了大量基础性工作。

《计学精要——CPA证券业务行政处罚案例分析》对审计执业中存在的违法事实，对违法事实所涉及审计准则，对会计中介机构申辩理由与证券监管部门定性意见的不同侧重点进行分类，提出会计师事务所和注册会计师防范行政处罚风险的相关对策，把执行审计准则、防范执业风险作为落脚点，让我们看到了会计师事务所和注册会计师对提高审计质量、服务国家建设的认识深化和作出的巨大努力。

中国人民政治协商会议全国委员会委员
中国注册会计师协会监事会监事长　**石文先**
中审众环会计师事务所首席合伙人

前言 | FOREWORD

2016年上半年，我们关注到证券监管机构加大对会计师事务所和注册会计师作出行政处罚的力度，立即着手进行证券行政处罚案例研究。我们对证券监管机构官网公开的2001—2023年作出行政处罚决定进行分类和研究，形成《计学精要——CPA证券业务行政处罚案例分析》。全书共分为五个部分：

（1）“概论”。包括行政处罚与行政处罚听证概述、注册会计师行业与证券监管发展历程、证监会对会计师事务所和注册会计师作出行政处罚的情况、受到证监会处罚审计项目对应企业的行业类别及地域分布。

（2）“会计师事务所和注册会计师受到证监会行政处罚违法事实分类”。包括：受到证监会行政处罚审计项目违法事实综述，2001—2007年、2008—2012年、2013—2017年、2018—2023年受到证监会行政处罚审计项目的违法事实，包括财务报表及其列报的违法事实、违反审计准则及其他规定的违法事实。

（3）“证监会处罚会计师事务所适用证券法律法规和审计准则的相关条款”。包括：受到处罚审计项目违反证券法律法规和审计准则的情况综述，违反证券法律法规的相关内容，受到处罚项目涉及违反审计准则的相关内容。

（4）“受到行政处罚审计项目举行行政听证时的申辩理由与定性意见”。包括：概述（2013—2023年会计师事务所举行行政听证的情况、举行行政听证时被部分或全部采纳的申辩理由、未被采纳的申辩理由），2013—2018年、2019—2023年受到处罚审计项目申辩理由的综合分析（包括未要求举行行政听证的情况、听证时部分或全部被采纳的申辩理由、未被采纳的申辩理由）。

（5）“会计师事务所和注册会计师提高防范行政处罚风险的对策”。包括：深入研究影响会计师事务所质量管理的内外部因素，完善会计师事务所和注册会计师行业监管体制机制，建立健全会计师事务所全面质量管理体系，推进会计师事务所实现全面一体化管理，完善执业风险突发的应急管理机制。

本书五个方面的内容旨在帮助业内人士和专家学者了解证券行政处罚相关法律规定，了解执业过程违法事实的类型，了解审计准则运用的薄弱环节，了解执业机构与监管部门各自关注的不同侧重点，了解提高防范风险对策，力争有效防范质量风险，努力提升审计质量。

由于作者水平有限，本书内容难免有不当之处，敬请批评指正。

作者

2024年2月

目录 | CONTENTS

第一章
概　论

第一节 行政处罚与行政处罚听证概述

随着监管机构对会计师事务所及注册会计师实施常态化监管，特别是证券监管进入“强监管时代”，研究中国证券监督管理委员会（以下简称“证监会”）系统对会计师事务所及注册会计师作出行政处罚决定所涉及的相关问题，对于促进会计师事务所及注册会计师全面提高防范和管控执业风险的能力和水平具有重要意义。

一、证券行政处罚

（一）行政法律责任

行政法律责任是行政法律关系主体由于违反行政法律义务构成行政违法而应当依法承担的否定性法律后果。违反证券法律法规行政责任，是指证券法律关系的主体因违反证券法律和行政法规而在行政上必须承担的法律后果。

在我国，行政责任包括行政处分和行政处罚。行政处分，是指国家行政机关依照行政隶属关系给予有违法失职行为的国家机关公务人员的一种惩罚措施，包括警告、记过、记大过、降级、撤职、留用察看、开除。行政处分属于内部行政行为，由行政主体基于行政隶属关系依法作出。它具有强烈的约束力，管理相对人不服，行政主体可以强制执行。但因其不受司法审查，故被处分人不服行政处分，可以申请复核或者申诉。复核、申诉期间不停止处分的执行。行政机关公务员不因提出复核、申诉而被加重处分。情节严重的还有“双开”处罚，即开除党籍、开除公职。

行政处罚，是指行政主体依照法定职权和程序对违反行政法律规范，尚未构成犯罪的相对人给予行政制裁的具体行政行为。行政处罚特征是：实施行政处罚的主体是作为行政主体的行政机关和法律法规授权的组织；行政处罚的对象是实施了违反行政法律规范行为的公民、法人或其他组织；行政处罚的性质是一种以惩戒违法为目的、具有制裁性的具体行政行为。

（二）行政处罚的依据

一般情况下，行政处罚的法律依据包括宪法、法律、行政法规、地方性法规和行政规章。

（1）宪法。宪法由我们国家的人民代表大会制定，是我们国家一切法律，包括其他法律、法规、地方性法规、行政规章等制定的依据，当然也是一切行政处罚的法定依据。任何法律、法规、地方性法规、行政规章都不得与宪法相抵触。如果违背了宪法，就失去了其法定依据的作用。但一般来说，宪法只是规定一般原则，在适用时一般不直接引用。

（2）法律。法律由全国人民代表大会或者全国人民代表大会常务委员会制定，包括各种行政处罚、行政复议的普通法律和各种行政管理的法律，在这些行政管理的法律中对各种违反行政管理法律的行为规定了不同的行政处理和行政处罚。

（3）行政法规。行政法规由国务院制定，由国务院依据宪法和行政法律制定的行政管理法规。

（4）地方性法规。地方性法规由省、自治区、直辖市人大常委会或者由国务院批准的较大市的人大常委会依据行政管理和行政处罚的法律和行政法规制定。

（5）行政规章。行政规章由国务院部、委以及省、自治区、直辖市人民政府、国务院批准的较大市的政府依据行政管理和行政处罚的法律、法规制定，特殊情况下也可以由国务院授权具有行政处罚权的直属机构依法制定。

（三）证券监管行政处罚

《中华人民共和国证券法》（以下简称《证券法》）（2019年12月28日第十三届全国人民代表大会常务委员会第十五次会议第二次修订）第一百六十三条规定："证券服务机构为证券的发行、上市、交易等证券业务活动制作、出具审计报告及其他鉴证报告、资产评估报告、财务顾问报告、资信评级报告或者法律意见书等文件，应当勤勉尽责，对所依据的文件资料内容的真实性、准确性、完整性进行核查和验证。其制作、出具的文件有虚假记载、误导性陈述或者重大遗漏，给他人造成损失的，应当与委托人承担连带赔偿责任，但是能够证明自己没有过错的除外。"

《最高人民法院关于审理证券市场虚假陈述侵权民事赔偿案件的若干规定》（法释〔2022〕2号）第四条规定，信息披露义务人违反法律、行政法规、监管部门制定的规章和规范性文件关于信息披露的规定，在披露的信息中存在虚假记载、误导性陈述或者重大遗漏的，人民法院应当认定为虚假陈述。虚假记载，是指信息披露义务人披露的信息中对相关财务数据进行重大不实记载，或者对其他重要信息作出与真实情况不符的描述。误导性陈述，是指信息披露义务人披露的信息隐瞒了与之相关的部分重要事实，或者未及时披露相关更正、确认信息，致使已经披露的信息因不完整、不准确而具有误导性。重大遗漏，是指信息披露义务人违反关于信息披露的规定，对重大事件或者重要事项等应当披露的信息未予披露。第五条第二款规定，信息披露义务人“未按照规定披露信息”构成虚假陈述的，依照本规定承担民事责任；构成内幕交易的，依照证券法第五十三条的规定承担民事责任；构成公司法第一百五十二条规定的损害股东利益行为的，依照该法承担民事责任。

证监会在作出行政处罚时，除依据《证券法》及其相关证券行政法规、行政规章以外，还充分依据《中国注册会计师审计准则》来认定注册会计师是否勤勉尽责。

（四）证券行政处罚决定书

行政处罚决定书是行政管理机关针对当事人的违法行为，在经过调查取证掌握违法证据的基础上，制作的记载当事人违法事实、处罚理由、依据和决定等事项的具有法律强制力的书面法律文书。行政处罚决定书是最重要的行政处罚文书，具有严肃性、强制性和对当事人的拘束力，也是人民法院强制执行当事人财产的依据之一。行政处罚决定书的制作要件，法律法规有着严格的规定和要求，这些规定和要求，对行政处罚决定书的措辞、内容、格式和规范化等都起到了一定的作用，保证了行政处罚决定书的质量，保护了当事人的合法权益。

二、证券行政处罚听证

2015年11月2日，中国证券监督管理委员会令第119号发布修订后的《中国证券监督管理委员会行政处罚听证规则》（以下简称《行政处罚听证规则》），对证券行政处罚听证进行了规范。

（一）要求证券行政处罚听证的情形

《行政处罚听证规则》第五条规定，中国证监会或其派出机构拟对当事人作出以下一项或者一项以上行政处罚的，应当在向当事人送达的《行政处罚事先告知书》中载明当事人享有要求听证的权利：

（1）责令停止发行证券；

（2）责令停业整顿；

（3）暂停、撤销或者吊销证券、期货、基金相关业务许可；

（4）暂停或者撤销任职资格、从业资格；

（5）对个人没收业务收入、没收违法所得、罚款，单独或者合计5万元以上；

（6）对单位没收业务收入、没收违法所得、罚款，单独或者合计30万元以上；

（7）法律、行政法规和规章规定或者中国证监会及其派出机构认为可以听证的其他情形。

（二）行政听证提出

（1）当事人要求听证的，应当在《行政处罚事先告知书》送达后3日内提出听证要求。当事人逾期未提出听证要求的，视为放弃听证权利。

行政处罚涉及多个当事人，部分当事人放弃听证权利的，不影响其他当事人要求听证。

（2）同一案件中，符合本规则第五条规定情形的当事人要求听证的，其他当事人可以在《行政处罚事先告知书》送达后3日内提出一并参加听证的申请，是否准许，由中国证监会或其派出机构决定。

（3）中国证监会或其派出机构应当及时组织听证，并在举行听证7日前向当事人送达《听证通知书》。《听证通知书》应当载明以下事项：

①举行听证的时间、地点；

②听证主持人、听证员和书记员名单；

③当事人在听证中的权利和义务；

④举行听证的程序；

⑤中国证监会或其派出机构指定的听证联系人和联系方式；

⑥其他应当载明的事项。

（4）当事人具有正当理由的，应当在收到《听证通知书》后3日内以书面形式提出延期举行听证的申请，是否准许，由中国证监会或其派出机构决定。

（三）当事人在听证程序中享有的权利和应当履行的义务

1.当事人在听证程序中享有以下权利：

（1）亲自参加听证，或者委托1—2名代理人参加听证；

（2）在听证召开前书面撤回听证申请；

（3）在听证召开前向中国证监会或其派出机构申请查阅拟对其作出行政处罚决定所依据的证据；

（4）根据本规则第四条[①]的规定申请相关人员回避；

（5）根据本规则第十条[②]的规定申请延期举行听证；

（6）带相关人员作为证人到听证现场为其作证；

（7）对案件事实认定、法律适用、处罚幅度等进行陈述和申辩；

（8）对案件调查人员提出的证据进行质证，并提出新的证据；

（9）与案件调查人员进行辩论和作最后陈述；

（10）法律、行政法规和规章规定的其他权利。

中国证监会或其派出机构同意当事人查阅证据申请的，当事人及其代理人可以按照规定查阅涉及本人行政处罚事项的证据，但涉及国家秘密、商业秘密和个人隐私的内容除外。

2. 当事人在听证程序中应当履行以下义务：

（1）按时出席或者委托代理人出席听证；

（2）如实陈述案件事实和回答提问，举证客观、真实；

（3）遵守听证纪律，服从听证主持人的要求；

（4）听证结束后，在确认无误的听证笔录上签名或者盖章；

（5）对获知的国家秘密、商业秘密和个人隐私应予保密；

（6）法律、行政法规和规章规定的其他义务。

听证前，当事人及其代理人可以向中国证监会或其派出机构提交陈述申辩意见和证据。

（四）听证程序

（1）听证开始前，由书记员查明当事人及其代理人、案件调查人员等听证参加人是否到场，并宣布听证纪律；

---

① **《中国证券监督管理委员会行政处罚听证规则》第四条规定如下：**

第四条 听证依法实行回避制度。

听证主持人、听证员认为自己与本案有利害关系或者有其他关系可能影响案件公正处理的，应当自行回避。当事人认为听证主持人、听证员与本案有利害关系或者有其他关系可能影响案件公正处理的，有权以口头或者书面形式申请听证主持人、听证员回避。

当事人提出回避申请，应当说明理由，在听证开始前提出；回避事由在听证开始后知道的，也可以在听证辩论终结前提出。被申请回避的人员在决定作出前，应当暂停参与案件听证工作，但案件需要采取紧急措施的除外。

听证主持人、听证员的回避，由中国证监会负责组织听证部门的负责人或者派出机构的负责人决定；其他人员的回避，由听证主持人决定。

本条规定适用于书记员、翻译人员、鉴定人。

② **《中国证券监督管理委员会行政处罚听证规则》第十条规定如下：**

第十条 当事人具有正当理由的，应当在收到《听证通知书》后3日内以书面形式提出延期举行听证的申请，是否准许，由中国证监会或其派出机构决定。

（2）听证主持人核对听证参加人，宣布出席听证的听证员、书记员名单，告知听证参加人在听证中的权利义务，询问当事人及其代理人是否申请回避；

（3）听证主持人宣布听证开始，宣布案由；

（4）案件调查人员提出当事人违法的具体事实、证据和行政处罚建议；

（5）当事人及其代理人进行陈述和申辩，并可以提出相关事实、理由和证据；

（6）当事人及其代理人和案件调查人员双方对有关证据进行质证。经听证主持人允许，双方可以向证人、鉴定人发问；

（7）当事人及其代理人和案件调查人员双方进行辩论，经听证主持人允许，双方可以相互发问；

（8）当事人及其代理人作最后陈述；

（9）听证主持人宣布听证结束。

听证过程中，听证主持人、听证员可以向案件调查人员、当事人及其代理人、证人、鉴定人等提问，有关人员应当如实回答。

（五）延期听证和中止听证

1.有下列情形之一的，延期举行听证：

（1）因不可抗力致使听证无法按期举行的；

（2）当事人及其代理人听证开始时申请回避理由成立，且因无法即时更换被申请回避人员致使听证无法按期举行的；

（3）当事人及其代理人申请延期举行听证，并有正当理由的；

（4）中国证监会或其派出机构认为需要延期举行听证的其他情形。

除当事人及其代理人申请延期举行听证并经同意的以外，中国证监会或其派出机构应当将延期举行听证的理由及时告知当事人。

延期举行听证的情形消除后，中国证监会或其派出机构应当及时组织听证。

2.有下列情形之一的，中止听证：

（1）当事人及其代理人在听证过程中提出的回避申请理由成立，且因无法即时更换被申请回避人员致使听证无法继续举行的；

（2）当事人及其代理人因不可抗拒的事由，无法继续参加听证的；

（3）因不可抗拒的事由，致使听证无法继续举行的；

（4）其他应当中止听证的情形。

中止听证的情形消除后，中国证监会或其派出机构应当及时组织听证。

（六）行政处罚决定的作出

听证结束后，中国证监会或其派出机构应当对当事人提出的事实、理由和证据进行复核，当事人提出的事实和理由成立的，应当采纳。

中国证监会或其派出机构应当根据听证复核情况，依据《中华人民共和国行政处罚法》第三十八条①的规定，对当事人作出相应的处理决定。

中国证监会或其派出机构不得因当事人申辩和听证而加重处罚。

第二节 注册会计师行业与证券监管发展历程

一、注册会计师行业发展历程

从1980年12月财政部为顺应改革开放要求，正式恢复和重建注册会计师制度，到1997年4月按照国务院统一部署、深圳市政府颁布《深圳市会计师事务所体制改革实施办法》，在全国率先进行会计师事务所脱钩改制试点，再到2009年10月国务院办公厅转发财政部《关于加快发展我国注册会计师行业的若干意见》（国办发〔2009〕56号，以下简称“国办56号文”）和2010年7月财政部下发《关于印发〈财政部、工商总局关于推动大中型会计师事务所采用特殊普通合伙组织形式的暂行规定〉的通知》（财会〔2010〕12号，以下简称“暂行规定”），我国注册会计师行业经历了恢复重建、脱钩改制、结构调整、特殊普通合伙转制等诸多重要阶段，迎来了跨越式发展的大好时机。

---

① **《中华人民共和国行政处罚法》第三十八条相关内容**

（1）《中华人民共和国行政处罚法》（2009年）第三十八条规定：

第三十八条 调查终结，行政机关负责人应当对调查结果进行审查，根据不同情况，分别作出如下决定：

（一）确有应受行政处罚的违法行为的，根据情节轻重及具体情况，作出行政处罚决定；

（二）违法行为轻微，依法可以不予行政处罚的，不予行政处罚；

（三）违法事实不能成立的，不得给予行政处罚；

（四）违法行为已构成犯罪的，移送司法机关。

对情节复杂或者重大违法行为给予较重的行政处罚，行政机关的负责人应当集体讨论决定。

（2）《中华人民共和国行政处罚法》（2021年）第五十七条规定：

第五十七条 调查终结，行政机关负责人应当对调查结果进行审查，根据不同情况，分别作出如下决定：

（一）确有应受行政处罚的违法行为的，根据情节轻重及具体情况，作出行政处罚决定；

（二）违法行为轻微，依法可以不予行政处罚的，不予行政处罚；

（三）违法事实不能成立的，不予行政处罚；

（四）违法行为涉嫌犯罪的，移送司法机关。

对情节复杂或者重大违法行为给予行政处罚，行政机关负责人应当集体讨论决定。

（一）英美发达国家会计师事务所的演变过程

英国作为注册会计师行业的起源地，对会计师事务所的产生与发展发挥了十分重要的作用。从20世纪初开始，全球经济发展的重心逐步由欧洲转向美国。作为与经济发展密切相关的注册会计师行业，其发展重心也随之转移，美国注册会计师行业进入快速发展时期，这为注册会计师执业队伍在全球的普及与壮大发挥了重要作用。

1.英国会计师事务所组织形式的演变过程

英国是会计师事务所发展最为重要的国家，其组织形式经历了个人独资制、普通合伙制、有限责任公司制、有限责任合伙制，合伙制是英国会计师事务所组织形式的主旋律。

1721年，英国的“南海公司事件”作为注册会计师行业诞生的“催产剂”，使注册会计师行业的存在价值受到了广泛关注，也使会计师事务所的设立成为必然。1845年，英国政府修改《公司法》，规定股份公司的账目必须经董事以外的人员审计，随后确定了一批精通会计业务、熟悉查账知识的独立会计师资格。从此以后，注册会计师业务迅速发展，行业规模不断壮大，会计师事务所的数量日益增多。1853年爱丁堡会计师协会成立，标志着注册会计师职业的诞生。

1989年以前，会计师事务所采用个人独资和普通合伙制组织形式。为树立权威而公正的专业团队形象，追求独立而客观的职业地位，英国注册会计师行业在漫长的发展过程中，毅然决然地排斥“公司制”，而选择个人承担无限连带责任的“合伙制”作为会计师事务所的组织形式。英国合伙法定义，“合伙制”是指人与人之间为了获取利润共同经营一项业务而形成的关系。“合伙制”自身在法律上并非一个独立法人，不具有法人资格。非独立法人的合伙制企业内的每个合伙人既要为其个人的债务负法律责任，又要为其他每个合伙人的债务负连带责任，且在合伙制企业资产不足时，更要以其个人自身财产对其他合伙人的债务负责。相对于公司制企业，合伙法对合伙制企业日常经营管理的法律限制较少，有利于会计师事务所快速发展；灵活的法律规定，有利于合伙人的加入与退出；较具弹性的利润分配机制，有利于合伙人按照各自对业务的贡献分配利润；合伙人的出资及利润分配非必须与其拥有的表决权资本数额相同，有利于增加共同决策的弹性；利润分配给合伙人后，直接由合伙人承担个人所得税，有利于减轻合伙制企业的税收负担。英国会计师事务所在发展伊始均采用了“合伙制”组织形式。

进入20世纪70年代以后，随着经济环境的改变和公司倒闭案件的不断发生，索赔诉讼越来越多，涉及的金额越来越大。虽然注册会计师不一定要为因法律诉讼而倒闭的公司负责，但在其他涉案人员已破产或无力承担相应损失的情况下，索赔者由此转向唯一有能力赔偿的注册会计师，注册会计师也许没有过错但最后仍需以个人财产承担合伙人资产不足以支付的债务，这使“普通合伙制”的无限连带责任的风险日益受到人们的关注，同时使得注册会计师对“普通合伙制”这种组织形式的看法产生了动摇，公司化改制渐渐走入人们的视野。1989年，英国修改《公司法》，认可会计师事务所可以采取公司制的组织形式，消除了会计师事务所公司化改制的法律障碍。但是，由于英国《公司法》中对于组建公司有一些限制性规定，以及当时行业内普遍认为公司化改制带来的坏处远大于其规避风险的作用，同时由于公司化经营带来公司和股东个人的双重征税，这使得在公司化改制开始后的10年中，英国8 000多家会计师事务所改制为公司制的仅有100多家。“普通合伙制”仍然是英国会计师事务所的主流组织形式。究其原因，有限责任公司制强调所有权与经营权相分离的组织特性，较为适合那些并不直接参与管理的投资者，而会计师事务所是所有权与经营权两权一体的特殊组织，因此有限责任公司制难以适用于当时的会计师事务所；有限责任公司与其他利益相关者的关系一般均受到烦琐的公司法约束，而合伙制的法律要求简单且具有弹性，更有利于会计师事务所的快速发展；有限责任公司股东之间的共同投资关系未能在股东间形成相互受托义务，亦未要求股东相互真诚地对待其他股东，而会计师事务所则重视合伙文化和合伙人之间真诚对待义务；公司制经营造成公司及股东个人双重征税，也是会计师事务所对有限责任公司制组织形式持保留态度的重要因素。

1996年9月，国际避税岛泽西岛颁布《有限责任合伙法》，英国的一些大型会计师事务所开始考虑将它们的注册地转移到泽西岛。专业人士大量外流引起了英国政府的关注，迫使英国加快为有限责任合伙制立法。1997年2月，英国政府公布了《有限责任合伙：面向专业人士的新的组织形式》。该文一经公布便获得广泛支持，普遍表示应该为英国会计行业创造一个可以与美国同行公平竞争的经营环境，赞成设立“有限责任合伙制”组织形式。经过3年论证，2000年7月，英国议会通过了《有限责任合伙法》。2000年年底，根据《有限责任合伙法》的授权，英国政府编纂了《有限责任合伙法令汇编》，使该法律文本的操作性大大增强。在实务界，英国安永会计师事务所在《有限责任合伙法》生效的当天（即2001年4月6日）就实现了转制，此后该国其他三家“四大”也于2003年年初完成了有限责任合伙的转制工作。

英国将“有限责任合伙制”视为一种全新的、独立的组织形式，而非“普通合伙制”的特殊情形。“有限责任合伙制”是一个具有独立法人资格的法律实体，不会因为合伙人的变动而影响“有限责任合伙制”的存续，但在税法上仍视为“普通合伙制”，其成员按“普通合伙制”的税法规定缴纳个人所得税。因此，它既有“普通合伙制”的弹性组织结构，又有为成员提供“有限责任制”的好处。“有限责任合伙制”以自己的名义取得、持有资产，对外缔结合同，承担债务和责任；组建合伙的各位成员仅仅是合伙组织的代理人，各成员彼此之间不存在代表权或代理权，因此合伙人不对合伙的债务承担个人责任，也不对其他合伙人的行为承担责任；但是，如果受害人提起侵权之诉，则有过错的合伙人不能用有限责任合伙的法人之壳来解脱自己。

2.美国会计师事务所组织形式的演变过程

从20世纪初开始，全球经济发展重心由欧洲逐步转向美国。作为与经济发展密切相关的注册会计师行业，其发展重心也随之转移，美国注册会计师行业进入快速发展时期，对全球注册会计师职业队伍的普及与壮大发挥了重要作用。

美国20世纪60年代以前，会计师事务所多为个人独资、普通合伙制的组织形式。1969年增加专业公司的组织形式。进入20世纪80年代，美国房地产和能源价格剧烈震荡，引发全国性银行和储贷机构倒闭风潮，债权人在巨额债权损失得不到补偿的情况下，转而起诉为金融机构提供审计服务的会计师事务所（也包括律师事务所），致使与引起合伙债务行为无关的合伙人也一并以个人财产承担合伙资产不足支付的债务，会计师事务所合伙人因而面临个人破产的危机。“普通合伙制”中连带责任的公正性受到质疑，美国注册会计师行业转而致力于寻求比“普通合伙制”提供更好保护的法律形式。

经过认真而审慎的研究与讨论后，“有限责任合伙制”以其最大限度保留合伙文化、立法程序简便易行、税务后果较轻等优势，博得了众多专业人士的青睐。20世纪90年代初期，美国第一部有限责任合伙法首先在得克萨斯州出现并迅速被其他州效仿，至1996年，已有40多个州为“有限责任合伙制”立法，随后在美国的统一合伙法中增加了对“有限责任合伙制”的相关规定。目前，“有限责任合伙制”组织形式在美国被广泛应用于大规模的会计师事务所、律师事务所等专业性合伙企业，国际四大会计师事务所都已采用该种组织形式。

在美国，每个州均依法享有独立立法权，因此每个州的会计师事务所合伙人在各自州立法中的“有限责任合伙制”下享有的保护不尽相同。但其相同点均为合伙人只为自己的执业行为负无限责任而无须为其他合伙人的执业行为负无限连带责任；而不同点在于合伙人为自己执业行为负责的程度有所差异。最早立法的“有限责任合伙制”只保护合伙人免受由于其他合伙人的错误和过失而产生的无限连带责任，但合伙人仍须为会计师事务所的其他债务承担无限连带责任。稍后立法的“有限责任合伙制”，比如纽约州规定的有限责任合伙制，保护合伙人免受其他任何个人的无限责任，除非该无限责任是由于合伙人自己或由其直接监督的人士的错误和过失而产生的。另外一种类似英国“有限责任合伙制”企业法人的形式，为合伙人提供全面保护，即合伙人不对合伙制负任何的个人无限连带责任。然而，合伙人仍然须为其个人的错误和过失承担个人无限责任的诉讼风险，即诉讼对象除“有限责任合伙制”会计师事务所外，还包括有过错和过失的合伙人个人。

对个人财产保护增强之后，合伙人对其他合伙人的质量要求及监督力度可能有所下降。但是，由于各会计师事务所原有的合伙文化已经根深蒂固，从“普通合伙制”转换为“有限责任合伙制”后仍然基本能够保持原有的合伙文化，因此，各会计师事务所均认为转换到“有限责任合伙制”是必要的，也是衔接比较顺畅的。在美国，对于“有限责任合伙制”的适用范围由各州法律加以规定，大多数州只允许律师、医师、建筑师、注册会计师等专业服务行业设立有限责任合伙企业；另外一些州并没有将适用范围限定在专业服务行业，如特拉华州倾向于将有限责任合伙推向所有的商业领域。

3. 世界各国会计师事务所组织形式

纵观世界各国会计师事务所的组织形式，主要包括个人独资制、普通合伙制、有限责任公司制、有限责任合伙制四种形式，具体如图1–1所示。

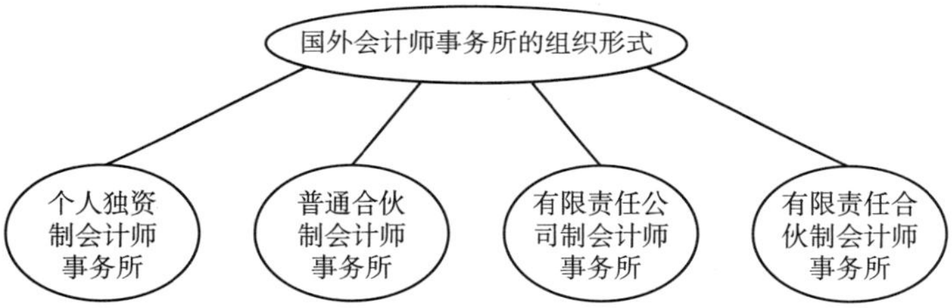

图1–1 国外会计师事务所的组织形式

（二）我国会计师事务所恢复和发展的历程

20世纪初期，我国在上海、广州等沿海、沿江城市开始出现了最早的注册会计师行业。新中国成立后，很长一段时间受我国计划经济体制的影响，注册会计师行业于20世纪80年代才逐渐恢复发展。

1. “官办”会计师事务所阶段

改革开放以来，外资逐渐进入中国，设立了大量的“三资”企业。“三资”企业的产权并非完全国有或并非国有，也不由政府直接负责经营管理。所有权和经营权分离，国家既作为合资方又作为会计服务的提供方，显失公平。1980年12月23日，财政部颁布《关于成立会计顾问处的暂行规定》，规定“会计顾问处是由各级财政部门组织成立的，经济上独立核算的事业单位”。会计顾问处实质上就是会计师事务所，标志着我国注册会计师制度的恢复。到20世纪80年代中期，注册会计师行业初具规模。这一时期的会计师事务所大多由财政部门开办，后来政府其他部门看到其中的潜在利益后纷纷设立，与财政部门设立的会计师事务所争夺市场份额。会计师事务所是政府部门下设的职能处室或事业单位，两者之间存在着紧密的利益关系，形式上和实质上的独立性都不强。

2.脱钩改制阶段

自1992年起，注册会计师行业先后发生多起危机事件，如深圳原野、长城机电等。这些事件暴露出来的注册会计师执业质量低下问题引起广泛关注，会计师事务所的组织形式成为社会关注的焦点之一。此种情况下，1993年通过的《注册会计师法》要求会计师事务所必须采用有限责任制或合伙制两种组织形式，从法律上否定了“官办”会计师事务所。1993年12月，财政部发布《有限责任会计师事务所设立及审批暂行办法》，对新设立有限责任会计师事务所提出具体要求，同时对已设立的会计师事务所发出限期脱钩和清理整顿规定。由于当时会计师事务所与审计师事务所同时并存，这次脱钩和清理整顿最终不了了之。1997年之后，证券市场又爆发诸如琼民源、四川红光等上市公司财务报表重大欺诈事件，注册会计师执业质量问题再度引起社会高度关注。1998年，财政部发布《关于会计师事务所、审计师事务所脱钩改制的通知》，要求会计师事务所与挂靠单位完全脱钩，由事业单位改制为企业。2000年会计师事务所脱钩改制工作全部完成。

3.有限责任公司制快速发展阶段

根据1993年《注册会计师法》和1998年脱钩改制工作要求，会计师事务所可以选择有限责任制和合伙制两种组织形式。出于规避风险责任，大多数会计师事务所选择了有限责任制。

加入世贸组织前，政府监管部门担心会计市场对其他国家开放后，我国会计师事务所无法同国际会计巨头竞争，开始主导会计师事务所合并，促进会计师事务所上规模上水平。2001年掀起合并浪潮，全国的会计师事务所从6 000多家减少至4 287家，具有证券业务资格的会计师事务所由103家减少至70多家。在4 287家会计师事务所中，采用合伙制组织形式的仅606家（占总数的14.14%），采用有限责任制组织形式（即按照工商注册登记要求登记为有限责任公司）的3 681家（占总数的85.86%）。

2001年发生的银广夏、麦科特等财务丑闻，会计师事务所在其中扮演了不光彩的角色，引发了人们对注册会计师独立性和公信力的忧虑。合伙制从被遗忘的角落重新走入人们的视野。2000年4月，财政部《关于批准设立会计师事务所有关问题的通知》要求有限责任会计师事务所“暂缓审批”，一场将会计师事务所组织形式改为合伙制的活动开始酝酿。

4.推行特殊普通合伙制阶段

2006年8月27日，全国人民代表大会常务委员会第二十三次会议修订通过的《中华人民共和国合伙企业法》（以下简称《合伙企业法》）自2007年6月1日起施行。

《合伙企业法》规定“特殊的普通合伙制”为“普通合伙制”的一种特殊形式，适用于“以专业知识和专门技能为客户提供有偿服务的专业服务机构”，主要是指会计师事务所和律师事务所。2010年7月，财政部、国家工商行政管理总局联合发布了《暂行规定》，要求大型会计师事务所应当于2010年12月31日前转制为特殊普通合伙组织形式，同时鼓励中型会计师事务所于2011年12月31日前转型为特殊普通合伙组织形式。特殊普通合伙制具有以下特征和优缺点。

（1）特征。特殊普通合伙制作为普通合伙制的一种特殊形式，当一个合伙人或者数个合伙人在执业活动中因故意或者重大过失造成合伙企业债务时，应当承担无限责任或者无限连带责任，其他合伙人以其在合伙企业中的财产份额为限承担责任；合伙人在执业活动中非因故意或者重大过失造成的合伙企业债务以及合伙企业的其他债务，由全体合伙人承担无限连带责任。特殊普通合伙制会计师事务所主要服务于大中型企业。

（2）优点。我国《合伙企业法》规定的“特殊的普通合伙制”既注重在故意或重大过失情况下保护无过失合伙人，又兼顾一般或轻微过失时合伙人之间的风险共担，融合了普通合伙制和有限责任合伙制各自的优点，是在“普通合伙制”与英美“有限责任合伙制”基础上的制度创新。与普通合伙制相比，“特殊的普通合伙制”是一个重大进步，其最大的变化和优势是实现了合伙人法律责任的适度分离，保证了合伙人责权利相匹配，避免了无过错合伙人为其他合伙人的违法行为或重大过失“买单”，更能体现会计师事务所的“人合”性质，既有利于大中型会计师事务所在强化质量控制和责任约束的前提下培育以质量为导向的合伙文化，不断提升会计师事务所的审计服务质量，又有利于打造团结、合作的企业文化，促进会计师事务所稳步扩张、做大做强和长远发展，避免了因噎废食、瞻前顾后、裹足不前。与有限责任公司制相比，“特殊的普通合伙制”更为注重质量管控和责任约束，同时打破了股东人数50人的限制，并且可以有效地解决所得税“双重纳税”问题。

（3）缺点。特殊普通合伙制毕竟属于普通合伙制的范畴，深深带有普通合伙制的烙印，在发生一般过失或轻微过失时，由全体合伙人承担无限连带责任，无法避免无过错合伙人承担无限责任或者无限连带责任，因而不会降低合伙人之间事前相互了解的成本和执业中相互监督的成本。另外，在发生针对注册会计师的索赔诉讼案件时难以界定合伙人的法律责任，增加司法成本，加剧合伙人之间的利益冲突，不能适应市场经济发展对注册会计师行业不断做大做强提出的新要求。

二、我国证券业监管发展历程

2023年3月，《党和国家机构改革方案》出台。方案确定组建中央金融委员会，加强党中央对金融工作的集中统一领导；组建中央金融工作委员会，统一领导金融系统党的工作；组建国家金融监督管理总局，统一负责除证券业之外的金融业监管；中国证券监督管理委员会调整为国务院直属机构。为了准确把握我国证券业和证券监管发展走向，在股票、债券和资管等证券类业务审计中把握正确的方向，需要了解证券监管发展历程。

（一）新中国成立后短暂发展时期（1949—1978年）

1949年5月，上海解放，为了稳定上海金融秩序，当年6月华东军事管制委员会封闭了上海证券交易所。1949年1月，天津解放，当年6月天津证券交易所重新设立，这是新中国成立的第一家交易所，标志着中国当代证券市场的重新启动。1950年2月，新中国在北京成立了北京证券交易所。这两家交易所在解放初期对融通社会资金、恢复生产起了积极作用。1950年以后金融和物价趋于稳定，证券交易减少。1952年天津证券交易所并入天津投资公司，北京交易所也停业。1952年7月，天津证券交易所关闭，10月上海证券交易所关闭。当时，中国证券市场上主要是有价证券，是国家发行的公债，但只能还本付息，不能买卖和转让。1958年之后受政治影响，中国的证券行业陷入了长期停滞阶段。

（二）证券业重启时期（1978—1992年）

1981年7月，财政部重新发行国债，我国证券市场重新开始起步。1984年11月，中国第一股——上海飞乐音响股份公司成立。1985年1月，上海延中实业有限公司成立，并全部以股票形式向社会筹资，成为第一家公开向社会发行股票的集体所有制企业。1986年沈阳市信托投资公司开办窗口交易，代客买卖股票和企业债券。1986年9月，新中国第一家代理和转让股票的证券公司——中国工商银行上海信托投资公司静安证券业务部宣告营业，恢复了我国中断了30多年的证券交易业务。1987年经中国人民银行批准，在深圳成立了第一家证券公司——深圳特区证券公司。1987年5月，深圳市发展银行首次向社会公开发行股票，成为深圳第一股。1988年国务院决定在上海、深圳等7个城市进行国库券上市交易试点，国库券交易市场形成。1988年7月中国首家股份制证券公司——上海万国证券公司成立。1990年12月，新中国第一家经批准成立的证券交易所——上海证券交易所成立。1991年4月，经国务院授权中国人民银行批准，深圳证券交易所成立，7月3日正式营业。以上海、深圳两家证券交易所的成立为标志，中国证券市场开始其发展历程。1991年8月28日，中国证券业协会在京成立。这一时期，我国对证券市场没有专门的机构进行统一管理，主要是在中国人民银行和中国经济体制改革委员会等部门领导下，上海、深圳两市地方政府管理。实际的运作过程中，上海、深圳地方政府充当了主要管理者的角色，两地人民银行分行相继出台了一些证券监管的法规政策，对证券发行与交易行为进行了初步规范。

（三）监管体系确立时期（1992—2003年）

1992年邓小平“南方谈话”后，我国经济体制改革步伐加快。1992年5月，中国人民银行成立证券管理办公室。7月，国务院建立国务院证券管理办公会议制度，代表国务院行使对证券业的日常管理职能。但随着证券交易所的成立、证券公司和股份公司的增加，证券市场相继出现了一系列违规操作、市场混乱等问题。为了有效应对证券市场各种问题和加强证券业监管，国务院决定成立专门的证券市场监管机构。1992年10月27日，国务院证券委员会成立，开始对全国证券市场进行统一宏观管理，负责制定有关证券市场发展的重大政策和拟定有关管理法规，证券委办公室负责处理日常事务。同时，成立了中国证监会，由有证券专业知识和实践经验的专家组成，作为国务院证券委的执行部门，负责对证券市场进行监督管理。1992年中国证监会的成立，标志着中国证券市场开始逐步纳入全国统一监管框架，全国性市场由此开始发展。中国证券市场在监管部门的推动下，建立了一系列的规章制度，初步形成了证券市场的法规体系。1993年4月22日，国务院《股票发行与交易管理暂行条例》正式颁布实施。1993年7月7日，国务院证券委员会发布《证券交易所管理暂行办法》。1993年8月2日，国务院发布《企业债券管理条例》。1993年11月，国务院决定将期货市场的试点工作交由国务院证券委负责，中国证监会具体执行。1994年7月18日，国务院证券委作出决定，由中国证监会配合中国人民银行共同审批、监管证券经营机构，这时对证券公司的监管权开始出现分化。1995年2月23日，上海国债市场出现异常的剧烈震荡，史称“327风波”①，直接导致了同年5月17日中国证监会发出《关于暂停国债期货交易试点的紧急通知》，规定各国债期货交易场所一律不准会员开新仓，由交易场所组织会员协议平仓。

1996年6月7日，上交所拟选择市场最具代表性的30家上市公司作为样本编制“上证30指数”，并在7月1日正式推出。1997年8月15日，国务院作出决定，沪深证交所划归中国证监会直接管理。1997年11月，中央召开首次全国金融工作会议，

---

① **327风波**：“327”是国债期货合约的代号，该券发行总量是240亿元人民币。1995年2月23日，上海万国证券公司违规交易327合约，最后8分钟内砸出1 056万口卖单，面值达2 112亿元国债，亏损16亿元人民币，国债期货因此夭折。英国《金融时报》称这是“中国大陆证券史上最黑暗的一天”。此后，“327”国债事件，当事人之一的管金生由此身陷牢狱，另一当事人尉文渊被免掉上交所总经理的职务。管金生，于1988年创办万国证券，1992年万国已成为一家具有世界影响力的公司。与原君安证券公司的张国庆、原申银证券的阚治东，并称为中国证券市场的“中国证券教父”。1995年因“三二七国债事件”从万国证券辞职，1997年被判处有期徒刑17年。尉文渊，1990年岁末，上海证券交易所成立，成为上证所的创始人和第一任总经理。“3.27”事件之后：1995年9月15日，上交所召开理事会免去了尉文渊上交所总经理一职。

会议决定对金融业实行分业监管，合并国务院证券委和中国证监会成为新的中国证监会，同时成立中国保监会，分别专司中国证券业和保险业的监管；人民银行专司对银行业、信托业的监管。1997年12月12日，中国证监会发布《证券投资基金管理暂行办法》的有关实施准则，中国证监会开始受理设立基金管理公司和证券投资基金的申请。1998年国务院证券委撤销，中国证监会成为中国证券期货市场的监管部门，并在全国设立了派出机构，证监会监管证券业的格局基本形成。

1998年12月29日，酝酿5年多的《证券法》获得人大常委会的通过，于1999年7月1日起正式实施。《证券法》以法律形式确认了证券市场的地位，奠定了我国证券市场基本的法律框架，使我国证券市场的法治建设进入了一个新的历史阶段。2001年2月，经国务院批准，中国证监会决定境内居民可投资B股市场。2002年12月，中国证监会颁布并施行《合格境外机构投资者境内证券投资管理暂行办法》，这标志着我国QFII制度正式启动。2003年10月28日，第十届全国人大常委会第五次会议通过《证券投资基金法》，于2004年6月1日起施行，为推进上市公司治理结构改善，大力培育机构投资者，不断改革完善股票发行和交易制度，促进证券市场的规范发展和对外开放提供了法律保障。

（四）规范发展时期（2004—2012年）

1.规范发展时期（2004—2008年）

2003年4月28日，中国银监会挂牌成立，标志着中国金融分业监管体制最终形成。2004年至2008年是证券业改革深化发展和规范发展阶段，以券商综合治理和股权分置改革为代表事件。2004年5月起深交所在主板市场内设立中小企业板块，是证券市场制度创新的一大举措。2004年8月，按照党中央、国务院的决策，中国证监会启动了为期3年的证券公司综合治理，有效化解了行业多年积累的风险，逐步建立了以净资本为核心的风险监控、客户资金第三方存管、公司合规管理等基础性制度，相关监管法规和监管制度渐成体系，证券公司合规管理和风险控制能力明显提高。

2005年4月，经国务院批准，中国证监会发布了《关于上市公司股权分置改革试点有关问题的通知》，启动股权分置改革试点工作。股权分置改革后A股进入全流通时代，大小股东利益趋于一致。2006年1月，修订后的《证券法》《公司法》正式施行。2007年7月，中国证监会下发了《证券公司分类监管工作指引（试行）》，这是对证券公司风险监管的新举措。一系列改革举措有力推动了证券市场的发展，但对市场认识的不深刻和监管的不完善也造成了市场的不理性——2007年11月至2008月10月受全球金融危机的影响，上证指数从6124点跌至1664点，历时12个月，最大跌幅达72.8%，这就是股民心中挥之不去的阴影“08股灾”。

2.多层次资本市场建立（2008—2012年）

为解决创业型企业、中小型企业及高科技产业企业等的融资需求，2009年10月证监会推出创业板，标志着我国多层次资本市场体系框架基本建成。2010年3月融资融券、4月股指期货的推出为资本市场提供了双向交易机制，这是中国证券市场又一重大创新举措。2012年8月、2013年2月转融资、转融券业务陆续推出，有效地扩大了融资融券发展所需的资金和证券来源。2013年11月，党的十八届三中全会召开，全会提出对金融领域的改革，为证券市场带来新的发展机遇。11月30日，中国证监会发布《关于进一步推进新股发行体制改革的意见》，新一轮新股发行制度改革正式启动。2013年12月，新三板准入条件进一步放开，新三板市场正式扩容至全国。随着多层次资本市场体系的建立和完善，新股发行体制改革的深化，新三板、股指期货等制度创新和产品创新的推进，我国证券市场逐步走向成熟，企业融资渠道不断丰富。

（五）金融自由化创新时期（2012—2016年）

尽管2001年证监会下发《关于规范证券公司受托投资管理业务的通知》，首次界定了证券公司受托投资管理业务，证券公司资产管理业务开始起步；2003年证监会颁布《证券公司客户资产管理业务试行办法》，券商资管正式登上历史舞台。但由于券商资管采取审批制，审批周期较长，投资范围受限，券商资管业务一直发展缓慢。2012年5月，券商创新大会召开，会议认为，当前我国证券行业的金融创新迎来了历史最好时期，会议制定了证券行业改革创新的11个方面的举措，最大限度放松了行业管制，拉开了行业创新发展的序幕，中国证券业从此迎来黄金发展期。2012年证监会相继颁布《证券公司客户资产管理业务管理办法》《证券公司集合资产管理业务实施细则》和《证券公司定向资产管理业务实施细则》（即“一法两则”），最大限度放宽行业管制，拓宽投资范围。政策红利的释放，奠定了这一时期券商资管繁荣发展的基础。2013年10月21日，发布《基金管理公司特定客户资产管理业务试点办法》，基金子公司登上历史舞台，由于政策限制较少，基金公司业务规模迅速扩大。

2014年年底央行宣布，决定自11月22日起下调金融机构人民币贷款和存款基准利率，时隔两年半再次降息，启动了2015年的大牛市——2015年上半年在政策利好和流动性充沛的背景下，银行表内外资金借道信托、资管、私募基金等进入股市，为本轮牛市推波助澜。随着上证综指不断走高，监管层意识到资本市场内积累的风险，开始颁布政策抑制金融杠杆的增加。2015年6月，受监管层“降杠杆”的影响，A股市场重挫，股市的泡沫终于破裂。2015年下半年起，在股市和债市相继走熊之后，证监会监管思路由鼓励创新变为稳中求进，“去杠杆”、引导资金脱虚向实成为证券业乃至金融行业的主旋律。

（六）证券强监管时代（2016年至今）

2016年起，央行、证监会、银监会和保监会针对大量资金在金融体系内空转的现象，颁布一系列政策，引导资金脱虚向实，共同推进资管行业供给侧结构性改革。“一行三会”的密集发声，体现了监管思路和监管标准的逐步趋同。2016年7月，证监会颁布《证券期货经营机构私募资产管理业务运作管理暂行规定》，对证券期货经营机构私募资产管理业务作了严格规范，结构化产品杠杆比例大幅降低；10月证监会颁布新版风控指标，通过净资本指标约束定向资管业务。2017年监管层延续2016年严监管的主基调，“依法监管、从严监管、全面监管”思想贯穿始终，监管层在股市巨幅震荡后将防控风险作为第一要务，着眼于严肃市场纪律，保证资本市场稳中求进发展。

2017年2月，“一行三会”流出的“资管新规”内审稿拉开了本轮资管去杠杆的序幕；2017年11月底，《关于规范金融机构资产管理业务的指导意见（征求意见稿）》出台，狂飙猛进的大资管时代开始落下帷幕，各券商通道业务的清理整顿工作陆续开展；2018年4月27日，《关于规范金融机构资产管理业务的指导意见》正式发布，宣告了券商资管野蛮发展的时代的终结，主动管理规范发展时代的来临。

2019年5月11日，中国上市公司协会2019年年会暨第二届理事会第七次会议在京召开。证监会主席易会满出席会议并作了题为《聚焦提高上市公司质量，夯实有活力、有韧性资本市场的基础》的讲话，易会满认为“优化中介生态”是“提高上市公司质量需要营造良好生态”的重要内容，强调“保荐承销、审计评估、法律服务等中介机构要归位尽责，切实发挥好资本市场‘看门人’作用，严格履行核查验证、专业把关等法定职责，督促上市公司规范运作、真实披露。对于执业过程中未能勤勉尽责，甚至与上市公司等相关主体串通违规的，实行一案双查，决不姑息”。中华人民共和国第十三届全国人民代表大会常务委员会第十五次会议于2019年12月28日修订通过的《中华人民共和国证券法》的修订内容非常全面，涉及全面推行证券发行注册制、显著提高证券违法违规成本、完善投资者保护制度、强化信息披露要求、完善证券交易制度、建立健全多层次资本市场体系、强化证券执法和风险防控等多个方面。本次证券法修订无疑是我国证券市场发展的一件大事，对于打造一个规范、透明、开放、有活力、有韧性的资本市场具有十分重要而深远的意义。

2021年9月2日，国家主席习近平在2021年中国国际服务贸易交易会全球服务贸易峰会致辞中宣布“继续支持中小企业创新发展，深化新三板改革，设立北京证券交易所，打造服务创新型中小企业主阵地”。北京证券交易所的设立弥补了我国北方地区没有证券交易所的缺憾，与沪深交易所一起贯穿了华北环渤海经济区、华东长三角经济区、华南珠三角经济区，更有利于区域经济的均衡发展。北京证券交易所基于现有新三板体系，是服务创新型中小企业的主阵地，特别关注“专精特新”的中小型企业。相对于沪深交易所服务的企业，北京证券交易所服务的企业更早、更小、更新。

2023年3月，《党和国家机构改革方案》发布实施，提出金融改革重大方案。一是组建中央金融委员会。加强党中央对金融工作的集中统一领导，负责金融稳定和发展的顶层设计、统筹协调、整体推进、督促落实，研究审议金融领域重大政策、重大问题等，作为党中央决策议事协调机构。设立中央金融委员会办公室，作为中央金融委员会的办事机构，列入党中央机构序列。不再保留国务院金融稳定发展委员会及其办事机构。将国务院金融稳定发展委员会办公室职责划入中央金融委员会办公室。二是组建中央金融工作委员会。统一领导金融系统党的工作，指导金融系统党的政治建设、思想建设、组织建设、作风建设、纪律建设等，作为党中央派出机关，同中央金融委员会办公室合署办公。将中央和国家机关工作委员会的金融系统党的建设职责划入中央金融工作委员会。三是组建国家金融监督管理总局。统一负责除证券业之外的金融业监管，强化机构监管、行为监管、功能监管、穿透式监管、持续监管，统筹负责金融消费者权益保护，加强风险管理和防范处置，依法查处违法违规行为，作为国务院直属机构。国家金融监督管理总局在中国银行保险监督管理委员会基础上组建，将中国人民银行对金融控股公司等金融集团的日常监管职责、有关金融消费者保护职责，中国证券监督管理委员会的投资者保护职责划入国家金融监督管理总局。不再保留中国银行保险监督管理委员会。四是中国证券监督管理委员会调整为国务院直属机构。中国证券监督管理委员会由国务院直属事业单位调整为国务院直属机构，强化资本市场监管职责，划入国家发展和改革委员会的企业债券发行审核职责，由中国证券监督管理委员会统一负责公司（企业）债券发行审核工作。五是加强金融管理部门工作人员统一规范管理。中国人民银行、国家金融监督管理总局、中国证券监督管理委员会、国家外汇管理局及其分支机构、派出机构均使用行政编制，工作人员纳入国家公务员统一规范管理，执行国家公务员工资待遇标准。

三、注册会计师行业对证券业发展的作用

会计师事务所是依法设立并承办注册会计师业务的机构。注册会计师是依法取得注册会计师证书并接受委托从事审计和会计咨询、会计服务业务的执业人员。法律赋予会计师事务所的职能和注册会计师的使命，注定会计师事务所和注册会计师与证券市场“不离不弃”“形影不离”。由于会计师事务所是资本市场的重要中介机构，发挥着会计信息“看门人”的作用，其执业质量的高低直接影响资本市场会计

信息披露质量，关系到投资者利益保护和市场稳定发展，因此，证券监管部门一直坚持“依法监管、从严监管、全面监管”。

正是在证监会全面从严监管，强化对从事证券业务会计师事务所的业务管理、年报审计监管、现场检查、稽查执法，加大对违法违规行为的处理处罚力度的大背景下，从事证券业务会计师事务所健全内部管理和质量控制体系，提升了执业质量。会计师事务所在业务、人员、机构规模持续扩大的基础上，质量控制体系逐步完善并贯穿审计业务的各个环节，重大质量控制缺陷明显下降，执业风险得到有效控制，以质量为核心的发展意识逐步确立；内部管理水平有效提升，会计师事务所和合伙人的风险责任意识增强，一体化管理水平逐步提升，信息化系统成为会计师事务所推行一体化管理的重要载体；服务资本市场能力不断增强，专业服务领域和服务对象有所扩展，专业胜任能力和职业道德水准有所提高，在执业过程中能坚持原则，保持独立、客观的职业操守，敢于对客户不合法、不合规的要求说“不”；国际化发展稳步推进，会计师事务所通过在境外设立分所和加盟国际知名会计网络等方式，为境内企业提供境外投融资、跨境税务筹划、海外工程管理、跨国整合咨询等全方位、多领域的服务，推进了国家“一带一路”倡议的实施。从事证券业务会计师事务所取得的长足进步，有效提升了其作为资本市场会计信息“看门人”的作用，上市公司年度财务报表涉及重大会计处理违规、会计信息披露不充分、会计差错更正等呈现逐年下降趋势，资本市场会计信息披露质量得到明显提高。

第三节　证监会对会计师事务所和注册会计师作出行政处罚的情况

一、证监会对会计师事务所和注册会计师作出行政处罚的情况

根据证监会及其所属各地证监局网站公开资料显示[①]，2001—2023年，证监会及其所属证监局对相关会计师事务所和注册会计师下达《行政处罚书》137份，其中证监会下达《行政处罚决定书》97份、各地证监局下达《行政处罚断定书》40份。证监会下达《市场禁入决定书》13份，“撤销证券服务业务许可”的《行政处罚决定书》2份（即撤销辛R会计师事务所、乙B会计师事务所证券服务业务许可资格）（详见附录1）。

① **中国证监会及其所属证监局官网**：中国证券监督管理委员会官网（www.csrc.gov.cn）（包含各地监管局）。对会计师事务师及注册会计师行政处罚决定书来源于内“行政处罚”及“市场禁入”专栏。

（一）会计师事务所受到证监会行政处罚的情况

2001—2023年，受到证监会处罚的会计师事务所60家（详见附录2）。

1. 2001—2023年累计受到5次以上行政处罚的会计师事务所

2001—2023年累计受到5次（含）行政处罚的会计师事务所9家，共计接受64次行政处罚（见表1-1）。

表1-1　　2001—2023年累计受到5次以上行政处罚的会计师事务所

序号	会计师事务所	受到行政处罚数量
1	甲A会计师事务所	11①
2	庚G会计师事务所	10
3	己F会计师事务所	8
4	乙B会计师事务所	6
5	丙C会计师事务所	6
6	丁D会计师事务所	6
7	戊E会计师事务所	6
8	壬I会计师事务所	6
9	辛H会计师事务所	5
	合计	64

注：①乙B会计师事务所在对深圳键桥通讯技术股份有限公司2009—2011年和甲I会计师事务所在对键桥通讯2012年度财务报表审计受到证监会处罚。由于乙B会计师事务所与甲I会计师事务所合并，甲I会计师事务所主体资格由甲A会计师事务所承继。深圳监管局行政处罚决定书〔2016〕8号要求，责令甲I会计师事务所改正，没收甲I会计师事务所键桥通讯2012年度年报审计业务收入及罚款，“由甲I会计师事务所法律主体的承继者甲A会计师事务所（特殊普通合伙）承担”。

2. 2001—2023年累计受到2次以上5次以下行政处罚的会计师事务所

2001—2023年累计受到2次以上5次以下行政处罚的会计师事务所16家，共计接受38次行政处罚（见表1-2）。

表1-2　　2001—2023年累计受到2次以上5次以下行政处罚的会计师事务所

序号	会计师事务所	受到行政处罚数量
1	壬I会计师事务所	3
2	癸J会计师事务所	3
3	甲K会计师事务所	3
4	乙L会计师事务所	3
5	丙M会计师事务所	3

续表

序号	会计师事务所	受到行政处罚数量
6	壬S会计师事务所	3
7	戊O会计师事务所	2
8	己P会计师事务所	2
9	庚Q会计师事务所	2
10	辛R会计师事务所	2
11	壬W会计师事务所	2
12	癸T会计师事务所	2
13	甲U会计师事务所	2
14	乙V会计师事务所	2
15	丙W会计师事务所	2
16	丁X会计师事务所	2
	合计	38

3. 2001—2023年累计受到1次行政处罚的会计师事务所

2001—2023年累计受到1次行政处罚的会计师事务所35家（见表1-3）。

表1-3　　累计受到1次行政处罚的会计师事务所

序号	会计师事务所	受到行政处罚数量
1	戊Y会计师事务所	1
2	己Z会计师事务所	1
3	庚A会计师事务所	1
4	辛B会计师事务所	1
5	壬C会计师事务所	1
6	癸D会计师事务所	1
7	甲E会计师事务所	1
8	乙F会计师事务所	1
9	丙G会计师事务所	1
10	丁H会计师事务所	1
11	戊I会计师事务所	1
12	己J会计师事务所	1
13	庚K会计师事务所	1
14	辛L会计师事务所	1
15	壬M会计师事务所	1

续表

序号	会计师事务所	受到行政处罚数量
16	癸N会计师事务所	1
17	甲O会计师事务所	1
18	乙P会计师事务所	1
19	丙Q会计师事务所	1
20	丁R会计师事务所	1
21	戊S会计师事务所	1
22	己T会计师事务所	1
23	庚U会计师事务所	1
24	辛V会计师事务所	1
25	壬W会计师事务所	1
26	癸X会计师事务所	1
27	甲Y会计师事务所	1
28	乙Z会计师事务所	1
29	丙A会计师事务所	1
30	丁B会计师事务所	1
31	己D会计师事务所	1
32	庚E会计师事务所	1
33	辛F会计师事务所	1
34	壬G会计师事务所	1
35	癸H会计师事务所	1
	合计	35

（二）注册会计师受到证监会行政处罚的情况

2001—2023年，证监会对311名注册会计师受到单处“警告”，或“警告”“罚款”的行政处罚。对26名注册会计实行市场禁入，受到“3年”至“终身”不等的“不得从事证券业务或者担任上市公司董事、监事、高级管理人员职务”的行政处罚（详见附录3）。

被市场禁入的注册会计师涉及11家会计师事务所，分别是丙C会计师事务所、壬I会计师事务所各2次、乙B会计师事务所、乙P会计师事务所、辛R会计师事务所、己F会计师事务所、辛H会计师事务所、甲A会计师事务所、乙V会计师事务所、丁N会计师事务所和甲Y会计师事务所各1次。

二、受到证监会处罚审计项目对应企业的行业类别及地域分布

（一）受到证监会处罚审计项目对应企业的行业类别

2001—2023年，证监会对会计师事务所及注册会计师开出的137份《行政处罚书》涉及131家企业（详见附录4），其中，有6家企业导致12家会计师事务所受到证券行政处罚。

2001—2023年，致使会计师事务所受到证监会行政处罚的131家企业中，属于IPO、新三板、退市上市公司51家（详见附录4-1），尚存续的80家上市公司（详见附录4-2）。尚存续的80家上市公司所属行业如表1-4所示。

表1-4　受到证监会行政处罚企业所属行业分类情况

序号	门类名称及代码	企业数量
1	农、林、牧、渔业（A）	6
2	采矿业（B）	2
3	制造业（C）	39
4	电力、热力、燃气及水生产和供应业（D）	3
5	建筑业（E）	2
6	批发和零售业（F）	5
7	信息传输、软件和信息技术服务业（I）	5
8	金融业（J）	7
9	房地产业（K）	2
10	租赁和商务服务业（L）	2
11	科学研究和技术服务业（M）	1
12	水利、环境和公共设施管理业（N）	2
13	卫生和社会工作（Q）	1
14	文化、体育和娱乐业（R）	3
	合计	80

一家企业导致2家会计师事务所受到证券行政处罚的企业是：

（1）中炬高新技术实业（集团）股份有限公司于2003年致使甲E会计师事务所、乙F会计师事务所分别受到证监会处罚。

（2）衡阳市金荔科技农业股份有限公司于2008年致使乙B会计师事务所，2009年致使乙P会计师事务所分别受到证监会处罚。

（3）山东新绿食品股份有限公司于2019年致使辛H会计师事务所，2020年致使

戊E会计师事务所分别受到证监会处罚。

（4）公准肉食品股份有限公司于2022年致使乙Z会计师事务所、庚G会计师事务所受到黑龙江证监局处罚。

（5）天夏智慧城市科技股份有限公司于2022年致使庚G会计师事务所、丙W会计师事务所受到广西证监局处罚。

（6）东方金钰股份有限公司于2022年致使己F会计师事务所受到证监会处罚，2023年致使壬I会计师事务所受到湖北证监局处罚。

另外还有2家企业经过改头换面，两次致使会计师事务所受到证券行政处罚：

（1）海市博元投资股份有限公司。1988年1月21日，浙江凤凰化工股份有限公司在浙江省工商局注册，股票于1990年12月19日在上交所挂牌上市（股票代码：600656）。之后先后变更为上海华源制药有限公司、东莞市方达再生资源产业股份有限公司。2011年9月9日更名为珠海市博元投资股份有限公司，登记于珠海横琴新区工商局。2015年5月28日暂停上市，2016年5月12日终止上市。2018年在全国中小企业投转让系统挂牌（股票代码：400065）。2011年东莞市方达再生资源产业股份有限公司、2017年珠海市博元投资股份有限公司，两度致使壬S会计师事务所受到证监会处罚。

（2）成都华泽钴镍材料股份有限公司。2013年年底，成功借壳*ST聚友登陆深交所主板市场，随后股票更名“华泽钴镍”，主要经营范围为电解镍、氯化钴、硫酸镍及其系列产品。*ST聚友的全名为成都聚友网络股份有限公司。成都聚友网络股份有限公司成立于1990年12月26日，其前身为全民所有制性质的成都涤纶厂，始建于1985年，是成都市国营大型骨干企业，主要生产化纤产品及化纤制品。1997年2月26日在深交所上市。2010年成都聚友网络股份有限公司致使乙B会计师事务所、2018年成都华泽致使甲A会计师事务所受到证监会行政处罚。

（二）受到证监会处罚审计项目对应企业的地域分布

致使会计师事务所和注册会计师受到证监会行政处罚审计项目对应的131家企业分属广东、浙江等23个省、自治区、直辖市（详见附录5）。其中涉及5家以上企业的省、市有12个（其中广东24家，北京15家，浙江11家，山东10家，河南7家，四川、辽宁各6家，湖北、湖南、福建、广西、上海各5家），河北、江苏、黑龙江各4家，陕西3家，安徽、山西、甘肃、云南、新疆各2家，吉林、海南各1家。

第二章

会计师事务所和注册会计师受到证监会行政处罚违法事实分类

第一节 受到证监会行政处罚审计项目违法事实综述

按照收录证监会及其所属证监局官网2001—2023年对会计师事务所及注册会计师作出行政处罚决定的全部文书，分阶段按照财务报表及其列报、违反审计准则及其他相关规定进行违法事实分类。

一、受到证监会行政处罚审计项目违法事实的时段划分

从证监会及各地证监局官网查询，2001年8月3日，证监会作出《关于戊Y会计师事务所及杨某某等人违反证券法规行为的处罚决定》（证监罚字〔2001〕13号）是证监会网站公开信息资料中看到证监会对会计师事务所和注册会计师进行行政处罚的开始。2001—2007年被证监会处罚项目中，证监会作出行政决定时对“违法事实”的叙述内容比较简略。2001年以《关于某某事务所及某某某等人违反证券法规行为的处罚决定》的格式下达，2002年开始以《行政处罚决定书》的统一格式下达。

2007年以前处罚的主要依据是《股票发行与交易管理暂行条例》。2006年2月15日，财政部下发《关于印发中国注册会计师执业准则的通知》，要求从2007年1月1日起施行《中国注册会计师鉴证业务基本准则》及具体审计准则等22项准则，原有《独立审计基本准则》等相关准则同时废止。2007年，《最高人民法院关于审理涉及会计师事务所在审计业务活动中民事侵权赔偿案件的若干规定》（法释〔2007〕12号）规定，会计师事务所违反法律法规、中国注册会计师协会依法拟定并经国务院财政部门批准后施行的执业准则和规则以及诚信公允的原则，出具的具有虚假记载、误导性陈述或者重大遗漏的审计业务报告，应认定为不实报告。把审计准则作为会计师事务所和注册会计师是否有责任的依据。从此以后，证监会按照独立审计准则、审计准则对会计师事务所和注册会计师是否“勤勉尽责”进行定性。

2012年是一个重要节点，党的十八大胜利召开，中国进入全面建成小康社会、全面深化改革、全面依法治国、全面从严治党新时代，证券监管进入“强监管时代”。会计师事务所基本完成特殊普通合伙转制，实现会计师事务所组织形式转换，进入做大做强新时代。以2012年证监会对IPO复查的严厉处罚为标志，开启了对会计师事务所加强风险管控的从严监管新时代。因此，将2001—2007年作为第一阶段，以后每5年为一个阶段，对会计师事务所和注册会计师的违法事实进行分类。

二、对受到证监会行政处罚审计项目违法事实的分类

2001—2023年，证监会对会计师事务所和注册会计师开出的137份《行政处罚决定书》涉及494项违法事实。其中涉及违反证券法及其他相关规定的“财务报表及其列报的违法事实”156项、“违反审计准则及其他规定的违法事实”338项。

（一）财务报表及其列报的违法事实

2001—2023年，涉及违反证券法及其他相关规定的“财务报表及其列报的违法事实”156项，具体如表2-1所示。

表2-1　　2001—2023年受处罚审计项目涉及财务报表及其列报的违法事实

序号	财务报表及其列报的违法事实	2001—2007年	2008—2012年	2013—2017年	2018—2023年	合计
（一）	经营收支	16	10	17	56	99
1	收入和成本	6	3	10	31	50
2	费用	3	3	3	3	12
3	资产减值	0	1	0	1	2
4	投资收益	1	2	0	0	3
5	利润	6	1	4	21	32
（二）	资产负债	5	10	9	23	47
1	货币资金	3	2	2	8	15
2	存货	0	1	1	3	5
3	长期股权投资（含股权转让）	1	1	3	0	5
4	固定资产、无形资产	1	2	0	1	4
5	在建工程	0	1	1	2	4
6	应收应付	0	2	1	4	7
7	银行借款	0	1	1	0	2
8	资产与负债的其他问题	0	0	0	3	3
9	关联交易				2	2
（三）	会计政策、会计估计变更和会计差错更正	1	0	1	1	3
（四）	财务报表列报	4	1	0	2	7
	合计	26	21	27	82	156

（二）违反审计准则及其他相关规定的违法事实

2001—2023年，会计师事务所和注册会计师违反审计准则及其他相关规定的违法事实338项，具体如表2-2所示。

表2-2　2001—2023年受处罚审计项目违反审计准则及其他规定的违法事实

序号	违反审计准则及其他规定的违法事实	2001—2007年	2008—2012年	2013—2017年	2018—2023年	合计
（一）	与前任注册会计师沟通	0	0	2	4	6
（二）	审计范围	0	0	1	0	1
（三）	审计目标、计划与总结	0	1	2	3	6
（四）	了解被审计单位及其环境、重大错报风险识别和风险应对、分析程序	1	0	4	34	39
（五）	审计程序	6	11	24	103	144
1	收入审计程序	1	1	12	33	47
2	成本费用审计程序	1	2	1	6	10
3	货币资金、银行借款审计程序	2	3	6	16	27
4	存货、固定资产、无形资产、在建工程等审计程序	1	0	1	11	13
5	应收应付往来审计程序	1	5	4	17	27
6	长期股权投资、投资收益	0	0	0	2	2
7	内部控制、业务系统、职业判断等其他审计程序	0	0	0	17	17
8	计算错误	0	0	0	1	1
（六）	函证与监盘	5	9	15	35	64
1	函证	4	7	12	26	49
2	监盘	1	2	3	9	15
（七）	审计证据	0	0	0	14	14
（八）	审计工作底稿	1	1	4	4	10
（九）	关联方及关联交易	2	4	5	8	19
（十）	利用其他专业机构成果	1	0	2	1	4
（十一）	期初余额	0	1	0	0	1
（十二）	期后事项、或有事项	1	0	4	2	7
（十三）	质量控制与独立复核、独立性	0	3	0	7	10
（十四）	审计报告	0	0	0	6	6
（十五）	其他问题	0	0	0	7	7
	总计	17	30	63	228	338

第二节 2001—2007年受到证监会行政处罚审计项目的违法事实

2001—2007年，证监会对戊Y会计师事务所等20家会计师事务所及注册会计师开出24份行政处罚书。会计师事务所受到证监会行政处罚情况如表2–3所示。

表2–3 2001—2007年受到证监会行政处罚的会计师事务所及其数量统计

序号	会计师事务所	行政处罚件数
1	癸T会计师事务所	2
2	戊O会计师事务所	2
3	甲K会计师事务所	2
4	己P会计师事务所	2
5	戊Y会计师事务所	1
6	己Z会计师事务所	1
7	庚A会计师事务所	1
8	原辛B会计师事务所	1
9	壬I会计师事务所	1
10	壬C会计师事务所	1
11	癸D会计师事务所	1
12	甲E会计师事务所	1
13	乙F会计师事务所	1
14	丙G会计师事务所	1
15	丁H会计师事务所	1
16	戊I会计师事务所	1
17	庚U会计师事务所	1
18	己J会计师事务所	1
19	庚K会计师事务所	1
20	辛L会计师事务所	1
	合计	24

受处罚的违法事实如下：

一、涉及财务报表及其列报的违法事实

（一）经营收支

1.收入和成本

（1）戊Y会计师事务所在对湖南省张家界旅游开发股份有限公司1996—1998年年度报表审计时[①]：未勤勉尽责，没有审验出该公司1996年、1997年分别虚增收入7 965.9万元、4 295万元，1998年虚增利润528万元的事实，出具了含有虚假内容的1996—1998年年度审计报告（2001–1）[②]。

（2）己Z会计师事务所在对福建九州集团股份有限公司1996年、1997年和1998年年度报表审计时：未勤勉尽责，未能发现九州股份虚增上市前三年业绩的问题，于1996年8月为九州股份出具了发行前三年无保留意见的审计报告（2001–2）。

（3）甲E会计师事务所在对中炬高新技术实业（集团）股份有限公司2000年年度报表审计时：在对中炬高新2000年度会计报表确认“果基围地块”及“三益围地块”土地使用权转让收入进行审计时，没有严格保持应有的职业谨慎，在确认销售收入的条件并不具备的情况下确认了收入；中炬高新将1994年转让给格兰特公司的81.88亩土地所形成的“其他应收款—未实现利润（贷方）”明细科目的摊销余额949.89万元，于2000年度资产重组时转作销售收入，会计处理有误，康元所未严格保持应有的职业谨慎，未能发现该错误（2003–3）。

（4）乙F会计师事务所在对中炬高新技术实业（集团）股份有限公司出具1999年和2000年中报审计时：对中炬高新1999年度会计报表确认“东利围地块”土地使用权转让收入进行审计时，没有严格保持应有的职业谨慎，在确认销售收入的条件并不具备的情况下确认了收入；在对中炬高新2000年中报确认“果基围地块”土地使用权转让收入审计时，没有严格保持应有的职业谨慎，在确认销售收入的条件并不具备的情况下确认了收入（2003–4）。

（5）庚U会计师事务所在对白银铜城商厦（集团）股份有限公司2000年、2001年年度报表审计时：对2001年铜城集团销售房地产收入1 332万元进行审计时，未实施必要的审计程序并未取得充分的审计证据，从而为该公司2001年年度财务报告出具了含有虚假内容的无保留意见的审计报告（2004–5）。

---

① 以下内容为证监会及各地证监局《行政处罚决定书》的内容，下同。

② “2001”表示“2001年”，“1”表示当年证监会当年开出针对会计师事务所和注册会计师的行政处罚决定书的顺序编号，下同。

（6）己P会计师事务所在对嘉瑞新材料集团股份有限公司2002年、2003年年度报表审计时：2001年度嘉瑞新材母公司主营业务收入为177万元，2002年度为7 967万元，2003年度为16 294万元。经调查，嘉瑞新材母公司的主营业务基本上是虚构的。对此，会计师没有进行适当的分析性复核工作，审计程序不适当（2007–1）。

2.费用

（1）庚A会计师事务所在对山东渤海集团股份有限公司1996年、1997年和1998年年度报表审计时：均出具了无保留意见的审计报告。在审计过程中，对于被渤海集团兼并的济南火柴厂欠经二路支行贷款本金1 484万元和兼并前利息303万元的事项，原庚A会计师事务所没有向经二路支行进行函证，对渤海集团未计提此笔贷款1996—1998年利息的行为予以确认，导致渤海集团披露的1996年、1997年和1998年度财务报告中含有虚假数据（2001–3）。

（2）癸T会计师事务所在对重庆长江水运股份有限公司进行1998年、1999年和2000年年度报表审计时：未能勤勉尽责，未对长运公司委托四川省信托投资公司涪陵办事处贷款给安和房地产开发有限公司4 620万元一事给予充分关注并予以核实，致使长运公司虚构4 620万元委托贷款和虚增利息收入700万元（2003–2）。

（3）甲K会计师事务所在对闽越花雕股份有限公司2004年年度报表审计时：在审核闽越花雕2004年应计贷款利息支出时，未保持应有的合理的谨慎，对公司错误地按未逾期贷款利率计提利息未能予以揭示（2007–4）。

3.投资收益

辛L会计师事务所在对安信信托投资股份有限公司2004年年度报表审计时：2004年11月25日，安信信托与上海中静实业（集团）有限公司签署《股权转让协议》，约定安信信托将所持的2 502万股鹏华基金管理有限公司的股权作价9 007.2万元转让给中静公司，中静公司首批支付不低于6 000万元的转让价款，余款于中国证监会批准本次转让后支付。2004年12月31日，安信信托收到中静公司支付的股权转让款500万元。2005年1月4日至6日，公司又陆续收到中静公司支付的股权转让款人民币5 000万元。2005年4月21日，安信信托公告2004年年报，公司将全部鹏华基金股权转让款9 007.20万元确认为当年收入，并据此确认了转让收益6 505.20万元。虚增了公司2004年度投资收益6 505.20万元，使其当年利润由亏损变为盈利（2007–3）。

4.利润

（1）原辛B会计师事务所在对四川金路集团股份有限公司1997年年度报表审计时：未能做到勤勉尽责，对金路公司含有虚假利润3 415.17万元的1997年年报出具了无保留审计意见（2001–4）。

（2）癸T会计师事务所在对珠海鑫光集团股份有限公司1998年、1999年年度报

表审计时：出具了无保留意见的审计报告。在审计冶炼厂1998年度会计报表时，因在对其主营业务成本测试过程中出现计算错误，从而使1998年、1999年度的利润虚增了647.92万元（在2000年度审计时已作了更正）（2002-1）。

（3）壬I会计师事务所在对桂林集琦药业股份有限公司2000年中报审计时：经查，桂林集琦披露的2000年中报包含虚假利润，壬I会计师事务所有限公司在对桂林集琦2000年中报审计过程中，未勤勉尽责，为桂林集琦出具无保留意见的审计报告（2002-2）。

（4）戊I会计师事务所在对陕西煤航数码测绘（集团）股份有限公司2001年年度报表审计时：数码测绘于2002年4月作出有关应收账款会计估计变更的董事会决议，并在财务报告中将会计估计变更的决定适用于2001年年末已经形成的对大股东陕西煤航集团有限公司的应收账款，未对煤航集团的债权计提坏账准备，导致虚增当期利润515.6万元。戊I所在数码测绘2001年度审计中，未指出数码测绘的财务报告上述会计处理明显违反了相关会计准则、制度，未能揭示数码测绘通过误用会计估计变更虚增当期利润515.6万元的事实（2004-4）。

（5）己P会计师事务所在对湖南天一科技股份有限公司2003年年度报表审计时：在未取得充分、适当的审计证据的情况下，仅依据天一科技提供的《承包驻外机构经营协议》和收款凭证就确认了湖南天一科技股份有限公司驻郑州经营维修部、湖南天一科技股份有限公司奥星泵业分公司驻长沙办事处、湖南省平江潜水电泵厂驻石家庄维修服务部、湖南天一科技股份有限公司奥星泵业服务公司等4家下属单位上缴的承包利润395万元。违反了规定，致使出具的审计报告含有虚假内容（2005-2）。

（6）甲K会计师事务所在对闽越花雕股份有限公司2004年年度报表审计时：通过少提坏账准备、虚构交易、少计利息等方式，在2004年年度报告中虚假记载利润48 277 258.86元（2007-4）。

（二）资产负债

1.货币资金

（1）壬C会计师事务所在对郑州宇通客车股份有限公司1999年年度报表审计时：宇通公司提供了虚假的银行对账单，银行函证、各科目明细账、总账等原始资料，该所注册会计师虽履行了一定的审计程序，但未勤勉尽责，未发现宇通公司虚减资产、负债13 500万元的会计记录（2002-3）。

（2）甲E会计师事务所在对中炬高新技术实业（集团）股份有限公司2000年年度报表审计时：在对中炬高新货币资金年末余额审计时，未勤勉尽责地履行适当的审计程序，未发现中炬高新2000年年末虚增银行存款12 000万元的事实（2003-3）。

（3）乙F会计师事务所在对中炬高新出具1999年和2000年中报审计时：在对中

炬高新货币资金年中余额审计时，未能勤勉尽责，未发现中炬高新2000年中期虚增银行存款5 000万元的事实（2003–4）。

2. 长期股权投资（含股权转让）

庚U会计师事务所在对白银铜城商厦（集团）股份有限公司2000年、2001年年度报表审计时：对铜城集团长期股权投资差额1 100万元的不当会计处理未提出异议，从而为该公司2000年度财务报告出具了含有虚假内容的无保留意见的审计报告（2004–5）。

3. 固定资产、无形资产

丙G会计师事务所在对中国四川国际合作股份有限公司1999年年度报表审计时：土地使用权和专利权及专有技术不实。（1）土地使用权2 141.45万元不实。在评估基准日1998年9月25日，河南四通所评估的土地为集体土地，土地面积172 419.88平方米，评估值2 141.45万元。在1998年4月河南四通设立时，公司章程规定五个投资方的出资均未有土地使用权；而且，自公司设立起至评估基准日1998年9月25日，投资各方均未向河南四通转让土地使用权。1999年12月1日，河南四通各股东办理了148 489.60平方米土地的国有土地使用证，比评估的土地面积少23 930.28平方米，资产价值为297.21万元，并且仅在2000年8月交纳了5万元土地出让金。（2）专利权及专有技术1 193万元不实。在评估基准日1998年9月25日，河南四通所评估的专利权及专有技术为1 193万元。但是，在1998年4月河南四通设立时，公司章程规定五个投资方的出资均未有专利权及专有技术；而且，自公司设立起至评估基准日，投资各方均未向河南四通转让任何专利权及专有技术；另外，河南四通在此期间未开发出或以其他方式取得任何专利权及专有技术。因此，在评估基准日，河南四通所评估的专利权及专有技术1 193万元不实（2004–1）。

（三）会计政策、会计估计变更和会计差错更正

甲K会计师事务所在对闽越花雕股份有限公司2004年年度报表审计时：对闽越花雕对拟置换出去的应收款项坏账准备的计提方法由原来的账龄分析法改为按个别认定法计提造成的会计估计变更未按有关会计准则规定在附注中进行披露事项，未能提请闽越花雕进行调整或发表恰当的审计意见（2007–4）。

（四）财务报表列报（信息披露）

（1）壬I会计师事务所在对桂林集琦药业股份有限公司2000年中报审计时：经查，桂林集琦披露的2000年中报包含未披露为控股子公司担保事项，壬I会计师事务所在对桂林集琦2000年中报审计过程中，未勤勉尽责，为桂林集琦出具无保留意见的审计报告（2002–2）。

（2）甲E会计师事务所在对中炬高新技术实业（集团）股份有限公司2000年年度报表审计时：在对中炬高新2000年度会计报表附注审计中，已发现有逾期贷款27 000万元未披露，但在审计报告中对此未按规定作适当的说明（2003–3）。

（3）乙F会计师事务所在对中炬高新技术实业（集团）股份有限公司出具1999年年报和2000年年中报审计时：对中炬高新1999年度报告审计中，未勤勉尽责地履行适当的审计程序，致使未发现贷款21 176万元已经逾期且未按有关规定作详细披露（2003–4）。

（4）戊O会计师事务所在对北京中关村科技发展（控股）股份有限公司2001年和2002年年度报表审计时：在未对中关村科技的对外担保事项执行函证程序，也未取得中关村科技贷款卡及借款、担保信息的情况下，对中关村科技2001年和2002年年报发表了带解释性说明的无保留意见；虽然在审计意见解释性说明中提示中关村科技存在巨额对外担保，但未能揭示出中关村科技存在重大担保事项遗漏披露的事实。戊O会计师事务所在审计中关村科技2001年和2002年年报过程中未能保持应有的职业谨慎，对中关村科技2001年和2002年年报存在的重大遗漏负有审计责任（2006–1）。

二、违反审计准则及其他规定的违法事实

（一）了解被审计单位及其环境、重大错报风险识别和风险应对、分析程序

庚K会计师事务所在对广东美雅集团股份有限公司2003年年度报表审计时：在审计风险的控制上存在疏漏，缺乏对企业经济活动中重要过程的必要关注和合理怀疑：对主要经销商和供应商的往来余额形成缺乏审计过程；对所取得的审计证据没有进行充分的甄别和相互印证，未发现部分数据前后不一致；对一些缺乏支付依据的付出款项，没有取得进一步证据证实其真实性和合理性；缺乏对相关数据的分析性复核程序（2007–2）。

（二）审计程序

1.收入、利润审计程序

己P会计师事务所在对嘉瑞新材料集团股份有限公司2002年、2003年年度报表审计时：（1）嘉瑞新材及其控股子公司湖南中圆科技新材料集团有限公司（以下简称中圆科技）对上海守正公司、上海源清公司、上海极鑫公司、上海群仪公司、上海沪荣公司等单位的购销业务仅凭销货发票入账。会计师没有审阅购销合同、货物运输凭证和入库凭证，确认销售收入的依据不足。（2）中圆科技的主要业务是购入PU材料加工成PU皮革后出售，但是在2002年11月到2003年10月，长达近一年的时间内，

中圆科技分别向嘉瑞新材和上海守正、上海沪荣公司销售了102 103 195.27元的PU材料，2003年8月从上海群仪公司购入了680多万元的PU皮革。经调查，这些逆生产流程的销售业务都是虚构的。对此，会计师没有进行恰当的分析性复核和穿行测试。（3）对于增值税发票显示的关联购销单位存在的几个显著疑点没有发现：①上海守正公司与上海沪荣公司的办公地址都是“浦东新区向城路15号锦城大厦18B”，电话号码都是58200899；②上海守正公司与上海源清公司的开户银行和账号都是“上海银行川沙支行319842-00001041108”（2007-1）。

2.成本费用审计程序

癸T会计师事务所在对珠海鑫光集团股份有限公司1998年、1999年年度报表审计时：出具了无保留意见的审计报告。经查，在审计中癸T会计师事务所对鑫光公司存在的大量可能形成呆、坏账损失的应收款项及由此而引起的巨大财务风险未作说明与评价（2001-1）。

3.货币资金、银行借款审计程序

（1）原癸D会计师事务所（现已并入壬G会计师事务所）在对小天鹅公司1999年年度报表审计时：实施相应的审计程序不足，对涉及5 600万元的银行贷款资金的去向未按照其制定的《货币资金审计》程序对银行存款户的大额往来进行抽查，致使小天鹅公司1999年度审计报告中遗漏了对外证券投资的重大事实（2003-1）。

（2）庚K会计师事务所在对广东美雅集团股份有限公司2003年年度报表审计时：对银行账关注不够。经查明，庚K会计师事务所未充分关注美雅集团使用并控制的鹤山市鹤伊毛纺织有限公司银行账号；对银行存款的当期发生额关注不足；未关注到银行存款余额与银行存款日记账的差异；未充分关注银行函证结果与账面数的差异；对银行询证函的回函中反映，美雅集团存在委托贷款和拆借行为，庚K会计师事务所没有取得上述业务的相关合同、追查收益情况、对其可回收性作出合理判断，也未提请公司根据业务性质作账务调整处理并在会计报表附注中进行充分披露（2007-2）。

4.存货、固定资产、无形资产、在建工程等审计程序

丁H会计师事务所在对合肥丰乐种业股份有限公司2001年年度报表审计时：经查，在对丰乐种业2001年在建工程审计中，上述当事人未充分检查已完工项目的竣工决算报告、验收交接单等其他凭证以及其他转出数的原始凭证，在未取得充分、适当的审计证据情况下，确认了该公司对以前年度虚构在建工程的冲账处理结果，从而没能揭示和指出丰乐种业当年相关财务数据存在虚假的事实（2004-2）。

5.应收应付往来审计程序

甲K会计师事务所在对闽越花雕股份有限公司2004年年度报表审计时：在审核

上海福联国际贸易有限公司其他应收款账龄时，没有保持应有的合理的谨慎，对公司会计报表存在的错误未能揭示出来（2007-4）。

（三）函证与监盘

1.函证

（1）戊O会计师事务所在对置入菲菲农业的资产沈阳菲菲澳家农业综合开发分公司和沈阳菲菲澳家房屋开发有限公司审计时：未严格执行《中国注册会计师独立审计具体准则》第1号第16条“注册会计师在实施审计过程中，应当采用恰当的方法，包括检查、监盘、观察、查询及函证、计算、分析性复核等，以获取充分、适当的审计证据”的规定，对菲菲集团垫付农业公司工程款、房屋公司澳家庄园别墅小配套工程施工和房屋公司按揭销售房屋等重大事项未认真履行查询、函证和分析性复核等必要的审计程序，未获取充分、适当的支持审计意见的审计证据，从而出具了含有虚假内容的无保留意见的审计报告（2004-3）。

（2）甲K会计师事务所在对四川天歌科技集团股份有限公司2001年年度报表审计时：没有能够完全遵守《中国注册会计师独立审计准则》的要求，未能勤勉尽责，保持应有的职业谨慎。具体表现在：甲K会计师事务所对天歌科技控股子公司荆州天歌现代农业有限公司2001年大额银行存款收支抽查不充分，水产品存货未监盘，也未聘请专家评估，供销业务询证函除沙市鲟鱼养殖研究中心外，其他单位都是通过被调查单位发函和收函等（2005-1）。

（3）己P会计师事务所在对湖南天一科技股份有限公司2003年年度报表审计时：未对银行存款、借款询证函的发出、收回保持有效的控制，违反规定，致使出具的审计报告含有虚假内容（2005-2）。

（4）己P会计师事务所在对嘉瑞新材料集团股份有限公司2002年、2003年年度报表审计时：2003年有的应收账款询证函的存根联和发出联都保存在工作底稿里面，没有对外发出，省略了函证程序（2007-1）。

2.监盘

己P会计师事务所在对湖南天一科技股份有限公司2003年年度报表审计时：未按照存货监盘程序实施存货盘点，违反了《独立审计具体准则第26号——存货监盘》第11、第13、第20条的规定，致使出具的审计报告含有虚假内容（2005-2）。

（四）审计工作底稿

己J会计师事务所在对广东科龙电器股份有限公司2000年年度报表审计时：审计工作底稿中只记录了审计程序和结论，不能提供总体审计计划、审计总结，审计程序不符合独立审计准则的有关规定，未尽到独立审计责任（2006-2）。

（五）关联方及关联交易

1.癸T会计师事务所在对珠海鑫光集团股份有限公司1998年、1999年年度报表审计时：出具了无保留意见的审计报告。经查，大量未予披露的关联方担保及由此而引起的巨大财务风险未作说明与评价（2002-1）。

2.己J会计师事务所在对广东科龙电器股份有限公司2000年年度报表审计时：对科龙电器2000年度财务报告中未披露公司及其子公司广东科龙冰箱有限公司及广东科龙空调器有限公司与广东科龙（容声）集团有限公司2000年度资金往来的关联交易事项（3 000万元以上42笔，累计交易额256 988万元）没有提出反对或保留意见（2006-2）。

（六）利用其他专业机构成果

己P会计师事务所在对湖南天一科技股份有限公司2003年年度报表审计时：未实施必要的审计程序，检查、复核湖南中智诚联合会计师事务所出具的岳阳经济技术开发区泰和商城有限责任公司2003年财务报告，违反了《独立审计具体准则第13号——利用其他注册会计师的工作》第6、第8、第9条的规定，致使出具的审计报告含有虚假内容（2005-2）。

（七）期后事项、或有事项

戊I会计师事务所在对陕西煤航数码测绘（集团）股份有限公司2001年年度报表审计时：2002年2—4月，数码测绘将不良债权和存货作价13 287.52万元协议转让给煤航集团，煤航集团于2002年3月作出承诺，对数码测绘有关贷款和担保诉讼事项的损失予以偿付。根据有关会计制度和准则，上述资产转让为资产负债表日后非调整事项。戊I会计师事务所在数码测绘2001年度审计中，戊I会计师事务所未指出数码测绘财务报告将上述不良资产转让作为资产负债表日后调整事项处理违反了相关会计准则、制度，未能揭示数码测绘2001年度财务报表存在重大亏损的事实（2004-4）。

第三节　2008—2012年受到证监会行政处罚审计项目的违法事实

2008—2012年，证监会对乙B会计师事务所等12家会计师事务所开出18份《行政处罚决定书》。会计师事务所受到证监会行政处罚情况如表2-4所示。

表2-4　　2008—2012年受到证监会行政处罚会计师事务所及其数量统计表

序号	会计师事务所	行政处罚件数
1	乙B会计师事务所	3
2	癸J会计师事务所	3
3	庚Q会计师事务所	2
4	癸N会计师事务所	2
5	壬M会计师事务所	1
6	甲O会计师事务所	1
7	乙P会计师事务所	1
8	丙Q会计师事务所	1
9	丁R会计师事务所	1
10	戊E会计师事务所	1
11	戊S会计师事务所	1
12	壬S会计师事务所	1
	合计	18

受处罚的违法事实如下：

一、财务报表及其列报的违法事实

（一）经营收支

1.收入和成本

（1）乙B会计师事务所在对衡阳市金荔科技农业股份有限公司2002年、2003年年度报表审计时：在2002年、2003年年报审计过程中，在金荔科技衡阳总部和广州分公司多项购货合同和销货合同载明运费由金荔科技承担的情况下，未收集货物运输单据相关审计证据，未进一步核实金荔科技购销业务，导致未发现金荔科技虚构购销业务，出具了含有虚假内容的审计报告（2008–4）。

（2）甲O会计师事务所在对夏新电子股份有限公司2006年年度报表审计时：未按照规定对夏新电子资产负债表日后销售退回事项予以关注。在对资产负债表日后销售退回进行审计时，未对期后退回事项进行充分的内控程序测试；在“主营业务收入”底稿中，针对审计程序“检查决算日后所有在决算日前销售的退回记录”，丁B会计师事务所标注“N/A”，即不适用；抽查“主营业务收入”项目凭证中，甲O会计师事务所仅抽查了2006年3月、4月、5月的退货凭证，未对2007年1—3月的退货进行抽查；在资产负债表日前后进行截止性测试时，仅抽查了夏新电子2006年度凭证，未对2007年1—3月凭证进行抽查；在其他相关审计底稿中，也未见甲O会计师事务所针对期后销售退回所实施的相应审计程序，导致甲O会计师事务所未发现夏新电子未在2006年财务报表中对资产负债表日后销售退回进行恰当的会计处理（2009–3）。

（3）乙P会计师事务所在对金荔科技农业股份有限公司2006年年度报表审计时：①乙P会计师事务所知悉金荔科技管理层存在改善财务业绩、歪曲财务报表的压力，将审计风险评估为高水平，确认接近资产负债表日所取得的3 500万元佣金收入为主要的审计风险，将公司管理层诚信和管理能力评估为低水平，在3 500万元佣金收入所涉及的账务处理极其复杂的情况下，未按照要求，针对金荔科技与秦皇岛路建工程机械有限公司、上海天地源企业有限公司、上海奉志实业有限公司的资金往来关系真实性向这3家公司进行函证，未就上海天地源企业有限公司开立的本票真实性函证出票行为，也未对金科德盛新技术有限公司和张家界金荔科技杜仲业发展有限公司注册资金来源实施审计。乙P会计师事务所在未获得充分、适当的审计证据的情况下审计确认该笔重大收入。②在金荔科技董事长刘某超介绍2006年度收入状况与居间合同业务取得的收入存在重大差异的情况下，未按照要求，实施相应的审计程序，致使未能发现虚假佣金收入业务（2009–4）。

2.费用

（1）乙B会计师事务所在对大唐电信科技股份有限公司2004年年度报表审计时：①在对“在建工程—北京永丰产业园项目”科目进行审计时，未对大唐电信将2004年度内合计720万元应计入管理费用的两笔支出转入在建工程提出异议。②对大唐电信本应计入财务费用的10 463 225.90元的法律服务中介费用提出了不当审计调整意见，将律师费用和相关中介费用从财务费用转为长期股权投资（2008–3）。

（2）癸J会计师事务所在对山东九发食用菌股份有限公司2005年、2006年年度报表审计时：九发股份2006年年报审计前，存在大量虚减负债情况，2006年年报审计时做了审计调整，但对九发股份虚减负债的利息没有补记，从而没有发现九发股份在财务费用信息披露虚假记载的事实（2008–5）。

（3）乙P会计师事务所在对金荔科技农业股份有限公司2006年年度报表审计时：①应提未提资产减值准备和折旧摊销的情况下，为防止公司退市，出具了无保留意见的审计报告。②未按照要求，采取相应的审计措施，在计算出固定资产折旧和无形资产摊销后，仍未在其出具的审计差异汇总表及财务报告中予以调整，致使审计确认少计固定资产折旧和无形资产摊销22 274 855.74元（2009–4）。

3.资产减值

乙B会计师事务所在对大唐电信科技股份有限公司2004年年度报表审计时：大唐电信2004年年报中少提应收款项的坏账准备6 884 298.36元，乙B会计师事务所未指出大唐电信计提坏账准备与公开披露的会计政策不一致的事实（2008–3）。

4.投资收益

（1）乙B会计师事务所在对大唐电信科技股份有限公司2004年年度报表审计时： 大唐电信2004年年报有关投资收益12 639 073.27元确认依据不充分，乙B会计师事务所未发现该项投资收益确认不当的事实（2008–3）。

（2）丙Q会计师事务所在对华通天香集团股份有限公司2004年年度报表审计时： 在对天香集团控股子公司深圳市华天投资发展有限公司2004年转让中关村证券股份有限公司股权所获投资收益3 512.50万元事项进行审计时，在上述股权转让未经我会批准，有关确认投资收益的条件不完全具备的情况下，违反独立审计准则相关规定，未对该事项的会计处理进行调整。在对天香集团2004年转让北京金伟凯医学生物技术有限公司股权所获投资收益16 761 202.77元事项进行审计时，在上述股权转让未经天香集团2004年度股东大会审议通过的情况下，违反独立审计准则相关规定，未对该事项的会计处理进行调整。在对天香集团2004年转让福建建瓯天香绿色食品工程有限公司股权所获投资收益3 475 409.38元事项进行审计时，在上述股权转让未经天香集团2004年度董事会审议通过的情况下，违反独立审计准则相关规定，未对该事项的会计处理进行调整（2009–5）。

5.利润

乙B会计师事务所在对衡阳市金荔科技农业股份有限公司2002年、2003年年度报表审计时： 未保持合理的职业谨慎，未对公司提供的文件实施相应的审计程序，核实其真实性，导致没有发现金荔科技虚假减免2003年度农业特产税680.60万元，2002年度农业特产税183.45万元，从而虚增主营业务利润，出具了含有虚假内容的审计报告（2008–4）。

（二）资产负债

1.货币资金

（1）癸J会计师事务所在对山东九发食用菌股份有限公司2005年、2006年年度报表审计时： 九发股份2005年通过承兑汇票到期付款不入账而虚增银行存款（2008–5）。

（2）壬S会计师事务所在对东莞市方达再生资源产业股份有限公司2007年、2008年年度报表审计时： ST方源2007年年度财务报告虚增银行存款64 398 301.72元，2008年年度财务报告虚增银行存款64 759 952.63元，壬S会计师事务所未发现ST方源的财务舞弊行为，为ST方源2007年和2008年年度财务报告出具了无保留意见附带强调事项的审计报告（2011–2）。

2.存货

**庚Q会计师事务所在对陕西精密合金股份有限公司2002年、2003年年度报表审

计时：缺少必要审计程序，未能发现8 947万元虚假存货（2008-6）。

3. 长期股权投资（含股权转让）

壬M会计师事务所在对浙江信联股份有限公司2002—2004年年度报表审计时：对信联股份向深圳盛宏网络技术发展有限公司（现更名为深圳市冠群实业有限公司，以下简称盛宏网络）转让武汉迅宏科技投资有限公司（现更名为武汉迅宏科技有限公司）股权业务核实股权转让款时，未履行充分的审计程序，因而未能确认由盛宏网络代深圳市日昇实业有限公司支付2 000万元款项的事实。信联股份实际收到的股权转让款为3 080万元，占总价款的38.12%，但壬M会计师事务所在上述转让股权未完成过户，且收取的转让款不足50%的情况下，未能对其相应的会计处理提出异议，并未能在2002—2004年度出具的审计报告中对公司确认5 080万元股权转让款提出异议（2008-2）。

4. 固定资产、无形资产

（1）癸N会计师事务所在对北亚实业（集团）股份有限公司2002—2005年年度报表审计时：北亚实业2002年度虚列固定资产原值为876 782 845元，占当期资产总额的23.7%。北亚实业2003年度、2004年度和2005年度虚列固定资产原值均为568 810 345元（2009-1）。

（2）乙P会计师事务所在对金荔科技农业股份有限公司2006年年度报表审计时：在知悉2006年追回的资产已被冻结、存在权属不清的情况下，未按照要求，采取相应的审计措施，对上述资产实施进一步审计程序；在注册会计师认为上述资产不具备确认为资产条件、以资抵债属于虚假清欠的情况下，确认为资产，致使对固定资产和无形资产虚增79 059 574.12元发表了不正确的审计意见（2009-4）。

5. 在建工程

乙B会计师事务所在对衡阳市金荔科技农业股份有限公司2002年、2003年年度报表审计时：审计人员在2002年年报审计过程中，虽履行了一定程序，核对了工程合同和发票，但未关注合同项下的工程物资等实物流转过程，获取充分、适当的审计证据，导致没有发现金荔科技2002年虚列在建工程3 124万元，出具了含有虚假内容的审计报告（2008-4）。

6. 应收应付

（1）乙B会计师事务所在对衡阳市金荔科技农业股份有限公司2002年、2003年年度报表审计时：在2002年年报审计过程中，未获取发票和合同相关审计证据，导致未发现金荔科技虚构应付广东农科所树苗款555万元的行为，出具了含有虚假内容的审计报告（2008-4）。

（2）丁R会计师事务所在对南京中北（集团）股份有限公司2003年、2004年年度报表审计时：未按规定审计内部往来科目。2003年报审计底稿中，南京中北提供的内部往来明细表显示，2003年南京中北与“贸易公司”之间内部往来借贷方发生额均为37 230 500.00元，但南京中北的内部往来明细账显示，两者之间的发生额为948 248 383.10元。永华所对上述差异未充分关注并扩大审计范围，未实施内部往来发生额检查、测试程序，导致其未能发现南京中北内部往来发生额的异常情况，未发现南京中北与“贸易公司”往来的实质为与万众企业的往来（2010–2）。

7.银行借款

癸J会计师事务所在对山东九发食用菌股份有限公司2005年、2006年年度报表审计时：九发股份2005年年报财务报表少计银行借款314 000 000元（2008–5）。

（三）财务报表列报（信息披露）

庚Q会计师事务所在对陕西精密合金股份有限公司2002年、2003年年度报表审计时：未能揭示大额定期存单质押担保情况（2008–6）。

二、违反审计准则及其他规定的违法事实

（一）审计目标、计划与总结

乙P会计师事务所在对金荔科技农业股份有限公司2006年年度报表审计时：（1）对金荔科技2006年度会计报表审计建立在金荔科技完成资产置换、实现重组的基础上。在审计报告日前金荔科技没有完成资产置换，业务环境已发生变化的情况下，乙P会计师事务所没有修改其审计策略，在审计过程中忽略了对风险的再评估。（2）没有制订具体审计计划，没有安排项目组讨论，存在审计内部控制上的重大遗漏。（3）以“避免公司退市”作为审计目的，偏离了财务报表审计目标（2009–4）。

（二）审计程序

1.收入、利润审计程序

乙B会计师事务所在对成都聚友网络股份有限公司2001—2003年年度报表审计时：作为收入确认重要证据之一的酒店每月和聚友网络视讯收入的核账单上，都注明了酒店与聚友网络的结算方式是酒店“将以上款项通过银行汇入贵方指定账户”。聚友网络收取视讯业务收入款的方式与双方约定的款项支付方式不一致。2001—2003年，注册会计师对于收入确认过程中可能出现的重大差异和可能出现的舞弊行为没有进行关注，没有追加任何审计程序（2010–1）。

2.成本费用审计程序

（1）甲O会计师事务所在对夏新电子股份有限公司2006年年度报表审计时：未按照规定对夏新电子2006年度预提的返利价保的完整性获取充分、适当的审计证据，

并实施充分的审计程序。在对2006年度返利价保预提事项审计时，未进一步采取其他替代性程序，去关注期后进维护核算系统的相关记录（2009-3）。

（2）戊S会计师事务所在对北海银河高科技产业股份有限公司2004年年度报表审计时：未对银河科技明显的舞弊迹象实施必要的审计程序。戊S会计师事务所审计银河科技2004年年度财务报告的审计工作底稿显示，银河科技本部2004年销售收入1.35亿元，而经营费用——运杂费发生额为0元；银河电气2004年销售收入2.23亿元，经营费用——运杂费138万元。审计工作底稿收录的银河科技本部及银河电气的销售合同第4点显示："运杂费由销货方承担，其中运输费按实际发生费用开运输发票，其余按设备款开增值税发票。"部分合同显示公司应提供工程劳务。部分销售合同显示购货方遍布全国各地，银河科技本部销售额1.35亿元没有发生的运杂费、银河电气的运杂费全部为公路货运发票，金额也明显偏低。对这些明显有悖常理的情况，会计师将运输费用在营业费用中一并审计，工作底稿中对此可能发生的舞弊没有实施任何相应审计程序的记载（2011-1）。

3.货币资金、银行借款审计程序

（1）庚Q会计师事务所在对陕西精密合金股份有限公司2002年、2003年年度报表审计时：未严格履行必要的审计程序，未能揭示大额银行虚假存款。在对2002年度、2003年度货币资金项目审计过程中，未能按照规定，相关审计人员专业胜任能力不足，缺乏专业敏感性，未能保持应有的职业谨慎。按照中国人民银行《单位定期存单质押贷款管理规定》（1999年9月3日）的规定，单位定期存单只能为质押贷款的目的而开立和使用。对中信实业银行广州分行西湖路支行5 000万元存款、兴业银行广州天河北支行19 500万元存款虽然进行了函证，但对其转为定期存单对外质押情况未予以关注，未进一步采取必要的审计程序，未能揭示精密股份大额定期存单质押担保的重大事项，未能发现资金真实来源及去向（2008-6）。

（2）丁R会计师事务所在对南京中北（集团）股份有限公司2003年、2004年年度报表审计时：①未按规定审计货币资金科目。在南京中北2003年、2004年年报审计中，南京中北的银行存款未分银行账户记账，审计人员对这种明显违反《企业会计制度》的情况未能合理评估审计风险。审计人员未根据审计程序表中"抽查对账单，将其与银行日记账核对，确定是否存在未入账情况"执行审计程序，未发现南京中北与南京万众之间大量与生产经营无关的往来和大额资金发生额未入账的情况。②未按规定审计短期借款科目。在实施2003年、2004年短期借款利息测试的审计程序时，对部分利息测试差异明显异常的结果未予以充分关注，没有追加适当的审计程序，导致未发现南京中北部分短期借款未入账的情况（2010-2）。

（3）庚Q会计师事务所在对陕西精密合金股份有限公司2002年、2003年年度报表审计时：在对2002年度、2003年度货币资金的审计过程中，未能按照规定，实施充分必要的审计程序。在2002年年报审计时，导致未能发现精密股份在兴业银行广州环市东支行的5 000万元虚假存款。在2003年年报审计时，对存放于兴业银行广州天河北支行的19 500万元货币资金，在已经得知该笔资金转户的情况下，未取得与该笔大宗资金相关的活期账户流水单原件，对审计证据获取不足，导致未能发现该笔资金已经转出的事实（2008-6）。

4. 应收应付往来审计程序

（1）癸J会计师事务所在对山东九发食用菌股份有限公司2005年、2006年年度报表审计时：癸J会计师事务所在对九发股份2005年其他应收款进行审计时，抽查到公司虚假冲减其他应收款的凭证，但是没有关注并履行相关程序，从而没有发现九发股份虚减其他应收款的事实；在审计中，癸J会计师事务所取得了九发股份与正大物贸没有经营往来，却频繁发生资金往来，且累计发生额巨大的审计证据，癸J会计师事务所没有按规定履行必要的审计程序。癸J会计师事务所在抽查到九发股份虚减其他应收款的部分凭证时，没有关注并实施必要的审计程序，从而没有发现九发股份虚减其他应收款的事实（2008-5）。

（2）癸J会计师事务所在对山东德棉股份有限公司2007年年度报表审计时：德棉股份与德棉集团的全资子公司德州瑞杰置业有限公司（以下简称瑞杰置业）没有经营往来，2007年却频繁发生资金往来，癸J会计师事务所对德棉股份与瑞杰置业的资金往来应当予以关注但没有关注，在审计时没有实施有效的审计程序（2009-2）。

（3）甲O会计师事务所在对夏新电子股份有限公司2006年年度报表审计时：未按照规定对夏新电子“应收票据”科目未区分“银行承兑汇票”“商业承兑汇票”保持应有的关注。在对应收票据进行审计时，所抽查的凭证号为5000045266、5000045095、5000045083的记账凭证所附的票据号为03151018、05939918、06422551的应收票据均为商业承兑汇票，但抽查结论仍为“未见异常”“可以确认”，从而未发现夏新电子商业承兑汇票披露存在误导性陈述（2009-3）。

（4）癸J会计师事务所在对潍坊亚星化学股份有限公司2009年年度报表审计时：①未履行充分的分析程序，未发现亚星化学少计应付票据金额的事实，形成了错误核查验证结论。其一，在获取银行询证函回函后，未将询证函上列示的保证金金额与其对应的未到期银行承兑汇票相核对，也未将询证函上列示的未到期银行承兑汇票与应付票据明细账相核对，致使未发现亚星化学向上海廊桥国际贸易有限公司开具的大量银行承兑汇票未记账的事实。其二，未将“企业基本信用信息报告”中显示的“已结清信贷信息—银行承兑汇票”金额与应付票据科目余额表相核对，因此未发现二者的差异。其三，未将上海廊桥的询证函所列示信息与2009年度亚星化学向上海廊桥开具的银行承兑汇票相核对，因此未发现二者的重大差异。②在发函没有收到回函的情况下，未实施有效的替代程序。在对恒丰银行青岛分行发函未收到回函的情况下，未实施其他有效的替代程序，未发现亚星化学向上海廊桥开具的以恒丰银行青岛分行作为出票行的两笔金额分别为1 000万元和2 000万元的银行承兑汇票未记账的事实（2012-1）。

（5）丙C会计师事务所在对山东华阳科技股份有限公司2008年、2009年年度报表审计时：①2008年10月，华阳科技向关联方山东华阳农药化工集团有限公司（以下简称华阳集团）划转资金30 000 000元，华阳科技将上述资金划转记录为向宁阳县光明经贸有限公司（以下简称光明经贸）、宁阳兴发工贸有限公司（以下简称兴发工贸）、宁阳县鸿顺物资购销站（以下简称鸿顺物资）和宁阳东方玻璃制品有限公司（以下简称东方玻璃）预付货款30 000 000元。丙C会计师事务所获取了华阳科技与光明经贸、兴发工贸、鸿顺物资和东方玻璃的购货合同，但合同中约定的商品采购数量与华阳科技2008年实际采购量出现严重偏离，对于这一异常情况，丙C会计师事务所的审计人员只是听取华阳科技的解释、收集华阳科技与上述4家机构的购货合同，未获取充分的证据。除上述30 000 000元外，华阳科技在2008年与光明经贸、兴发工贸、鸿顺物资和东方玻璃基本没有业务往来，对此，丙C会计师事务所的审计人员没有保持合理的职业怀疑。丙C会计师事务所的审计人员将未加盖华阳科技印章的华阳科技与上述4家机构的购货合同作为审计证据，没有对合同中所列事项进一步获取充分的解释和恰当的审计证据，没有对审计证据的适当性、可靠性进行职业判断。由于丙C会计师事务所没有按照规定对华阳科技2008年财务报表进行审计，导致没有发现华阳科技向光明经贸、兴发工贸、鸿顺物资和东方玻璃预付货款不真实，没有发现华阳科技向华阳集团划转资金的事实。

②2008年，华阳科技向关联方泰安华天化工有限公司（以下简称华天化工）划转资金19 788 000元，华阳科技将上述资金划转记录为向山东金阳矿业集团有限公司（以下简称金阳矿业）划转资金。由于华阳科技与金阳矿业的资金往来数额较大，在对华阳科技2008年财务报表进行审计时，丙C会计师事务所的审计人员对金阳矿业进行了函证，但没有收到金阳矿业的回函。在没有金阳矿业回函的情况下，丙C会计师事务所的审计人员仅获取了一份2008年1月10日华阳科技向金阳矿业购买原煤的14 080 000元合同，但未进一步实施有效的替代程序。由于丙C会计师事务所没有按照规定对华阳科技2008年财务报表进行审计，导致没有发现华阳科技向金阳矿业划转资金不真实，没有发现华阳科技向华天化工划转资金的事实。

③2009年12月，华阳科技控股子公司宁阳鲁邦正阳热电有限责任公司（以下简称鲁邦热电）以预付煤炭款的形式支付给宁阳县运通煤炭物资有限公司（以下简称运通煤炭）、宁阳县运展煤炭销售有限公司（以下简称运展煤炭）和宁阳县鲁兴煤炭运销有限公司（以下简称鲁兴煤炭）资金48 504 717.29元，运通煤炭、运展煤炭和鲁兴煤炭收到资金后支付给华阳集团，华阳集团再支付给鲁邦热电。对鲁邦热电2009

年的货币资金进行审计时，丙C会计师事务所的审计人员获取了鲁邦热电向运通煤炭、运展煤炭和鲁兴煤炭预付账款的凭证和华阳集团向鲁邦热电划转资金的凭证，资金进出的时间、金额完全相同，鲁邦热电2009年预付账款期末数较期初数的变动比例为808.70%，丙C会计师事务所的审计人员对鲁邦热电存货中原煤、煤矸石的采购量和使用量进行分析后认为鲁邦热电预付的款项是合理的。但即便考虑煤炭涨价的因素，鲁邦热电2009年年底预付的大额购买原煤、煤矸石的款项与鲁邦热电的生产需求规模相比也不配比、不合理；对此，丙C会计师事务所的审计人员在审计时未充分执行分析程序，没有对鲁邦热电的上述资金划转保持应有的职业怀疑。由于丙C会计师事务所没有按照规定对华阳科技2009年财务报表进行审计，导致没有发现鲁邦热电向运通煤炭、运展煤炭和鲁兴煤炭预付账款不真实，没有发现华阳科技向关联方华阳集团划转资金的事实（2012-2）。

（三）函证与监盘

1.函证

（1）庚Q会计师事务所在对中油龙昌（集团）股份有限公司2002年、2003年年度报表审计时：就龙昌公司以伪造的银行进账单虚构18 000万元银行存款、从中国银行廊坊分行贷款9 000万元、虚构收取武汉绿洲企业（集团）有限公司违约金等事项进行审计、向银行等单位进行函证时，未按照注册会计师执业规则的规定，对函证的发出及收回保持控制，而是将有关函证的发函和收函交由龙昌公司完成，未能勤勉尽责，保持应有的职业谨慎，为龙昌公司2002年、2003年年度财务报表出具了无保留意见的审计报告，对龙昌公司披露的2002年和2003年财务报告存在虚假记载内容负有审计责任（2008-1）。

（2）癸J会计师事务所在对山东九发食用菌股份有限公司2005年、2006年年度报表审计时：在对九发股份2005年期末银行存款余额进行审计时，没有按照规定的程序进行函证，没有发现上述①虚增银行存款的事实。在对九发股份2005年短期借款进行审计中，没有按照的规定程序进行函证；在没有收到询证对象询证回函时，没有执行有效的替代程序，没有发现九发股份2005年年报财务报表少计银行借款的事实。九发股份与正大物贸没有经营往来，却频繁发生资金往来，且累计发生额巨大，正源所在九发股份2006年财务报表审计中，没有对“其他应收款—正大物贸”进行函证，且对大额的虚假转账凭证没有关注（2008-5）。

（3）癸J会计师事务所在对山东德棉股份有限公司2007年年度报表审计时：未按照审计准则的要求选择函证样本，对询证函的发出、收回没有保持控制，在对部分往

① 编著者：“上述”系指“九发股份2005年通过承兑汇票到期付款不入账而虚增银行存款”。

来账项没有发函或没有收到回函的情况下未实施有效的替代程序（2009–2）。

（4）乙B会计师事务所在对成都聚友网络股份有限公司2001—2003年年度报表审计时：①2001年和2002年，会计师在实施应收账款和收入的函证程序时，虽然执行了函证程序，但是无论回函结果如何，均未对未回函酒店实施其他有效替代性审计程序。②2001—2003年，会计师的审计工作底稿中没有对发函情况的记载和回函情况的汇总统计，会计师没有对函证过程进行谨慎全面的控制，违反审计操作程序，导致未发现回函印章与真实印章不一致等情况（2010–1）。

（5）丁R会计师事务所在对南京中北（集团）股份有限公司2003年、2004年年度报表审计时：未按规定执行函证控制程序。在执行银行函证程序时，由南京中北财务人员代为填写询证函的内容，由南京中北财务人员代替会计师向银行进行确认。审计底稿显示，一些银行的贷款是被分拆成单笔进行填列、函证的，同一银行的贷款不在同一张函证体现（2010–2）。

（6）戊S会计师事务所在对北海银河高科技产业股份有限公司2004年年度报表审计时：未对函证程序保持合理控制。戊S会计师事务所在审计银河科技2004年度应收账款时，审计工作底稿显示，审计据以确认当年应收账款余额真实性的依据一是函证，二是替代审计程序（抽查凭证及查验销售合同），三是核对财务报告截止日后的回款情况。注册会计师从当年2 553个客户中选取了574家客户进行了函证，函证金额695 015 181.07元，占2004年应收账款余额的87%，回函客户50户，回函确认金额43 753 536.61元，占2004年应收账款余额的5%，对未回函的客户，会计师未选择继续函证或其他替代程序。注册会计师在发出应收账款询证函的同时根据应收账款明细账抽查了记账凭证441 099 441.03元，占年度财务报告合并销售收入1 182 285 133.35元的37%（2011–1）。

（7）壬S会计师事务所在对东莞市方达再生资源产业股份有限公司2007年、2008年年度报表审计时：经查，壬S会计师事务所的银行函证工作是交由ST方源有关人员进行的，壬S会计师事务所在对ST方源2007年和2008年年度财务报告的审计过程中未按照要求，由注册会计师直接发出并收回询证函（2011–2）。

2.监盘

（1）庚Q会计师事务所在对陕西精密合金股份有限公司2002年、2003年年度报表审计时：在2002年度、2003年度存货审计过程中，虽然执行了相关审计程序，但未能按照规定，对公司存货管理中存在的内控缺陷，对盘点中出现的较大数量的盘盈、盘亏未能追加相应的审计程序，查明差异根源，取得充分、适当的审计证据，而是简单地以公司的说明作为确认依据，未能发现存货大量亏空的事实。在2003年年报审计时，对精密股份存放于兴业银行广州环市东支行的5 000万元、中信实业银行广州西湖路支行的5 000万元货币资金进行审计的过程中，未能按照审计函证准则有关要求，严格控制函证程序，取得银行函证及对账单的原件，导致未能发现货币资金账实不符的情况（2008-6）。

（2）癸N会计师事务所在对北亚实业（集团）股份有限公司2002—2005年年度报表审计时：癸N会计师事务所未能按照规定，对本年度（2002年）新增运输工具进行实地抽查。癸N会计师事务所获取郑州铁路局、哈尔滨铁路局的说明作为替代程序。在两个铁路局出具的说明不能有效、充分证明上述固定资产的存在的情况下，癸N会计师事务所也未能就说明中的车辆与北亚实业当期新增的运输工具是否一致获得进一步的审计证据，未能发现上述固定资产存在虚假的情况。在此三年（2003年、2004年和2005年）年报审计中，癸N会计师事务所对北亚实业固定资产进行审计时，只对当年新增加的固定资产、部分房屋和办公用品进行抽盘，未对期末固定资产中运输工具执行盘点或抽盘程序。虽然在2003年审计中取得了关于上述运输工具固定资产一定的审计证据，但审计程序不充分、不到位，未能发现上述[①]。固定资产存在虚假的情况（2009-1）。

（四）审计工作底稿

戊E会计师事务所在对华夏建通科技开发股份有限公司2004年、2005年年度报表审计时：2007年11月，由己T会计师事务所吸收合并庚E会计师事务所、辛F会计师事务所成立戊E会计师事务所。重组完成后，己T会计师事务所相关审计工作底稿由戊E会计师事务所负责保管。因戊E会计师事务所无法查找并提供己T会计师事务所对华夏建通北京分公司2004年度、2005年度短期投资科目及预付账款科目的审计底稿、对世信科技发展有限公司2005年度其他应收款科目及预付账款科目的审计底稿，导致证监会调查人员无法了解会计师相关年度相关科目的审计工作过程，也无法判断审计尽职情况。因此，戊E会计师事务所对己T会计师事务所审计华夏建通2004年年度报告和2005年年度报告的业务工作底稿的保存和借阅管理工作存在疏漏（2010-3）。

（五）关联方及关联交易

（1）癸J会计师事务所在对山东九发食用菌股份有限公司2005年、2006年年度报表审计时：九发股份与正大物贸没有经营往来，却频繁地发生大额的资金往来，且2005年12月通过转账凭证将与正大物贸巨额资金往来余额转平，正源所在抽查到部分转账凭证的情况下，未实施相关审计程序以核查识别正大物贸是否为关联

① 编著者："上述"系指"北亚实业2002年度虚列固定资产原值为876 782 845元，占当期资产总额的23.7%。北亚实业2003年度、2004年度和2005年度虚列固定资产原值均为568 810 345元"。

方，以及与正大物贸之间的资金往来是否是关联交易。癸J会计师事务所在对九发股份2006年其他应收款进行审计时，注意到九发股份与正大物贸之间有巨额资金往来，二者之间存在票据融资关系，同时九发股份存在对正大物贸签发票据到期不入账的情况，并对此做了审计调整。根据《中国注册会计师审计准则第1323号——关联方》的规定，会计师对上述情况应当予以关注并核查识别正大物贸是否为关联方。如果无法取得充分适当证据，应当根据上述准则第十六条“出具恰当的非无保留意见审计报告”，但癸J会计师事务所没有遵守上述准则，在九发股份没有充分披露巨额关联往来的情况下出具了标准无保留意见审计报告（2008-5）。

（2）癸J会计师事务所在对山东德棉股份有限公司2007年年度报表审计时：2007年3月16日至2007年12月31日，德棉股份向其控股股东山东德棉集团有限公司（以下简称德棉集团）累计提供资金316 700 000元，累计收回资金281 770 000元，截至2007年12月31日未收回资金余额34 930 000元。为避免信息披露，德棉股份采取不将上述提供资金的情况记入会计记录的行为，以及假借与其他机构发生交易的行为，造成德棉股份2007年年度财务报表虚假陈述。德棉股份也没有在2007年年度财务报表中对上述关联交易予以披露（2008-2）。

（3）乙P会计师事务所在对衡阳市金荔科技农业股份有限公司2006年年度报表审计时：对关联方审计程序严重缺失，未进行函证，没有就资金占用金额与大股东进行核对，没有取得该项债务重组协议，并在未能确认关联方欠款是否真实的情况下，对2006年12月金荔科技调增资产冲抵大股东欠款的事项进行了确认（2009-4）。

（4）癸J会计师事务所在对潍坊亚星化学股份有限公司2009年年度报表审计时：亚星化学在2009年年度报告中，未披露与潍坊亚星集团有限公司（以下简称亚星集团）的关联交易金额。在出具的《关于潍坊亚星化学股份有限公司2009年度控股股东及其他关联方占用资金情况专项说明》中存在重大遗漏（2012-1）。

（六）期初余额

乙P会计师事务所在对衡阳市金荔科技农业股份有限公司2006年年度报表审计时：在认定其他应收款和坏账准备期初数时，没有对去向待查的应收款项及兴业银行保证金进行函证，也未执行替代程序，未对期初数取得充分、适当的审计证据，在此情况下，万隆所确认其他应收款全额计提坏账准备105 530 604.82元（2009-4）。

（七）质量控制与独立复核

（1）乙B会计师事务所在对大唐电信科技股份有限公司2004年年度报表审计

时： 刘某作为大唐电信2004年年报审计的项目负责人，同时又是乙B会计师事务所的部门经理，在出具审计报告前，乙B会计师事务所未另行指定其他人员代为执行部门经理的工作底稿复核工作，未有效执行三级复核制度。审计工作底稿中没有留下工作底稿复核人的签名和复核意见，乙B会计师事务所也无法提供相应的复核记录（2008-3）。

（2）癸J会计师事务所在对山东九发食用菌股份有限公司2005年、2006年年度报表审计时： 癸J会计师事务所进行九发股份2005年年报审计的项目负责人为张某文，签发报告的副主任会计师为张某辉，而签字注册会计师为许某祐、崔某余，上述事实违反了财政部《关于注册会计师在审计报告上签名盖章有关问题的通知》（财会〔2001〕1035号）"有限责任会计师事务所出具的审计报告，应当由会计师事务所主任会计师或其授权的副主任会计师和一名负责该项目的注册会计师签名盖章"之规定。九发股份2006年年报审计报告签字注册会计师为张某全、刘某寅，而张某全、刘某寅两人同时是癸J会计师事务所质量监管部人员，在九发股份年报审计项目中又是质量控制复核人员，违反了《会计师事务所质量控制准则第5101号——业务质量控制》有关项目质量控制的相关规定（2008-5）。

（3）戊S会计师事务所在对北海银河高科技产业股份有限公司2004年年度报表审计时： 在知悉银河科技虚增收入且未进行重大差错更正的情况下，仍然出具了无保留意见审计报告。2005年2月，戊S会计师事务所及其会计师在实施银河科技2004年年度财务报告审计时，对银河科技被财政部广西专员办于2004年下半年检查并发现虚增2002—2003年销售收入的行为和被北海市政府处罚的情况知情，仍然出具了无保留意见审计报告。刘某俊称，戊S会计师事务所原计划要出具有保留意见的审计报告，但是在出具2004年年度审计报告前，北海市政府对银河科技的处罚为内部不公开处罚；银河科技董事长潘某和总裁王某生向戊S会计师事务所保证3年内把存在的财务问题调整到位，保证3年内不会再有新的检查，戊S会计师事务所同意出具无保留意见的审计报告（2011-1）。

第四节 2013—2017年受到证监会行政处罚审计项目的违法事实

2013—2017年，证监会对丙C会计师事务所等14家会计师事务所及注册会计师下达《行政处罚决定书》24份，具体如表2-5所示。

表2-5　2013—2017年受到证监会行政处罚的会计师事务所及其数量统计表

序号	会计师事务所	行政处罚件数
1	丙C会计师事务所	5
2	乙B会计师事务所	3
3	甲A会计师事务所	4
4	辛R会计师事务所	2
5	壬I会计师事务所	1
6	己F会计师事务所	1
7	庚G会计师事务所	1
8	己T会计师事务所	1
9	丁D会计师事务所	1
10	辛H会计师事务所	1
11	乙L会计师事务所	1
12	丁D会计师事务所	1
13	壬S会计师事务所	1
14	甲U会计师事务所	1
	合计	24

受处罚的违法事实如下：

一、财务报表及其列报的违法事实

（一）经营收支

1.收入和成本

（1）己T会计师事务所在对宝硕股份有限公司2014—2015年年度报表审计时：①2004年对河北宝硕股份有限公司创业塑料分公司（以下简称创业分公司）主营业务成本、主营业务收入、虚构利润、将虚增的货币资金虚交宝硕股份的审计问题。创业分公司于2004年自制采购凭证80单，自制采购发票295张，通过虚假原材料采购虚增主营业务成本232 720 492.80元。创业分公司当年报表显示主营业务成本为397 504 111.72元。创业分公司虚开采购原材料的发票全部是用本公司的销售发票加盖“保定市轻工物资供销公司”和“保定市德利得物流有限公司”的章充当采购原材料的发票，发票存根联在创业分公司保存。己T会计师事务所在存货计价测试表中对当年采购的原材料数量、金额予以确认。但是，抽查凭证中没有对保定市轻工物资供销公司的采购发票进行抽查；己T会计师事务所没有对占创业分公司原材料采购量第一的供应商——虚构的保定市轻工物资供销公司进行关注。2004年，创业分公司自制销售凭证259单，虚开销售发票1 196张，虚开结算中心单据1 043张，通过虚假销售虚增主营业务收入284 900 000.00元。创业分公司2004年以收到销售货款的名义，通过资金结算中心进账单的形式增加账面银行存款284 900 000.00元。己T会计师事务所未向结算中心核验销售回款的真实情况，也未取得外部结算单据，就对创业分公司当年销售收入449 378 146.43元予以确认。创业分公司通过上述虚假行为，虚增主营业务收入284 900 000.00元，虚增主营业务成本232 720 492.80元，虚增销售利润52 179 507.20元，宝硕股份因此增加2004年度利润52 179 507.20元。己T会计师事务所未对创业分公司2004年度虚增主营业务收入284 900 000.00元、虚增主营业务成本232 720 492.80元、虚增利润52 179 507.20元的行为提出异议。己T会计师事务所对创业分公司当年主营业务利润51 874 034.71元予以确认。创业分公司2004年将虚增的52 179 507.20元以上缴利润的名义，通过其在结算中心开立的账户上交宝硕股份财务处账户。创业分公司将虚增的货币资金52 179 507.20元以上缴利润的名义以支票形式上缴宝硕股份的资金，在资金结算中心没有划转记录。创业分公司支票付款在结算中心没有记录，没有资金出款。己T会计师事务所未向结算中心核验资金凭证的真实情况，就对169-01账户和169-04账户的资金余额予以确认。

②2005年对创业分公司主营业务成本、主营业务收入、虚构利润、将虚增的货币资金虚交宝硕股份的审计问题。创业分公司于2005年自制采购凭证79单，自制采购发票266张，通过虚假原材料采购虚增主营业务成本184 710 194.30元。创业分公司当年主营业务成本审定数为456 140 569.59元。创业分公司当年虚开采购原材料的发票中，有227张是用本公司的销售发票加盖“保定市轻工物资供销公司”的章充当采购原材料的发票，上述发票存根联在创业分公司保存。己T会计师事务所制定存货审计程序、编制存货审定表、库存商品审定表、原材料审定表、存货计价测试表等表格，存货审定表中对当年采购的原材料数量、金额予以确认。但是，抽查凭证中没有对保定市轻工物资供销公司的采购发票进行抽查，己T会计师事务所没有对创业分公司原材料采购的第一供应商——保定市轻工物资供销公司进行关注。2005年，创业分公司自制销售凭证289单，虚开销售发票，虚开结算中心单据，通过虚假销售虚增主营业务收入269 179 998.14元。2005年，创业分公司以收到销售货款的名义，通过资金结算中心进账单的形式增加1300166520805000 0169-04账号的账面银行存款269 179 998.14元。己T会计师事务所未向结算中心核验销售回款的真实情况，也未取得外部结算单据，就对创业分公司当年销售收入531 012 987.66元予以确认。创业分公司通过上述虚假行为，当年虚增主营业务收入269 179 998.14元，虚增主营业务成本184 710 194.30元，虚增销售利润84 469 803.84元。己T会计师事务所未对创业分公司2005年度虚增主营业务收入269 179 998.14元、虚增主营业务成本184 710 194.30元、

虚增销售利润84 469 803.84元的行为提出异议。己T会计师事务所对创业分公司当年主营业务利润74 872 418.07元予以确认。2005年，创业分公司虚制凭证32单、虚开支票32张，将虚增的资金差额84 469 803.84元，以上缴利润的名义通过其在结算中心开立的账户上交给宝硕股份在资金结算中心的账户。创业分公司将虚增的货币资金84 469 803.84元以上缴利润名义以支票形式上交宝硕股份的资金，在资金结算中心没有划转记录。创业分公司付款支票在结算中心没有付款记录，没有资金出款。己T会计师事务所未向结算中心核验资金凭证的真实情况，就对169–01账户和169–04账户的资金余额予以确认（2014–3）。

（2）辛R会计师事务所在对吉林成城集团股份有限公司2011年、2012年年度报表审计时：对成城股份与上海科泉物资供应有限公司（以下简称上海科泉）的重大、异常资产交易未保持对公司舞弊的职业怀疑，审计程序执行不到位，收集的审计证据不充分，导致未发现成城股份虚构向上海科泉出售物华广场一层、二层商铺的资产交易事项，该笔虚假交易虚增2012年度收入18 444万元，虚增2012年度利润总额5 265万元，使2012年成城股份业绩由亏损转为盈利，导致审计报告内容存在虚假记载（2015–1）。

（3）丙C会计师事务所在对华锐风电科技（集团）股份有限公司2011年年度报表审计时：华锐风电于2011年1月在上海证券交易所上市，主要从事风力发电设备的开发、生产和销售。2012年4月11日，华锐风电披露2011年年报，确认风电机组收入1 686台，营业总收入10 435 516 390.57元，营业总成本9 918 543 020.0元，营业利润529 215 613.35元，利润总额739 440 394.00元，报告期内风电工程项目适用的会计政策为商品销售收入。华锐风电通过制作虚假吊装单提前确认收入的方式，在2011年度提前确认风电机组收入413台，对2011年度财务报告的影响为：虚增营业收入2 431 739 125.66元、营业成本2 003 916 651.46元，多预提运费31 350 686.83元，多计提坏账118 610 423.77元，虚增利润总额277 861 363.60元，占2011年利润总额的37.58%（2015–2）。

（4）丁D会计师事务所在对上海大智慧股份有限公司2013年年度报表审计时：2013年12月，大智慧将不满足收入确认条件的软件产品销售确认为当期销售收入，导致2013年提前确认收入87 446 901.48元。2013年12月，大智慧对部分客户以非标准价格销售软件产品，经查该售价主要是以“打新股”“理财”为名进行营销，虚增2013年销售收入2 872 486.68元（2016–2）。

（5）丙C会计师事务所在对福建连城兰花股份有限公司2012—2014年9月报表审计时：福建金森林业股份有限公司披露的《重大资产重组报告书（草案）》存在虚假记载。2014年5月，福建金森开展并购福建连城兰花部分股权的工作，丙C会计师事务所系福建金森本次重大资产重组的审计机构。福建金森2015年1月13日披露的《重大资产重组报告书（草案）》中记载：连城兰花2012年度、2013年度、2014年1月至9月营业收入分别是177 377 491.72元、186 013 693.61元、158 593 486.80元。调查查实，连城兰花2012年度、2013年度、2014年1月至9月实际的营业收入是149 121 841.72元、158 550 198.61元、136 446 406.80元，各年（期）虚增营业收入分别为28 255 650元、27 463 495元、22 147 080元，虚增比例分别为15.93%、14.76%、13.96%（2016-4）。

（6）甲A会计师事务所在对辽宁振隆特产股份有限公司2012—2014年年度报表审计时：①2012—2014年，振隆特产出口收入分别占各年主营业务收入的73.25%、84.4%、85.27%。经查，振隆特产以虚增出口销售单价方式虚增利润，虚增各年利润金额分别占当年利润总额的8.61%、20.81%、67.33%。②2012—2014年，振隆特产各年末存货余额分别占资产总额的44%、39%、26%。经查，振隆特产分别通过调节出成率、调低原材料采购单价以及未在账面确认已处理霉变存货损失的方式虚增利润和存货。虚增利润金额分别占当年利润总额的25.52%、32.85%、32.43%（2017-3）。

（7）乙L会计师事务所在对杭州天目山药业股份有限公司2013年年度报表审计时：2013年，天目药业子公司黄山天目薄荷药业有限公司将受托加工业务按一般采购销售业务进行会计处理，致使天目药业2013年财务报表主营业务收入虚增4 504.98万元、主营业务成本虚增4 504.98万元（2017-4）。

（8）丁D会计师事务所在对浙江步森服饰股份有限公司与广西康华农业股份有限公司重大资产重组出具康华农业2011—2013年和2014年1—4月报表审计时：审计未发现康华农业三年又一期财务报表错报总体情况。中国证券监督管理委员会《行政处罚决定书》(〔2016〕21号）认定，康华农业2011年、2012年、2013年和2014年1—4月虚构对广西万里种业有限公司销售收入12 068 133元、12 008 957.8元、12 203 897元、9 579 332元（2017-5）。

（9）壬S会计师事务所在对珠海市博元投资股份有限公司2012年、2013年年度报表审计时：2011年12月，博元投资为掩盖股改业绩承诺款未真实履行的情况，虚构付款33 482万元购入面值34 705万元的银行承兑汇票。其后，博元投资通过票据贴现、票据置换及用票据支付预付款的交易，导致2012年年度财务报表中虚增资产36 455.83万元（占资产总额的62%），虚增负债876.26万元，虚增营业收入和利润均为1 893.2万元（分别占营业收入、利润总额的10%、90%）；2013年年度财务报表中虚增资产37 800万元（占资产总额的62%），虚增营业收入和利润均为2 364.54万元（分别占营业收入、利润总额的9%、258%）。经查，上述票据均无前手的背书记录，且存在博元投资与银行提供的票据复印件的票面信息、票面样式、印章位置不一致，或者相关票据在承兑银行查无相应票号的情况（2017-6）。

（10）丙C会计师事务所在对浙江九好办公服务集团有限公司2013—2015年年

度报表审计时：九好集团2013年、2014年和2015年分别虚增收入17 269 096.11元、87 556 646.91元、160 646 712元（2017-7）。

2.费用

（1）己T会计师事务所在对宝硕股份有限公司2014—2015年年度报表审计时：①2004年对宝硕股份贷款利息、贴现息挂账的审计问题。2004年宝硕股份通过其他应收款科目与保定德利得公司（以下简称德利得）共发生往来580笔，其中借方发生393笔，发生额为2 943 064 815.26元，贷方发生187笔，发生额为2 943 064 815.27元，余额为-0.01元。宝硕股份将2004年发生的25笔贷款利息共17 307 151.81元，计入“其他应收款—德利得”科目的借方中。宝硕股份因此少记财务费用，增加2004年度利润17 307 151.81元。宝硕股份2004年通过其分、子公司宝硕股份氯碱分公司、型材公司、德玛斯公司和绿源公司银行账户办理53笔票据贴现业务，贴现资金划归宝硕股份使用，发生的21 882 067.42元的贴现利息没有计入财务费用。宝硕股份将其计入“其他应收款—德利得”科目的借方中。宝硕股份因此少记财务费用，增加2004年度利润21 882 067.42元。己T会计师事务所的审计工作底稿中未见其对德利得的大额往来款项进行抽验及替代性测试，对宝硕股份与德利得的异常交易没有关注。

②2005年对宝硕股份贷款利息、贴现息挂账的审计问题。2005年宝硕股份通过其他应收款科目与德利得共发生往来467笔，其中借方发生299笔，发生额为2 549 359 087.52元；贷方发生168笔，发生额为2 549 359 087.52元，借贷方累计发生额为5 098 718 175.04元，年末余额为0元。宝硕股份将2005年发生的159笔银行贷款利息共12 946 854.64元，计入“其他应收款—德利得”科目的借方中。宝硕股份的银行存款日记账记载了上述159笔银行付款记录。德利得会计凭证后附有12 946 854.64元的宝硕股份名下贷款利息单。宝硕股份2005年通过氯碱分公司、型材公司银行账户办理2笔票据贴现业务，贴现资金划归宝硕股份使用，发生的158 304.60元贴现利息转给宝硕股份。宝硕股份将其计入“其他应收款—德利得”科目的借方中。宝硕股份上述两项合计13 105 159.24元未列入财务费用，导致虚增2005年度利润13 105 159.24元。己T会计师事务所审计人员编制的其他应收款明细表中债务人项下没有德利得公司。己T会计师事务所对宝硕股份2005年度财务报告的审计工作底稿显示审计人员抽查了7笔宝硕股份与德利得往来的会计凭证，总金额为226 200 000.00元，但是己T会计师事务所对这一巨额异常交易没有实施进一步的审计程序（2014-3）。

（2）丁D会计师事务所在对上海大智慧股份有限公司2013年年度报表审计时：对于大智慧2014年跨期计发2013年年终奖的情况，丁D会计师事务所未根据重要性按照权责发生制的原则予以调整。大智慧将应归属于2013年的年终奖跨期计入2014年的成本费用，导致2013年少计成本费用24 954 316.65元（2016-2）。

（3）甲U会计师事务所在对怀集登云汽配股份有限公司IPO报表、2013年及2014年年度报表审计时：①IPO（三年又一期）及2014年年报提供审计服务过程中，未对登云股份与江苏申源特钢有限公司资金往来的性质持续保持应有的职业审慎，从而未能发现登云股份少确认贴现费用的情形。按照合同约定，登云股份向江苏申源特钢有限公司（以下简称申源特钢）以承兑汇票方式支付货款的金额不得超过总采购金额的70%。2013年1月至6月登云股份向申源特钢的采购金额为3 258.72万元（含税），登云股份实际向申源特钢支付的承兑汇票为3 926.01万元，超出合同约定可使用承兑汇票限额为1 644.9万元；2014年登云股份向申源特钢的采购金额为6 545.59万元（含税），登云股份实际向申源特钢支付的承兑汇票为10 030.06万元，超出合同约定可使用承兑汇票限额为5 448.15万元。甲U会计师事务所未对登云股份与申源特钢资金往来的性质持续保持应有的职业审慎，未发现登云股份少确认贴现费用的情形。②2013年年报出具的审计报告未充分关注三包索赔费用的异常情况，未考虑到三包索赔费用回函差异的影响，未进一步采取恰当核查措施，导致未能发现登云股份三包索赔费用未入账的情况。登云股份2013年三包索赔费未计入当年销售费用5 020 406.98元，其中甲U会计师事务所因未勤勉尽责而未能发现的三包索赔费用为2 422 328.73元。甲U会计师事务所未对发行人与申源特钢资金往来的性质持续保持应有的职业审慎，从而未能发现登云股份少确认贴现费用的情形。登云股份2013年贴现票据产生的利息未计提费用2 929 311.2元（2017-8）。

3.利润

（1）庚G会计师事务所在对河南莲花味精股份有限公司2007—2008年年度报表审计时：2007年对公司1.944亿元政府补助的账务处理，因会计师专业判断错误和审计程序不到位、审计证据不充分，未能发现政府补助未到位致使公司当年利润总额虚增1.944亿元。2008年对公司3亿元政府补助账务处理，因会计师专业判断错误和审计程序不到位、审计证据不充分，未能发现政府补助的虚假性的事实，致使公司当年利润总额虚增3亿元；当年公司有4 167万元收到的政府补助会计处理错误，审计中未能发现和调整，致使公司营业利润增加4 167万元，营业外收入减少4 167万元，影响了公司的利润结构（2014-2）。

（2）丁D会计师事务所在对上海大智慧股份有限公司2013年年度报表审计时：提前一个月将民泰（天津）贵金属经营有限公司财务报表纳入大智慧信息科技的合并范围，导致大智慧2013年合并财务报表虚增利润8 250 098.88元，虚增商誉4 331 301.91元（2016-2）。

（3）甲A会计师事务所在对海南亚太实业发展股份有限公司2013年年度报表审计时：亚太实业未根据定价依据对所持济南固锝48%股权对应的长期股权投资计提减值准备2 377 904.37元，导致其2013年虚增净利润2 377 904.37元（未考虑所得税因素），占当期净利润的90.54%。2013年12月31日，济南固锝冲回2013年10月所做凭证，并根据甲A会计师事务所要求在下一个凭证中冲减当期营业成本5 300 000.00元，对应调增产成品5 300 000.00元，并将剩余55 085.00元通过借记“本年利润红字55 085.00元”，贷记“利润分配—未分配利润红字55 085.00元”进行会计处理。该会计处理方式导致亚太实业2013年虚增净利润2 570 440.80元（未考虑所得税因素），占亚太实业当期净利润的97.87%（2017-1）。

（4）乙L会计师事务所在对杭州天目山药业股份有限公司2013年年度报表审计时：天目药业将以前年度计提的“其他应付款—责任制考核”费用用于处理2013年年末的存货和应收账款共178.39万元，致使存货跌价准备和应收账款坏账准备当年多转回178.39万元，导致2013年年报利润虚增178.39万元，占当年利润总额的61.9%（2017-4）。

（二）资产负债

1.货币资金

（1）丁D会计师事务所在对浙江步森服饰股份有限公司与广西康华农业股份有限公司重大资产重组出具康华农业2011—2013年和2014年1—4月报表审计时：审计未发现康华农业三年又一期财务报表错报总体情况。中国证券监督管理委员会《行政处罚决定书》(〔2016〕21号）认定，康华农业2011年虚增银行存款163 948 934.5元，2012年虚增银行存款309 704 967.33元，2013年虚增银行存款418 598 990.8元，2014年1—4月虚增银行存款498 034 904.17元（2017-5）。

（2）丙C会计师事务所在对浙江九好办公服务集团有限公司2013—2015年年度报表审计时：2015年虚构3亿元银行存款，且未披露借款3亿元并质押的事实（2017-7）。

2.存货

甲A会计师事务所在对辽宁振隆特产股份有限公司2012—2014年年度报表审计时：2012—2014年，振隆特产各年末存货余额分别占资产总额的44%、39%及26%。经查，振隆特产分别通过调节出成率、调低原材料采购单价以及未在账面确认已处理霉变存货损失的方式虚增利润和存货。虚增存货金额分别占各年末资产总额的3.11%、6.51%及7.26%（2017-3）。

3.长期股权投资（含股权转让）

（1）辛R会计师事务所在对吉林成城集团股份有限公司2011年、2012年年度报表审计时：对成城股份2011年度、2012年度年报审计时，辛R会计师事务所将成城股份对安华农业保险股份有限公司（以下简称安华保险）的投资定为可能存在较高重大错报风险的领域，对于成城股份就该笔初始投资会计处理的异常，以及2011年安华保险实收资本发生重大变化的情况下，辛R会计师事务所未追加必要的审计程序，导致未发现成城股份对安华保险的1 000万元原始投资虚假记载为5 000万元，导致审计报告内容出现虚假记载（2015-1）。

（2）己T会计师事务所在对宝硕股份有限公司2014—2015年年度报表审计时：2005年对宝硕股份股权转让资金的审计问题。2005年2月20日，宝硕股份将所持有的宝硕深圳投资公司95%股权转让给大股东宝硕集团，转让价23 288 901.17元。宝硕股份凭证后附有资金结算中心“银行进账单”，显示1300166520805000169-01账户收到23 288 901.17元。资金结算中心证明没有上述资金划付业务的发生。己T会计师事务所制定了长期股权审定程序、长期股权审定表、长期股权投资明细表。未发现己T会计师事务所抽验宝硕股份转让深圳公司的原始凭证的审计记录。己T会计师事务所确认的长期股权投资审定数37 070 958.75元中包含宝硕股份收回深圳公司的23 288 901.17元的投资收益（2014-3）。

（3）丁D会计师事务所在对上海大智慧股份有限公司2013年年度报表审计时：未对大智慧全资子公司股权收购购买日的确定执行充分适当的审计程序。审计工作底稿“长期股权投资——成本法××子公司审核表（初始计量）”明细表编制不完整，确认合并（购买）日的审计表格未填列，无法确定其具体执行了何种审计程序以确定购买日。审计工作底稿后附的审计证据中，未见会计师所称据以认定购买日的支持性文件（2016-2）。

4.在建工程

乙B会计师事务所在对广西北生药业股份有限公司2004年年度报表审计时：2004年，北生药业通过虚列在建工程并支付预付工程款的方式，向关联方腾盛建筑转移资金25 480万元，虚列在建工程25 480万元（2014-4）。

5.应收应付

丁D会计师事务所在对浙江步森服饰股份有限公司与广西康华农业股份有限公司重大资产重组出具康华农业2011—2013年和2014年1—4月报表审计时：审计未发现康华农业三年又一期财务报表错报总体情况。中国证券监督管理委员会《行政处罚决定书》（〔2016〕21号）认定，2012年、2013年虚构应收万里种业款项889 915元、776 000元；2012年、2013年虚构应收三亚金稻谷南繁种业有限公司（以下简称金稻谷）款项1 762 182元、2 007 900元（2017-5）。

6.银行借款

庚G会计师事务所在对河南莲花味精股份有限公司2007—2008年年度报表审计时：2007年对公司建行1.98亿元贷款债务转移的账务处理，因会计师专业判断错误和审计程序不到位、审计证据不充分，未能发现建行贷款实际未转移的事实，致使公司当年债务虚减1.98亿元。2008年对公司工行3.22亿元贷款转移的账务处理，因会计师专业判断错误和审计程序不到位、审计证据不充分，未能发现政府补助的虚假性和工行贷款实际未转移的事实，致使公司当年银行贷款减少3.22亿元（2014-2）。

（三）会计政策、会计估计变更和会计差错更正

甲A会计师事务所在对海南亚太实业发展股份有限公司2013年年度报表审计时：对于已识别的济南固锝质量索赔款会计差错，未采取适当措施予以处理。2012年济南固锝将质量索赔款5 355 085.00元确认为营业外支出。2013年10月，鉴于质量索赔款未实际支付且具体赔偿金额尚不能合理确定，济南固锝认为2012年确认营业外支出时会计估计不准确，遂冲减2013年营业外支出5 355 085.00元。甲A会计师事务所在审计中发现该会计差错后，并未要求济南固锝按照《企业会计准则》进行追溯调整，而是要求济南固锝直接调减本期营业成本，虚增产成品。2013年12月31日，济南固锝冲回2013年10月所做凭证，并根据甲A会计师事务所要求在下一个凭证中冲减当期营业成本5 300 000.00元，对应调增产成品5 300 000.00元，并将剩余55 085.00元通过借记“本年利润红字55 085.00元”，贷记“利润分配—未分配利润红字55 085.00元”进行会计处理。该会计处理方式导致亚太实业2013年虚增净利润2 570 440.80元（未考虑所得税因素），占亚太实业当期净利润的97.87%（2017-1）。

二、违反审计准则及其他规定的违法事实

（一）与前任注册会计师沟通

（1）丙C会计师事务所在对福建连城兰花股份有限公司2012—2014年9月报表审计时：未执行前后任注册会计师的沟通程序。2015年1月，福建金森与己F会计师事务所解除合作关系，聘请丙C会计师事务所为重大资产重组的审计机构。丙C会计师事务所业务承接评价表（索引号B07）未显示丙C会计师事务所曾关注变更会计师事务所的原因，或与前任注册会计师进行过必要的沟通（2016-4）。

（2）丁D会计师事务所在对浙江步森服饰股份有限公司与广西康华农业股份有限公司重大资产重组出具康华农业2011—2013年和2014年1—4月报表审计时：丁D会计师事务所审计工作底稿《与前任会计师的沟通记录》记载，2014年6月12日，丁D会计师事务所签字注册会计师王某成、肖某和就重大资产重组中康华农业三年又一期财务报表审计与康华农业前任辛V会计师事务所签字注册会计师邓某、李某琦，在辛V会计师事务所办公室进行了沟通。经核查，《与前任会计师的沟通记录》系补编，前后任注册会计师没有真正进行过沟通。丁D会计师事务所虚构了与康华农业前任注册会计师沟通的审计程序（2017-5）。

（二）审计范围

己T会计师事务所在对宝硕股份有限公司2014—2015年年度报表审计时：①2004年年度财务报告审计范围没有包含资金结算中心。2001年12月宝硕股份成立内部单位“宝硕股份资金结算中心”，负责办理宝硕股份及其分、子公司的内部资金往来结算业务，并负责管理开户单位在银行的存款。该资金结算中心没有取得有关金融许可证书，不属于金融机构。宝硕股份及其分、子公司均在资金结算中心开立存款账户。各公司在资金结算中心的账号为资金结算中心在银行开户账号后加缀二级账号。宝硕股份通过资金结算中心伪造962-01账户的资金结算凭证，虚构资金划转。资金结算中心证明没有上述业务发生。工作底稿中未发现己T会计师事务所对资金结算中心实施审计的痕迹。②2005年财务报告审计范围没有包含资金结算中心问题。宝硕股份通过资金结算中心伪造962-01账户的资金结算凭证，虚构资金划转。资金结算中心证明没有上述业务发生。未发现己T会计师事务所对结算中心实施审计的痕迹（2014-3）。

（三）审计目标、计划与总结

（1）甲A会计师事务所在对辽宁振隆特产股份有限公司2012—2014年年度报表审计时：未按审计准则及其设计的舞弊风险应对措施、总体审计策略执行相应的审计程序。对振隆特产2013年及2014年财务报表进行审计时，将存货评估为存在舞弊风险，将存货和营业成本评估为存在重大错报风险，并将存货评估为存在特别风险。在舞弊风险应对措施中提出，在观察存货盘点的过程中实施额外的审计程序，例如，更严格地检查包装箱中的货物、存货堆放方式等。但注册会计师在监盘过程中，在振隆特产的存货密集堆放，各垛物品间没预留可查看空间的情况下，只对顶层、侧面以及外围的存货进行抽样检查，未对垛中心存货进行检查。此外，甲A会计师事务所在总体审计策略中提出，核对库房进销存账与财务账是否一致，但实际未执行（2017-3）。

（2）壬S会计师事务所在对珠海市博元投资股份有限公司2012年、2013年年度报表审计时：2012年未按审计计划的要求执行进一步审计程序。壬S会计师事务所在审计计划工作底稿中评价应收票据存在重大错报风险，并在具体审计计划中明确提出，对于应收票据科目，除应取得应收票据获取过程的证据、实施盘点之外，要对票据真实性实施查询程序、获取银行的确认函。但壬S会计师事务所在实际执行中并未完成到票据承兑银行对票据真实性进行查询并获取银行确认函的审计程序，审计工作底稿中也未说明未执行该项审计程序的原因（2017-6）。

（四）了解被审计单位及其环境、重大错报风险识别和风险应对、分析程序

（1）辛R会计师事务所在对万福生科（湖南）农业开发股份有限公司2008—2010年及2011年上半年报表审计时：IPO审计阶段未对评估的重大错报风险实施恰当的审计程序。在评价万福生科舞弊风险时，认为其管理层为满足上市要求和借款融资需求，有粉饰财务报表的动机和压力。在已识别出包括营业收入、应收账款、预付账款等在内的重大错报风险领域的情况下，辛R会计师事务所及其注册会计师未实施有效的进一步审计程序（2013–2）。

（2）丙C会计师事务所在对华锐风电科技（集团）股份有限公司2011年年度报表审计时：识别、评估舞弊风险因素存在缺陷。2011年，受国家风电行业政策的较大影响，华锐风电整体业绩出现大幅下滑，未见会计师执行相关审计程序以获取相应审计证据的风险识别轨迹，会计师对"竞争激烈或市场饱和，且伴随着利润率的下降""客户需求大幅下降，所在行业或总体经济环境中经营失败的情况增多"的风险评估结果是"不存在"，其风险评估结果与当时企业所处的行业状况明显不符（2015–2）。

（3）丙C会计师事务所在对福建连城兰花股份有限公司2012年至2014年9月报表审计时：对连城兰花的风险评估程序未执行到位，未能识别和评估财务报表重大错报风险。丙C会计师事务所了解被审计单位及其环境（不包括内部控制）的审计底稿（索引号CA）显示，会计师实施的风险评估程序包括：向被审计单位项目总体负责人询问主要业务和行业发展状况等信息、对兰花专家进行访谈、对经销商及花卉市场进行调研与询价等；审计底稿中兰花市场调研总结（索引号CA–4）显示，对兰花市场的调研分为南线组（具体路线为：南昌、九江、南京、镇江、扬州、常州、江阴、常熟、太仓、昆山及南宁）、北线组（具体路线为：长春、大连、呼和浩特、天津、唐山、廊坊、济南、烟台、郑州、武汉、长沙、广州、龙岩）、北京组（北京地区花卉市场及北京4个经销商）和广州组（广州陈村花卉市场）进行；审计总结显示，项目组专程到昆明对昆明市西山区兰花协会秘书长李某某进行访谈，在盘点现场对中国植物学会兰花分会理事长罗某某进行访谈。截至调查日，会计师未向我会提供向被审计单位项目总体负责人询问主要业务和行业发展状况的工作记录；对昆明市西山区兰花协会秘书长李某某的访谈记录为复印件，且没有记录参加访谈的项目组成员，也未能提供项目组成员的出行记录；未能提供项目组成员进行市场调研的出行记录，未能证明会计师或其他审计项目组成员执行了上述审计程序（2016–4）。

（4）壬S会计师事务所在对珠海市博元投资股份有限公司2012年、2013年年度报表审计时：①2012年风险评估程序存在缺陷。其一，未执行了解内部控制的审

计程序。其二，对与票据置换相关业务的风险评估不恰当。博元投资2012年票据置换相关业务存在以下重大、异常情形：一是应收票据发生额及期末余额、账面确认的收益额均重大，其中，应收票据余额占总资产的62%、占净资产的387%，应收票据贴现收入形成的利润占博元投资2012年利润总额的90%；二是博元投资票据置换业务不存在真实、合法的商品交易基础，缺乏合理的商业实质，属于非常规交易业务；三是票据换出业务和换入业务的对手方主要集中在一家公司——天津同杰科技有限公司（以下简称天津同杰），与天津同杰发生的换出票据的面值占当年换出总面值的91%，换入票据的面值占当年换入总面值的100%；四是全年与票据置换、贴现业务相关的交易额为154 560.86万元，涉及的资金流水仅一收一支两笔，金额均为6 200万元，占全年与票据置换、贴现业务相关的交易额比例为8%，且资金收支仅间隔5天，即全年票据置换、贴现业务涉及的资金净流入为0；五是涉及上述6 200万元资金收、付的银行账户于2012年开户，又于当年销户，且6 200万元收、付款分别占该账户收款额、付款额的近100%。壬S会计师事务所未充分关注以上重大、异常情形，仅将货币资金、其他应收款评估为舞弊风险，且风险并不重大，“导致财务报告重大错报风险的可能性”为“中”。壬S会计师事务所在已经关注到“公司管理层可能存在鉴于控制人的压力调节利润”“当期损益的准确合理性、资产负债的完整性、准确性、资产的安全性均存在风险”的情况下，未保持应有的职业谨慎和职业怀疑，未在风险评估工作底稿中将“应收票据”和“营业收入”等项目评估为舞弊风险或特别风险。壬S会计师事务所对博元投资票据置换相关事项的风险评估结论不恰当。此外，壬S会计师事务所在2012年审计工作底稿中，对风险评估的结果存在多处不一致甚至自相矛盾的情况，导致难以判断壬S会计师事务所风险评估的最终结果。

②2013年风险评估程序存在缺陷。博元投资2013年票据置换相关业务存在以下重大、异常情形：其一，因票据置换业务确认的收益（包括换入后以预付款支付产生的收益）分别占当年营业收入的9%、利润总额的258%，以换入票据对外支付形成的预付账款占年末资产总额的43%；其二，票据置换业务属于非常规交易业务，不存在真实、合法的商品交易基础，缺乏合理的商业实质；其三，当年与天津同杰的票据置换达148 255.83万元，账面确认的收益达1 347.25万元，但均无实际现金流；其四，票据委托贴现业务收款时间在12月31日；其五，博元投资以票据背书给深圳壹时通供应链管理有限公司等4家公司作为预付款，是以扣除贴现利息后的金额计价，而非通常以票据结算时的票据面值计价。壬S会计师事务所未充分关注以上重大、异常情形，未将与票据置换业务相关的银行存款、应收票据、其他业务收入等项目评估为舞弊风险或特别风险。壬S会计师事务所对博元投资票据置换相关事项的风险评估结论不恰当，且存在风险评估结果多处不一致的情况（2017–6）。

（五）审计程序

1.收入、利润审计程序

（1）乙B会计师事务所在对云南绿大地生物科技股份有限公司2004年至2006年和2007年半年报表审计时：绿大地2004—2006年财务报表披露的各年度前5大销售客户与实际不符，经查，乙B会计师事务所的审计底稿中没有记录对绿大地前5大销售客户的审计程序（2013-1）。

（2）壬I会计师事务所在对山西天能科技股份有限公司首次公开发行股票并上市报表审计时：2011年10月15日，壬I会计师事务所出具壬I会计师事务所审字〔2011〕第1—2538号《山西天能科技股份有限公司审计报告》，审计意见认为天能科技财务报表已经按照企业会计准则的规定编制，在所有重大方面公允反映了其财务状况以及2011年1—9月、2010年度、2009年度、2008年度的经营成果和现金流量。壬I会计师事务所根据我会的要求，对天能科技举报信、媒体报道事项进行核查，于2012年4月6日出具《壬I会计师事务所关于山西天能科技股份有限公司举报信有关问题进行核查的报告》（以下简称天能科技IPO审计核查报告），核查意见为：发行人应县道路亮化工程、金沙植物园太阳能照明工程、和谐小区太阳能照明项目等三个光伏系统应用项目收入确认符合企业会计准则的规定，不存在提前确认收入和虚增收入的情形。经查，壬I会计师事务所在天能科技IPO审计过程中取得的部分审计证据相互矛盾，包括：天能科技IPO审计工作底稿与天能科技财务凭证不一致，审计工作底稿中审计证据不一致，天能科技IPO核查工作底稿中审计证据不一致，核查工作底稿与审计工作底稿中审计证据不一致。而且，壬I会计师事务所在天能科技IPO审计过程中，未对所发出的询证函汇总并进行有效控制。在对上述三个工程项目的财务审计中，对于在天能科技IPO审计过程中部分审计证据相互矛盾、相关资金流转异常，以及政府招投标程序缺失等情况，壬I会计师事务所未予关注并追加必要的审计程序（2013-3）。

（3）己F会计师事务所在对广东新大地生物科技股份有限公司2009—2011年年度报表审计时：在审计新大地2009年主营业务收入项目的过程中，己F会计师事务所对新大地2009年主营业务毛利率进行了统计，并将统计结果记录于工作底稿，但未对毛利率巨幅波动（3月为-104.24%，11月为90.44%）作出审计结论，也未对异常波动的原因进行分析。在审计新大地2011年主营业务收入项目的过程中，在12月毛利率与全年平均毛利率偏离度超过33%的情况下，未保持适当的职业审慎，得出全年毛利率无异常波动的结论；且在审计当年应收账款过程中，也未保持适当的职业审慎，未发现2011年12月新大地现金销售回款占当月销售回款43%的异常情形，也未对上述两项异常进一步查验（2013-4）。

（4）庚G会计师事务所在对河南莲花味精股份有限公司2007—2008年年度报表审计时：对于2007年莲花味精将未到位的政府补助入账、虚增利润事项，会计师未履行以下审计程序：①政府补助中所指补助资产为项城市天安科技有限公司（以下简称天安科技）1.944亿元欠款，对于该债权的真实性、交接手续、可收回性均没有履行相应的审计程序；②其他应收款、其他应付款科目审计中，没有获得天安科技的函证；③没有取得建行1.98亿元贷款的贷款合同；④没有取得建行项城支行银行借款和银行存款的函证回函；⑤在贷款卡信息内容不完整的情况下，没有实施进一步审计程序。对于2008年莲花味精在政府补助没有实际到位的情况下，将尚未到位的政府补助款项入账的事项，会计师未履行以下审计程序：①政府补助中所指补助资产为天安科技3亿元欠款，对于该债权的真实性、交接手续、可收回性均没有履行相应的审计程序；②其他应收款、其他应付款科目审计中，没有对该3亿元、3.22亿元发生额履行相应的审计程序；③没有取得工行贷款的贷款合同；④在银行借款科目的函证里，没有取得工行项城支行的回函；⑤在贷款卡信息内容与三方《债务转让协议》内容明显矛盾的情况下，没有实施进一步审计程序（2014–2）。

（5）丙C会计师事务所在对华锐风电科技（集团）股份有限公司2011年年度报表审计时：①了解、评价销售与收款循环内部控制设计和有效性测试存在缺陷。会计师没有根据企业自身特点，对确认销售收入的流程控制点，如客服部提供的项目日动态表、货到现场后设备验收单进行描述或测试。

②执行收入循环审计程序存在缺陷。其一，吊装单可靠性问题。华锐风电确认收入的关键证据即吊装单，会计师未对吊装单的可靠性进行合理判断。根据华锐风电2011年审计底稿，大部分吊装单仅有个人签字，而无业主方的盖章确认，会计师未对签字人员是否有权代表业主方签署吊装单进行有效验证；大部分吊装单未注明吊装日期，对于其吊装完成时点以及确认当期收入的合理性，会计师未予以充分关注。在吊装单存在上述严重不确定性的情况下，会计师未向公司索取项目日动态表、发货验收单等资料予以比对判断，未对吊装情况获取进一步的审计证据。其二，集中确认及合同执行问题。虚增或提前确认收入项目中有部分项目合同执行情况异常，吊装单标注日期或收入确认时点为临近资产负债表日，公司存在资产负债表日前集中确认收入的情形。在审计底稿中未见会计师对上述情况的原因进行关注和分析，并追加必要的审计程序予以解决。其三，发货单问题。根据华锐风电披露的确认收入的会计政策，“货到现场后双方已签署设备验收手续”是确认销售收入的依据之一，根据华锐风电2011年审计底稿，会计师未取得货物发运、验收手续相关证据，未能按照公司既定的会计政策履行相应的审计程序。其四，函证问题。会计师在审计计划中将应收账款函证作为重点审计程序，会计师执行函证程序存在以下问题：一是将甘肃华电玉门风力发电有限公司（218 544 000.00元）、国华能源投资有限公司

（165 652 300.00元）、大唐（科右中旗）新能源有限公司（59 202 042.73元）作为函证样本，但实际未发函；二是函证金额不完整，未对应收账款余额中未开具发票但已确认销售收入部分金额进行函证；三是回函比例过低，回函确认金额占年末应收账余额比例仅为17%。函证程序虽已执行，但未对应收账款余额、收入确认的真实性进行有效验证。其五，替代测试问题。会计师称他们对应收账款开票部分通过函证程序加以确认，而对于未开票部分、未回函客户，以及未函证的样本采取了替代测试，替代性测试中查看了吊装单、合同和项目回款，但其替代测试存在以下问题：未对部分未发函的函证样本进行替代测试。其替代性程序依赖的核心证据吊装单存在严重缺陷，在审计底稿中未见会计师对合同执行情况异常、无回款的项目予以关注和分析，并追加必要的审计程序予以解决。其六，截止性测试问题。会计师在审计计划中将“进行期末截止性测试，结合公司的期后发生额，检查公司收入确认的完整性”作为收入应履行的重点审计程序。但会计师未有效执行截止性测试，没有对收入确认的关键依据吊装单进行有效验证，其对截止性样本选择的解释缺乏专业判断和应有的职业谨慎（2015–2）。

（6）丁D会计师事务所在对上海大智慧股份有限公司2013年年度报表审计时：①未对销售与收款业务中已关注到的异常事项执行必要的审计程序。会计师在审计工作底稿中记录，大智慧2013年12月确认收入占全年的比重达37.74%（审计调整前，以母公司口径计算），并对在2014年1月1日至2月26日财务报表批准报出日间发生销售退回的22 422 913.77元收入进行了审计调整，调减了2013年收入。针对临近资产负债表日的软件产品销售收入大增，期后退货显著增加的情况，丁D会计师事务所在审计过程中未对退货原因进行详细了解。会计师仅执行了查验公司合同，抽样检查并获取软件开通权限单、销售收款单、退款协议、原始销售凭证等常规审计程序。没有根据公司销售相关的财务风险状况，采取更有针对性的审计程序，以获取充分的审计证据以支持审计结论。在面对客户数量较多，无法函证的情况下，也没有采取更有效的替代程序以获取充分适当的审计证据。②未对临近资产负债表日非标准价格销售情况执行有效的审计程序。姜某杰称关注到非标准价格销售的情况，并获取了销售部门的审批单。但是，相关过程没有在审计工作底稿中予以记录。同时，审计工作底稿程序表中“获取产品价格目录，抽查售价是否符合价格政策”的程序未见执行记录（2016–2）。

（7）乙B会计师事务所在对深圳海联讯科技股份有限公司IPO报表和2011年年度报表审计时：①未对海联讯2010年和2011年上半年收入、成本和毛利率的重大波动情况予以适当关注并实施相应的审计程序。在审计海联讯IPO财务报表时，未对海联讯2010年和2011年上半年收入、成本和毛利率的重大波动情况予以适当关注并实施相应的审计程序，导致未能发现海联讯2010年9月、2011年6月虚构合同虚增营业收入的舞弊行为，具体情况为：其一，乙B会计师事务所《重要产品主营业务收入、成本分析表》（2010年）审计工作底稿显示，海联讯2010年9月信息应用系统建设业务的销售成本率为22.45%，而当年其他11个月的销售成本率为52.47%—87.29%。其二，乙B会计师事务所《月度毛利率分析表》（2011年1—6月）审计工作底稿显示，海联讯2011年6月的主营业务收入数额是当年1月至5月主营业务收入总额的1.1倍、月平均数额的5.5倍，是上年6月主营业务收入数额的2.97倍；该月46.52%的主营业务毛利率，也远高于当年1—5月15.05%—30.55%和上年6月37.85%的主营业务毛利率水平。乙B会计师事务所未对海联讯2010年9月信息应用系统建设业务销售成本率及2011年6月主营业务收入、毛利率的重大波动进行调查并获取充分审计证据。

②未对海联讯2011年各月主营业务收入重大波动情况予以适当关注并实施相应的审计程序。乙B会计师事务所在审计海联讯2011年财务报表时，对已获取的审计证据显示的海联讯2011年各月主营业务收入的重大波动情况，未予以适当关注并实施相应的审计程序，导致未能发现海联讯2011年6月、9月虚构合同虚增营业收入的舞弊行为，具体情况为：乙B会计师事务所《主营业务收入明细表》（截至2011年12月31日）审计工作底稿显示，海联讯2011年6月、9月主营业务收入分别为5 716万元和8 072万元，而当年其他10个月的主营业务收入介于439万元至4 334万元之间。海联讯2011年6月、9月的主营业务收入，分别是当年其他10个月月均主营业务收入的2.9倍和4.1倍。乙B会计师事务所未对海联讯2011年6月、9月主营业务收入重大波动情况予以适当关注并实施相应审计程序（2016-5）。

（8）乙B会计师事务所在对深圳键桥通讯技术股份有限公司2009—2011年年度报表审计时和甲I会计师事务所在对键桥通讯技术股份有限公司2012年年度报表审计时（行政处罚责任由承继主体资格的甲A会计师事务所承担，下同）：①乙B会计师事务所未恰当识别和评估键桥通讯2009—2011年在收入确认方面的舞弊风险并实施相应的审计程序。乙B会计师事务所在键桥通讯2009—2011年度财务报表审计时，均未将收入确认识别为由于舞弊导致的重大错报风险（特别风险），对收入确认可能存在的舞弊风险未能审慎考虑，未能针对该项特别风险确定总体应对措施、设计和实施进一步审计程序。②甲I会计师事务所未恰当识别和评估键桥通讯2012年在收入确认方面的舞弊风险并实施相应的审计程序。甲I会计师事务所在键桥通讯2012年度财务报表审计时，未将收入确认识别为由于舞弊导致的重大错报风险（特别风险），对收入确认可能存在的舞弊风险未能审慎考虑，未能针对该项特别风险确定总体应对措施、设计和实施进一步审计程序（2016-6）。

（9）甲A会计师事务所在对辽宁振隆特产股份有限公司2012—2014年年度报表审计时：未保持应有的职业怀疑，未充分关注境外销售合同的异常情况。甲A会计师事务所在对振隆特产2012—2014年营业收入进行审计时，振隆特产提供的与各个境外销售客户签订的合同的格式大致相同，合同中缺少对外贸易合同的一些基本要素，如：对货物质量的约定（如纯度、含水率、破损率等）；包装标准；付款条件（如见票即付）；需要提交的文件（如发票、提单、各种检疫检验证明文件等）。甲A会计师事务所在审计时发现振隆特产在2012年前后使用的外销合同格式不一样，但未保持应有的职业怀疑，特别是在2013年及2014年营业收入存在舞弊导致的重大错报风险的情况下，对上述异常情况未予以充分关注（2017-3）。

（10）乙L会计师事务所在对杭州天目山药业股份有限公司2013年年度报表审计时：未对销售与收款业务中已关注到的异常事项执行必要的审计程序。乙L会计师事务所对天目药业子公司黄山薄荷2013年主营业务收入审计底稿中获取的审计证据及有关“审计说明”已经判定相关经济业务实质是加工业务，但仍未对公司的会计处理提出异议，作出了“经审计后无调整事项，发生额可以确认”的审计结论。乙L会计师事务所对天目药业子公司黄山薄荷的主营业务收入执行审计程序时，未保持应有的职业怀疑，仅获取了部分证据，未执行进一步的审计程序（2017-4）。

（11）丙C会计师事务所在对浙江九好办公服务集团有限公司2013—2015年年度报表审计时：对收入的审计程序不到位。丙C会计师事务所在审计时，对九好集团提供的与营业收入相关的合同、用印及收入证据不足等疑点，未予以充分关注。部分供应商与客户签订合同的日期或合同履约日期不在九好集团与供应商托管合同期限内。如供应商宁波百事通乐居房产经纪有限公司与宁波九好2013年托管期限为2013年2月22日至2014年2月21日，其中客户姚某刚、程某敏分别于2012年12月28日、2013年1月24日签订购房合同。供应商宁波添恒信息科技有限公司与客户的合同（合同期限2014年2月28日至2015年2月27日）中，乙方名字全部错写成“宁波恒添信息科技有限公司”，其中与客户宁波菲戈集团股份有限公司的合同签订日期为2014年1月10日，交货日期为2014年1月15日；与客户宁波市鄞州联安资产管理咨询有限公司合同签订日期为2014年2月13日，交货日期为2014年2月19日，均不在托管期限内。合同条款自相矛盾或用印错误。如供应商上海悦星货运代理有限公司与客户宁波市创舟金属材料有限公司、宁波美高电器有限公司合同期限均为一年，合同记载具体期限却分别为2013年12月1日至12月31日、2013年6月1日至7月31日。供应商宁波市北仑区柴桥仙踪林花木场与客户宁波甬政园林建设有限公司第一分公司签订的绿化施工合同，宁波甬政园林建设有限公司第一分公司用印位置盖的是宁波市曼林对外贸易有限公司的公章，而与客户宁波市曼林对外贸易有限公司的合同未盖章。供应商扬帆集团股份有限公司与九好集团签订管理咨询服务合同书的用印样式，与往来账项及交易询证函回函的用印样式不同。同一控制下的两家企业间的异常业务被九好集团确认为收入。供应商扬帆集团股份有限公司与其唯一客户浙江建龙钢铁实业有限公司均系北京建龙重工集团有限公司旗下公司，两者之间业务无须九好集团撮合。此外，买卖合同约定扬帆集团股份有限公司向浙江建龙钢铁实业有限公司销售船用钢板65 574吨，销售金额200 000 700元，而扬帆集团股份有限公司经营范围包括8万吨级以下船舶制造修理，应为买方。九好集团据以确认收入的供应商收入确认函、供应商与客户的合同等资料部分缺失。如供应商杭州天诚运通医药有限公司、上海大汉三通通信股份有限公司、杭州捷美洁餐饮管理有限公司等无收入确认函；供应商杭州三强信息技术有限公司、杭州同春建筑材料有限公司等与客户之间的合同、收入确认单大部分缺失，供应商杭州韵皇半导体科技有限公司等仅收集了增值税专用发票。供应商杭州安信检测技术有限公司与客户杭州西溪医院的合同为《杭州市公共资源交易中心政府采购合同书》，与客户桐庐县经济和信息化局的合同为《政府采购合同》，还有一些客户系党政机关或事业单位，采用招投标方式，九好集团却据此确认为其提供服务产生的营业收入。丙C会计师事务所在未取得充分的供应商与客户实际交易情况确认资料，缺少客户销货合同、发票、发货单、收款凭证等证明供应商收入的相关证据，且取得的部分证据存在明显异常的情况下，未发现九好集团确认收入的真实性存在问题（2017-7）。

（12）甲U会计师事务所在对怀集登云汽配股份有限公司IPO报表、2013年及2014年年度报表审计时：IPO（三年又一期）及2014年年报提供审计服务过程中，未对登云股份2013年6月的销售收入进行充分核查。甲U会计师事务所对登云股份2012年年报的审计工作中，登云股份美国子公司（以下简称美国登云）主营业务收入科目审计底稿部分，注册会计师抽凭范围包括“发票号码、装箱单、运单等单据是否齐全，装箱单、运单的型号数量与记账凭证是否一致，快递是否到达目的地，提货单是否齐全”；对登云股份2013年年报的审计工作中，美国登云主营业务收入科目审计底稿部分，注册会计师抽凭范围包括“与发票信息是否一致，提货单/快递单是否签字，单据是否齐全，发票号、订单号、装箱单号/快递单号”。甲U会计师事务所仅仅抽查了2013年6月15日、6月21日美国登云业务的“是否制作了装箱单、是否提供发票”两项内容，抽凭范围不恰当。甲U会计师事务所检查了登云股份对美国登云两笔业务的销售发票和发货清单，两批货物在登云股份登记的出具发票日期为6月15日及6月16日，发货时间也为6月15日及6月16日，而美国登云对Golden Engine Parts，Inc.（以下简称Golden Engine公司）的销售发票日期显示分别为6月15日及6月21日，美国登云确认收入的时间与登云股份发货时间相差无几，明显不符合正常海运周期。甲U会计师事务所未对上述异常情况保持职业谨慎，未按规定对登云股份2013年6月末的销售收入进行充分核查（2017-8）。

2.成本费用审计程序

甲A会计师事务所在对东莞勤上光电股份有限公司2013年年度报表审计时：对利息收入执行审计程序时未能勤勉尽责。勤上光电28个虚拟银行账户中，有13个在甲A会计师事务所工作底稿上显示为定期存款账户，借、贷方发生额总计均为1.83亿元，每笔定期存款都没有相对应的利息收入。甲A会计师事务所在未对上述银行账户执行函证程序的情况下，又没能保持应有的职业怀疑态度、对审计中的上述异常情况予以适当关注并实施相应的审计程序。同时，甲A会计师事务所制作的财务费用明细表（按月）（索引号：6350–1）工作底稿也显示，“利息收入主要核算本期定期存款所产生的利息收入，测算详见货币资金、应收利息底稿”，但甲A会计师事务所的货币资金应收利息底稿中未见对本期利息收入进行测算的相关记录（2017–2）。

3.货币资金、银行借款审计程序

（1）己T会计师事务所在对宝硕股份有限公司2014—2015年年度报表审计时：①2004年对宝硕股份货币资金的审计问题。2004年年末宝硕股份将资金结算中心存放款项余额30 935 708.97元计入了宝硕股份资产负债表货币资金项目。己T会计师事务所对宝硕股份2004年度会计报表的审计工作底稿中，针对股份公司和创业分公司银行存款，填制了“货币资金审定表”“银行存款审定表”等表格。在己T会计师事务所对宝硕股份的公司本部财务处及创业分公司2004年度会计报表审计的底稿中，均未见对资金结算中心开户存放资金余额向金融机构的询证函。己T会计师事务所对宝硕股份提供的银行存款明细表中建行西郊办（13001665208050000169–01）账户下30 792 177.94元资金，取得了资金结算中心的对账单、银行存款余额调节表等资料，根据对账单确认银行存款余额为29 291 144.97元。调查人员调取资金结算中心2004年12月31日的资金统计日报表显示，该账户资金余额为1 082.28万元；该中心名下包含宝硕股份等25个单位账号的账户在工行、农行、中行、建行、天津中信的全部存款余额为625.24万元。调查人员调取建行五四西路支行（原名建行西郊办）提供的账号为13001665208050000169银行对账单中显示，2004年12月31日的银行存款余额为2 582 083.37元。此存款余额是包括宝硕股份在内的25个公司账户的共同存款。

②2005年对宝硕股份货币资金的审计问题。2005年年末宝硕股份财务处资金结算中心存放款项的余额33 228 226.39元计入了宝硕股份资产负债表货币资金项目。己T会计师事务所对宝硕股份财务处2005年度会计报表审计的底稿中，针对股份公司银行存款，填制了“货币资金审定表”“银行存款审定表”等表格。在己T会计师事务所对宝硕股份财务处及创业公司2005年度会计报表审计的底稿中，均未见对资金结算中心开户存放资金余额向金融机构的询证函。己T会计师事务所对银行存款明细表中建行西郊办（13001665208050000169–01）账户下23 950 946.32元资金，取得了宝硕股份在资金结算中心的对账单等资料，根据对账单确认银行存款余额为23 950 946.32元。资金结算中心2005年12月31日的资金统计日报表显示该账户资金余额为2 282.01万元。调查人员调取的资金结算中心2005年12月31日的资金统计日报表显示，该中心名下包含宝硕股份等25个单位账号的账户在工行、农行、中行、

建行、天津中信、天津工行、天津农行、天津中行的全部存款余额380.11万元。建行保定五四西路支行提供的账号为13001665208050000169银行对账单中显示，2005年12月31日的银行存款余额为1 998 206.61元。此存款余额是包括宝硕股份在内的25个公司账户的共同存款。

③2004年对宝硕股份银行借款及未披露担保事项的审计问题。己T会计师事务所编制了短期借款审定表、长期借款审定表、短期借款凭证抽查情况表、长期借款凭证抽查情况表等表格。己T会计师事务所对宝硕股份在工行保定东风路支行的存款情况及借款情况进行了函证，函中借款情况仅列示了4笔长期借款及5笔短期借款，未对全部借款进行函证。宝硕股份在其2004年年度会计报表披露的关联方担保信息中没有披露宝硕股份为其子公司以及河北宝硕集团有限公司（以下简称宝硕集团）的关联公司在建行保定五四西路支行借款提供保证担保151 000 000元的情况。己T会计师事务所底稿中有对建行保定五四西路支行的询证函复印件，函中列示了宝硕股份在建行保定五四西路支行的4笔长期借款，未见己T会计师事务所对宝硕股份在建行保定五四西路支行对外担保事项实施函证等审计程序。

④2005年对宝硕股份银行借款及未披露的担保事项的审计问题。宝硕股份于2005年与建行保定五四西路支行签订了9笔短期借款协议，借款金额共计14 700万元。宝硕股份对上述银行借款没有进行账簿记录，也没有纳入会计报表长短期借款项目予以披露，形成账外负债。直到2006年6月，宝硕股份才进行会计调整，将2005年年发生的9笔借款纳入账内核算，记入短期借款账内。宝硕股份在其2005年年度会计报表披露的关联方担保信息中没有披露宝硕股份为其子公司在建行保定五四西路支行借款提供保证担保195 000 000元的情况。己T会计师事务所对宝硕股份在建行保定五四路支行的存款情况及借款情况进行了函证，取得银行盖章后的回函，未见己T会计师事务所对宝硕股份在该行对外担保情况进行函证。银行在确认的回函中未列示上述账外借款。宝硕股份于2005年与中行保定西城支行签订了1笔短期借款协议，借款金额600万元。宝硕股份对该笔银行借款没有进行账簿记录，也没有纳入会计报表短期借款项目予以披露，形成账外负债。直到2006年6月，宝硕股份才进行会计调整，将2005年发生的这笔借款纳入账内核算，记入短期借款账内。宝硕股份在其2005年年度会计报表披露的关联方担保信息中没有披露宝硕股份为其子公司以及宝硕集团关联公司在中行保定西城支行借款提供保证担保76 730 000元的情况。己T会计师事务所对宝硕股份在中行保定市西城支行的存款情况及借款情况进行了函证，取得银行盖章后的回函，未见己T会计师事务所对宝硕股份在该行对外担保情况进行函证。银行在确认的回函中未列示上述账外借款。宝硕股份在其2005年年度会计报表披露的关联方担保信息中没有披露宝硕股份为宝硕集团关联公司在保定信托投资公司借款提供保证担保1 000 000元。己T会计师事务所编制

的宝硕股份银行存款明细表显示宝硕股份在保定信托投资公司开设存款账户，账号为3202120324360，账户余额为12 753.39元，己T会计师事务所予以确认。未见己T会计师事务所对宝硕股份在保定信托投资公司的存款情况及对外担保情况进行函证（2014–3）。

（2）丁D会计师事务所在对上海大智慧股份有限公司2013年年度报表审计时：未对抽样获取的异常电子银行回单实施进一步审计程序。2013年12月，大智慧电话营销人员对客户称可以参与打新股、理财、投资等以弥补前期亏损。部分客户应邀向大智慧汇款，其中有客户在汇款时注明"打新股"等。大智慧收到款项后计入2013年产品销售收入。经查，大智慧虚增12名客户2013年收入2 872 486.68元，后续已应客户的要求全部退款。丁D会计师事务所审计工作底稿中复印留存了部分软件产品销售收款的电子银行回单，其中摘要栏中的"打新股资金""理财投资资金"等备注存在明显异常。对此，会计师没有保持合理的职业怀疑态度，以发现的错报金额低于重要性水平为由，未进一步扩大审计样本量，以确认抽样总体不存在重大错报，审计底稿中也没有任何记录表明丁D会计师事务所已对该异常事项执行了任何风险识别和应对的程序。经查，如果丁D会计师事务所扩大银行回单的抽样范围，2013年12月存在异常摘要的银行进账单笔数将为48笔，合计金额873万元，明显高于底稿中抽样所涉及回单数量及对应金额（2016–2）。

（3）辛H会计师事务所在对丹东欣泰电气股份有限公司IPO及2013年、2014年年度报表审计时：①对欣泰电气IPO期间财务报表审计时，未对银行账户的异常情况予以关注。对欣泰电气货币资金进行审计时，在丹东市商业银行函证未回函的情况下，对该账户2013年1—6月累计借方发生额为–1 444万元的异常情况，未予关注，未实施进一步的审计程序，未能发现该账户2013年1月存在大量减少银行存款同时冲回应收账款的记录。②对欣泰电气2013年财务报表审计时，未对银行账户的异常情况予以关注。辛H会计师事务所对欣泰电气货币资金进行审计时，未对丹东市商业银行账户发出询证函也未在审计工作底稿中说明原因，对该账户2013年1—12月累计借方发生额为–1 444万元、期末借方余额为–56万元的异常情况未予关注，未实施进一步的审计程序，未能发现该账户2013年1月存在大量减少银行存款同时冲回应收账款的记录（2016–3）。

（4）丁D会计师事务所在对浙江步森服饰股份有限公司与广西康华农业股份有限公司重大资产重组出具康华农业2011—2013年和2014年1—4月报表审计时：丁D会计师事务所未实施恰当的审计程序，未能发现康华农业银行存款造假的事实。丁D会计师事务所审计函证康华农业账面主要银行账户广西桂林漓江农村合作银行榕湖支行账户2011年、2012年、2013年年末和2014年4月末银行存款金额时，银行回函确认的康华农业该账户2011年年末银行存款金额与康华农业账面金额相差

62 777 843.86元。对该不符事项，丁D会计师事务所核对康华农业账面金额与康华农业提供的银行对账单金额后，对康华农业账面金额予以了确认，未实施恰当的进一步审计程序。丁D会计师事务所上述行为导致未能发现康华农业2011年虚增银行存款163 948 934.5元，2012年虚增银行存款309 704 967.33元，2013年虚增银行存款418 598 990.8元，2014年1—4月虚增银行存款498 034 904.17元（2017-5）。

（5）壬S会计师事务所在对珠海市博元投资股份有限公司2012年、2013年年度报表审计时：2012年未对异常的银行账户实施有效的进一步审计程序。珠海信实企业管理咨询有限公司在农行深圳石岩支行开立的账号为02920××××××5952的账户（以下简称农行5952账户）是博元投资应收票据置换业务相关的较大资金往来账户，存在当期开立、当期销户，大额交易发生额仅一收一付，且金额同为6 200万元等异常现象。银行对账单显示，农行5952账户2012年仅存在一笔金额为6 200万元的支出，收款方为杭州巧容贸易有限公司而非账面记录的天津同杰，发生日期为2012年4月27日而非账面记录的2012年5月2日。会计凭证所附的支付6 200万元至天津同杰的银行转账单为虚假单据。针对该重大异常银行账户，壬S会计师事务所实施的审计程序仅获取销户申请书一项，未获取银行对账单，也未实施函证等进一步的审计程序以证明相关资金的真实性和准确性（2017-6）。

（6）丙C会计师事务所在对浙江九好办公服务集团有限公司2013—2015年年度报表审计时：对银行存款审计程序不到位。丙C会计师事务所对九好集团在兴业银行杭州分行3亿元定期存款的审计中，实施了函证程序，截至2016年4月21日审计报告出具日未收到回函。在浙江证监局提示过关注3亿元定期存单的情况下，丙C会计师事务所未执行有效审计程序，审计结论仍为“未见异常情况”，未能发现虚增3亿元银行存款及3亿元定期存单质押的事实。2016年6月2日收到银行回函，6月7日才对兴业银行杭州分行进行访谈，已晚于审计报告出具日（2017-7）。

4.存货、固定资产、无形资产、在建工程等审计程序

丙C会计师事务所在对河南天丰节能板材科技股份有限公司2010—2012年年度报表审计时：对固定资产的审计程序未能有效执行，检查固定资产新增发生额时，未关注原始凭证异常情况，盘点时未关注大额进口设备及构件，未核对设备编号，检查付款凭证时没有关注合同异常，未能发现天丰节能虚增固定资产2 581.3万元（2014-1）。

5.应收应付往来审计程序

（1）辛H会计师事务所在对丹东欣泰电气股份有限公司IPO报表及2013年、2014年年度报表审计时：①对欣泰电气IPO期间财务报表审计时，在将收入识别为重大错报风险的情况下，对与其相关的应收账款明细账中存在的大量大额异常红字冲销情况未予关注。辛H会计师事务所对欣泰电气IPO期间财务报表进行审计时，各

会计期间均将收入评估为“可能存在较高重大错报风险的领域”，并在审计工作总结中将“收入及利润上涨风险”认定为“评估的特别风险”；2011年年报审计时将“应收账款”科目认定为重大账户；2012年年报和2013年半年报审计时将“应收账款存在”识别为“重要的交易、账户余额和披露及相关认定”。经查，欣泰电气通过外部借款、使用自有资金或伪造银行单据的方式在各会计期末冲减应收账款，虚构应收账款的收回，大部分在下一会计期期初以应收账款贷方红字冲销和银行存款借方红字冲销的形式予以冲回。2011年，应收账款科目发生54笔红字冲销，金额共计14 331万元；2012年，应收账款科目发生138笔红字冲销，金额共计28 495万元，发生于1—2月的有41笔，金额共计10 449万元，其中即包括欣泰电气恢复前一会计期期末虚构收回的应收账款10 156万元；2013年上半年，应收账款科目发生85笔红字冲销，金额共计10 559万元，发生于1—2月的有74笔，金额共计10 004万元，其中即包括欣泰电气恢复前一会计期期末虚构收回的应收账款9 110万元。会计师在对应收账款进行替代测试时，抽查2013年1月433号、358号凭证，红字冲销金额分别为1 452万元、1 647万元，均涉及虚构应收账款收回。对于上述大量大额异常红字冲销情况，辛H会计师事务所未保持职业怀疑予以关注，继而未设计和实施相应的审计程序以获取充分、适当的审计证据。

②对欣泰电气2013年财务报表审计时，在将收入识别为重大错报风险的情况下，对与其相关的应收账款明细账中存在的大量大额异常红字冲销情况未予关注。对欣泰电气2013年财务报表进行审计时，将收入评估为“可能存在较高重大错报风险的领域”，并在审计工作总结中将“收入确认”认定为“存在舞弊风险的因素”。经查，欣泰电气在上市后继续通过外部借款或伪造银行单据的方式，虚构应收账款的收回，在会计期末冲减应收账款，大部分在下一会计期期初以应收账款贷方红字冲销和银行存款借方红字冲销的形式予以冲回。2013年，应收账款科目发生100笔红字冲销，金额共计11 169万元，发生于1—2月的有74笔，金额共计10 004万元，其中包括欣泰电气恢复前一会计期末虚构收回的应收账款9 110万元。会计师在对应收账款进行审计时，抽查2013年1月份358号、433号凭证，红字冲销金额分别为1 647万元、1 452万元，均涉及虚构应收账款收回。对于上述大量大额异常红字冲销情况，辛H会计师事务所未保持职业怀疑予以关注，继而未设计和实施相应的审计程序以获取充分的审计证据。

③对欣泰电气IPO期间财务报表审计时，未对应付账款、预付账款明细账中存在的大量大额异常红字冲销情况予以关注。欣泰电气应付账款科目借方红字冲销的情况为：2011年，应付账款科目发生65笔红字冲销，金额共计18 722万元；2012年，应付账款科目发生63笔红字冲销，金额共计21 265万元；2013年上半年，应付账款科目发生177笔红字冲销，金额共计20 800万元，其中包括部分欣泰电气虚构增

加的应付账款共计4 310万元。欣泰电气预付账款科目借方红字冲销的情况为：2013年上半年，预付账款科目发生11笔红字冲销，金额共计3 760万元，其中，包括欣泰电气虚构收回的预付账款共3 500万元；会计师在对预付账款进行替代测试时，抽查2013年6月757号、758号凭证，红字冲销金额分别为550万元、450万元，均涉及虚构收回预付账款。对于上述大量大额异常红字冲销情况，辛H会计师事务所未保持职业怀疑予以关注，继而未设计和实施相应的审计程序以获取充分、适当的审计证据。

④对欣泰电气2013年财务报表审计时，未对应付账款明细账中存在的大量大额异常红字冲销情况予以关注。欣泰电气应付账款科目借方红字冲销的情况为：2013年，应付账款科目发生203笔红字冲销，金额共计22 576万元，其中包括部分欣泰电气虚构增加的应付账款共4 310万元。会计师在对应付账款进行审计时，抽查2013年6月667号红字冲销的凭证，红字冲销金额为52.5万元，涉及虚构增加应付账款。对于上述大量大额异常红字冲销情况，辛H会计师事务所未保持职业怀疑予以关注，继而未设计和实施相应的审计程序以获取充分、适当的审计证据。

⑤对欣泰电气IPO期间财务报表审计时，在应收账款、预付账款询证函未回函的情况下，未实施替代程序，未获取充分适当的审计证据。辛H会计师事务所在对欣泰电气2012年财务报表应收账款进行审计时，共向51家客户发出询证函，在其中7家客户未回函的情况下，仅对其中1家客户进行了替代测试，剩余6家客户未做替代测试。6家客户中有2家系欣泰电气虚构收回应收账款的客户，共计虚减应收账款2 104万元。对于回函客户中有2家客户存在函证金额、审计最终确认金额与账面余额不一致的情况，辛H会计师事务所未予关注，未做调整也未实施进一步的审计程序。辛H会计师事务所在对欣泰电气2013年半年报应收账款进行审计时，共向46家客户发出询证函，在未收到任何回函的情况下，仅对其中13家客户进行了替代测试，剩余33家客户未做替代测试。33家客户中有19家系欣泰电气虚构收回应收账款的客户，共计虚减应收账款5 704万元。辛H会计师事务所在对欣泰电气2013年半年报预付账款进行审计时，共向19家客户发出询证函，在未收到任何回函的情况下，仅对其中5家客户进行了替代测试，剩余14家客户未做替代测试。14家客户中有1家系欣泰电气虚构调整预付账款的客户，金额为1 000万元。

⑥对欣泰电气2013年财务报表审计时，在应收账款询证函未回函的情况下，未实施替代程序，未获取充分适当的审计证据。在对欣泰电气2013年财务报表进行审计时，共向24家客户发出询证函，在其中22家客户未回函的情况下，仅对其中8家进行了替代测试，剩余14家未做替代测试。14家客户中有7家系欣泰电气虚构收回应收账款的客户，共计虚减应收账款4 303万元。在对8家客户进行替代测试时，辛H会计师事务所未按照其审计工作底稿程序表的要求，将销售回款金额与银行对账

单核对，其中3家客户系欣泰电气虚构收回应收账款的客户，共计虚减应收账款928万元。

⑦对欣泰电气2014年财务报表进行审计时，将应收账款评估为“可能存在较高重大错报风险的领域”，并在审计工作总结中将“收入确认”认定为“存在舞弊风险的因素”。2014年，应收账款科目发生180笔红字冲销，金额共计19 521万元，发生于1—3月的有70笔，其中即包括欣泰电气恢复虚构收回的应收账款5 865万元。会计师在对应收账款进行审计时，抽查2014年10月41号、231号、597号、11月676号凭证，红字冲销金额分别为494.71万元、655.40万元、1 225.32万元、1 162.64万元，均涉及虚构应收账款收回。对于上述大量大额异常红字冲销情况，辛H会计师事务所未保持职业怀疑予以关注，继而未设计和实施相应的审计程序以获取充分的审计证据（2016-3）。

（2）乙B会计师事务所在对深圳海联讯科技股份有限公司IPO报表和2011年年度报表审计时：①实施2010年、2011年上半年货币资金检查、收入真实性检查、应收账款替代测试等审计工作时，未保持职业怀疑态度，对审计中的异常情况未予以适当关注并实施相应的审计程序。乙B会计师事务所在审计海联讯IPO财务报表时，未保持应有的职业怀疑态度，对海联讯临近会计期末冲减应收账款并在下一会计期初冲回的情况未予以适当关注并实施相应的审计程序。同时，乙B会计师事务所在实施货币资金检查、收入真实性检查、应收账款替代测试等审计工作时，对已获取的审计证据显示的海联讯应收账款收款异常情况，也未予以适当关注并实施相应的审计程序，导致未能发现海联讯虚构收回应收账款的舞弊行为，具体情况为：其一，乙B会计师事务所在检查海联讯2010年1—9月货币资金时，已抽取到海联讯2010年1月发生的2笔对客户的大额退款，金额分别为934.67万元、494.24万元，但未予以适当关注，导致未能发现该2笔退款系海联讯退回2009年12月29日违规冲减的应收账款。其二，乙B会计师事务所在《收入真实性检查表》（2010年度）、《应收账款替代测试表—中南空管局》（2010年度）2张审计工作底稿中，均抽取到了2010年12月31日收到客户民航中南空中管理局293.04万元款项的记账凭证，但该记账凭证后附的银行回单中的付款方为“福建省电力通信有限责任公司”。乙B会计师事务所对海联讯记账凭证与原始凭证中付款方名称不一致的异常情况，未予适当关注，导致其未能发现该笔收款系海联讯通过非客户第三方转入资金冲减应收账款。其三，乙B会计师事务所《应收账款—山东电力集团公司替代测试表》（截至2011年6月30日）审计工作底稿显示，对编号为SI9SW3012的合同，海联讯先在2011年1月4日退款191.97万元，后在2011年6月29日收款191.97万元。乙B会计师事务所对同一合同款项在会计期初退回，会计期末重新收回且金额一致的异常情况，未予适当关注，导致未能发现退款系海联讯退回2010年12月30日违规冲减的应收账款，收款系海联讯再次通过非客户第三方冲减的应收账款。

②实施2011年年末应收账款替代测试时未保持职业怀疑态度，对审计中的异常情况未予以适当关注并实施相应的审计程序。乙B会计师事务所在审计海联讯2011年财务报表时，未保持应有的职业怀疑态度，对海联讯在会计期初向客户大额退款情况未予以适当关注并实施相应的审计程序。同时，乙B会计师事务所在执行应收账款替代测试审计工作时，对已获取的审计证据显示的海联讯应收账款收款异常情况，也未予以适当关注并实施相应的审计程序，导致未能发现海联讯虚构合同虚增营业收入和虚构收回应收账款的舞弊行为：其一，乙B会计师事务所《应收账款替代测试表—山西省电力公司电力通信中心》（截至2011年12月31日）审计工作底稿显示：海联讯2011年6月30日对编号为SI11SW4003的合同确认收入并借记应收账款288万元，同时在2011年6月30日、12月27日对该合同分别确认收款259.2万元、259.2万元；海联讯2011年6月30日、12月12日对编号为SI10SW3053的合同分别确认收款244.65万元、209.7万元，但海联讯应收账款明细分类账确认该份合同应收账款总额为349.5万元；海联讯2011年6月30日、8月9日对编号为SP10NN3033的合同分别确认收款195.23万元、101.69万元，但海联讯应收账款明细分类账确认该份合同应收账款总额为203.37万元。其二，乙B会计师事务所《应收账款替代测试表—山东电力集团公司》（截至2011年12月31日）审计工作底稿显示：海联讯2011年6月30日对编号为SI11SW4004的合同确认收入并借记应收账款261万元，同时在2011年6月29日、12月31日对该合同分别确认收款234.9万元、234.9万元；海联讯2011年6月29日、12月22日对编号为SI10SW3041的合同分别确认收款196.8万元、196.8万元，但海联讯应收账款明细分类账确认该份合同应收账款总额为328万元；海联讯2011年6月29日、12月23日对编号为SI10SW3040的合同分别确认收款154.2万元、154.2万元，但海联讯应收账款明细分类账确认该份合同应收账款总额为257万元。乙B会计师事务所对前述6份合同累计收款金额大于合同金额的异常情况，未予以适当关注，导致其未能发现编号为SI11SW4003的合同系海联讯虚构的合同，该合同的2次收款为海联讯通过非客户第三方转入资金冲减应收账款；未能发现其他5份合同在2011年6月底的收款以及编号为SI11SW4004的合同在2011年12月的收款系海联讯通过非客户第三方冲减应收账款（2016-5）。

（3）乙B会计师事务所在对深圳键桥通讯技术股份有限公司2009—2011年年度报表审计时和甲I会计师事务所在对键桥通讯技术股份有限公司2012年年度报表审计时：①乙B会计师事务所未按准则规定实施实质性程序。2009年年审、2010年年审过程中，乙B会计师事务所针对应收账款及应收票据执行实质性程序时，未严格按照审计准则的要求执行审计程序，未保持应有的职业怀疑，对细节测试发现的第三方代还款等异常状况未予审慎关注，未设计并实施进一步的调查程序。主要情况如下：其一，乙B会计师事务所2009年年审审计工作底稿显示，注册会计师在执行应收票据审计时，抽取了有第三方代还款的会计凭证，会计凭证附件显示，两张商业承兑汇票开票单位均为某市广电无线网络有限公司（以下简称“某市广电”），仅有某市广电单方面盖章的“委托代还款函”表示其代某省广电移动电视有限责任公司（以下简称某省广电）及另一公司还款；键桥通讯在收到该2张商业承兑汇票后依据上述“委托代还款函”冲销了上述2笔应收账款。注册会计师在已获取相关审计证据的情况下，未审计关注商业承兑汇票的开票方与冲减应收账款客户明细不一致和“委托代还款函”仅由开票方单方出具的异常情况，也没有针对上述异常情况做进一步调查。其二，乙B会计师事务所2010年年审审计工作底稿显示，注册会计师在执行应收账款审计时，抽取了有第三方代还款的会计凭证，会计凭证附件显示，银行回单的汇款单位为某省广电。键桥通讯凭该银行回单及某市广电等4个单位单方出具的委托书分别冲销某市广电的应收票据余额以及其他3个单位的应收账款余额。注册会计师对银行回单检查程序的执行不到位，未能审计关注银行汇款单位与应收账款、应收票据冲销客户明细不一致、委托函未获某省广电知悉并确认的异常情况，没有针对上述异常情况做进一步调查。其三，乙B会计师事务所2010年年审审计工作底稿显示，注册会计师在执行应收票据审计程序时，对2家单位应收票据回款情况进行检查，发现作为审计证据的银行转账记账凭证凭单显示汇款单位为深圳市瑞某商行，摘要为“借款”；瑞某商行单方出具“委托代还款函”，声明代上述2家单位还款。注册会计师未能关注“委托代还款函”仅由瑞某商行单方出具，且款项性质为借款而并非代还款的异常情况，没有对上述异常情况进一步调查。

②甲I会计师事务所未按准则规定实施实质性程序。甲I会计师事务所针对该年度应收账款执行替代测试时，未严格按照审计准则的要求执行审计程序，未保持应有的职业怀疑，对应收账款细节测试过程中呈现的异常情况未予以充分审计关注，未实施进一步的审计程序。主要情况如下：其一，甲I会计师事务所2012年年审审计工作底稿显示，注册会计师在应收账款审计时，发现深圳市高某公司2笔应收账款回款凭证所附的原始凭证为1张总额相等的深圳市天某公司开具的支票，由深圳市高某公司背书给键桥通讯；同时，注册会计师抽取了其他应付款涉及深圳市天某公司的凭证进行检查。在天某公司与键桥通讯2012年度存在频繁的大额无经济业务实质资金往来的情况下，注册会计师未能保持应有的职业怀疑，对应收账款细节测试过程中呈现的深圳市天某公司出具支票并最终冲销深圳市高某公司应收账款异常情况未予以充分审计关注，未设计并实施进一步的调查程序。其二，2012年，键桥通讯将某工程建设总公司苏丹分公司部分应收账款余额调整至某对外经济贸易总公司，凭证摘要为“账务调整”，该凭证除调账申请外并未附录其他资料。甲I会计师事务所2012年审计工作底稿显示，对调整后的某对外经济贸易总公司应收账款进行函证，

但并未获取回函。注册会计师以抽取该笔会计凭证实施替代审计程序，在替代测试底稿检查内容的“发票日期”“发票号”“出库单”和“合同”对应表格一栏打钩，得出“经检查未发现重大异常”的审计结论。注册会计师未保持应有的职业谨慎进一步了解并记录上述账务调整真实原因，记录的检查内容与实际情况明显不相符，替代测试审计程序执行失效（2016–6）。

（4）乙L会计师事务所在对杭州天目山药业股份有限公司2013年年度报表审计时：对天目药业异常会计处理未保持充分关注，未对其他应付款、应收账款及存货等执行有效审计程序。乙L会计师事务所执行审计程序时，已经关注到天目药业存货跌价准备转回，但对存货和其他应付款对冲的异常会计处理，未能保持合理的职业怀疑，未分析其他应付款—责任制考核的余额属性，对以前年度计提准备在当年转回这一超过母公司重要性水平的会计处理事项未进行分析，未审慎判断上述冲销存货跌价准备的收益归属期，并对此类事项开展有效延伸审计（2017–4）。

（六）函证与监盘

1.函证

（1）乙B会计师事务所在对云南绿大地生物科技股份有限公司2004—2006年和2007年半年报表审计时：绿大地招股说明书披露的2006年销售收入中包含通过绿大地交通银行3711银行账户核算的销售收入，交通银行提供的资料显示，上述交易部分不存在。绿大地招股说明书披露，2006年12月31日货币资金余额为47 742 838.19元；其中，交通银行3711账户余额为32 295 131.74元。交通银行提供的资料显示，2006年12月31日的3711账户余额为4 974 568.16元。经查，乙B会计师事务所没有向交通银行函证绿大地交通银行3711账户2006年12月31日的余额（2013–1）。

（2）辛R会计师事务所在对万福生科（湖南）农业开发股份有限公司2008—2010年度及2011年上半年报表审计时：IPO审计阶段函证程序缺失。在审计万福生科IPO财务报表过程中，未对万福生科2008年年末、2009年年末的银行存款、应收账款余额进行函证，也未执行恰当的替代审计程序。其中，银行存款函证程序的缺失，导致辛R会计师事务所未能发现万福生科虚构一个桃源县农信社银行账户的事实，万福生科2008年以该银行账户虚构资金发生额2.86亿元，其中包括虚构收入回款约1亿元；应收账款函证程序的缺失，导致辛R会计师事务所未能发现万福生科2008年、2009年虚增收入的事实。在对万福生科2010年年末和2011年6月30日的往来科目余额进行函证时，未对函证实施过程保持控制。辛R会计师事务所审计工作底稿中部分询证函回函上的签章，并非被询证者本人的签章。上述程序缺陷，导致辛R会计师事务所未能发现万福生科2010年、2011年上半年虚增收入和采购的事实（2013–2）。

（3）丙C会计师事务所在对河南天丰节能板材科技股份有限公司2010—2012年年度报表审计时：①IPO审计时应收账款函证过程未保持控制，对明显异常回函没有关注，替代程序未得到有效执行。丙C会计师事务所2010年函证的20家应收账款客户中有1家为虚假客户（即天丰节能虚构的客户），10家存在虚假销售（即天丰节能以该客户名义虚构销售），IPO审计底稿中留存了此11家客户中7家的询证函回函。2010年天丰节能虚增对上述11家客户的销售收入1 079.61万元，利润390.49万元，占当期利润总额的13.47%。丙C会计师事务所2012年函证的51家应收账款客户中有5家为虚假客户，2家存在虚假销售，IPO审计底稿中留存了这7家客户的询证函回函。2012年天丰节能虚增对上述客户的销售收入495.64万元，利润165.15万元，占当期利润总额的2.33%。②IPO审计时银行账户函证程序缺失或未有效执行，银行账户函证范围存在遗漏，函证未保持控制，未回函的银行账户和异常的询证函回函未予追查，对获取的明显异常的银行对账单未予关注，也未采取进一步审计程序未能发现天丰节能在建设银行新乡牧野支行开立的41001557710050203102账户2011年年末实际余额比账面余额少3 000万元的事实，以及天丰节能伪造银行询证函回函、伪造银行对账单的事实（2014–1）。

（4）丙C会计师事务所在对福建连城兰花股份有限公司2012年至2014年9月报表审计时：未对银行存款实施函证程序。2012年1月至2014年9月，连城兰花西安分公司的银行账户（开户行：中国银行西安雁塔路支行，账号：10202××××16）、连城兰花北京分公司的银行账户（开户行：中国工商银行九龙山支行，账户：02000××××××××084488）、连城兰花福州分公司银行账户（开户行：中国农业银行闽侯南屿支行，账户：1316××××××××023）均销户。会计师未对上述银行账户实施函证程序，也未说明不实施函证程序的理由（2016–4）。

（5）乙B会计师事务所在对深圳海联讯科技股份有限公司IPO报表和2011年年度报表审计时：未按照规定实施2010年年末和2011年上半年末应收账款函证程序。乙B会计师事务所在审计海联讯IPO财务报表时，未按照规定实施应收账款函证程序，导致未能发现海联讯2010年和2011年上半年虚构收回应收账款的舞弊行为，具体情况为：①乙B会计师事务所在对海联讯2010年年末和2011年上半年末应收账款实施函证程序时，未对海联讯提供的被询证客户的地址、电话、联系人等联系方式进行必要的检查、核对，也未亲自督促被询证客户回函。②乙B会计师事务所在对海联讯2011年上半年末应收账款实施函证程序时，仅对8家未回函客户中的2家客户实施替代审计程序，对其余6家客户未实施替代审计程序，该行为违反规定。③乙B会计师事务所在函证海联讯客户湖南星电实业集团股份有限公司物流分公司2010年年末的应收账款时，对函证回函寄出地址为“上海辉电”而非被询证客户的异常情况，未予关注并实施相应的审计程序（2016–5）。

（6）乙B会计师事务所在对深圳键桥通讯技术股份有限公司2009—2011年和甲I会计师事务所在对键桥通讯2012年年度报表审计时：①乙B会计师事务所未按准则规定实施函证程序。其一，2009年年审、2011年年审过程中，乙B会计师事务所在对键桥通讯应收账款、应收票据、预付账款、预计负债执行函证程序时，部分函证对象将回函直接寄回键桥通讯，影响了所获取审计证据的可靠性，且部分回函涉及键桥通讯虚构的销售收入。乙B会计师事务所还存在对部分未回函往来款未执行替代测试的情形。此外，在执行律师函证时，律师事务所直接将回函寄回至键桥通讯，影响了所获取审计证据的可靠性。其二，乙B会计师事务所2011年年审审计工作底稿显示，注册会计师对某工程建设总公司苏丹分公司应收账款询证函的回函直接寄回键桥通讯员工胡某，影响了所获取审计证据的可靠性，且胡某为合同签署人。该回函的客户签章“某工程建设总公司苏丹分公司”与对应业务合同签署方“某对外经济贸易总公司”明显不一致，注册会计师未能保持应有的职业怀疑，未能审慎关注审计证据的可靠性、充分性及回函信息存在异常情况，没有设计并实施进一步审计程序。此外，对于另一笔对某对外经济贸易总公司的应收账款询证函，注册会计师在未能获取回函的情况下，未实施替代审计程序。②甲I会计师事务所未按准则规定实施函证程序。2012年年审过程中，甲I会计师事务所在对键桥通讯应收账款执行函证程序时，部分询证函回函寄至键桥通讯，收件人为键桥通讯员工，部分询证函背后有撕除回函邮寄单的痕迹，影响了所获取审计证据的可靠性（2016-6）。

（7）甲A会计师事务所在对东莞勤上光电股份有限公司2013年年度报表审计时：未按行业准则规定对银行账户实施函证程序。甲A会计师事务所在2014年3月对勤上光电货币资金进行审计时，制作的货币资金明细表（索引号：4100-1）、已开户银行与账面记录核对表（索引号：4100-13）工作底稿中，完整罗列了勤上光电中信银行定期存款账户、中信银行保证金账户和东莞银行保证金账户等28个银行账户，知晓上述账户在勤上光电账面上的存在。同时，甲A会计师事务所在货币资金实质性程序（索引号：4100-0）工作底稿中，也明确记载要向被审计单位在本期存过款的银行发函，包括零（余额）账户和账户已结清的银行。但甲A会计师事务所在实际实施函证程序时，并未针对上述银行账户实施函证程序，也未说明不实施函证程序的理由。上述审计执行情况不符合《中国注册会计师审计准则第1312号——函证》第十二条的相关规定。经查，上述28个银行账户均为虚拟银行账户，用来掩盖勤上光电向勤上集团划转的资金以及相关资金的回转交易，相关虚拟账户涉及往来资金5.14亿余元（2017-2）。

（8）甲A会计师事务所在对辽宁振隆特产股份有限公司2012—2014年年度报表审计时：未对函证保持控制。在对振隆特产2012—2014年财务报表进行审计时，对大部分销售客户（包括大部分境外销售客户）期末应收账款余额及当期销售金额进行了函证。经查，甲A会计师事务所将向销售客户的询证函交由振隆特产的工作人员发出，未对函证保持控制。振隆特产后安排将虚假回函寄回甲A会计师事务所（2017-3）。

（9）丁D会计师事务所在对浙江步森服饰股份有限公司与广西康华农业股份有限公司重大资产重组出具康华农业2011—2013年和2014年1—4月报表审计时：虚构核实函证对象收件地址的审计程序，未能发现康华农业销售收入、应收账款造假的事实。丁D会计师事务所在实施应收款项函证审计程序时，康华农业提供的万里种业、金稻谷收件地址与丁D会计师事务所网络查询的上述公司工商注册登记地址不一致，丁D会计师事务所按照康华农业提供的地址向上述公司寄发询证函，并在审计工作底稿记录"询证地址为该公司办公地址，走访时已核实，工商注册地与其不一致"。之后丁D会计师事务所收到上述客户确认康华农业账面应收账款余额、销售收入数额信息无误的回函。经查，丁D会计师事务所康华农业审计项目人员未走访过上述公司。丁D会计师事务所的上述行为导致未能发现康华农业三年又一期虚构对万里种业销售收入12 068 133元、12 008 957.8元、12 203 897元、9 579 332元；2012年、2013年虚构应收万里种业款项889 915元、776 000元；2012年、2013年虚构应收金稻谷款项1 762 182元、2 007 900元（2017-5）。

（10）壬S会计师事务所在对珠海市博元投资股份有限公司2012年、2013年年度报表审计时：2012年未对函证保持控制。壬S会计师事务所就应收票据余额向天津同杰发放了审计询证函，并获取了确定答复的回函，但未见与函证控制相关的审计工作底稿，未记录被函证单位联系方式的获取途径与核实过程，保留的收回函件的快递单地址也非天津同杰的办公地址。2013年未对票据置换业务的对手方执行函证等进一步审计程序。2013年，壬S会计师事务所实际执行的重要性水平为54.94万元，博元投资向天津同杰置出票据73 455.83万元、置入票据74 800.00万元且无现金流，确认的相关票据贴现收益1 347.25万元，占当年利润总额的147%。壬S会计师事务所未结合风险评估结果及以上情况，向天津同杰就票据换入和换出明细、交易金额及所包含的利息金额等进行函证，未了解天津同杰的业务背景和商业能力，未对天津同杰进行实地走访（2017-6）。

（11）丙C会计师事务所在对浙江九好办公服务集团有限公司2013—2015年年度报表审计时：对函证审计程序不到位。①未按拟定的选样标准进行发函。丙C会计师事务所审计项目组对应收账款函证发函的选取标准定为10万元以上全部发函，10万元以下随机抽取。但在实施函证程序的过程中，审计人员未严格执行拟定的发函标准，对部分10万元以上的供应商未进行函证，如能士智能港科技发展有限公司2013年年底应收账款2 200 000元、杭州颐高数码科技市场乐轩电脑商行2013年年底应收账款860 000元、新昌县亿嘉置业有限公司2013年年底应收账款1 310 000元等。丙C会计师事务所拟定的涉及九好集团总部的发函清单共有供应商228家，但从审计工作底稿收集的发函快递单统计，实际发函为54家。宁波九好办公服务有限公司（以下简称宁波九好）的发函清单计划向200家供应商发函，但发函快递单统计实际发函为97家。

②未保持对函证的有效控制。丙C会计师事务所实施函证程序时，在九好集团总部安排九好集团工作人员与审计项目组成员一起填写询证函快递单并寄出，而九好集团各子公司的询证函则由审计人员制好询证函，由九好集团下属子公司在各地自行寄出。审计人员要求九好集团将发函的快递底联全部寄回杭州并由九好集团转交丙C会计师事务所，或由九好集团子公司直接寄回丙C会计师事务所北京总部。此外，还存在九好集团工作人员直接回函的情况，如浙江元茂文化创意有限公司回函快递单明确写明“九好集团”。上述发函工作自始至终均有九好集团人员参与，且在子公司层面失去对函证的控制。从回函情况看，大量回函的快递单存在连号或号码接近、发函与回函快递单号接近的情形。

③未充分关注函证回函的疑点。询证函回函供应商确认盖章不符。部分询证函回函供应商确认盖章用印为另一家供应商，如成都兴华侨印刷有限公司回函用印是成都辉煌世纪广告有限责任公司。数家供应商回函均留有同样的邮寄信息。如杭州云昀网络科技有限公司、杭州毅恒汽车代驾服务有限公司、上海焊点投资管理有限公司、杭州普丰信息技术有限公司等回函寄件人电话均为156××××0109。广州市海力士电子科技有限公司、广州市松吉电子科技有限公司、广州市金武风音响有限公司的回函寄件人电话均为136××××9081。不同供应商回函由同一快递员收件。广州曼舞电子有限公司、广州耀得电子有限公司、广州市海力士电子科技有限公司、广州市松吉电子科技有限公司、广州市狮之威电子科技有限公司、广州丹裕电子科技有限公司、广州华州电子科技有限公司的回函均由编号为41××98的顺丰快递员取件。询证函发函与回函地址不是同一个城市。如北京友好创嘉投资管理有限公司发函地址为北京市，供应商实际回函地址为深圳市；广州市亿盈电器科技有限公司发函地址为深圳市，实际回函地址是广州；上海麦金地餐饮管理服务有限公司发函地址是上海市，实际回函地址是杭州（2017-7）。

（12）甲U会计师事务所在对怀集登云汽配股份有限公司IPO报表、2013年及2014年年度报表审计时：IPO（三年又一期）及2014年年报提供审计服务过程中，未对三包索赔费用予以充分关注，未充分追查函证回函差异、执行函证替代程序不充分等，导致函证程序失效。登云股份2011—2013年的三包索赔费用存在巨幅波动：2011年较2010年大幅增长，2012年后又呈逐年明显下降趋势，特别是2013年上半年三包索赔费用仅3.4万元。甲U会计师事务所的审计底稿中均未取得相应证据核实登云股份给出的解释。三包索赔费用客户的回函存在以下问题：对于潍柴动力（潍坊）备品资源有限公司回函盖章不符的情况未作出有效解释；未充分追查广西玉柴机器股份有限公司、东风康明斯发动机有限公司函证回函差异；在未收到东风朝阳朝柴动力有限公司回函的情况下，执行函证替代程序不充分（2017-8）。

2.监盘

（1）己F会计师事务所在对广东新大地生物科技股份有限公司2009—2011年年度报表审计时：己F会计师事务所工作底稿显示，2011年10月21日，己F会计师事务所在深圳对梅州市绿康农副产品经营部经营者陈某进行了实地访谈，访谈笔录中记载新大地对梅州绿康2010年度销售金额与新大地账面数相同。经查明，己F会计师事务所等中介机构及其人员当日并未对梅州绿康进行实地访谈，且2010年新大地向梅州绿康虚假销售34.48万元。而己F会计师事务所在关于新大地有关举报问题的核查意见中称，己F会计师事务所与保荐机构、律师事务所等三家中介机构对梅州绿康进行了实地访谈，其向新大地采购茶油情况与发行人2010年度茶油销售情况一致（2013-4）。

（2）甲A会计师事务所在对辽宁振隆特产股份有限公司2012—2014年年度报表审计时：未按审计准则及总体审计策略的要求，实施有效的抽盘程序。经查，2012—2014年振隆特产虚增的以及存放于天津代工厂的存货金额分别占各年末存货金额的比例为24.84%、30.97%及41.49%，该部分存货于各年年末在振隆特产的自有库房中是无法盘点出来的，而甲A会计师事务所在审计底稿中记录2012年、2013年及2014年的抽盘比例分别是54.36%、67.85%及88.56%。且实际监盘时，甲A会计师事务所仅从每一垛存货中抽出部分存货进行称重或查看质量，进而认为整垛存货是经过抽盘的，故甲A会计师事务所实际抽盘的比例远低于审计底稿记载的比例。此外，2013年及2014年，甲A会计师事务所在总体审计策略中提出要加大抽盘的范围与数量，但实际也未执行（2017-3）。

（3）丙C会计师事务所在对浙江九好办公服务集团有限公司2013—2015年年度报表审计时：丙C会计师事务所对供应商和客户的现场走访工作存在瑕疵和矛盾。丙C会计师事务所在九好集团总部审计工作底稿内收录了对69家供应商的现场走访记录，大部分由西南证券或中联资产评估公司人员走访签字，审计项目组人员很少签字，经核对底稿中访谈现场照片，确定丙C会计师事务所对九好集团总部的供应商走访11家。丙C会计师事务所审计工作底稿收录的部分供应商存在两份不同的访谈记录，其中宁波高新区天威诚信数字证书技术服务有限公司张某艳、宁波江东仁创广告传媒有限公司任某、宁波茂英园林工程有限公司夏某芳分别在同一时间不同地点接受访谈，违背常理。在接受调查过程中，签字注册会计师表示未关注到该事项（2017-7）。

（七）审计工作底稿

（1）丙C会计师事务所在对河南天丰节能板材科技股份有限公司2010—2012年年度报表审计时：IPO审计底稿中计划类工作底稿缺失或没有在计划中对评估出的重大错报风险作出恰当应对，没有设计进一步审计程序，没有对舞弊风险进行评估和计划应对。丙C会计师事务所IPO审计底稿（2010年）无计划类工作底稿，无总体审计策略、具体审计计划、重要性水平确定表等；无“风险评估汇总表”或其他风险评估底稿。丙C会计师事务所IPO审计底稿（2011年）无总体审计策略、具体审计计划；无“风险评估汇总表”或其他风险评估底稿。丙C会计师事务所IPO审计底稿（2012年）具体审计计划中将“评估的重大错报风险”索引至C47，但未见该份底稿。2012年“风险评估汇总表”中将销售收款循环评估为财务报表层次的重大错报风险，最高风险，并将对报表的影响描述为虚增营业收入和虚增应收账款；将固定资产循环评估为高风险，对报表的影响描述为虚增资产，涉及在建工程、固定资产科目。但总体应对措施仅描述为“控制测试及实质性测试”，也没有就认定层次重大错报风险设计进一步审计程序。丙C会计师事务所IPO审计底稿（2010—2012年）中没有舞弊风险评估的相关底稿（2014-1）。

（2）丙C会计师事务所在对河南天丰节能板材科技股份有限公司2010—2012年年度报表审计时：自查时关联方核查程序未有效执行，对客户的走访流于形式，部分结论没有底稿支持。自查底稿以及IPO审计底稿中均没有注册会计师核对天丰节能与河南天丰钢结构建设有限公司等关联方的往来明细账、现金日记账、银行日记账的记录，也没有访谈上述关联方的记录。自查底稿显示，走访重庆强捷钢结构有限公司（以下简称重庆强捷）没有访谈记录，底稿中仅取得一份“重庆强捷钢结构有限公司基本情况及财务数据”的说明，未加盖重庆强捷公章。该说明后附的明细清单为天丰节能对重庆强捷的往来明细账，会计师未对双方交易进行核查。同时，会计师未对天丰节能向安阳宏午商贸有限公司、安阳宏信达公司、自贡东方彩钢结构有限公司的销售金额与丙C会计师事务所IPO审计底稿中记录的差异进行核查。自查底稿结论称“项目组核查关联方财务报告、成本、费用、营业外支出明细以及现金银行账款科目明细表、往来科目明细表”，但自查底稿中未见关于上述情况的任何记录（2014-1）。

（3）丁D会计师事务所在对上海大智慧股份有限公司2013年年度报表审计时：审计工作底稿未描述或记录针对审计报告报出日前已发放的2013年年终奖执行的审计程序，以及其未被计入2013年成本费用的合理性解释。审计工作底稿“应付职工薪酬”程序表中第8项应执行的审计程序记录：检查应付职工薪酬的期后付款情况，并关注在资产负债表日至财务报表批准报出日之间，是否有确凿证据表明需要调整资产负债表日原确认的应付职工薪酬。但对应的审计工作底稿明细表中未记录此程序的执行情况（2016-2）。

（4）丙C会计师事务所在对福建连城兰花股份有限公司2012年至2014年9月报表审计时：审计底稿未能证明审计程序的履行。应收账款函证结果汇总表（索引号：ED3-11）显示，会计师对北京4家经销商（蔡某某、华某、黄某某、张某某）、上海2家经销商（李某芳、李某香）、福建1家经销商（项某某）和广东1家经销商（杨某某）进行实地走访；经销商走访工作总结（索引号CA-4）显示项目组成员田某珑等对前述连城兰花北京4家经销商、进行现场观察、访谈；审计总结（索引号CA-6）显示会计师对厦门1家、上海2家、北京4家经销商分别进行实地走访，执行询问、观察、记录、拍照等审计程序。但审计工作底稿中未见上述实地走访的相关记录。项目组对前述北京4家经销商进行现场观察验证，未对经销商进行访谈，项目组也未对连城兰花其他经销商进行实地走访。上述情况不符合《中国注册会计师审计准则1301号——审计证据》第十条的相关规定。经查，2012年1月至2014年9月连城兰花账面记录的对蔡某某、项某某（上述应收账款函证结果汇总表、审计总结中涉及的两位经销商）虚假销售收入累计达17 066 335元（2016-4）。

（八）关联方及关联交易

（1）丙C会计师事务所在对河南天丰节能板材科技股份有限公司2010—2012年年度报表审计时：IPO审计过程中，未有效执行关联方识别和披露的审计程序，未能发现天丰节能通过第三方公司隐瞒关联交易的事实。丙C会计师事务所2010年IPO审计底稿中仅有关联方及关联方交易“审计程序表”，虽标有程序执行索引号，但未见相关底稿。2011年IPO审计底稿中没有任何执行关联方审计程序的记录。2012年IPO审计底稿没有执行其他实质性审计程序的记录，关联方关系及披露没有审计结论（2014-1）。

（2）己T会计师事务所在对宝硕股份有限公司2014—2015年年度报表审计时：①2004年对宝硕集团占用宝硕股份资金的审计问题。截至2004年12月31日，宝硕股份账面显示其他应收款—集团农业分公司科目借方余额为230 725.24元，宝硕股份包装分公司账面显示其他应收款—集团科目借方余额为3 400元，宝硕股份氯碱分公司账面显示应付账款—集团化工分公司科目借方余额为571 254.17元，型材公司账面显示应付账款—德玛斯公司借方余额为26 169 586.16元。以上宝硕股份或合并报表范围内子公司与宝硕集团公司及其关联企业的往来款项均为关联方交易形成，总计26 974 106.47元，属于大股东占用款项。己T会计师事务所于2005年出具了《关于河北宝硕股份有限公司控股股东及其他关联方占用资金情况的专项审计说明》，没有披露上述大股东及其关联企业占用上市公司资金的情况，对宝硕股份重要事项中包含不实内容的事实，没有予以指明。

②2005年对宝硕集团占用宝硕股份资金的审计问题。截至2005年12月31日，宝硕股份账面显示内部借款—深圳公司科目借方余额为16 575 431.69元，其他应收款—集团公司科目借方余额为66 533.20元，其他应收款—集团农业分公司科目借方余额为20 965.24元；宝源公司账面显示其他应收款—创新公司科目借方余额为28 000元，其他应收款—动力公司科目借方余额为100 000元；北京宝硕公司账面显示其他应收款—集团公司科目借方余额为811 165.75元；宝硕股份创业分公司账面显示其他应收款—集团公司科目借方余额为339 875.72元；型材公司账面显示应付账款—德玛斯公司科目借方余额为39 918 134.87元。以上宝硕股份或合并报表范围内子公司与宝硕集团公司及其关联企业的往来款项均为关联方交易形成，总计57 860 106.47元，属于大股东占用款项。2006年4月27日已T会计师事务所出具了《关于河北宝硕股份有限公司2005年度关联方占用资金情况的专项审计说明》，没有披露上述大股东及其关联企业非经营性占用上市公司资金的情况。经检查已T会计师事务所审计工作底稿，未见对该类关联方交易及占款的审计痕迹（2014–3）。

（3）乙B会计师事务所在对广西北生药业股份有限公司2004年年度报表审计时：在对北生药业2004年年度报告关联方审计过程中，对北海腾盛建筑工程有限责任公司、北京九洲济康医药有限责任公司、北京盛世康健生物科技有限责任公司3家北生药业主要工程承包商与北生药业是否存在关联关系进行核查。乙B会计师事务所审计工作底稿中，没有记录或者说明审计人员向北生药业了解、询问九洲济康和盛世康健股东的详细情况，以及上述两家公司与北生药业实际关系的材料。同时，在工作底稿中，对2002年银行担保合同明确载明何某良（时任北生药业董事长、法定代表人）任腾盛建筑法定代表人，且腾盛建筑与北生药业存在重大交易往来的情况，乙B会计师事务所没有给予必要的关注并实施充分必要的审计程序，导致其未发现腾盛建筑与北生药业存在关联关系的事实（2014–4）。

（4）甲U会计师事务所在对怀集登云汽配股份有限公司IPO报表、2013年及2014年年度报表审计时：2013年年报出具的审计报告未保持应有的职业审慎，未对相关公司进行充分核查或者追加必要的审计程序，导致2013年未能发现山东旺特、山东富达美、广州富匡全贸易有限公司、肇庆市达美汽车零件有限公司、APC公司等与登云股份的关联关系及关联交易（2017–8）。

（5）甲U会计师事务所在对怀集登云汽配股份有限公司IPO报表、2013年及2014年年度报表审计时：IPO（三年又一期）及2014年年报提供审计服务过程中，在相关公司存在异常关联线索的情况下，未保持应有的职业审慎，未进行充分核查或者追加必要的审计程序。甲U会计师事务所工作底稿显示，山东旺特汽车零部件有限公司原名为山东登云汽配销售有限公司（2011年7月13日更名），甲U会计师事务所对此异常联系并未予以充分关注。甲U会计师事务所在核查中发现山东富达美汽车零件有限公司接替两名自然人而成为山东旺特唯一的法人股东，并未对山东富达美股东信息采取进一步的核查措施。甲U会计师事务所获取登云股份管理层声明书和登云股份九名一致行动人出具的承诺书：截至2012年12月31日，本公司九名一致行动人均不存在对外投资企业情况，与其关系密切的家庭成员亦不存在与登云股份存在关联关系的对外投资。经查，甲U会计师事务所未获取到登云股份副总经理王某枢出具的类似承诺书。甲U会计师事务所获取的美国律师出具的American Powertrain Components，Inc.（以下简称APC公司）股权转让律师函显示，2010年1月10日，APC公司股东由王某枢、Charles John wick变更为Bryan John wick，Mei Fang Huang和Flora Deng。甲U会计师事务所收集的APC公司相关单据显示该公司与登云股份存在以下异常联系：①APC公司装箱单的制作人与美国登云仓库的装箱单制作人相同；②APC公司装箱单上的联系地址、联系方式与美国登云相同；③APC公司客户Jasper公司开具给APC公司订单上的联系人为美国登云总经理；④美国登云副总经理王某枢2010年之前持有APC公司40%股权。甲U会计师事务所未保持应有的职业谨慎，未对上述异常情况采取进一步恰当核查措施（2017-8）。

（九）用其他专业机构成果

（1）丙C会计师事务所在对北京赛迪传媒投资股份有限公司2012年年度报表审计时：2012年12月20日，北京中天华资产评估有限责任公司（以下简称中天华）对赛迪传媒2012年年末股东权益进行评估，为商誉减值测试工作提供价值参考依据。2013年1月6日，在未考虑摆放权招标事项影响的情况下，中天华出具了关于商誉的资产评估咨询报告。丙C会计师事务所在审计赛迪传媒2012年度财务报表时，主要利用该资产评估咨询报告，确认赛迪传媒2012年年末不需对商誉计提减值准备。2013年10月28日，赛迪传媒重新对商誉减值进行测试并追溯调整2012年年度报告，调减商誉9 434.59万元，调减无形资产5 798.63万元，共计调减资产15 233.22万元；调增资产减值损失15 233.22万元，净利润由盈利114.93万元调减为亏损15 118.29万元。丙C会计师事务所应当恰当利用专家工作，在中天华出具的资产评估咨询报告不足以实现审计目的的情况下，未执行必要的审计程序，以获取充分、适当的审计证据，致使其未发现赛迪传媒资产和业绩的重大错报，为赛迪传媒2012年度财务报表出具了无保留意见的审计报告，发表了不恰当的审计意见（2016-1）。

（2）丙C会计师事务所在对福建连城兰花股份有限公司2012年至2014年9月报表审计时：利用前任会计师访谈底稿未做复核，未对不符事项实施进一步审计程序。丙C会计师事务所对经销商杨某某、杨某浩、杨某春、饶某某、傅某某等以书面询函形式进行访谈，访谈函的访谈记录均为连城兰花董秘王某提供的连城兰花原审计机构己F会计师事务所访谈底稿的复印件，丙C会计师事务所审计工作底稿中未见对前任会计师访谈底稿的复核。其中，对北京经销商黄某某的访谈函件上，被访谈人记录为杨某妹，丙C会计师事务所审计工作底稿未说明访谈杨某妹的原因，未说明杨某妹与黄某某的关系（2016–4）。

（十）期后事项、或有事项

（1）丙C会计师事务所在对北京赛迪传媒投资股份有限公司2012年年度报表审计时：2007年5月，赛迪传媒主办刊物《和谐之旅》杂志获准在动车组列车上免费摆放。此后，铁道媒体业务逐步发展为赛迪传媒主营业务之一。2011年度，由《和谐之旅》产生的业务收入占赛迪传媒经审计营业收入的29.65%。2012年11月29日，全国高铁列车杂志摆放权（以下简称摆放权）由免费上车方式变更为全国统一招标方式，中标企业须缴纳一定的渠道费用（据测算，赛迪传媒如中标则每年将额外支付约2 450万元渠道费用）。2013年1月17日，赛迪传媒董事会审议通过赛迪传媒2012年年度报告，并于同日召开专题会议决定退出参与摆放权招标，安排铁道媒体业务善后事宜。作为对赛迪传媒2012年度财务报表进行审计的会计师事务所，丙C会计师事务所在出具审计报告前知悉上述事项。摆放权由免费上车方式变更为全国统一招标方式对赛迪传媒2012年度财务报表产生重大影响，赛迪传媒决定退出参与摆放权招标属于资产负债表日后调整事项。丙C会计师事务所在审计过程中应考虑上述事项对财务报表影响并作出审计调整，致使其未发现赛迪传媒资产和业绩的重大错报，为赛迪传媒2012年度财务报表出具了无保留意见的审计报告，发表了不恰当的审计意见（2016–1）。

（2）甲A会计师事务所在对海南亚太实业发展股份有限公司2013年年度报表审计时：未合理考虑已识别的期后事项对长期股权投资减值准备的影响，未对相应错误予以识别和采取适当措施。2012年、2013年亚太实业持有济南固锝电子器件有限公司（以下简称济南固锝）48%股权。2013年12月31日，亚太实业董事会决议通过《关于转让济南固锝电子器件有限公司21%股权的议案》，披露的股权转让价格为8 750 000.00元，定价依据为截至2012年12月31日亚太实业所持济南固锝股权的账面价值为20 017 561.21元。2014年1月20日，亚太实业临时股东大会决议通过《关于转让济南固锝电子器件有限公司21%股权的议案》。亚太实业未根据前述定价依据对所持济南固锝48%股权对应的长期股权投资计提减值准备，导致其2013年虚增净利润为2 377 904.37元（未考虑所得税因素），占当期净利润的90.54%。甲A会计师事务所在出具审计报告前知悉了亚太实业股权转让的事宜，在仅取得亚太实业大股东出具《承诺函》的情况下，未合理考虑该事项对长期股权投资减值准备的影响，未对相应错误予以识别和采取适当措施（2017–1）。

（3）乙L会计师事务所在对杭州天目山药业股份有限公司2013年年度报表审计时：对天目药业子公司深圳京柏股权转让期后事项审计程序执行不充分。乙L会计师事务所对天目药业2013年年度报告期后事项执行审计程序时，在关注到天目药业正在转让深圳京柏股权的情况下，未保持应有的职业怀疑，未在审计报告日前获取充分、适当的审计证据，未识别财务报告期后披露事项存在的遗漏。天目药业子公司深圳京柏医疗设备有限公司的全部股权转让事宜已于2014年2月12日经深圳市市场监督管理局核准，但该事项未在天目药业2013年年度报告中披露（2017–4）。

（4）壬S会计师事务所在对珠海市博元投资股份有限公司2012年、2013年年度报表审计时：2013年未对票据置换业务涉及的大额收款设计和实施必要的期后事项审计程序。博元投资2013年共置入票据74 800.00万元、置出票据85 455.83万元（不包括作为预付款背书），账面确认票据贴现收入1 688.23万元，占利润总额的184.37%，涉及的现金流仅2013年12月31日收到沈阳齐智商贸有限公司（以下简称沈阳齐智）与沈阳三隆房地产开发有限公司三隆中天酒店（以下简称沈阳三隆酒店）的票据贴现款合计达12 000万元，占博元投资披露的期末货币资金的92%，占总资产的19.68%。经查，2014年1月2日，博元投资即以向沈阳齐智和沈阳三隆酒店支付票据购买款的名义，将相同金额的款项分别支付给沈阳齐智及沈阳三隆酒店。壬S会计师事务所未保持应有的职业怀疑态度，未对临近资产负债表日的大额收款和期后大额付款保持充分的关注并执行必要的审计程序（2017–6）。

第五节　2018—2023年受到证监会行政处罚审计项目的违法事实

2018—2023年，证监会对甲A会计师事务所等29家会计师事务所及注册会计师开出《行政处罚决定书》71份，具体如表2–6所示。

表2–6　2018—2022年受到证监会行政处罚的会计师事务所及其数量统计表

序号	会计师事务所	受处罚件数
1	甲A会计师事务所	7
2	己F会计师事务所	7
3	戊E会计师事务所	5
4	庚G会计师事务所	9
5	丁D会计师事务所	4

续表

序号	会计师事务所	受处罚件数
6	辛H会计师事务所	4
7	丁N会计师事务所	3
8	丙M会计师事务所	3
9	乙L会计师事务所	2
10	乙V会计师事务所	2
11	丙W会计师事务所	2
12	丁X会计师事务所	2
13	壬I会计师事务所	4
14	甲K会计师事务所	1
15	戊C会计师事务所	1
16	辛V会计师事务所	1
17	壬W会计师事务所	2
18	癸X会计师事务所	1
19	甲Y会计师事务所	1
20	甲U会计师事务所	1
21	乙Z会计师事务所	1
22	丙A会计师事务所	1
23	丁B会计师事务所	1
24	己D会计师事务所	1
25	庚E会计师事务所	1
26	辛F会计师事务所	1
27	壬S会计师事务所	1
28	壬G会计师事务所	1
29	癸H会计师事务所	1
	合计	71

受处罚的违法事实如下：

一、财务报表及其列报的违法事实

（一）经营收支

1.收入和成本

（1）丁D会计师事务所在对金亚科技股份有限公司2014年年度报表审计时：经核查，金亚科技披露的2014年合并财务报表虚增营业收入73 635 141.10元，虚增营业成本

19 253 313.84元（2018–2）。

（2）丁D会计师事务所在对武汉国药科技股份有限公司2012年、2013年年度报表审计时： *ST国药在2012年财务报表中虚假记载与上海公合实业有限公司等客户钢材贸易业务收入约4 115.20万元，占当年营业收入的83.66%；在2013年财务报表中虚假记载与公合实业钢材贸易业务收入约1.03亿元，占当年营业收入的92.49%（2018–5）。

（3）丙M会计师事务所在对江苏雅百特科技股份有限公司2015年年度报表审计时： 雅百特2015年收入出现多处异常情况：①木尔坦项目毛利率高达74.16%，且通过多个第三方公司大批小额回款。2015年，雅百特通过虚构木尔坦项目，虚增营业收入20 182.50万元，相应虚增当期营业利润14 967.52万元，占当期披露利润总额的47.09%。②向安美国际公司（Angobelas International，Lda）销售出口建材的交易标的为钢材、铝材等普通建筑材料，毛利率却高达81.54%。2015年，雅百特通过安美国际，以虚构出口建筑材料销售的方式虚增营业收入1 852.94万元，相应虚增当期营业利润1 402.93万元，占当期披露利润总额的4.41%。③国内材料销售收入大幅增长且收入的分类列示更改。2015年，雅百特通过李某松控制的关联公司，以虚构国内建材贸易的方式虚增销售收入26 147.24万元，相应虚增当期营业利润6 855.89万元，占当期披露利润总额的21.57%（2019–2）。

（4）丙M会计师事务所在对宁波圣莱达电器股份有限公司2015年年度报表审计时： 2015年，圣莱达通过虚构业务虚增营业外收入2 000万元，使公司扭亏为盈。一是虚构与华视友邦影视传媒（北京）有限公司的影视版权转让协议，借此确认违约金收入1 000万元，虚增2015年度净利润750万元；二是虚构政府对圣莱达的财政补助事项，借此确认财政补助收入1 000万元，虚增2015年度净利润750万元（2019–4）。

（5）辛H会计师事务所在对山东新绿食品股份有限公司挂牌转让披露文件报表审计时： 2015年8—11月，新绿股份向全国中小企业股份转让系统提交申请股票公开转让申报文件并公开披露。披露文件包括：2015年8月31日，公开披露《山东新绿食品股份有限公司公开转让说明书（申报稿）》；2015年8月31日，公开披露《泗水新绿食品有限公司审计报告及财务报表（2013年1月1日至2015年4月30日）》；2015年11月26日，公开披露《山东新绿食品股份有限公司公开转让说明书（反馈稿）》，并再次披露申报会计期财务报告。经查，公司通过虚构与收入相关的经济利益流入的方式虚增申报报告期主营业务收入72 507.43万元（2019–6）。

（6）戊E会计师事务所在对山东新绿食品股份有限公司2015年年度报表审计时： 新绿股份虚增主营业务收入36 907.29万元。2015年，新绿股份使用莒南县工商银行支行1610××××0978账户伪造银行收款1054笔，虚构银行收款54 664.38万元。根据新绿股份披露的应收账款账龄，按照应收账款期初余额优先收回的原则进行会计分期测算，上述虚构的银行收款中归属2015年度的银行收款为41 705.24万元，按照13%的增值税税率计算，新绿股份虚增主营业务收入36 907.29万元。虚增部分占当期公开披露主营业务收入的48.21%；按披露的毛利率测算，对2015年利润总额的影响为5 497.46万元，占当期公开披露利润总额的86.67%（2020–1）。

（7）乙V会计师事务所在对康美药业股份有限公司2016—2018年年度报表审计时：经我会另案查明，康美药业2016年、2017年、2018年年度报告存在虚增收入、虚增货币资金等虚假记载行为（2021–1）。

（8）辛H会计师事务所在对欢瑞世纪联合股份有限公司2016年重大资产重组报表审计时：未执行有效的销售收入审计程序。欢瑞影视2013年因提前确认收入虚增营业收入69 396 226.42元，2014年因提前确认收入虚增营业收入27 894 339.63元。辛H会计师事务所在将收入识别为重大错报风险和可能存在提前确认收入风险的情况下，未保持应有的职业怀疑，继而未设计和实施恰当的审计程序，以获取充分、适当的审计证据，导致未能发现欢瑞影视2013年、2014年提前确认销售收入的事实（2021–8）。

（9）戊E会计师事务所在对斯太尔动力股份有限公司2016年年度报表审计时：2016年，斯太尔通过虚构技术许可业务，将其从江苏中关村科技产业园管理委员会预收的20 000万元政府奖励资金，包装成子公司斯太尔动力（江苏）投资有限公司与江苏中关村科技产业园控股集团有限公司的三款非道路柴油发动机技术许可收入，2016年财务报表虚增营业收入18 867.92万元，虚增利润总额18 847.72万元，虚增净利润14 135.79万元，并将亏损披露为盈利（2021–5）。

（10）甲A会计师事务所在对深圳市索菱实业股份有限公司2016年、2017年年度报表审计时：经我会另案查明，索菱股份披露的《2016年年度报告》虚增营业收入271 426 472.23元，《2017年年度报告》虚增营业收入338 220 675.31元（2021–4）。

（11）辛H会计师事务所在对某控股公司申请证券公司新增5%以上股东资格提供2013年及2014年一季度报表审计时：在证券公司新增5%以上股东资格的行政许可申请文件中，某控股公司提供的近一年经具有证券相关业务资格会计师事务所出具的审计报告存在虚假记载。2014年8月，某控股公司申请成为证券公司新增5%以上股东，为此，证券公司作为申报材料方向中国证监会报送了证券股份有限公司关于发行股份购买资产涉及的总股本变更、新增5%以上股东资格以及设立子公司的请示等文件。在此文件中，某控股公司提供的2013年度审计报告含有虚假财务数据和隐瞒巨额或有负债。某控股公司2013年度营业收入合计9.49亿元，辛H会计师事务所未能在审计中发现其中8.92亿元收入为虚假收入（2021–9）。

（12）丁N会计师事务所在对山东胜通集团股份有限公司2013—2017年年度报表审计时：经我会另案查明，2013年度至2017年度，胜通集团以山东胜通钢帘线有限公司、山东胜通化工有限公司、山东胜通光学材料科技有限公司三家子公司为造假实体，通过复制真实账套后增加虚假记账凭证生成虚假账套、虚构购销业务等方式实施财务造假，虚增主营业务收入金额共计615.40亿元。胜通集团将虚假账套数据提供给审计机构。此外，胜通集团在审计机构丁N会计师事务所出具2016年度、2017年度的审计报告后，直接修改经审计后的胜通集团合并会计报表，在修改后的财务报表上加盖虚假的丁N会计师事务所印章后将报表对外披露。通过上述方式，胜通集团2013年度至2017年度累计虚增主营业务收入615.40亿元。上述行为导致胜通集团案涉年度报告存在虚假记载（2021-7）。

（13）癸X会计师事务所在对广东金刚玻璃科技股份有限公司2016年、2017年年度报表审计时：经我局（广东局）另案查明，金刚玻璃2016年、2017年年度报告存在虚增收入、虚增货币资金等虚假记载行为（2022-1）。

（14）甲Y会计师事务所在对新疆亿路万源实业投资控股股份有限公司2018年和2019年年度报表审计时：经我会另案查明，*ST新亿2018年和2019年年度报告存在虚假记载和重大遗漏（收入等）（2022-2）。

（15）己F会计师事务所在对长园集团股份有限公司2016年、2017年年度报表审计时：经查，长园集团控股子公司长园和鹰智能科技有限公司通过虚构海外销售、提前确认收入、重复确认收入、签订“阴阳合同”、项目核算不符合会计准则等多种方式虚增业绩，导致长园集团2016年、2017年年度报告中披露的财务数据存在虚假记载，我局已作出行政处罚（2022-6）。

（16）己F会计师事务所在对东方金钰股份有限公司2017年年度报表审计时：2017年，东方金钰利用其所控制的瑞丽市姐告宏宁珠宝有限公司虚构与普某腊、保某、李某青、凤某、自某堵之间的销售交易，虚构与李某退、吴某龙、宝某明、董某先、蒋某东、杨某荣之间的采购交易，虚增营业收入29 487.1万元，虚增营业成本11 038.9万元。上述事项导致东方金钰2017年年度报告虚增利润总额18 448.2万元，占当年合并利润总额的59.7%（2022-8）。

（17）庚G会计师事务所在对天夏智慧城市科技股份有限公司2016年年度报表审计时：庚G会计师事务所为天夏智慧2016年年度财务报表提供审计服务。经我局（广西局）另案查明，2016年天夏智慧通过虚构智慧城市建设项目完成情况的方式，虚增收入不少于8.87亿元，利润不少于3.91亿元，分别占天夏智慧披露的当年营业收入的69.45%、利润总额的96.57%（2022-9）。

（18）乙Z会计师事务所在对公准肉食品股份有限公司2014年、2015年年度报表审计时：乙Z会计师事务所出具的公准股份2014年、2015年年度审计报告存在虚假记载。经另案查明，公准股份2014年、2015年年度报告存在虚增银行存款、虚增营业收入和成本、虚增利润等虚假记载行为（2022-10）。

（19）庚G会计师事务所在对公准肉食品股份有限公司2016年年度报表审计时：出具的公准股份2016年年度审计报告存在虚假记载。经另案查明，公准股份2016年年度报告存在虚增银行存款、虚增营业收入和成本、虚增利润等虚假记载行为（2022–11）。

（20）庚G会计师事务所在对浙江仁智股份有限公司2017年年度报表审计时：仁智股份2017年年度报告虚假记载情况。经我局（浙江局）另案查明，2017年，仁智股份通过虚构油服业务及钢贸业务入账，虚增营业收入9 041.72万元，虚增营业成本6 079.52万元，其披露的2017年年报存在虚假记载（2022–13）。

（21）丙W会计师事务所在对天夏智慧城市科技股份有限公司2017年、2018年年度报表审计时：出具的天夏智慧2017年、2018年年度审计报告存在虚假记载。经我局另案查明，天夏智慧通过虚构智慧城市建设项目完成情况的方式，2017年虚增收入不少于10.75亿元，利润不少于2.83亿元，分别占天夏智慧披露的当年营业收入的64.54%、利润总额的40.14%；2018年虚增收入不少于8.74亿元，利润不少于3.35亿元，分别占天夏智慧披露的当年营业收入的80.09%、利润总额的143.71%（2022–14）。

（22）己F会计师事务所在对致生联发信息技术股份有限公司2016年年度报表审计时：我局（北京局）另案查明，致生联发2016年与东蓝数码有限公司、中线渠首（南阳）农业发展有限公司签署《南阳市智慧农业建设项目合同》（所涉项目以下简称南阳项目），致生联发明知南阳项目实质为垫付资金的借贷业务，仍然将其包装成工程建设项目披露信息、进行会计处理，明知项目建设、验收真实性存在重大瑕疵，仍依据前述虚假事项履行信息披露义务、确认收入，致使2016年年报存在虚假记载，多记收入27 468.44万元，多记利润总额5 245.00万元（2022–16）。

（23）丁B会计师事务所在对浙江亚太药业股份有限公司2017年、2018年年度报表审计时：经我局（浙江局）另案查明，2017—2018年，亚太药业全资子公司上海新高峰生物医药有限公司（以下简称上海新高峰）在未开展真实业务的情况下，确认来自部分客户的销售收入。2017年，上海新高峰合计虚增营业收入17 608.24万元、营业成本10 186.04万元、利润总额7 370.78万元，分别占亚太药业同期披露金额的16.26%、16.96%和31.08%。2018年，上海新高峰合计虚增营业收入17 731.65万元、营业成本10 817.32万元、利润总额6 687.03万元，分别占亚太药业同期披露金额的13.54%、14.73%和27.70%。上述财务数据纳入合并报表后，亚太药业2017年、2018年年度报告存在虚假记载（2022–18）。

（24）戊E会计师事务所在对广东柏堡龙股份有限公司2018—2019年年度报表审计时：经查明，戊E会计师事务所违法的事实如下：柏堡龙对外披露的2018年度财务报告虚增营业收入141 640 334.31元，虚增利润总额53 791 660.78元，虚增营业收入、利润总额分别占对外披露营业收入、利润总额的17.25%、24.67%（2022–19）。

（25）己D会计师事务所在为易见供应链管理股份有限公司2018年、2019年年度财务报表审计中：虚增收入及利润。2015年至2020年年度，易见股份各类虚假业务各年合计虚增收入分别为4 441 377 299.56元、11 919 663 519.42元、12 003 895 365.20元、10 469 873 593.76元、10 987 210 733.58元、6 428 643 331.81元，占各年度披露的营业总收入的比例分别为84.26%、73.68%、75.20%、72.18%、71.59%、66.16%；各年虚增利润分别为43 318 490.2元、684 312 866.58元、1 147 481 318.02元、1 121 297 875.75元、1 240 440 285.35元、–3 975 223 534.39元（考虑易见股份2020年自行计提的坏账准备），占各年度披露的利润总额的比例分别为9.49%、69.33%、96.46%、110.06%、142.94%、33.07%；扣除虚增利润后，易见股份2018年至2020年年度三年连续亏损（2023–1）。

（26）己F会计师事务所在为獐子岛集团股份有限公司2016年年度财务报表审计中：獐子岛集团2016年度结转成本时所记载的捕捞区域与捕捞船只实际作业区域存在明显出入，2016年账面结转捕捞面积较实际捕捞面积少13.93万亩，虚减营业成本6 002.99万元（2023–3）。

（27）己F会计师事务所在为蓝盾信息安全技术股份有限公司2018年、2019年年度报表审计中：2018年至2019年，蓝盾股份子公司中经汇通电子商务有限公司（以下简称中经电商）通过伪造大量客户和商户的业务合同、业务对账单、询证函回函等，在自主开发的汇生活系统、EPAY系统上虚构发码数据和消费数据等方式，虚增营业收入和利润。2018年、2019年分别虚增营业收入164 709 504.62元、79 115 644.30元，占蓝盾股份当期披露营业收入的7.22%、4.12%；分别虚增利润总额164 709 504.62元、79 115 644.30元，占蓝盾股份当期披露利润总额的33.74%、8.33%。上述情况导致蓝盾股份披露的2018年年度报告和2019年年度报告存在虚假记载（2023–5）。

（28）壬I会计师事务所在为东方金钰股份有限公司2016年财务报表审计中：2016年，东方金钰利用瑞丽市姐告宏宁珠宝有限公司（以下简称姐告宏宁）虚构与保某、李某青、自某堵之间的销售交易，合计14 169.09万元；虚构与宝某明、董某先、蒋某东之间的采购交易，合计20 104.02万元。上述事项导致东方金钰2016年度报告虚增营业收入14 169.09万元，虚增营业成本4 665万元，导致虚增利润总额9 504.09万元（占当年合并利润总额的29.60%）（2023–6）。

（29）甲A会计师事务所在为航天通信控股集团股份有限公司2017年至2018年度财务报表审计中：2017—2018年度，航天通信控股子公司智慧海派科技有限公司（以下简称智慧海派）通过虚构循环购销业务、虚构海外销售业务、海外委托加工转移定价、虚构研发业务等方式虚增营业收入和利润。甲A会计师事务所作为航天通信2017—2018年度财务报表审计机构，在与营业收入相关的穿行与控制测试、营业收入和应收账款的实质性程序等审计过程中，未保持职业怀疑，未获取充分、适当的审计证据，其出具的审计报告存在虚假记载（2023-9）。

（30）壬W会计师事务所在为广州市浪奇实业股份有限公司2018年、2019年年度报告审计中：广州浪奇通过虚构大宗商品贸易业务、循环交易乙二醇仓单等方式，2018年虚增营业收入6 234 322 859.99元，虚增利润210 487 256.01元。2019年虚增营业收入6 651 448 598.32元，虚增利润201 439 326.22元。壬W会计师事务所为广州浪奇2018年、2019年年度报告提供审计服务，两年均出具了标准无保留意见的审计报告（2023-10）。

（31）壬G会计师事务所在为北京京西文化旅游股份有限公司2018年度财务报表审计中：北京文化子公司北京世纪伙伴文化传媒有限公司（以下简称世纪伙伴）与雅格特国际文化传媒（北京）有限公司（以下简称雅格特）签订《项目转让协议》，世纪伙伴将影视剧《倩女幽魂》60%的投资份额收益权作价38 000万元转让给雅格特。协议显示的签署时间为2018年12月10日，实际上该协议并非在2018年签署。2019年3月，雅格特向世纪伙伴支付首笔转让费5 500万元。该项业务在北京文化2018年年度报告中确认收入35 849.06万元。世纪伙伴虚假转让《倩女幽魂》投资份额收益权，导致北京文化2018年年度报告存在虚假记载，虚增收入35 849.06万元。壬G会计师事务所为北京文化2018年度财务报表提供审计服务，出具了标准无保留意见的审计报告（2023-16）。

2.费用

（1）乙L会计师事务所在对福鼎白茶股份有限公司2017年年度报表审计时：2018年4月20日，白茶股份2017年度报告披露公司当年利润总额261.81万元，财务费用92.99万元，营业外收入120.50万元。经查，白茶股份2017年度报告存在虚假记载：①少计利息费用，未确认对相关银行的逾期借款利息（含罚息、复利）343.21万元。②白茶股份在未满足约定条件并未经工商银行福建省分行审批同意的情况下，冲回已计提的工商银行福鼎支行贷款利息117.25万元，多确认营业外收入117.25万元。上述两项合计虚增利润460.46万元（2020-4）。

（2）辛H会计师事务所在对林州重机集团股份有限公司2017年年度报表审计时：辛H会计师事务所审计的林州重机2017年年度报告存在虚假记载。林州重机2017年合并利润表虚减财务费用11 244 131.28元（2020-4）。

（3）甲A会计师事务所在对深圳市索菱实业股份有限公司2016年、2017年年度报表审计时：经我会另案查明，索菱股份披露的《2016年年度报告》虚减费用7 662 975.74元，《2017年年度报告》虚减费用12 090 603.80元（2021-4）。

3.资产减值

庚E会计师事务所在为中兴天恒能源科技（北京）股份公司2019年至2020年年度财务报表审计中：2020年，在中天能源少计提九头风、加拿大优势应收款项减值准备事项上，立信中联关于应收款项减值准备的实质性程序存在重大缺陷，未充分关注相关减值准备计提的合理性、谨慎性，九头风2.64亿元和加拿大优势3.84亿元款项不计提减值准备的审计结论没有充分、适当的审计证据做支持；未对抵债标的Alpha Bow Energy Limited（简称ABE）的价值保持应有的职业怀疑，股权价值《预评估报告》可靠性不足，复核审计程序受限（2023–2）。

4.利润

（1）己F会计师事务所在对哈尔滨电气集团佳木斯电机股份有限公司2013—2015年年度报表审计时：佳电股份2013年度财务报表披露利润总额1.92亿元，虚增金额1.58亿元；佳电股份2014年度财务报表披露利润总额895万元，虚增金额0.40亿元；佳电股份2015年度财务报表披露利润总额–4.61亿元，虚减金额1.98亿元（2018–1）。

（2）丁D会计师事务所在对广东超华科技股份有限公司2014年年度报表审计时：因超华科技的全资孙公司惠州合正电子科技有限公司虚假确认2014年常州市鑫之达电子有限公司废料销售收入2 770 505.13元，造成超华科技2014年年度利润总额、合并净利润均相应虚增，虚增利润总额占超华科技当期利润总额的28.01%、虚增净利润占超华科技当期合并净利润的23.71%。超华科技上述财务舞弊行为导致其2014年年度报告存在虚假记载（2018–3）。

（3）丁N会计师事务所在对广东广州日报传媒股份有限公司2011年、2012年和2013年半年报及2013年年度报表审计时：香榭丽通过制作“虚假合同”虚增利润，导致粤传媒在收购香榭丽过程中披露的相关文件存在虚假记载。香榭丽2011年年报、2012年年报、2013年半年报和2013年年报的净利润分别虚增了4 083.30万元、10 294.68万元、5 976.94万元和16 211.85万元，虚增金额分别占香榭丽当期经审计净利润的112%、279%、536.28%和346%（2018–4）。

（4）壬I会计师事务所在对五洋建设集团股份有限公司2012—2014年年度报表审计时：五洋建设在编制2012年至2014年年度财务报表时，违反会计准则，通过将所承接工程项目应收账款和应付账款“对抵”的方式，同时虚减企业应收账款和应付账款，导致2012年至2014年年度虚增净利润分别不少于3 052.27万元、6 492.71万元和15 505.47万元（2019–1）。

（5）甲K会计师事务所在对三峡新型建材股份有限公司2011年、2012年年度报表审计时：①2011年报告虚假记载情况。三峡新材《2011年度报告》中披露2011年营业利润为552.99万元。经查，公司通过少结转成本，虚增营业利润7 542.58万元。②2012年报告虚假记载情况。三峡新材《2012年度报告》中披露2012年营业利润为–337.78万元。经查，公司通过少结转成本，虚增营业利润1 565.74万元（2019–4）。

（6）丁D会计师事务所在对广东风华高新科技股份有限公司2016年年度报表审计时：为了解决应收账款账目挂账问题、延长应收账款计提坏账准备时间，风华高科决定通过粤盛资产管理有限责任公司（以下简称粤盛资产）和宁夏顺亿资产管理有限公司（以下简称宁夏顺亿）配合操作，于2016年3月24日，由宁夏顺亿以2015年12月31日为基准日原价受让风华高科及其子公司对广东新宇金融信息科技有限公司、广州亚利电子有限公司应收账款合计约5 469万元；同时由风华高科出资5 500万元，购买粤盛资产委托宏信证券有限责任公司（以下简称宏信证券）发行的一项理财产品，约定投资标的为协议受让宁夏顺亿合法受让风华高科及其子公司对上述两家公司的应收账款收益权资产，宁夏顺亿与宏信证券就该收益权转让签署《应收账款收益权转让合同》。宏信证券收到风华高科的资金后，即全部转至宁夏顺亿。2016年期间，风华高科通过上述方法虚假转让应收账款，少计资产减值损失，虚增利润总额约6 192.12万元，占风华高科当期披露利润总额的比例为33.05%（2020–6）。

（7）甲A会计师事务所在对湖南千山制药机械股份有限公司2015年及2016年年度报表审计时：2015年，千山药机通过虚增收入等方式虚增利润7 950.52万元；2016年，千山药机通过虚增收入、虚减应收账款、坏账准备等方式虚增利润27 716.43万元（2021–2）。

（8）壬W会计师事务所在对凯迪生态环境科技股份有限公司2016年年度报表审计时：在2016年期间，凯迪生态部分在建电厂存在非正常中断且中断时间连续超过3个月的情形。中断期间，凯迪生态未按照会计准则暂停停建电厂的借款费用资本化，直接导致2016年财务报告存在虚增在建工程、虚减财务费用、虚增利润总额的情形，虚增在建工程、虚减财务费用、虚增利润总额272 808 639.77元（2021–10）。

（9）丙W会计师事务所在对抚顺特殊钢股份有限公司2010—2016年年度报表审计时：丙W会计师事务所为抚顺特殊钢股份有限公司出具的2010—2016年审计报告存在虚假记载。抚顺特钢通过伪造、变造原始凭证及记账凭证等方式，在2010—2016年年度报告存在虚增存货、虚减成本、虚增利润总额等信息披露违法行为。其中，2010年年度报告虚增利润总额71 002 264.30元，在2010年年度报告中将亏损披露为盈利；2011年年度报告虚增利润总额487 921 246.00元，在2011年年度报告中将亏损披露为盈利；2012年年度报告虚增虚增利润总额559 851 922.00元，在2012年年度报告中将亏损披露为盈利；2013年年度报告虚增利润总额184 446 258.00元，2013年年度报告中将亏损披露为盈利；2014年年度报告虚增利润总额170 679 305.58元，在2014年年度报告中将亏损披露为盈利；2015年年度报告虚增利润总额144 915 856.06元；2016年年度报告虚增利润总额155 339 348.24元，在2016年年度报告中将亏损披露为盈利（2021–5）。

（10）甲A会计师事务所在对深圳市索菱实业股份有限公司2016年、2017年年度报表审计时： 经我会另案查明，索菱股份披露的《2016年年度报告》虚增利润总额279 089 447.97元，占合并利润表当期披露利润总额的344.78%；《2017年年度报告》虚增利润总额350 311 279.11元，占合并利润表当期披露利润总额的208.13%（2021-4）。

（11）丁N会计师事务所在对山东胜通集团股份有限公司2013—2017年年度报表审计时： 经我会另案查明，2013年度至2017年度，胜通集团以山东胜通钢帘线有限公司、山东胜通化工有限公司、山东胜通光学材料科技有限公司三家子公司为造假实体，通过复制真实账套后增加虚假记账凭证生成虚假账套、虚构购销业务等方式实施财务造假，虚增主营业务收入；由虚增主营业务收入扣除虚增主营业务成本、税金及附加，胜通集团虚增利润总额为113.00亿元。胜通集团将虚假账套数据提供给审计机构。此外，胜通集团在审计机构丁N会计师事务所出具2016年度、2017年度的审计报告后，直接修改经审计后的胜通集团合并会计报表，在修改后的财务报表上加盖虚假的丁N会计师事务所印章后将报表对外披露。通过该方式，胜通集团2016年度虚增利润总额4.41亿元，2017年度虚增利润总额1.70亿元。通过上述方式，胜通集团2013年度至2017年度累计虚增利润总额119.11亿元。扣除虚增利润后，胜通集团各年利润状况为亏损。上述行为导致胜通集团案涉年度报告存在虚假记载（2021-7）。

（12）庚G会计师事务所在对雄安科融环境科技股份有限公司2017年年度报表审计时： 庚G会计师事务所审计的科融环境2017年年度报告存在虚假记载。科融环境通过将21个项目调试报告日期由以前年度涂改为2017年，并在2017年确认调试收入，虚增2017年利润7 178 800.95元，占科融环境2017年利润总额的17.16%（2021-12）。

（13）甲U会计师事务所在对乐视网信息技术（北京）股份有限公司2015年和2016年年度报表审计时： 经我会另案查明，乐视网2007—2016年连续十年虚增业绩，其中，2015年、2016年分别虚增利润总额38 295.18万元、43 276.33万元（2022-4）。

（14）丙M会计师事务所在对上海富控互动娱乐股份有限公司2013—2015年年度报表审计时： 丙M会计师事务所出具的富控互动2013—2015年年度审计报告存在虚假记载。经我会另案查明，富控互动2013年年度报告虚增利润2 767.63万元，2014年年度报告虚增利润1.09亿元，2015年年度报告虚增利润1.4亿元。丙M会计师事务所2013—2015年上述审计业务对应的业务收入分别为1 273 584.89元、1 273 584.90元、1 415 094.35元，合计3 962 264.14元（2022-5）。

（15）乙V会计师事务所在对广东榕泰实业股份有限公司2018年年度报表审计时： 经另案查明，广东榕泰实业股份有限公2018年度通过虚构揭阳市金铧贸易有限公司等三家已注销客户的销售回款，虚增利润1 224.69万元，占2018年年报披露利润总额的6.87%，导致2018年年报存在虚假记载（2022–7）。

（16）丙A会计师事务所在对苏州胜利精密制造科技股份有限公司2016年、2017年年度报表审计时：出具的胜利精密2016年、2017年审计报告存在虚假记载。经我会另案查明，2016—2017年，胜利精密子公司苏州市智诚光学科技有限公司通过虚增营业收入、虚减营业成本的方式实施财务造假，导致胜利精密2016年、2017年年度报告存在虚假记载。其中，胜利精密2016年虚增利润总额30 803.73万元，占当期披露合并报表利润总额的54.41%；2017年虚增利润总额29 811.49万元，占当期披露合并报表利润总额的47.16%（2022–15）。

（17）戊E会计师事务所在对仁东控股股份有限公司2019年年度报表审计时：经我会另案查明，2019年度仁东控股虚构保理业务收入、利润，且少计提坏账准备，合计虚增利润5 902.72万元，占当期利润总额的108.73%，导致仁东控股2019年合并财务报表存在虚假记载（2022–20）。

（18）己F会计师事务所在为獐子岛集团股份有限公司2016年年度财务报表审计中：獐子岛集团未如实将年底新底播区域作为既往库存资产核销，虚减营业外支出7 111.78万元。獐子岛集团案涉年度报告存在虚假记载（2023–3）。

（19）壬I会计师事务所在为天海融合防务装备技术股份有限公司2017年年度财务报表审计中：由于泰州市金海运船用设备有限责任公司（以下简称金海运，系天海防务全资子公司）虚构相关游乐设施贸易业务，导致天海防务2017年年度报告存在虚增营业收入、营业成本、利润总额的虚假记载行为。天海防务于2016年与金海运完成重大资产重组，金海运成为天海防务全资子公司。金海运原股东李某与天海防务于2015年签署相关盈利承诺补偿协议，约定金海运2015年至2017年三年累计利润总额不低于28 743万元，否则由李某对天海防务进行补偿。2017年为李某就金海运业绩承诺的最后一年。2018年4月20日，大信所为天海防务2017年财务报表出具了标准无保留的审计意见，壬I会计师事务所出具的前述审计报告存在虚假记载（2023–7）。

（20）壬I会计师事务所在为新疆同济堂健康产业股份有限公司2016年至2018年年报审计中：同济堂2016年至2018年年度报告分别虚增利润总额68 000万元、92 000万元、83 000万元。2017年4月20日、2018年4月22日、2019年4月22日，壬I会计师事务所分别为同济堂2016年、2017年、2018年年度财务报表出具了标准无保留意见的审计报告（2023–8）。

（21）壬S会计师事务所在为希努尔男装股份有限公司（现更名为雪松发展股份有限公司）2018年至2019年度财务报表审计机中：希努尔全资子公司诸城市松旅恐龙文化旅游发展有限公司（以下简称诸城松旅）2018年、2019年分别收到9 739.44万元、6 477.00万元政府补助。该政府补助发放的原因是支持诸城恐龙大世界项目的建设，应当认定为与资产相关。希努尔将其直接计入当期营业外收入，导致2018年年度报告虚增营业外收入9 739.44万元，虚增利润总额9 739.44万元，占当期利润总额的比例为51.29%；导致2019年年度报告虚增营业外收入6 477.00万元，虚增利润总额6 477.00万元，占当期利润总额的比例为27.68%。壬S会计师事务所为希努尔2018年至2019年年度财务报表提供审计服务，均出具了无保留意见审计报告（2023-15）。

（二）资产负债

1.货币资金

（1）丁D会计师事务所在对金亚科技股份有限公司2014年年度报表审计时：经核查，金亚科技披露的2014年合并财务报表虚增银行存款217 911 835.55元（2018-2）。

（2）辛H会计师事务所在对山东新绿食品股份有限公司新三板挂牌转让披露文件报表审计时：2015年8—11月，新绿股份向全国中小企业股份转让系统提交申请股票公开转让申报文件并公开披露。披露文件包括：2015年8月31日，公开披露《山东新绿食品股份有限公司公开转让说明书（申报稿）》；2015年8月31日，公开披露《泗水新绿食品有限公司审计报告及财务报表（2013年1月1日至2015年4月30日）》；2015年11月26日，公开披露《山东新绿食品股份有限公司公开转让说明书（反馈稿）》，并再次披露申报会计期财务报告。经查，公司虚增2015年4月30日银行存款余额5 380.91万元（2019-6）。

（3）甲A会计师事务所在对延安必康制药股份有限公司2018年年度报表审计时：经我局（陕西局）另案查明，延安必康2018年年度报告存在未披露控股股东及其关联方占用上市公司资金、虚增货币资金等违法情形。甲A会计师事务所出具的前述审计报告未发现控股股东及关联方非经营性占用上市公司资金，审计报告财务报表附注“关联方资金拆借”中未披露相关资金占用情况，未发现延安必康通过其全资子公司陕西必康制药集团控股有限公司尾号为7223的银行账户虚增货币资金，审计报告中有关报表项目与事实不符，最终作出“获取的审计证据是充分、适当的，为发表审计意见提供了基础”以及“财务报表在所有重大方面按照企业会计准则的规定编制，公允反映了延安必康2018年12月31日合并及公司的财务状况以及2018年度合并及公司的经营成果和现金流量”等不实结论，审计报告存在虚假记载（2021-11）。

（4）戊E会计师事务所在对北京蓝山科技股份有限公司2017—2019年和2020年公开发行股票事项报表审计时：蓝山科技通过虚增银行存款、虚构销售业务、虚构研发支出、虚列运费支出方式，虚增收入、资产和利润，导致其公告的2017—2019年年度报告披露的财务数据存在虚假记载。同时，2020年4月29日，蓝山科技向全国中小企业股份转让系统有限责任公司（以下简称全国股转公司）提交了《向不特定合格投资者公开发行股票说明书（申报稿）》（以下简称《公开发行说明书》）并进行了公告，蓝山科技公告的《公开发行说明书》中包括蓝山科技2017年度至2019年度三年的财务数据，其公告的证券发行文件在财务会计信息、业务与技术、公司治理与独立性等方面编造重大虚假内容。9月22日，蓝山科技向全国股转公司提交了《关于终止股票向不特定合格投资者公开发行并在精选层挂牌的申请》，申请撤回申请文件。9月25日，全国股转公司决定终止蓝山科技精选层挂牌申请文件的审查。戊E会计师事务所是蓝山科技2017年至2019年年度财务报表和2020年公开发行股票事项审计机构，为蓝山科技出具了2017—2019年度标准无保留意见的审计报告，用于蓝山科技在创新层的定期报告信息披露。2020年4月29日，蓝山科技精选层申报时又单独披露了2017—2019年度审计报告。另外，在蓝山科技2020年4月29日公开披露的《公开发行说明书》中。披露了戊E会计师事务所对《公开发行说明书》中引用的审计报告等内容无异议，并对其真实性、准确性、完整性承担相应法律责任的声明（2021-14）。

（5）庚G会计师事务所在对中融双创（北京）科技集团有限公司《公司债券年度报告（2017年）》报表审计时：经我会另案查明，中融双创披露的《公司债券年度报告（2017年）》虚增货币资金2 127 191 965.64元，占中融双创当期披露的经审计总资产的15.21%、净资产的29.31%（2021-15）。

（6）丁X会计师事务所在对永城煤电控股集团有限公司2017—2019年年度报表审计时：丁X会计师事务所出具的审计报告存在虚假记载。经我会另案查明，永煤控股2017—2019年财务报告存在虚增货币资金等信息披露违法行为（2022-12）。

（7）戊E会计师事务所在对广东柏堡龙股份有限公司2018—2019年年度报表审计时：经查明，戊E会计师事务所违法的事实如下：柏堡龙对外披露的2018年度财务报告虚增当年期末银行存款737 975 363.28元，未如实披露其他非流动资产报表项目预付工程款3.3亿元，其中，虚增银行存款占期末总资产的24.38%，柏堡龙对外披露的2019年度报告虚增当年期末银行存1 097 554 969.81元，未如实披露其他非流动资产报表项目预付工程款3.3亿元，其中虚增银行存款占期末总资产的34.93%（2022-19）。

（8）己D会计师事务所在为易见供应链管理股份有限公司2018年、2019年年度财务报表审计中：虚增银行存款。2015年，易见股份通过伪造银行回单等方式，虚增银行存款1 208 436 000.00元，易见股份披露的2015年年度报告存在虚假记载（2023-1）。

2.存货

（1）丙W会计师事务所在对抚顺特殊钢股份有限公司2010—2016年年度报表审计时：丙W会计师事务所为抚顺特殊钢股份有限公司出具的2010—2016年审计报告存在虚假记载。抚顺特钢通过伪造、变造原始凭证及记账凭证等方式，在2010—

2016年年度报告存在虚增存货、虚减成本、虚增利润总额等信息披露违法行为。其中，2010年年度报告虚增存货71 002 264.30元，少结转主营业务成本71 002 264.30元；2011年年度报告虚增存货487 921 246.00元，少结转主营业务成本487 921 246.00元；2012年年度报告虚增存货559 851 922.00元，少结转主营业务成本559 851 922.00元；2013年年度报告虚增存货184 446 258.00元，少结转主营业务成本184 446 258.00元；2014年年度报告虚增存货185 060 636.00元，少结转主营业务成本185 060 636.00元；2015年年度报告虚增存货163 090 290.00元，少结转主营业务成本163 090 290.00元；2016年年度报告虚增存货186 675 886.00元，少结转主营业务成本186 675 886.00元（2021–5）。

（2）丁X会计师事务所在对甘肃皇台酒业股份有限公司2016年年度报表审计时：经我局（甘肃局）另案查明，皇台酒业2016年年度报告披露的期末库存商品账面余额131 348 696.56元，其中，母公司库存商品账面余额130 848 257.63元，母公司库存商品2016年年末实际结存金额为44 549 474.33元，2016年年报虚假记载库存商品账面余额86 298 783.30元（2021–13）。

（3）壬W会计师事务所在为广州市浪奇实业股份有限公司2018年、2019年年度报告审计中：广州浪奇通过虚构大宗商品贸易业务、循环交易乙二醇仓单等方式，2018年虚增存货956 423 831.44元，2019年虚增存货1 082 231 342.91元。壬W会计师事务所为广州浪奇2018年、2019年年度报告提供审计服务，两年均出具了标准无保留意见的审计报告（2023–10）。

3.固定资产、无形资产

丙W会计师事务所在对抚顺特殊钢股份有限公司2010—2016年年度报表审计时：丙W会计师事务所为抚顺特殊钢股份有限公司出具的2010—2016年审计报告存在虚假记载。抚顺特钢通过伪造、变造原始凭证及记账凭证等方式，在2010—2016年年度报告中存在虚增存货、虚减成本、虚增利润总额等信息披露违法行为。其中，2015年年度报告虚增固定资产350 896 595.99元，虚增固定资产折旧18 174 433.94元；2016年年度报告虚增固定资产折旧31 336 537.76元（2021–5）。

4.在建工程

（1）辛H会计师事务所在对林州重机集团股份有限公司2017年年度报表审计时：辛H会计师事务所审计的林州重机2017年年度报告存在虚假记载。林州重机2017年合并资产负债表虚增在建工程2.07亿元（2020–2）。

（2）丙W会计师事务所在对抚顺特殊钢股份有限公司2010—2016年年度报表审计时：丙W会计师事务所为抚顺特殊钢股份有限公司出具的2010—2016年审计报告存在虚假记载。抚顺特钢通过伪造、变造原始凭证及记账凭证等方式，在2010—2016年年度报告中存在虚增存货、虚减成本、虚增利润总额等信息披露违法行为。其中，2013年年度报告虚增在建工程742 930 278.00元，2014年度报告虚增在建工程395 617 495.99

元（2021–5）。

5.应收应付

（1）丁D会计师事务所在对金亚科技股份有限公司2014年年度报表审计时：经核查，金亚科技披露的2014年合并财务报表虚增预付工程款3.1亿元（2018–2）。

（2）甲A会计师事务所在对成都华泽钴镍材料股份有限公司2013年、2014年年度报表审计时：华泽钴镍2013年、2014年年报存在虚假记载。为掩盖关联方长期占用资金的事实，华泽钴镍搜集票据复印件，将无效票据入账充当还款。华泽钴镍2013年应收票据的期末余额为1 325 270 000元，其中1 319 170 000元为无效票据。2014年应收票据的期末余额为1 363 931 170元，其中1 361 531 170元为无效票据（2018–6）。

（3）辛H会计师事务所在对林州重机集团股份有限公司2017年年度报表审计时：辛H会计师事务所审计的林州重机2017年年度报告存在虚假记载。林州重机2017年合并资产负债表虚减预付账款1.95亿（2020–2）。

（4）丙W会计师事务所在对天夏智慧城市科技股份有限公司2017年、2018年年度报表审计时：出具的天夏智慧2017年、2018年年度审计报告存在虚假记载。经我局（广西局）另案查明，2017年对外开具的1.2亿元商业承兑汇票未入账，占当期披露的合并报表负债总额的7.76%；2018年对外开具的4.45亿元商业承兑汇票未入账，占当期披露的合并报表负债总额的39.07%（2022–14）。

6.资产与负债的其他问题

（1）乙L会计师事务所在对安徽盛运环保（集团）股份有限公司2016年年度报表审计时：经另案查明，盛运环保2016年度报告少计资产、负债97 838.93万元，存在虚假记载（2021–9）。

（2）甲A会计师事务所在对北京昊华能源股份有限公司2015—2018年年度报表审计时：我局（北京局）另案查明，昊华能源2015年收购鄂尔多斯市京东方能源投资有限公司（以下简称京东方能源）30%股权时，将京东方能源实际持有的4.5亿吨煤炭资源量按照9.6亿吨煤炭资源量进行了账务处理，导致2015年、2016年、2017年、2018年年报存在虚假记载，虚增资产约28.25亿元（2022–17）。

（3）庚E会计师事务所在为中兴天恒能源科技（北京）股份公司2019年至2020年年度财务报表审计中：中天能源2019年年报少计提担保相关预计负债0.72亿元，虚增2019年利润0.72亿元；2020年年报少计提担保相关预计负债0.64亿元，虚增2020年利润0.64亿元。中天能源2020年年报少计提湖北九头风天然气有限公司（以下简称九头风）相关应收款项坏账准备1.32亿元，虚增2020年利润1.32亿元；少计提Canadian Advantage Petroleum Corporation（加拿大优势石油有限公司，以下简称加拿大优势）相关应收款项坏账准备1.92亿元，虚增2020年利润1.92亿元。中天能源披露的《2019年年度报告》《2020年年度报告》存在虚假记载（2023–2）。

7.关联交易

（1）乙V会计师事务所在对广东榕泰实业股份有限公司2018年年度报表审计时：经另案查明，广东榕泰实业股份有限公司在2018年度累计向揭阳市中粤农资有限公司、揭阳市和通塑胶有限公司、揭阳市永佳农资有限公司等关联方采购原材料入库金额41 903.02万元（不含税），占广东榕泰2018年年报披露净资产的13.16%，公司未按规定在2018年年报披露上述关联交易情况（2022–7）。

（2）丁N会计师事务所在对山东东方海洋科技股份有限公司2016年和2017年年度报表审计时：出具的东方海洋2016年、2017年年度审计报告存在虚假记载。经我局（山东局）另案查明，东方海洋《2016年年度报告》《2017年年度报告》未按规定披露与关联方之间的关联交易金额分别为130 300万元、91 110万元，占东方海洋最近一期经审计净资产的比例分别为46.53%、31.86%。《2016年年度报告》《2017年年度报告》资产负债表个别列报项目存在虚假记载（2022–3）。

（三）会计政策、会计估计变更和会计差错更正

庚E会计师事务所在为中兴天恒能源科技（北京）股份公司2019年至2020年年度财务报表审计中：2019年、2020年，庚E会计师事务所在中天能源未足额计提担保相关预计负债事项上，庚E会计师事务所关于预计负债计提的实质性程序存在重大缺陷，未发现中天能源会计准则适用错误，未获取预计负债计提比例相关的充分、适当审计证据，得出的审计结论不恰当（2023–2）。

（四）财务报表列报

（1）甲A会计师事务所在对深圳市零七股份有限公司2014年年度报表审计时：2014年期间，零七股份存在未按规定披露向外借款事项、未按规定披露诉讼事项等违法事实，致使其信息披露存在重大遗漏（2019–3）。

（2）辛V会计师事务所在对太原化工股份有限公司2014年年度报表审计时：太化股份2014年年报披露违法违规情况。太化股份2014年年报未完整披露贸易收入确认具体方法，其控股子公司山西华旭物流有限公司和太化股份铁运分公司通过实施无商业实质的贸易业务虚增营业收入（2020–3）。

二、违反审计准则及其他规定的违法事实

（一）与前任注册会计师沟通

（1）戊E会计师事务所在对山东新绿食品股份有限公司2015年年度报表审计时：未执行前后任注册会计师的沟通程序。2016年6月，新绿股份与辛H会计师事务

所（特殊普通合伙）解除合作关系，改聘戊E会计师事务所为2015年报的审计机构。戊E会计师事务所关于与前任审计师沟通情况记录及评价的工作底稿中显示其已和前任会计师进行了电话沟通，但未见记录相应沟通情况，所附书面沟通函也无盖章、签字及相应的邮寄单据，戊E会计师事务所无法提供实施前后任注册会计师沟通程序的有效证据（2020–1）。

（2）辛H会计师事务所在对某控股公司申请证券公司新增5%以上股东资格提供2013年及2014年一季度报表审计时： 注册会计师未按照审计准则要求及时与前任注册会计师沟通，未执行相关规定（2021–9）。

（3）己F会计师事务所在对东方金钰股份有限公司2017年年度报表审计时： 己F会计师事务所接受委托前未与前任注册会计师进行必要沟通，未就期初余额获取充分、适当的审计证据。东方金钰2017年财务报表审计项目是己F会计师事务所首次接受委托的审计项目，但己F会计师事务所未将与前任注册会计师的沟通情况记录于审计工作底稿，也未见其对沟通过程进行评价以确定是否接受委托的记录。同时，己F会计师事务所未就期初余额获取充分、适当的审计证据。在包含期初往来的函证存在缺陷、存货相关的审计程序不到位等情况下，己F会计师事务所未获取充分、适当的审计证据以确定期初余额是否包含对本期财务报表产生重大影响的错报（2022–8）。

（4）庚G会计师事务所在对公准肉食品股份有限公司2016年年度报表审计时： 未与前任注册会计师沟通。庚G会计师事务所在接受委托前，未与前任注册会计师进行沟通，审计底稿中也未见与前任注册会计师沟通有关的情况记录（2022–11）。

（二）审计目标、计划与总结

（1）乙V会计师事务所在对康美药业股份有限公司2016—2018年年度报表审计时： 2018年针对中药材贸易的风险评估结果，乙V会计师事务所计划的风险应对方案包括：①加强对公司中药材贸易业务的穿行测试及业务流程核查，包括采购合同、采购入库、采购发票、付款、销售合同、销售出库、销售发票、回款；②加强对该业务供应商和客户的发函核查情况；③加强该业务销售情况、销售毛利率等合理性分析。实际执行时，乙V会计师事务所仅执行了第三个审计程序，前两个审计程序均未执行。乙V会计师事务所未严格执行审计计划，舞弊风险应对不足（2021–1）。

（2）丁N会计师事务所在对山东东方海洋科技股份有限公司2016年和2017年年度报表审计时： 审计计划中的部分审计程序未履行，部分审计事项未获取充分、适当的审计证据。在丁N会计师事务所2016年、2017年具体审计计划中，“针对认定层次评估重大错报风险领域及拟实施的主要审计程序”均包含“关联方占用资金：获取全年度银行对账单，与账面核对，关注是否存在未入账的大额资金款项，是否为关联方短期占用未入账”。丁N会计师事务所仅获取部分银行账户对账单，对东方海洋银行账户对账单和明细账的核对程序未执行到位，导致其未发现东方海洋2016年、2017年与关联方存在频繁大额资金往来且未进行账务处理的情形。丁N会计师事务所在东方海洋2016年年度财务报表审计时，对东方海洋控股子公司烟台得沣海珍品有限公司（以下简称得沣海珍品）银行存款实施的进一步审计程序目标包括“应当记录的货币资金均已记录”，该目标用于验证财务报表认定的完整性。丁N会计师事务所在对东方海洋相关银行账户对账单进行核对时未保持应有的职业怀疑，未获取得沣海珍品银行账户开立清单，未发现得沣海珍品开立的工商银行莱山支行16××××64账户信息，未对该银行账户进行函证，导致其未发现得沣海珍品未对该银行账户相关交易进行账务处理，也未发现得沣海珍品2016年通过该账户与关联方之间的多笔大额非经营性资金往来。东方海洋2017年从兴业国际信托有限公司取得一笔8 000万元借款，对该笔借款未进行账务处理。丁N会计师事务所在东方海洋2017年年度财务报表审计时，在东方海洋《企业信用报告》中发现了该笔借款信息但未实施进一步审计程序，未对该笔借款的账务处理作出恰当判断，导致其未发现东方海洋《2017年年度报告》资产负债表个别列报项目存在虚假记载（2022-3）。

（3）己F会计师事务所在为獐子岛集团股份有限公司2016年年度财务报表审计中：未针对獐子岛存货特殊性进行充分考虑并制定合理的监盘计划。针对存货特别是消耗性生物资产这一识别出的高风险领域，己F会计师事务所计划执行存货监盘等实质性程序。己F会计师事务所在识别出消耗性生物资产具有较高错报风险、以往年度存在大规模核销减值、獐子岛集团抽盘比例较低的情况下，应当更加审慎，对这一特殊类型资产的盘点方法进行充分考虑，并制定相应的监盘策略和计划。但在己F会计师事务所收集的关于存货监盘底稿中，仅在獐子岛集团制定的《2016年度消耗性生物资产盘点计划》（以下简称《盘点计划》）中提及己F会计师事务所负责“在存量图的基础上设定盘点站位；现场监盘；对盘点核算资料进行复核”，未收集任何能够体现对底播虾夷扇贝这一特殊类型存货的盘点方法进行评估，以及对监盘具体安排进行考虑的相关证据，未对獐子岛存货特殊性进行充分考虑并制定合理的监盘计划和具体监盘程序（2023-3）。

（三）了解被审计单位及其环境、重大错报风险识别和风险应对、分析程序

（1）丁D会计师事务所在对广东超华科技股份有限公司2014年年度报表审计时：风险评估程序不充分。针对超华科技营业收入执行了风险识别与评估程序，但审计程序只涵盖了主营业务收入，未覆盖其他业务收入。超华科技主营业务模式与其他业务模式存在明显区别，同时，丁D会计师事务所在审计过程中关注到，超华科

技“本年其他业务收入有5 000多万元，成本300多万元，若无其他业务收入，公司本年的利润为0”这一重要情况，但丁D会计师事务所并未对超华科技其他业务收入补充执行风险识别与评估审计程序（2018-3）。

（2）丁N会计师事务所在对广东广州日报传媒股份有限公司2011年、2012年和2013年半年报及2013年年度报表审计时：①在风险评估阶段，未保持应有的职业谨慎和职业怀疑，未识别出存在的舞弊风险。香榭丽业务单一，收入主要为户外LED屏体广告收入，2011年至2013年6月，该类收入占比均达到100%。由该业务产生的应收账款为香榭丽最主要的资产之一。香榭丽应收账款余额大、占比高，且呈现快速上升趋势，2011年年末、2012年年末和2013年6月末的应收账款账面余额分别约为1.18亿元、2.04亿元和2.52亿元，占总资产的比例分别约为37.58%、48.11%和60.87%。香榭丽应收账款具有重要性和异常性特征。香榭丽实际控制人叶某自己承接的广告业务单（以下简称“公司单”）数量、金额占比高，且业务特征与正常业务单存在明显异常：其一，单个合同金额大，均为100万元以上的合同，而正常业务单个合同金额较小，通常是几万或几十万元；其二，审批流程简化，没有相关销售副总、销售区域负责人等的签名；其三，发起流程非常规，由销售管理部总监郑某娟代为发起，而正常销售业务合同申请的发起人通常为销售部（与销售管理部不同）的人员。香榭丽“公司单”具有重大性和异常性特征。丁N会计师事务所在对香榭丽2011年年报、2012年年报、2013年半年报审计（以下简称香榭丽630审计）过程中，已经识别出香榭丽因面临业绩压力，存在收入高估的舞弊风险，以及香榭丽因未成立内审部门，存在管理层凌驾于控制之上的风险。丁N会计师事务所未基于识别出的上述风险和“公司单”的重大性及异常性，对“公司单”保持应有的职业谨慎和职业怀疑。丁N会计师事务所在识别香榭丽报表层次和营业收入、应收账款认定层次存在特别风险后，未结合香榭丽“公司单”这一异常情况，对“公司单”审批流程简化等异常情形保持合理的职业怀疑。

②在了解被审计单位内部控制及控制测试审计程序中，对审批签名不全单据仍得出“控制有效并得到执行”的审计结论。根据审计工作底稿，丁N会计师事务所将香榭丽销售与收款循环的内部控制“偏差”定义为：销售合同申请表未经审核签批，或合同或订单未经审核，或播出确认单未经审批，或未收到客户确认的业务回执。香榭丽销售与收款循环的内部控制是通过上述环节中的审核签批实现的，各环节的审核签批即为该业务循环的控制点，审核签批的缺失即为控制未得到执行。香榭丽完整的销售业务审批流程中，涉及《销售合同申请表》、《用印申请单》、合同订单、《LED审批播出确认单》等单据，其中《销售合同申请表》由销售人员填写，需经本组区域销售总监、本地区域销售总经理、首席营销官、首席财务官、总经理签字审批；《用印申请单》和合同订单由销售人员和法务编制，需经法务经理、销售经

理、财务经理和总经理签字审批；《LED审批播出确认单》由媒体审批人员发起，需经销售人员、销售经理、区域销售经理和总经理签字审批。根据丁N会计师事务所在审计底稿“订单/合同审批与执行”部分的记录，丁N会计师事务所已了解上述业务流程和审批流程。但在实际执行过程中，丁N会计师事务所在了解内部控制有关穿行测试，以及控制测试中抽取的样本均存在大量审批签名不全的情况下，如在对香榭丽630审计项目中，丁N会计师事务所抽取了两份合同进行穿行测试，其中两份合同订单均存在缺少销售总监、区域销售总监、首席营销官签名的情形，丁N会计师事务所仍得出“控制有效并得到执行”的结论。丁N会计师事务所未对上述“偏差”的原因进行调查，也未对上述“偏差”产生的影响进行评估，审计程序流于形式。综上，香榭丽在销售与收款业务流程中，业务单据审批签字存在大量不全，内部控制存在重大缺陷，而丁N会计师事务所未严格按照规定执业，导致未能对香榭丽内部控制情况作出正确的评价。

③针对舞弊风险执行的程序不恰当，获取的审计证据可靠性不足，不足以将香榭丽审计风险降低至可接受的低水平，导致未发现香榭丽财务造假的事实。丁N会计师事务所在识别和评估由于舞弊导致的重大错报风险审计底稿“项目组讨论纪要——重要结论”中记录，“被审计单位存在上述讨论的舞弊风险因素，尽管该风险因素可能存在于较多企业内，但项目组仍应持续保持职业怀疑态度，并采取常规审计程序之外的特别措施加以应对和防范”。而丁N会计师事务所针对香榭丽营业收入和应收账款执行的检查合同原件、检查播放月报、检查播放报告、检查播放回执、现场录拍视频、检查合同定价、进行独立函询、查阅丁D会计师事务所访谈资料等8项实质性审计程序中，检查合同原件、检查播放月报、检查播放报告、检查播放回执、检查合同定价、查阅丁D会计师事务所的访谈资料等6个审计程序，均依赖于香榭丽提供的可靠性较低的文件资料。此外，丁N会计师事务所在其函证过程存在较多瑕疵，所获取的证据效力较低。香榭丽存在财务业绩压力并缺乏内部审计监督，存在舞弊风险的压力、动机和机会。“公司单”的存在和内部控制缺陷进一步增加了香榭丽营业收入和应收账款的舞弊风险。针对舞弊风险，丁N会计师事务所所执行的审计程序有效性较弱，获取的证据可靠性较低，不足以将香榭丽营业收入和应收账款的审计风险降低至可接受的低水平，难以达到合理保证的要求（2018-4）。

（3）甲A会计师事务所在对成都华泽钴镍材料股份有限公司2013年、2014年年度报表审计时：①未能实施有效程序对公司舞弊风险进行识别，未直接与公司治理层沟通关于治理层了解公司是否存在舞弊及治理层如何监督管理层对舞弊风险的识别和应对过程等。在2013年和2014年年度报告审计过程中，未直接与公司治理层沟通关于治理层了解公司是否存在舞弊及治理层如何监督管理层对舞弊风险的识别和应对过程等，而是分别询问华泽钴镍财务总监郭某红和发展部经理王某锋以履行这一询问程序。但根据华泽钴镍所公布的2013年和2014年年度报告，郭某红、王某锋并非公司治理层成员。因此，甲A会计师事务所未与治理层进行沟通，无法了解在此过程中治理层所发挥的作用，可能导致会计师错误评估舞弊风险。

②未对应收票据余额在审计基准日前后激增又剧减的重大异常情况保持必要的职业怀疑，未能及时识别财务报告的重大错报风险。华泽钴镍2013年应收票据期末余额为1 325 270 000元，占其2013年总资产的38.84%，具有重大性。相应票据于期前2013年11月、12月集中背书转入，并于期后2014年1月、2月集中背书转出，截至审计盘点日2014年3月7日，实存票据余额为零，具有异常性。华泽钴镍2014年应收票据期末余额为1 363 931 170元，占其2014年总资产的32.43%，具有重大性。相应票据于期前2014年11月、12月集中背书转入，并于期后2015年1月、2月、3月集中背书转出，截至审计盘点日2015年3月26日，实存票据余额为零，具有异常性。前述重大异常情况与2013年高度一致。甲A会计师事务所对华泽钴镍2013年、2014年应收票据审计过程中，未对票据余额在审计基准日前后激增又剧减的重大异常情况保持必要的职业怀疑，未能及时识别财务报告的重大错报风险。在未获取充分适当的审计证据的情况下，认定陕西华泽在期末对票据享有权益（2018–6）。

（4）壬I会计师事务所在对五洋建设集团股份有限公司2012—2014年年度报表审计时：①五洋建设应收账款与应付账款“对抵”的处理对其财务报表相关科目的影响金额远远超出了壬I会计师事务所2013年及2014年财务报表整体层面实际执行的重要性水平，而壬I会计师事务所在未获取充分、适当的审计证据加以验证的前提下，即认可了五洋建设关于应收账款和应付账款“对抵”的账务处理。②壬I会计师事务所在得知审计报告用于五洋建设发债目的时，未按照其制定的《审计业务项目分类管理暂行办法》（2013年）的规定将该项目风险级别从C类调整为风险程度更高的B类并追加相应的审计程序（2019–1）。

（5）甲A会计师事务所在对深圳市零七股份有限公司2014年年度报表审计时：未充分、适当执行风险评估程序。在2014年年报报告期内及审计报告出具前，零七股份及相关人员存在以下事实：①在报告期内连续被行政机关、自律组织认定存在信息披露违法违规行为。②管理层、治理层频繁变动，董事长辞职。③公司牵涉法律诉讼、被采取查封冻结措施。④公司多次公告前任董事长练某飞侵害公司利益，2015年4月4日公告的《关于公司在中国光大银行深圳分行水贝支行被盗开银行账户的核查情况公告》，指出2015年2月练某飞利用尚未向公司时任管理层移交的相关证照及其私刻的公章，委派他人盗用公司名义开立银行账户。

在以上事实均已被公司披露的情况下，甲A会计师事务所在风险评估程序中仍得出了如下结论：①《了解和评价被审计单位整体层面内部控制》底稿描述“公司文化强调诚信和合乎道德行为的重要性，高管以高标准要求自己并以身作则”“治理层与管理层保持适当的独立性”；②《风险评估和应对调查问卷》中对零七股份“涉及的法律及监管风险”识别为低风险，在“风险评估与应对企业内部需考虑的因素”部分描述“管理层的职业操守和风险管理意识较高”并识别风险为“中”；③《与客户沟通审计计划会议备忘录》中，沟通结果为控制环境“未变化”“业务层面的风险完全可控”；④《舞弊风险因素调查表》中，对“管理层由一人或少数人控制，且缺乏补偿性控制”“高级管理人员、法律顾问或治理层频繁变更”“业主兼经理未对个人事务与公司业务进行区分”“忽视与侵占资产相关的内部控制，如凌驾于现有的控制之上或未对已知的内部控制缺陷采取补救措施”等舞弊风险因素均填写为“不存在”；⑤《就特别风险事项复核计划及风险评估工作底稿的记录》中，对“因管理层为严重不实表达财务报表或隐蔽资产的挪用而进行的重大及不寻常的交易所带来的舞弊风险”一项复核内容“是否表明可能存在舞弊风险”填写为“否”，“舞弊风险因素记录”为“未发现”；⑥《识别和评估的舞弊导致的重大错报风险汇总表》中仅识别“非经营性资金往来”一项舞弊风险，并在“风险是否重大”一栏判断为“否”，审计说明为“公司存在大额的非经营性资金往来情况，已安排有经验的审计人员执行了审计准则中确定的与舞弊相关的指引程序”。综上所述，甲A会计师事务所在风险评估程序中未严格按照要求，对控制环境的描述、评价与实际情况不符，对舞弊风险因素的识别与实际不符，未关注实际情况与管理层风险评估结果的差异，在执行审计业务期间也未就零七股份披露的相关公告，对其风险评估结果进行适当的修正。由于甲A会计师事务所未严格按照审计准则执行风险评估程序，未全面评估舞弊导致的财务报表层次重大错报风险，导致其对客观存在的舞弊风险因素采取相应的应对措施不足（2019–3）。

（6）辛H会计师事务所在对山东新绿食品股份有限公司新三板挂牌转让披露文件报表审计时：风险评估程序不到位，导致未能识别和评估财务报表重大错报风险。①财务报表层次舞弊风险评估程序不到位。经查，注册会计师在编制舞弊风险评价底稿时，在“管理层为满足第三方要求或预期而承受过度的压力”所列各项中均填写“不存在”。但该审计项目的备查底稿显示，2013年8月上海诚鼎二期股权投资基金合伙企业（有限合伙）与新绿股份实际控制人陈某［Ⅰ］、董事长陈某［Ⅱ］，上海馨兰聚君投资合伙企业（有限合伙），广发信德投资管理有限公司，上海联新投资中心（有限合伙）签订了关于《增资协议》之补充协议，约定2013—2015年度泗水新绿食品有限公司扣除非经常性损益前和扣除非经常性损益后按照税后净利润孰低原则，分别是不低于5 750万元、7 475万元、9 775万元。而新绿股份2012年度的实际利润才3 721万元，承受了过度的压力。注册会计师执行的财务报表层次风险评估程序不充分、不适当，未能充分识别出新绿股份存在的舞弊风险。②账户余额认定层次的风险评估程序不到位。经查，注册会计师在执行应收账款和预付账款函证程序时，未对重要客户和供应商函证回函为复印件的情况予以考虑。如对2014年度销售客户杭州农宇科贸有限公司（函证期间交易金额2 022.85万元，期末余额590.82万元）实施了函证程序并予以审计确认，但函证回函为复印件；对供应商三井物产（中国）有限公司（2013年年末预付余额626.45万元，2015年年末预付余额156.10万元）实施函证，但函证回函为复印件。注册会计师在执行存货采购合同检查程序时，未对抽查的供应商李某［Ⅰ］、马某、李某［Ⅱ］、刘某合与新绿股份签订的收购合同时间晚于收购发票开具时间的情况予以考虑。注册会计师未能在账户余额认定层次充分识别和评估重大错报风险，无法为设计和实施进一步审计程序提供合理基础（2019-6）。

（7）甲K会计师事务所在对三峡新型建材股份有限公司2011年、2012年年度报表审计时：在2011年、2012年的总体审计计划中，甲K会计师事务所均认为三峡新材销售形势差于上一年度，公司可能虚增利润，认为公司的主营业务收入、主营业务成本、存货/生产成本有舞弊风险。在实施控制测试后，认为三峡新材对“生产成本的归集与结转”“准确记录所有出库与入库”等业务活动的控制是无效的，并识别出“材料的入库单、出库单无连续编号，对材料的完整性、成本的真实性有一定的影响”。但甲K会计师事务所未能设计和实施进一步审计程序应对上述重大错报风险，在与存货相关的审计程序中未勤勉尽责，导致未能识别三峡新材2011年、2012年少结转原材料成本以虚增利润的事实（2019-4）。

（8）丁D会计师事务所在对广东风华高新科技股份有限公司2016年年度报表审计时：①风险识别与评估程序存在缺陷。其一，丁D会计师事务所对风华高科2016年年报审计时，关注到应收账款金额大且出现难以收回迹象、原价转让应收账款的交易行为存在异常等情况，认为应收账款的完整性、存在和计价等认定具有重大错报风险；关注到理财产品金额大、2016年新增较多短期投资等情况，认为理财产品的存在、准确性、计价和列报等认定具有重大错报风险；但未相应调整有关的资产减值损失、银行存款等科目的风险评估结论。其二，风华高科根据其与粤盛资产签署的《投资顾问协议》和《咨询顾问服务协议》的约定，分别于2016年4月12日和12月15日向粤盛资产支付预付款66万元和季付款199.9万元两笔费用；在2016年12月15日向宏信证券申请提前赎回资产，于12月19日收到本金及投资收益合计约5 699万元，其中投资收益约199万元。理财产品的购买时间、金额与应收账款转让时间、金额高度一致，且投资顾问费的支出明显高于投资收益的收入，购买理财产品的交易行为存在重大异常，丁D会计师事务所未考虑是否存在特别风险。其三，丁D会计师事务所对应收账款转让与购买理财产品、支付投资顾问费等事项的相关认定，包括但不限于应收账款的存在认定与理财产品的存在认定、应收账款的计价认定与财务报表整体利润等异常，未能将其作为关联事项进行必要关注，保持合理怀疑。

②风险应对程序存在缺陷。丁D会计师事务所将应收账款和包含理财产品的其他流动资产项目均评为具有重大错报风险，指出需关注上期期后事项涉及的债权转让事项，关注期后是否有重大情况变动并考虑补充审计程序。但在执行具体审计程序时，丁D会计师事务所未能对上述项目的相关认定获取充分、适当的审计证据。其一，直接信赖以前审计中实施实质性程序获取的审计证据。丁D会计师事务所基于执行2015年度期后事项审计时审核了债权转让合同和对广州亚利、广东新宇及宁夏顺亿进行了相关函证，2016年度审计时仅执行了检查2015年审计获得的合同和询问风华高科负责财务相关人员的审计程序，未关注应收账款于2016年度的变动情况，未根据应收账款项目的重要性和必要性执行更多的审计程序。其二，未充分获取应收账款转让交易商业合理性的相关审计证据。丁D会计师事务所询问风华高科负责财务相关人员有关应收账款转让的背景、原因、是否存在回购条款、内部控制流程等内容后，认为风华高科将广州亚利、广东新宇的实际控制人提供的兰州一个房地产开发项目投资机会转让给了宁夏顺亿，宁夏顺亿能够从该房地产项目投资中获取更大利益，因此宁夏顺亿原价受让应收账款债权具有合理的商业理由。但丁D会计师事务所除实施询问程序以外，未实施走访广州亚利和广东新宇实际控制人、兰州项目现场等其他补充审计程序，所获证据不足以证明兰州房地产项目与广州亚利和广东新宇实际控制人存在股权关系。同时，丁D会计师事务所向风华高科询问是否可以安排其前往宁夏顺亿进行现场走访时，风华高科以协调难度较大为由未能安排之后，丁D会计师事务所未坚持执行前往宁夏顺亿走访的程序，也未曾尝试不经风华高科协调、直接与宁夏顺亿联系走访事宜。其三，未充分获取理财产品的相关审计证据。风华高科与宏信证券签署的多份《定向资产管理计划资产管理合同》(以下简称《资产管理合同》)中约定“每月月初5个工作日内向委托人提供上一个月的《资产委托投资管理月报》、对账单等资料，说明报告期内委托资产的配置状况、净值变动、交易记录等情况”。同时，《资产管理合同》还明确约定，投资标的需要委托人书面认可，具体投资标的均由委托人出具的《投资指令》中予以明确。《投资指令》显示理财产品投资标的为风华高科转让给宁夏顺亿应收账款的收益权。在2016年年报审计时，丁D会计师事务所未从风华高科或宏信证券处获取投资指令函、划款指令，以及上述《资产管理合同》中规定的《资产委托投资管理月报》、对账单等证据，也未对理财产品的投资去向实施其他替代程序。其四，未针对转让应收账款、购买理财产品和支付投资顾问费等相关事项合并起来产生的风险，保持合理的职业怀疑，设计和执行必要的审计程序。针对投资顾问费明显高于投资收益的异常情况，丁D会计师事务所未对投资顾问费给予应有关注、执行专门的审计程序，而是将其列在管理费用中，对管理费用执行抽查凭证等常规审计程序。综上所述，丁D会计师事务所在风华高科2016年年报审计中，对应收账款转让事项、理财产品及投资顾问费相关事项执行

的审计程序不充分，未保持合理的职业怀疑，未获取充分、适当的审计证据的行为（2020–6）。

（9）乙V会计师事务所在对康美药业股份有限公司2016—2018年年度报表审计时：风险识别与评估阶段，部分审计底稿存在缺陷。①2016年乙V会计师事务所认定康美药业公司整体层面的风险等级为中等。货币资金由于期末余额大、“存贷双高”明显、外部媒体质疑较多等原因，存在舞弊风险。营业收入由于规模大、业务复杂、涉及关联公司多等原因，也存在舞弊风险。乙V会计师事务所部分审计底稿中，对货币资金、营业收入的风险评估结果错误，审计工作存在缺陷：一是汇总的重大风险领域不包括货币资金和营业收入；二是在对重要账户和交易制订进一步审计程序计划时，认定货币资金和营业收入不存在重大错报风险，不属于特别风险；三是汇总的特别风险领域仅包括货币资金，未包括营业收入。

②2017年乙V会计师事务所认定康美药业2017年整体层面的风险等级为中等。货币资金由于期末余额大、“存贷双高”明显、外部媒体质疑较多等原因，存在舞弊风险。营业收入由于规模大、业务复杂、涉及关联主体多等原因，也存在舞弊风险。乙V会计师事务所部分审计底稿中，对货币资金、营业收入的风险评估结果错误，审计工作存在缺陷：一是汇总的重大风险领域不包括货币资金和营业收入；二是识别的财务报表层次的重大风险中，仅认定货币资金存在舞弊风险，未认定营业收入存在舞弊风险；三是评估的认定层次的重大风险中，未认定货币资金、营业收入存在舞弊风险。

③2018年风险识别与评估阶段，部分审计底稿未认定营业收入科目存在舞弊风险或特别风险，未就由于舞弊导致的财务报表重大错报的可能性执行相关的审计程序，存在缺陷。乙V会计师事务所认定2018年康美药业公司整体层面的风险等级为“存在重大风险”。由于康美药业以前年度存在财务造假行为，当期营业收入存在舞弊风险。由于康美药业一直强调中药材行业的龙头地位，中药材贸易未记录在捷科系统中，也未开具发票，管理不规范，存在较高的舞弊风险。乙V会计师事务所部分审计底稿中，对康美药业营业收入或中药材贸易的风险评估结果错误，审计工作存在缺陷：一是汇总的重大风险领域中，认定中药材贸易收入不存在特别风险；二是在针对特别风险采取的应对措施汇总表中，未认定营业收入存在特别风险。审计底稿未记录乙V会计师事务所项目组内部就舞弊事项进行讨论，或者分析舞弊存在的压力、机会和借口（2021–1）。

（10）戊E会计师事务所在对斯太尔动力股份有限公司2016年年度报表审计时：未按规定了解被审计单位及其环境。戊E会计师事务所《B10了解被审计单位及其环境》计划执行以下程序：①在《B10–1行业状况、法律环境与监管环境以及其他外部因素》了解对经营活动产生重大影响的法律法规及监管活动；②在《B10–2被审计单位的性质部分》查阅公司章程。戊E会计师事务所未充分了解《斯太尔动力股份有限公司章程》(以下简称《公司章程》)与财务报告相关的规定，也未充分了解《深圳证券交易所股票上市规则》(2014年10月修订)的相关规定，未见考虑江苏斯太尔技术许可协议是否应按规定履行评估、审议、披露。戊E会计师事务所亦未关注到斯太尔2016年12月21日《关于深圳证券交易所关注函回复的公告》显示，江苏斯太尔技术许可事宜达到股东大会审议标准(2021-3)。

(11)壬W会计师事务所在对凯迪生态环境科技股份有限公司2016年年度报表审计时： 未充分、适当执行风险评估和风险应对程序。①未恰当应对识别出的重大错报风险，未充分了解并测试与在建工程相关的控制。审计过程中，壬W会计师事务所通过被审计单位及其环境，进行风险评估后，认定凯迪生态负债率高、财务压力大、可能无法满足融资条件等，存在做多业绩的舞弊动机，适用收入舞弊假设。在进一步审计程序总体方案(集团)中，将在建工程存在认定列为重大错报高风险项目，相关控制预期有效。但在了解和测试内部控制(工程项目循环)时，未了解电厂在建工程存在认定及借款费用资本化相关控制，未设计和执行控制测试，未了解相关财务处理业务流程以及在财务报告中反映的在建工程期末余额包含的借款费用资本化金额，也未测试相关控制是否有效运行进而达到防止或发现并纠正错报的控制目标。经查，凯迪生态上述相关控制未得到有效运行，财务部门的借款费用资本化会计处理结果与实际上在建电厂停工实际情况不符，直接导致了财务报告相关数据虚假记载。

②未将借款费用资本化金额具有财务重大性的未完工电厂识别为重要组成部分。壬W会计师事务所以单个组成部分的税前利润和营业收入是否达到合并报表税前利润的5%或营业收入的10%作为判断财务重大性的基准。因未完工电厂在2016年度未产生营业收入或利润，导致其均未被识别为重要组成部分。2016年北海凯迪生物能源有限公司等7家未完工电厂全年借款费用资本化金额，均超过当年合并报表税前利润的5%(2 000万元)，具有财务重大性，未被识别为重要组成部分。根据企业会计准则的规定，在建工程借款费用资本化时，等额减少财务费用，等量增加利润总额。且在建工程被列为重大错报高风险项目，借款费用资本化金额占利润总额比重较高(占比为119.88%)。在此情形下，壬W会计师事务所在考虑是否具有财务重大性时，未严格依据规定，将借款费用资本化金额转化为对税前利润的影响，并纳入重大性考虑范围。

③没有将未完工电厂识别为存在特别风险的组成部分。壬W会计师事务所在识别出存在虚增利润的特别风险及做多业绩的舞弊风险的情形下，未考虑未完工电厂借款费用资本化对税前利润的影响，未将具有特殊性质或情况的未完工电厂识别为重要组成部分。

④未按照审计准则和风险评估结果，在审计计划中将全部未完工电厂纳入审计范围。根据壬W会计师事务所实施的风险评估结果，在建工程借款费用资本化处理的组成部分应被识别为重要组成部分。壬W会计师事务所在制订具体审计计划中，并未根据审计准则的规定和风险评估结果，将全部未完工电厂纳入审计范围，仅计划对个别已完工电厂和部分未完工电厂予以审计。壬W会计师事务所具体审计计划显示，其未将2016年度16个借款费用资本化处理的未完工电厂纳入审计范围，实际执行中也未根据实际情况修正审计计划或对上述未完工电厂实施审计程序（2021-10）。

（12）丙W会计师事务所在对抚顺特殊钢股份有限公司2010—2016年年度报表审计时：分析程序及对原材料的审计程序执行不到位，在相关数据存在异常的情况下，未进行充分核查或者追加必要的审计程序。丙W会计师事务所关于抚顺特钢2010—2016年年度报告审计工作中存在多处分析程序执行不到位的情况，如未分析产成品单位成本波动合理性及原因，无分析过程及确定的期望值即得出“单位成本的波动是合理的”的审计结论；《存货分析性复核》表中只列示有关基础数据，无分析过程及确定的合理范围即得出“未见异常”的审计结论，其中记录最近3年的存货周转天数波动较大，注册会计师审计师未予进一步分析说明；对生产成本发生额的分析仅列示了明细账月度发生额，未执行程序表所述“比较本年度各个月份的生产成本项目”等程序；未对从被审计单位取得的《成本计算单》等审计证据执行检查及重新计算等程序，而直接将其纳入审计工作底稿。同时，丙W会计师事务所关于涉案年度报告的审计程序还存在其他问题，如其关于抚顺特钢2011年、2013年、2014年、2015年年度报告审计工作中，在比较当年度及以前年度主要产品的单位产品成本后，未对大额差额作进一步了解；其关于抚顺特钢2015年年度报告的审计工作底稿主营业务月度毛利率分析表、主营业务月度毛利率分析表计算有误，主营业务成本较其他月份波动较大，未执行进一步审计程序；其关于抚顺特钢2016年年度报告的审计工作中，比较当年度及以前年度主要产品的单位产品成本后，注册会计师审计师未对大额差额进一步了解，对于主营业务月度毛利率分析表中毛利率大幅上升的异常情形，未执行进一步的审计程序，且未按审计计划执行比较当年度与以前年度相同品种产品的主营业务成本和毛利率的审计程序，此外，毛利分析表存在3月和12月主营业务成本与上年同期相比波动较大的情况下，未执行进一步的审计程序，即得出“与上期相比，毛利率变动不大”的审计结论。综上所述，丙W会计师事务所关于抚顺特钢2010年年度报告的审计工作中存在多处分析程序执行不到位的情形，且在相关数据存在异常的情况下，未按审计准则规定核查或追加必要的审计程序（2021-5）。

（13）甲A会计师事务所在对深圳市索菱实业股份有限公司2016年、2017年年度报表审计时：未按要求执行识别和评估重大错报风险的程序。甲A会计师事务所在执行识别和评估重大错报风险程序时，针对索菱股份存在由财务人员在金蝶K/3财务管理系统中使用超级管理员账户Administrator直接制作虚假的销售出库单，并依据虚假出库单当月确认销售收入的情况，在索菱股份审计工作底稿《舞弊风险因素调查表》中“会计系统和信息系统无效，包括内部控制存在值得关注的缺陷的情况”栏目填写为“不存在”，违反了规定（2021-4）。

（14）丁N会计师事务所在对山东胜通集团股份有限公司2013—2017年年度报表审计时：识别、评估重大错报风险因素方面存在缺陷。①胜通化工为胜通集团重要组成部分，丁N会计师事务所未按照审计程序实地察看被审计单位主要生产经营场所，未发现胜通化工实际已处于停产状态。胜通化工构成胜通集团合并报表重要组成部分。在2013—2017年年度审计期间，丁N会计师事务所未执行“实地察看被审计单位主要生产经营场所”的审计程序，未能发现胜通化工处于停产状态，进而未发现胜通化工虚构销售和采购的事实。②未对前五大供应商集中且同时为客户的异常情况保持职业怀疑并有效实施进一步审计程序。胜通钢帘线2013—2017年年度前五大供应商集中且与胜通化工前五大供应商存在重合，均有东营市汇通国际贸易有限公司（以下简称汇通贸易）、上海翌丰商贸有限公司（以下简称上海翌丰）、青岛邦瑞奇商贸有限公司（以下简称青岛邦瑞奇）。并且供应商中汇通贸易、上海翌丰在2015—2017年度同时为胜通钢帘线的客户且发生额较大，三个年度以汇通贸易为客户共发生主营业务收入20.46亿元、以上海翌丰为客户共发生主营业务收入21.96亿元。依据上述三家公司与胜通钢帘线、胜通化工的业务往来规模，审计过程中丁N会计师事务所应当获取上述三家公司的工商信息却未获取，并将有关函证交由被审计对象发送，其实施的审计程序不足以对三家公司与胜通集团之间的交易不存在重大错报风险予以合理保证。作为胜通集团的全资子公司，汇通贸易、上海翌丰、青岛邦瑞奇均存在工商异常情况。汇通贸易的法定代表人为胜通钢帘线会计人员胡某泉，青岛邦瑞奇法定代表人在2018年4月以前为胜通光科总经理周某阳，上海翌丰法定代表人为胜通集团办公室主任王某芝。鉴于胡某泉是胜通钢帘线的会计人员，项目组在审计时与胡某泉接触较多且相互认识，丁N会计师事务所应当对汇通贸易的法定代表人为胡某泉的事项保持职业怀疑并实施进一步审计程序。综上所述，丁N会计师事务所未对汇通贸易等三家公司存在重大错报风险保持职业怀疑，并有效实施进一步审计程序，未能发现汇通贸易为胜通集团子公司以及胜通集团利用上述三家公司虚构销售和采购的事实（2021-7）。

（15）甲A会计师事务所在对延安必康制药股份有限公司2018年年度报表审计时：资金占用的风险识别和评估程序存在缺陷。上市公司公开信息披露文件显示，延安必康控股股东新沂必康新医药产业综合体投资有限公司（以下简称新沂必康）及实际控制人长期存在高比例质押所持有的延安必康股份情形（新沂必康2018年3月开始股票质押比例长期维持在82%以上，2018年11月后达到96.15%以上；实际控制人2018年股票质押比例维持在97.54%以上）。甲A会计师事务所在审计过程中，对上市公司舞弊风险进行识别和评估时，对上述情况可能引发的上市公司舞弊风险因素考虑不充分，未对控股股东及其关联方占用上市公司资金风险进行恰当评估，作出“不存在侵占上市公司资产的舞弊风险”的识别结果，资金占用的风险识别和评估程序存在缺陷（2021-11）。

（16）庚G会计师事务所在对雄安科融环境科技股份有限公司2017年年度报表审计时：未恰当履行舞弊风险识别、评估及应对相关程序。庚G会计师事务所在《科融环境审计策略备忘录》中以利润总额作为基准，确定财务报表整体的重要性金额和母公司重要性金额为2 700 000元；可容忍错报重要性金额为财务报告整体重要性金额的50%，即1 350 000元；错报临界值为财务报告整体重要性金额的5%，即135 000元。庚G会计师事务所在审计过程中未恰当履行舞弊风险识别、评估及应对相关程序，销售与收款控制测试未有效执行，收入截止性测试未有效执行，未对关注到的多个高毛利项目异常情况进一步审计，未关注2017年12月收入异常增加的情况，致使其未发现科融环境将调试报告日期由以前年度涂改为2017年，并在2017年确认调试收入，虚增2017年利润7 178 800.95元。庚G会计师事务所没有识别、评估和应对舞弊导致的重大错报风险的审计底稿，未基于收入确认存在舞弊风险的假定开展审计工作，导致其在审计过程中未能对科融环境收入确认保持应有的职业怀疑。在发现高毛利项目异常情况、临近资产负债表日收入显著增加等异常情形后，未进一步执行舞弊风险评估和应对程序，导致其未发现科融环境涂改调试报告日期虚增2017年收入和利润的行为（2021-12）。

（17）癸X会计师事务所在对广东金刚玻璃科技股份有限公司2016年、2017年年度报表审计时：风险识别与评估程序存在缺陷。①2016年，未对金刚玻璃审计项目执行风险评估程序，也未了解被审计单位及其环境，直接将金刚玻璃2016年年报审计项目评定为中低风险，其中将营业收入认定为特别风险，将货币资金认定为中低风险。②2017年，一是癸X会计师事务所未对金刚玻璃审计项目执行风险评估程序，未了解被审计单位及其环境，直接将金刚玻璃2017年年报审计项目评定为中低风险，其中将营业收入认定为特别风险，将货币资金认定为中低风险；二是审计底稿仅在总体审计策略和具体审计计划中，对“可能存在较高重大错报风险的领域和重大的交易、账户余额和披露”实施了分析程序，未见对该项目实施风险评估和识别的审计程序（2022-1）。

（18）丙M会计师事务所在对上海富控互动娱乐股份有限公司2013—2015年年度报表审计时：未保持职业怀疑，未识别出收入存在的舞弊风险。①2013年，富控互动实际控制人颜某刚与富控互动签署了业绩补偿协议，基于业绩压力，富控互动可能存在管理层凌驾于控制之上的风险。此外，专利使用费收入产生的利润占富控互动利润总额超过20%，该类交易具有重大性。部分被授予专利使用权的公司与富控互动子公司上海中技桩业股份有限公司（以下简称中技桩业）实质上构成委托加工关系，被授予专利使用权的公司生产的产品，仅能出售给中技桩业及其体系内公司。丙M会计师事务所未对此种模式下的专利使用费收入是否合理以及是否具有商业实质予以关注，未合理评估中技桩业专利使用费收入存在舞弊的风险。

②2014年，丙M会计师事务所对中技桩业2014年年度财务报表审计时，未关注到中技桩业所在行业业绩下降、中技桩业存在业绩压力有虚增利润的动机，未关注专利使用费、技术服务费收入较上一年度大幅增长的异常情况，未保持应有的职业怀疑。2014年度中技桩业发生专利使用费、技术服务费收入14 287.26万元，较上一年度发生的专利费收入4 126.42万元增长2.46倍，同时上述业务产生的利润占富控互动利润总额19 832.07万元的71.54%。未见丙M会计师事务所将专利使用费、技术服务费收入识别为可能存在由于舞弊导致的重大错报风险的领域。

③2015年，丙M会计师事务所对中技桩业2015年年度财务报表审计时，未关注到中技桩业存在虚增利润的动机。2015年度中技桩业发生专利使用费、商标使用费、技术服务费收入合计2.41亿元，较上一年度增长68.53%，同时上述业务产生的利润占富控互动利润总额1.80亿元的131.67%。且本年度新增的专利被许可方绝大部分是中技桩业2013年转让的子公司上海盈浩建筑材料有限公司的子公司。丙M会计师事务所未保持应有的职业怀疑，未将专利使用费、商标使用费、技术服务费收入识别为可能存在由于舞弊导致的重大错报风险的领域（2022-5）。

（19）己F会计师事务所在对长园集团股份有限公司2016年、2017年年度报表审计时：①识别、评估重大错报风险方面存在缺陷。2016年6月7日，长园集团以现金方式收购长园和鹰80%股权。该收购存在业绩承诺，即长园和鹰在2016年度、2017年度累积合并报表口径扣除非经常性损益后净利润不少于35 000万元；若长园和鹰业绩未达承诺目标，则业绩补偿义务人须进行业绩补偿，补偿金额=（3.5亿元-业绩承诺期间累积合并报表口径扣除非经常性损益后净利润）÷3.5亿元×股份转让价款总额×64.20%。长园集团披露，长园和鹰2016年度、2017年度两年扣除非经常性损益后净利润合计33 200.62万元，业绩承诺完成率约95%，接近达标。己F会计师事务所2016年未充分了解被审计单位及其环境，未识别出长园和鹰因业绩承诺产生的舞弊动机和压力，未恰当评估长园和鹰在收入确认方面的舞弊风险。②未审慎评价在实施分析程序时识别出的异常关系。己F会计师事务所将中蔼万家融资租赁业务2 200万元中介佣金由销售费用调整至营业成本后，该笔业务销售平均毛利率降至49%，但该毛利率水平仍远高于2017年和鹰设备整体吊挂系统销售毛利率25.92%和自动裁剪机销售毛利率15.24%。己F会计师事务所未对中蔼万家业务销售平均毛利率高企的异常情况予以充分关注，未对差异原因作进一步调查（2022–6）。

（20）己F会计师事务所在对东方金钰股份有限公司2017年年度报表审计时：己F会计师事务所的风险识别与评估程序不到位。姐告宏宁2017年利润总额为18 776.19万元，占东方金钰2017年度合并报表利润总额30 880.39万元的60.80%，具有财务重大性。己F会计师事务所的风险识别与评估程序存在如下缺陷：第一，己F会计师事务所在东方金钰集团层面进行了简要的风险评估，但未对重要组成部分姐告宏宁进行充分的风险评估，未充分识别、评估由于舞弊或错误导致集团财务报表发生重大错报的风险；第二，己F会计师事务所在了解被审计单位及其环境时，未基于收入确认存在舞弊风险的假定，将相关收入、收入交易或认定评价为存在舞弊风险，也未记录"认为收入确认存在舞弊风险的假定不适用于业务的具体情况，从而未将收入确认作为由于舞弊导致的重大错报风险领域"的理由（2022–8）。

（21）庚G会计师事务所在对天夏智慧城市科技股份有限公司2016年年度报表审计时：在风险识别与评估阶段，未有效识别和评估重大错报风险。①未恰当识别、评估业绩承诺舞弊风险因素。2016年，在天夏智慧收购杭州天夏科技集团有限公司（以下简称杭州天夏）时，喀什睿康股权投资有限公司（以下简称喀什睿康）作为出售方，承诺杭州天夏当年净利润不低于42 360.40万元，若不足则现金补偿。收购完成后，喀什睿康的法定代表人夏某统任职天夏智慧董事、总裁，是天夏智慧管理层的主要成员。在年报审计时，庚G会计师事务所知悉上述情况，但未恰当识别以夏某统为核心的管理层因上述业绩承诺产生的舞弊动机和压力，未恰当评估天夏智慧在收入确认方面的舞弊风险。②未就舞弊风险询问天夏智慧内部审计人员。在风险评估程序中，庚G会计师事务所未就舞弊风险询问天夏智慧内设审计部门的工作人员，未对天夏智慧舞弊风险进行有效识别和评估。③未对天夏智慧重要供应商和重要客户间的异常关系保持合理职业怀疑。庚G会计师事务所获取的审计证据显示以下异常：杭州天夏第三大供应商成都德坤科技有限公司与第五大客户眉山市彭山区智慧云信息科技有限公司的法定代表人相同，且与第二大供应商四川德瑞信网络系统工程有限责任公司、第一大客户重庆市永川区天禾智慧商圈运营管理有限公司分别存在人员和股东交叉。庚G会计师事务所对上述审计证据中的异常情况未予关注，未审慎评价，未保持合理的职业怀疑，未实施进一步审计程序（2022–9）。

（22）乙Z会计师事务所在对公准肉食品股份有限公司2014年、2015年年度报表审计时：了解被审计单位及其环境的审计程序执行不到位。乙Z会计师事务所对公准股份2014年年度财务报表审计过程中，了解被审计单位及其环境的审计程序执行不到位。被审计单位是生猪养殖及屠宰加工企业，乙Z会计师事务所在执行风险评估程序时，"了解被审计单位性质""了解被审计单位的目标""战略以及相关经营风险""了解被审计单位的行业状况、法律环境与监管环境及其他外部因素""了解被审计单位财务业绩的衡量和评价”等底稿中多处体现的是对一次性卫生用品等内容的了解，且公司组织结构、所有权结构、法定代表人等内容均与被审计单位无关。在“内部环境了解评价表”和“风险评估了解评价表”中，被审计单位是否设置审计委员会内容前后矛盾。乙Z会计师事务所了解被审计单位及其环境的审计程序执行不到位（2022-10）。

（23）丁X会计师事务所在对永城煤电控股集团有限公司2017—2019年年度报表审计时：未获取合理保证，重大错报风险评估错误。丁X会计师事务所在实施风险评估程序时，已经注意到永煤控股货币资金收支全部纳入河南能源化工集团（以下简称河南能化）预审的管理，丁X会计师事务所在了解被审计单位内部控制时，未将结算中心存款纳入永煤控股货币资金循环，未充分了解与结算中心存款相关的内部控制，未综合运用询问被审计单位内部人员和其他程序评价与结算中心存款相关的内部控制设计与执行情况，仅获取了上级部门下发的文件和了解结算中心存款的核算流程，仅依据河南能化对永煤控股及其他子公司资金实行统一管理符合国家政策规定，即形成永煤控股在河南能源化工集团资金管理中心（以下简称资金管理中心）开立的账户以及资金的存取、计息、对账与企业在银行开立的账户并无差异的结论。丁X会计师事务所没有保持职业怀疑，没有针对永煤控股资金管理中心存款账户开立在河南能源化工集团财务有限公司且账户名称为河南能化，货币资金已划转至河南能化，需经河南能化审批后方可支取的情况进行分析判断，未认识到可能导致财务报表发生重大错报的情形，错误评估货币资金领域重大错报风险（2022-12）。

（24）丙W会计师事务所在对天夏智慧城市科技股份有限公司2017年、2018年年度报表审计时：在风险识别与评估阶段，未恰当识别和评估由于舞弊导致的重大错报风险。丙W会计师事务所获取的审计证据显示，在天夏智慧2017年财务报表审计中，在实施内部审计人员询问程序时，未记录被询问者姓名、职位和询问时间等；丙W会计师事务所制作的天夏智慧2017年、2018年审计底稿中《识别和评估的舞弊导致的重大错报风险汇总表》记录，不恰当的收入确认风险不重大，导致财务报表重大错报的可能性小，但未记录未将收入确认作为由于舞弊导致的重大错报风险领域的理由；丙W会计师事务所在天夏智慧2017年度财务报表审计中发现杭州天夏未经董事会审批对外借款，在2018年审计中发现天夏智慧未经董事会、股东大会审批违规对外提供担保，但未将上述情形识别为管理层凌驾于控制之上的风险事项并评估相关风险（2022-14）。

（25）丙A会计师事务所在对苏州胜利精密制造科技股份有限公司2016年、2017年年度报表审计时：丙A会计师事务所在2016年、2017年对胜利精密子公司智诚光学的审计中，识别的重大错报风险均包括收入的确认，受影响的交易和账户余额包括营业收入、应收账款等。2016年、2017年审计项目组就财务报表重大错报的可能性进行的讨论以及得出的重要结论均包括：①被审计单位处于对赌期，可能为了实现对赌业绩，操控利润，应当重点关注营业收入和营业成本以及相关费用；②信利（指智诚光学客户信利光电股份有限公司）等客户余额较大，应重点关注。经查，丙A会计师事务所在对营业收入、营业成本、应收账款、预付账款的审计中，未按照风险评估结论保持合理职业怀疑；未设计、执行充分有效的审计程序；对异常现象未执行进一步审计程序，获取充分、适当的审计证据，应对风险的必要审计程序执行明显不到位；未考虑异常现象对评估的重大错报风险造成的影响（2022–15）。

（26）戊E会计师事务所在对仁东控股股份有限公司2019年年度报表审计时：对保理业务收入相关的风险识别与评估程序不到位。仁东控股涉足第三方支付、商业保理、金融租赁、供应链管理、互联网小贷等多类业务，根据仁东控股2019年年度报告，保理业务占仁东控股营业收入或营业利润10%以上。经我会另案查明，2019年仁东控股虚增与客户太原市圣地雅矿用设备有限公司、河北冠瑞贸易有限公司、山西天欣意矿业发展有限公司的保理业务收入3 890.72万元，虚增利润总额3 890.72万元，占当期披露利润总额的71.67%。因此，保理业务对仁东控股利润影响较大。在进行重大错报风险评估时，戊E会计师事务所未结合对财务报表中各类不同交易的考虑对风险准确识别，只是进行一般性的收入风险评估和风险应对，未能对保理业务给予足够关注（2022–20）。

（27）己F会计师事务所在为蓝盾信息安全技术股份有限公司2018年、2019年年度报表审计中：风险评估阶段，己F会计师事务所未恰当执行了解内部控制的审计程序，存在明显缺陷。审计计划阶段，己F会计师事务所对中经电商的审计策略标识为“重点审计”，将中经电商识别为蓝盾股份合并财务报表中“具有财务重大性的单个组成部分”，并在风险识别与评估阶段，将中经电商营业收入列为认定层次的重大错报风险，且列为特别风险。中经电商2018年、2019年主营业务之一为向保险机构等客户销售电子券码业务，该业务营业收入占中经电商营业收入比例两年均超过50%，且与传统的商务卡业务具有重大区别。己F会计师事务所在风险识别与评估阶段，未针对中经电商销售电子券码业务执行了解内部控制的审计程序，风险评估程序存在重大缺陷，导致未能针对评估的营业收入认定层次重大错报风险，恰当设计和实施进一步审计程序（2023–5）。

（28）壬I会计师事务所在为天海融合防务装备技术股份有限公司2017年年度财务报表审计中：风险识别与评估阶段存在缺陷。壬I会计师事务所在舞弊风险评估中，未能保持职业怀疑，认为天海防务的舞弊风险为中风险，不存在明显的舞弊迹象（2023–7）。

（29）壬I会计师事务所在为天海融合防务装备技术股份有限公司2017年年度财务报表审计中：在进行实质性分析程序时，仅将2017年营业收入与2016年营业收入进行比较，未按照审计计划分析产品销售结构和价格变动异常并分析异常变动的原因（2023–7）。

（30）壬I会计师事务所在为新疆同济堂健康产业股份有限公司2016年至2018年年报审计中：①对营业收入的风险评估不恰当。壬I会计师事务所在2016年至2018年审计中关注到同济堂因重组“存在业绩压力、存在由于舞弊导致财务报表发生重大错报的可能性”、“因存在业绩承诺，需重点关注业绩的真实性”。对此，壬I会计师事务所未保持应有的职业谨慎和职业怀疑，未在风险评估工作底稿中将“营业收入”项目评估为特别风险，对营业收入的风险评估结论不恰当。②未有效识别2018年相关舞弊风险因素。同济堂2018年收入108亿元，净利润5.6亿元，经营活动产生的现金流量净额为–7.1亿元；同济堂董事长张某华、副董事长李某等高管人员2018年为同济堂提供4.3亿元担保。壬I会计师事务所未有效识别上述情况，制作的舞弊风险因素评价表中对“在财务报表显示盈利或利润增长的情况下，经营活动产生的现金流量经常出现负数，或经营活动不能产生现金流入”和“管理层和治理层个人为被审计单位的债务提供了担保”的舞弊风险因素均填写为“不存在该事项”。壬I会计师事务所在后期获取到相应信息后未根据审计证据修正风险评估结果，未修改相应审计计划采取进一步审计程序，未能全面评估舞弊导致的财务报表层次重大错报风险，对相关舞弊风险因素采取的应对措施不充分（2023–8）。

（31）庚G会计师事务所在为珠海和佳医疗设备股份有限公司2020年年报审计中：风险评估应对措施执行不到位。庚G会计师事务所在策略与风险评估阶段将“控股股东股票质押率过高”识别为重大错报风险，在制定审计计划时认定“截止2020年末，和佳医疗实控人及其一致行动人的股权质押率达100%，存在舞弊的重大动机”，并将“资金占用担保情况”识别为可能存在较高重大错报风险的领域。但庚G会计师事务所未严格执行访谈、询问董事会秘书了解控股股东质押股票的风险及采取的应对措施、了解控股股东的个人财产及信誉状况等应对措施，最终未能结合其他审计程序发现和佳医疗虚假融资租赁业务及关联方非经营性资金占用的问题（2023–13）。

（32）庚G会计师事务所在为珠海和佳医疗设备股份有限公司2020年年报审计中：未对异常迹象保持合理的职业怀疑。一是对2020年新增融资租赁客户开展实质性审计程序时，对获取的审计证据中存在的异常情况未保持合理的职业怀疑。如获取的购买融资租赁标的的发票均为非增值税发票；恒源租赁与青芒医疗、汇嘉美、金田弘开展融资租赁业务中融资租赁标的评估价值金额、相关合同评审、用章申请时间，付款审批时间、放款金额等存在异常；金田弘、前海润龙的融资租赁标的评估结果明显不合理；利星医疗、青芒医疗、汇嘉美、亚利源、宝瑞医疗等5家客户设备采购合同样式完全相同、评估报告中所附的设备照片存在雷同或共用等异常。二是未对年末集中、大额、多部门员工借款等异常情况保持合理的职业怀疑，并实施进一步审计程序（2023-13）。

（33）庚G会计师事务所在为华晨汽车集团控股有限公司2017年、2018年年报审计中：①2017年未能恰当实施风险识别和评估程序。华晨集团于2017年11月研究成立全资子公司晨宝（辽宁）汽车制造有限公司〔以下简称晨宝（辽宁）〕，后以实物增资方式将其注册资本增加为2 201 876 903.00元，记入长期股权投资科目；12月，华晨集团转让该公司51%股权，并于12月29日完成工商登记变更；12月31日，因转让该股权，华晨集团减少长期股权投资账面金额1 122 957 220.53元，确认投资收益802 512 779.47元。经查，2017年舞弊风险评估与应对审计底稿中，《考虑舞弊风险因素的记录》表显示，庚G会计师事务所在“从事重大、异常或高度复杂的交易（特别是临近期末发生的复杂交易，对该交易是否按照‘实质重于形式’原则处理存在疑问）”对应“是否存在”栏目填写“否”；在风险评估结果汇总审计底稿中，《可能表明存在重大错报风险的情况和事项应对》表显示，庚G会计师事务所在“被审计单位发生重大变化，如发生重大收购、重组或其他异常的事项”“发生大额非常规或非系统性交易（包括公司间的交易和在期末发生大量收入的交易）”“按照管理层特定意图记录的交易（如债务重组、资产出售、交易性债券的分类）”等对应的“是否存在（简述）”栏目均填写“否”，明显与事实不符。②2018年风险识别与评估程序未有效执行。2018年6月，华晨集团转让晨宝（辽宁）剩余49%股权，确认投资收益771 040 317.53元；2018年12月，华晨集团向晨宝（辽宁）转让绵阳华瑞汽车有限公司100%股权，确认投资收益1 885 081 638.66元。扣除以上两项投资收益，华晨集团2018年合并财务报表中归属于母公司所有者的净利润存在巨额亏损，以上股权转让事项存在一定舞弊风险。经查，在2018年审计过程中，庚G会计师事务所已经知悉以上事项，但庚G会计师事务所汇总的重大错报风险等未包含长期股权投资和投资收益；在舞弊风险评估与应对审计底稿中，《考虑舞弊风险因素的记录》表显示，“从事重大、异常或高度复杂的交易（特别是临近期末发生的复杂交易，对该交易是否按照“实质重于形式”原则处理存在疑问）”对应“是否存在”栏目填写“否”；《可能表明存在重大错报风险的情况和事项应对》表显示，庚G会计师事务所在“被审计单位发生重大变化，如发生重大收购、重组或其他异常的事项”“发生大额非常规或非系统性交易（包括公司间的交易和在期末发生大量收入的交易）”“按照管理层特定意图记录的交易（如债务重组、资产出售、交易性债券的分类）”等对应的“是否存在（简述）”栏目均填写“否”，明显与事实不符（2023-14）。

（34）壬S会计师事务所在为希努尔男装股份有限公司（现更名为雪松发展股份有限公司）2018年至2019年度财务报表审计机中：①2018年壬S会计师事务所未结合对被审计单位及其环境的了解，保持应有的职业怀疑和职业谨慎，未获取充分适当的审计证据，风险应对措施不到位。壬S会计师事务所对希努尔2018年财务报表审计时，在整体审计策略中将政府补助列为可能存在较高重大错报风险的领域。在了解被审计单位及其环境时，将“政府补助错误列报风险”识别为重大错报风险。壬S会计师事务所在审计时，未结合对被审计单位及其环境的了解和评估的错报风险，保持应有的职业怀疑和职业谨慎，未关注到以下异常情况：一是诸城松旅系专门为开发建设恐龙项目（希努尔实际控制人广州雪松文化旅游投资有限公司与诸城市政府约定开发建设的旅游项目）设立的项目公司，项目建设工作涉及原场馆拆除、施工建设、保护区内建筑设施归属等需诸城市政府授权批准，但希努尔却未提供相关项目投资或建设协议。二是诸城松旅于2018年成立后未开展旅游经营活动，已开展的恐龙项目在建工程余额仅211.70万元，却收到9 739.44万元政府补助奖励。三是访谈诸城市旅游局时，旅游局工作人员提到政府补助与恐龙项目的进展情况相关。壬S会计师事务所在审计时，未审慎评价其获取审计证据的充分性，未发现并获取重要审计证据。壬S会计师事务所在对诸城松旅在建工程审计过程中，获取了《诸城恐龙文化旅游度假区一、二级保护区项目合作经营协议》（以下简称《合作经营协议》），未关注到该协议缺失关键要素。该协议约定了诸城中国龙城旅游投资有限责任公司（以下简称龙城旅游）将保护区内项目的运营管理交由诸城松旅负责，期限为480个月，但未约定原有场馆的拆建分工；未说明龙城旅游是否是保护区的所有权人；未明确保护区的概念；未约定保护区的范围；未明确保护区内新建设备、设施的归属问题。上述问题在《诸城恐龙大世界旅游项目投资协议书》（以下简称《投资协议书》）及其补充协议中进行了约定。诸城松旅收到的政府补助系根据《投资协议书》及其补充协议返还相应的购地款，为认定政府补助性质的重要审计证据。但壬S会计师事务所未关注并获取公司内部与政府补助相关的各项流程文件，包括与政府补助相关的申请文件、政府有权部门批复文件等，亦未关注、了解外部与重大错报风险相关的公开信息，未发现《投资协议书》曾被披露于公开渠道，从而未发现或获取《投资协议书》及其补充协议。壬S会计师事务所在审计时，未能恰当应对评估的重大错报风险，审计程序执行不到位。在政府补助的实质性审计程序方面，壬S会计师事务所主要执行了检查政府补助下发文件、银行回单、走访诸城市旅游局的审计程序。壬S会计师事务所执行的上述审计程序，获取的审计证据与政府补助的真实性相关，但不足以判断政府补助列报的恰当性，不足以应对评估的重大错报风险。壬S会计师事务所未保持职业怀疑和职业谨慎，未获取充分、适当的审计证据，未能恰当应对评估的重大错报风险。②壬S会计师事务所2019年未结合对被审计单位及其环境的了解，保持应有的职业怀疑和职业谨慎，未获取充分适当的审计证据，风险应对措施不到位。壬S会计师事务所对希努尔2019年财务报表审计时，在整体审计策略中将政府补助列为可能存在较高重大错报风险的领域。壬S会计师事务所在审计时，未结合对被审计单位及其环境的了解和评估的错报风险，保持应有的职业怀疑和职业谨慎，未关注到以下异常情况：一是诸城松旅系专门为开发建设恐龙项目设立的项目公司，项目建设工作涉及的原场馆拆除、施工建设、保护区内建筑设施归属等需诸城市政府授权批准，但希努尔却未提供相关项目投资或建设协议。二是2018年及2019年诸城松旅累计收到约1.62亿元的政府补助奖励，但截至2019年末诸城松旅恐龙项目的在建工程余额仅3 220.79万元，也未开展其他旅游经营活动。三是2019年审计底稿收集的诸城市旅游局下发政府补助金额2 077.00万元，银行回单备注为“恐龙大世界专项资金”，与壬S会计师事务所对政府补助性质判断为与收益相关相矛盾。壬S会计师事务所在审计时，未审慎评价其获取审计证据的充分性，未获取并核对重要审计证据《投资协议书》及其补充协议，未能对政府补助系与资产相关作出正确列报。壬S会计师事务所未关注并获取公司内部与政府补助相关的各项流程文件，包括与政府补助相关的申请文件、政府有权部门批复文件等。在深圳证券交易所已对希努尔2018年收到的9 739.44万元政府补助收入确认是否合理的问询后，仍未执行进一步的审计程序获取更为充分的审计证据。壬S会计师事务所在审计时，未能恰当应对评估的重大错报风险，审计程序执行不到位。在政府补助的实质性审计程序方面，壬S会计师事务所主要执行了检查政府补助下发文件、银行回单等审计程序，不足以判断政府补助列报的恰当性。壬S会计师事务所未保持职业怀疑和职业谨慎，未获取充分、适当的审计证据，未能恰当应对评估的重大错报风险（2023-15）。

（四）审计程序

1.收入、利润审计程序

（1）丁D会计师事务所在对广东超华科技股份有限公司2014年年度报表审计时：①未对其他业务收入执行控制测试程序。丁D会计师事务所对超华科技营业收入项目的风险评估结果为“仅通过实质性程序无法应对的重大错报风险”，该风险评估结果适用于其他业务收入。在识别和评估由于舞弊导致的重大错报风险方面，丁D会计师事务所评估的结果为财务报表层次舞弊风险为“是否存在虚增利润的情况”，认定层次则包括“收入的真实性及应收账款真实性”。但丁D会计师事务所实际执行应对措施时，对其他业务收入仅执行了实质性程序，未执行了解内部控制和控制测试程序，且有关惠州合正其他业务收入《进一步审计程序表》表中，“根据评估的舞弊风险等因素增加的审计程序”记载为不适用。

②对其他业务收入执行实质性程序时，未保持应有的职业怀疑，未充分关注废料收入确认的异常情况。丁D会计师事务所对惠州合正其他业务收入执行实质性程序时，计划检查原始凭证等相关资料，分析交易实质，确定其是否符合收入确认的条件，并检查会计处理是否正确。实际执行时，丁D会计师事务所获取了惠州合正销售

废料业务的购销合同、出货单、过磅单、放行条、银行转账回执等原始凭证，对管理人员和客户进行了访谈，并实施了函证。但丁D会计师事务所审计过程中，对获取的多份明显异常、相互矛盾的审计证据未保持应有的职业怀疑，未获取进一步的审计证据消除疑虑，在审计证据不够充分、适当的情况下，发表了“未见异常，可以确认”的审计结论。其一，出货单和过磅单异常。惠州合正向常州鑫之达销售废料的出货单上客户签章处仅签署“周”字，无法确认签收人与常州鑫之达的关系。出货单数量为337 634公斤，与过磅单总额一致，过磅单除一张17 634公斤外，其余16张均分为20 000公斤一张，所有过磅单没有客户名称、过磅员、序号、时间、车号等信息，无人签名，地磅室留存联、会计部联和客户留存联均予保留。出货单的日期早于过磅单的日期。其二，购销合同、出货单与《其他业务收入与合同核对》表、询证函存在差异。惠州合正与常州鑫之达购销合同上约定的PP边角料单价为18元、出货单数量337 634公斤，相应合同金额应为6 077 412元，但丁D会计师事务所《其他业务收入与合同核对》表上记载的销售数量为331 192公斤，合同金额为5 961 456元，《往来账项询证函》上确认的应收账款同样为5 961 456元。其三，销售价格、成本异常。惠州合正在同一时期向不同客户销售相同废料，销售价格存在明显差别，向常州鑫之达的销售单价为18元、向惠州大亚湾亿利环保科技有限公司的销售单价为10.8元。惠州合正的销售废料成本为零。其四，访谈内容与其他审计证据不一致。2015年4月1日，丁D会计师事务所审计人员前往常州鑫之达函证，并于同日对其法定代表人万某兴进行访谈。万某兴在访谈中表示“15年4月份回过两次款，大概50多万元”。而常州鑫之达实际付款给惠州合正50.5万元的时间是在2015年4月10日之后，晚于访谈时间。此外，管理人员梁某玲在访谈中表示，惠州合正的废料销售基本没有签订购销合同，但从审计底稿看，惠州合正与所有废料销售客户均签订了购销合同（2018–3）。

（2）丁D会计师事务所在对武汉国药科技股份有限公司2012年、2013年年度报表审计时：钢材贸易收入审计程序不到位。①穿行测试审计证据获取不充分，且未记录测试结论。在2012年财务报表审计过程中，对鄂欣实业钢材销售进行穿行测试时，未取得“销售合同审批单”；上海淙远实业有限公司开具的0004126、0004127、0004128和0004130号提货单要求凭发货码单结账，审计人员未关注、未收集发货码单；穿行测试审计底稿未记录测试结论。②未保持职业怀疑，分析程序不到位。在对营业收入的审计中，丁D会计师事务所及其审计人员没有对鄂欣实业2012年、2013年钢材贸易合同和提货单进行认真分析，没有发现部分合同编号前后不一致、部分合同没有编号、个别合同交货地点前后不一致、部分合同未约定提货地点、提货单未注明捆包号、部分提单号前后不一致、货权转移证明无编号等一系列明显异常。审计人员在对鄂欣实业2013年营业收入进行实质性测试时，在“销售收入细节测试记录表”的出库单信息中对2笔合同记录了“转移证明无编号”、1笔合同记录了“出库明细无编号”，但审计人员对此记录认为不存在异常，没有保持职业怀疑，没有采取进一步审计程序，以致没有发现鄂欣实业钢材贸易业务收入的错报（2018-5）。

（3）丙M会计师事务所在对江苏雅百特科技股份有限公司2015年年度报表审计时：对木尔坦项目的审计程序不到位。①未审慎核实木尔坦项目来源的真实性。雅百特称，木尔坦项目系巴基斯坦Habib Rafiq Limited公司（以下简称HRL公司）分包给首都工程建设有限公司（Capital Engineering & Construction CO.，Ltd，以下简称首都工程公司），再由首都工程公司通过招投标发包给雅百特。丙M会计师事务所对该项目进行核查后，采信了上述说法。丙M会计师事务所审计底稿中只有一份雅百特与首都工程公司的合同，并未获取到雅百特的中标文件，也未取得总包方HRL公司将工程分包给首都工程公司的分包合同，未获取充分的审计证据或采取进一步审计程序核实木尔坦项目来源的真实性。丙M会计师事务所的审计程序不到位，未能审慎核实木尔坦项目来源的真实性。

②未审慎核实工程回款的真实性。2015年9月至2016年3月，雅百特通过中国香港、迪拜、美国、马来西亚等地的16家第三方公司以大批小额的方式取得木尔坦项目工程回款合计1 528.77万美元（约1亿元人民币），经追查资金来源，其中部分回款来自雅百特。雅百特称，首都工程公司受巴基斯坦外汇管制限制，无法直接向雅百特回款，因此委托第三方公司支付。雅百特向会计师提供的一份加盖首都工程公司公章的付款方名单，包含安美国际、香港西本国际贸易有限公司（以下简称香港西本）等公司，但安美国际同时为雅百特安哥拉材料出口项目的客户及付款方。回款方香港商宁国际贸易有限公司（以下简称香港商宁）未出现在雅百特提供的付款方名单中，香港商宁和香港西本同时是木尔坦项目与安哥拉项目的付款方。雅百特提供的银行汇款单上，香港西本的地址为上海市泗砖公路103弄，香港商宁的地址为上海市闵行区春申路，徽商企业有限公司的地址为深圳市宝安区邮政信箱102-b12号，正鸿贸易有限公司的地址为广东省东莞市谢岗镇花园大道106号。木尔坦项目通过多家公司大批小额回款，且毛利率高达74.16%，明显高于雅百特其他同类项目39.17%的平均水平。注册会计师在收集和评价审计证据，应对与重大非常规交易相关的舞弊风险时，应当保持职业怀疑。丙M会计师事务所未能保持职业怀疑，未获取相关证据验证雅百特关于外汇管制的说法，对同一海外客户为不同项目回款、海外回款方公司地址在国内等异常情况也未进一步核实。

③对木尔坦项目使用的建筑材料出口未执行有效的审计程序。2015年，雅百特向海关报关出口了价值2 255.57万元的建筑材料，用于木尔坦项目建设，共计118个标准集装箱。上述报关出口的集装箱中，仅有6个运抵巴基斯坦且收货人为中国建筑。其余集装箱由雅百特通过货运代理公司运送到中国香港、新加坡等地，然后再由关联

公司上海罗雄国际贸易有限公司进口回中国。丙M会计师事务所在审计雅百特向木尔坦项目出口建筑用材时，审计底稿中仅收集了木尔坦项目施工合同、报关单等材料，未获取能显示货物实际运输目的地的货物提单等证据以进一步核实建筑材料出口的真实性。

④未实施有效的审计程序确认存货权属。由于2015年年底木尔坦项目尚未竣工结算，雅百特期末将其放置在“存货”科目进行列示。丙M会计师事务所项目组成员俞某琦于2016年2月3日至2月5日赴巴基斯坦实地考察公交站台建设情况。在未能确认走访公交站房确为雅百特所建的情况下，俞某琦仍拍摄了照片作为审计证据。丙M会计师事务所现场核查程序不到位，未实施有效的审计程序确认存货权属。

⑤未对巴基斯坦当地的材料供应和劳务服务执行有效的审计程序。雅百特称，首都工程公司代雅百特支付了木尔坦项目中Sahi材料公司（Sahi Supply Company）的材料费用和Al劳务公司（Awaiel Employment & Manpower Manpower Supply-Service）的劳务费用，共2 494.88万元，并直接从雅百特木尔坦项目款中扣除。审计底稿显示，丙M会计师事务所在出具2015年年度审计报告前未对木尔坦项目的当地材料供应商和劳务供应商进行访谈或实施函证等审计程序，仅依据双方签订的合同确认业务发生的真实性（2019-2）。

（4）丙M会计师事务所在对江苏雅百特科技股份有限公司2015年年度报表审计时：①丙M会计师事务所对雅百特2015年度安美国际的销售收入审计程序不到位。其一，未充分关注异常情况。雅百特与安美国际签订合同日期是2015年4月8日，合同约定装货时间为2015年5月22日之前，而该货物的实际出口时间为2015年9月16日、10月9日、10月13日，实际的报关出口时间早已超出合同约定之限，丙M会计师事务所却并未关注，仅获取了部分报关单，便得出交易真实的结论，缺乏应有的职业怀疑。安美国际给丙M会计师事务所的邮件回函中包含游某的名片，显示游某有多个身份，分别为中国对外投资控股有限公司、上海久仁贸易有限公司（以下简称上海久仁）、安美国际的工作人员。其中上海久仁是雅百特虚构的国内钢材销售客户。丙M会计师事务所在知悉游某具有国外客户安美国际工作人员和国内客户上海久仁工作人员的双重身份后，缺乏职业怀疑，未全面审慎核查雅百特国外销售客户的相关情况，未进一步核实雅百特与国外销售客户材料购销业务的真实性等情况。其二，未审慎核实销售回款的真实性。2015年10月至2016年1月，安美国际、香港商宁和香港西本等3家公司向雅百特支付出口安美国际货款合计62.63万美元。其中，香港商宁和香港西本也是木尔坦项目的回款方。雅百特提供的银行汇款单显示，香港西本的联系地址为上海市泗砖公路103弄、香港商宁的联系地址为上海市闵行区春申路。对安美国际销售业务的回款方与木尔坦项目部分回款方相同、香港回款方公司地址在上海的异常情形，丙M会计师事务所未保持应有的职业怀疑，未审慎核查海外付款公司的背景等情况以确认销售回款的真实性。其三，对材料出口未执行有效的审计程序。雅百特通过货运代理公司以运抵国为“安哥拉”向海关报关出口。在获取海关放行信息后，又通过相关代理公司，将上述货物运送到香港，然后安排关联公司罗雄国贸将货物进口回中国，进而实现货物的虚假销售。丙M会计师事务所在审计雅百特向安哥拉出口货物时，审计底稿中除收集了销售合同和报关单外，未获取能显示货物实际运输目的地的货物提单等证据，以证明雅百特出口至安哥拉的货物实际运抵安哥拉。

②对雅百特国内材料销售收入的审计程序不到位。其一，未关注雅百特财务报表附注中收入列示分类的更改，未对国内材料销售业务收入大幅增长保持应有的审慎。雅百特2015年国内材料销售收入28 313.62万元，是2014年该类收入（911.16万元）的31倍，国内材料销售在收入中的占比由2014年的约3%上升到2015年的35%，国内材料销售收入出现大幅增长，该现象未引起丙M会计师事务所的充分关注。同时，雅百特的收入分类由“工程承包收入”与“产品销售收入”两类，变更为“金属屋面”与“光伏”。丙M会计师事务所对收入分类变更原因未充分关注且无合理解释。通过更改收入分类列示，雅百特将虚构的货物销售收入混同在其他项目进行披露，导致财务数据无法进行纵向分析与比较，失去可比性。其二，未审慎核查合同、出入库单据等证据。雅百特与上海桂良工贸有限公司等公司签订的材料购销合同金额总计约3亿元人民币，但采购合同形式较为简单，仅有合同双方的盖章，签订合同代表人、签订时间均为空白。雅百特国内材料销售业务以销售客户加盖公章的发货确认单作为收入确认依据，但丙M会计师事务所获取的发货确认单存在同一收货人签字笔迹前后不一致、加盖的销售客户公章前后不同的情形。丙M会计师事务所在获取购销合同和发货确认单作为审计证据时，未保持必要的关注，未对购销合同和发货确认单进行审慎核查（2019-2）。

（5）丙M会计师事务所在对宁波圣莱达电器股份有限公司2015年年度报表审计时：①未对影视版权的全部权利的真实性执行有效的审计程序。广电总局官网电影备案信息显示华影亿时代国际影业（北京）有限公司（以下简称华影亿）是《饕餮刑警》的备案方，与转让协议书中显示华视友邦拥有电影版权全部权利存在重大差异。影片版权备案信息的变更影响影视版权的所有权，对转让协议书所述内容真实性有重要影响。丙M会计师事务所仅在互联网上对《饕餮刑警》进行过了解，未对转让协议书标的真实性进行充分验证，未关注华视友邦是否拥有全部版权，未对公开信息与协议关于版权权利所有者的矛盾保持合理的职业怀疑，未能采取进一步的审计程序以识别管理层的舞弊风险。②在审计财政补助营业外收入时未勤勉尽责。圣莱达年报显示其注册地址是江北区金山路298号，属于江北区洪塘街道。圣莱达与江北区下属的慈城镇并没有直接的财政管辖隶属关系，慈城镇向圣莱达下发财政补助违反一般的财政管辖隶属关系。丙M会计师事务所未保持合理的职业怀疑，未对财政补助的对应关系进行合理分析，未验证财政补助的政策依据，未采取进一步审计程序，导致未能发现圣莱达虚构财政补助这一事实（2019–5）。

（6）辛V会计师事务所在对太原化工股份有限公司2014年年度报表审计时：①对收入政策审计程序不到位。其一，审计工作底稿“收入确认政策检查表”（索引号：D4–4）显示“对于无需检验的产品，通过客户自提方式销售商品的，自客户装好货物并在出门证上签字时确认收入，在此之前收到的货款先确认为负债；通过铁路运输方式销售商品的，自获取铁路货运站开具的货票时确认收入，在此之前收到的货款先确认为负债。对于需要检验的产品，自获取客户验收单时确认收入，在此之前收到的货款先确认为负债”，而审计工作底稿显示，太化股份2014年贸易业务收入确认单据主要为货物销售结算单、增值税发票、收货确认单据（部分有）等，其实际未按照上述记录的具体方法确认贸易业务收入。其二，审计工作底稿“确定适当的会计处理方法控制测试程序表”（索引号：C2V–6）显示，审计人员通过询问和观察，在底稿中记录太化股份结合自身实际，制定收入会计政策，并经管理层、董事会审核。辛V会计师事务所认为，经测试被审计单位该项控制运行有效。但是，太化股份贸易业务实际未按照披露的会计政策确认收入，该测试程序未发现上述不一致。辛V会计师事务所未关注上述收入确认具体方法不一致的情况，相关审计程序不到位。

②销售业务循环控制测试不恰当。其一，审计工作底稿“铁运分公司收集销售日期控制测试程序和过程记录表”（索引号：C2V–1）显示，该流程非常重要，与控制相关的风险为高，控制点是“将收入日期与发运日期进行核对”。在审计过程中，辛V会计师事务所只是将发票日期、记账日期和出库日期进行核对，没有核对发运日期。其二，审计工作底稿显示，太化股份2014年贸易业务收入确认单据主要为货物销售结算单、增值税发票、收货确认单据（部分有）等，未见发运单据和发运日期，表明发运日期这一指标已经不适用于太化股份。上述审计程序中，辛V会计师事务所未核对选取的测试指标“发运日期”，且该指标不适用于太化股份。

③贸易收入真实性审计程序不到位。其一，审计工作底稿“华旭物流主营业务收入审定表”（索引号：D4）显示，华旭物流2013年和2014年贸易业务收入分别为1 787万元和59 852万元，2014年比2013年贸易业务收入增加58 065万元，增长32.49倍，审计结论为未见异常。辛V会计师事务所未关注该贸易收入的大幅增长情况。其二，辛V会计师事务所对铁运分公司合同检查抽取了4家客户的11笔凭证，收入占比为37.62%；对华旭物流合同检查抽取了6家客户的8笔凭证，收入占比为55.59%。在抽取的合同样本中，除价格要素外，太化股份贸易业务销售合同的条款均相同。其中包括：2014年11月16日，华旭物流、太化股份分别与其下游企业签署的两份《工

矿产品购销合同》，除交易金额有差别外，在签约时间、合同标的、交货时间、交货地点等方面完全一致。但是，在实际业务中，上述合同标的物由华旭物流售出后，经第三方销售给铁运分公司，并由铁运分公司再次销售，重复确认收入。辛V会计师事务所审计过程中未关注太化股份贸易的商业实质。其三，审计工作底稿“营业收入真实性测试表”（索引号：D4–6）显示，辛V会计师事务所对铁运分公司贸易业务收入执行真实性检查抽取的10个样本，均未见出门证或客户验收单，仅2个样本执行了替代程序；对华旭物流贸易业务收入执行实质性检查抽取的17个样本，均未见出门证或客户验收单等相关原始类单据，仅1个样本执行了替代程序。辛V会计师事务所未关注贸易收入缺失出门证或客户验收单等物流信息的情况。辛V会计师事务所未关注贸易业务大幅增长，贸易业务不具备商业实质，贸易业务收入确认时缺失出门证、验收单等情形，相关审计程序不到位（2020–1）。

（7）乙V会计师事务所在对康美药业股份有限公司2016—2018年年度报表审计时：①2016年营业收入科目的内部控制测试程序存在重大缺陷。一是未识别金蝶EAS系统与捷科系统存在的差异，未分析差异产生的原因并判断对财务报表的影响，也未在审计底稿中说明未追溯至捷科系统的理由及证据，获取的审计证据不具有充分性和适当性。二是控制点之一“销售出库单”，抽取了49个样本，有5个样本记录的内容与实际会计记账凭证内容不符，乙V会计师事务所实际抽样时未核查对应的样本凭证。三是执行“重新执行”程序时，审计计划包括检查随货同行单，抽取的50个样本中，仅4个样本包含有随货同行单，两个样本存在出库单、销售合同签署日期晚于随货同行单（客户签收单）日期的情况；控制点之一“订立销售合同”，抽取了58个样本，有35个样本的合同不存在编号且主要合同条款均为空白，乙V会计师事务所未对明显异常或相互矛盾的审计证据保持应有的职业怀疑，未执行进一步审计程序消除疑虑。乙V会计师事务所对康美药业销售业务内部控制评价结论为“控制活动运行有效且得到执行”，该评价没有充分、适当的审计证据支持，评价结论不恰当。

②2017年营业收入科目的内部控制测试程序存在重大缺陷。一是未识别捷科系统与金蝶EAS系统存在的差异，未分析差异产生的原因并判断对财务报表的影响，也未在审计底稿中说明未追溯至捷科系统的理由及证据，获取的审计证据不具有充分性和适当性。二是控制点之一“销售出库单”，抽取了49个样本，有5个样本记录的内容与实际会计记账凭证内容不符。乙V会计师事务所实际抽样时，未核查对应的样本凭证。三是执行“重新执行”穿行测试程序时，审计计划包括检查随货同行单，抽取的30个样本中，仅4个样本包含有随货同行单。控制点之一“订立销售合同”，保留审计证据的12个样本中，有10个样本的合同不存在编号且主要合同条款均为空白。乙V会计师事务所对康美药业销售业务内部控制评价结论为“控制活动运行有效

且得到执行"，该评价没有充分、适当的审计证据支持，评价结论不恰当。

③2016年营业收入科目的实质性程序存在重大缺陷。其一，乙V会计师事务所未对营业收入执行函证程序，而是通过对应收账款余额的函证为营业收入认定提供相互印证的审计证据。乙V会计师事务所以应收账款期末余额超过100万元，或者期末余额未超过100万元但借方发生额超过3 000万元的客户作为应收账款的函证对象，抽取的样本总金额为24.14亿元，占应收账款年末总额的86.88%。苏某升常年担任康美药业年报审计项目经理，知悉康美药业实际经营业绩与账面经营业绩存在差别。经查，2016年年报审计期间，苏某升或其他项目组成员准备好询证函后，将信封交由康美药业公司前台联系快递公司上门取件。随后，苏某升告知黄某生，让其抢先于快递人员从公司前台取回信封，将信封上的快递单撕下并贴到另外装有康美药业宣传材料的信封中再交寄，伪造发函路径。随后，康美药业组织人员联系供应商及客户，若有愿意配合回函的，黄某生才将询证函寄出；若不愿意配合回函的，乙V会计师事务所就无法收到回函，只能执行替代性程序。乙V会计师事务所每年函证的回函比例都较低，2016年应收账款回函比例仅为30.89%。乙V会计师事务所违反独立性要求且未对应收账款函证过程保持有效控制。应收账款回函时，乙V会计师事务所未发现不同公司同一寄件人的情况，如广东信东医药有限公司、四川积步医药有限公司、广东恒林源药业有限公司（应付）等3家公司询证函回函的寄件人均为刘某林，未对可靠性存疑的回函执行进一步审计程序。其二，针对营业收入的风险评估结果，乙V会计师事务所计划"增加对销售前二十大客户的走访问卷，同时函证全年度发生额及相应余额"。实际执行时，乙V会计师事务所并未向销售前二十大客户函证全年度的发生额。据审计底稿记载，2016年财务报表审计期间，乙V会计师事务所走访了25个客户，函证了2016年1—9月的发生额，交易数据作为附件二附在走访记录后。经查，乙V会计师事务所对上述客户进行走访时，并未向对方函证交易数据，走访记录的附件二系"加塞"到审计底稿中。其三，针对营业收入的舞弊风险，乙V会计师事务所实施的风险应对措施为穿行测试，但获取的内部业务单据均来自金蝶EAS系统；针对营业收入执行细节测试时，2016年财务报表审计期间抽取了574个样本，包含的内部业务单据也都来自金蝶EAS系统，审计证据不具有充分性、适当性。其四，乙V会计师事务所进行销售合同检查及针对应交税费科目执行审计程序获取的审计证据中，存在明显异常或相互矛盾的审计证据。一是检查销售合同时，大量合同金额低于账务确认金额。乙V会计师事务所抽取了康美药业2016年的115个客户样本，76个客户的合同金额远低于账务确认金额；二是印花税和增值税申报表列示的全年计税基础存在明显差异。对此，乙V会计师事务所未保持应有的职业怀疑，未执行进一步审计程序消除疑虑。综上所述，2016年度，康美药业的货币资金、营业收入均存在舞弊风险，乙V会计师事务所在进行审计时，在风险识别与评估阶段部

分认定结论错误；在实施风险应对措施时，未严格执行舞弊风险应对措施等审计计划，执行审计程序违反诚信原则，未对函证保持有效控制，未保持应有的职业怀疑，未执行进一步审计程序消除疑虑，导致未获取充分、适当的审计证据，甚至出现审计项目经理配合康美药业财务人员拦截询证函、将伪造的走访记录作为审计证据的行为。最终，乙V会计师事务所出具的康美药业2016年财务报表审计报告存在虚假记载。

④2017年营业收入科目的实质性程序存在重大缺陷。其一，乙V会计师事务所未对营业收入执行函证程序，而是通过对应收账款余额的函证为营业收入认定提供相互印证的审计证据。乙V会计师事务所以应收账款期末余额超过300万元的客户作为应收账款函证对象，抽取的样本总金额为32.89亿元，占应收账款年末总额的87.79%。苏某升与康美药业黄某生串通，致使应收账款函证不独立。2017年应收账款的回函比例仅为42.31%。乙V会计师事务所违反独立性要求且未对应收账款函证过程保持有效控制。应收账款回函时，乙V会计师事务所未发现不同公司同一寄件人的情况，如惠来县人民医院、揭阳市人民医院、普宁市中医院、普宁市慢性病防治中心等4家医院询证函回函的寄件人均为黄某萍，乙V会计师事务所未对可靠性存疑的回函执行进一步审计程序。针对应收账款函证未回函的情况，乙V会计师事务所计划实施替代性程序，但实际并未严格执行审计计划，对41个客户未执行替代性程序。其二，针对营业收入的风险评估结果，乙V会计师事务所计划“增加对销售前二十大客户的走访问卷，同时函证全年度发生额及相应余额”。实际执行时，乙V会计师事务所并未向销售前二十大客户函证全年度的发生额。据审计底稿记载，2017年财务报表审计期间，乙V会计师事务所走访了24个客户，函证了2017年1—9月的发生额，交易数据作为附件二附在走访记录后。经查，乙V会计师事务所对上述客户进行走访时，并未向对方函证交易数据，走访记录的附件二系“加塞”到审计底稿中。其三，针对营业收入的舞弊风险，乙V会计师事务所实施的风险应对措施为穿行测试，但获取的内部业务单据均来自金蝶EAS系统，针对营业收入执行细节测试时，抽取了584个样本，内部业务单据也都来自金蝶EAS系统，审计证据不具有充分性和适当性，无法应对舞弊风险。其四，乙V会计师事务所进行销售合同检查、针对应交税费科目执行审计程序获取的审计证据中，存在明显异常或相互矛盾的审计证据：一是大量销售合同显示的金额低于账务确认金额；二是印花税和增值税申报表列示的全年计税基础存在明显差异。对此，乙V会计师事务所未保持应有的职业怀疑，未执行进一步审计程序消除疑虑。

综上所述，2017年度，康美药业的货币资金、营业收入均存在舞弊风险，乙V会计师事务所在审计过程中，在风险识别与评估阶段部分认定结论错误；实施风险应对措施时，未严格执行舞弊风险应对措施等审计计划，执行审计程序违反诚信原则，未对银行、往来款函证保持有效控制，未保持应有的职业怀疑，未执行进一步审计程序消除疑虑，导致未获取充分、适当的审计证据，甚至出现项目经理配合康美药业财务人员拦截询证函、将伪造走访记录作为审计证据的行为。最终，乙V会计师事务所出具的康美药业2017年财务报表审计报告存在虚假记载（2021-1）。

（8）甲A会计师事务所在对湖南千山制药机械股份有限公司2015年及2016年年度报表审计时：营业收入审计程序存在缺陷。经查明，2015年，千山药机新增烟花生产线业务，华冠花炮为该业务唯一客户。2015年度千山药机账目显示对华冠花炮实现营业收入8 974.36万元，利润5 769.39万元，占当年度千山药机营业收入、利润总额的比例分别为16.44%、69.50%。2016年度千山药机账目显示对华冠花炮实现营业收入22 435.90万元，利润13 733.16万元，占当年度千山药机营业收入、利润总额的比例分别为29.36%、61.51%。审计过程中，甲A会计师事务所2015年、2016年均将营业收入列为高风险项目，但未对大额收入的异常情况保持应有的职业谨慎，也未获取充分、适当的审计证据，形成合理的审计结论，发表正确的审计意见。

①对华冠花炮烟花生产线异常发货情况关注不足。在2015年度审计底稿中，收货确认单显示华冠花炮已确认收到10条生产线，但审计人员以审计说明的方式在货物运输协议中备注“实际上只发生了一条生产线”，证明审计人员已发现收货确认单与实际发货数量不符，同时千山药机与华冠花炮所签订的“补充协议”中称“由于华冠花炮的厂房设施未完成，暂时将交付的设备存放在其指定地点”。但甲A会计师事务所未对暂存在千山药机处的烟花生产线予以盘点查证，未对异常发货采取进一步审计程序以形成客观的审计结论和审计意见。在2016年度审计底稿中，千山药机的安装调试单确认销售给华冠花炮的25条生产线已安装调试完毕，但审计人员在货物运输协议中备注“实际没发生”；安装调试确认单中华冠花炮及其负责人盖章、签字确认的时间均为2016年12月30日，与华冠花炮和千山药机签订“补充协议”的时间一致。直至千山药机2016年度审计报告签发日，华冠花炮的厂房设施未达到预计可使用状态，相关设备仍然保管在千山药机仓库。甲A会计师事务所依旧未对暂存在千山药机处的烟花生产线予以盘点查证，未对异常发货采取进一步审计程序以形成客观的审计结论和审计意见。上述未实际发货烟花生产线直至2018年2月才交付给华冠花炮，但一直未拆除包装予以安装、未到达预定可使用状态。

②对新增重大客户的履约能力关注不足，审计证据获取不充分。2015年、2016年年度审计底稿中，甲A会计师事务所均未对华冠花炮履约过程及是否具备履约能力进行关注。在2016年审计现场走访过程中，对相关客户负责人所提供的财务数据也未获取充分、适当的审计证据予以证实或审慎分析。

③未对新增重大客户保持合理怀疑，对销售回款执行的审计程序不充分，审计证据获取不可靠、不充分。2015年审计底稿显示，甲A会计师事务所对华冠花炮销售

合同、发货记录等进行了检查，但未对销售回款情况进行检查，未获取相关银行回单等审计证据。2016年度审计底稿显示，甲A会计师事务所抽取了华冠花炮建设银行4300××××6888账户回款至千山药机工商银行1901××××1166账户的部分银行回单进行检查。但是，华冠花炮不存在银行回单中所记载的建设银行账户，审计人员未通过千山药机电子银行对回单予以核实，也未亲自前往银行打印相关银行流水、回单，而是直接采纳了千山药机提供的银行流水及相关回单作为审计证据，审计程序不充分适当。甲A会计师事务所在对千山药机2015年、2016年财务报表审计中，对重大客户的大额收入确认未保持应有的职业谨慎，未获取充分适当的审计证据，导致未能及时识别财务报告的重大错报风险（2021–2）。

（9）戊E会计师事务所在对斯太尔动力股份有限公司2016年年度报表审计时：未获取重大、非常规收入交易标的作价依据。戊E会计师事务所在访谈苏控集团唐某昊时，了解到苏控集团对技术许可的交易标的进行了资产评估，但对方以涉及商业机密为由拒绝提供。在未获取相关评估报告的情况下，戊E会计师事务所未考虑实施其他替代程序。经查，为前述交易进行资产评估的评估机构北京中尊华资产评估有限公司不具备证券期货业务资格，评估服务费23万元由斯太尔通过其时任财务总监姚某的银行账户支付（2021–3）。

（10）甲A会计师事务所在对深圳市索菱实业股份有限公司2016年、2017年年度报表审计时：未按要求执行销售与收款循环与销售货物有关的内部控制测试程序。索菱股份审计工作底稿《控制测试—销售与收款流程—销售货物控制测试表》显示，甲A会计师事务所查阅了货物出库单及其运货单，针对索菱股份对同一客户销售的同类产品同时存在“XS”开头的出库单和“XOUT”开头的出库单，甲A会计师事务所未采取恰当的审计程序获取排除此异常情况的充分、适当的审计证据，导致其未发现索菱股份“XS”开头的出库单有虚假的情况，控制测试结论为“经测试，我们认为销售与收款循环与销售货物有关的内部控制活动是有效的”（2021–4）。

（11）辛H会计师事务所在对某控股公司申请证券公司新增5%以上股东资格提供2013年及2014年一季度报表审计时：经查，辛H会计师事务所对该控股公司2013年度营业收入科目审计程序不到位。①审计开展前制定的总体审计策略对该控股公司可能存在较高重大错报风险的领域未予以关注和分析，审计策略中无相关记录。②该控股公司出售房产时签订的购房协议书中特殊约定了甲方应当于本协议签署后，在满足签署网签条件的前提下，但不得晚于2014年8月31日，与乙方签署《北京市商品房买卖合同》及相关附件、补充协议并保证房产已具备网签的条件并且办理完毕所有网签手续，否则应退还房款并支付违约金。该控股公司未实际办理网签及交接手续。审计未对支持其确认该控股公司2013年度8.92亿元售房收入的购房协议书中涉及购房合同履行的重要前提即“网签条款”约定予以核实，未向售房对手方函证，也未对该约定的履行情况采取其他审计程序。会计师审计期间为2014年6月，正好临近约定的最后期限，但会计师未对网签条款的执行情况予以关注并采取相应审计程序。③辛H会计师事务所提供的情况说明称，项目组在营业收入审计中采取了索取企业提供的销售清单，与销售部的房屋买卖合同统计进行对比，抽取一定的样本等程序，但调查中发现审计工作底稿中的购房协议书后未附有销售清单，审计工作底稿中也无相关比对记录留痕（2021-9）。

（12）丁N会计师事务所在对山东胜通集团股份有限公司2013—2017年年度报表审计时：营业收入实质性程序未保持职业怀疑。①未对纳税申报资料异常情况保持职业怀疑。丁N会计师事务所取得的2013年度至2015年度胜通钢帘线的增值税纳税申报表、所得税纳税申报表为胜通集团伪造的纳税申报表。2013年度，丁N会计师事务所取得的胜通钢帘线相关增值税纳税申报表中存在以下异常：其一，会计师取得2013年2月、4月、6月、9月的增值税纳税申报表的税务机关接收日期分别为2013年3月17日、2013年5月12日、2013年7月14日、2013年10月13日，上述日期皆为周日，2013年11月的增值税纳税申报表接收日期为2013年12月14日，该日期为周六；其二，相关纳税申报表的接收人员签字、接收日期、税务机关的盖章都未在指定位置。针对胜通钢帘线2013年度的所得税审计中，未见丁N会计师事务所取得税务部门出具的汇算清缴报告或者税务代理机构出具的纳税鉴证报告。并且丁N会计师事务所取得的年度所得税纳税申报表存在以下异常：其一，企业所得税年度纳税申报表（A类）相关金额只有审核数没有申报数，相关签名盖章部分没有“主管税务机关受理专用章”“受理人”“受理日期”相关栏目；其二，企业所得税申报表中无主管税务机关接收的相关填写内容，税务机关却有盖章。2014年度，丁N会计师事务所取得相关增值税纳税申报表中存在以下异常：其一，增值税纳税申报表的主管税务机关接收人、接收日期均未签字或者签章；其二，胜通钢帘线提供的2014年6—12月的增值税纳税申报表的接收机关的印章与之前的印章有明显的区别，未见会计师就该变化对企业进行询问。针对胜通钢帘线2014年度的所得税审计中，未见丁N会计师事务所取得税务部门出具的汇算清缴报告或者税务代理机构出具的纳税鉴证报告。并且丁N会计师事务所取得的年度所得税纳税申报表存在以下异常：其一，企业所得税年度纳税申报表（A类）相关金额只有审核数没有申报数，相关签名盖章部分没有“主管税务机关受理专用章”“受理人”“受理日期”相关栏目；其二，企业所得税申报表中无主管税务机关接收的相关栏目，却有税务机关盖章签字。2015年开始企业采用网上申报，但是丁N会计师事务所取得胜通钢帘线相关增值税纳税申报表中存在“档次”一列的行宽被人为压缩的情况，另外在网上申报的情况下，未见会计师将企业提供的资料与企业报税系统数据进行比对的审计过程。在网上申报的情况下，丁N会计师事务所取得胜通钢帘线、胜通化工2015年度所得税纳税申报表，未见会计师将企业提供的资料与企业报税系统数据进行比对的审计过程，未见会计师取得企业的纳税申报鉴证报告。丁N会计师事务所在获取相关资料时未能保持应有的职业怀疑，未能发现企业向其提供的纳税申报表存在异常情况。

②未获取产能资料并执行产能分析程序。丁N会计师事务所在2013—2017年度审计过程中均未获取胜通钢帘线及胜通光科的产能相关资料，也未对产能利用率与产成品入库当期增加进行分析，导致未能发现两家公司产能利用率大幅超过其实际最大产能的异常情况。

③未对合同异常情况保持职业怀疑。胜通化工账套中客户名称、胜通化工2014年度和2015年度主营业务收入实质性测试审计底稿中山东赛托生物科技股份有限公司（以下简称赛托生物）合同中印章均为“菏泽塞托生物科技有限公司”，经查系“塞”字存在错误，名称应为“菏泽赛托生物科技有限公司”。2010年1月19日至2014年10月16日，赛托生物曾用名为“菏泽赛托生物科技有限公司”，后更名为“山东赛托生物科技股份有限公司”，推定公司印章同步进行更换。审计底稿中客户印章存在明显异常。丁N会计师事务所在审计过程中未能发现上述异常，未保持应有的职业怀疑。

④未对发票异常情况保持职业怀疑。胜通钢帘线2013年度审计工作底稿中，丁N会计师事务所抽取了胜通钢帘线对好友轮胎有限公司开具的增值税专用发票共计19张，合计金额为16 581万元，远大于2013年度胜通钢帘线对好友轮胎有限公司的真实销售收入632.85万元，且存在将销售发票的收票人地址“河南省焦作市”写成“河北省焦作市”的情况。经核实，上述发票及对应业务皆为虚构。丁N会计师事务所在审计过程中对凭证附件的检查流于形式，未关注相关销售发票中的异常情况并保持职业怀疑。

⑤未对上市公司客户、可比公司的公开资料进行查询并未对异常情况保持职业怀疑。三角轮胎股份有限公司为胜通钢帘线2012—2015年前五大客户，其公开披露的2013年度、2014年度向胜通钢帘线采购数据与胜通钢帘线提供的对三角轮胎股份有限公司销售收入存在巨大差异。同时丁N会计师事务所未对钢帘线销售均价远超过同行业排名第一的江苏兴达钢帘线股份有限公司的异常保持职业怀疑，未能实施进一步的审计程序（2021-7）。

（13）庚G会计师事务所在对雄安科融环境科技股份有限公司2017年年度报表审计时：①销售与收款控制测试未有效执行。科融环境收入确认基本方法有发货确认收入和调试确认收入两种，根据合同约定分别在发货、调试时点分阶段确认相应比例的收入。2017年，科融环境本部发货确认收入200 799 437.72元，调试确认收入38 892 172.08元，调试部分占比16.23%，调试与发货确认收入涉及的业务流程和内部控制环节存在显著差异。庚G会计师事务所《控制测试—销售与收款测试》审计底稿中，只选取发货确认收入作为测试样本，未覆盖调试确认收入的业务类型，无法整体评价科融环境收入确认内部控制的有效性，特别是调试确认收入的相关内部控制的有效性。

②收入截止性测试未有效执行。科融环境记账凭证显示，涂改调试报告日期涉及的收入确认原始凭证仅为自制的收入确认表，没有附签字的调试报告。科融环境涂改调试报告，并在2017年确认调试收入，涉及12笔记账凭证21个令号，共虚增2017年利润7 178 800.95元。其中，2017年12月涉及10笔记账凭证19个令号，虚增12月利润6 286 493.26元。庚G会计师事务所在《科融环境审计策略备忘录》中计划对截至2017年12月31日的收入进行截止性测试，确保收入的真实、完整，但实际执行过程中选取样本随意、未发现收入确认依据异常、未对调试确认收入单独进行截止性测试，从而导致收入截止性测试未能有效执行，进而未能发现科融环境涂改调试报告日期虚增2017年收入和利润的行为。其一，选取样本随意。庚G会计师事务所2017年审计底稿中制定的收入截止性测试步骤为"抽取截止日前后10张凭证追查至发货单"，但索引表显示庚G会计师事务所截止日期前未连续选取凭证，截止日期后仅选取3笔凭证且不连续，测试过程随意。对此，庚G会计师事务所无合理解释。涂改调试报告确认收入的记账凭证中，2017年12月648号、649号、650号、653号、654号属于截止日前主营业务收入最后10张凭证。上述记账凭证应当在庚G会计师事务所计划的截止性测试范围内，但未实际执行。其二，未发现收入确认依据异常。庚G会计师事务所截止性测试抽取了2017年12月523号、645号、650号记账凭证，但对于收入确认依据仅为科融环境自制的收入确认表、未附经签字确认的调试报告等异常现象未保持警觉，未核对调试报告等原始业务凭证。

③未对调试确认收入单独进行截止性测试。科融环境发货和调试确认收入时点分别为发货日期和调试日期，相应的原始凭证分别为发货单和调试报告，二者业务流程存在显著差别。庚G会计师事务所未区分两种收入类型进行截止性测试，仅针对发货收入进行截止性测试，未对调试收入进行截止性测试，测试范围不全面，未发现科融环境涂改调试报告日期虚增2017年收入和利润的行为。此外，未对关注到的多个高毛利项目异常情况进一步审计。在执行收入分析程序时，庚G会计师事务所审计底稿《毛利较高—收入确认依据及15年前项目合同表》中已标注出多个项目存在毛利率较高的异常情况，其中：1409001号项目记载毛利率为96.23%，备注为"用户评价报告2016年"；1507041号项目记载毛利率为99.80%，备注为"验收申请"；1508047号项目记载毛利率为95.18%，备注为"无调试报告，设备？"；1602044号项目记载毛利率为99.96%，备注为"调试报告，合同额的40%"。经查，这4个项目的调试报告均由以前年度涂改为2017年，并在2017年确认收入。

④未关注2017年12月收入异常增加的情况。庚G会计师事务所2017年审计底稿

中记录，科融环境2017年12月确认收入占全年的比重达21.11%，针对临近资产负债表日的销售收入显著增加。庚G会计师事务所未保持应有的职业怀疑，仅查验了相关合同，没有按照风险导向审计的要求，结合财务风险、舞弊动机，实施有效的符合性测试和实质性测试，导致其未能发现科融环境涂改调试报告日期，大量虚增当月收入和利润。经查，科融环境2017年12月虚增利润6 286 493.26元（2021-12）。

（14）癸X会计师事务所在对广东金刚玻璃科技股份有限公司2016年、2017年年度报表审计时：2016年营业收入科目的实质性审计程序存在重大缺陷。①未按照既定审计计划执行审计程序。一是仅对金刚玻璃前十大客户进行两期对比，未按照审计计划分析大额波动情况，未对两期主要客户的波动情况和销售情况进行分析，未向公司管理层询问并对新增客户执行审计程序及获取审计证据，导致未能识别出公司对2016年前十大客户中新增的3个客户共计1 715.58万元销售收入均为虚增。二是获取的公司相关销售产品毛利率存在明显异常情形。如，建筑玻璃和安防玻璃毛利率波动明显异常；同品类产品在《主营业务月度毛利率分析表》和《业务/产品销售分析表》列示的毛利率数值差异明显；审计人员分析的平均毛利率与实际毛利率存在较大差异；审计人员关于部分月份毛利率低于平均水平的原因与实际不符。癸X会计师事务所未对上述异常情况执行进一步审计程序并获取相关审计证据，最终审计结论为“未发现重大异常”。

②应收账款函证程序存在重大缺陷。癸X会计师事务所对金刚玻璃营业收入和应收账款余额的函证实施过程中存在以下问题：一是完全信赖金刚玻璃提供的客户名称、地址和联系人，未核实函证信息的正确性和真实性，导致未能识别出部分客户为金刚玻璃虚构的客户或发函地址为虚假地址。二是未发现被询证者地址与客户发票地址不符、被询证者地址与其商事登记住所不符、被询证者回函的寄件地址与癸X会计师事务所发函的收件地址不一致、癸X会计师事务所发函的收件人和回函寄件人不一致、回函日期早于发函日期等异常情况，未对可靠性存疑的上述情况执行进一步审计程序。三是部分应收账款询证函未见回函快递单。

③进行销售合同或销售订单细节测试获取的审计证据存在明显异常或相互矛盾。如，金刚玻璃给客户开具的增值税普通发票购买方联系地址与《产品送货任务书》的收货地址、应收账款函证发函地址均不一致；送货签收日期早于销售合同签订日期；送货签收日期早于客户指定验收人员的《委托书》签发日期；销售合同客户用章与委托书客户用章存在明显差异；部分《产品送货任务书》《发货单》的订单号均为空白。癸X会计师事务所未对明显异常或相互矛盾的审计证据保持应有的职业怀疑，未执行进一步审计程序消除疑虑（2022-1）。

（15）甲Y会计师事务所在对新疆亿路万源实业投资控股股份有限公司2018年和2019年年度报表审计时：收入审计存在严重缺陷。①协助修改租金抵账协议，审计程序存在严重缺陷。新疆宏晟置业有限公司（以下简称宏晟置业）、韩真源、*ST新亿三方签署《租金抵账协议》，其中约定*ST新亿子公司韩真源将开源市场的房产出租给宏晟置业，以抵偿*ST新亿欠宏晟置业的款项。2019年12月31日，韩真源根据发票，确认租赁收入130万元。经查，该《租金抵账协议》于2020年年报审计期间倒签，协议未约定租赁的具体房产，宏晟置业既未实际租赁开源市场房产，也未对相关房产进行管理转租或收到转租租金，协议未实际履行，相关债务未抵销。根据相关审计工作底稿，甲Y会计师事务所审计人员在第一次现场审计中，发现公司该笔租金收入只有发票，公司无法提供合同并拒绝配合实施现场走访程序，存在重大异常，并进行了调减，同时记录在底稿中并经吴某堂复核，吴某堂也发现了公司针对该笔收入仅存在发票未提供相关合同异常情形。在第二次现场审计中，吴某堂协助*ST新亿修改租金抵账协议，要求韩真源和相关方尽快盖章，并据此在审计报告中确认了韩真源该笔2019年租金收入130万元。

②未实施充分审计程序核实贸易收入真实性。*ST新亿子公司亿源汇金系*ST新亿2018年和2019年贸易收入主体。2018年5月，亿源汇金分别与吐鲁番思北投资有限公司、鄯善阿信商贸有限公司签署铁精粉采购与销售合同。亿源汇金根据上述采购与销售合同，分别确认2018年、2019年营业收入1 338.54万元、212.66万元。甲Y会计师事务所审计人员在第一次现场审计中发现*ST新亿贸易收入存在重大异常，存在贸易收入对应的采购方与销售方的工商注册地址一致；在账上看到有相应的存货，但在实物盘点时却没有盘点到相应的存货等异常情况，且公司财务人员离职、变动较大，提供给项目组的收入确认资料不齐备，建议调减该收入。第二次现场审计时，在风险评估中对收入已识别存在重大错误风险和特别风险情况下，未实施特别审计程序，获取比第一次现场审计更有效证据，原拟签字注册会计师明确提出调减*ST新亿2018年和2019年贸易收入的意见。后续实施了函证程序，但仍然存在重大缺陷（详见下文关于函证程序部分）。签字注册会计师更换为刘某斌后，刘某斌称其在签署报告前复核底稿未发现相关问题，签署报告后整理底稿时发现关于亿源汇金铁精粉销售收入仅获取了发票，但是没有合同、发货单、结算单，并要求公司补充提供合同、发货单、结算单，但公司只提供了合同和2019年的结算单，发货单和2018年的结算单直至2021年4月30日仍未获得，因审计报告已经出具，刘某斌修改了底稿。签字注册会计师吴某堂签署报告前对于审计底稿中记录的事项未认真复核，对原拟签字注册会计师提出的意见未予以采纳。甲Y会计师事务所在相关收入存在舞弊风险情况下未进一步实施审计程序以核实其真实性，确认了*ST新亿2018年和2019年有关亿源汇金的贸易收入。

③未实施必要审计程序核实物业费收入真实性。经另案调查，喀什鼎盛源物业服务有限公司（以下简称鼎盛源）2019年物业费收入合同安排明显不合理，不符合

收入确认条件。一是2019年1月1日至2019年8月29日期间，鼎盛源不是会计核算的主体。鼎盛源于2019年8月30日设立，根据《企业会计准则——基本准则》，设立的企业才能成为会计核算的主体，才能进行会计确认、计量、记录和报告。二是根据韩真源与鼎盛源签订《物业管理委托合同》，2019年11月18日开始，韩真源才将开源市场委托鼎盛源管理，2019年1月1日至2019年11月17日期间，鼎盛源无权委托喀什宏腾达物业服务有限公司（韩真源原股东实际控制，以下简称宏腾达）代管开源市场。三是2019年12月31日倒签协议约定2019年委托经营管理不具有合理性。针对上述情况，原拟签字注册会计师明确提出鼎盛源2019年物业费收入属于合同安排、财务造假，不同意确认该收入，如果*ST新亿坚持确认该笔收入，要在审计报告中将该事项列为保留事项，该会计师的意见吴某堂知悉并进行了讨论；刘某斌未关注合同签署时间，但关注该收入无对应的成本，也对该收入提出过质疑，并要求宏腾达补充出具了说明，说明由宏腾达承担物业管理成本、发票由宏腾达向商户开具。至本案调查时，宏腾达尚未将物业费款项支付给鼎盛源。最终，甲Y会计师事务所仅在宏腾达补充出具由宏腾达承担物业管理成本的情况说明后，认可*ST新亿确认相关收入，没有实施必要的审计程序以及发表恰当的审计意见。

④未实施充分审计程序核实保理业务收入。2019年12月，*ST新亿子公司深圳市阳云科技有限公司受*ST新亿委托，与深圳德福商业保理有限公司（以下简称德福保理）签订保理合同，约定将*ST新亿享有的2.38亿元债权作价2.66亿元转让给德福保理。*ST新亿在收到7 590万元应收债权转让款后，又通过孙公司新疆恒泊今盛科技发展有限公司以产品采购款和对外借款的形式转出上市公司。甲Y会计师事务所在第二次现场审计中发现*ST新亿2019年7 590万元保理资金在收到后以预付账款和其他应收款的形式转出，并将预付账款调整至其他应收款，甲Y会计师事务所仅获取了保理合同、委托付款协议、与所转让债权相关的民事判决书、收款单据，对资金来源和去向以及交易的商业实质存疑，认为存在与债务人串通舞弊风险并明确提出了需进一步执行向债务人核实的程序。但是甲Y会计师事务所在函证程序存在瑕疵的情况下（详见下文关于函证程序部分）未保持职业怀疑，最终并未进一步执行审计程序核实相关该笔营业外收入的真实性，未发现*ST新亿虚增营业外收入。

⑤修改、删除审计底稿。针对*ST新亿贸易收入问题，负责收入科目审计的项目组成员在第一次现场审计时，对*ST新亿子公司亿源汇金2019年的贸易收入存疑，认为未获取充分适当的审计证据，不认可其收入确认，并记录于底稿中。签字会计师刘某斌出报告前没有关注，在整理底稿时才发现，为掩盖审计中发现的问题，修改了底稿，并要求公司补充提供合同和结算单（2018年的结算单未提供）。审计底稿中存在多处审计说明和审计结论相互矛盾，如2019年应付账款替代测试表底稿中记录审计说明：“已检查合同、发票、结算单，未发现异常；对期初余额进行检查未

发现异常，详见2018-FD2-5-1”，审计结论：“由于未获取充分适当的审计证据，无法证实应付账款的真实、准确”；2018年应付账款替代测试表底稿中记录审计说明：“已检查合同、发票、结算单，未发现异常；对期初余额进行检查未发现异常，详见2018-FD3-1-2”，审计结论：“由于未获取充分适当的审计证据，无法证实应付账款的真实、准确”。上述问题表明甲Y会计师事务所在期后整理底稿时，修改部分底稿，未来得及全面删改底稿。综上所述，甲Y会计师事务所明知*ST新亿收入存在舞弊或重大错报风险，未执行充分的审计程序以核实其真实性，即在审计中予以认可，并在审计报告日后补充审计程序，为掩盖审计中发现的问题修改审计底稿，导致审计报告虚假记载（2022-2）。

（16）甲U会计师事务所在对乐视网信息技术（北京）股份有限公司2015年和2016年年度报表审计时：在2015年度财务报表审计时，未对广告业务收入设计有针对性的审计程序。2015年乐视网广告业务收入263 367.78万元，占当期营业收入的20.23%，较2014年广告业务收入增长67.53%。注册会计师在风险评估时，认定乐视网客户管理层、股东、关键管理人存在舞弊风险，认定销售收入存在舞弊风险。在此情况下，针对广告业务收入的重大错报风险，注册会计师在“重大错报风险及特别风险的应对措施”中仅设计了两个审计程序：①将本期收入与上期对比，关注波动大的产品；②合同排期是否与广告业务系统排期一致，收入金额是否与合同金额一致。未结合乐视网广告业务特点以及上述风险评估情况设计有针对性的审计程序（2022-4）。

（17）己F会计师事务所在对东方金钰股份有限公司2017年年度报表审计时：己F会计师事务所执行的与采购、销售相关的实质性审计程序存在重大缺陷，未对采购和销售业务的相关科目获取充分、适当的审计证据。①己F会计师事务所未审慎核查并评价姐告宏宁与自然人客户之间发生大额翡翠原石交易的商业理由，未对代理交易保持必要的职业怀疑，评价其是否表明存在舞弊风险并实施进一步审计程序。姐告宏宁的销售业务存在毛利率高、客户均为自然人、单笔销售金额较大且单一客户销售占比较大、行业存在代理交易等特点。在上述背景下，己F会计师事务所未对相关事项保持必要的职业怀疑，审慎评价获取的审计证据：第一，姐告宏宁2017年毛利率高达62.57%，具有重大性和异常性，己F会计师事务所未充分分析、验证其合理性，亦未充分了解自然人客户的背景以评估客户购买翡翠原石的能力，进而分析交易是否存在合理的商业理由，如未核实除普某腊外的其他重要自然人客户与东方金钰是否存在关联关系，未按照《针对审计底稿常见问题的自查》中的计划实施相关核查程序，即得出“核对一致”的自查结论；第二，己F会计师事务所知悉翡翠原石交易存在代理交易的惯例，而未能保持必要的职业怀疑，未进一步核实姐告宏宁的销售交易是否存在代理交易的情况并评价此种交易安排的商业合理性，未实施相关程序核实相关交易是否存在真实交易对手方或存在虚构销售交易的舞弊可能；第三，己F会计师事务所对主要客户普某腊进行了电话访谈，但普某腊的电话号码由姐告宏宁提供，且该号码与姐告宏宁提供的函证联系号码不一致，己F会计师事务所未对该异常予以关注，也未采取有效措施核实其身份，未能发现上述号码均非普某腊本人。

②己F会计师事务所未对应收账款、预收账款、应付账款等科目的函证保持有效控制，也未对营业收入的回函保持合理怀疑，未获取进一步审计证据消除函证回函可靠性的疑虑。己F会计师事务所函证程序存在以下重大瑕疵：第一，在发函前未核实被函证对象的身份、联系电话和地址，未发现部分供应商、客户的联系电话与姐告宏宁财务室、员工及关联方相关人员相同、询证函未送达至函证对象等异常情况；第二，未关注到回函联系信息与发函相关信息不一致的异常情况，如多份回函联系地址与发函地址不一致等；第三，在向6名自然人客户发函询证2017年营业收入时填列的交易金额错误，但回函的5位客户均确认了该金额，己F会计师事务所未对回函确认错误销售额的异常情况保持合理怀疑，未结合函证控制情况审慎评价询证函回函的可靠性。在函证程序存在上述重大瑕疵、审计证据可靠性存疑的情况下，己F会计师事务所未获取充分、适当的审计证据，将翡翠原石销售业务相关的重大错报风险降低至可接受的低水平：一是对姐告宏宁大幅超过重要性水平的销售收入执行其他细节测试依据不充分，审计底稿中未见相关凭证；二是审计底稿中未见对营业收入执行细节测试时应获取的客户签字的提货单、物流单等关键单据，也未见进一步调查或对上述缺失予以解释说明的审计底稿（2022-8）。

（18）庚G会计师事务所在对天夏智慧城市科技股份有限公司2016年年度报表审计时：在营业收入审计程序中未审慎评价所获取的审计证据，未保持合理的职业怀疑。庚G会计师事务所获取的审计证据显示以下异常：一是在永川项目中，《工程验收报告》记录的项目开工时间早于建设单位重庆永川天禾的成立时间。二是在杭州天夏、重庆永川天禾及项目监理机构三方签署的21份永川项目设备加电测试报告中，有3份报告的形成时间早于重庆永川天禾成立时间，有12份报告的形成时间早于项目合同签署时间。三是杭州天夏在不同项目中对同种型号的软硬件的采购价格和销售价格存在明显倒挂。庚G会计师事务所对上述审计证据中的异常情况未予关注，未审慎评价，未保持合理的职业怀疑，未实施进一步审计程序。另外，杭州天夏2016年账面确认收入13.69亿元，其中11.36亿元未在本期申报缴税。庚G会计师事务所关注到上述巨额收入未申报缴税的异常情况，但未实施进一步审计程序（2022-9）。

（19）乙Z会计师事务所在对公准肉食品股份有限公司2014年、2015年年度报表审计时：营业收入和成本的审计程序存在缺陷。①销售业务的了解和控制测试程序存在缺陷。乙Z会计师事务所对公准股份2014年年度财务报表审计过程中，销售业务的了解和控制测试程序存在缺陷。一是根据底稿记录，审计人员采用询问、观察和检查等程序了解销售与收款的主要控制流程，未见询问对象、询问记录、被审计单位内控制度等证据，也未对主要控制流程进行记录。二是实施的程序包括检查合同、发票、出库单、验收单、报关单等，未取得相关审计证据。三是未对被审计单位结算方式、销售模式及销售流程等关键控制点进行描述，未根据被审计单位自身特点对确认销售流程控制点进行测试。四是未对销售业务控制测试作出结论。乙Z会计师事务所对公准股份2015年年度财务报表审计过程中，销售业务的了解和控制测试程序存在缺陷。底稿中记录销售与收款主要控制流程为“客户下销售订单，销售下发货通知单，仓库生成出库单，销售部门核对销售订单、发货通知单一致，打印出库单转财务，财务打印发票，销售核对发票”等。但在销售业务穿行测试和控制测试中，均未见销售订单、出库单、发货通知单等证据，控制测试结论为“控制活动运行有效且正常运行”。乙Z会计师事务所对公准股份销售业务的了解和控制测试程序执行不到位，未获取充分、适当的审计证据。

②采购业务的了解和控制测试程序存在缺陷。乙Z会计师事务所对公准股份2014年年度财务报表审计过程中，采购业务的了解和控制测试程序存在缺陷。一是实施的程序包括检查请购单、订货单、出库单、验收单等，未取得相关审计证据。二是未对被审计单位采购模式及结算方式、采购流程等关键控制点进行描述。三是底稿中记录执行了“根据测试结论形成计划矩阵，确定实质性测试的范围”程序，实际未执行。乙Z会计师事务所对公准股份2015年年度财务报表审计过程中，采购业务的了解和控制测试程序存在缺陷。底稿中记录采购业务的主要控制流程为“销售部经批准的订单转生产、采购部等，采购部联系供应商，做请购单，仓管人员制作采购入库单，财务部记账员制作采购发票”等。但在采购业务穿行测试和控制测试中，均未见订单、请购单、入库单等证据，控制评价结论为“可以确认公司的控制测试活动运行有效进行”。乙Z会计师事务所对公准股份采购业务的了解和控制测试程序执行不到位，未获取充分、适当的审计证据。

③实质性程序存在缺陷。乙Z会计师事务所对公准股份2014年年度财务报表审计过程中，营业收入和成本的实质性程序存在缺陷。一是在执行营业收入真实性、完整性检查、收入截止性测试等审计程序时，未取得作为检查点的发货单、合同、发票等证据。二是未对大额客户信息、销售区域、销售能力及资质等事项进行检查、分析。三是未按照计划实施的实质性程序对主要客户执行函证，并获取本期销售额；未对重要商品本期发出数量与确认收入的数量进行分析。四是对于相关业务发生额较大的自然人客户和供应商，未保持应有的职业怀疑，并进一步实施函证、访谈等程序以消除疑虑。乙Z会计师事务所对公准股份2015年年度财务报表审计过程中，

营业收入和成本的实质性程序存在缺陷。一是在实施营业收入真实性、完整性检查、收入截止性测试等审计过程中，未取得作为检查点的发货单、发票等证据。二是对于相关业务发生额较大的自然人客户和供应商，未保持应有的职业怀疑，并进一步实施函证、访谈等程序以消除疑虑。乙Z会计师事务所对公准股份营业收入和成本的实质性程序执行不到位，未获取充分、适当的审计证据，未保持应有的职业怀疑，并进一步实施审计程序以消除疑虑（2022-10）。

（20）庚G会计师事务所在对公准肉食品股份有限公司2016年年度报表审计时： 营业收入和成本的审计程序存在缺陷。①销售与收款循环控制测试存在缺陷。底稿中记录客户订单、销售订货单、销货审批单、销售通知单等均为销售与收款循环控制测试的主要控制点，执行情况的检查均为“是”，但未取得相关审计证据，测试结论为“销售与收款的销售内部控制活动是有效的”。庚G会计师事务所对销售与收款循环控制测试程序执行不到位，未获取充分、适当的审计证据。

②采购与付款循环控制测试存在缺陷。底稿中记录请购单、订单、付款审批单均为采购与付款循环控制点，相关底稿内容为空白，且未取得相关审计证据，测试结论为“采购与付款相关的内部控制活动是有效的”。被审计单位的控制活动中记录“计划部根据本月生产计划，提供……”，根据公准股份提供的公司组织架构图，公司无“计划部”，审计记录与公司实际情况不符。庚G会计师事务所对采购与付款循环控制测试程序执行不到位，未获取充分、适当的审计证据，底稿记录与审计证据相矛盾。

③实质性程序存在缺陷。公准股份主要客户和供应商均为自然人，底稿显示审计人员在公准股份的会议室对相关人员进行询问，但部分被访谈者在我局调查过程中反映庚G会计师事务所未与其本人进行访谈，访谈笔录也非其本人签字，庚G会计师事务所未充分留存记录访谈过程的影像证据，无法充分证明实施了访谈程序。庚G会计师事务所在被审计项目缺少国家统一监管的发票等外部证据的情况下，对自然人客户和供应商高达数亿元的往来款发生额和高比例的销售、采购占比情况未保持应有的职业怀疑，访谈记录均为统一格式和固定内容的模板，没有对客户和供应商进行实地走访，并对其销售、采购能力进行分析，也无访谈情况总结。庚G会计师事务所对前述行为未保持应有的职业怀疑，未执行进一步审计程序以消除疑虑，未获取充分、适当的审计证据（2022-11）。

（21）庚G会计师事务所在对浙江仁智股份有限公司2017年年度报表审计时： 对齐齐哈尔油服项目的审计程序不到位。庚G会计师事务所在审计过程中，将仁智股份2017年新增的齐齐哈尔油服项目评估为存在重大错报风险和舞弊风险，且关注到如下情况：第一，该项目毛利率约70%，远高于一般油服项目的平均毛利率。第二，仁智股份承揽大庆国世能科学技术有限公司业务再转包给大庆市开拓者工程勘探有限公司，自身不提供油服技术及施工服务，仁智股份在该项目实质上是提供资金信誉保证的角色，但实际收入（提供资金回报）却高于成本（提供资金本金）3倍以上，远高于民间借贷利息水平。庚G会计师事务所在将齐齐哈尔油服项目评估为存在重大错报风险和舞弊风险，并且关注到项目毛利率远高于一般油服项目、未提供技术及施工服务、实质为提供资金信誉保证等异常事项的情况下，未保持应有的职业审慎和职业怀疑，未针对交易行为的商业合理性和必要性实施进一步审计程序，未获取充分、适当的审计证据（2022-13）。

（22）己F会计师事务所在对致生联发信息技术股份有限公司2016年年度报表审计时：在风险识别与评估阶段，己F会计师事务所未了解致生联发与审计相关的内部控制。在实施南阳项目营业收入的风险应对措施时，己F会计师事务所现场勘查程序执行不到位，未对勘查所见的项目建设情况与相关合同要求和验收资料的重大不符保持职业怀疑，未对监理例会纪要、验收资料等明显异常或相互矛盾的审计证据保持职业怀疑，未执行进一步审计程序消除疑虑，未就南阳项目的收入确认及相关担保事项获取充分、适当的审计证据（2022-16）。

（23）丙W会计师事务所在对天夏智慧城市科技股份有限公司2017年、2018年年度报表审计时：未有效执行相关收入、利润的实质性审计程序。①丙W会计师事务所获取的审计证据显示，天夏智慧的子公司西藏智天夏科技有限公司（以下简称西藏天夏）、重庆天夏聚盈科技有限公司（以下简称重庆天夏）2017年、2018年纳税申报收入金额与账面收入确认金额差异巨大，开具发票与账面收入确认金额及实际收款金额差异巨大。同时，西藏天夏、重庆天夏2017年、2018年采购获取的发票与账面采购金额差异巨大。丙W会计师事务所对上述情形只关注了纳税风险，未对相关异常情况表明账面收入可能存在舞弊保持合理的职业怀疑，也未按照审计程序获取充分适当的审计证据。

②丙W会计师事务所获取的审计证据显示，2017年天夏智慧部分项目实施中存在异常：安顺市西秀区智慧城市建设项目（以下简称安顺项目）合同金额与变动后的各子项目合同总金额不一致；杭州天夏衢州分公司签订的永川区智慧商圈设计、建设项目（以下简称永川项目）部分采购合同早于该公司成立时间；大邑影视基地大数据中心项目（以下简称大邑项目）部分采购合同早于该项目立项、中标和项目建设合同签订时间。丙W会计师事务所对上述审计证据中的异常情况未予关注，未保持合理的职业怀疑，未实施进一步审计程序。

③丙W会计师事务所获取的审计证据显示，2017年、2018年天夏智慧账面收入确认存在多处异常：在安顺项目中，提前确认质保金收入，对智慧农业等多个子项目账面确认的实施费用超过合同约定金额。在永川项目中，智慧商务、商圈运营、智慧物流等多个子项目账面确认的收入超过合同约定金额。在拉萨堆龙德庆区智慧

政务项目中，各子项目账面确认收入时间与合同约定的建设时间不符，对部分未交付的软件确认收入。在大邑项目中，在场地装修、机房布线等建设未完工的情况下就全额确认了相关收入。在中国移动四川公司2018年农村宽带三方合作项目（以下简称移动宽带项目）中，对南充市南部县宽带建设子项目确认收入所依据的《工程竣工验收报告》与合同约定建设内容不符。在重庆永川智慧城市和重庆智慧校园、智慧能源工业企业电力大数据中心项目中，部分子项目的建设合同未明确约定建设地点、建设名单。在对溧阳金桥商贸智慧园区项目（以下简称溧阳项目）一期合同2018年完成金额向客户江苏金桥市场发展有限公司实施函证程序时，函证结果与重庆天夏账面记录差异巨大。丙W会计师事务所对上述审计证据中的异常情形未予关注，未审慎评价，未保持合理的职业怀疑，未获取充分、适当的审计证据，未实施进一步审计程序。

④在对天夏智慧2018年财务报表审计时，丙W会计师事务所未有效执行部分审计程序：在对天夏智慧移动宽带项目的客户中国通信建设第一工程局有限公司、中通服网盈科技有限公司实施函证程序时，直接根据天夏智慧提供的函证地址发函，未独立核实函证地址，导致取得虚假回函。在对溧阳项目实施走访程序时，未核实被访谈对象的真实身份，导致访谈了虚假的客户员工；只在园区外部观看，未深入走访核实该园区是否为天夏智慧所建，导致未发现该项目虚假。综上所述，丙W会计师事务所在风险识别与评估、实质性程序等阶段未保持审慎评价和合理职业怀疑，未有效执行审计程序，明显未勤勉尽责，导致审计未发现天夏智慧2017年度、2018年度财务报告相关收入、利润数据虚假，为天夏智慧出具了虚假记载的审计报告（2022-14）。

（24）丁B会计师事务所在对浙江亚太药业股份有限公司2017年、2018年年度报表审计时：①未充分关注供应商资质，未对交易合理性保持职业怀疑。上海新高峰主要从事医药研发外包服务，其中包括临床前安全性评价服务。按照医药行业相关规定，从事安全性评价服务需符合药物非临床研究质量管理规范（以下简称GLP）等要求，并具备相应资质。丁B会计师事务所在关注到上海新高峰不具备GLP资质、主要向第三方采购相关服务的情况下，未对供应商是否具备GLP资质保持充分关注，未对交易合理性保持职业怀疑，未能结合业务性质和交易模式等执行有效的审计程序，以进一步识别和应对重大错报风险。②未对合同异常保持合理怀疑。上海新高峰部分合同执行周期为3年，未对付款条件、业务进度约束、技术服务质量验收标准等合同关键事项作出明确约定。丁B会计师事务所未对上述合同关键条款异常情况保持合理怀疑，未实施进一步审计程序（2022-18）。

（25）戊E会计师事务所在对广东柏堡龙股份有限公司2018—2019年年度报表审计时：戊E会计师事务所在2018年对销售收款循环的审计中未勤勉尽责。戊

E会计师事务所在柏堡龙2018年审对销售收款循环的审计中，违反多项审计准则的规定，未保持应有的职业怀疑，未获取支持内控有效运行的充分适当的审计证据，未获取对柏堡龙造假对手方公司收入确认相关的充分适当的审计证据，未能将评估的营业收入的高风险降低至可接受的水平，以至于未能发现柏堡龙虚增其对造假对手方某公司营业收入的财务舞弊行为。戊E会计师事务所将营业收入确定为可能存在重大风险的审计领域以及戊E会计师事务所在对销售收款循环的审计中未勤勉尽责的具体情况如下：①风险评估中将营业收入确定为可能存在重大风险的审计领域。②在针对销售与收款的穿行测试审计程序中，戊E会计师事务所未获取充分适当的审计证据以支持内部控制“可依赖”，“健全有效”的审计结论。③在销售收款的控制测试中，戊E会计师事务所未能发现收入确认时点的内部控制缺陷。④在针对柏堡龙造假对手方公司销售收入的穿行测试中，戊E会计师事务所未保持应有的职业怀疑，未审慎评价审计证据，未关注到所有销售业务的出库单出库日和销售发票开票日为同一天，销售数量与出库量、发票数量不一致等异常情况，未获取充分适当的审计证据，未采取进一步的审计程序。⑤在针对造假对手方公司销售业务的穿行测试及实质性程序中，戊E会计师事务所未获取样衣产前确认表、客户确认回单、货运单、物流单、品控记录、车辆出入库记录等重要审计证据，不能证明组织生产的货物及设计服务已经提供给柏堡龙造假对手方公司，以至于未获取收入确认真实性相关的充分适当的审计证据，未关注到柏堡龙对柏堡龙造假对手方公司收入确认的舞弊风险迹象。⑥北京总部项目组接手审计前，深圳分所已提示无法获取与收入相关的充分适当审计证据的风险，而北京总部项目组对于柏堡龙造假对手方公司的销售收入审计中未充分关注该风险和获取相应审计证据。综上所述，销售收款循环的审计中，在深圳分所提示无法获取与收入相关的充分适当审计证据的审计风险，且戊E会计师事务所将营业收入评估为可能存在重大风险审计领域的情况下，戊E会计师事务所未获取关于内部控制可信赖及有效运行的充分适当的审计证据，未获取对柏堡龙造假对手方公司收入确认的充分适当的审计证据，未对与柏堡龙造假对手方公司销售业务相关审计证据的异常情况保持应有的职业怀疑，未能把营业收入的高风险降低到可接受的低水平，以至于未能发现柏堡龙虚增柏堡龙造假对手方公司收入的舞弊行为（2022–19）。

（26）戊E会计师事务所在对仁东控股股份有限公司2019年年度报表审计时：对保理业务收入及应收保理款的基础资料核查不充分。《中华人民共和国合同法》（1999年）第八十条第一款规定：“债权人转让权利的，应当通知债务人。未经通知，该转让对债务人不发生效力。”因此，应收账款转让通知书是保理业务审计过程中应当予以关注的重要文件。戊E会计师事务所在收集保理合同附件时，获取了保理客户苏州易高人力资源服务有限公司、上海开域信息科技有限公司的应收账款转让通知书，但未获取保理客户圣地雅、冠瑞、天欣意、华讯方舟科技有限公司、深圳市华讯方舟卫星通信有限公司、上海缘信电子科技有限公司的应收账款转让通知书。经我会另案查明，上述戊E会计师事务所未获取应收账款转让通知书的6家客户所涉保理业务虚假，而获取应收账款转让通知书的2家客户所涉保理业务未发现造假。同时，戊E会计师事务所也未核对、检查与保理业务相关的基础业务合同、发票、送货单等资料。戊E会计师事务所未对不同保理客户合同附件之间的差异情况保持职业怀疑，未对保理合同附件及基础资料进行充分核查并获取充分、适当的审计证据（2022-20）。

（27）己D会计师事务所在为易见供应链管理股份有限公司2018年、2019年年度财务报表审计中：虚增收入及利润。2015年至2020年年度，易见股份各类虚假业务各年合计虚增收入分别为4 441 377 299.56元、11 919 663 519.42元、12 003 895 365.20元、10 469 873 593.76元、10 987 210 733.58元、6 428 643 331.81元，占各年度披露的营业总收入的比例分别为84.26%、73.68%、75.20%、72.18%、71.59%、66.16%；各年虚增利润分别为43 318 490.2元、684 312 866.58元、1 147 481 318.02元、1 121 297 875.75元、1 240 440 285.35元、-3 975 223 534.39元（考虑易见股份2020年自行计提的坏账准备），占各年度披露的利润总额的比例分别为9.49%、69.33%、96.46%、110.06%、142.94%、33.07%；扣除虚增利润后，易见股份2018年至2020年年度三年连续亏损（2023-1）。

（28）己F会计师事务所在为獐子岛集团股份有限公司2016年年度财务报表审计中：獐子岛集团2016年度结转成本时所记载的捕捞区域与捕捞船只实际作业区域存在明显出入，2016年账面结转捕捞面积较实际捕捞面积少13.93万亩，虚减营业成本6 002.99万元（2023-3）。

（29）己F会计师事务所在为蓝盾信息安全技术股份有限公司2018年、2019年年度报表审计中：2018年至2019年，蓝盾股份子公司中经汇通电子商务有限公司（以下简称中经电商）通过伪造大量客户和商户的业务合同、业务对账单、询证函回函等，在自主开发的汇生活系统、EPAY系统上虚构发码数据和消费数据等方式，虚增营业收入和利润。2018年、2019年分别虚增营业收入164 709 504.62元、79 115 644.30元，占蓝盾股份当期披露营业收入的7.22%、4.12%；分别虚增利润总额164 709 504.62元、79 115 644.30元，占蓝盾股份当期披露利润总额的33.74%、8.33%。上述情况导致蓝盾股份披露的2018年年度报告和2019年年度报告存在虚假记载（2023-5）。

（30）壬I会计师事务所在为东方金钰股份有限公司2016年财务报表审计中：2016年，东方金钰利用瑞丽市姐告宏宁珠宝有限公司（以下简称姐告宏宁）虚构与保某、李某青、自某堵之间的销售交易，合计14 169.09万元；虚构与宝某明、董某先、蒋某东之间的采购交易，合计20 104.02万元。上述事项导致东方金钰2016年度报告虚增营业收入14 169.09万元，虚增营业成本4 665万元，导致虚增利润总额9 504.09万元（占当年合并利润总额的29.60%）（2023-6）。

（31）甲A会计师事务所在为航天通信控股集团股份有限公司2017—2018年度财务报表审计中：2017至2018年度，航天通信控股子公司智慧海派科技有限公司（以下简称智慧海派）通过虚构循环购销业务、虚构海外销售业务、海外委托加工转移定价、虚构研发业务等方式虚增营业收入和利润。甲A会计师事务所作为航天通信2017—2018年度财务报表审计机构，在与营业收入相关的穿行与控制测试、营业收入和应收账款的实质性程序等审计过程中，未保持职业怀疑，未获取充分、适当的审计证据，其出具的审计报告存在虚假记载（2023-9）。

（32）壬W会计师事务所在为广州市浪奇实业股份有限公司2018年、2019年年度报告审计中：广州浪奇通过虚构大宗商品贸易业务、循环交易乙二醇仓单等方式，2018年虚增营业收入6 234 322 859.99元，虚增利润210 487 256.01元。2019年虚增营业收入6 651 448 598.32元，虚增利润201 439 326.22元。壬W会计师事务所为广州浪奇2018年、2019年年度报告提供审计服务，两年均出具了标准无保留意见的审计报告（2023-10）。

（33）壬G会计师事务所在为北京京西文化旅游股份有限公司2018年度财务报表审计中：北京文化子公司北京世纪伙伴文化传媒有限公司（以下简称世纪伙伴）与雅格特国际文化传媒（北京）有限公司（以下简称雅格特）签订《项目转让协议》，世纪伙伴将影视剧《倩女幽魂》60%的投资份额收益权作价38 000万元转让给雅格特。协议显示的签署时间为2018年12月10日，实际上该协议并非在2018年签署。2019年3月，雅格特向世纪伙伴支付首笔转让费5 500万元。该项业务在北京文化2018年年度报告中确认收入35 849.06万元。世纪伙伴虚假转让《倩女幽魂》投资份额收益权，导致北京文化2018年年度报告存在虚假记载，虚增收入35 849.06万元。壬G会计师事务所为北京文化2018年度财务报表提供审计服务，出具了标准无保留意见的审计报告（2023-16）。

2.成本费用审计程序

（1）己F会计师事务所在对哈尔滨电气集团佳木斯电机股份有限公司2013—2015年年度报表审计时：①对佳电股份2015年“存货跌价准备”审计时，审计程序执行不到位。己F会计师事务所发现佳电股份计提存货跌价准备的会计估计发生变更，但未在审计工作底稿中记录执行的相关审计程序。②对佳电股份2013年、2014年、2015年度财务报表审计时，其一，未执行对佳电股份营业成本结转数据的真实性、准确性的审计程序。其二，未执行对佳电股份自行开发的成本核算信息系统进行测试的相关审计程序（2018-1）。

（2）己F会计师事务所在对哈尔滨电气集团佳木斯电机股份有限公司2013—2015年年度报表审计时：①在对佳电股份2013年“销售费用”审计时，审计程序执行不到位。己F会计师事务所发现销售费用在12月有较大波动，注册会计师询问了佳电股份，并获取了佳电股份提供的《2013年营销费用减少情况说明》，但未对说明内容的准确性、完整性进行核实，即确认了2013年佳电股份销售费用。②在对佳电股份2014年度财务报表审计中，审计工作底稿中未记录执行销售费用的截止性测试审计程序。对佳电股份“销售费用”审计时，审计程序执行不到位。己F会计师事务所发现销售费用中网点兑现费金额同比大幅增加，但未实施进一步的追查程序。③对佳电股份2015年“销售费用”审计时，审计程序执行不到位。己F会计师事务所发现佳电股份2015年销售费用同比大幅增加，但未实施进一步的追查程序（2018-1）。

（3）壬W会计师事务所在对凯迪生态环境科技股份有限公司2016年年度报表审计时：未对在建工程及借款费用资本化执行充分、适当的审计程序。①对在建工程的施工状态收集的审计证据不充分，未能收集在建工程相关建设月报。经查，凯迪生态建设月报真实反映了在建工程施工状态，审计过程中，壬W会计师事务所未获取相关建设月报以分析在建工程的施工状态，从而判断是否应进行借款费用资本化处理。实际上，壬W会计师事务所系根据在建工程明细账本期发生额及余额增减变动显示的施工状态来判断是否符合借款费用资本化的要求，仅抽取了5家在建电厂实地查看了解施工状态。②监盘抽取的样本规模不足。经查，上述会计师实地查看的5家电厂，其借款费用资本化金额合计34 141 434.76元，仅占47家电厂借款费用资本化金额总额的7.38%。据此，壬W会计师事务所得出重要实物资产（含在建工程）均已监盘的结论。③未按重要性水平执行监盘。审计中，未对借款费用资本化金额超过已完工电厂重要性水平（400万元）的24家未完工电厂执行监盘，其中5家超过或接近报表层次重要性水平（2 500万元），13家处于全年停建状态而不应进行借款费用资本化处理。④未考虑与借款费用资本化处理相互矛盾的证据。《审计工作底稿复核意见》显示，在建电厂北海凯迪因用途变化、尚未与政府最终敲定投资协议，土地使用证仍未办理。但壬W会计师事务所未考虑其对相关在建电厂施工状态的影响，或据此判断借款费用资本化处理是否符合企业会计准则的规定。经查，2016年北海凯迪资本化金额51 051 205.25元，远超报表层次重要性水平，且2016年度全年处于停建状态。在建工程借款费用资本化会计处理的依据，为电厂在报告期间是否处于正常施工状态，是否存在停工超过3个月的情形。壬W会计师事务所在年报审计项目中，未能执行恰当的实质性程序，就报告期间各在建工程的施工状态是否符合企业会计准则和凯迪生态会计政策获取充分、适当的审计证据（2021-10）。

（4）丙W会计师事务所在对抚顺特殊钢股份有限公司2010—2016年年度报表审计时：未对原材料大额结转、大额结存执行必要的审计程序。丙W会计师事务所关于抚顺特钢2010—2016年年度报告审计工作底稿显示，抚顺特钢2010—2016年存在个别原材料期末余额较大及频繁大额结转的情形，审计工作底稿中无相应分析或证据核实该事项的合理性，审计师未对上述情况予以关注，也未实施必要的审计程序。同时，丙W会计师事务所在将存货、营业成本识别为存在重大错报风险的情况下，使用被审计单位生成的信息时，在审计工作底稿中缺少验证产品成本计算过程内容，缺少对成本分配标准的合理性和一贯性进行记录或分析。同时，丙W会计师事务所关于涉案年度报告的审计程序还存在其他问题，如其关于抚顺特钢2010—2011年、2013—2016年年度报告审计工作中，缺少对全部在产品及原材料的减值测试过程进行审计的工作底稿；其关于抚顺特钢2011年和2016年年度报告审计工作中，审计工作底稿中拟执行的审计程序未得到有效执行，如关于营业成本的审计程序“比较当年度及以前年度不同品种产品的主营业务成本和毛利率，并查明异常情况的原因；比较当年度与以前年度各月主营业务成本的波动趋势，并查明异常情况的原因”等；其关于抚顺特钢2015年和2016年年度报告审计工作中，审计工作底稿中关于了解被审计单位的目标、战略以及相关经营风险、了解被审计单位财务业绩的衡量和评价记录分析与结论不符，且个别内控审计底稿中访谈记录获得的信息与财务信息不符，后续实质性程序未对上述有矛盾的信息予以关注。综上所述，丙W会计师事务所在抚顺特钢2010—2016年年度报告审计工作中，未保持职业谨慎，未对抚顺特钢存货、营业成本等科目实施必要的审计程序（2021-5）。

（5）庚G会计师事务所在对天夏智慧城市科技股份有限公司2016年年度报表审计时：在营业成本审计程序中未保持合理的职业怀疑。庚G会计师事务所获取的审计证据显示以下异常：一是在永川项目中，杭州天夏在未中标、未与重庆永川天禾签订项目合同书的情况下，签订了多份该项目采购合同。二是同种型号软硬件在不同项目中采购价格差异巨大。庚G会计师事务所未关注上述异常情况。三是杭州天夏2016年度采购成本含税金额8.92亿元，其中5.46亿元未收到发票。对于采购合同异常，庚G会计师事务所在本期采购成本与采购台账进行核对的审计程序中得出“未见异常”的结论。对于发票不足，庚G会计师事务所仅获取了6家供应商出具的确认函和开票承诺，在出具审计报告前未获取充分、适当的审计证据，也未实施替代审计程序。庚G会计师事务所对上述审计证据中的异常情况未予关注，未审慎评价，未保持合理的职业怀疑，未实施进一步审计程序（2022-9）。

（6）戊E会计师事务所在对仁东控股股份有限公司2019年年度报表审计时：未对代偿保理款保持职业怀疑。2019年年底至2020年年初，北京和古生物科技有限公司、中新奇特（北京）商贸有限公司、北京中彩瑞盈科技发展有限公司代仁东控股保理业务客户圣地雅、冠瑞、天欣意偿还2019年度保理款本金及利息。审计人员抽取了部分银行回单，该回单备注了“代偿保理款”，但是审计人员未获取任何代偿协议或者能够证明第三方还款合理性的证明材料，也未见证据能够证明审计人员已走访保理客户或代偿方，以确定相互间是否存在债务代偿关系。经我会另案查明，上述“代偿保理款”并不是真实代替保理客户偿还保理款。戊E会计师事务所未对第三方代偿保理款和利息保持应有的职业怀疑，未对期后代偿保理款保持充分的关注并获取充分、适当的审计证据（2022–20）。

3.货币资金、银行借款审计程序

（1）甲A会计师事务所在对深圳市零七股份有限公司2014年年度报表审计时： 未对账外银行账户执行充分的审计程序。甲A会计师事务所已在《风险评估结果汇总表》中识别现金收款存在财务报表层次的重大错报风险，在对零七股份子公司深圳市零七投资发展有限公司执行审计程序时已发现零七投资存在账外银行账户的情况。但甲A会计师事务所未严格按照要求对该账外账户执行进一步的审计程序，未能发现零七投资存在与深圳市龙明源贸易有限公司的大额资金往来（合计达1.3亿元），未获取充分适当的审计证据以确认该事项是否可能影响零七股份合并财务报表的列报，财务报表是否因此存在重大错报风险（2019–3）。

（2）辛H会计师事务所在对山东新绿食品股份有限公司新三板挂牌转让披露文件报表审计时： 银行存款审计程序不到位，导致未能发现虚增公司业绩和银行存款余额的事实。①银行存款审计程序执行不到位。经查，注册会计师在执行银行对账单检查程序时，获取的工商银行山东莒南支行银行存款账户（银行账号1610××××0978，以下简称造假账户）对账单未加盖银行印章。注册会计师对此未保持应有的职业怀疑，识别上述情况并实施进一步的审计程序，以获取充分的审计证据证明银行存款及相关账户金额的真实性和准确性。②银行存款函证审计程序执行不到位。经查，注册会计师曾两次派人和新绿股份人员到工商银行莒南支行对造假账户2014年12月31日银行存款余额和2013年至2015年4月30日银行存款余额实施函证，但两次均不是直接当场从银行获取函证回函，函证结果均系银行后续邮寄给辛H会计师事务所。注册会计师获取的两次造假账户银行回函印章和经办人签字存在明显差异，第一次2014年12月31日余额询证函加盖工商银行莒南支行公章，与其他银行加盖业务章的做法不一致，且经办人为手写的“吴某”签名；而第二次2015年4月30日余额回函加盖的是工商银行莒南支行业务专用章，经办人处是加盖的“鲁某”章，两次签名或盖章存在明显不一致，注册会计师未对上述银行函证保持合理控制，且未对影响回函可靠性的因素予以考虑（2019–6）。

（3）戊E会计师事务所在对山东新绿食品股份有限公司2015年年度报表审计时： 未对银行存款账户存在的不符事项执行恰当的审计程序。戊E会计师事务所向上海市浦东发展银行济宁分行发函询证，在回函中显示2015年4月5日新绿股份银行账户（账号：1621××××4271）已注销。上述账户未包含在戊E会计师事务所检查的34个银行账户当中，戊E会计师事务所未对其保持应有关注，也未实施进一步的审计程序核实（2020-1）。

（4）乙V会计师事务所在对康美药业股份有限公司2016—2018年年度报表审计时：①2016年、2017年货币资金科目的内部控制测试程序存在重大缺陷。其一，未识别捷科系统与金蝶EAS系统存在的差异，未分析差异产生的原因并判断对财务报表的影响，也未在审计底稿中说明未追溯至捷科系统的理由及证据，获取的审计证据不具有充分性和适当性。其二，控制点之一"往来对账的控制"，主要内容为客户、供应商、销售部门、采购部门、财务部门以捷科系统数据为基础，相互进行对账。内部控制测试审计底稿记载审计人员现场查阅了《销售回款统计表》《采购付款统计表》，实际并未执行，审计底稿也未见对应的审计证据。控制点之一"定期存款的审批"，主要内容是康美药业内部对定期存款的审批流程。内部控制有效性评价的审计底稿记载审计人员抽取了一个样本，实际并未执行，审计底稿也未见对应的审计证据。其三，控制点之一"资金对账"，包括现金对账和银行存款对账，乙V会计师事务所仅针对银行存款对账执行内部控制测试程序，未针对现金对账执行内部控制测试程序，无法实现整个控制点的审计目标。乙V会计师事务所对康美药业货币资金活动内部控制评价结论为"控制活动运行有效且得到执行"，该评价没有充分、适当的审计证据支持，评价结论不恰当。

②2016年货币资金科目的实质性程序存在重大缺陷。其一，针对货币资金存在的舞弊风险，乙V会计师事务所计划的风险应对措施为直接从银行索取康美药业交通银行基本户全年度的银行对账单，并进行重点审核。经查，康美药业提前制作了虚假的银行对账单，审计时，审计项目经理苏某升从康美药业黄某生处取得该银行对账单，并未直接从银行索取，不足以应对货币资金的舞弊风险。其二，康美药业2016年度货币资金余额账实差异主要集中在3家银行4个银行账户。乙V会计师事务所对该3家银行均执行现场函证程序，跟函人员均为苏某升，康美药业陪同人员均为黄某生。经查，康美药业提前以内审名义、使用乙V会计师事务所的询证函模板向银行进行函证，苏某升和黄某生现场函证时，黄某生再将询证函需要银行盖章回复的确认页替换为原先以内审名义函证的确认页，伪造乙V会计师事务所收到银行确认无误的询证函回函；建设银行的询证函回函不是在会计师的询证函上盖章，而是采用银行固定格式的资信证明，康美药业提前安排人员伪造银行资信证明，再由黄某生交给苏某升。其三，乙V会计师事务所针对货币资金科目获取的银行询证函、银行对账单等资料中，存在明显异常或相互矛盾的情况。一是康美药业交通银行基本户的询证函上所盖银行印章为"业务受理章"，与商业银行常规做法不一致；二是康美

药业在工商银行询证函上仅加盖公司公章，未加盖财务章及法人私章，却能得到银行回函；三是康美药业与子公司广东康美之恋大药房有限公司（以下简称康美之恋）均在工商银行开立有银行账户，康美之恋的询证函回函是银行固定格式的资信证明，而康美药业的询证函回函是直接在乙V会计师事务所的询证函上盖章；四是建设银行的询证函回函自身内容前后矛盾：函件要求定期存款应当列明存款日期、到期日期、存款利率等信息，但回函中关于定期存款的信息中“存款日期”“到期日期”“存款利率”栏均为空白；五是乙V会计师事务所获取的交通银行基本户的对账单部分有银行印章，部分没有银行印章。乙V会计师事务所未关注上述明显异常或相互矛盾的审计证据，未保持应有的职业怀疑，未执行进一步审计程序消除疑虑。

③2017年货币资金科目的实质性程序存在重大缺陷。其一，未按照审计计划直接从银行获取银行账户流水资料，舞弊风险应对不足。针对货币资金存在的舞弊风险，乙V会计师事务所计划的风险应对措施为直接从银行索取康美药业交通银行基本户全年度的银行流水资料，并进行重点审核。实际执行时，乙V会计师事务所并未直接从银行索取相关资料，不足以应对货币资金的舞弊风险。其二，康美药业2017年度货币资金余额账实差异主要集中在交通银行和工商银行两家银行的3个银行账户上，乙V会计师事务所对该两家银行执行邮寄函证程序。经查，两份询证函回函的寄件人为康美药业财务人员黄某勇和马某虹。乙V会计师事务所未对回函路径进行有效核对，导致未发现回函人员与被询证者不符。其三，乙V会计师事务所针对康美药业货币资金科目获取的银行询证函、银行对账单、银行流水等资料中，存在明显异常或相互矛盾的情况。一是康美药业与子公司康美时代（广东）发展有限公司（以下简称康美时代）均在交通银行开立有银行账户，康美时代的询证函上银行所盖印章为“会计业务章”，且银行盖有骑缝章，银行经办人之一陈某鑫所盖私章为四方章；而康美药业询证函上银行所盖印章为“业务受理章”，无骑缝章，经办人之一陈某鑫所盖私章为长方形印章。二是乙V会计师事务所获取的康美药业交通银行基本户对账单无银行印章，而康美时代交通银行银行账户对账单均有银行印章，二者存在明显差异。三是康美药业与康美之恋均在工商银行开立有银行账户，康美之恋的询证函上银行复核人印章为“纪某阳”四方章，康美药业的询证函上银行复核人印章为“现场审核纪某阳（3）”长方形印章。乙V会计师事务所未关注上述明显异常或相互矛盾的审计证据，未保持应有的职业怀疑，未执行进一步审计程序消除疑虑（2021-1）。

（5）甲A会计师事务所在对湖南千山制药机械股份有限公司2015年及2016年年度报表审计时：货币资金审计程序存在缺陷。2015年、2016年度审计策略的风险判断中，甲A会计师事务所将货币资金项目列为的高风险项目。在审计过程中，未保持合理职业怀疑，未针对高风险项目实施有效充分的审计程序，获取充分、适当的审计证据。①未对获取证据真实性进行有效识别。2015年、2016年年度审计中，甲A会计师事务所在审计底稿中收录了公司银行账户对账单，但审计底稿中未记录对银行流水的检查过程和结论。经查，审计过程中，甲A会计师事务所审计人员一方面未亲自前往相关开户银行调取公司银行账户对账单，直接将其作为审计证据收录入审计工作底稿中；另一方面也没有对重要银行账户的大额资金收付记录进行充分、有效的检查，未通过电子银行核对等方式对公司财务部提供的银行账户对账单可靠性予以验证。甲A会计师事务所未能对其至千山药机财务部获取的银行账户对账单的真实性予以充分核实，予以有效识别，而是将其视为适当、有效的审计证据予以使用，审计程序不充分导致未能及时发现公司舞弊行为。

②样本选取不恰当，审计程序不充分。甲A会计师事务所对公司银行存款收付记录与银行对账单进行了抽样核对。其中，2015年审计，在公司49个银行结算账户中共抽取30笔收款记录与银行对账单核对，共抽取30笔付款记录与银行对账单核对；2016年审计，在公司58个银行结算账户中共抽取26笔收款记录与银行对账单核对，共抽取25笔付款记录与银行对账单核对。甲A会计师事务所在选取银行账户核对检查时，抽取的样本量较少，且不具备代表性，对大额异常的资金进出未予以重点关注并选取检查。工商银行1901××××1166账户、华夏银行1345××××3894账户，是2015年、2016年公司资金借贷发生额最大的2个银行账户，甲A会计师事务所在审计中对上述重要银行账户仅选取2—4笔发生额进行核对检查。经查明，对工商银行1901××××1166账户的发生额，2015年仅检查了2笔收款记录，合计为1 093万元，占该账户公司账面借方发生额的比例为3.48%；2016年，仅检查了1笔往来款145万元，2笔与公司内部其他银行账户转账共4 200万元，合计为4 345万元，占该账户账面借方发生额的比例为2.24%；付款记录检查了2笔，合计为2 700万元，占该账户账面贷方发生额的比例为1.52%。对华夏银行1345××××3894账户的发生额，2015年，仅检查2笔收款记录，合计为5 141.43万元，占该账户账面借方发生额的比例为4.40%；2016年检查了4笔收款记录，均为与子公司或公司内部其他银行账户之间交易记录，合计为1.64亿元，占该账户账面借方发生额的比例为22.00%；付款记录检查了2笔，均与公司内部其他银行账户转账，合计为371万元，占该账户账面贷方发生额的比例为0.54%。甲A会计师事务所在审计中对公司银行存款发生额的关注度明显不足，抽样检查数量及金额比例较少，审计检查样本主要为公司内部银行账户之间的资金往来，对大额异常的资金进出关注较少，样本选取明显存在缺陷。

③未对银行大额存单持续关注，审计程序不充分适当。2015年审计中，对公司华夏银行1345××××9535账户定期存款单1.66亿元进行了检查，查看了存单原件，对银行账户进行了函证，认定该存单与公司账目一致，存单没有质押。该存单存入日期为2015年11月30日，到期日2016年11月30日，年利率1.95%。但

是，2016年审计中，对此大额存单项目未予持续关注，未对该存单项目变化以及相关资金使用情况予以检查核对。经查明，因千山药机与太平洋证券解除应收账款保理业务，千山药机于2016年11月30日自其华夏银行1345××××9535账户向太平洋证券华夏银行1345××××8292账户支付16 577.3973万元。但是，千山药机会计账上未记录减少银行存款16 577.3973万元，未记录解除保理后应增加的应收账款11 656.1038万元，并且未对该应收账款计提坏账准备，而是将支付给太平洋证券的资金作为千山药机华夏银行长沙分行1345××××9535账户与千山药机中国工商银行1901××××1166账户间银行转款进行处理。甲A会计师事务所在2016年审计中未对华夏银行1345××××9535账户的资金情况予以检查，未及时发现千山药机大额资金转出账实不符、隐瞒解除应收账款保理业务的情况。甲A会计师事务所在对千山药机2015年、2016年财务报表审计中，获取的货币资金项目审计证据不适当，审计样本选取不恰当、不充分，对异常银行大额存单变动等未保持应有关注，未能及时识别财务报告的重大错报风险（2021–2）。

（6）乙L会计师事务所在对安徽盛运环保（集团）股份有限公司2016年年度报表审计时：未获取相关公司已开立银行结算账户清单。乙L会计师事务所未获取合并范围内枣庄中科环保电力有限公司、济宁中科环保电力有限公司、庐江盛运环保电力有限公司等三家子公司的已开立银行结算账户清单，从而未识别出部分银行账户未纳入财务核算范围，导致未实施进一步审计程序发现相关资产负债42 852.88万元（2021–4）。

（7）甲A会计师事务所在对深圳市索菱实业股份有限公司2016年、2017年年度报表审计时：对货币资金执行的实质性审计程序不到位。甲A会计师事务所执行索菱股份子公司九江妙士酷实业有限公司货币资金执行审计程序时，对其2017年6月开立又于当年11月销户的中国农业银行1434××××2578账户，未设计和实施有效的进一步审计程序，未发现该账户7 500万元借款未入账的情况；执行索菱股份子公司广东索菱电子科技有限公司货币资金审计程序时，使用的平安银行2000××××1882账户2017年流水是索菱股份提供的虚假网银流水，未发现该账户3亿元借款及相关大额资金往来未入账的情况；执行索菱股份审计程序时，2016年、2017年分别抽取了7个、9个银行账户核对发生额，使用的全部是索菱股份提供的对账单，其中每年均有6个银行的对账单为虚假对账单。甲A会计师事务所未保持应有的职业怀疑，测试结论均为“经测试，抽查的银行存款收支真实，可合理推断银行存款收支总体真实可靠”。甲A会计师事务所未发现实际回款单位与索菱股份账面记录回款单位不一致的情况，在审计工作底稿《应收账款收款流程—控制测试表》中记录的测试结论为“经测试，我们认为货币资金流程—应收账款确认内部控制活动是有效的”（2021–4）。

（8）庚G会计师事务所在对中融双创（北京）科技集团有限公司《公司债券年度报告（2017年）》报表审计时：对货币资金执行的实质性审计程序不到位。经调查，庚G会计师事务所对中融双创及其子公司提供的银行账户信息审核后编制《银行账户清单与开户信息核对表》《银行存款明细表》等，庚G会计师事务所编制的底稿与中融双创及其子公司提供的资料存在明显异常，庚G会计师事务所未认真核对山东邹平长城能源科技有限公司提供的资料，以错误的账号向银行进行询证，未关注到山东国科新能源科技有限公司、山东梁州能源科技有限公司提供的银行账户资料存在的异常情况等（2021–15）。

（9）癸X会计师事务所在对广东金刚玻璃科技股份有限公司2016年、2017年年度报表审计时：货币资金科目的实质性程序存在缺陷。①2016年，第一，未对银行账户函证过程保持有效控制。一是在实施邮寄函证程序时，直接根据金刚玻璃提供的银行地址和联系人，在公司现场将填写好的询证函统一交由金刚玻璃工作人员邮寄，且未获取发函快递单，存在询证函失去控制的风险。二是审计底稿收录的询证函存在被询证者填列错误的情形。三是对汕头本地银行执行现场函证程序，但相关审计底稿仅收录了回函快递单，未见关于对“函证保持控制的说明”内容及银行账户函证的过程控制底稿，也未见现场函证的相关说明、现场照片、受理单据等审计证据。第二，针对金刚玻璃货币资金科目获取的银行询证函、银行对账单、利息收入回单、协议存款合同、银行流水等资料中，存在明显异常或相互矛盾的情形。一是获取的工商银行虚假询证函回函首尾页序号和验证码未能一一对应，有别于其获取的其他工商银行询证函回函。二是在被询证者开户银行填写错误的情况下仍获取了回函。三是获取的工商银行虚假对账单与其获取的其他工商银行对账单在格式内容方面存在重大差异。四是获取的工商银行有关公司3亿元的《协议存款合同》存在部分要素缺失等情形。未关注到上述明显异常或相互矛盾的审计证据，未保持应有的职业怀疑，未执行进一步审计程序消除疑虑，导致未能识别金刚玻璃货币资金造假的重大错报风险。

②2017年，针对金刚玻璃货币资金科目获取的银行询证函、银行对账单、协议存款合同、银行流水等资料中，存在明显异常或相互矛盾的情形。一是获取的工商银行虚假对账单与其获取的其他工商银行对账单在格式内容方面存在重大差异。二是底稿收录的工商银行外马支行询证函回函复印件及资信证明书，与收录的其他工商银行询证函回函，在回函方式、格式、内容方面均存在明显差异。未关注到上述明显异常或相互矛盾的审计证据，未保持应有的职业怀疑，未执行进一步审计程序消除疑虑，导致未能发现金刚玻璃工商银行2003××××××××××5313账户的期初金额及发生额存在账实不符情形，未能识别出3亿元虚假协议银行存款（2022–1）。

（10）丁N会计师事务所在对山东东方海洋科技股份有限公司2016年和2017年年度报表审计时：货币资金审计中部分实质性审计程序未执行。丁N会计师事务所收到青岛银行烟台分行于2017年1月16日出具的银行询证函回函（索引号：F1-2-7-41）中“本公司向贵行已贴现而尚未到期的商业汇票”项下显示2016年度有一笔金额为4 400万元的商业汇票，付款人和承兑人均为东方海洋。东方海洋对该笔业务未进行账务处理。丁N会计师事务所在东方海洋2016年年度财务报表审计时未关注到该事项，导致其未发现东方海洋2016年度与关联方烟台屯德水产有限公司之间的大额非经营性票据往来事项，也未发现东方海洋《2016年年度报告》资产负债表个别列报项目存在虚假记载。丁N会计师事务所在东方海洋2017年年度财务报表审计时对东方海洋在民生银行开立的69××××06账户和在中国银行、工商银行、建设银行、恒丰银行等多家银行开立的余额为零、余额较小账户未实施函证程序，审计工作底稿中未说明对相关银行账户不实施函证的理由，导致其未发现东方海洋2017年与关联方存在频繁大额资金往来且未进行账务处理的情形，也未发现东方海洋《2017年年度报告》资产负债表个别列报项目存在虚假记载。丁N会计师事务所在上述审计程序中，未保持应有的职业怀疑，未对函证程序的结果实施恰当评价，未对相关银行账户实施函证程序（2022-3）。

（11）乙Z会计师事务所在对公准肉食品股份有限公司2014年、2015年年度报表审计时：货币资金的审计程序存在缺陷。①银行存款函证程序执行不到位。乙Z会计师事务所对公准股份2014年、2015年年度财务报表审计过程中，未从中国人民银行或被审计单位基本户开户银行取得《已开立银行结算账户清单》，未对企业账面账户与开户清单账户进行核对；对公准股份部分银行账户未实施函证程序，并且没有对不实施函证程序说明理由。②未对货币资金异常保持职业怀疑并执行分析程序。公准股份2014年年末货币资金余额42 847.73万元，占资产总额84.2%；2015年年末货币资金余额66 148.1万元，占资产总额87.8%。大量流动资金闲置，未进行定期存款或购买理财产品，仅获取活期存款利息，也未见需要大额资金的生产经营或者投资计划。在流动资金非常充足的条件下，公准股份2014年年末存在银行短期借款2 800.98万元，2015年年末存在银行短期借款2 500万元。乙Z会计师事务所对公准股份2014年、2015年年度财务报表审计过程中，未保持应有的职业怀疑，未对大额资金闲置，以及存在大额自有资金的情况下，向银行举债的合理性进行分析。③了解内部控制实际情况——资金运营存在缺陷。乙Z会计师事务所对公准股份2015年年度财务报表审计过程中，底稿记录显示审计采用询问、观察、检查等程序了解货币资金主要控制流程，未见询问对象、询问记录、被审计单位内控制度等证据。穿行测试未取得相关凭证、原始单据、审批文件等支持测试结论的证据。乙Z会计师事务所对资金运营的了解内部控制实际情况程序执行不到位，未获取充分、适当的审计证据（2022-10）。

（12）庚G会计师事务所在对公准肉食品股份有限公司2016年年度报表审计时：货币资金的审计程序存在缺陷。①未对银行用章异常保持职业怀疑并执行进一步审计程序。底稿中中国农业银行海伦支行银行对账单及银行询证函所盖银行印鉴均为椭圆形的“业务办讫章”，与同期在中国农业银行绥棱县支行及肇东支行获取的银行函证回函上的圆形“业务专用章”不一致；且与同期获取的其他商业银行对账单和银行函证回函所盖不同银行印鉴的情况不一致。庚G会计师事务所对银行用章异常情况未保持应有的职业怀疑，未执行进一步审计程序消除疑虑。②银行账户完整性审计程序执行不到位。公准股份2016年年末货币资金余额66 821.88万元，占资产总额79.34%，庚G会计师事务所在“关于公准股份2016年度财务情况初步了解及审计重点”中将货币资金列为最重点科目，但未从人民银行或被审计单位基本户开户银行取得《已开立银行结算账户清单》，没有核对企业账面账户与开户清单账户，未确认被审计单位账面记录的银行人民币结算账户是否完整。庚G会计师事务所对于银行账户完整性的审计程序执行不到位，未获取充分、适当的审计证据。③未对货币资金异常保持职业怀疑并执行分析程序。公准股份长期存在大额活期银行存款，其中2014年年末资金余额42 847.73万元，占资产总额84.2%，2015年年末货币资金余额66 148.1万元，占资产总额87.8%，2016年年末货币资金余额66 821.88万元，占资产总额79.34%。大量流动资金闲置，未进行定期存款或购买理财产品，仅获取活期存款利息，也未见需要大额资金的生产经营或者投资计划。庚G会计师事务所对此未保持应有的职业怀疑并对其合理性进行分析（2022-11）。

（13）戊C会计师事务所在对浙江大东南股份有限公司2016年、2017年年度报表审计时：戊C会计师事务所对大东南股份2016年、2017年财务报表审计过程中，对大东南股份货币资金科目进行审计时，按照货币资金审计程序，对本期银行存款发生额较大的银行账户进行了银行对账单或网上银行流水记录与银行日记账双向核对。但戊C会计师事务所对大东南股份农行诸暨金山支行1953××××2107账户进行双向核对，依据的是大东南股份主办会计王某翔和融资部经理何某美提供并修改后的网上银行流水，而非真实的银行对账单或网上银行流水记录（2019-7）。

（14）戊E会计师事务所在对广东柏堡龙股份有限公司2018—2019年年度报表审计时：①戊E会计师事务所在2018年对货币资金的审计中未勤勉尽责。在2018年年审对货币资金的审计中，戊E会计师事务所违反审计准则的规定，未保持应有的职业怀疑，未从银行获取柏堡龙基本户（以下简称基本户）银行存款对账单，也未采取有效的替代审计程序，未考虑审计受限对审计意见的影响，未有效控制函证过程，未获取银行存款真实性相关的充分适当的审计证据，未能将审计风险降低至可接受的水平，以至于未能发现虚增基本户银行存款的舞弊行为。戊E会计师事务所将货币资金存在性认定的固有风险评估为高风险以及戊E会计师事务所在对货币资金的审计中未勤勉尽责的具体情况如下：其一，戊E会计师事务所将货币资金存在性认定的固有风险评估为高风险，计划重点审计，基本户为关键银行账户，深圳分所提示了银行基本户审计方面的风险。其二，在对货币资金循环的内部控制审计中，戊E会计师事务所未保持应有的职业怀疑，未关注到职责不分离的内控缺陷。其三，在深圳分所项目组遇到柏堡龙不配合打印对账单等审计范围受限情形下，戊E会计师事务所未能消除审计受限的影响，未采取有效的替代审计程序，未评价审计受限可能对审计意见的影响。一是控制测试和实质性程序中，戊E会计师事务所未关注到柏堡龙所提供的对账单存在异常情况，未采取有效的进一步审计程序。二是实质性程序中，因柏堡龙不配合，戊E会计师事务所自助打印基本户银行对账单的审计工作受到限制。根据柏堡龙2018年度财务报告审计工作安排（对审计计划的修改），为了确定银行账户的真实性，规定审计人员从自助柜员机上打印银行账户的流水。同时，深圳分所提交给北京总部的《现场情况说明》中提到，因为现场审计人员对公司的销售回款等银行流水及期末余额存在怀疑，所以要求对账单的打印必须在审计人员的受控状态下。柏堡龙基本户属于公司主要账户，在深圳分所项目组执行实质性审计程序中，深圳分所项目组于2019年1—2月，曾多次前往农业银行普宁西市场支行，多次要求柏堡龙配合在该银行网点自助柜员机打印基本户对账单，都未能打印对账单。相关情况已在深圳分所提交的《现场情况说明》中详细阐述，且北京总部项目组已阅知该情况说明，但2019年3月初，北京总部承接后，柏堡龙仍然不配合在自助机器上打印基本户对账单，北京总部项目组没能从银行独立获取到基本户的对账单。因为柏堡龙不配合，戊E会计师事务所未能独立从银行获取基本户银行对账单，在审计范围受限的情况下，深圳分所和北京总部针对该基本户，未采取有效的替代程序，也未能从柜台打印基本户对账单，戊E会计师事务所自助打印基本户银行对账单的审计工作受到限制。其四，在深圳分所已充分提示审计风险的情况下，戊E会计师事务所未恰当评价深圳分所项目组所获柏堡龙基本户询证函的可靠性，未按照审计计划实施函证程序，未获取充分、适当的审计证据。戊E会计师事务所的审计结论所依据的银行函证，是深圳分所函证执行人未对函证保持应有的职业怀疑和有效的过程控制情况下获取的虚假询证函。综上所述，在货币资金存在性认定的固有风险为高风险的情况下，戊E会计师事务所未保持应有的职业怀疑，未关注到内部控制缺陷，未能有效控制基本户函证过程，未能关注基本户对账单的异常，未能从银行独立获取对账单及采取有效的替代程序，未能考虑未从银行获取基本户对账单导致审计受限情形对审计意见的影响，未获取与银行存款真实性相关的充分适当的审计证据，以至于未能将审计风险降低到可接受的低水平，未能发现虚增银行存款的财务舞弊行为。

②戊E会计师事务所在2019年对货币资金的审计中未勤勉尽责。戊E会计师事务所在柏堡龙2019年审的货币资金审计中，违反审计准则的规定，未保持应有的职业怀疑，未独立从银行获取基本户的对账单，未监督或独立获取网银流水，未有效控制基本户函证过程，未获取银行存款真实性相关的充分适当的审计证据，以至于未能发现虚增银行存款的财务舞弊行为。其一，将货币资金科目评估为可能存在重大错报风险领域，基本户属于公司的关键银行账户。其二，尽管广东证监局提示风险要求重点关注货币资金的真实性，戊E会计师事务所在2019年度财务报告审计中依旧未能消除审计受限的影响，未能从银行获取基本户对账单，未采取有效的替代审计程序。其三，戊E会计师事务所未保持应有的职业怀疑，未选择适当的被询证者，未有效控制邮寄函证过程，以至于获取了虚假的银行询证回函。综上所述，在广东证监局发函提示审计风险，且戊E会计师事务所将货币资金评估为可能存在重大错报风险领域的情况下，戊E会计师事务所未能消除柏堡龙不配合从银行获取基本户对账单等审计受限情形，未能独立从银行获取基本户对账单及采取有效的替代程序，未能考虑柏堡龙不配合等审计受限情形对审计意见的影响，未获取与基本户银行存款真实性相关的充分适当的审计证据，未有效控制基本户函证过程，以至于未能将审计风险降低到可接受的低水平，未能发现虚增基本户银行存款的财务舞弊行为（2022-19）。

（15）庚G会计师事务所在为河南科迪乳业股份有限公司2016—2018年年报审计中：货币资金实质性审计程序执行不到位。①未对获取证据真实性进行有效识别。庚G会计师事务所未能直接从开户行获取某主要银行账户流水，接受了公司提供的流水，但该流水所加盖部分公章异常，且未能获取该账户网银流水。庚G会计师事务所未对流水的真实性予以充分识别，未采取进一步程序验证其可靠性。②2016年、2017年大额货币资金往来审计程序未有效执行。庚G会计师事务所2016年、2017年货币资金实质性程序均计划“检查是否存在非营业目的大额货币资金转移，并核对相关账户的进展情况；如有与被审计单位生产经营无关的收支事项，应查明原因并做相应记录”等。相关审计底稿显示，2016年、2017年审计期间，计划的有关审计程序未得到有效执行。③2018年大额货币资金往来审计程序存在明显瑕疵。庚G会计师事务所对存在大额货币资金往来的3家单位进行了访谈，并查询了工商登记信息，但未保持应有的职业怀疑，取得的审计证据不充分（2023-4）。

（16）壬I会计师事务所在为新疆同济堂健康产业股份有限公司2016年至2018年年报审计中：未对获取的银行流水保持应有的职业怀疑。审计工作底稿显示，2016年货币资金审计计划包含“获取银行流水，并与账面数进行核对”，2017年和2018年货币资金审计计划包含“亲自去银行打印银行流水”的风险应对措施。实际执行中，壬I会计师事务所在2016—2018年审计中，仅使用同济堂提供的银行流水对本期银行存款发生额较大的银行账户进行了银行对账单或网上银行流水记录与银行日记账双向核对，未采取全程有效监督下获取同济堂银行账户的网上银行流水记录等进一步措施应对风险；在2017年至2018年审计中，未按照审计计划亲自去银行打印银行流水，在同济堂不配合现场打印银行流水的情况下，未保持应有的职业谨慎和职业怀疑，未采取进一步措施消除疑虑，实施的审计程序不足以应对货币资金舞弊风险，未能发现同济堂提供的合并财务报表范围内主要6个银行账户（浦发0169账户、浦发0111账户、农行0774账户、招行0803账户、建行1719账户、新沂农商行6655账户）资金流水存在虚假的行为（2022–2）。

4.存货、固定资产、无形资产、在建工程等资产审计程序

（1）甲K会计师事务所在对三峡新型建材股份有限公司2011年、2012年年度报表审计时：与存货相关的实质性分析程序执行不到位。在执行与存货相关的实质性分析程序中，会计师只收集了相关数据，但未对数据进行比对分析，也未对分析结果进行评价判断，导致实质性分析程序流于形式。工作底稿显示，2011年年报审计中，会计师仅收集了生产成本明细表、制造费用明细表、12月成本计算表，但未进一步分析生产成本波动原因，未对逐月数据进行比对分析，也未将其与往年数据或标准成本对比分析。2012年年报审计中，会计师仅收集了生产成本明细表及各生产线的原材料、人工、制造费用等统计表，但未进一步分析生产成本波动原因，未对相关数据进行比对分析（2019–4）。

（2）辛H会计师事务所在对林州重机集团股份有限公司2017年年度报表审计时：在对林州重机全资子公司林州朗坤科技有限公司（以下简称朗坤科技）在建工程1.95亿元及对应的资本化利息11 918 779.16元进行审计时，仅获取了未附任何附件的记账凭证，未关注到1.95亿元在建工程尚未取得发票的事实；对在建工程相关设备的监盘程序执行不到位，设备盘点清单上没有盘点人与审计人员的签字及盘点日期；未关注到朗坤科技在建工程中计提的资本化利息与母公司抵减的财务费用（母公司同时确认应交增值税销项税）未合并抵销。辛H会计师事务所审计程序执行不到位，未获取充分适当的审计证据，未能发现林州重机合并资产负债表虚增在建工程2.07亿元，合并利润表虚减财务费用11 244 131.28元的有关事实（2020–4）。

（3）丙W会计师事务所在对抚顺特殊钢股份有限公司2010—2016年年度报表审计时：未按照审计准则规定对在建工程、固定资产执行必要的实质性程序。丙W会计师事务所关于抚顺特钢2013—2015年年度报告审计工作中未保持职业谨慎，未按照审计准则规定对抚顺特钢在建工程增加、固定资产增加进行充分的核查，导致在在建工程、固定资产增加检查中审计抽样失效，审计工作底稿中获取的审计证据不充分。同时，其关于2013—2014年年度报告审计工作中未对底稿中记录的预算与实际执行出现较大差异的工程项目合理性执行进一步审计程序；其关于抚顺特钢2014

年年度报告审计工作中未按计划在在建工程和固定资产审计中执行核对发票等审计程序（2021–5）。

（4）甲Y会计师事务所在对新疆亿路万源实业投资控股股份有限公司2018年和2019年年度报表审计时：投资性房地产审计存在缺陷。*ST新亿聘请深圳中洲资产评估有限公司（以下简称中洲评估）对韩真源2018年12月31日和2019年12月31日全部股东权益价值进行了评估，2020年8月26日，中洲评估出具了相关资产评估报告。2020年8月，*ST新亿召开董事会，决定自2019年1月1日起对投资性房地产的后续计量模式由成本计量模式变更为公允价值计量模式。同月，*ST新亿在披露2019年年报的同时对2018年报表数据进行了差错更正，将原计入固定资产及无形资产的韩真源房屋建筑物及土地使用权，调整确认为投资性房地产。并根据2019年年底基准日的评估报告，确认2019年度投资性房地产公允价值变动收益2 231.13万元。根据另案调查，中洲评估相关资产评估报告涉嫌按照预设值倒轧，重要参数存在明显问题。甲Y会计师事务所在利用中洲评估的工作时，未考虑中洲评估出具的相关报告使用的重要假设的合理性，未对评估报告中参数设置进行有效复核。甲Y会计师事务所抽查了部分物业进行租金价格比对，但选取的物业信息数量较少且与开源市场不具有可比性，未关注到评估机构设定单位租金价格显著高于实际，空置率参数设置显著低于实际。甲Y会计师事务所依赖评估机构中洲评估出具的评估报告，未对*ST新亿投资性房地产的核算获取充分、适当的审计证据即对相关会计处理予以认可，导致未能发表恰当的审计意见（2022–2）。

（5）己F会计师事务所在对东方金钰股份有限公司2017年年度报表审计时：己F会计师事务所执行的与存货相关的实质性审计程序存在重大缺陷。己F会计师事务所对存货执行的实质性程序不到位，未对存货的存在及计价和分摊认定获取充分、适当的审计证据。己F会计师事务所对姐告宏宁存货执行的审计程序存在以下缺陷：第一，存货存在认定的证据不充分。审计底稿中的《库存盘点表》列示了翡翠毛料、原料的数量、重量、单价和金额，上述翡翠毛料、原料的单价均较大且具有唯一性，但己F会计师事务所仅对其中的部分翡翠毛料、原料进行拍照存档，未获取充分的证据确定上述存货的存在。第二，存货的计价和分摊认定的证据可靠性不足。己F会计师事务所聘请专家为姐告宏宁存货出具《价值认定报告》，但存在上述估值报告未覆盖所有翡翠毛料、原料、部分估值报告缺少价值、重量等关键要素、部分估值报告上的估值与账面金额不一致等异常情况，己F会计师事务所仍以此作为判断翡翠毛料、原料价值的依据，确认了翡翠毛料、原料的账面价值（2022–8）。

（6）乙Z会计师事务所在对公准肉食品股份有限公司2014年、2015年年度报表审计时：存货审计程序存在缺陷。乙Z会计师事务所对公准股份2014年年度财务报表审计过程中，存货审计程序存在缺陷。一是底稿中存货内部控制调查记录显示，对“在进行永续存货记录时，是否采用了预先编号的入库单和出库单等单据，并对其进行定期清点”的调查记录为“是”，但调取的出库单无编号。二是“毛猪入库截止测试”中和“三清白条出库截止测试”中，仅有2014年的明细账和入库单核对记录，缺少2015年的检查记录。乙Z会计师事务所对公准股份2015年年度财务报表审计过程中，存货审计程序存在缺陷。一是存货管理的了解和控制测试程序中，底稿中记录审计人员采用询问、观察等程序了解公准股份存货主要控制流程，未见询问对象、询问记录、被审计单位内控制度等证据。底稿中记录存货的主要控制流程为“采购计划、采购订单、入库通知单、质检单、入库单、领料单、成品入库单、销售订单等”，在穿行测试和控制测试中未见作为控制点的审计证据。二是“毛猪入库截止测试”中，缺少2016年从入库单到明细账检查的记录；“三清白条出库截止测试”中，缺少2016年从出库单到明细账检查的记录。乙Z会计师事务所对公准股份存货审计程序执行不到位，未获取充分、适当的审计证据，取得的证据与底稿记录矛盾（2022-10）。

（7）庚G会计师事务所在对公准肉食品股份有限公司2016年年度报表审计时：存货审计程序执行不到位。一是存货发出计价测试表为乱码和空白，无法证明执行了存货发出计价测试程序，审计结论为“未见异常”。二是存货分析性复核程序中存货周转率、存货构成表仅填写数据，未见具体分析内容。三是存货监盘程序中记录执行的程序包含“编制存货监盘计划，并将计划传达给每一位监盘人员”，未见监盘计划。庚G会计师事务所对存货的审计程序不到位，未获取充分、适当的审计证据（2022-11）。

（8）戊E会计师事务所在对广东柏堡龙股份有限公司2018—2019年年度报表审计时：①戊E会计师事务所在2018年对其他非流动资产的审计中未勤勉尽责。戊E会计师事务所在柏堡龙2018年年审和专项审核中对其他非流动资产的审计中，违反审计准则的规定，未能有效执行审计程序，未保持应有的职业怀疑，未审慎评价审计证据，未获取充分适当的审计证据，未能有效核实预付工程款的合法性和真实性，未能将评估的特别风险降低到可接受的低水平，未能发现柏堡龙未如实披露其他非流动资产和募集资金使用情况等问题。2017年起柏堡龙开始建设子公司深圳衣全球联合设计有限公司（以下简称衣全球）的深圳柏堡龙衣全球项目（含创意设计中心项目及全球时尚设计生态圈项目，以下简称衣全球项目），项目承包方为银广厦集团有限公司（以下简称银广厦）。其一，深圳分所已经向北京总部提示了工程项目的审计风险，戊E会计师事务所将其他非流动资产科目评估为特别风险领域。其二，戊E会计师事务所未保持应有的职业怀疑，未关注到《土石方施工委托协议》签订日期早于其所依据政府文件发布日期的异常情况，未采取进一步审计程序。其三，戊E会计师事务所未保持应有的职业怀疑，未关注到承包方对第三方供应商的采购合同订立日期、预付工程款日期早于第三方供应商成立日期的异常情况，未采取进一步审计程序，以至于未发现虚假的承包方网银交易。其四，戊E会计师事务所未保持应有的职业怀疑，未充分关注柏堡龙向银广厦提前支付工程款的异常情况，未采取进一步程序核实预付工程款合法性问题。其五，戊E会计师事务所未关注到承包方银广厦采购材料的到货情况。综上所述，在其他非流动资产评估为特别风险的情况下，戊E会计师事务所未保持应有的职业怀疑关注到审计证据的异常情况，未收集与其他非流动资产相关的充分适当的审计证据，以至于未能将特别风险降低到可接受的低水平，未能核实柏堡龙衣全球项目中预付工程款的真实性，未能发现未如实披露其他非流动资产和募集资金使用情况的财务舞弊行为。

②戊E会计师事务所在2019年对其他非流动资产的审计中未勤勉尽责。在柏堡龙2019年年审和专项审核中对其他非流动资产的审计中，戊E会计师事务所违反审计准则的规定，未保持应有的职业怀疑，未审慎评价审计证据，未关注到审计证据的异常情况，未能有效核实衣全球项目中预付工程款的真实性，未能获取充分适当的审计证据及将评估的特别风险降低到可接受的低水平，以至于未能发现柏堡龙未如实披露其他非流动资产的问题。其一，戊E会计师事务所将其他非流动资产科目评估为特别风险领域。其二，戊E会计师事务所未保持应有的职业怀疑，未关注到全球项目承包方向第三方供应商的采购合同订立日、预付工程材料款日早于第三方供应商成立日的异常情况，未采取进一步审计程序，以至于未发现虚假的承包方网银付款交易。其三，戊E会计师事务所未保持应有的职业怀疑，未获取充分适当的审计证据，未按程序获取到承包方银广厦的账户资金流水。其四，戊E会计师事务所未保持应有的职业怀疑，未关注承包方银广厦采购材料的到货情况。综上所述，在广东证监局提示相关审计风险，且其他非流动资产评估为特别风险的情况下，戊E会计师事务所未保持应有的职业怀疑关注到所获审计证据的异常，未收集与其他非流动资产相关的充分适当的审计证据，以至于未能将特别风险降低到可接受的低水平，未能核实柏堡龙·衣全球项目中预付工程款的真实性，未能发现未如实披露其他非流动资产的财务舞弊行为（2022-19）。

（9）壬W会计师事务所在为广州市浪奇实业股份有限公司2018年、2019年年度报告审计中：广州浪奇通过虚构大宗商品贸易业务、循环交易乙二醇仓单等方式，2018年虚增存货956 423 831.44元，2019年虚增存货1 082 231 342.91元。壬W会计师事务所为广州浪奇2018年、2019年年度报告提供审计服务，两年均出具了标准无保留意见的审计报告（2023-10）。

（10）壬I会计师事务所在为新疆同济堂健康产业股份有限公司2016年至2018年年报审计中：在建工程审计程序存在缺陷。壬I会计师事务所对2018年在建工程审计中获取的相关资料存在以下异常情形：一是不同合同中同一单位法定代表人签名字迹明显不一致；二是合同约定的付款时间与实际付款时间不一致，差异较大；三是合同金额与施工量不匹配，且合同单价偏高。对此，壬I会计师事务所未保持应有的职业谨慎和职业怀疑，未设计、执行进一步审计程序消除疑虑，未能发现同济堂向第三方的大额虚列在建工程预付款最终流向同济堂控股股东的关联方非经营性资金占用行为（2023–8）。

（11）癸H会计师事务所在为东方网力科技股份有限公司2020年年度财务报表审计中：固定资产审计存在缺陷。2020年12月，东方网力将子公司东方网力（苏州）智能科技有限公司向苏州江恒网络科技有限公司采购资产支付的预付账款1 472.80万元转为固定资产。癸H会计师事务所在审计中未能充分关注该等固定资产入账的相关记账凭证无发票，附件仅有一个已生成固定资产编码的表单，并非原始入库单，且《2020年募投资产盘点表》中关于该等固定资产的规格型号与相关变更协议的约定明显不一致等异常情况，未能保持职业怀疑，未能实施恰当的审计程序，相关审计结论没有充分、适当的审计证据支持（2023–17）。

5.应收应付往来审计程序

（1）丁D会计师事务所在对金亚科技股份有限公司2014年年度报表审计时：3.1亿元预付工程款的审计程序不当。金亚科技与四川宏山建设工程有限公司签订的《建设工程施工合同》，主合同部分双方均未盖章签字，丁D会计师事务所取得的3.1亿元预付工程款的银行对账单系金亚科技伪造并提供。在合同涉及金额较大，且合同形式存在不完备的情况下，丁D会计师事务所未特别关注，未保持合理的职业怀疑，未考虑到因管理层舞弊可能导致的重大错报风险（2018–2）。

（2）甲A会计师事务所在对深圳市零七股份有限公司2014年年度报表审计时：未充分、适当执行预付账款审计程序。甲A会计师事务所在《总体审计策略》底稿中已明确预付账款为较高重大错报的风险领域，但在零七股份2014年年审执行预付账款审计程序中仍存在如下事实：①美威贸易预付账款审计程序存在的问题。零七股份在2014年向深圳市美威贸易有限公司（以下简称美威贸易）支付款项或开具承兑汇票合计2.6亿元，资金回收1.29亿元，期末零七股份对美威贸易的预付账款余额为1.31亿元。但相关证据材料反映出如下异常情况：其一，截至零七股份2014年年报出具日，零七股份与美威贸易所签订的3份相关合同中有2份已超过合同有效期，且该3份合同均未履行；其二，零七股份合计向美威贸易付款2.6亿元超过所签订3份合同的总价款合计金额，且在付款后短期内即出现款项回款核销；其三，零七股份董事会已于2014年决定调整矿业投资并终止了矿产品贸易业；其四，2014年零七股份对美威贸易账款的减少，系由第三方深圳市大中非投资有限公司（以下简称大中非投资）投资代为回款；其五，零七股份与美威贸易签署的《工矿产品购销合同》，与大中非投资提供的受美威贸易委托代其退回零七股份预付款的付款说明，二者加盖的美威贸易公章存在明显不一致。

②广众投资对香港亿巨预付账款审计程序存在的问题。审计工作底稿记录，零七股份子公司深圳市广众投资有限公司（以下简称广众投资）对香港亿巨有限公司（以下简称香港亿巨）2014年年末的预付账款余额经调整后为9 000万元（第三方以票据代为回款，但票据实际被收回），账龄为2—3年，占预付账款期末余额的32.85%。但相关证据材料反映出如下异常情况：其一，截至零七股份2014年年报出具日，广众投资与香港亿巨签订的2份相关贸易合同均已超过合同有效期，且均未履行；其二，零七股份董事会已于2014年决定调整矿业投资并终止了矿产品贸易业；其三，2014年广众投资对香港亿巨账款的减少，系由第三方上海福锦实业投资有限公司（以下简称上海福锦）代为回款，且最终因票据被上海福锦收回而确认为无效还款；其四，广众投资2014年仅确认收回香港亿巨预付账款945万元，且系由深圳市达誉源实业有限公司于2014年12月31日转入零七股份子公司深圳市广博投资发展有限公司，并通过代付证明作为代香港亿巨支付广众投资的还款。

③广众投资对众诚华信预付账款审计程序存在的问题。广众投资于2014年1月1日向深圳市众诚华信科技有限公司（以下简称众诚华信）支付5 200万元，并在其他应收款科目列示，2014年5月31日以“凭证入错科目”为由进行账务调整，将5 200万元由其他应收款转计入“预付账款”科目，形成2014年预付账款期末余额5 200万元，占零七股份预付账款期末余额的18.98%。但相关证据材料反映出如下异常情况：其一，截至零七股份2014年年报出具日，广众投资与众诚华信签署的相关买卖合同已超过合同有效期，且未履行；其二，零七股份董事会已于2014年决定调整矿业投资并终止了矿产品贸易业。综上所述，甲A会计师事务所未严格按照要求对评估为重大错报风险的预付账款进行审计，对上述异常情况未能保持职业怀疑态度，未执行适当的审计程序并获取充分、适当的审计证据以消除疑虑，审计工作底稿也未见该所注册会计师对零七股份与上述三家交易对手方往来款项可回收性实施审计程序的记录，且已获取的部分审计证据可靠性存疑（2019–3）。

（3）戊E会计师事务所在对山东新绿食品股份有限公司2015年年度报表审计时：①对应收账款和预付账款的审计程序不当。其一，对应收账款实施的审计程序不当。戊E会计师事务所抽查了4家客户的期后销售回款情况，后附的银行回单均系新绿股份自己打印的莒南县工商银行回款凭证，审计底稿中未见戊E会计师事务所核对相关网银数据和银行对账单的记录；另外，存在2张银行电子回单号码相同但凭证内容不一样的情况。戊E会计师事务所未对上述情况保持应有的关注，并实施进一步的审计程序核实。其二，对预付账款的审计程序不当。一是未对预付账款函证保持控制。戊E会计师事务所对新绿股份20个客户发询证函，合计收到回函15个，其中5个是新绿股份直接找被询证单位盖章扫描发回的复印件，合计金额占2015年期末预付账款余额的26.86%。二是对预付账款细节测试未获取充分适当的审计证据。戊E会计师事务所在预付账款明细表中抽取30笔记账凭证进行测试，仅抽查了部分划款凭证，且是新绿股份自己打印的网银电子回单，戊E会计师事务所未实施充分的审计程序保证新绿股份预付购货款的真实存在，包括未对上述款项核对网银记录或银行对账单。

②对其他应收款的审计程序执行不当。其一，未关注其他应收款对应交易的合理性、公允性及期后情况。在其他应收款审计工作底稿中，戊E会计师事务所在核查2015年对莒南鸿润其他应收款时，未对相关协议和由新绿股份财务总监通过邮件所发送莒南鸿润支付养牛户的划款凭证扫描件保持应有关注，未将扫描件与原件核对，导致未发现新绿股份与莒南鸿润签订的委托养牛协议系虚假合同、莒南鸿润提供的养牛协议系其与新绿股份员工签订的虚假合同、划款凭证系新绿股份粘贴复制伪造。其二，未对其他应收账款记账凭证与原始单据不符的情况保持应有关注。在其他应收款明细户检查表中，戊E会计师事务所抽查了新绿股份与山东绿安进出口有限公司（以下简称山东绿安）之间的大额资金往来，后附抽查的原始凭证显示新绿股份将500万元款项划给了山东绿润，而记账凭证却计入山东绿安。戊E会计师事务所未对上述记账凭证与原始单据不符情况予以关注并采取进一步的审计程序核实（2020–1）。

（4）己F会计师事务所在对奥瑞德光电股份有限公司2017年年度报表审计时：未对应收账款异常情况执行进一步审计程序。就奥瑞德有限虚构向东莞市华星镀膜科技有限公司销售145台3D玻璃热弯机事项，奥瑞德分别于2016年、2017年确认了收入。奥瑞德发布《关于前期会计差错更正及追溯调整的公告》（公告编号：临2019–035），称上述销售业务不符合收入确认条件，并对相关会计科目进行了追溯调整。己F会计师事务所在《审计报告》出具前已经了解到上述销售回款的有关异常情况，但未保持充分的职业怀疑，未执行进一步审计程序核实销售回款的资金是否实际来源于奥瑞德或其关联方，也未对交易的真实性及商业合理性进行进一步核实，未获取充分适当的审计证据消除异常函证上的疑虑，导致未发现上述销售业务不符合收入确认条件，出具的《审计报告》存在虚假记载（2020–5）。

（5）甲A会计师事务所在对湖南千山制药机械股份有限公司2015年及2016年年度报表审计时：应收票据审计程序存在缺陷。经查明，2015年、2016年浏阳市华冠出口花炮有限公司（以下简称华冠花炮）并未向千山药机开具应收票据。审计过程中，甲A会计师事务所未检查当期已背书票据的真实性，未对异常的已背书未到期票据保持应有关注。①甲A会计师事务所对千山药机2016年应收票据已背书未到期票据进行了统计，但是审计底稿中统计的应收票据前手记录中无华冠花炮公司，与千山药机账面记录不符。千山药机2016年账面显示从华冠花炮收到应收票据2 796万元。对于上述异常背书未连续的应收票据，会计师未给予必要的关注，未执行进一步审计程序。②审计过程中，对应收票据检查程序也不充分适当。甲A会计师事务所编制了应收票据检查表，记录抽查了12笔应收票据，检查收到票据6笔，合计金额972.56万元，占应收票据账目借方发生额比例为6.50%；检查背书付出票据6笔，合计金额为2 001.09万元，占应收票据账目贷方发生额比例为15.93%。但是，未选取背书前手记录异常的华冠花炮应收票据进行检查，审计底稿中仅收录一张检查表，未收录相关记账凭证以及票据复印件、收据等原始凭证，审计底稿记录不完整，审计样本选取及获取的审计证据不充分、不适当。甲A会计师事务所在对千山药机2016年财务报表审计中，对应收票据项目实施的审计程序不恰当，审计证据获取不充分、不适当，对异常应收票据情况未保持应有关注，未能及时识别财务报告的重大错报风险（2021-2）。

（6）丁N会计师事务所在对山东胜通集团股份有限公司2013—2017年年度报表审计时：应收账款审计程序存在缺陷。丁N会计师事务所在对胜通钢帘线、胜通化工、胜通光科应收账款进行审计时，对销售客户期末应收账款余额进行了函证。丁N会计师事务所在2013—2017年度应收账款函证程序的设计和实施中存在以下缺陷：①函证设计存在缺陷。仅函证当期余额，未按照计划实施的审计程序选择主要客户函证当期销售额。②未对函证实施过程保持控制。审计底稿中寄发的应收账款询证函均交由胜通集团的工作人员代为发出，审计人员除在填写现场函证工作记录中向企业获取个别被询证单位地址外，在其他审计过程中都没有取得被函证单位的地址，没有形成过函证地址或核对函证地址的审计底稿，没有填写过发函快递单。审计人员将询证函交给下属子公司的会计人员后至函证发出整个过程，都没有参与和监督胜通集团人员发函的过程，也没有向被函证单位以电话或其他形式问询或催收过函证（胜通集团后安排将虚假回函给丁N会计师事务所）。审计底稿中涉及的现场函证均不属实。丁N会计师事务所将应收账款函证交由胜通集团代为发出的行为，导致其未能发现应收账款期末余额与客户账面余额不符的异常情况，进而未能发现胜通集团利用下属三家子公司虚构销售的事实。③未对取得的回函进行评价，无法保证回函的可靠性。审计底稿中部分回函由胜通集团人员提供，部分回函附有邮寄至丁N会计师事务所的快递单，但由于审计人员未直接发出函证，无法保证回函来源于被询证者或经其授权，同时未关注到询证函回函客户印章存在明显异常。丁N会计师事务所在应收账款实质性程序中，未对函证保持控制，未对回函异常情况保持职业怀疑，实施函证程序的结果无法对应收账款和营业收入提供可靠的审计证据（2021-7）。

（7）癸X会计师事务所在对广东金刚玻璃科技股份有限公司2016年、2017年年度报表审计时：应收利息科目的实质性审计程序存在重大缺陷。①2016年，一是针对金刚玻璃应收利息科目获取的银行对账单等资料中，存在明显异常或互相矛盾的情形。例如，获取的金刚玻璃协议存款应收利息银行回单注明的利息金额与《协议存款合同》约定的应收利息金额存在较大差异，获取的金刚玻璃财务账套及应收利息凭证附件所记载的收息日与《协议存款合同》约定的付息日不一致。癸X会计师事务所未对上述明显异常或相互矛盾的审计证据保持职业怀疑，未执行进一步审计程序消除疑虑。二是获取的金刚玻璃工商银行3亿元《协议存款合同》存在合同编号缺失、合同签署日期缺失等情形。癸X会计师事务所未能识别作为利息收入支持性文件的《协议存款合同》存在上述异常并予以核查，导致未能识别该3亿元协议存款为虚构货币资金，公司相关利息收入的真实存在不具有可靠性。②2017年，一是未对明显异常或相互矛盾的审计证据保持职业怀疑，未执行进一步审计程序消除疑虑。如，获取的金刚玻璃财务账套及应收利息凭证附件所记载的收息日与《协议存款合同》约定的付息日不一致；获取的2017年6月和2017年9月的利息收入凭证后附的银行回单编号和验证码均为同一号码。二是未能识别作为利息收入支持性文件的《协议存款合同》存在异常并予以核查（2022-1）。

（8）乙V会计师事务所在对广东榕泰实业股份有限公司2018年年度报表审计时：应收账款科目风险应对程序存在缺陷。在风险识别与评估阶段，乙V会计师事务所将应收账款列为认定层次的重大错报风险，且列为特别风险，并制定相应的审计方案。在实施过程中，实质性程序存在以下缺陷：第一，未对第三方代付应收账款的异常情况保持职业怀疑。审计期间，乙V会计师事务所获知金铧贸易等三家已注销客户的应收账款将分别由揭阳市丰华化工助剂有限公司、揭阳市捷高鞋业有限公司（以下简称捷高鞋业）等两家公司代为偿付。乙V会计师事务所在对两家代付方公司进行走访过程中，获取了代付人与被代付人“实属同一家公司”与二者为“关联企业”或者“生意上的朋友关系”等相互不一致的审计证据，未能对第三方代付应收账款的异常情况保持合理的职业怀疑，就代付人与被代付人之间的真实关系、代付款的原因、代付义务的成立时点等商业实质方面追加必要的审计程序，获取充分、适当的审计证据。第二，未对函证实施过程保持控制。乙V会计师事务所选择以现场发函方式对揭阳市海威塑胶实业有限公司、揭阳市万利亨塑胶制品有限公司等两家已注销客户进行函证，但将函证在现场走访时交给其代付方公司捷高鞋业，之后直接从广东榕泰财务总监处取得回函（2022-7）。

（9）庚G会计师事务所在对天夏智慧城市科技股份有限公司2016年年度报表审计时：其他应收款审计程序存在缺陷。我局另案查明，2016年杭州天夏违规向关联方福建平潭嘉业久安投资管理中心合伙企业（有限合伙）（以下简称平潭嘉业久安）提供财务资助7.48亿元，通过福建平潭万丰长富投资管理中心合伙企业（有限合伙）（以下简称平潭万丰长富）违规向关联方西藏朝阳投资有限公司提供财务资助0.9亿元。在其他应收款审计程序中，庚G会计师事务所的审计结论为“其他应收款未见异常可以确认”，但其未对杭州天夏与平潭嘉业久安、平潭万丰长富发生的大额往来款实施函证程序，也未说明未实施函证的原因，未对抽取的记账凭证样本缺失支持性文件的情况予以关注（2022-9）。

（10）丙W会计师事务所在对天夏智慧城市科技股份有限公司2017年、2018年年度报表审计时：未有效执行相关负债的实质性审计程序。丙W会计师事务所获取的审计证据显示，天夏智慧2017年向上海研卓贸易有限公司开具了5 000万元商业承兑汇票，2018年，天夏智慧因该票据存在追索权纠纷而涉诉。丙W会计师事务所未对承兑汇票的入账和披露情况予以关注，也未保持合理的职业怀疑，未实施进一步审计程序。导致审计未发现天夏智慧2017年度、2018年度财务报告相关负债数据虚假，为天夏智慧出具了虚假记载的审计报告（2022-14）。

（11）壬I会计师事务所在为新疆同济堂健康产业股份有限公司2016年至2018年年报审计中：应付账款检查程序存在重大漏洞。审计工作底稿记载，壬I会计师事务所对2016年至2018年《应付账款检查表》所列明细进行抽查过程中，查验了入库单与发票、明细账与发票，未见异常。实际上，上述抽查明细中涉及的武汉健民、武汉马应龙等虚假供应商就相关采购业务未向同济堂开具增值税专用发票。这表明壬I会计师事务所在抽查采购及应付账款中未认真查验每笔发货单、合同、发票等凭证，该项审计程序执行不到位，未能有效应对相关舞弊风险（2023-8）。

（12）壬I会计师事务所在为新疆同济堂健康产业股份有限公司2016年至2018年年报审计中：壬I会计师事务所在2016至2018年审计中将应交税费科目识别为存在重大错报风险，并制定了综合性的审计应对措施。实际执行中，壬I会计师事务所仅获取了同济堂提供的未经税务机关受理的增值税纳税申报表和企业所得税年度纳税申报表，未严格按照审计计划获取经税务机关受理的相关文件，未执行跟企业报税系统、开票软件等再次核对是否一致的程序，也未分析获取资料的有效性，所采取的应对措施不足以应对应交税费科目的舞弊风险，未能发现同济堂账面应交税费与实际申报缴纳税款存在巨大差异（2023-8）。

（13）壬I会计师事务所在为新疆同济堂健康产业股份有限公司2016年至2018年年报审计中：预付账款审计程序存在缺陷。壬I会计师事务所在2018年预付账款审计中，关注到同济堂向武汉日月新保健食品有限公司（以下简称武汉日月新）预付1.98亿元、向团风县鑫旺药业有限公司（以下简称鑫旺药业）预付3.94亿元等两笔大额预付款存在异常，实际资金往来原因与所附的采购合同业务完全不相符、且明显不具有商业实质。对此，壬I会计师事务所未保持应有的职业谨慎和职业怀疑，未考虑到因管理层舞弊可能导致的重大错报风险，未采取进一步审计程序消除疑虑，未对涉及的非采购业务进行重新分类从而发生列报错误，未能发现同济堂向第三方的大额预付款最终流向同济堂控股股东的关联方非经营性资金占用行为（2023-8）。

（14）壬W会计师事务所在为广州市浪奇实业股份有限公司2018年、2019年年度报告审计中：①未对往来科目中不同客商之间的对冲凭证保持职业怀疑。广州浪奇往来科目凭证中，存在多笔不同客户、供应商之间的应收账款与应付账款的对冲凭证、预付账款与应付账款的对冲凭证，2018年、2019年对冲金额分别为9.36亿元、5.96亿元。壬W会计师事务所未对上述异常对冲情况保持职业怀疑，未对其商业实质获取充分、适当的审计证据，在2018年度实施应付账款细节测试时，未按样本检查程序实施审计工作。②未对重要供应商预付账款异常情况保持职业怀疑。广州市公平油料供应有限公司（以下简称油料供应）、深圳市潼洲实业有限公司（以下简称潼洲实业）为广州浪奇母公司2019年前十大供应商。在2019年度审计中，壬W会计师事务所获取母公司与上述2家公司签订的合同，合同约定付款方式为货到付款，而母公司会计凭证记载为预付账款。壬W会计师事务所未对上述异常情况保持职业怀疑并实施进一步审计程序（2023-10）。

（15）庚G会计师事务所在郑州华晶金刚石股份有限公司2018年报审计中未实施充分审计程序核查应付账款。庚G会计师事务所未实施充分审计程序核查豫金刚石应付账款，具体如下：一是豫金刚石与郑州鸿展超硬材料有限公司（以下简称鸿展）、洛阳艾伦特合金材料有限公司（以下简称艾伦特）、郑州木之秀商贸有限公司（以下简称木之秀）、深圳市金之源黄金珠宝有限公司（以下简称金之源）之间存在大量非经营性资金往来等异常情况，庚G会计师事务所及涉案注册会计师未能保持足够的执业谨慎，未对上述异常情况实施必要的审计程序。二是豫金刚石向中融智造借入20 000万元，但该款项未转入豫金刚石银行账户，而是转入豫金刚石指定的金之源银行账户，该指定收款行为说明豫金刚石与金之源之间可能存在关联关系。中融智造案一审判决书描述了上述指定收款情形，因庚G会计师事务所及涉案注册会计师未取得中融智造案一审判决书及其他审计证据，导致其未能发现该异常情况（2023-11）。

（16）庚G会计师事务所在为华晨汽车集团控股有限公司2017年、2018年年报审计中：①2017年其他应收款审计程序存在缺陷。经查，2017年末，华晨集团对出售晨宝（辽宁）股权交易对手方华益新其他应收款余额为2 205 470 000元。在对其他应收款执行审计程序时，《函证控制表》显示，根据回函，可以直接确认对出售晨宝（辽宁）股权交易对手方的其他应收款余额，但是未见有关发函回函等函件材料；庚G会计师事务所计划执行“了解重大明细项目的其他应收款内容及性质，进行类别分析，重点关注是否存在资金被关联企业（或实际控制人）大量占用、变相拆借资金、隐形投资、误用会计科目、或有损失等现象”审计程序，审计底稿显示，该审计程序对应执行索引为其他应收款明细表，该表包含单位性质、期初余额、发生额、调整数、年末余额、账龄、款项性质等信息，但未见庚G会计师事务所在该表中填列相关款项性质等信息，该审计程序执行存在缺陷。②2018年其他应收款审计程序存在缺陷。2018年，华晨集团对出售晨宝（辽宁）股权交易对手方华益新其他应收款余额为2 155 430 000元，对晨宝（辽宁）其他应收款余额为2 012 237 769.80元。在对其他应收款执行审计程序时，《发函情况表》显示，庚G会计师事务所均通过向出售晨宝（辽宁）股权交易对手方华益新、出售绵阳华瑞汽车有限公司交易对手方晨宝（辽宁）发函确认余额，但是未见向出售晨宝（辽宁）股权交易对手方华益新有关发函等材料。庚G会计师事务所计划执行“了解重大明细项目的其他应收款内容及性质，进行类别分析，重点关注是否存在资金被关联企业（或实际控制人）大量占用、变相拆借资金、隐形投资、误用会计科目、或有损失等现象”审计程序，审计底稿显示，该审计程序对应执行索引为其他应收款明细表，该表包含单位性质、期初余额、发生额、调整数、年末余额、账龄、款项性质等信息，但未见庚G会计师事务所在该表中填列相关款项性质等信息，该审计程序执行不到位（2023-14）。

（17）庚G会计师事务所在为华晨汽车集团控股有限公司2017年、2018年年报审计中：2018年应收票据审计程序存在缺陷。审计底稿显示，2018年6月30日，华晨集团作借记应收票据1 900 000 000元的账务处理，该金额为华晨集团转让晨宝（辽宁）股权部分支付对价，记账日期与相关底稿显示出票日为2018年12月16日、到期日为2019年6月16日的应收票据出票日期差距较大，但庚G会计师事务所未采取进一步审计程序，且与其所计划实施“对于大额票据，应取得相应销售合同或协议、销售发票和出库单等原始交易资料并进行核对，以证实是否存在真实交易”的审计程序要求不符（2023-14）。

6．长期股权投资、投资收益审计程序

（1）庚G会计师事务所在为华晨汽车集团控股有限公司2017年、2018年年报审计中：2017年长期股权投资审计程序存在缺陷。针对长期股权投资项目，庚G会计师事务所将其认定为年报审计重大账户，执行了“对本期发生的长期股权投资的增减变动，检查至支持性文件，确定其会计处理是否正确”的审计程序。经查审计底稿，一是庚G会计师事务所获取了设立晨宝（辽宁）的董事会决议、华晨集团转让51%股权后的晨宝（辽宁）公司章程和营业执照，但未获取股权转让法律文书、除上述公司章程和营业执照外的其他工商登记资料等支持性文件；二是晨宝（辽宁）公司章程显示，华晨集团转让51%股权对手方沈阳华益新汽车销售有限公司（以下简称华益新）出资方式为实物，且股权转让前后晨宝（辽宁）股本未发生变化，而华晨集团已将该51%股权对价记入其他应收款，因此出资方式为实物的情况与事实不符；三是庚G会计师事务所获取了转让晨宝（辽宁）价格的相关证据，但未对证据进行进一步分析评价。庚G会计师事务所未严格执行审计计划，未获得充分、适当的审计证据（2023-14）。

（2）庚G会计师事务所在为华晨汽车集团控股有限公司2017年、2018年年报审计中：①2017年投资收益审计程序未有效执行。因转让晨宝（辽宁）51%股权，华晨集团确认投资收益802 512 779.47元，使华晨集团2017年归属于母公司所有者的净利润由巨额亏损变为大幅盈利。经查，庚G会计师事务所计划实施“对本期发生的投资收益，结合相关审计、检查支持性文件，确定入账金额及会计处理是否正确”以及“结合投资和银行存款等的审计，确定投资收益被记入正确的会计期间”等程序，但审计底稿显示，亚太所未针对802 512 779.47元投资收益有效实施上述程序，未获得有关支持性文件。②2018年未对公司多次大额股权转让并确认大额投资收益保持应有的职业怀疑。经查审计底稿，2018年末，公司长期股权投资科目金额减少1 150 398 697.81元，其中主要为2018年6月21日，华晨集团董事会决议转让晨宝（辽宁）剩余49%股权，《股权转让合同》确定转让价格为1 849 960 000元，对应长期股权投资科目账面金额减少1 078 919 682.47元，据此确认投资收益771 040 317.53元；股权交割日为合同签订日，支付方式为合同生效后180日内支付全部款项，合同生效条件为双方法定代表人/授权代表签字并盖公章/合同章，但本合同仅盖公章和人名印章，未签署日期；股权转让对手方签字处人名印章为高某刚，同作为长期股权投资科目审计底稿的多张华晨集团内部转账通知单、付款审批单上均有高某刚签字。2018年12月19日，华晨集团董事会决议向晨宝（辽宁）转让绵阳华瑞汽车有限公司100%股权，对应长期股权投资科目账面金额减少64 360 152.53元，《股权转让合同》确定转让价格为1 949 441 791.19元，据此确认投资收益1 885 081 638.66元；股权交割日为合同签订日，支付方式为合同生效后180日内支付全部款项，合同生效条件为经双方法定代表人/授权代表签字并盖公章/合同章，但本合同仅盖公章，未经签字，且未签署日期；同时亚太所也未获取股权转让后的绵阳华瑞汽车有限公司工商登记等资料。庚G会计师事务所未对以上重大或异常情况保持必要的职业怀疑，未正确评价和分析已获取的审计证据，审计结论不恰当。③2018年未针对转让晨宝（辽宁）和绵阳华瑞汽车有限公司股权确认的投资收益执行有效审计程序。经查2018年庚G会计师事务所投资收益审计底稿，转让晨宝（辽宁）和绵阳华瑞汽车有限公司股权确认的投资收益合计2 656 121 956.19元，占2018年合并报表母公司披露投资收益总额比例为92.30%，除投资收益审定表、明细表和凭证抽查表外，未见其他有关投资收益审计证据，庚G会计师事务所未针对转让晨宝（辽宁）和绵阳华瑞汽车有限公司股权确认的投资收益执行有效审计程序（2023-14）。

7.内部控制、业务系统、职业判断等其他审计程序

（1）乙V会计师事务所在对康美药业股份有限公司2016—2018年年度报表审计时：2016年和2017年年报审计期间，乙V会计师事务所未对康美药业的业务管理系统实施相应审计程序，未获取充分适当的审计证据。捷科SCM3.0新架构供应链系统（以下简称捷科系统）为康美药业的业务管理信息系统，金蝶EAS系统是康美药业进行账务处理的信息系统。乙V会计师事务所相关审计人员明知康美药业捷科系统的

存在，未关注捷科系统与金蝶EAS系统是否存在差异，未分析差异形成的原因及造成的影响，未实施必要的审计程序。具体包括：①在财务报表层面了解信息技术的运用时，未涵盖业务管理系统。根据审计底稿的记载，康美药业的销售业务流程是基于捷科系统开展，从捷科系统发起销售订单，并经过一系列流程，最终通过系统配送货物。在知悉康美药业存在捷科系统的情况下，乙V会计师事务所仅了解了金蝶EAS系统，未涵盖捷科系统。②乙V会计师事务所了解金蝶EAS系统时，未执行审计程序了解金蝶EAS系统与捷科系统之间数据的勾稽关系。金蝶EAS系统与捷科系统的销售数据存在明显差异，乙V会计师事务所却未执行审计程序了解捷科系统的数据如何结转至金蝶EAS系统。③乙V会计师事务所实施风险应对措施时，未从业务管理系统获取审计证据。乙V会计师事务所在内控测试、实质性程序中计划获取销售出库单等业务单据，但仅从金蝶EAS系统获取审计证据，没有追溯至捷科系统，也没有说明未追溯至捷科系统的理由，获取的审计证据不具有充分性和适当性（2021-1）。

（2）丁N会计师事务所在对山东胜通集团股份有限公司2013—2017年年度报表审计时：内部控制审计程序存在缺陷。丁N会计师事务所对胜通集团2013—2017年度审计时，只在胜通集团层面进行控制测试，没有在胜通集团各子公司实施控制测试，未在了解被审计单位及其环境、内部控制审计程序中获取胜通钢帘线、胜通光科的ERP系统数据，没有对ERP系统实施内部控制审计程序，未获取充分适当的审计证据。胜通钢帘线、胜通光科的ERP系统数据均可反映两家公司的实际业务情况。通过获取胜通钢帘线、胜通光科的ERP系统数据，可以发现胜通钢帘线、胜通光科存在虚假采购、销售的事实。丁N会计师事务所审计过程中未了解与财务报告相关的信息系统（包括相关业务流程），未进行重大业务内部控制测试，在控制测试环节的结论为“控制有效，可适当简化实质性测试”，选择了对控制有效性的高度信赖，该评价没有充分、适当的审计证据支持（2021-7）。

（3）庚G会计师事务所在对中融双创（北京）科技集团有限公司《公司债券年度报告（2017年）》报表审计时：未充分考虑中融双创财务内部控制方面的风险。庚G会计师事务所编制的中融双创主要财务人员名单互相矛盾，未充分考虑中融双创财务内部控制方面的风险（2021-15）。

（4）癸X会计师事务所在对广东金刚玻璃科技股份有限公司2016年、2017年年度报表审计时：①金刚玻璃2016年和2017年年报审计期间，未对金刚玻璃的业务管理系统实施相应审计程序，未获取充分适当的审计证据。ERP系统为金刚玻璃的业务管理信息系统，用友财务软件系统为金刚玻璃进行账务处理的信息系统。癸X会计师事务所相关审计人员未关注金刚玻璃ERP系统与用友财务软件系统是否存在差异；在财务报表层面了解信息技术的运用时，未执行审计程序了解公司ERP系统的数据如何结转至用友财务系统，未了解并涵盖ERP系统；在实施风险应对措施时，未从公司ERP系统获取审计证据，仅从用友财务系统获取审计证据，完全信赖了金刚玻璃提供的相关收入凭证附件，获取的审计证据不具有适当性，导致未发现该公司用友财务软件系统与ERP系统的销售数据存在明显差异。②2016年未按审计计划执行内控测试审计程序。审计底稿未见金刚玻璃2016年总体审计策略和具体审计计划，也未按照其向证监会会计监管系统提交的审计计划执行内控测试审计程序，导致未能识别金刚玻璃内控存在的重大缺陷，即得出金刚玻璃内控测试有效的审计结论（2022-1）。

（5）甲U会计师事务所在对乐视网信息技术（北京）股份有限公司2015年和2016年年度报表审计时：①在2015年度财务报表审计时，未勤勉尽责，出具的报告存在虚假记载。注册会计师在风险评估时，认定乐视网客户管理层、股东、关键管理人存在舞弊风险，该风险与公司所有内部控制相关、与财务报表整体广泛相关、与报表中所有科目相关，是仅通过实质性程序无法应对的重大错报风险；认定“收入的真实性及收入确认时点是否正确的风险”与销售与收款循环内部控制相关、与财务报表整体广泛相关，与营业收入、成本的真实性、完整性及相关科目的准确性相关。其一，未对广告业务“销售与收款循环”内部控制中的重要环节进行穿行测试。乐视网广告业务内部控制流程有“对账与调节”环节：应收账款主管每月复核与客户的对账报告，即向客户寄发的对账单是否均已收回，客户回复金额是否与明细账记录金额一致，如有差异，差异原因是否已经调查，是否需要调整会计记录。注册会计师未对这一重要环节进行穿行测试。其二，未执行控制测试。注册会计师未选取样本对广告业务“销售与收款循环”内部控制有效性进行测试，却得出“内控有效”的审计结论。其三，IT审计测试——方舟系统的审计结论缺少证据支持。注册会计师通过访谈了解了乐视网广告业务系统——方舟系统的基本情况，认为广告业务较为人工控制，要求提取奥凯航空有限公司天津分公司、北京易美广告有限公司等5家公司广告投放量、排期等系统数据。注册会计师在审计工作底稿中记载：“五家公司投放量、排期等系统数据提取尚未提供，无样本”，注册会计师也未进行穿行测试、控制测试，却得出“未发现异常”的审计结论。

②在2016年度财务报表审计时，注册会计师在风险评估时，认定乐视网客户管理层、股东、关键管理人存在舞弊风险，该风险与公司所有内部控制相关、与财务报表整体广泛相关、与报表中所有科目相关，是仅通过实质性程序无法应对的重大错报风险；认定“收入是否真实、收入确认政策是否合理、收入确认时点是否正确、收入成本是否存在跨期的风险”与销售与收款循环内部控制相关、与财务报表整体广泛相关，与营业收入、成本的真实性、完整性及相关科目的准确性相关。对乐视网内部控制缺陷的判断存在错误。注册会计师对乐视网广告业务“销售与收款循环”进行了内控测试。控制目标“主要风险和报酬转移后对销售收入进行确认”对应的

控制措施描述为：广告实际投放后，应收账款主管复核与客户的对账报告，即向客户寄发的对账单是否均已收回，客户回复金额是否与明细账记录金额一致，如有差异，差异原因是否已经调查，是否需要调整会计记录。控制频率为每月一次。注册会计师将此控制认定为关键控制，以防止未经发布的广告确认了收入。注册会计师在穿行测试时即发现这一控制措施未得到执行，即没有收到客户的对账回单，但仍得出“未发现销售收款循环中有缺失的环节”的审计结论，也未选取样本进行控制测试。注册会计师在“业务层面缺陷评估表”中将发现的两个内控缺陷描述为：其一，乐视网每月根据广告的实际投放进度与客户进行对账，但未留下纸质对账单；其二，乐视网签订的广告合同约定有第三方检测报告，但实际业务执行过程中大部分为内部数据信息，该信息财务未留存。对方收到对账邮件后未反馈就视同认可。建议公司留存对方确认信息或双方签字确认。注册会计师将上述两个缺陷认定为一般缺陷。根据乐视网广告业务特点、广告行业的通常做法以及注册会计师对此控制措施的认定，上述缺陷应属内部控制的重大缺陷，注册会计师判断错误。同时，注册会计师也未意识到上述重大缺陷增加了广告业务的舞弊风险（2022-4）。

（6）丙M会计师事务所在对上海富控互动娱乐股份有限公司2013—2015年年度报表审计时：①未按总体审计策略的要求对专利使用费收入等实施内部控制审计程序。其一，2013年，丙M会计师事务所在2013年度总体审计策略审计工作底稿中，对可能存在重大错报风险的领域描述为高估收入，低估成本。拟采取的应对措施为加大控制测试量，关注与上期和同行业数据比较等，而在销售与收款循环审计程序中，丙M会计师事务所未按照总体审计策略的要求，对中技桩业的专利使用费收入实施了解内部控制及控制测试程序。其二，2014年度总体审计策略审计工作底稿中，丙M会计师事务所将可能存在重大错报风险的领域描述为高估收入，低估成本。拟采取的应对措施为加大控制测试量，关注与上期和同行业数据比较等，而在销售与收款循环审计程序中，丙M会计师事务所未按照总体审计策略的要求，对中技桩业的专利使用费、技术服务费收入实施了解内部控制及控制测试程序。其三，2015年度总体审计策略审计工作底稿中，将可能存在重大错报风险的领域描述为高估收入，低估成本。拟采取的应对措施为加大控制测试量，关注与上期和同行业数据比较等，而在销售与收款循环审计程序中，丙M会计师事务所未按照总体审计策略的要求，对中技桩业的专利使用费、技术服务费、商标使用费收入实施了解内部控制及控制测试程序。

②实质性程序存在缺陷。其一，2013年，一是未关注专利被许可方经营规模、经营范围的异常情况。针对中技桩业2013年度新增的专利使用费收入，丙M会计师事务所通过获取专利使用费发票、专利授权使用的合同等资料，来确认专利费收入的真实性，但未能对专利被许可方是否具有相应的规模、经营范围是否包括这些业务等情况进行核实。二是未对专利实施许可合同约定销售对象异常情况保持职业怀

疑。丙M会计师事务所2013年度审计工作底稿中所附的部分《专利实施许可合同》约定："被授予方利用中技桩业的专利技术生产产品，仅能销售给中技桩业及其体系内公司"，对于上述合同约定，丙M会计师事务所未关注商业模式的合理性，未对异常情况保持职业怀疑。其二，2014年，一是未对计划实地访谈的温州浙南管桩有限公司、杭州固华新材料科技有限公司2家专利被许可方进行实地访谈。二是未对专利被许可方的经营范围与专利实施许可合同授权使用的产品严重不符的情况保持职业怀疑。其三，2015年，未关注专利被许可方经营状态的异常情况。丙M会计师事务所在对富控互动2015年度专利使用费收入进行审计时，未保持职业怀疑，未对专利被许可方的经营状态予以了解，进而未能发现专利使用费收入虚假。根据公开资料显示，武汉浙南管桩有限公司2015年度处于歇业状态（2022-5）。

（7）己F会计师事务所在对长园集团股份有限公司2016年、2017年年度报表审计时：未合理运用职业判断。2016年12月26日，长园和鹰与安徽红爱签订了金额为7 470万元的销售合同（以下简称《7 470万元合同》），约定就智能工厂项目向安徽红爱销售智能裁剪系统、服装吊挂系统及183套智能三维人体扫描仪。2016年12月29日，和鹰设备又与安徽红爱签订金额为3.4亿元的合同（以下简称《3.4亿元合同》），约定向安徽红爱提供智能工厂系统全面解决方案，该合同取代以往达成的各项协议。2016年长园和鹰依据《7 470万元合同》和销售出库单，按照销售商品确认收入6 384.62万元，成本5 340.86万元。己F会计师事务所未合理运用职业判断，未关注到《7 470万元合同》已于2016年12月29日被《3.4亿元合同》所取代，且智能裁剪系统、服装吊挂系统及智能三维人体扫描仪是安徽红爱智能工厂整体项目的组成部分，按照《企业会计准则第15号—建造合同》第七条的规定，相关商品应当纳入智能工厂项目整体按照建造合同进行核算（2022-6）。

（8）己F会计师事务所在对东方金钰股份有限公司2017年年度报表审计时：己F会计师事务所的内部控制测试程序存在重大缺陷。①己F会计师事务所执行的内部控制测试程序不完整，未对重要组成部分姐告宏宁执行控制测试，部分工作底稿缺失。己F会计师事务所执行的内部控制测试存在以下重大缺陷：第一，在成本核算与控制的控制测试中，仅执行了询问程序，获取的审计证据不充分；第二，在销售业务的控制测试中，仅针对客户及信用管理的相关控制点进行测试，订单录入、发货、记录应收账款、退换货、收款等流程的关键控制点未见测试记录；第三，在确定内部控制测试多业务单元范围时，未纳入重要组成部分姐告宏宁，控制测试中未包含姐告宏宁的采购、存货管理、销售等业务流程的内部控制；第四，穿行测试和控制测试相关审计底稿中记录了测试的程序、步骤、过程和结论等，并附有获取的资料清单，但审计底稿中未见上述资料原件或复印件。

②己F会计师事务所未审慎对待控制测试中发现的内部控制执行缺陷，未对审

计证据中可能显示内部控制无效的情况保持必要的职业怀疑。己F会计师事务所未审慎对待内部控制的执行缺陷和可能显示内部控制无效的情况：第一，己F会计师事务所在执行控制测试时发现客户信息维护和供应商维护存在执行缺陷，上述缺陷可能造成未经授权和审批的收入确认，但己F会计师事务所得出的结论为“测试未发现偏差，控制运行有效”；第二，己F会计师事务所在发现内部控制执行缺陷后，未保持必要的职业怀疑，未向治理层和管理层通报内部控制缺陷，也未审慎对待并修正风险评估结果，修改进一步审计程序的性质、时间安排和范围以应对可能由于舞弊导致的重大错报风险；第三，部分异常情况显示姐告宏宁的内部控制可能无效：一是姐告宏宁翡翠毛料、原料的采购入库单和销售出库单编号存在采用多种编码形式、未按照时间顺序连续编码等异常情况，显示存货出入库相关的内部控制可能运行无效；二是部分审计底稿中姐告宏宁的记账凭证记录的制证、复核、记账、会计主管均为张某科一人，显示公司财务报告相关的内部控制可能无效；三是在对营业收入执行细节测试时获取的相关记账凭证所附单据在报告期内未保持一致，显示与销售业务相关的内部控制可能未能一贯执行。己F会计师事务所未对上述异常情况予以关注，未见评价“是否表明存在由于舞弊导致的重大错报风险”，也未见实施必要的审计程序以追踪异常情况的原因及影响（2022-8）。

（9）庚G会计师事务所在对天夏智慧城市科技股份有限公司2016年年度报表审计时：在内部控制测试阶段，未恰当评价相关控制是否得到有效执行。①在工程建设内部控制测试程序中，未审慎评价所获取的审计证据，未保持合理的职业怀疑。庚G会计师事务所获取的审计证据显示以下异常：一是重庆市永川区智慧商圈设计、建设项目（以下简称永川项目）立项时间为2016年1月15日，而庚G会计师事务所审计获取的14份该项目的系统测试报告中有8份形成于2015年9—12月，早于立项。二是在安顺市西秀区智慧城市建设项目（以下简称安顺项目）中，项目甲方安顺智慧城市信息有限公司在25份装修工程质量验收记录、17份装修报验表、58份到货验收单等验收单据上签字、盖章的时间早于该公司成立和成为该项目甲方时间。三是安顺项目合同金额与变动后的各子项目合同总金额不一致。庚G会计师事务所对上述审计证据中的异常情况未予关注，未审慎评价，未保持合理的职业怀疑，未实施进一步审计程序。另外，庚G会计师事务所将永川项目的预算报告审批作为控制识别特征，但在未获取相应审计证据的情况下，直接将该项内控测试标注为未发现偏差。

②在穿行测试程序中，获取的审计证据不支持审计结论。庚G会计师事务所在执行与采购有关的穿行测试程序中共计选定16个主要控制点，其中5个控制点与发票相关。庚G会计师事务所选取了25个样本进行抽样测试，其中7个样本无采购发票，11个样本发票金额与采购凭证金额不符。控制过程记录所附4份记账凭证中，仅有1份记账凭证中附有少数发票，且发票金额与入账金额不符。上述审计证据明显不能支

持内部控制有效，但在未进一步获取充分、适当的审计证据的情况下，庚G会计师事务所直接得出与采购有关的内部控制得到有效执行的审计结论（2022–9）。

（10）己D会计师事务所在为易见供应链管理股份有限公司2018年、2019年年度财务报表审计中：信息系统审计程序存在缺陷。2017年至2019年年度，己D会计师事务所信息系统审计未对代付款和保理业务中涉及的易见股份区块系统数据真实性获取充分、适当的审计证据，且未进行有效验证。2018年度、2019年度己D会计师事务所在访谈中也未对易见股份区块系统中的数据是否来源于核心企业进行有效核实（2023–1）。

（11）壬I会计师事务所在为东方金钰股份有限公司2016年财务报表审计中：姐告宏宁相关内部控制测试程序存在缺陷。①销售与收款循环相关内部控制测试程序存在缺陷。经查，在已获取的审计证据中，壬I会计师事务所未获取销售信息报告、未检查新客户背景调查资料，未获取"销售员–销售经理–信用管理经理–总经理"对新客户信用额度层层审批的痕迹、客户的采购订单及审批痕迹，并未收集客户验收单/提货单等关键单据。壬I会计师事务所在销售与收款循环相关内部控制测试程序中，工作流于形式，存在缺陷。②采购与付款循环相关内部控制测试程序存在缺陷。经查，在已获取的审计证据中，未见检查订货单、采购信息报告、验收单、入库信息报告、供应商对账报告等。壬I会计师事务所在采购与付款循环相关内部控制测试程序中，工作流于形式，存在缺陷。壬I会计师事务所实施的上述销售与收款循环相关内部控制测试程序及采购与付款循环相关内部控制测试程序未能发现姐告宏宁内部控制存在异常的情况，未审慎评价是否存在由于舞弊导致的重大错报风险，也未能修正前期风险评估结果，并相应修改原计划实施的进一步审计程序（2023–6）。

（12）壬I会计师事务所在为天海融合防务装备技术股份有限公司2017年年度财务报表审计中：内部控制相关审计程序存在缺陷。在集团总体审计策略中，壬I会计师事务所将金海运认定为重要组成部分，并计划对金海运执行整体层面和业务层面的内部控制审计工作，但审计底稿未见壬I会计师事务所针对金海运开展相关内部控制测试程序的证据（2023–7）。

（13）壬I会计师事务所在为新疆同济堂健康产业股份有限公司2016年至2018年年报审计中：1）内部控制测试存在缺陷。一是壬I会计师事务所在2016—2018年内部控制测试过程中，获取的部分销售收入无客户签收确认、部分客户已审批授信额度小于客户实际赊销额度，获取的部分银行收款回单存在交易日与起息日不一致、同一银行经办柜员前后备注格式不一致、部分银行回单印鉴模糊等异常情形。对此，壬I会计师事务所未保持应有的职业谨慎和职业怀疑，未执行进一步审计程序消除疑虑，相关底稿记载的"控制运行有效"测试结论缺少充分、适当的审计证据支持。二是壬I会计师事务所在2016—2018年销售与收款循环穿行测试中，所检查同一项业务的各个环节获取的相关原始文件并非同一销售客户，无法达到追踪同笔交易在财务报告信息系统中的处理过程的效果，相关底稿将“控制活动是否得到执行”记载为“是”缺少充分、适当的审计证据支持。三是壬I会计师事务所在2017年采购与付款循环穿行测试中，所检查同一项业务的各个环节获取的相关原始文件并非同一供应商，无法达到追踪同笔交易在财务报告信息系统中的处理过程的效果，相关底稿将“控制活动是否得到执行”记载为“是”缺少充分、适当的审计证据支持（2023-8）。

（14）壬W会计师事务所在为广州市浪奇实业股份有限公司2018年、2019年年度报告审计中：贸易类存货的内部控制测试存在缺陷。广州浪奇2018年期末存货余额大幅增加，且2018年、2019年贸易类存货占比超过80%。壬W会计师事务所针对贸易类存货开展相关内部控制测试时存在以下缺陷：一是采购与付款控制测试方面，壬W会计师事务所将“到货验收”确定为主要业务控制点，但在所选取样本不符合控制活动要求的情况下，仍得出相关控制运行有效的结论。二是生产与仓储控制测试方面，壬W会计师事务所将“盘点结果的记录”“盘点清查”确定为主要业务控制点，但在抽样样本规模不足或未抽取盘点记录样本、所选取样本签字等载明信息不符合控制活动要求的情况下，仍得出相关控制运行有效的结论（2023-10）。

（15）庚G会计师事务所在郑州华晶金刚石股份有限公司2018年报审计中关于诉讼与索赔事项的审计程序执行不恰当。庚G会计师事务所对豫金刚石诉讼与索赔事项的审计程序存在以下缺陷：一是未获取重大诉讼事项的判决书等资料。审计工作底稿显示，豫金刚石2018年涉及多起诉讼事项，其中包括牛某萍诉豫金刚石民间借贷纠纷案、河南中融智造实业有限公司（以下简称中融智造）诉豫金刚石借款合同纠纷案、杭州厚经资产管理有限公司（以下简称杭州厚经）诉河南华晶超硬材料股份有限公司（以下简称河南华晶）民间借贷纠纷、上海浦东发展银行股份有限公司深圳分行（以下简称浦发银行深圳分行）诉深圳金利福借款合同纠纷案。庚G会计师事务所在复核记录载明，如豫金刚石在报告日前仍不提供并完整披露涉及资产保全和诉讼事项，庚G会计师事务所将作为保留意见事项进行处理。但庚G会计师事务所在知悉司法机关已对上述牛某萍诉豫金刚石民间借贷纠纷案、中融智造诉豫金刚石借款合同纠纷案、杭州厚经诉河南华晶民间借贷纠纷案作出一审判决的情况下，其实际未取得上述案件的一审判决书和案件材料，也未取得浦发银行深圳分行诉深圳金利福金融借款合同纠纷案相关案件材料，即出具了标准无保留意见的审计报告。二是未发现豫金刚石内部控制失效。豫金刚石涉诉事项及借款事项中，包含豫金刚石作为债务人向牛某萍借款5 500万元、向中融智造借款20 000万元，同时向深圳金利福开具5 000万元商业承兑汇票等事项，上述事项均未入账。且豫金刚石在上述事项涉及案件经司法机关一审判决后，未向庚G会计师事务所提供一审判决书，并称其对上述对外借款、开具票据等事项不知情，且无用印记录及会议决议等。庚G会计师事务所及涉案注册会计师未对上述事项保持职业谨慎和职业怀疑，未坚持按计划获取相关案件的判决书等资料，导致其未能发现豫金刚石内部控制失效。三是未对重大诉讼事项是否需计提预计负债及计提金额作出评估。根据上述事项的一审判决书，豫金刚石在2018年度应承担牛某萍案诉讼损失23 068 466.67元、中融智造案诉讼损失211 080 133.33元。因庚G会计师事务所及涉案注册会计师未取得上述诉讼一审判决书，导致其未能发现法院判决豫金刚石应承担的诉讼损失，未能对是否需计提预计负债及计提金额作出评估（2023-11）。

（16）庚G会计师事务所在郑州华晶金刚石股份有限公司2019年报审计中关于其他非流动资产的审计程序执行不恰当。审计工作底稿显示，豫金刚石因与河南林川建筑工程有限公司（以下简称林川建筑）之间的交易而产生非流动资产，具体如下：2019年12月9日，林川建筑对豫金刚石提起诉讼，请求豫金刚石向林川建筑支付工程款119 689 995.22元；2020年4月2日，林川建筑撤回起诉。2020年4月23日，林川建筑向亚太所回函显示，截至2019年12月31日，豫金刚石对林川建筑的预付工程款为118 324 455.80元，预付账款为2 454 161.10元，应付账款为4 812 206.28元。上述林川建筑的起诉状所列数据与回函金额明显不符，庚G会计师事务所及涉案注册会计师未对上述相互矛盾的审计证据保持应有的职业怀疑，未执行进一步审计程序消除疑虑（2023-11）。

（17）庚G会计师事务所在为珠海和佳医疗设备股份有限公司2020年年报审计中：内部控制测试存在缺陷。①未关注到恒源租赁开展融资租赁业务审批流程中“一人多角”的内控设计缺陷。恒源租赁开展融资租赁业务时需经过“合同/协议评审表”、“印章使用申请流程”、“项目投放款申请流程”等多个审批流程。如恒源租赁与金田弘开展融资租赁业务时，龚某明在“合同/协议评审表”中作为副总经理签字审批、在“印章使用申请流程”中作为部门经理签字审批、在“项目投放款申请流程”中分别作为风控部负责人、财务部负责人、中心副总经理签字审批。龚某明一人身兼多职，上述审批流程无法发挥应有作用。②未关注到部分融资租赁业务未严格执行合同评审流程。前海润龙等6家客户为恒源租赁2020年新增融资租赁客户，6家客户的合同金额占恒源租赁2020年新增融资租赁合同的71.71%。庚G会计师事务所对和佳医疗2020年度销售和收款循环实施控制测试，未关注恒源租赁与前海润龙、汇嘉美等客户签署合同时未严格执行合同评审流程，未见相关“合同/协议评审表”，未扩大检查其他融资租赁业务内控有效性，未能结合其他异常迹象进而发现融资租赁业务存在虚假情况。③未针对恒源租赁融资租赁业务合同约定的重要事项设计关键控制点执行内控测试。根据恒源租赁与客户签订的售后回租合同的约定，恒源租赁对融资租赁业务中租赁物负有较承租方更高的审查义务，如应对关于租赁物的现实状况、承租方履约能力等情况进行审查或跟踪。庚G会计师事务所未针对上述重要事项对应设计关键控制点执行内控测试。④未关注到和佳医疗内控未得到有效执行的异常迹象。庚G会计师事务所对和佳医疗2020年度销售和收款循环实施控制测试，抽查合同时未关注到部分重要融资租赁合同中存在异常情况，如恒源租赁与前海润龙签订融资租赁合同，相关合同用章申请时间晚于实际合同签署时间，未发现相关内控未得到有效执行（2023-13）。

8.计算错误

己F会计师事务所在对长园集团股份有限公司2016年、2017年年度报表审计时：合并报表时计算数据错误。按照被审计对象选择的完工百分比法，山东昊宝服饰有限公司智能工厂项目在2017年应确认1 538.26万元收入，635.72万元成本。己F会计师事务所在对长园和鹰合并层面进行核算时，将该项目收入错列为2 173.98万元，成本错列为1 538.26万元，导致长园集团2017年年报披露的基础数据出现错误，执业不审慎，未勤勉尽责（2022-6）。

（五）函证与监盘

1.函证

（1）丁D会计师事务所在对金亚科技股份有限公司2014年年度报表审计时：①未按要求执行货币资金的函证程序。2015年1月20日，审计人员在对金亚科技基本账户（440××××086）开户行（工商银行成都高新西部园区支行）函证时，未对询证函保持控制，未对询证函是否加盖银行公章事项给予充分关注，违反了《中国注册会计师审计准则第1312号——函证》第十四条的规定，上述行为导致丁D会计师事务所未能发现银行回函系金亚科技伪造，金亚科技虚增银行存款217 911 835.55元的事实。

②销售与收款循环函证程序不当，未关注重大合同的异常情况。其一，应收账款函证程序不当。未对存在不确定性的发函地址实施进一步审计程序，导致未能发现错误及不存在的发函地址，且审计工作底稿未记录发函和回函过程，现有证据无法证实其对函证保持控制；同时丁D会计师事务所未关注回函中的异常情况，未正确填写被询证者地址。现有证据未能证实丁D会计师事务所针对未收到回函的客户实施了进一步替代程序，以证实应收账款是否真实存在，计价是否正确。其二，对重大合同的异常情况，未保持合理的职业怀疑。对金亚科技2014年前二十大客户及金额较大合同进行查验，并在审计工作底稿中予以记录。经调查，其中7份合同存在异常情况，存在未签字盖章、两份合同编号相同等异常情况。审计人员未保持职业怀疑，未充分关注重大合同中的异常情况，未实施进一步审计程序。

③采购与付款函证程序不当。审计工作底稿中“发函清单”显示共发出28份函

证，其中13份（占函证的46.43%）存在发函地址与发票地址不一致等异常情况，丁D会计师事务所未关注上述异常情况。审计工作底稿未记录收发函物流信息，也未记录应付款的函证结论（2018-2）。

（2）丁N会计师事务所在对广东广州日报传媒股份有限公司2011年、2012年和2013年半年报及2013年年度报表审计时：在对香榭丽营业收入和应收账款执行函证审计程序时，未对询证函保持有效的控制，未针对函证过程中出现的异常情况追加必要的审计程序。丁N会计师事务所审计底稿中保留的函证发出快递单和回函快递单均不完整，如在香榭丽630审计过程中，丁N会计师事务所选取了香榭丽31个客户（该31个客户的应收账款金额占比情况为：截至2011年12月31日占比77.84%，截至2012年12月31日占比89.31%，截至2013年6月30日占比90.21%）进行函证，函证的发出快递单留存25份，缺失了6份，占比19.35%，而对应的该6家公司，均存在销售业务虚假的情形。回函快递单缺失8份，占比25.81%，其中对应的7家公司存在销售业务虚假的情形。同时，丁N会计师事务所在函证时未按照审计准则要求核实被询证者的姓名等信息的真实性，函证发出后未采取与客户电话联系等方式对函证进行跟踪确认。经查，丁N会计师事务所针对被询证者是否为被函证单位的员工没有核对，也没有核对收件人及被询证者的姓名及联系方式。此外，丁N会计师事务所在函证过程中出现了发函地址与查询地址不一致、发出询证函未加盖香榭丽公章仍收到回函、有回函快递单但无发函记录等异常。如在香榭丽630审计底稿中，上海集思堂广告有限公司、广州弘易广告有限公司、北京炎黄盛世广告有限公司3家公司的发函地址与丁N会计师事务所审计底稿后附的网上查询工商登记地址不一致；重庆翰宗广告传媒有限公司的函证没有加盖香榭丽的公章，仍收到回函；在2013年年报审计中，未见盛世长城国际广告上海分公司、广西金拇指科技有限公司两家公司的询证函及发函记录，但存在这两家公司的回函快递单。经查，上述公司与香榭丽之间的销售业务均存在虚假。丁N会计师事务所没有保持应有的职业怀疑，未针对上述异常情形追加必要的审计程序，获取进一步审计证据消除疑虑，导致未发现上述业务的虚假（2018-4）。

（3）甲A会计师事务所在对成都华泽钴镍材料股份有限公司2013年、2014年年度报表审计时：未对询证函回函的异常情况保持应有的关注。华泽钴镍2013年年报审计工作底稿显示，甲A会计师事务所通过传真取得的9家不同单位的询证函回函上所记录时间，最早为2014年4月17日下午3：44，最晚为同日下午3：49，中间间隔仅5分钟。针对询证函回函（均系传真件）时间高度集中的异常现象，会计师未给予应有的关注，未对回函的来源进行核验，所获取的审计证据可靠性低。华泽钴镍2014年年报审计底稿显示，甲A会计师事务所在进行函证程序收到6家单位的询证函回函中，有4家盖章为非“鲜章”，2家为“鲜章”。但甲A会计师事务所并未对上述异常情况进行关注，也未设计和实施必要的审计程序予以核验，审计底稿中亦未见任何对此异常情况予以关注的说明以及实施审计程序的任何证据资料（2018-6）。

（4）戊E会计师事务所在对山东新绿食品股份有限公司2015年年度报表审计时：未按审计准则规定对银行存款实施充分函证程序。新绿股份有银行账户44个，包含正常账户30个和已销账户14个，其中9个为2015年和2016年销户。审计过程中，戊E会计师事务所仅对34个银行账户实施了函证程序，未对应当实施函证程序的其余5个银行账户进行函证，未函证的账户包含莒南县工行账户（2020-1）。

（5）甲A会计师事务所在对湖南千山制药机械股份有限公司2015年及2016年年度报表审计时：应收账款函证程序存在缺陷。经查明，甲A会计师事务所未严格执行审计准则的相关要求实施函证程序、评价函证程序所获取证据的可靠性。2015年及2016年度审计底稿中，千山药机部分客户的回函附带了一份“办理说明”，要求客户在回函前先传真或扫描发送至千山药机财务部。同时，“办理说明”中所留回函传真、扫描以及存在疑问进行核实的联系人、联系方式、电子邮箱等均为千山药机财务部工作人员的信息。会计师以附带“办理说明”的方式进行函证，函证程序缺乏独立性、函证证据缺乏充分性、适当性、可靠性（2021-2）。

（6）乙L会计师事务所在对安徽盛运环保（集团）股份有限公司2016年年度报表审计时：银行存款函证程序执行不到位。乙L会计师事务所在执行银行账户清单与开户信息核对程序时，发现宣城中科环保电力有限公司、桐庐盛运环保电力有限公司、鹰潭中科环保电力有限公司、伊春中科环保电力有限公司的部分银行账户在开户信息上存在但被审计单位未纳入财务核算的情况，对此事项，乙L会计师事务所仅询问了被审计单位财务总监及财务人员、获取了关于未入账账户未使用的说明，未执行函证程序，也未保持应有的职业怀疑并实施进一步审计程序，导致未识别出相关资产负债19 789.94万元（2021-9）。

（7）戊E会计师事务所在对斯太尔动力股份有限公司2016年年度报表审计时：函证和访谈获取的证据可靠性受到被审计单位的影响。2016年12月26日，戊E会计师事务所审计人员赴苏控集团，对苏控集团唐某昊进行了访谈和当面函证，斯太尔时任财务总监姚某全程现场陪同。戊E会计师事务所未保持职业怀疑并审慎评价姚某的行为对函证和访谈获取的审计证据效力的不利影响，未能就相关收入获取充分、适当的审计证据（2021-3）。

（8）甲A会计师事务所在对深圳市索菱实业股份有限公司2016年、2017年年度报表审计时：未按要求执行函证程序。甲A会计师事务所向索菱股份客户发出询证函，存在发函地址与注册地址不一致、发函地址是其他公司注册地址、发函联系人和回函联系人不是客户员工等异常情况，甲A会计师事务所仅向索菱股份提供的联系人进行电话联系确认，未采取恰当的审计措施确保函证的可靠性；对未回函客户未执行有效的替代审计程序；未对个别银行账户实施函证程序，也没有说明未发函的原因（2021-4）。

（9）丁N会计师事务所在对山东胜通集团股份有限公司2013—2017年年度报表审计时： 应付账款审计程序存在缺陷。丁N会计师事务所在对胜通钢帘线应付账款进行审计时，对供应商期末应付账款余额进行的函证程序存在以下缺陷：①未对函证实施过程保持控制，将供应商汇通贸易、上海翌丰、青岛邦瑞奇、山东圣丰物资有限公司、潍坊特钢集团有限公司询证函交由胜通集团的工作人员发出，具体过程与应收账款询证函代为发出情况一致（胜通集团后安排将虚假回函给丁N会计师事务所）。②未对取得的回函进行评价，无法保证回函的可靠性。审计底稿中部分回函由胜通集团人员提供，部分回函附有邮寄至丁N会计师事务所的快递单，但由于审计人员未直接发出函证，无法保证回函来源于被询证者或经其授权。丁N会计师事务所将应付账款函证交由胜通集团代为发出的行为，导致其未能发现应付账款期末余额与供应商账面余额不符的异常情况，进而未能发现胜通集团利用胜通钢帘线、胜通化工虚构采购的事实。丁N会计师事务所在应付账款实质性程序中，未对函证保持控制，实施函证程序的结果无法为应付账款提供可靠的审计证据（2021-10）。

（10）甲A会计师事务所在对延安必康制药股份有限公司2018年年度报表审计时： 货币资金审计程序存在缺陷。延安必康虚增货币资金的行为主要发生在其全资子公司陕西必康7223账户，甲A会计师事务所对该银行账户货币资金审计程序存在以下缺陷：甲A会计师事务所在对7223账户前往相关开户银行实施函证程序中未现场取得回函，审计工作底稿中记录的“现场回函”与通过邮寄方式收到回函的实际情况不符，且邮寄回函过程中审计人员与银行的电话联系情况以及寄送回函的快递单、相关快递物流查询信息未保存记录在工作底稿中。审计工作底稿中保存的邮寄方式收到的银行对账单显示，7223账户日均余额持续较大（2018年1月4日至2月账面每日余额在1.5亿元至4.6亿元之间，3月每日余额在4.5亿元至8.45亿元之间，4—12月每日余额在8亿元至17亿元之间），占陕西必康及延安必康银行存款余额比例持续较高（2018年12月31日该账户账面余额为8.14亿元，占陕西必康银行存款账面总余额的97.95%，占延安必康银行存款账面总余额的80.20%），具有“重大性”。甲A会计师事务所通过邮寄方式收到的上述回函及银行对账单存在以下情形：①邮寄回函快递单显示的寄件人并非前期甲A会计师事务所对接的银行工作人员；②询证函共9页，前8页内容为甲A会计师事务所填列的银行存款余额等信息，第9页为需要银行核对信息并确认与否的签字盖章页，前8页和第9页的骑缝处印戳内容分别为“甲A会计师事”和“所（特殊普通合伙）河南分”，拼接后显示的印章内容相比甲A会计师事务所河南分所全称“甲A会计师事务所（特殊普通合伙）河南分所”缺少“务”“所”两字，印戳明显不完整，而审计工作底稿中其余银行回函骑缝章均能够核对一致；③银行对账单“借/贷”栏全部显示为“贷”，不符合资金既有转入又有转出的实际情况。上述情况表明7223账户银行询证函回函资料可能存在被篡改等舞弊风险（2021-11）。

（11）丁X会计师事务所在对甘肃皇台酒业股份有限公司2016年年度报表审计时：未按要求对委托代销商品执行函证程序。①未对函证过程保持有效控制。其一，审计工作底稿中未记录向古浪亚细亚商贸有限公司、天祝藏族自治县供销商城银华经销部（以下简称天祝银华）、武威市凉州区海润酒业商行（以下简称海润商行）发函的方式，也未记录海润商行回函的方式。其二，天祝银华回函的快递单显示，寄件人信息一栏填写的寄件人为徐某章（天祝银华负责人），但由皇台日新销售有限公司员工梁某签署，审计人员未关注到此情形。其三，相关询问笔录显示，天祝银华、海润商行的询证函分别由梁某、皇台酒业员工蔡某负责联系签字盖章，且徐某章、梁某、蔡某在询问笔录中均否认对询证函盖章时有丁X会计师事务所审计人员在场。②未按要求执行替代性程序。丁X会计师事务所称其对古浪县天然居大酒店代销库存商品账面金额采取积极式函证，但未收到询证函回函，对未回函事项实施的替代性程序为检查皇台酒业发货明细清单。审计工作底稿显示，皇台酒业发货明细清单无接货验收人的签字，未填列联系电话、接货时间，发货品种与委托代销品种不一致，且数量及金额远小于委托代销数量和金额。同时，丁X会计师事务所未在审计工作底稿中记录替代性程序实施过程（2021-13）。

（12）戊E会计师事务所在对北京蓝山科技股份有限公司2017—2019年和2020年公开发行股票事项报表审计时：①未对银行对账单和银行函证保持职业怀疑，未对获取过程保持控制。其一，未对2017年度和2018年度银行对账单异常情况保持职业怀疑，未对2019年度银行对账单的获取过程保持控制。一是未能识别虚假银行对账单的明显异常之处。对蓝山科技及下属子公司北京中经赛博科技有限公司（以下简称中经赛博）、北京蓝山量子科技有限公司（以下简称蓝山量子）2017—2019年度的审计工作底稿中，中国工商银行北京大屯路支行银行对账单系蓝山科技伪造，且内容与真实对账单不符。戊E会计师事务所未对虚假银行对账单明显异常保持职业怀疑，导致其未能发现蓝山科技账实不符。二是获取银行对账单过程失控。在2019年度审计过程中，李铁庆与蓝山科技出纳一同前往银行打印银行对账单，因李铁庆在银行门外等候，导致其未能发现对账单虚假。三是本案项目组回复复核意见时称银行对账单系亲自下载或打印，与实际情况不符。戊E会计师事务所审计工作底稿显示，戊E会计师事务所内部复核人员询问蓝山科技审计项目组银行对账单来源时，项目组人员回复称系由项目组人员亲自在网上打印或者亲自到银行打印，但实际上并未亲自上网下载打印，也未亲自进入银行打印对账单，相关银行对账单均由蓝山科技提供。由于未对获取银行对账单的整个过程保持控制，导致戊E会计师事务所最终从蓝山科技工作人员处获取了虚假银行对账单，从而未能发现蓝山科技银行存款账实不符。其二，未对2017年度和2018年度银行询证函内容异常情况保持职业怀疑，未对银行函证过程保持控制。一是未对询证函的异常情况保持职业怀疑。对蓝山科技及下属子公司中经赛博、蓝山量子2017年度和2018年度的审计工作底稿中，中国工商银行北京大屯路支行银行询证函系蓝山科技伪造，并非银行回函，虚假询证函的余额与真实情况不符，并存在明显异常情况，戊E会计师事务所均未关注，未能保持职业怀疑。二是未能对银行函证过程保持控制。经查阅中国工商银行北京大屯路支行留底的戊E会计师事务所询证函，询证函中要求该支行回函至戊E会计师事务所，但2017年度和2018年度询证函所列的回函地址均为蓝山科技关联公司地址，所列联系人为蓝山科技工作人员。对蓝山科技及下属子公司2017年度审计工作底稿中未见中国工商银行北京大屯路支行发函及回函快递单，也未见跟函记录。对蓝山科技及下属子公司2018年度审计工作底稿中未见中国工商银行北京大屯路支行发函及回函快递单，也未见跟函记录。函证结果汇总表中回函方式一栏空白，未记录是邮寄还是跟函。戊E会计师事务所补充说明该银行函证为跟函方式。经查明，跟函记录并非中国工商银行北京大屯路支行的跟函记录。戊E会计师事务所未对银行函证过程保持控制，未能做到独立发函询证，且未对函证异常情况保持职业怀疑，导致银行函证失效，获取了虚假银行询证函，进而未能发现蓝山科技虚增银行存款。

②对蓝山科技的客户和供应商函证与访谈程序存在缺陷。其一，客户和供应商函证程序存在缺陷。调查人员向询证函所涉部分客户和供应商创新科技术有限公司（以下简称创新科）、北京裕源大通科技股份有限公司（以下简称裕源大通）、华宇金信（北京）软件有限公司（以下简称华宇金信）、东华软件股份公司及其下属公司东华博育云有限公司、苏州东华软件科技有限公司、广州东华软件有限公司等走访调查后，确认戊E会计师事务所审计工作底稿中的部分询证函非被询证单位出具，部分询证函的印章与被询证单位的公司实际使用印章不符，部分询证函中所载财务数据与实际情况不符。戊E会计师事务所在收入、应收账款、预收账款、发出商品、研发支出审计等函证程序中存在缺陷，导致其未能发现上述问题，具体如下：一是未有效设计询证函，对被询证单位的地址和联系人等影响函证真实性的重要信息未能有效控制和关注。蓝山科技、中经赛博2017—2019年度应收账款等科目《函证程序控制措施表》中关于“一、询证函发出前的控制措施……4.是否已将被询证者的名称、地址与被审计单位有关记录进行核对，以确保询证函中的名称、地址等内容的准确性。可以执行的程序包括但不限于：通过拨打公共查询电话核实被询证者的名称和地址；通过被询证者的网站或其他公开网站核对被询证者的名称和地址；将被询证者的名称和地址信息与被审计单位持有的相关合同等文件核对；对于供应商或客户，可以将被询证者的名称、地址与被审计单位收到或开具的增值税专用发票中的对方

单位名称、地址进行核对。”戊E会计师事务所均记录为“是”，但实际未按照《函证程序控制措施表》所述对被询证单位的地址和电话进行有效核验。二是未亲自发函并对询证函予以有效跟进。蓝山科技、中经赛博2017年度至2019年度应收账款等科目《函证程序控制措施表》中关于“二、发出询证函时的控制措施1.通过邮寄方式发出询证函时，是否不使用被审计单位本身的邮寄设施，而是独立寄发询证函（例如，直接在邮局投递）”，戊E会计师事务所均记录为“是”，但戊E会计师事务所未按照函证控制措施执行函证程序。三是未对取得的回函有效评价，无法保证回函的可靠性。蓝山科技、中经赛博2017年度至2019年度应收账款等科目《函证程序控制措施表》中关于“三、收到回函后，验证回函可靠性的控制措施：（一）通过邮寄方式收到的回函，是否验证以下信息：……3.寄给注册会计师的回邮信封或快递信封中记录的发件方名称、地址是否与询证函中记载的被询证者名称、地址一致”，戊E会计师事务所均记录为“是”，但其未按照《函证程序控制措施表》要求予以执行。戊E会计师事务所2018年度和2019年度函证程序中未关注北京天越五洲科技有限公司、北京康居网络科技有限公司、北京拓普星际科技有限公司回函快递信息中发件地址与被询证单位地址不符等异常情况。戊E会计师事务所未能有效设计询证函，未能对函证过程保持控制，未按照函证规定实施函证程序，导致函证程序失效，进而未能发现蓝山科技财务虚假。其二，客户和供应商访谈程序存在缺陷。蓝山科技的客户东华软件、华宇金信、创新科、裕源大通均证实未提供访谈内容和回答，所有回答内容均由蓝山科技制作。戊E会计师事务所在执行应收账款、主营业务收入、固定资产处置、研发支出等各项审计活动而对客户或供应商进行访谈时存在重大缺陷。一是未对带答案的访谈记录保持职业怀疑，并进一步核实是否由客户或者供应商提供；二是未有效核实确认函相关财务数据；三是访谈流于形式，未有效核实被访谈人员身份和访谈地址；四是戊E会计师事务所执行出售固定资产审计过程中，未对访谈记录的真实性保持职业怀疑（2021-14）。

（13）庚G会计师事务所在对中融双创（北京）科技集团有限公司《公司债券年度报告（2017年）》报表审计时：未按要求执行函证程序。审计工作底稿中未记录庚G会计师事务所从中国人民银行调取的中融双创及其子公司的征信报告及银行账户开户清单等重要证据，未留存银行询证函的发函控制记录，无法证实银行询证函由庚G会计师事务所编制和寄发。未关注到部分银行询证函回函快递单上记载的发件地址或快递单号存在的明显异常（2021-15）。

（14）甲Y会计师事务所在对新疆亿路万源实业投资控股股份有限公司2018年和2019年年度报表审计时：函证程序存在缺陷。①未对应收账款、应付账款函证保持控制。甲Y会计师事务所审计底稿记录，亿源汇金因向阿信商贸销售铁精粉形成应收账款，2019年12月31日和2018年12月31日余额分别为6 043 893.50元、

3 577 016.70元。亿源汇金底稿“应收账款函证结果汇总表”记录被审计单位因疫情原因未能盖章询证，函证程序无法实施，通过电子邮件函证的形式替代，并附有邮箱地址为“‘阿信’53××××486@qq.com”的肯定性回函（邮件回复时间2020年7月30日晚上9：45）以及询证函的扫描件，底稿中未记录发出邮箱的信息，也未记录核实“阿信”53××××486@qq.com邮箱地址为阿信商贸所有的过程。甲Y会计师事务所审计底稿记录，亿源汇金因向思北投资采购铁精粉形成应付账款，2019年12月31日和2018年12月31日余额分别为4 566 968.92元（含调整前运费金额为4 797 847.92元）、2 079 350.96元。亿源汇金底稿“应付账款函证结果汇总表”记录被审计单位因疫情原因未能盖章询证，函证程序无法实施，已实施替代程序，并附有邮箱地址为“‘思北’53××××11@qq.com”的肯定性回函（邮件回复时间2020年7月30日晚上8：53）以及询证函的扫描件，底稿中未记录发出邮箱的信息，也未记录核实“思北”53××××11@qq.com邮箱地址为思北投资所有的过程。甲Y会计师事务所通过邮箱函证替代函证，但是函证前并未向公司获取邮箱地址并核实其真实性，而是将吴某堂的邮箱给了*ST新亿，收到邮箱回复函证情况后，也未核实回复函证邮箱的真实归属，未关注到询证函金额存在错误且对方予以确认的情况。在出具审计报告后，补充实施函证程序时，仍然通过*ST新亿将函证给到思北投资和阿信商贸，未对函证过程实施有效控制。

②其他应收款函证程序执行不恰当。甲Y会计师事务所其他应收款审计底稿记录，截至2019年12月31日，其应收天津中宇乾坤国家贸易有限公司（以下简称天津中宇）1.6亿元、日照紫峰货物代理有限公司（以下简称日照紫峰）9 000万元、天津市启运塑料制品有限公司（以下简称天津启运）5 000万元、深圳市中盛亚科技有限公司（以下简称深中盛亚科技）3 000万元。时任*ST新亿监事、亿源汇金法定代表人李某安排非*ST新亿人员黄某Ⅰ与甲Y会计师事务所审计人员吴某校对接，黄某Ⅰ安排林某杰与吴某校对接具体事宜，黄某Ⅰ和林某杰未在*ST新亿及其下属公司任职，办公地址在福田区通业大厦南塔11楼某投资公司，自称以前与*ST新亿有合作，并代管阳云科技和深圳市艾美达易科技有限公司（*ST新亿子公司，以下简称艾美达易）、恒泊今盛公章、账务资料、税务登记系统账号密码、网银等资料。林某杰向吴某校提供了天津中宇等四家公司的联系方式和联系地址，甲Y会计师事务所审计人员根据林某杰提供的联系地址发出了快递。2020年7月29日吴某校收到了林某杰从广东省深圳市福田区华强北路4002号中洲圣廷苑酒店发来的快递，内容为中盛亚科技的回函。吴某校2020年7月29日18：04通过微信向林某杰进行了确认并进一步要求林某杰帮忙提供其余三家未回函的联系方式，后来吴某校收到了天津中宇、日照紫峰的询证函回函，快递单显示都是2020年8月11日上午寄出的，未收到天津启运的询证函回函。吴某校未与天津中宇这四家公司的函证联系人联系过。甲Y会计师事务所发

现提供函证联系人、联系方式及联系地址的黄某Ⅰ、林某杰非*ST新亿员工的异常情况，未保持职业怀疑；发现黄某Ⅰ、林某杰代管阳云科技和艾美达易、恒泊今盛公章、账务资料、税务登记系统账号密码、网银等资料的异常情况，未保持职业怀疑；从林某杰处获取四家拟函证公司的联系人、联系方式及联系地址，未核实函证联系人的真实身份；发出函证后，从林某杰处收到中盛亚科技回函并与林某杰进行了确认，林某杰确认由其寄出而非函证对象寄出，未对回函的真实性保持怀疑，也未将上述异常情形予以记录。

③营业外收入函证程序执行不恰当。甲Y会计师事务所营业外收入审计底稿记录，2019年*ST新亿将享有的2.38亿元债权作价2.66亿元转让给德福保理，并在收到7 590万元应收债权转让款后，确认为营业外收入。甲Y会计师事务所对德福保理和深圳市百盛易威科技有限公司（以下简称百盛易威）实施函证程序。甲Y会计师事务所根据林某杰提供的德福保理和百盛易威联系人、联系方式及联系地址进行函证，关注到林某杰提供的百盛易威与德福保理的函证地址一致的异常情形未保持职业怀疑，发现百盛易威的函证地址和其注册地址深圳市福田区福田街道彩田南路星河世纪大厦B栋1708号不一致的异常情形，仅向林某杰确认，未向函证对象确认其身份，也未将函证中发现的异常情况记录在底稿中。综上所述，甲Y会计师事务所在对*ST新亿审计的函证工作中，对亿源汇金应收账款、应付账款函证失去控制，执行*ST新亿其他应收款和营业外收入的函证程序时，对存在的多处异常情况未予以应有的关注，未执行进一步审计程序消除异常情况，也未将异常情况在底稿中记录，导致审计报告存在虚假记载（2022-2）。

（15）甲U会计师事务所在对乐视网信息技术（北京）股份有限公司2015年和2016年年度报表审计时：在2015年度财务报表审计时，未有效执行应收账款函证替代程序。注册会计师对乐视网92家客户应收账款进行函证，36家客户回函，回函金额占期末应收账款余额17.87%；56家客户未回函。注册会计师未对全部未回函的客户进行替代测试，仅选取了36家未回函客户执行了替代测试程序。在执行函证替代测试程序的下列客户中，注册会计师仅获取了应收账款明细表或乐视网广告业务系统部分销售订单，或前述二者，未获取其他相关、可靠的审计证据。这些客户包括：上海高钧广告有限公司、上海久尚广告传播有限公司、奥凯航空、广东南方新视界传媒科技有限公司、易美广告、上海魔山广告传播有限公司、北京德荣佳益广告有限公司、广州唯品会信息科技有限公司、天津数集科技有限公司、上海睦集网络科技有限公司、北京灵集科技有限公司。此外，未发函、未有效执行函证替代测试程序的北京博思百川国际广告传媒有限公司、北京鼎诚文众广告有限公司以及发函未回函且未做替代测试的上海河马动画设计股份有限公司连同上述11家客户均系2015年乐视网虚假业务客户，共计虚增利润32 797.51万元，占当年披露利润总额的

442.20%（2022–4）。

（16）己F会计师事务所在对长园集团股份有限公司2016年、2017年年度报表审计时：应收账款函证程序存在缺陷。①未对部分大额应收账款实施函证程序。长园和鹰子公司AGMS株式会社2016年与JD & TOYOSHIMA CO.，LTD.和NAGAPEACE CORPORATION LIMITED两家公司发生两笔交易，每笔金额292万美元，形成应收账款余额共584万美元，折合人民币4 052.96万元，金额重大，但己F会计师事务所在2016年年报审计时未对该两笔应收账款实施函证，也未在审计底稿中对未实施函证的理由作出说明。

②对可靠性存疑的回函未进一步获取审计证据消除疑虑。一是己F会计师事务所对柬埔寨客户诚浩（柬埔寨）时装有限公司、新峰景（柬埔寨）有限公司、新海杰制衣厂有限公司2016年应收账款实施函证，收到同一封快递回函，寄件人越捷国际有限公司，寄件地址为台北市中山区复兴北路514巷55号1楼。针对三家客户回函为同一封快递且寄件人非函证客户的异常情况，己F会计师事务所未在底稿中对所实施的进一步审计程序进行记录，也未对该情况予以说明。二是己F会计师事务所2017年年报审计中，安徽红爱实业股份有限公司（以下简称安徽红爱）往来账项询证函回函与发函留底两份文件之间，长园和鹰智能设备有限公司（以下简称和鹰设备，系长园和鹰控股子公司上海欧泰科智能科技股份有限公司的全资子公司）印章用印位置不同，己F会计师事务所未对该异常情形予以关注，未发现回函与发函非同一张函证。三是安徽红爱回函快递单上手写寄件人为安徽红爱，寄件地址为安徽省宿松县，但经查，该快递实际揽件网点为上海市闵行区申北公司，与长园和鹰注册地直线距离不足2公里。己F会计师事务所未对回函路径进行有效核实，未发现安徽红爱回函实际寄件地址与其经营办公地不符的情况。针对前述情况，己F会计师事务所未检查回函是否来自预期被询证者，对可靠性存疑的回函未进一步获取审计证据消除疑虑。

③对部分未回函客户未实施替代程序。长园和鹰全资子公司和鹰国际有限公司于2017年12月确认了对柬埔寨客户DAS XING GARMENT 93万美元的吊挂产品销售收入，2017年年末形成应收账款余额83.73万美元。己F会计师事务所就应收账款余额向DAS XING GARMENT发出询证函，未收到回函，也未实施替代程序（2022–6）。

（17）乙Z会计师事务所在对公准肉食品股份有限公司2014年、2015年年度报表审计时：函证程序存在缺陷。乙Z会计师事务所对公准股份2014年年度财务报表审计过程中，函证程序存在缺陷。一是未对银行存款的函证保持控制。乙Z会计师事务所对公准股份2014年的4个银行账户执行函证程序，无询证函邮寄发函、回函的轨迹证据，现场跟函无银行、企业人员签字的跟函记录，无现场实施函证的图像证据。二是未对应收账款的函证保持控制。乙Z会计师事务所对公准股份8名客户应收账款余额执行函证程序，无邮寄发函、回函的轨迹证据，无跟函记录、现场函证照片，无被函证人员地址、联系电话统计表，无法确定询证函是否由审计人员发出并接收，或被函证人本人亲自到现场进行签字确认。乙Z会计师事务所对公准股份2015年年度财务报表审计过程中，函证程序存在缺陷。一是未对银行存款的函证保持控制。乙Z会计师事务所对公准股份2015年的5个银行账户实施函证程序，无询证函邮寄发函、回函的轨迹证据，现场跟函无银行、企业人员签字的跟函记录。对兴业银行账户现场函证照片无明显银行标识，且银行章内回函日期晚于审计报告出具日期。对农业银行账户现场函证照片模糊，无法证实现场实施函证过程。二是未对应收账款的函证保持控制。乙Z会计师事务所对公准股份11名客户应收账款余额执行函证程序，无邮寄发函、回函的轨迹证据，无跟函记录、现场函证照片，无被函证人员地址、联系电话统计表，无法确定函证是否由审计人员发出并接收，或被函证人本人亲自到现场进行签字确认。部分应收账款函证未填写发函日期，未加盖公准股份公章。乙Z会计师事务所实施函证程序时，未对询证函保持控制，未对回函的可靠性产生疑虑，并进一步获取审计证据以消除这些疑虑（2022-10）。

（18）庚G会计师事务所在对公准肉食品股份有限公司2016年年度报表审计时：函证程序存在缺陷。一是未对函证保持控制。庚G会计师事务所对2016年年末公准股份银行存款余额、应付账款余额、应收账款余额、当期大额销售发生额执行了函证程序，但未将反映控制函证收发全过程的相关工作记录和外部证据完整地保存于审计底稿中，无邮寄单据、照片等发函轨迹留存；审计人员前往银行现场跟函无银行、企业人员签字的跟函记录。二是未对回函异常保持职业怀疑。底稿中主营业务发函记录表及邮寄单据显示，庚G会计师事务所对23名自然人客户的货款进行函证，其中，13个回函的邮寄地址为公准股份工商注册登记地址——“海伦市北环路8号”，庚G会计师事务所对该异常情况未保持应有的职业怀疑，并进一步获取审计证据消除疑虑。庚G会计师事务所执行函证程序时，未对询证函保持控制，未对回函异常保持职业怀疑并进一步获取审计证据消除疑虑（2022-11）。

（19）丙A会计师事务所在对苏州胜利精密制造科技股份有限公司2016年、2017年年度报表审计时：①营业收入和应收账款的风险应对措施存在重大缺陷。其一，2016年审计中应收账款函证控制缺失。2016年丙A会计师事务所对信利光电的发函金额为171 595 357.21元，占智诚光学应收账款发函总额的61%，超过2016年胜利精密集团审计和智诚光学审计实际执行的重要性水平。在未收到信利光电回函原件的情况下，审计人员将智诚光学财务经理通过社交软件发送的扫描件作为回函结果予以确认，并将该扫描件的打印件作为审计证据留存在底稿中。在《应收账款函证结果汇总表》中“对询证函保持的控制的说明”部分，审计人员的描述为“快递直接回寄我所”，与实际情况不符。信利光电函证经由被审计单位人员提交，且并非原件，审计证据可靠性低，审计底稿中也未见对此异常情况的说明。丙A会计师事务所未按照审计准则的要求对询证函保持控制，也未评价信利光电回函异常情况对评估的应收账款重大错报风险的影响。其二，2017年审计中未充分关注回函率低等风险，替代性测试未达到审计计划要求。2017年审计中，丙A会计师事务所向智诚光学的7家客户发出应收账款函证，仅收到2家回函，回函金额仅占发函金额的11.34%，信利光电等主要客户均未回函。其中，信利光电2017年度应收账款审定金额为197 314 259.97元，占智诚光学应收账款审定金额的51.58%，超过2017年胜利精密集团审计和智诚光学审计实际执行的重要性水平。丙A会计师事务所未充分关注应收账款回函率低及主要客户未回函存在的风险，仅以替代测试结果作为审计证据确认销售收入发生额，且替代性测试审计程序执行不到位，审计证据不充分。第一，丙A会计师事务所在执行智诚光学应收账款替代测试程序中，抽取了部分凭证及附件，但《应收账款替代测试表》中编号为2017年转131号、转137号、转140号、转141号、转195号凭证的附件在底稿中缺失，其中，2017年转137号、转140号、转141号经查是虚假销售凭证，涉及的虚增销售收入合计为19 951 799.97元（含税），超过2017年胜利精密集团审计和智诚光学审计实际执行的重要性水平。第二，丙A会计师事务所未按照2017年胜利精密集团总体审计计划和审计总结中的要求查验发票、送货单和采购订单中的品名、数量、单价、金额等是否一致，未关注到发票与送货单产品型号不符，应对收入确认相关重大错报风险的审计程序执行不到位。例如，审计人员抽取的2017年12月转142和转143号凭证中，发票显示的产品型号为DC023-W-V6、BC107-B-CG-V3、CD4F3069-V1LENS-C-E（W）和CCT4F3377LENS-A（W），销售收入共计8 271 460.46元，其中DC023-W-V6的销售数量为35万粒，销售金额6 611 111.11元。而送货单涉及DC023-W-V6的仅有两张，发货数量合计为61 650粒，剩余送货单记载的产品型号大多为BD013-W-CG-V5，发货数量合计为25.5万粒。上述两笔凭证经查为虚假销售凭证。

②对外购原材料相关的营业成本、预付账款的审计程序不充分。其一，2016年审计中函证内容不完整。丙A会计师事务所对智诚光学与其第一大供应商Corning Specialty Materials Incorporated（以下简称康宁）的往来款审定金额为应付账款56 111 632.54元，预付账款32 117 682.76元，但丙A会计师事务所仅在康宁函证中“欠贵公司”填写具体金额，未在“贵公司欠”一列填列内容，即仅函证应付账款，未函证预付账款，康宁也未在函证中的“贵公司欠”填列任何金额。丙A会计师事务所未函证的预付账款金额超过胜利精密集团审计和智诚光学审计实际执行的重要性水平。因此，康宁的回函并不能确认智诚光学对康宁有预付账款，也无法验证生产成本的完整性。其二，2017年审计中未取得康宁回函，且未设计、执行有效的替代测试。丙A会计师事务所对智诚光学与康宁往来款审定金额为应付账款14 601 643.64元（暂估），预付账款24 253 585.21元。丙A会计师事务所未取得康宁回函，仅执行

替代性测试。在应付账款及预付账款替代测试底稿中仅见“康宁采购明细”表，未见采购合同、报关单、发票等单据，也未见支持应付账款暂估入账逻辑的审计证据和审计说明。此外，智诚光学对康宁存在预付账款余额，但丙A会计师事务所未测试对康宁期后预付账款的贷方发生额，期后测试程序设计不合理。对于康宁未回函且同时存在大额应付账款和预付账款的情况，丙A会计师事务所未保持合理职业怀疑，未设计、执行充分有效的审计程序（2022-15）。

（20）己D会计师事务所在为易见供应链管理股份有限公司2018年、2019年年度财务报表审计中：未对函证过程保持控制。己D会计师事务所未对2015年度银行询证函保持控制，未亲自获取相关账户银行询证函、现场函证过程失控，未对银行询证函回函快递单寄件人为个人信息等异常情况保持职业怀疑，并未实施进一步审计程序，获取了虚假银行询证函，未能发现易见股份虚增2015年度银行存款1 208 436 000元。己D会计师事务所2018年度、2019年度审计时，未对核心企业函证过程保持控制，对被询证单位的地址和联系人等影响函证真实性的重要信息未能有效控制和关注，且询证函发出后未有效跟进（2023-1）。

（21）壬I会计师事务所在为东方金钰股份有限公司2016年财务报表审计中：函证程序执行不到位。结合姐告宏宁客户均为自然人、单笔销售金额较大且单一客户销售占比较大、行业存在代理人现象等背景，对自然人实施的函证程序应该严格审慎，认真履行收发函程序及检查回函是否可靠。经查，壬I会计师事务所获取的回函存在异常情况：一是保某等7人回函快递单备注的身份证号码与客户本人身份证信息不一致，陆某礼和保某快递单备注的身份证号码相同。二是李某青等4人回函地址与姐告宏宁提供的通讯地址不一致。对此，壬I会计师事务所在为东方金钰股份有限公司2016年财务报表审计中：未对回函的异常情况保持合理怀疑，未结合函证控制情况审慎评价询证函回函的可靠性。在审计底稿并未记载与相关自然人电话沟通过程，未有记录显示大信所实际实施了电话沟通程序。函证程序执行不到位且未对函证保持有效控制，并未进一步获取审计证据消除函证回函可靠性的疑虑（2023-6）。

（22）壬I会计师事务所在为新疆同济堂健康产业股份有限公司2016年至2018年年报审计中：①未对函证过程保持控制。壬I会计师事务所在2016—2018年函证程序中，对同济堂部分销售客户回函地址与发函地址不一致情形未予以充分关注，未详细核对发函信息，未发现发函信息中存在的不同单位联系人、电话、地址一致或所留联系方式与联系地址归属区域不一致等异常情况。其中，涉及到的武汉市第五医院、武汉传奇医药有限责任公司、武汉马应龙医药物流有限公司（以下简称武汉马应龙）等均为实际交易金额与同济堂账面记录交易金额严重不符的客户。对此，壬I会计师事务所未保持应有的职业谨慎和职业怀疑，未执行进一步审计程序消除疑虑，未获取充分、适当的审计证据，未能有效应对舞弊风险。②未对银行存款实施充分函证程序。壬I会计师事务所在2016—2018年审计中，未对当期已销户以及期末余额为零的保证金账户（涉及2016年36个银行账户、2017年29个银行账户、2018年6个银行账户，其中2018年未函证的浦发0169账户系同济堂主要货币资金造假账户）实施函证程序，且未按规定在审计工作底稿说明理由。③未关注同一银行函证回函与银行流水、对账单印章不同的异常情况。壬I会计师事务所2017年审计中获取的浦发银行武汉沌口支行审计业务银行询证函回函所加盖银行业务章，与同济堂提供的浦发银行武汉沌口支行银行0626账户2016年12月、2017年6月对账单以及0169账户2018年银行流水所加盖的银行业务章形状明显不一致。2017年浦发银行武汉沌口支行0626、0634账户银行对账单部分月份加盖了回单专用章，部分月份加盖了银行业务章，特别是0634账户2017年6月分别存在加盖回单专用章、银行业务章的两份对账单。壬I会计师事务所未关注到上述审计证据的异常情况，未保持应有的职业怀疑，未采取进一步措施进行查验（2023-8）。

（23）甲A会计师事务所在为航天通信控股集团股份有限公司2017—2018年度财务报表审计中：对智慧海派应收账款执行函证程序不到位。甲A会计师事务所对智慧海派执行应收账款函证程序时，未对智慧海派客户回函信息与发函信息不一致等异常情况保持职业怀疑（2023-9）。

（24）壬W会计师事务所在为广州市浪奇实业股份有限公司2018年、2019年年度报告审计中：①未对贸易类存货函证异常情况保持职业怀疑。壬W会计师事务所在对广州浪奇母公司2018年财务报告审计过程中，未充分关注第三方贸易仓函证地址、寄件人信息等异常情形，未就第三方贸易仓存货真实性获取充分、适当的审计证据。②未对应收账款、应付账款、预付账款等往来科目函证异常情况保持职业怀疑。壬W会计师事务所在对应收账款、应付账款、预付账款实施函证程序时，对函证地址、联系人信息等异常情况未保持职业怀疑并实施进一步审计程序（2023-10）。

（25）庚G会计师事务所在郑州华晶金刚石股份有限公司2017年报审计中：未对询证函保持控制。审计工作底稿显示，庚G会计师事务所对豫金刚石应收账款执行了函证程序，但函证记录存在不同客户由同一人员回函、回函地址或联络人与登记信息不符、客户回函地址为供应商的实际经营地址等异常情况，具体如下：一是部分询证函的实际回函人员与审计工作底稿登记的联络人不符。深圳市珠珠珠宝有限公司（以下简称珠珠珠宝）、深圳市钰莹珠宝有限公司（以下简称钰莹珠宝）的回函均由陈某佳寄出。其中，庚G会计师事务所关于豫金刚石2017年年度报告审计工作底稿中，关于应收账款审计的《函证结果汇总表》登记的钰莹珠宝联络人为吕某战，但实际上钰莹珠宝的回函寄出人为陈某佳。二是部分询证函的实际回函地址与登记的客户地址不同。庚G会计师事务所关于豫金刚石2017年年度报告审计工作底稿登记的深圳市佑爱珠宝有限公司（以下简称佑爱珠宝）地址为“深圳市罗湖区笋岗街道田心村57栋”，佑爱珠宝的实际回函地址为“翠竹北路水贝工业区15栋”；审计工作底稿登记的珠珠珠宝函证地址为“深圳市龙岗区南湾街道布澜路和科技园路交汇处宇宏健康花城9栋703”，实际回函地址为“罗湖区水贝工业区15栋C座6楼金利福”。三是部分询证函函证记录显示，客户回函地址与供应商办公地址相同。豫金刚石客户珠珠珠宝的实际回函地址为“罗湖区水贝工业区15栋C座6楼金利福”，其中包含“金利福”字样，上述回函地址为深圳市金利福钻石有限公司（以下简称深圳金利福）办公地址，而深圳金利福为豫金刚石供应商，上述信息存在明显异常。同时，注册会计师与深圳金利福核对委托加工物资情况时曾向该地址发函，应当知悉该地址为豫金刚石供应商深圳金利福办公地址。在工作底稿显示客户与供应商办公地址一致的异常情形下，会计师未保持关注，也未执行回函不符事项的核查程序（2023-11）。

（26）庚G会计师事务所在为珠海和佳医疗设备股份有限公司2020年年报审计中：函证程序存在缺陷。一是未保留发函记录，未核对发函地址、回函地址。仅留存快递二维码，嗣后无法追溯发函轨迹；未核对发函地址、回函地址，未能发现前海润龙、汇嘉美、宝瑞医疗、金田弘、亚利源等客户的函证收函地址与注册地址不相符的情况。二是未对回函的异常迹象保持合理的职业怀疑。未对部分客户询证函回函从和佳医疗员工处获取、深圳7家融资租赁客户的回函日期、回函单号的异常迹象保持合理的职业怀疑，并实施进一步审计程序（2023-13）。

2.监盘

（1）甲K会计师事务所在对三峡新型建材股份有限公司2011年、2012年年度报表审计时：对重质碱、石油焦的存货监盘程序不当。在重质碱的监盘中，三峡新材重质碱一般为袋装，20袋一层，但存放位置较多，很多位置并未按照统一标准放置。对此，盘点人员对袋装碱以“一层一般为20包”进行简单估算，并对不规则摆放或未堆满部分进行了大量的目测估算。经查，2011年存货监盘工作底稿显示，“一线”仓库对边角有缺包部分估算为90吨；“二线4#”仓库边角缺包部分估算为60吨；“四线仓库”3号未完全堆满部分估算为250吨；“四线仓库”5号的散堆区，重质碱未按照规则堆放，直接目测暂估为400吨。2012年存货监盘工作底稿显示，“4线2区3区”因缺口差包估算减去200吨，“二线重碱库”因边角缺包估算为90吨，“4线散堆区”通过估算得出20 750吨的结论。在石油焦的监盘中，石油焦为不规则堆放的物品（类似于煤炭堆），无论体积还是重量都比较庞大，很难移动或逐一过磅。但盘点人员对石油焦的盘点方法极其简略，仅通过大致的体积测量乘以密度得出盘点结果。在体积测量中，石油焦堆放不规则，高低不平，但盘点人员简单以长宽高计算体积，高低不平以目测估计补实，导致其测量数据不准确。经查，2011年在“2#”存放点，盘点人员仅测得长、宽、高分别为216米、31米、3.6米，随即以0.76的密度值计算重量，得出该存放点石油焦重18 320.26吨；同样地，2012年在“2#”存放点测得长、宽、高分别为235米、29米、4.4米，以同一密度值计算得出石油焦重量22 789.26吨。在计算重量时，石油焦堆上下密度因承压而不同，但盘点人员均以统一密度值0.76计算。对上述含有大量估算的盘点结果，会计师在审计底稿中未说明其估算依据，估算方法的合理性，也未采取进一步的审计程序以获取有关估算数据准确性的审计证据，而是直接认可了公司盘点结果，得出账实差异较小，可以忽略的审计结论。经查明，2011年年末三峡新材重质碱账面数量55 094吨，实际数量31 074吨，差异率达77%；石油焦账面数量28 377.90吨，实数数量10 105吨，差异率达181%。2012年年末三峡新材重质碱账面数量71 033.78吨，实际数量43 766.78吨，差异率达62%；石油焦账面数量76 461.66吨，实数量48 207吨，差异率达59%。综上所述，重质碱、石油焦存货账实差异巨大，但会计师未能保持应有的职业谨慎和职业怀疑，设计并有效执行科学、合理的存货监盘程序以发现上述差异，导致未识别出三峡新材通过少结转原材料成本虚增利润的事实（2019-4）。

（2）戊E会计师事务所在对山东新绿食品股份有限公司2015年年度报表审计时：对存货的审计程序执行不到位。在没有实施控制测试的情况下，戊E会计师事务所仅对新绿股份8个存货品种和2个牧场进行了抽盘检查，占全部存货品种的比例仅为1.6%，对60%的牧场未实施抽盘检查，存货抽盘比率较低（2020-1）。

（3）丙W会计师事务所在对抚顺特殊钢股份有限公司2010—2016年年度报表审计时：未按审计准则规定设计和执行存货监盘程序，未对期末存货予以充分关注。丙W会计师事务所涉案审计工作底稿显示，其关于抚顺特钢2010—2016年年度报告的审计程序中未充分、适当地设计和执行存货监盘程序，未根据抚顺特钢存货的特点、盘存制度和存货内部控制有效性设计和执行具体的存货监盘程序，且审计工作底稿中缺少按照审计准则规定设计和执行存货监盘程序的证据。同时，丙W会计师事务所关于涉案年度报告的审计程序存在其他问题，如其关于抚顺特钢2010—2012年年度报告的审计工作底稿中缺少抽盘表、监盘小结等监盘结论性记录、盘点日前后存货收发及移动相关凭证的审计记录、对盘点日和资产负债表日之间的存货情况实施何种审计程序的记录等；其关于抚顺特钢2010—2011年年度报告审计工作底稿中的存货监盘部分缺少“从存货盘点记录中选取项目追查至存货实物，以及从存货实物中选取项目追查至盘点记录”的证据；其关于抚顺特钢2013—2014年年度报告的审计工作底稿存在存货抽盘表无相关人员签字、缺少监盘小结等监盘结论性记录等问题；其关于抚顺特钢2016年年度报告的审计工作底稿缺少实物监盘单位与账面数量单位转换过程的记录等（2021-5）。

（4）丁X会计师事务所在对甘肃皇台酒业股份有限公司2016年年度报表审计时：未按要求执行存货监盘程序。在执行存货监盘程序时，没有对相关存货进行适当检查，抽盘时仅抽取部分酒垛四周容易取到的箱子开箱检查，以至于未发现皇台酒业以码空垛形式虚增在库库存商品的行为，且相关开箱记录未在审计工作底稿中记录（2021-13）。

（5）己D会计师事务所在为易见供应链管理股份有限公司2018年、2019年年度财务报表审计中：访谈程序执行不恰当。己D会计师事务所在2016年度、2018年度、2019年度审计时，对核心企业的访谈均由易见股份安排和联系，统一由易见股份人员陪同安排车辆前往。在部分核心企业访谈中，己D会计师事务所没有核实被访谈人身份、没有有效核实现场访谈的被访谈单位地址、视频访谈中没有对被访谈人单位所在地（如访谈单位牌匾等）进行核实、未对访谈记录中被访谈人签字和公司盖章过程保持控制，从而未发现被访谈人姓名与访谈记录上姓名不一致、被访谈人非访谈公司员工以及易见股份安排其公司员工冒充被访谈人等异常情况，无法保证访谈的真实性（2023-1）。

（6）己F会计师事务所在为獐子岛集团股份有限公司2016年年度财务报表审计中：监盘程序执行不规范，收集的审计证据不充分。《盘点计划》显示，獐子岛集团对于增殖分公司虾夷扇贝盘点采取抽样盘点的方式进行，但审计底稿仅收录了盘点计划的总体原则，未收集抽样选取原则，也未记录抽样数量、点位位置等任何与抽样点位有关的具体信息，未收集航海日志、海底摄像录影等盘点及监盘过程的相关资料，既无法证明獐子岛集团对虾夷扇贝这一特殊资产实施了有效的管理控制，也无法证明大华所按照规定执行了监盘工作。己F会计师事务所在识别出消耗性生物资产具有较高错报风险，且以往年度存在大规模核销减值、獐子岛集团抽盘比例较低的情况下，应当更加审慎，严格执行相关程序。但己F会计师事务所未充分考虑獐子岛存货特殊性并制定合理的监盘计划、未规范执行监盘程序、未对底播虾夷扇贝的存在和状况获取充分、适当的审计证据，导致未能发现部分区域，尤其是大量13年、14年底播贝，已被实施采捕，相关存货不存在以及獐子岛集团实际采捕区域与账面记载严重不一致的情况（2023-3）。

（7）壬W会计师事务所在为广州市浪奇实业股份有限公司2018年、2019年年度报告审计中：未对贸易类存货监盘替代程序异常情况保持职业怀疑及未恰当实施存货监盘程序。2018年度审计中，壬W会计师事务所对第三方贸易仓存货通过获取公司盘点表作为监盘替代程序。2019年度审计中，壬W会计师事务所对第三方贸易仓存货部分实施现场监盘、部分通过获取公司盘点表作为监盘替代程序。但壬W会计师事务所在2018年度审计中未合理评估存货监盘可行性，2019年度实施监盘时未实施程序以准确识别相关存货数量、品类、规格，未现场确认存货实际数量，未充分关注盘点差异，底稿留存的存货监盘照片未见盘点标识、权属标签，并存在监盘记录签字、日期异常情况。在2018、2019两个年度实施监盘替代程序时，均未对公司盘点表签字异常情况保持职业怀疑，并实施进一步审计程序（2023-10）。

（8）庚G会计师事务所在郑州华晶金刚石股份有限公司2017年报审计中： 未按存货监盘计划充分核查物流单据。庚G会计师事务所在存货监盘计划中将“核查物流单据”列为重点工作，且存货监盘计划和存货监盘小结均载明“重点关注物流信息单据”，存货监盘小结载明“对无法实施盘点的替代程序，检查物流单据”。经核查，庚G会计师事务所对豫金刚石2017年财务报表执行审计的工作底稿中未附物流单据的检查资料，存货监盘小结未体现核查物流单据的审计程序。同时，庚G会计师事务所称其通过走访客户、核实豫金刚石发货模式及客户签收流程替代对物流单据的核查程序，但审计工作底稿未见庚G会计师事务所调整审计计划的记录，也缺少对未执行计划的解释和说明（2023–11）。

（9）庚G会计师事务所在为珠海和佳医疗设备股份有限公司2020年年报审计中： 实地走访和视频访谈程序存在缺陷。一是实地走访方面。对前海润龙、青芒医疗、利星医疗、宝瑞医疗、亚利源等5家客户实地走访时，仅在客户注册地所在办公楼门口拍照，未能发现5家客户均不在注册地址办公的情况。二是视频访谈方面。对汇嘉美、金田弘进行视频访谈时，未确认被访谈对象的身份真实性，未能发现访谈对象不是对方公司员工；未合理设置访谈问题核实客户还款计划、还款意愿、还款能力等情况；未对被访谈对象答复内容与实际不符的情况实施进一步审计程序，并在《审计总结》中得出融资租赁业务“截至目前，未发生违约行为，长期应收款金额可以收回”“未出现重大的违约情况，公司应收账款和长期应收款可收回的程度较高”的不当结论（2023–13）。

（六）审计证据

（1）甲A会计师事务所在对成都华泽钴镍材料股份有限公司2013年、2014年年度报表审计时： 甲A会计师事务所实施的审计程序不足以获取充分适当的审计证据。甲A会计师事务所通过期后盘点票据并倒轧计算票据期末余额。倒轧程序需依赖与应收票据相关的内部控制得到有效执行，甲A会计师事务所不恰当地依赖内部控制，对应收票据实施盘点和倒轧程序，所获取的审计证据可靠性低（2018–6）。

（2）甲A会计师事务所在对深圳市零七股份有限公司2014年年度报表审计时： 未关注审计证据之间存在明显异常。甲A会计师事务所在《总体审计策略》中已明确应收账款、其他应收款、预付账款为较高重大错报的风险领域，但审计底稿中存在多项审计证据加盖的公章明显不一致的情形，具体如下：①针对广众投资对防城港市皓华矿业有限公司（以下简称皓华矿业）的应收账款，甲A会计师事务所已执行函证程序、取得询证函回函，并抽取应收账款核销凭证进行检查，但凭证后附的大中非投资《代付证明》上加盖的皓华矿业公章，与询证函回函上加盖的公章存在明显不一致。②针对零七股份核销合浦南方高科沥青有限公司（以下简称合浦南方高科）预付账款，甲A会计师事务所已抽取凭证进行检查，并执行函证程序，但凭证后附大中非投资提供的《付款说明》加盖的合浦南方高科公章，与询证函回函加盖的公章存在明显不一致。③针对零七股份核销美威贸易预付账款（前已述及）和其他应付款，甲A会计师事务所已获取零七股份与美威贸易的《工矿产品购销合同》，抽取凭证进行检查，并执行函证程序，但相关凭证后附的3份大中非投资提供的《付款说明》《代付证明》以及询证函回函加盖的美威贸易公章，与《工矿产品购销合同》加盖的公章存在明显不一致。对于上述多项较明显的异常，甲A会计师事务所在审计工作底稿中未进行说明，未保持应有的执业谨慎，未严格按照要求执行适当的审计程序以消除疑虑（2019-3）。

（3）乙L会计师事务所在对福鼎白茶股份有限公司2017年年度报表审计时：①财务费用审计证据不充分。审计过程中，乙L会计师事务所在已查看白茶股份与工商银行福鼎支行、建设银行福鼎支行、光大银行福州分行、福建福鼎恒兴村镇银行等债权人签订的借款合同，并已经了解白茶股份于2017年年末存在多笔逾期借款且未计提逾期借款利息的情况下，于审计报告签发前未完成对建设银行福鼎支行短期借款的函证，也未实施必要的替代审计程序；未通过适当的方式，就白茶股份与债权人的逾期借款利息偿还情况进行核实。乙L会计师事务所在未取得包括建设银行福鼎支行在内的债权人同意免收白茶股份逾期贷款本金利息和逾期利息复利的必要审计证据的情况下，直接认可白茶股份未计提逾期借款利息的会计处理，得出了不恰当的审计结论，涉及少计利息343.21万元。

②营业外收入审计证据不充分。2017年，白茶股份根据工商银行福鼎支行出具的有关执行和解方案的《情况说明》，将已结转的应付利息冲回确认为当期营业外收入，合计117.25万元。《情况说明》明确执行和解方案为："1.首先归还保证贷款300万元"；"2.其次归还抵押贷款689万元""在2018年5月份前抵押物处理完毕归还所欠贷款后，给予免除所欠贷款的全部利息"。《情况说明》同时明确：方案"最终审批权在省分行，需省分行审批后方可执行"。乙L会计师事务所在审计中取得了前述《情况说明》，但未取得白茶股份已满足《情况说明》所列和解条件、和解方案已获工商银行省分行批准的审计证据情况下，认同白茶股份冲回应支付工行福鼎支行贷款利息、确认营业外收入117.25万元的会计处理，得出了"经过审计，本期的发生额可以确认。本期营业外收入主要系工商银行福鼎支行已经盖章的情况说明：2017年4月与支行商谈，达成和解方案，在2018年5月前抵押物处置完毕归还所欠贷款后，给予免除所欠贷款的全部利息；2017年年底工行欠款166.78万元，故免除全部利息的可能性非常大，企业将以前计提的工行利息按偿还比例计入营业外收入"的不恰当审计结论，涉及多确认营业外收入117.25万元（2020-4）。

（4）乙V会计师事务所在对康美药业股份有限公司2016—2018年年度报表审计时：①2018年乙V会计师事务所在对中药材贸易收入审计过程中，获取的审计证据包括现金日记账、进销存明细、情况说明、花名册、社保缴纳记录、委托授权书、访谈记录等资料，由于访谈对象与康美药业存在重要利益往来，除社保缴纳记录为外部证据外，其余证据均属于内部证据。鉴于康美药业的内部控制系统存在重大缺陷，乙V会计师事务所对康美药业的内部控制系统不予信赖，直接从康美药业内部获取的审计证据的说服力极弱。而社保缴纳记录无法直接证明中药材贸易业务与康美药业存在关联，且与相关人员的访谈笔录存在相互矛盾之处，另外，该社保记录系从康美药业取得，并非直接从独立第三方获取。乙V会计师事务所未获取充分、适当的审计证据（2021–1）。

②2018年乙V会计师事务所获取的多份审计证据存在明显异常或相互矛盾。其一，获取的关于中药材贸易的业务单据没有客户签收，也没有客观证据表明康美药业收到中药材销售货款，康美药业的收入确认缺乏依据。其二，获取的康美药业与田某武签署的《授权委托书》主要内容是康美药业委托田某武统筹负责冬虫夏草贸易业务，授权期限自2008年1月1日至业务终止。《授权委托书》所盖公章为“康美药业股份有限公司”，而康美药业前身为“广东康美药业股份有限公司”，2009年1月14日才公告变更名称为“康美药业股份有限公司”。其三，审计底稿记载，康美药业授权陈某涌负责管理西洋参业务，双方签署了《授权委托书》。但陈某涌在访谈中表示，康美药业不对其进行管理和监督，其仅向康美药业实际控制人许某瑾提供财务数据，未提供给康美药业。其四，陈某涌在访谈中表示，其公司有员工40名，没有缴纳社保，但康美药业却提供了陈某涌等7名员工的社保缴纳记录，参保单位为康美药业。针对前述情况，乙V会计师事务所未保持应有的职业怀疑，未对上述明显异常或相互矛盾的审计证据执行进一步审计程序消除疑虑（2021–1）。

（5）戊E会计师事务所在对斯太尔动力股份有限公司2016年年度报表审计时：未按规定保持职业怀疑并审慎评价已获取的审计证据。审计底稿显示，江苏斯太尔与苏控集团签订技术许可协议的日期为2016年12月6日，该协议经斯太尔股东大会审议的日期为2017年1月16日。江苏斯太尔向苏控集团发出发动机样机的发货单日期为2016年12月14日，而苏控集团验收单的收货日期为2016年12月12日。此外，负责生产发动机的斯太尔动力（常州）发动机有限公司向江苏斯太尔销售三台样机的预发货日期为2016年12月21日。戊E会计师事务所在对前述技术许可事项执行审计程序时，未对技术许可协议的签订日期早于股东大会审议日期，收货日期早于发货日期等异常情形予以充分关注（2021–3）。

（6）辛H会计师事务所在对某控股公司申请证券公司新增5%以上股东资格提供2013年及2014年一季度报表审计时：审计意见出具前未事先取得相关审计证据。审计报告出具日早于关键审计证据获取日。辛H会计师事务所为该控股公司出具的2013年度审计报告日期为2014年6月22日，出具的2013年度及2014年一季度审计报告日期为2014年6月23日，但支持其确认该控股公司2013年度8.92亿元售房收入的购房协议书真正用印盖章日期却为2014年6月27日（2021-9）。

（7）戊E会计师事务所在对北京蓝山科技股份有限公司2017—2019年和2020年公开发行股票事项报表审计时：未有效执行审计程序，未审慎获取审计证据，且未对已经获取的审计证据有效查验。①未对销售业务验收、物流环节、研发支出审计获取充分的审计证据，未对异常情况保持职业怀疑。蓝山科技制作了一系列虚假合同和相关业务单据，包括货物签收单、业务结算单、进场验收单、服务结算单等。由于客户仅在合同和相关单据上加盖印章，未签署姓名，蓝山科技后又根据中介机构要求补签姓名时，直接将合同与相关验收单据姓名写为同一人。戊E会计师事务所销售与收款内部控制执行不到位，未根据蓝山科技收入确认政策并结合公司具体销售业务对产品验收重大业务流程进行了解和测试，也未关注到验收和发运单据的异常情况。一是未对作为收入确认条件的产品验收情况获取充分审计证据，未对合同和验收单据签名异常等情况保持职业怀疑；二是未对物流环节产品实际发运和运输费付款真实性获取充分的审计证据，未对货物运单没有实际承运单位等异常情况保持职业怀疑；三是未对研发支出立项、验收真实性获取充分适当的审计证据。②未审慎查验获取的审计证据，未能识别客户、合作研发方与蓝山科技之间的关联关系。戊E会计师事务所审计工作底稿中存在天越五洲、康居网络、拓普星际与蓝山科技的电话号码号段相邻、地址相近等明显异常。戊E会计师事务所未关注上述异常情况，导致未识别上述公司与蓝山科技的关联关系，进而未能发现双方销售、研发业务虚假。③在出售固定资产审计程序中未能审慎核查租赁合同履行情况。戊E会计师事务所在知悉蓝山科技出售的生产设备所有权归民生金融租赁股份有限公司（以下简称民生租赁）的情况下，未进一步前往民生租赁开展核查，导致戊E会计师事务所未能发现资产处置并未经民生租赁同意，从而未能采取进一步审计程序核实该资产处置业务的真实性。④另外，戊E会计师事务所执行风险评估审计程序时，未对蓝山科技财务总监赵某虹进行访谈，未对赵某虹长年不履职是否存在由于舞弊导致的重大错报风险进行评估（2021-14）。

（8）甲U会计师事务所在对乐视网信息技术（北京）股份有限公司2015年和2016年年度报表审计时：在2016年度财务报表审计时，①对乐视网内部生成的信息，未获取充分、适当的审计证据证明内部生成信息的可靠性、完整性与准确性。注册会计师在重点审计领域策略中提出：要利用IT审计人员对乐视网广告业务系统——方舟系统进行审计，了解公司在广告投放过程中相关数据是否存在舞弊。在内部控制测试以及营业收入实质性测试程序中，注册会计师均使用方舟系统的曝光量数据。用广告客户订单中约定的单价乘以方舟系统中的曝光量，二者的乘积即为广告实际投放收入。将其与订单金额进行比较，用以确认广告实际投放金额与订单金额是否相符，金额是否准确。经查，注册会计师未获取充分、适当的审计证据证明方舟系统曝光量数据的可靠性、完整性与准确性。经我会另案查明，新疆数集科技有限公司、北京鸿鑫元熙智库信息技术有限公司（以下简称鸿鑫元熙）从未与乐视网发生过广告业务，但工作底稿显示，却存在曝光量数据。

②营业收入实质性测试程序中，对于发现的异常情况，注册会计师未采取进一步审计程序以获取充分、适当的审计证据。注册会计师从广告业务系统——方舟系统中提取了40家广告客户2016年全年按订单汇总的曝光次数，其中以下2家客户在方舟系统中未检索到：北京懿利文化传媒有限公司（以下简称懿利文化）、中荷德昌盛网络技术（北京）股份有限公司（以下简称中荷德）。注册会计师在对上述提取数据进行复核时，对于上述两家公司2016年有广告收入但在方舟系统却检索不到公司名称的原因解释为：上述两家公司分别代替海南阿洋科技有限公司及北京迅鲨科技有限公司投放广告，方舟系统未更替信息。但注册会计师未调取替代公司广告业务合同或广告订单等证据以印证上述解释的合理性。经我会另案查明，懿利文化与中荷德均为乐视网2016年虚假广告业务客户，共计虚增利润9 837.28万元，占当年披露利润总额的29.93%。

③营业收入实质性测试程序中，部分测试样本计算的广告实际投放收入与订单金额存在重大差异，注册会计师未采取进一步审计程序以获取充分、适当的审计证据。注册会计师在营业收入实质性审计程序中，抽取了10家大额广告客户261笔线上广告投放订单，用订单中约定的单价乘以方舟系统中的曝光量，与订单金额进行比较，用以确认广告实际投放金额与订单金额是否相符，金额是否准确。审计底稿显示，有17笔订单的差异率在±40%以上，其中正向差异率最大为2 343.52%，负向差异率最大为–99.91%。在这17笔订单中，包括乐视网2016年虚假业务客户鸿鑫元熙，其有2笔订单的差异率均为–50%。据我会另案查明，鸿鑫元熙从未与乐视网发生广告业务往来。在上述17笔订单存在重大差异的情况下，注册会计师未采取进一步审计程序，直接得出“测算差异较小，未发现异常”的审计结论。上述重大差异也在一定程度上表明，方舟系统曝光量数据的可靠性、完整性与准确性存在疑虑（2022–4）。

（9）己F会计师事务所在对长园集团股份有限公司2016年、2017年年度报表审计时：①未保持应有的职业怀疑审慎评价已获取的审计证据。其一，长园和鹰及其子公司对出口销售产品在报关出口时点确认销售收入，但长园和鹰及其子公司与客户常荣服饰（柬埔寨）有限公司、越南代理商LADOGROUP CORP、STRENGTH SHARP CORPORATION的销售合同约定了“在买方货款全部付清之前，标的物所有权归卖方所有”“未经授权，买方无权抵押、转卖或转租该等设备”“在终端客户安装之后LADOGROUP CORP才产生付款义务”等条款，表明在报关出口时点与商品所有权相关的主要风险和报酬未发生转移。己F会计师事务所在2016年、2017年年报审计审查上述销售合同时，未保持应有的职业怀疑对审计证据进行审慎评价，导致未发现提前确认收入的错报情形。其二，己F会计师事务所获取的长园和鹰子公司上海和鹰融资租赁有限公司（以下简称和鹰租赁）与客户中蔼万家服装股份有限公司（以下简称中蔼万家）的合同明细表显示，同一编号合同的“开票金额”均是“合同金额”的4倍。己F会计师事务所在2017年年报审计过程中未对和鹰租赁订立“阴阳合同”的舞弊迹象保持应有的职业怀疑。其三，己F会计师事务所2017年年报审计底稿《“应收账款”函证替代测试及重点检查表》显示，和鹰设备就与东莞倍成服装设备有限公司金额为349 840元的同一份裁剪机销售合同（编号20170927CAMGSH01），分别于2017年12月27日、30日两次确认了349 840元（含税）的收入，并两次开具349 840元的发票。己F会计师事务所未对重复开具发票并确认收入的异常情况保持应有的关注，审计结论为“未见异常可以确认”，未识别出相关错报并实施进一步的审计程序。

②未获取充分、适当的审计证据。一是己F会计师事务所在2017年年报审计过程中仅审查了和鹰租赁与中蔼万家融资租赁业务起租通知书，且起租通知书仅有和鹰租赁单方面盖章，未检查相关交付验收单据，未获取和鹰租赁、和鹰设备履行全部发货义务的证据，即认可确认相关销售收入。二是己F会计师事务所将前述中蔼万家融资租赁业务中的2 200万元中介佣金由销售费用审计调整至营业成本，但相应调整没有充分、适当的审计证据支持，审计底稿也未说明调整的理由和依据（2022-6）。

（10）庚G会计师事务所在对浙江仁智股份有限公司2017年年度报表审计时：对钢贸业务获取的审计证据不足。仁智股份2017年11月底确认钢贸收入2 375.21万元，12月底确认钢贸收入3 367.66万元。钢贸业务部分购销合同签订时间为12月底，合同约定的货物交付时间为2018年1月底前。庚G会计师事务所在关注到大宗贸易收入存在重大错报风险的情况下，对钢贸业务为2017年新增业务、年底突击确认收入等异常事项未保持适当的职业审慎，未合理关注货物权属实际转移情况，在执行细节测试、穿行测试等审计程序时，未获取货运单等单据，获取的审计证据不充分（2022-13）。

（11）甲A会计师事务所在对北京昊华能源股份有限公司2015—2018年年度报表审计时：①甲A会计师事务所对昊华能源2015年度财务报表审计过程中，认定昊华能源合并报表存在重大错报风险和特别风险，执行的实质性程序存在重大缺陷，未关注到相关地方政府文件、评估报告、价值咨询报告等审计证据所述的煤炭资源配置主体，未实施进一步审计程序获取京东方能源实际持有煤炭资源量的审计证据，认可昊华能源将9.6亿吨煤炭资源的价值全部并入合并资产负债表的账务处理，审计结论没有充分、适当的审计证据支持，审计结论与所依据的审计证据存在明显矛盾。②甲A会计师事务所对昊华能源2016—2018年年度财务报表审计过程中，执行的实质性程序存在重大缺陷，在知悉、应当知悉京东方能源未取得任何法定意义上的矿产资源权利的情况下，仍未关注相关审计证据所述的煤炭资源配置主体，未关注京东方能源煤炭资源权证的后续进展情况，审计结论没有充分、适当的审计证据支持（2022-17）。

（12）丁B会计师事务所在对浙江亚太药业股份有限公司2017年、2018年年度报表审计时：①未充分关注合同执行情况，未获取充分、适当的审计证据。上海新高峰部分合同约定了按照阶段性进展支付研究开发经费的付款条件，以及研究项目应达到的技术指标和参数等。审计底稿中，丁B会计师事务所未获取技术指标、参数以及相关资料，未对双方确认阶段性进展情况执行进一步审计程序。②未对完工进度获取充分、适当的审计证据。上海新高峰按照完工百分比法确认成本及对应收入，但作为完工进度主要依据的《下游技术平台项目实施进度确认报告》仅有个人签名、未加盖上海新高峰及供应商公章，也未见签字人身份确认及是否得到授权认可等材料。审计底稿中未见获取完工进度的计算依据、量化业务数据支撑、项目研究等原始资料，证明完工进度的审计证据获取不充分（2022-18）。

（13）己F会计师事务所在为獐子岛集团股份有限公司2016年年度财务报表审计中：未对相关审计证据的可靠性进行评价。《2016年期末各年底播虾夷贝存量定点采集记录》（以下简称《定点采集记录》）显示，盘点期间，獐子岛集团使用科研19号船于2017年1月8日、1月11日、1月12日、1月16日、1月17日、1月23日、1月24日、1月25日、2月3日、2月7日、2月12日和2月13日，合计12天，在130个点位对增殖分公司外区虾夷扇贝进行了抽样盘点。己F会计师事务所参与獐子岛2016年虾夷扇贝盘点的项目组最早于2017年1月7日乘船登上獐子岛执行现场审计工作，最晚于2017年1月22日离岛。期间，獐子岛集团在1月8日、1月11日、1月12日、1月16日和1月17日，共计在54个点位进行了存量定点采集工作。2017年1月28日至2月3日，己F会计师事务所项目组处于放假阶段，并未在獐子岛执行任何审计工作。己F会计师事务所没有执行2017年1月23日至2月13日共计7天的现场监盘工作，同时，我会另案查明，经对比北斗导航卫星定位数据，执行盘点任务的海测船在2017年1月23日、1月24日、1月25日、2月3日和2月7日并没有航行轨迹。但己F会计师事务所项目组成员在所有整理打印的《定点采集记录》上签字确认，认可了所有獐子岛集团盘点结果并收入审计工作底稿。对于己F会计师事务所未参与现场监盘的7天《定点采集记录》，己F会计师事务所未获取该部分盘点信息的准确性和完整性相关的审计证据，未对该部分《定点采集记录》的可靠性进行评价（2023-3）。

（14）壬I会计师事务所在为天海融合防务装备技术股份有限公司2017年年度财务报表审计中：未对获取的明显异常审计证据执行进一步审计程序。在销售与收款循环审计底稿中，金海运对江苏环宇销售的四份送货及验收回执单在发货单位（盖章）处均缺少金海运加盖相关印章，且无发货人签字，也未标注具体日期。对于获取的存在明显异常的审计证据，壬I会计师事务所未保持应有的职业怀疑，未执行进一步审计程序消除疑虑（2023–7）。

（七）审计底稿

（1）丁N会计师事务所在对广东广州日报传媒股份有限公司2011年、2012年和2013年半年报及2013年年度报表审计时：丁N会计师事务所提供的审计底稿存在部分缺失，如对香榭丽630审计时，回函快递单存在缺失情况，对香榭丽2013年年报审计时，控制测试抽取的样本中存在合同和用印审批缺失情况（2018–4）。

（2）丙M会计师事务所在对宁波圣莱达电器股份有限公司2015年年度报表审计时：未发现审计底稿中存在日期矛盾和倒置问题。审计底稿中存在两份内容一致而签约日期不同的《影片〈饕餮刑警〉版权转让协议书》，一份协议保存于圣莱达子公司的宁波圣莱达文化投资有限公司（以下简称宁波圣莱达）营业外收入审计底稿中，签约日期为2015年10月10日，是现场审计时取得，早于宁波圣莱达成立日期2015年10月12日；另一份协议保存于圣莱达重大事项审计底稿中，签约日期为2015年11月10日，是后期重大事项复核时取得。两份协议内容完全一致，但签约日期不一致。上述协议是版权交易事项的关键证据，丙M会计师事务所未发现前后提供的该证据存在日期差异，未发现协议签约日期与宁波圣莱达成立日期存在倒置情况，未对该证据的可靠性保持应有的职业怀疑，导致未能发现圣莱达的舞弊行为（2019–4）。

（3）丙W会计师事务所在对抚顺特殊钢股份有限公司2010—2016年年度报表审计时：多项存货实质性程序工作底稿缺失。丙W会计师事务所关于抚顺特钢2010—2016年年度报告的审计工作底稿缺失多项存货实质性程序的记录，如缺少了解存货内容、性质、各存货项目的重要程度及存放场所的记录、仓库清单或存放地点清单方面的记录、对库龄较长的存货予以关注的记录、了解被审计单位存货盘存制度及盘点计划的记录等，且缺少对盘点计划进行复核和评价的审计证据（2021–5）。

（4）甲A会计师事务所在对深圳市索菱实业股份有限公司2016年、2017年年度报表审计时：存在审计工作底稿缺失的情况。在索菱股份子公司索菱国际实业有限公司审计工作底稿中，《营业收入、营业成本导引表》的审计说明中记录相关审计程序详见6100–5、6100–6等工作底稿，2016年底稿中没有索引号为6100–3、6100–5、6100–6的资料，2017年底稿中没有索引号为6100–5、6100–6、6100–9的资料；在广东索菱审计工作底稿中，2017年《货币资金实质性程序》的审计说明中记录已执行

"银行存款账面收付记录与银行对账单抽样核对"程序，索引号为"4100–9"，但审计工作底稿中没有索引号为4100–9的资料（2021–4）。

（八）关联方及关联交易

（1）丁D会计师事务所在对武汉国药科技股份有限公司2012年、2013年年度报表审计时： 关联方审计程序不到位。经查，公合实业时任总经理、现任董事长龚某系*ST国药主管会计工作负责人（财务总监）黄某华配偶，龚某、黄某华均承认以上事实。根据《上市公司信息披露管理办法》（证监会令第40号）第七十一条规定，龚某为*ST国药关联自然人，公合实业为*ST国药关联法人。2012年，审计人员在明知*ST国药子公司上海鄂欣实业有限公司与公合实业同时发生钢材销售和采购业务的情况下，忽视明显的未披露关联方特征，未保持职业怀疑，未作为异常处理，未实施进一步审计程序。此外，在2012年和2013年财务报表审计时，获取的审计证据不足，均没有获取*ST国药董事、监事、高级管理人员的直系亲属名单、工作单位、职务等情况，未能发现公合实业和*ST国药之间存在的关联关系（2018–5）。

（2）戊E会计师事务所在对山东新绿食品股份有限公司2015年年度报表审计时： 隐瞒关联方资金往来发生额28 494.37万元。经查，2015年新绿股份使用莒南县工行账户、工商银行泗水支行1080××××2549账户及农业银行泗水支行1547××××2085账户与莒南鸿润食品有限公司（以下简称莒南鸿润）、山东绿润食品有限公司（以下简称山东绿润）、北京绿润食品有限公司（以下简称北京绿润）、山东绿色乐园食品有限公司四家关联方和实际控制人陈某累计发生关联方资金往来40 615.37万元，而在新绿股份2015年年度报告中，仅披露莒南鸿润、山东绿润、北京绿润三家关联方，合计占用新绿股份资金10 521万元，归还1 600万元，实际发生额较当期公开披露发生额高出28 494.37万元（2020–1）。

（3）甲Y会计师事务所在对新疆亿路万源实业投资控股股份有限公司2018年和2019年年度报表审计时： 未能准确获取与识别*ST新亿关联方关系。*ST新亿2019年财务报告中披露的其他应付款—关联方往来期初数为8 659 733.12元，期末数为20 785 425.40元，*ST新亿底稿其他应付款底稿中—非合并范围内关联方（底稿FJ1）期初审定数为8 600 628.91元，期末审定数是8 813 212.91元。关于*ST新亿2019年财务报告其他应付款关联方往来期末数与*ST新亿底稿中其他应付款期末审定数差异较大的原因，甲Y会计师事务所方解释是因为编制底稿时未将宏晟置业等主体列示为关联方，在编制合并报表时又将宏晟置业等主体错误作为关联方披露，导致2019年年报中其他应付款关联方交易信息期初数和期末数包含的关联方不一致，吴某堂对上述情况表示"我不清楚具体情况"。上述情况表明，甲Y会计师事务所未能准确获取与识别*ST新亿关联方关系，导致2019年审计报告中期初与期末关联方认定口径前后不一致，进而导致*ST新亿2019年年报中其他应付款关联方交易信息披露错误。甲Y会计师事务所的上述行为不符合《中国注册会计师审计准则1323号——关联方》第十一条和第二十九条的规定（2022-2）。

（4）乙V会计师事务所在对广东榕泰实业股份有限公司2018年年度报表审计时：关联方事项风险应对程序存在缺陷。在风险评估与识别阶段，乙V会计师事务所将关联方关系、资金占用及违规担保列为财务报表层次的重大错报风险，且列为特别风险，并制定相应的审计方案。在实施过程中，乙V会计师事务所识别出可能表明存在管理层以前未向注册会计师披露的关联方关系或交易的安排或信息，但未确定相关情况是否能够证实关联方关系或关联方交易的存在。①广东榕泰与供应商的资金往来金额显著超过采购金额，存在超出正常经营过程的重大交易。广东榕泰2018年对和通塑胶、中粤农资、永佳农资等三家供应商付款金额高达审计底稿所记录采购金额的5.8倍；在无销售业务的情况下，广东榕泰2018年对三家供应商收款金额高达采购金额的3.51倍；广东榕泰对因上述异常资金往来构成供应商占用资金计提了利息收入。乙V会计师事务所在审计过程中发现了上述异常情况，但未能保持职业怀疑，进一步获取充分、适当的审计证据。其中，针对付款金额的异常情况，乙V会计师事务所仅在审计底稿中作出预付货款和供应商转贷的定性解释，未执行计算复核上述原因导致的具体金额等进一步审计程序，以对上述付款原因的真实性及合理性获取充分、适当的审计证据；针对收款金额的异常情况，乙V会计师事务所未予以应有关注，未实施审计程序对上述收款的性质和原因进行核实；针对三家供应商对广东榕泰构成大额资金占用的异常情况，乙V会计师事务所仅确认资金占用利息的金额，未能执行进一步审计程序对大额资金占用的性质及合理性获取充分、适当的审计证据。②函证程序明显失控。乙V会计师事务所对和通塑胶、永佳农资、中粤农资等三家供应商分别现场走访并发函，其后收到邮寄回函。但乙V会计师事务所未从被函证单位处直接取得回函，回函寄件人为广东榕泰财务总监，寄件地址为广东榕泰办公地址。乙V会计师事务所也未对三家供应商回函快递单号一致的异常情况保持职业怀疑，未对回函地址、回函人身份及回函快递路径进行核对。③采购与付款循环内控测试存在明显异常迹象。针对广东榕泰采购业务中“请购、采购合同、入库、发票、入库记账、付款”等内部控制活动，乙V会计师事务所在内控测试中执行了审计抽样，合计抽取了41个样本，涉及和通塑胶、永佳农资、中粤农资等三家供应商的样本共20个，其中有18个样本存在“采购付款金额显著大于采购合同和发票金额”“付款日期早于采购合同签订日期”等明显异常，剩余21个样本中则仅有2个样本存在异常，且样本的采购金额相对较小，异常性相对不明显。乙V会计师事务所未对上述样本异常情况保持职业怀疑，并进一步获取审计证据以消除疑虑。此外，广东榕泰采购业务中“针对预付款项实施定金制度、比例付款管理，建立预付账款台账管理制度，对大额或长期预付款项，定期进行追踪核查，分析占款合理性”等内部控制活动实际并未运行，乙V会计师事务所未对上述内部控制活动执行风险评估、内控测试等审计程序，其关于上述内部控制活动得到执行并有效运行的审计结论，缺乏充分、适当的审计证据（2022-7）。

（5）己D会计师事务所在为易见供应链管理股份有限公司2018年、2019年年度财务报表审计中：未有效执行关联方审计程序。2015年至2019年年度，己D会计师事务所未有效执行关联方审计程序，未审慎查验获取的审计证据，未能识别易见股份利用黔西南州通程工贸有限公司（以下简称通程工贸）等9家未披露关联方开展虚构的代付款、商业保理业务，从而导致未发现易见股份虚增收入及利润的事实（2023-1）。

（6）庚G会计师事务所在为河南科迪乳业股份有限公司2016—2018年年报审计中：科迪乳业2016—2018年年度报告存在虚增收入和利润、向控股股东及其关联方提供资金未披露等虚假记载、重大遗漏行为。庚G会计师事务所为科迪乳业2016年—2018年年度报告提供审计服务，对前述年度报告均出具了标准无保留的审计意见。经查明，庚G会计师事务所出具的前述审计报告存在虚假记载（2023-4）

（7）壬I会计师事务所在为新疆同济堂健康产业股份有限公司2016年至2018年年报审计中：同济堂2016年至2018年年度报告未披露控股股东及其关联方非经营性占用资金的关联交易11 915万元、27 701万元、156 767万元。2017年4月20日、2018年4月22日、2019年4月22日，壬I会计师事务所分别为同济堂2016年、2017年、2018年年度财务报表出具了标准无保留意见的审计报告（2023-8）。

（8）庚G会计师事务所在为珠海和佳医疗设备股份有限公司2020年年报审计中：2020年，和佳医疗以子公司珠海恒源融资租赁有限公司与深圳金田弘科技开发有限公司、前海润龙商务服务（深圳）有限公司、深圳市汇嘉美医疗科技有限公司、深圳市青芒医疗科技有限公司、深圳市利星医疗科技有限公司、宝瑞医疗科技（深圳）有限公司、亚利源（深圳）医疗科技有限公司等7家项目公司开展融资租赁业务，以及员工借款等名义，对外划转501 915 344.44元，相关款项均用于偿还和佳医疗实际控制人郝某熙、蔡某珂的个人债务。和佳医疗在2020年年度报告中未披露上述关联方资金占用的情况，存在重大遗漏（2023-13）。

（九）用其他专业机构成果

丁N会计师事务所在对广东广州日报传媒股份有限公司2011年、2012年和2013年半年报及2013年年度报表审计时：未对利用其他审计机构以前期间获取的审计证据执行恰当的审计程序，丁N会计师事务所获取的审计证据的可靠性存在缺陷。丁N会计师事务所在香榭丽630审计中，获取了丁D会计师事务所对香榭丽IPO审计时的销售客户访谈资料。丁N会计师事务所将该访谈资料作为其不进行现场访谈的理由，从而未对香榭丽销售客户执行现场访谈的审计程序；丁N会计师事务所还将该访谈资料用于收入及应收账款函证程序，如在香榭丽630审计中，丁N会计师事务所在发函控制表中列示了南京龙禧广告有限公司为函证对象，但未对南京龙禧广告有限公司应收账款进行函证，而是使用了丁D会计师事务所的函证作为替代；在向销售客户发送询证函时，丁N会计师事务所使用了该访谈资料中记录的联系地址等信息。丁N会计师事务所从丁D会计师事务所获取的上述访谈资料的可靠性存在缺陷。一是该资料系丁N会计师事务所从香榭丽处获取，而非直接从丁D会计师事务所获取，丁N会计师事务所获取该资料缺乏独立性。二是丁N会计师事务所审计底稿中未见丁D会计师事务所向其回函沟通记录，签字会计师李某阳也承认丁D会计师事务所认为他们不是前后任关系，未给他们回函。而李某阳声称其进行了口头沟通，但底稿中无相关记录，难以证实丁N会计师事务所执行了与丁D会计师事务所沟通程序。三是丁N会计师事务所底稿中未见其对该访谈资料进行充分独立复核的记录。因此，丁N会计师事务所从香榭丽获取的丁D会计师事务所的访谈资料缺乏独立性，且无证据表明丁N会计师事务所就该资料的真实、可靠性与丁D会计师事务所进行了沟通核实，也无证据表明丁N会计师事务所对该资料进行了充分复核（2018-4）。

（十）期后事项、或有事项

（1）己F会计师事务所在对奥瑞德光电股份有限公司2017年年度报表审计时：未对期后诉讼事项执行进一步审计程序。《审计报告》出具前，奥瑞德发布的《关于控股股东股份被轮候冻结的公告》（公告编号：临2018-014）显示，奥瑞德及其子公司哈尔滨奥瑞德光电技术有限公司等为民间借贷纠纷的诉讼被告。己F会计师事务所在询问了时任奥瑞德财务总监刘某和奥瑞德实际控制人左某波并核对奥瑞德银行流水后即认为公告涉及诉讼事项与奥瑞德无关。对该期后诉讼事项未保持充分的职业怀疑，未执行进一步审计程序确认涉诉借款事项与奥瑞德是否有关，导致未能发现2017年度奥瑞德控股股东非经营性资金占用情况，未能发现奥瑞德2017年度财务报表存在错报，其出具的《审计报告》《专项说明》存在虚假记载和重大遗漏（2020-5）。

（2）辛H会计师事务所在对某控股公司申请证券公司新增5%以上股东资格提供2013年及2014年一季度报表审计时：或有事项项目的审计未勤勉尽责。在明知某控股公司存在或有事项情形下，未进一步核实金额，也未在审计报告中予以披露。①审计开展前制定的总体审计策略对该控股公司可能存在较高重大错报风险的领域未予以关注和分析，审计策略中无相关记录。②审计已注意到该控股公司存在或有事项，但未主动获取审计证据去核实相关金额，审计工作底稿无该控股公司对外担保的合同等资料，审计报告也未披露该控股公司或有事项（2021-9）。

（十一）质量控制与独立复核及独立性

（1）乙V会计师事务所在对康美药业股份有限公司2016—2018年年度报表审计时：2016年、2017年项目经理苏某升严重违反独立性要求，乙V会计师事务所对内部员工管理监控不到位，实施的内部质量控制不符合《质量控制准则第5101号——会计师事务所对执行财务报表审计和审阅、其他鉴证和相关服务业务实施的质量控制》的规定（2021-1）。

（2）甲Y会计师事务所在对新疆亿路万源实业投资控股股份有限公司2018年和2019年年度报表审计时：审计独立性缺失。①承诺对*ST新亿2019年度财务报表不出具否定或无法表示意见的审计报告并约定或有费用。2020年2月初，刘某辉向吴某堂推荐*ST新亿2019年年审业务，2月24日刘某辉通过微信将*ST新亿年审业务《年报无法表示意见问题及处理思路》和《600145ST新亿2019-05-09审计报告》等相关资料发给吴某堂，同时称“2019年年报不能出具无法表示意见及否定意见报告，可以使（是）保留意见”，吴某堂回复“知道，我这边商量一下”。吴某堂初步了解后，有了承接*ST新亿2019年年审业务的意愿。3月10日吴某堂决定通过甲Y会计师事务所承接*ST新亿2019年年审业务，草拟了业务约定书草稿发送给刘某辉，随后吴某堂和刘某辉就业务约定书的条款进行了讨论、修改。同日，*ST新亿时任董事长黄某和刘某辉要求吴某堂出具“承诺函”（即《审计业务约定书补充协议》），承诺不对*ST新亿2019年度财务报表出具否定或无法表示意见的审计报告，吴某堂也反过来提出要求若甲Y会计师事务所受到处罚，*ST新亿需对甲Y会计师事务所进行补偿。3月17日刘某辉将业务约定书补充协议发给吴某堂，吴某堂在《审计业务约定书补充协议》补充了要求*ST新亿继续聘请甲Y会计师事务所为2020年年报审计机构以及*ST新亿要对甲Y会计师事务所可能面临的处罚进行赔偿相关内容，并将修改后的《审计业务约定书补充协议》发给了刘某辉。3月26日，吴某堂打印了*ST新亿2019年《业务约定书》和《审计业务补充约定书》，加盖了甲Y会计师事务所公章并交给黄某，黄某当天加盖了*ST新亿公司印章，并将双方用印的版本返还给吴某堂。双方签署《审计业务补充约定书》主要内容如下：“一、乙方（甲Y会计师事务所）知晓甲方（*ST新亿）2018年会计事务所审计意见中所述问题的原因，并与甲方一起协调讨论确定了后附的《2018年报无法表示意见问题及处理思路》；二、甲方按照后附的《2018年报无法表示意见问题及处理思路》提供审计所需要的资料和文件，全力配合乙方完成审计工作；三、在甲方满足上述第二条的情况下，乙方承诺不会出具否定或无法表示意见的审计报告；四、如果因为甲方原因，导致出具了否定或无法表示意见的审计报告，甲方应按审计业务约定书的条款正常支付相应的审计费；五、如果在甲方满足上述第二条的情况下，乙方还是出具了否定或无法表示意见的审计报告，甲方有权不支付相关的审计费，并可要求乙方进行赔偿等额的审计费；六、如果在甲方满足上述第二条的情况下，乙方出具了非否定或无法表示意见的审计报告，甲方承诺继续聘请乙方作为2020年度年报审计机构，乙方和甲方一起持续、健康、稳定、向上共同成长；七、如乙方因出具非否定或无法表示意见的审计报告导致乙方及签字注册会计师受到监管部门处罚的，则甲方应赔偿乙方及签字注册会计师因处罚的损失，包括罚金及名誉损失费50万元，以及法律诉讼损失。”*ST新亿与甲Y会计师事务所于2020年3月26日签订《审计业务补充约定书》，甲Y会计师事务所承诺对*ST新亿2019年度财务报表不出具否定或无法表示意见的审计报告。

②承诺对因签字导致的行政处罚给予赔偿。刘某斌于2020年8月5日与甲Y会计师事务所签订劳动合同，2020年8月23日申请将注册会计师执业关系转到甲Y会计师事务所，在原拟签字注册会计师拒绝签署*ST新亿相关审计报告后，吴某堂与刘某斌沟通签署*ST新亿相关年审报告事宜，要求刘某斌签署*ST新亿相关审计报告，刘某斌担心签署*ST新亿相关审计报告会被行政处罚，要求甲Y会计师事务所出具承诺书，对可能导致的行政处罚给予其补偿。2020年8月25日，吴某堂将加盖甲Y会计师事务所公章的承诺书扫描版通过微信发给刘某斌，承诺书主要条款如下：“感谢你作为新疆亿路万源实业控股股份有限公司2018年度、2019年度审计报告签字注册会计师所做的大量工作，对此事务所承诺：1.如此审计报告给你带来行政处罚的罚款，由事务所承担所有罚款。2.如果此审计报告给你（刘某斌）带来严重的行政处罚（行业禁入），事务所会给您人民币30万元经济补偿……4.审计报告签字费收到审计费后会按规定时间支付给你，没有收到审计费本年也一定支付。项目组绩效工资在此审计报告接受证监局质量检查结束支付。”

③承诺支付居间费。甲Y会计师事务所通过刘某辉承接*ST新亿年审业务。2020年8月27日，刘某辉方拟定了书面居间协议，协议对居间业务的相关费用进行了进一步明确。协议主要包容包括“一、委托事项1.乙方（深圳市何山创贸易有限公司）接受甲方（甲Y会计师事务所）委托，居间引荐甲方和新疆亿路万源实业投资控股股份有限公司洽谈，并最终促成甲方与新疆亿路万源实业投资控股股份有限公司签订审计业务约定书。2.‘居间成功’是指甲方与新疆亿路万源实业投资控股股份有限公司签订书面的审计业务约定，并完成委托事项”“四、居间报酬的计算方法、支付时间和支付方式：1.本项目居间报酬为甲方与新疆亿路万源实业投资控股股份有限公司所签业务约定书总额的20%，截至2020年8月27日，所签业务约定书的总额为2 750 000.00元（贰佰柒拾伍万圆整），产生居间报酬为550 000.00元（伍拾伍万圆整）”。该协议因吴某堂团队在审计期间被隔离在新疆未能签署，吴某堂团队回深圳后，甲Y会计师事务所该项目被监管部门检查，刘某辉未与吴某堂补签书面协议，

截至2021年4月30日，甲Y会计师事务所尚未收到全部审计费用，居间费用也未支付。

④违规修改审计报告内容导致出具的审计报告存在虚假记载和重大遗漏。其一，甲Y会计师事务所更改韩真源2018年净资产审计报告的审计意见类型。2020年7月下旬，*ST新亿年审原拟签字注册会计师、项目经理在完成韩真源2018年审计工作后，拟对韩真源2018年净资产审计报告出具保留意见的审计报告，刘某辉和黄某明确表示不能接受甲Y会计师事务所对韩真源2018年净资产审计报告出具保留意见。在刘某辉、黄某施压下，吴某堂要求该会计师更改审计报告意见。最终该会计师辞职，甲Y会计师事务所更换签字会计师，在未执行进一步审计程序以消除保留意见产生基础的情况下，最终更改韩真源2018年净资产审计报告审计意见类型。其二，甲Y会计师事务所根据相关方要求删除审计报告中重要内容。2020年5月24日，韩真源与喀什市自然资源局签署《喀什市开源市场用地规划调整开发协议》（以下简称开发协议），约定对韩真源开源市场进行规划调整并重新开发。根据开发协议，如果韩真源公司2020年8月24日前未拆除完毕，视为韩真源公司放弃开发，喀什市自然资源土地局收回土地使用权，如韩真源公司原产权证书办理了抵押手续，也应该在2020年7月20日内办理解抵押手续。甲Y会计师事务所在审计报告资产负债表日后事项中提及“韩真源公司于2020年6月开始拆迁，终止房屋出租、场地使用权出租业务，拆迁重建阶段开源市场，预期开发期间经营活动产生的现金流为负数。拟取得投资方相关安排尚未形成明确协议，导致其结果具有不确定性”。但未就开发协议中关于8月24日前未拆除完毕，视为韩真源放弃开发，自然资源土地局收回土地使用权和强制性要求解除抵押的事项予以披露。经查，甲Y会计师事务所在审计报告初稿中，拟对开发协议进行完整披露，但在黄某、刘某辉的要求下，删除了关于“8月24日前未拆除完毕，视为韩真源放弃开发，自然资源土地局收回土地使用权”部分内容。其三，甲Y会计师事务所关于*ST新亿2018年和2019年审计报告复核工作实际上依赖刘某辉团队完成。刘某辉团队深度参与*ST新亿2018年和2019年审计报告的复核工作，并直接修订审计报告相关内容。刘某辉团队、甲Y会计师事务所团队和黄某建有关于*ST新亿2018年和2019年年审报告复核的微信群，群成员包括甲Y会计师事务所吴某堂、刘某斌等人，刘某辉及其团队成员以及*ST新亿黄某，由刘某辉团队在群内提出修改意见或直接修改，甲Y会计师事务所团队根据意见修改审计报告（2022–2）。

（3）甲Y会计师事务所在对新疆亿路万源实业投资控股股份有限公司2018年和2019年年度报表审计时：质量控制存在缺陷。甲Y会计师事务所*ST新亿年审项目原质量控制复核人在复核*ST新亿年审项目后拒绝签字，由项目签字注册会计师吴某堂同时担任质量控制复核人。签署审计报告前，吴某堂未审阅完底稿，没有发现审计报告存在的问题；刘某斌仅复核了审计报告和实质性底稿的电子版，没有完整复核所取得审计证据。甲Y会计师事务所复核工作流于形式，对于发现的异常，没有保持职业怀疑，未执行进一步审计程序以核实相关业务真实性，最终在相关审计人员拒绝签字、审计团队被隔离期间未完成审计程序的情况下，出具了*ST新亿相关审计报告（2022-2）。

（4）丁X会计师事务所在对永城煤电控股集团有限公司2017—2019年年度报表审计时：丁X会计师事务所项目复核工作存在缺陷。质量控制复核过程中，丁X会计师事务所未充分关注货币资金领域重大风险评估结论的恰当性，未恰当评价结算中心存款列报重大问题审计证据的充分性、合理性，在明知永煤控股资金管理中心存款账户开立在河南能化财务公司且账户名称为河南能化，货币资金划转至河南能化的情况下，未对项目组作出的重大判断和据此得出的结论作出客观评价（2022-12）。

（5）庚G会计师事务所在为华晨汽车集团控股有限公司2017年、2018年年报审计中：①2017年审计质量控制程序执行不到位。根据庚G会计师事务所制定的2017年度总体审计策略，对华晨集团年度审计由项目经理实施详细复核、二级复核人实施一般性复核、三级复核人实施重点复核，以上复核程序应确认和关注的事项包括“对重要会计问题、重点审计领域、重要审计程序和重大调整事项的确认是否恰当”“重点会计问题及重大事项的审计证据是否充分适当”“审计过程是否存在重大遗漏，有无特别说明事项”等。经查，EK—2项目经理复核核对表、EK—3签字注师复核核对表、EK—4签字注师（项目合伙人）复核核对表、EK—5质量控制复核人核对表中各复核事项对应的“是/否/不适用”处均未填写具体复核情况，仅在表末端签字处签字，未见庚G会计师事务所有关大额长期股权投资和投资收益审计等重要事项的复核记录。根据2017年度总体审计策略和有关说明，庚G会计师事务所采用集团层面的复核审计策略，获取华晨集团单体及各子公司等审计报告和审计底稿，对重要的项目重新执行抽样、检查等审计程序，对审计报告和审计底稿进行复核分析。经查，庚G会计师事务所未审慎执行上述所指抽样、检查、复核等审计程序。②2018年审计质量控制程序执行不到位。根据庚G会计师事务所制定的2018年度总体审计策略，对华晨集团年度审计由项目经理实施详细复核、二级复核人实施一般性复核、三级复核人实施重点复核，以上复核程序应确认和关注的事项包括“对重要会计问题、重点审计领域、重要审计程序和重大调整事项的确认是否恰当”“重点会计问题及重大事项的审计证据是否充分适当”“审计过程是否存在重大遗漏，有无特别说明事项”等。经查，EK—2项目经理复核核对表、EK—3签字注师复核核对表、EK—4签字注师（项目合伙人）复核核对表、EK—5质量控制复核人核对表中各复核事项对应的“是/否/不适用”处均未填写具体复核情况，仅在表末端签字处签字，未见庚G会计师事务所有关大额长期股权投资和投资收益审计等重要事项的复核记录（2023-14）。

（6）壬S会计师事务所在为希努尔男装股份有限公司（现更名为雪松发展股份有限公司）2018—2019年度财务报表审计机中：①壬S会计师事务所对希努尔2018年年报审计项目质量控制执行不到位。壬S会计师事务所在希努尔2018年年报审计项目质量控制过程中，对诸城松旅政府补助的复核程序执行明显不到位。壬S会计师事务所未关注到诸城松旅在建工程审计底稿收集的《合作经营协议》缺失关键性条款。壬S会计师事务所未了解恐龙项目建设情况，未发现《投资协议书》及其补充协议的缺失。壬S会计师事务所未审慎复核政府补助列报的恰当性，未考量诸城松旅在当地承建恐龙项目与其获取大额政府补助之间的相关性，未对审计证据的充分性和适当性进行审慎判断。壬S会计师事务所在希努尔2018年年报审计项目质量控制过程中，对希努尔项目其他方面的复核程序明显不到位。项目负责人质量复核核对表、业务质量复核记录——项目组执行人复核记录、项目负责合伙人复核核对表的签字人均为谭某嘉，不符合壬S会计师事务所内部制度《项目质量控制及复核管理办法》。壬S会计师事务所在希努尔2018年年报审计项目质量控制过程中，未关注到时任项目质量控制复核人杨某在审计底稿中无复核记录，应由其签字的复核核对表是由李某山签字。李某山为希努尔项目2013年至2017年的签字会计师，参与希努尔2018年的项目审计并对希努尔项目开展部分复核工作，负责执行了诸城市旅游局的走访工作（该程序为应对政府补助重大错报风险的重要应对措施），主要负责对希努尔年审项目中政府补助的会计处理进行复核。②壬S会计师事务所对希努尔2019年年报审计项目质量控制执行不到位。壬S会计师事务所在希努尔2019年年报审计项目质量控制过程中，对诸城松旅政府补助的复核程序执行明显不到位。壬S会计师事务所在深交所已对希努尔2018年收到的9 739.44万元政府补助收入确认是否合理进行问询后，2019年年报审计复核过程中仍未审慎判断该政府补助的性质及列报是否准确，未要求项目组进一步获取更为充分适当的审计证据；未了解恐龙项目建设情况，未发现《投资协议书》及其补充协议的缺失；未关注已获取的审计证据与其对政府补助与收益相关的性质判断相矛盾；未审慎复核政府补助列报的恰当性，未考量诸城松旅在当地承建恐龙项目与其获取大额政府补助之间的相关性，未对审计证据的充分性和适当性进行审慎判断。壬S会计师事务所在希努尔2019年年报审计项目质量控制过程中，对希努尔项目其他方面的复核程序明显不到位。项目负责人质量复核核对表、业务质量复核记录——项目组执行人复核记录、项目负责合伙人复核核对表的签字人均为谭某嘉，不符合壬S会计师事务所内部制度《项目质量控制及复核管理办法》。壬S会计师事务所在希努尔2019年年报审计项目质量控制过程中，未关注到时任项目质量控制复核人杨某在审计底稿中无复核记录，应由其签字的复核核对表是由李某山签字。李某山参与希努尔2019年的项目审计并对希努尔项目开展部分复核工作（2023-15）。

（7）癸H会计师事务所在为东方网力科技股份有限公司2020年年度财务报表审计中： 审计独立性缺失。2021年3月，东方网力与癸H会计师事务所签订《审计业务约定书》，约定癸H会计师事务所为东方网力提供2020年年度财务报表审计服务，同期，东方网力与癸H会计师事务所就定向增发相关审计服务另行签订《审计业务约定书》，东方网力与都昌县峰源商务咨询服务有限公司（以下简称都昌峰源）签订《咨询业务约定书》《内控自评服务业务约定书》《内控自评服务业务约定书之补充协议》，上述合同均实际用于东方网力向癸H会计师事务所支付2020年年度财务报表审计费。其中，东方网力与都昌峰源签订的《咨询业务约定书》《内控自评服务业务约定书之补充协议》中约定了以癸H会计师事务所出具无保留意见审计报告为付款条件的或有收费，违反独立性要求。此外，邱某星在2021年4月28日与东方网力时任董事长赵某的沟通中要求东方网力出具承诺函，以补偿癸H会计师事务所及注册会计师可能受到的处罚。东方网力最终未出具承诺函（2023–17）。

（十二）审计报告

（1）甲A会计师事务所在对深圳市零七股份有限公司2014年年度报表审计时： 对零七股份2014年财务报表发表不恰当审计报告意见。针对零七股份在审计期间已暴露相关舞弊事实和舞弊迹象的控制环境，甲A会计师事务所未充分、适当执行风险评估程序，未全面评估舞弊导致的财务报表层次重大错报风险，导致其对客观存在的舞弊风险因素采取相应的应对措施不足；甲A会计师事务所在审计过程中未获取充分、适当的审计证据表明零七股份2014年年报不存在未披露的经济事项及或有事项，未能充分保证财务报表相关的确认、计量与披露恰当；甲A会计师事务所已识别现金收款、其他应收款等资金往来为评估的重大错报风险，却未针对审计发现的账外银行账户、缺乏商业理由的往来款项以及明显不一致的往来款相关审计证据，进一步获取充分、适当的审计证据以消除由于舞弊或错误导致的重大错报的疑虑，未对有关往来款项的可收回性实施审计程序。甲A会计师事务所出具2014年审计报告之前，零七股份已公告练某飞离任后未移交有关印鉴证照、私刻公司公章、盗开公司银行账户等事实，对财务报表可能产生重大影响，甲A会计师事务所并未据此修正风险评估结论并执行充分、适当的风险应对程序。综上所述，甲A会计师事务所未按照要求，在对零七股份2014年财务报表整体是否不存在由于舞弊或错误导致的重大错报获取合理保证的基础上发表审计意见，其在审计报告中“获取的审计证据是充分、适当的，为发表审计意见提供了基础”的陈述与事实不符，发表的审计意见不恰当（2019–3）。

（2）辛H会计师事务所在对欢瑞世纪联合股份有限公司2016年重大资产重组报表审计时： 财务报表批准报出事项存在虚假记载。辛H会计师事务所在未获取充分、适当的审计证据证明财务报表业经欢瑞影视董事会批准报出的情况下，在出具的《欢瑞世纪影视传媒股份有限公司2012年1月1日至2015年9月30日财务报表审计报告》中记载"本财务报表业经公司董事会于2015年11月30日批准报出",《欢瑞世纪影视传媒股份有限公司2013—2015年度财务报表审计报告》中记载"本财务报表业经公司董事会于2016年4月25日批准报出",《欢瑞世纪影视传媒股份有限公司2013年至2016年6月30日财务报表审计报告》中记载"本财务报表业经公司董事会于2016年8月3日批准报出",存在虚假记载(2021-8)。

(3)丁X会计师事务所在对永城煤电控股集团有限公司2017—2019年年度报表审计时:审计程序不恰当,没有获取充分审计证据,审计意见错误。①2018年、2019年,丁X会计师事务所将"存贷双高"的风险列为财务报表层次重大错报风险,并指出对货币资金、短期借款、长期借款等实施详尽的实质性测试程序。在实质性测试程序中,与2017年相关科目的审计程序相比,丁X会计师事务所没有保持职业怀疑,没有针对上述重大错报风险设计并执行特别的审计程序,获取的审计证据不充分,导致其未进一步分析永煤控股资金管理中心存款是否已被河南能化占用。②另案查明,永煤控股收到的资金均被自动归集至其在河南能化财务公司开立的账户;当其在财务公司账户资金存量较大时,资金管理中心会向该单位下达《资金调度通知书》,要求其将一定数量的货币资金转至河南能化在财务公司开立的账户;永煤控股将被划转到河南能化账户的资金记为"货币资金—资金管理中心存款"。丁X会计师事务所向财务公司、资金管理中心发函未得到回函,经与永煤控股的管理层沟通,在其答复财务公司、资金管理中心均为集团内部单位、无需回函的情况下,登录了河南能化财务系统账户查询"结算中心存款数据",与永煤控股账面记录进行核对。资金管理中心是河南能化的资金集中管理部门,但并非金融机构,同时永煤控股需经审批后方可使用该部分资金。丁X会计师事务所没有针对货币资金已划转至河南能化,需经河南能化审批后方可支取的情况进行审慎评价和判断,没有审慎评价审计证据,没有对结算中心存款列报认定保持必要的职业怀疑,未能区分出资金结算中心存款与可以被随时支取的货币资金在性质或功能上的差异,出具了有虚假记载的审计报告。③丁X会计师事务所在2017年对货币资金进行审计时,未按审计计划对大额收支是否跨期进行核查,也未说明原因。④丁X会计师事务所在2017年对银行函证时采用跟函方式,但丁X会计师事务所工作底稿中记录的回函日期与函证日期不一致;此外,部分银行的回函日期晚于审计报告出具日,丁X会计师事务所在未收到银行回函时,未执行其他替代程序,也未在审计底稿中记录相关原因(2022-12)。

(4)庚G会计师事务所在郑州华晶金刚石股份有限公司2019年报审计中:发表的审计意见类型不当。庚G会计师事务所对豫金刚石2019年度财务报表出具的审计报告载明,其在对担保及诉讼事项、抵账及资产减值、关联方及关联交易、持续经营能力、中国证监会立案调查等事项实施审计程序后，仍无法取得充分、适当的审计证据，以判断预计负债计提的恰当性、诉讼担保对外承诺事项披露的完整性、相关交易的商业合理性、资产价值认定的适当性、其他应收款的可收回性、减值准备计提的适当性、关联交易披露的准确性和完整性以及豫金刚石的持续经营能力等。庚G会计师事务所据此出具了带保留意见的审计报告。根据庚G会计师事务所的审计报告、审计工作底稿，审计报告所述形成保留意见的基础部分涉及事项对豫金刚石2019年年度财务报表可能产生的影响重大且具有广泛性。其一，因担保及诉讼需计提预计负债279 071.16万元，因存货、其他应收款及固定资产计提减值准备153 330.15万元，该两事项影响利润总额的金额为432 401.31万元，占利润总额亏损516 942.04万元的比例达到83.65%，显然可能对财务报表产生重大影响。其二，上述事项涉及存货、其他应收款、固定资产、预计负债、资产减值损失、利润总额等多个资产、负债、损益项目的确认和计量，同时涉及重大诉讼、重大担保、关联交易的披露，其产生的影响对财务报表使用者理解财务报表至关重要。庚G会计师事务所在对多个业务的商业合理性、会计处理的恰当性及其可能对财务报表产生的影响无法判断，以及持续经营能力存在重大不确定性的情况下，对豫金刚石2019年度财务报表发表保留意见而非无法表示意见（2023-11）。

（5）庚G会计师事务所在为华晨汽车集团控股有限公司2017年、2018年年报审计中：出具的华晨集团2017年、2018年审计报告存在虚假记载。经证监会另案查明，华晨集团2017年、2018年年度报告存在虚增投资收益、利润等虚假记载行为。2018年4月8日、2019年4月2日，庚G会计师事务所分别与华晨集团签订《审计业务约定书》，委托庚G会计师事务所对华晨集团2017年、2018年年度财务报表进行审计。华晨集团于2018年9月至2020年2月期间，以包含经庚G会计师事务所审计的2017年、2018年年度财务数据作为申报材料向中国证监会、上海证券交易所申请发行公司债券。庚G会计师事务所在公司债券募集说明书“会计师事务所声明”中盖章，声明已阅读募集说明书内容，确认募集说明书引用的华晨集团2017年度、2018年度审计报告与庚G会计师事务所出具的审计报告内容不存在矛盾，对引用审计报告内容无异议，确认募集说明书不致因引用上述审计报告而导致在相应部分出现虚假记载、误导性陈述或重大遗漏，并对庚G会计师事务所出具的上述审计报告的真实性、准确性、完整性根据有关法律法规的规定承担相应的法律责任。经查，庚G会计师事务所对华晨集团2017年、2018年年度报告均出具了标准无保留的审计意见，庚G会计师事务所出具的前述审计报告存在虚假记载（2023-14）。

（6）癸H会计师事务所在为东方网力科技股份有限公司2020年年度财务报表审计中：出具的文件存在虚假记载。我局另案查明，东方网力2020年年度报告存在虚假记载，涉及虚增固定资产、通过无商业实质的资金循环消除保留意见等情形。癸

H会计师事务所为东方网力提供2020年年度财务报表审计服务，对东方网力2020年年度财务报表出具了带持续经营重大不确定性段落的无保留意见审计报告。保留意见所涉事项的审计存在缺陷。已P会计师事务所对东方网力2019年年度财务报表出具了保留意见审计报告，形成保留意见的基础涉及东方网力预付账款、其他应收款、其他非流动金融资产等事项。癸H会计师事务所针对上述保留意见涉及事项的审计存在缺陷，未能保持职业怀疑，未能实施恰当的审计程序，相关审计结论没有充分、适当的审计证据支持。一是截至2020年末，东方网力对北京银泰锦宏科技有限责任公司、北京红嘉福科技有限公司、北京国泰一佳科技发展有限责任公司等3家公司的预付账款余额合计12 907.46万元。癸H会计师事务所未就该等预付账款的实际用途获取充分、适当的审计证据。二是对东方网力通过信托计划向济宁恒德信国际贸易有限公司发放贷款28 000.00万元并全额计提减值准备事项。癸H会计师事务所未就该等贷款的实际用途获取充分、适当的审计证据。三是东方网力出资12 000.00万元增资深圳微服机器人科技有限公司、出资7 000.00万元增资北京云逍遥网络科技有限公司，相应股权未按照约定完成工商变更登记。2020年，东方网力将该等投资作价7 265.00万元对外出售。癸H会计师事务所未对该等投资的期初投资余额实施恰当的审计程序，未对利用管理层的专家的工作进行评价，未就该等投资及转让事项的真实性及合理性保持职业怀疑，未能获取充分、适当的审计证据（2023–17）。

（十三）其他问题

（1）丁D会计师事务所在对武汉国药科技股份有限公司2012年、2013年年度报表审计时：丁D会计师事务所在审计中存在的其他不足。①2012年财务报表审计时，风险评估遗漏相关信息。审计工作底稿中描述资本性投资时，遗漏“鄂欣实业”；描述主要子公司和联营企业时，遗漏“鄂欣实业”。②2012年及2013年财务报表审计时，将鄂欣实业审计风险评估过程描述为“我们通过与客户的沟通和电影行业特点进行风险评估”，与鄂欣实业从事钢材贸易行业的情况明显不符（2018–5）。

（2）丙M会计师事务所在对江苏雅百特科技股份有限公司2015年年度报表审计时：丙M会计师事务所为雅百特提供盈利预测实现情况专项审核服务时未勤勉尽责。丙M会计师事务所为雅百特出具的《关于江苏雅百特科技股份有限公司盈利预测实现情况的专项审核报告》认为，雅百特盈利预测实现情况说明的编制符合《上市公司重大资产重组管理办法》的规定，在所有重大方面反映了雅百特重大资产重组购入资产2015年度实际盈利数与利润预测数的差异情况。经查，2015年雅百特通过虚构海外工程项目、虚构建筑材料出口贸易、虚构国内建筑材料贸易等方式虚增收入48 182.17万元，虚增利润23 226.34万元，虚增利润金额占当年披露利润总额的73.08%，丙M会计师事务所出具的专项审核报告中资产实际盈利数据存在严重不实，未能如实反映实际盈利与预测利润的真实差异。丙M会计师事务所仅根据年报审计底稿出具了盈利预测实现情况审核报告，未基于有关异常情况，获取充分、适当的证据（2019-2）。

（3）丙M会计师事务所在对江苏雅百特科技股份有限公司2015年年度报表审计时：丙M会计师事务所为雅百特提供财务报告内部控制有效性审核服务时违反相关业务规则。在丙M会计师事务所为雅百特出具的2015年《内部控制鉴证报告》中，丙M会计师事务所认为，雅百特按照《企业内部控制基本规范》及相关规定于2015年12月31日在所有重大方面保持了有效的财务报告内部控制。经查，丙M会计师事务所的审核程序存在以下缺陷：①未审慎核查销售合同及发货单。丙M会计师事务所在对雅百特的销售与回款循环的内部控制实施控制测试程序时，对雅百特的销售合同部分有编号、部分无编号，即使有编号，编号也不连续的情形并未发现，也并未指出其为内控缺陷，而此种情形为雅百特造假提供了便利。雅百特材料销售收入以采购方确认后的发货单为确认依据，但雅百特的发货单样式不统一，有四种以上制式，且发货单不编号。丙M会计师事务所在实施销售与回款循环的内部控制测试程序时，未发现上述异常情形，导致丙M会计师事务所对雅百特出入库管理存在的漏洞未予以充分关注，而此种情形为雅百特财务造假提供了便利。②控制测试程序无法达到控制测试目标。丙M会计师事务所在对雅百特销售与回款循环—与记录应收账款有关的业务活动的控制实施控制测试程序时，设定的控制目标是所有记录的应收账款均已发出相应货物。但其实施的控制测试程序是抽取凭证，并在底稿中记录凭证编号、发票上是否有相符印戳、是否输入应收账款借方、发票号码等信息，而以上获取的信息并不能印证记录的应收账款均已发出相应货物，而应该获取的货物出入库单据、运费单据等资料，底稿中未予记载和保留。丙M会计师事务所未揭示雅百特以上与财务报表相关的内部控制缺陷，其内部控制测试程序流于形式（2019-2）。

（4）丁X会计师事务所在对永城煤电控股集团有限公司2017—2019年年度报表审计时：丁X会计师事务所2018年《审计业务约定书》签署不规范。经查，丁X会计师事务所于2019年3月30日出具永煤控股《2018年度审计报告》，但丁X会计师事务所与河南能化《业务约定书》上的签署时间为2019年6月12日，与永煤控股《审计业务约定书》上的签署时间为2019年4月10日（2022-12）。

（5）壬W会计师事务所在为广州市浪奇实业股份有限公司2018年、2019年年度报告审计中：①未对贸易类存货会计分录异常情况保持职业怀疑。2018年度，广州浪奇转账756号凭证（以下简称756号凭证）导致期末存货余额增加3.43亿元，同时增加相关应付账款，广州浪奇后将应付账款与应收账款协议对冲。壬W会计师事务所在抽取756号凭证时，未审慎检查形成该凭证的支持性资料，凭证记账内容也与访谈情况矛盾，壬W会计师事务所未对上述异常情况保持职业怀疑，未对相关业务的真实性获取充分、适当的审计证据。②未对往来科目中不同客商之间的对冲凭证保持职业怀疑。广州浪奇往来科目凭证中，存在多笔不同客户、供应商之间的应收账款与应付账款的对冲凭证、预付账款与应付账款的对冲凭证，2018年、2019年对冲金额分别为9.36亿元、5.96亿元。壬W会计师事务所未对上述异常对冲情况保持职业怀疑，未对其商业实质获取充分、适当的审计证据，在2018年度实施应付账款细节测试时，未按样本检查程序实施审计工作（2023-10）。

（6）辛F会计师事务所因未向中国证监会履行备案程序，为当代东方股票回购注销事项出具验资报告的行为属于从事证券服务业务，而受到山西证监局的行政处罚：当代东方投资股份有限公司（以下简称当代东方）系1997年1月24日在深圳证券交易所公开发行股票并上市交易的上市公司。2021年，当代东方与辛F会计师事务所签署《业务约定书》，约定由辛F会计师事务所对当代东方截至2021年3月31日的注册资本及实收资本减少情况进行审验。2021年4月6日，辛F会计师事务所出具《验资报告》（宁鸿验字2021第AB09号），确认截至2021年3月31日，当代东方已经减少股本人民币1 946 334元，其中，减少股权激励限售股1 946 334元。2021年5月31日，当代东方披露《关于股权激励授予限制性股票回购注销完成的公告》称，因2017年度考核业绩未达标，当代东方根据《限制性股票激励计划（草案）》（2015）规定，对最后一个考核期已获授权但未解锁的1 946 334股限制性股票进行回购并注销，回购价格为6.435元/股，支付限制性股票回购款项12 524 659.29元。辛F会计师事务所对本次限制性股票回购注销事项进行了审验，并于2021年4月6日出具了《验资报告》（宁鸿验字（2021）第AB09号）。根据《证券服务机构从事证券服务业务备案管理规定》（证监会公告〔2020〕52号）第四条第一款和第十条的规定，辛F会计师事务所为当代东方股票回购注销事项出具验资报告的行为属于从事证券服务业务，应当在签订《业务约定书》之日起10个工作日内备案。截至2022年12月31日，北京宁鸿未向中国证监会履行备案程序（2023-12）。

（7）庚G会计师事务所在为华晨汽车集团控股有限公司2017年、2018年年报审计中：2018年未与管理层、治理层等就重大事项进行充分沟通。华晨集团转让晨宝（辽宁）和绵阳华瑞汽车有限公司股权确认投资收益使华晨集团2018年合并财务报表中归属于母公司所有者的净利润由巨额亏损变为大幅盈利，并综合亚太所审计底稿来看，长期股权投资等科目所涉业务为重大事项。庚G会计师事务所2018年年度财务报表审计总结记载，重大事项均与华晨集团管理层、治理层（审计委员会）交换了意见，详见与华晨集团管理层、治理层（审计委员会）沟通函。经查，未见庚G会计师事务所与华晨集团管理层、治理层（审计委员会）关于上述长期股权投资、投资收益相关重大事项的沟通记录（2023-14）。

第三章

证监会处罚会计师事务所适用证券法律法规和审计准则的相关条款

第一节　受到处罚审计项目违反证券法律法规和审计准则的情况综述

一、违法事实认定时适用证券法律法规的情况

（一）《证券法》修改过程

（1）《中华人民共和国证券法》于1998年12月29日第九届全国人民代表大会常务委员会第六次会议通过。

（2）根据2004年8月28日第十届全国人民代表大会常务委员会第十一次会议《关于修改〈中华人民共和国证券法〉的决定》，进行第一次修正。

（3）2005年10月27日第十届全国人民代表大会常务委员会第十八次会议第一次修订。

（4）根据2013年6月29日第十二届全国人民代表大会常务委员会第三次会议《关于修改〈中华人民共和国文物保护法〉等十二部法律的决定》第二次修正。

（5）根据2014年8月31日第十二届全国人民代表大会常务委员会第十次会议《关于修改〈中华人民共和国保险法〉等五部法律的决定》第三次修正。

（6）2019年12月28日第十三届全国人民代表大会常务委员会第十五次会议第二次修订。

（二）适用《证券法》及相关法规相关条款的说明

经过对2001年至2023年证监会对会计师事务所作出行政处罚的时点分析，2001年，证监会对会计师事务所及注册会计师作出行政处罚时，适用《股票发行与交易管理暂行条例》（以下简称《股票条例》）、《会计师事务所、注册会计师从事证券相关业务许可证管理暂行办法》（财会协字〔1996〕11号）、《关于注册会计师执行证券、期货相关业务实行许可证管理的暂行规定》（财会协字〔1997〕52号）。

2002年，证监会对壬C会计师事务所对郑州宇通客车股份有限公司1999年年报审计进行处罚时，开始适用《证券法》。2021年年末，行政处罚决定涉及最晚时点的是中国证监会对己F会计师事务所为奥瑞德光电股份有限公司2018年财务报表、甲A会计师事务所为延安必康制药股份有限公司2018年年度财务报表进行审计作出行政处罚，尚未适用2019年12月28日新修订《证券法》。因此，截至2021年年末，违反

《证券法》条款全部适用2014年8月31日及以前的《证券法》。

2022年证监会对甲Y会计师事务所（新疆亿路万源实业投资控股股份有限公司2018年、2019年年度报告审计）作出行政处罚时，适用2019年新修订的《证券法》。黑龙江证监局对乙Z会计师事务所（公准肉食品股份有限公司2014年、2015年年报审计）和庚G会计师事务所（公准肉食品股份有限公司2016年年报审计）、北京证监局对己F会计师事务所（致生联发信息技术股份有限公司2016年度财务报表审计）作出行政处罚时，还同时适用了《非上市公众公司监督管理办法》（证监会令第96号）和《国务院关于全国中小企业股份转让系统有关问题的决定》（国发〔2013〕49号）。因此，下一节将重点对2014年、2019年的《证券法》进行对比研究。

会计师事务所和注册会计师违反证券法律法规相关条款情况如表3-1所示。

表3-1　会计师事务所和注册会计师违反证券法律法规统计表

序号	证券监管法规
1	2014年《证券法》第13条、第20条、第161条、第173条、第223条和第226条；2019年《证券法》第163条、第213条
2	《股票条例》第35条、第73条
3	《会计师事务所、注册会计师从事证券相关业务许可证管理暂行办法》（财会协字〔1996〕11号）第12条
4	《关于注册会计师执行证券、期货相关业务实行许可证管理的暂行规定》（财会协字〔1997〕52号）第22条、第23条
5	《非上市公众公司监督管理办法》（证监会令第96号）第6条、第59条
6	《国务院关于全国中小企业股份转让系统 腾问题的决定》（国发〔2013〕49号）第五条

二、违法事实认定时适用审计准则的情况

（一）《审计准则》修改过程

（1）1995年12月25日，财政部下发《财政部关于印发第一批〈中国注册会计师独立审计准则〉的通知》（以下简称“中注协1995通知”）。通知要求自1996年1月1日起执行第一批《中国注册会计师独立审计准则》，包括《中国注册会计师独立审计准则序言》《独立审计基本准则》《独立审计具体准则》第1号至7号（包括会计报表审计、审计业务约定书、审计计划、审计抽样、审计证据、审计工作底稿、审计报告）、《独立审计实务公告第1号——验资》。财政部原发布的《注册会计师检查验证会计报表规则（试行）》，中国注册会计师协会原发布的《注册会计师验资规则（试

行)》《注册会计师查帐验证计划规则(试行)》《注册会计师查帐验证工作底稿规则(试行)》《注册会计师查帐验证报告规则(试行)》同时废止。各地已发布的相关规则、施行办法、规程等注册会计师执业规则，一并废止，以后也不应再自行出台新的执业规则。

(2)2006年6月25日，财政部下发《关于印发中国注册会计师执业准则的通知》(财会〔2006〕4号)(以下简称“财会〔2006〕4号”)。通知指出：“中国注册会计师协会拟订了《中国注册会计师鉴证业务基本准则》等22项准则，修订了《中国注册会计师审计准则第1142号——财务报表审计中对法律法规的考虑》等26项准则，现予批准，自2007年1月1日起施行。现行的《独立审计基本准则》等相关准则同时废止。”

(3)2009年11月12日，中国注册会计师协会下发《关于印发〈中国注册会计师职业道德守则〉和〈中国注册会计师协会非执业会员职业道德守则〉的通知》(会协〔2009〕57号)(以下简称“中注协会协〔2009〕57号”)。通知指出：“为了规范中国注册会计师协会会员的职业行为，进一步提高职业道德水平，维护职业形象，我会制订了《中国注册会计师职业道德守则》和《中国注册会计师协会非执业会员职业道德守则》。其中，《中国注册会计师职业道德守则》具体包括《中国注册会计师职业道德守则第1号——职业道德基本原则》《中国注册会计师职业道德守则第2号——职业道德概念框架》《中国注册会计师职业道德守则第3号——提供专业服务的具体要求》《中国注册会计师职业道德守则第4号——审计和审阅业务对独立性的要求》《中国注册会计师职业道德守则第5号——其他鉴证业务对独立性的要求》。”要求“自2010年7月1日起施行”。

(4)2010年11月1日，财政部下发《关于印发〈中国注册会计师审计准则第1101号——注册会计师的总体目标和审计工作的基本要求〉等38项准则的通知》(财会〔2010〕21号)(以下简称“财会〔2010〕21号”)。通知指出：“中国注册会计师协会修订了《中国注册会计师审计准则第1101号——注册会计师的总体目标和审计工作的基本要求》等38项准则，现予批准，自2012年1月1日起施行。财会〔2006〕4号文中《中国注册会计师审计准则第1101号——财务报表审计的目标和一般原则》等35项准则同时废止。”

(5)2016年12月23日，财政部下发《财政部关于印发〈中国注册会计师审计准则第1504号——在审计报告中沟通关键审计事项〉等12项准则的通知》(财会〔2016〕24号)(以下简称“财会〔2016〕24号”)。通知指出：“为了提高注册会计师审计报告的信息含量，满足资本市场改革与发展对高质量会计信息的需求，保持我国审计准则与国际准则的持续全面趋同，中国注册会计师协会拟订了《中国注册会计师审计准则第1504号——在审计报告中沟通关键审计事项》等12项准则(以下统称本批准则），现予批准印发。有关事项通知如下：①对于A+H股公司供内地使用的审计报告，应于2017年1月1日起执行本批准则；对于A+H股公司供境外使用的审计报告，如果选择按照中国注册会计师审计准则出具审计报告，应于2017年1月1日起执行本批准则；对于H股公司的财务报表审计业务，如果选择按照中国注册会计师审计准则出具审计报告，应于2017年1月1日起执行本批准则。②对于股票在沪深交易所交易的上市公司（即主板公司、中小板公司、创业板公司，包括除A+H股公司以外其他在境内外同时上市的公司）、首次公开发行股票的申请企业（IPO公司），其财务报表审计业务，应于2018年1月1日起执行本批准则。③对于股票在全国中小企业股份转让系统公开转让的非上市公众公司（新三板公司）中的创新层挂牌公司、面向公众投资者公开发行债券的公司，应视同上市公司，其财务报表审计业务，应于2018年1月1日起执行本批准则。④对于其他实体的财务报表审计业务，暂不要求执行本批准则中仅针对上市实体审计业务的规定；对于本批准则中的其他规定，应于2018年1月1日起执行。⑤允许和鼓励提前执行本批准则。”“本批准则生效实施后，《财政部关于印发〈中国注册会计师审计准则第1101号——注册会计师的总体目标和审计工作的基本要求〉等38项准则的通知》（财会〔2010〕21号）中《中国注册会计师审计准则第1111号——就审计业务约定条款达成一致意见》等11项准则同时废止。”

（6）2019年2月20日，财政部下发《关于印发〈中国注册会计师审计准则第1101号——注册会计师的总体目标和审计工作的基本要求〉等18项审计准则的通知》（财会〔2019〕5号）（以下简称“财会〔2019〕5号”）。通知指出：“中国注册会计师协会修订了《中国注册会计师审计准则第1101号——注册会计师的总体目标和审计工作的基本要求》等18项审计准则（以下统称本批审计准则），现予批准印发，于2019年7月1日起施行。”“本批审计准则生效实施后，《财政部关于印发〈中国注册会计师审计准则第1101号——注册会计师的总体目标和审计工作的基本要求〉等38项准则的通知》（财会〔2010〕21号）及《财政部关于印发〈中国注册会计师审计准则第1504号——在审计报告中沟通关键审计事项〉等12项准则的通知》（财会〔2016〕24号）中，相应的18项审计准则同时废止。”

（7）2020年11月19日，财政部下发《关于印发〈会计师事务所质量管理准则第5101号——业务质量管理〉等三项准则的通知》（财会〔2020〕17号）（以下简称“财会〔2020〕17号”）。通知指出：“中国注册会计师协会拟订（修订）了会计师事务所质量管理相关准则。”“本次拟订（修订）的准则包括三项，分别是《会计师事务所质量管理准则第5101号——业务质量管理》（修订）、《会计师事务所质量管理准则第5102号——项目质量复核》（拟订）以及《中国注册会计师审计准则第1121号——对财务报表审计实施的质量管理》（修订），现予批准印发。”“本批准则生效实施后，《财政部关于印发〈中国注册会计师审计准则第1101号——注册会计师的总体目标和审计工作的基本要求〉等18项审计准则的通知》（财会〔2019〕5号）中，相应的《质量控制准则第5101号——会计师事务所对执行财务报表审计和审阅、其他鉴证和相关服务业务实施的质量控制》和《中国注册会计师审计准则第1121号——历史财务信息审计的质量控制》同时废止。”要求“1.对于从事证券服务业务的会计师事务所，应于2023年1月1日起执行本批准则，即2023年1月1日起建立完成适合本事务所的质量管理体系并开始运行，自运行一年之内开始对该体系运行情况进行评价；2.对于不从事证券服务业务的会计师事务所，应于2024年1月1日起执行本批准则，即2024年1月1日起建立完成适合本事务所的质量管理体系并开始运行，自运行一年之内开始对该体系运行情况进行评价；3.允许和鼓励提前执行本批准则”。

（8）2020年12月17日，中国注册会计师协会下发《关于印发〈中国注册会计师职业道德守则（2020）〉和〈中国注册会计师协会非执业会员职业道德守则（2020）〉的通知》（以下简称“中注协2020通知”）。通知指出：“我会对《中国注册会计师职业道德守则（2009）》和《中国注册会计师协会非执业会员职业道德守则（2009）》进行了全面修订。其中，修订后的《中国注册会计师职业道德守则（2020）》具体包括《中国注册会计师职业道德守则第1号——职业道德基本原则》《中国注册会计师职业道德守则第2号——职业道德概念框架》《中国注册会计师职业道德守则第3号——提供专业服务的具体要求》《中国注册会计师职业道德守则第4号——审计和审阅业务对独立性的要求》和《中国注册会计师职业道德守则第5号——其他鉴证业务对独立性的要求》。”“本守则生效实施后，我会于2009年10月14日发布的《中国注册会计师协会关于印发〈中国注册会计师职业道德守则〉和〈中国注册会计师协会非执业会员职业道德守则〉的通知》（会协〔2009〕57号）同时废止。”

（9）2022年1月5日，财政部下发《关于印发〈中国注册会计师鉴证业务基本准则〉等11项准则的通知》（财会〔2022〕1号）（以下简称“财会〔2022〕1号”）。通知指出：“本次修订对其他相关准则涉及会计师事务所质量管理准则、特殊目的审计准则以及中国注册会计师职业道德守则的相应条款作出文字调整，不涉及实质性修订。现予印发，于发布之日起施行。本批准则生效实施后，《财政部关于印发中国注册会计师执业准则的通知》（财会〔2006〕4号）、《财政部关于印发〈中国注册会计师审计准则第1101号——注册会计师的总体目标和审计工作的基本要求〉等38项准则的通知》（财会〔2010〕21号）、《财政部关于印发〈中国注册会计师审计准则第1504号——在审计报告中沟通关键审计事项〉等12项准则的通知》（财会〔2016〕24号）以及《财政部关于印发〈中国注册会计师审计准则第1101号——注册会计师的总体目标和审计工作的基本要求〉等18项审计准则的通知》(财会〔2019〕5号)中,相应的11项准则同时废止。”

(10)2022年12月22日,财政部下发《财政部关于印发〈中国注册会计师审计准则第1211号——重大错报风险的识别和评估〉等准则的通知》(财会〔2022〕36号)(以下简称“财会〔2022〕36号”)。通知指出:“为了贯彻落实《国务院办公厅关于进一步规范财务审计秩序促进注册会计师行业健康发展的意见》(国办发〔2021〕30号)中‘持续提升审计质量’和‘完善审计准则体系’的要求,规范和指导注册会计师开展实务工作,保持我国审计准则与国际准则的持续动态趋同,中国注册会计师协会修订了《中国注册会计师审计准则第1211号——重大错报风险的识别和评估》《中国注册会计师审计准则第1321号——会计估计和相关披露的审计》等两项审计准则,并对《中国注册会计师审计准则第1101号——注册会计师的总体目标和审计工作的基本要求》等23项准则进行了一致性修订,现予批准印发。有关事项通知如下:①本次修订的两项审计准则于2023年7月1日起施行。《财政部关于印发〈中国注册会计师审计准则第1101号——注册会计师的总体目标和审计工作的基本要求〉等38项准则的通知》(财会〔2010〕21号)、《财政部关于印发〈中国注册会计师审计准则第1101号——注册会计师的总体目标和审计工作的基本要求〉等18项审计准则的通知》(财会〔2019〕5号)中,相应的两项审计准则同时废止。②本次修订涉及《中国注册会计师审计准则第1101号——注册会计师的总体目标和审计工作的基本要求》等23项准则中的条款,与上述两项审计准则同步施行。③允许和鼓励提前执行本批准则。执行中如有问题,请及时反馈中国注册会计师协会。”

审计准则颁布时间分布情况详见附录6。

(二)适用审计准则相关条款说明

2005年,证监会对甲K会计师事务所对四川天歌科技集团股份有限公司2001年度财务报告审计进行处罚时,开始适用《独立审计基本准则》和《独立审计具体准则》。几经修改,形成执业审计准则体系。

为了便于统计和对照,凡是行政处罚决定明确指出适用2007年的审计准则,倒查到2006年出台的执业审计准则。审计准则相关条款以2010年为基础,对2013年以来受到行政处罚的各会计师事务所涉及相关审计准则条款进行汇总统计(详见附录7),并在汇总统计的基础上对涉及各审计准则相关条款进行分类,且与各项审计准则最新条款进行对照(详见附录8)。

第二节　违反证券法律法规的相关内容

一、会计师事务所及注册会计师违反证券法律法规的适用条款

（一）《证券法》相关条款

包括：第十三条、第二十条、第一百六十一条、第一百七十三条、第二百二十三条和第二百二十六条。

（1）2002年，证监会对壬C会计师事务所在郑州宇通客车股份有限公司1999年年报进行处罚时，适用《证券法》（1998）第十三条：

《证券法》（1998年）：

第十三条　公司公开发行新股，应当符合下列条件：

（一）具备健全且运行良好的组织机构；

（二）具有持续盈利能力，财务状况良好；

（三）最近三年财务会计文件无虚假记载，无其他重大违法行为；

（四）经国务院批准的国务院证券监督管理机构规定的其他条件。

上市公司非公开发行新股，应当符合经国务院批准的国务院证券监督管理机构规定的条件，并报国务院证券监督管理机构核准。

（2）2003年12月31日，证监会对甲E会计师事务所有限公司在中炬高新技术实业（集团）股份有限公司2000年年报审计进行处罚时，适用《证券法》第一百六十一条，按照时点推算应当是1998年的《证券法》：

《证券法》（1998年）：

第一百六十一条　证券登记结算机构应当采取下列措施保证业务的正常进行：

（一）具有必备的服务设备和完善的数据安全保护措施；

（二）建立完善的业务、财务和安全防范等管理制度；

（三）建立完善的风险管理系统。

从内容来看，显然不应当是本条款，应当是2004年《证券法》中的第一百六十一条。

《证券法》（2004年）：

第一百六十一条　为证券的发行、上市或者证券交易活动出具审计报告、资产

评估报告或者法律意见书等文件的专业机构和人员，必须按照执业规则规定的工作程序出具报告，对其所出具报告内容的真实性、准确性和完整性进行核查和验证，并就其负有责任的部分承担连带责任。

（3）2013年5月15日，证监会对乙B会计师事务所在云南绿大地生物科技股份有限公司2004—2006年和2007年半年报审计处罚时，适用《证券法》第二十条：

《证券法》（2005年）：

第二十条 发行人向国务院证券监督管理机构或者国务院授权的部门报送的证券发行申请文件，必须真实、准确、完整。

为证券发行出具有关文件的证券服务机构和人员，必须严格履行法定职责，保证其所出具文件的真实性、准确性和完整性。

（4）证监会对会计师事务所和注册会计师作出行政处罚时更多适用2014年《证券法》第一百七十三条、第二百二十三条和第二百二十六条，2019年《证监法》第一百六十三条、第二百一十三条：

《证券法》（2014年）：

第一百七十三条 证券服务机构为证券的发行、上市、交易等证券业务活动制作、出具审计报告、资产评估报告、财务顾问报告、资信评级报告或者法律意见书等文件，应当勤勉尽责，对所依据的文件资料内容的真实性、准确性、完整性进行核查和验证。其制作、出具的文件有虚假记载、误导性陈述或者重大遗漏，给他人造成损失的，应当与发行人、上市公司承担连带赔偿责任，但是能够证明自己没有过错的除外。

第二百二十三条 证券服务机构未勤勉尽责，所制作、出具的文件有虚假记载、误导性陈述或者重大遗漏的，责令改正，没收业务收入，暂停或者撤销证券服务业务许可，并处以业务收入一倍以上五倍以下的罚款。对直接负责的主管人员和其他直接责任人员给予警告，撤销证券从业资格，并处以三万元以上十万元以下的罚款。

第二百二十六条 未经国务院证券监督管理机构批准，擅自设立证券登记结算机构的，由证券监督管理机构予以取缔，没收违法所得，并处以违法所得一倍以上五倍以下的罚款。

投资咨询机构、财务顾问机构、资信评级机构、资产评估机构、会计师事务所未经批准，擅自从事证券服务业务的，责令改正，没收违法所得，并处以违法所得一倍以上五倍以下的罚款。

证券登记结算机构、证券服务机构违反本法规定或者依法制定的业务规则的，由证券监督管理机构责令改正，没收违法所得，并处以违法所得一倍以上五倍以下的罚款；没有违法所得或者违法所得不足十万元的，处以十万元以上三十万元以下的罚款；情节严重的，责令关闭或者撤销证券服务业务许可。

《证监法》(2019年)：

第一百六十三条　证券服务机构为证券的发行、上市、交易等证券业务活动制作、出具审计报告及其他鉴证报告、资产评估报告、财务顾问报告、资信评级报告或者法律意见书等文件，应当勤勉尽责，对所依据的文件资料内容的真实性、准确性、完整性进行核查和验证。其制作、出具的文件有虚假记载、误导性陈述或者重大遗漏，给他人造成损失的，应当与委托人承担连带赔偿责任，但是能够证明自己没有过错的除外。

第二百一十三条　证券投资咨询机构违反本法第一百六十条第二款的规定擅自从事证券服务业务，或者从事证券服务业务有本法第一百六十一条规定行为的，责令改正，没收违法所得，并处以违法所得一倍以上十倍以下的罚款；没有违法所得或者违法所得不足五十万元的，处以五十万元以上五百万元以下的罚款。对直接负责的主管人员和其他直接责任人员，给予警告，并处以二十万元以上二百万元以下的罚款。

会计师事务所、律师事务所以及从事资产评估、资信评级、财务顾问、信息技术系统服务的机构违反本法第一百六十条第二款的规定，从事证券服务业务未报备案的，责令改正，可以处二十万元以下的罚款。

证券服务机构违反本法第一百六十三条的规定，未勤勉尽责，所制作、出具的文件有虚假记载、误导性陈述或者重大遗漏的，责令改正，没收业务收入，并处以业务收入一倍以上十倍以下的罚款，没有业务收入或者业务收入不足五十万元的，处以五十万元以上五百万元以下的罚款；情节严重的，并处暂停或者禁止从事证券服务业务。对直接负责的主管人员和其他直接责任人员给予警告，并处以二十万元以上二百万元以下的罚款。

（二）《股票发行与交易管理暂行条例》相关条款

包括：第三十五条、第七十三条。

第三十五条　为上市公司出具文件的注册会计师及其所在事务所、专业评估人员及其所在机构、律师及其所在事务所，在履行职责时，应当按照本行业公认的业务标准和道德规范，对其出具文件内容的真实性、准确性、完整性进行核查和验证。

第七十三条　会计师事务所、资产评估机构和律师事务所违反本条例规定，出具的文件有虚假、严重误导性内容或者有重大遗漏的，根据不同情况，单处或者并处警告、没收非法所得、罚款；情节严重的，暂停期从事证券业务或者撤销其从事证券业务许可。

对前款所列行为负有直接责任的注册会计师、专业评估人员和律师，给予警告或者处以三万元以上三十万元以下的罚款；情节严重的，撤销其从事证券业务的资格。

（三）《会计师事务所、注册会计师从事证券相关业务许可证管理暂行办法》相关条款

包括：第十二条。

第十二条 财政部、中国证监会每年对取得从事证券相关业务许可证的事务所进行抽查，对于存在下列问题，达不到规定要求的事务所、注册会计师，财政部、中国证监会可以暂停或吊销其从事证券相关业务许可证：

1.已取得从事证券相关业务许可证的事务所在出现达不到本办法第五条各项要求时：

本文生效前已取得“从事证券相关业务许可证”的事务所，应于97年12月31日之前达到本办法第五条的各项要求，届时达不到要求时；

2.不遵守《中国注册会计师独立审计准则》时；

3.在发生严重违背职业道德的行为时；

4.在不按时报送本办法第九条第二款所要求提供的资料时；

5.未按要求完成专业培训时；

6.事务所申请取消从事证券相关业务许可证时；

7.事务所及其专业人员在从事证券相关业务时出现重大疏漏、严重误导、欺诈舞弊以及违反证券法规的行为时，中国证监会可建议财政部暂停或吊销其从事证券业务许可证，并予以公告。

（四）《关于注册会计师执行证券、期货相关业务实行许可证管理的暂行规定》相关条款

包括：第二十二条、第二十三条。

第二十二条 注册会计师具有下列情形之一时，视情节轻重依法单处或者并处警告、罚款、暂停执行证券、期货相关业务、吊销许可证或者永久不得执行证券、期货相关业务的处罚：

（一）违反《中华人民共和国注册会计师法》、《中华人民共和国公司法》、证券、期货相关法规以及执业准则、规则的；

（二）未取得许可证或者暂停执行证券、期货相关业务期间，擅自执行证券、期货相关业务的。

第二十三条 事务所具有下列情形之一时，视情节轻重依法单处或者并处警告、

没收非法所得、罚款、暂停执行证券、期货相关业务、吊销许可证的处罚：

（一）违反《中华人民共和国注册会计师法》、《中华人民共和国公司法》、证券、期货相关法规以及执业准则、规则的；

（二）以欺骗或者其他不正当手段获得许可证的；

（三）未取得许可证或暂停执行证券、期货相关业务期间，擅自执行证券、期货相关业务的；

（四）违反有关规定，降低执业质量，低价争揽业务的；

（五）未报送本规定第十五条所要求的年度总结的。

（五）《非上市公众公司监督管理办法》

包括：第六条、第五十九条。

第六条　为公司出具专项文件的证券公司、律师事务所、会计师事务所及其他证券服务机构，应当勤勉尽责、诚实守信，认真履行审慎核查义务，按照依法制定的业务规则、行业执业规范和职业道德准则发表专业意见，保证所出具文件的真实性、准确性和完整性，并接受中国证监会的监管。

第五十九条　证券公司、证券服务机构出具的文件有虚假记载、误导性陈述或者重大遗漏的，除依照《证券法》及相关法律法规的规定处罚外，中国证监会可视情节轻重，自确认之日起采取3个月至12个月内不接受该机构出具的相关专项文件，36个月内不接受相关签字人员出具的专项文件的监管措施。

（六）《国务院关于全国中小企业股份转让系统有关问题的决定》

包括：第“五”条。

“五、加强事中、事后监管，保障投资者合法权益

证监会应当比照证券法关于市场主体法律责任的相关规定，严格执法，对虚假披露、内幕交易、操纵市场等违法违规行为采取监管措施，实施行政处罚。全国股份转让系统要制定并完善业务规则体系，建立市场监控系统，完善风险管理制度和设施，保障技术系统和信息安全，切实履行自律监管职责。”

二、新修改《中华人民共和国证券法》（2019）与2014年《中华人民共和国证券法》的比较

（一）新旧《证券法》有关证券服务机构相关内容比较

2019年《证券法》相比2014年《证券法》，在“证券服务机构”一章中，有以下变化（详见表3-2）：

（1）章节由“第八章”修改为“第十章”，内容由原来的五条压缩为四条。

（2）在“证券服务机构”范围上，突出“会计师事务所”，新增“律师事务所”“信息技术系统服务”。突出“从事证券投资咨询服务业务”的管理，要求“从事证券投资咨询服务业务，应当经国务院证券监督管理机构核准；未经核准，不得为证券的交易及相关活动提供服务”。除“从事证券投资咨询服务业务”以外的“从事其他证券服务业务，应当报国务院证券监督管理机构和国务院有关主管部门备案”。

（3）取消“必须具备证券专业知识和从事证券业务或者证券服务业务二年以上经验”“应当按照国务院有关主管部门规定的标准或者收费办法收取服务费用”两项内容，新增“客户委托文件、核查和验证资料、工作底稿以及与质量控制、内部管理、业务经营有关的信息和资料”的“保密”和“保管十年”的要求。

（4）在“证券投资咨询机构及其从业人员从事证券服务业务不得有下列行为”中删除“利用传播媒介或者通过其他方式提供、传播虚假或者误导投资者的信息”内容。

（5）在证券服务机构“应当勤勉尽责”中，增加了“其他鉴证报告”，承担“连带赔偿责任”的关联人由“与发行人、发行人、上市公司”修改为“与委托人”。

表3–2　　新旧《证券法》之“证券服务机构”内容修改比较表

序号	《证券法》（2014）	《证券法》（2019）
	第八章　证券服务机构	第十章　证券服务机构
1	第一百六十九条　投资咨询机构、财务顾问机构、资信评级机构、资产评估机构、会计师事务所从事证券服务业务，必须经国务院证券监督管理机构和有关主管部门批准。 投资咨询机构、财务顾问机构、资信评级机构、资产评估机构、会计师事务所从事证券服务业务的审批管理办法，由国务院证券监督管理机构和有关主管部门制定。	第一百六十条　会计师事务所、律师事务所以及从事证券投资咨询、资产评估、资信评级、财务顾问、信息技术系统服务的证券服务机构，应当勤勉尽责、恪尽职守，按照相关业务规则为证券的交易及相关活动提供服务。 从事证券投资咨询服务业务，应当经国务院证券监督管理机构核准；未经核准，不得为证券的交易及相关活动提供服务。从事其他证券服务业务，应当报国务院证券监督管理机构和国务院有关主管部门备案。
2	第一百七十条　投资咨询机构、财务顾问机构、资信评级机构从事证券服务业务的人员，必须具备证券专业知识和从事证券业务或者证券服务业务二年以上经验。认定其证券从业资格的标准和管理办法，由国务院证券监督管理机构制定。	

续表

序号	《证券法》(2014)	《证券法》(2019)
3	第一百七十一条　投资咨询机构及其从业人员从事证券服务业务不得有下列行为:(一)代理委托人从事证券投资;(二)与委托人约定分享证券投资收益或者分担证券投资损失;(三)买卖本咨询机构提供服务的上市公司股票;(四)利用传播媒介或者通过其他方式提供、传播虚假或者误导投资者的信息;(五)法律、行政法规禁止的其他行为。 有前款所列行为之一，给投资者造成损失的，依法承担赔偿责任。	第一百六十一条　证券投资咨询机构及其从业人员从事证券服务业务不得有下列行为:(一)代理委托人从事证券投资;(二)与委托人约定分享证券投资收益或者分担证券投资损失;(三)买卖本证券投资咨询机构提供服务的证券;(四)法律、行政法规禁止的其他行为。 有前款所列行为之一，给投资者造成损失的，应当依法承担赔偿责任。
4	第一百七十二条　从事证券服务业务的投资咨询机构和资信评级机构，应当按照国务院有关主管部门规定的标准或者收费办法收取服务费用。	
5		第一百六十二条　证券服务机构应当妥善保存客户委托文件、核查和验证资料、工作底稿以及与质量控制、内部管理、业务经营有关的信息和资料，任何人不得泄露、隐匿、伪造、篡改或者毁损。上述信息和资料的保存期限不得少于十年，自业务委托结束之日起算。
6	第一百七十三条　证券服务机构为证券的发行、上市、交易等证券业务活动制作、出具审计报告、资产评估报告、财务顾问报告、资信评级报告或者法律意见书等文件，应当勤勉尽责，对所依据的文件资料内容的真实性、准确性、完整性进行核查和验证。其制作、出具的文件有虚假记载、误导性陈述或者重大遗漏，给他人造成损失的，应当与发行人、上市公司承担连带赔偿责任，但是能够证明自己没有过错的除外。	第一百六十三条　证券服务机构为证券的发行、上市、交易等证券业务活动制作、出具审计报告及其他鉴证报告、资产评估报告、财务顾问报告、资信评级报告或者法律意见书等文件，应当勤勉尽责，对所依据的文件资料内容的真实性、准确性、完整性进行核查和验证。其制作、出具的文件有虚假记载、误导性陈述或者重大遗漏，给他人造成损失的，应当与委托人承担连带赔偿责任，但是能够证明自己没有过错的除外。

(二)新旧《证券法》与证券服务机构相关法律责任的内容比较

在《证券法》中与证券服务机构相关法律责任方面，有以下变化(详见表3-3):

1.对“证券服务机构”实行分类管理

(1)将“证券投资咨询机构”单独列出来，要求“应当经国务院证券监督管理机构核准”。

(2)对“会计师事务所、律师事务所以及从事资产评估、资信评级、财务顾问、信息技术系统服务”，则要求“应当报国务院证券监督管理机构和国务院有关主管部门备案”。

2.罚款力度加大

（1）对于“证券投资咨询机构”未经核准，从事“代理委托人从事证券投资；与委托人约定分享证券投资收益或者分担证券投资损失；买卖本证券投资咨询机构提供服务的证券；法律、行政法规禁止的其他行为”业务的，视为“擅自从事证券服务业务”，处以“责令改正，没收违法所得，并处以违法所得一倍以上十倍以下的罚款；没有违法所得或者违法所得不足五十万元的，处以五十万元以上五百万元以下的罚款。对直接负责的主管人员和其他直接责任人员，给予警告，并处以二十万元以上二百万元以下的罚款”，较原《证券法》（2014）规定处以“责令改正，没收业务收入，暂停或者撤销证券服务业务许可，并处以业务收入一倍以上五倍以下的罚款。对直接负责的主管人员和其他直接责任人员给予警告，撤销证券从业资格，并处以三万元以上十万元以下的罚款”的规定，有大幅提高。

（2）对于“会计师事务所、律师事务所以及从事资产评估、资信评级、财务顾问、信息技术系统服务”未报备案的，处以“责令改正，可以处二十万元以下的罚款”，原《证券法》（2014）没有单独规定。

（3）“证券服务机构”因“未勤勉尽责，所制作、出具的文件有虚假记载、误导性陈述或者重大遗漏的”，处以“责令改正，没收业务收入，并处以业务收入一倍以上十倍以下的罚款，没有业务收入或者业务收入不足五十万元的，处以五十万元以上五百万元以下的罚款；情节严重的，并处暂停或者禁止从事证券服务业务。对直接负责的主管人员和其他直接责任人员给予警告，并处以二十万元以上二百万元以下的罚款”，原《证券法》（2014）则规定处以“责令改正，没收业务收入，暂停或者撤销证券服务业务许可，并处以业务收入一倍以上五倍以下的罚款。对直接负责的主管人员和其他直接责任人员给予警告，撤销证券从业资格，并处以三万元以上十万元以下的罚款”。

3.对于“发行人、证券登记结算机构、证券公司、证券服务机构按照规定保存有关文件和资料”单独予以规定

对于“发行人、证券登记结算机构、证券公司、证券服务机构未按照规定保存有关文件和资料的”，处以“责令改正，给予警告，并处以十万元以上一百万元以下的罚款；泄露、隐匿、伪造、篡改或者毁损有关文件和资料的，给予警告，并处以二十万元以上二百万元以下的罚款；情节严重的，处以五十万元以上五百万元以下的罚款，并处暂停、撤销相关业务许可或者禁止从事相关业务。对直接负责的主管人员和其他直接责任人员给予警告，并处以十万元以上一百万元以下的罚款”，原《证券法》（2014）没有相应规定。

表3–3　　新旧《证券法》中与“证券服务机构”相关“法律责任”内容比较表

序号	《证券法》(2014)	《证券法》(2019)
1	第二百二十三条　证券服务机构未勤勉尽责，所制作、出具的文件有虚假记载、误导性陈述或者重大遗漏的，责令改正，没收业务收入，暂停或者撤销证券服务业务许可，并处以业务收入一倍以上五倍以下的罚款。对直接负责的主管人员和其他直接责任人员给予警告，撤销证券从业资格，并处以三万元以上十万元以下的罚款。	第二百一十三条　证券投资咨询机构违反本法第一百六十条第二款的规定擅自从事证券服务业务，或者从事证券服务业务有本法第一百六十一条规定行为的，责令改正，没收违法所得，并处以违法所得一倍以上十倍以下的罚款；没有违法所得或者违法所得不足五十万元的，处以五十万元以上五百万元以下的罚款。对直接负责的主管人员和其他直接责任人员，给予警告，并处以二十万元以上二百万元以下的罚款。 会计师事务所、律师事务所以及从事资产评估、资信评级、财务顾问、信息技术系统服务的机构违反本法第一百六十条第二款的规定，从事证券服务业务未报备案的，责令改正，可以处二十万元以下的罚款。 证券服务机构违反本法第一百六十三条的规定，未勤勉尽责，所制作、出具的文件有虚假记载、误导性陈述或者重大遗漏的，责令改正，没收业务收入，并处以业务收入一倍以上十倍以下的罚款，没有业务收入或者业务收入不足五十万元的，处以五十万元以上五百万元以下的罚款；情节严重的，并处暂停或者禁止从事证券服务业务。对直接负责的主管人员和其他直接责任人员给予警告，并处以二十万元以上二百万元以下的罚款。
2	第二百二十六条　未经国务院证券监督管理机构批准，擅自设立证券登记结算机构的，由证券监督管理机构予以取缔，没收违法所得，并处以违法所得一倍以上五倍以下的罚款。 投资咨询机构、财务顾问机构、资信评级机构、资产评估机构、会计师事务所未经批准，擅自从事证券服务业务的，责令改正，没收违法所得，并处以违法所得一倍以上五倍以下的罚款。 证券登记结算机构、证券服务机构违反本法规定或者依法制定的业务规则的，由证券监督管理机构责令改正，没收违法所得，并处以违法所得一倍以上五倍以下的罚款；没有违法所得或者违法所得不足十万元的，处以十万元以上三十万元以下的罚款；情节严重的，责令关闭或者撤销证券服务业务许可。	

续表

序号	《证券法》(2014)	《证券法》(2019)
3		第二百一十四条　发行人、证券登记结算机构、证券公司、证券服务机构未按照规定保存有关文件和资料的，责令改正，给予警告，并处以十万元以上一百万元以下的罚款；泄露、隐匿、伪造、篡改或者毁损有关文件和资料的，给予警告，并处以二十万元以上二百万元以下的罚款；情节严重的，处以五十万元以上五百万元以下的罚款，并处暂停、撤销相关业务许可或者禁止从事相关业务。对直接负责的主管人员和其他直接责任人员给予警告，并处以十万元以上一百万元以下的罚款。

第三节　受到处罚项目涉及违反审计准则的相关内容

受处罚项目违反审计准则的具体条款如下：

一、《职业道德守则》第1号、第3号和第4号

2009年11月12日，中注协会协〔2009〕57号文件要求《中国注册会计师职业道德守则》和《中国注册会计师协会非执业会员职业道德守则》“自2010年7月1日起施行”。

2020年12月17日，“中注办2020通知”要求废止会协〔2009〕57号文件。

（一）证监会作出行政处罚决定时适用《职业道德守则第1号——职业道德基本原则》的相关条款

包括：第七条、第十条、第十一条、第十三条、第十七条。

1.修改说明

2020年12月17日对2009年（会协〔2009〕57号）的本准则修改如下：

（1）将2009年的“第七条”修改为2020年的“第九条”，将“注册会计师应当遵循诚信原则”作为保持正直、诚实守信的前置要求，并且特别强调了“诚信”的重要性，认为“诚信是我国社会主义核心价值观的重要组成部分，是社会主义道德建设的重要内容，是构建社会主义和谐社会的重要纽带，同时也是社会主义市场经

济运行的基础。对注册会计师行业来说，诚信是注册会计师行业存在和发展的基石，在职业道德基本原则中居于首要地位”。

（2）将2009年的“第十条”修改为2020年的“第十四条”，增加“注册会计师应当遵循独立性原则”作为在执行审计和审阅业务、其他鉴证业务时，从实质上和形式上保持独立性，不得因任何利害关系影响其客观公正的前置要求，特别强调“独立性是鉴证业务的灵魂”，认为“独立性是鉴证业务的灵魂，是专门针对注册会计师从事审计和审阅业务、其他鉴证业务而提出的职业道德基本原则。《中国注册会计师职业道德守则第4号——审计和审阅业务对独立性的要求》《中国注册会计师职业道德守则第5号——其他鉴证业务对独立性的要求》分别针对注册会计师执行审计和审阅业务、其他鉴证业务的独立性作出具体规定”。

（3）将2009年的“第十一条”修改为2020年的“第十五条”，内容没有变化。

（4）2009年的“第十三条”与2020年的条序、内容没有变化。

（5）将2009年的“第十七条”修改为2020年的“第二十条”，将“注册会计师应当保持应有的关注，遵守执业准则和职业道德规范的要求，勤勉尽责，认真、全面、及时地完成工作任务。”修改为：“注册会计师应当勤勉尽责，即遵守职业准则的要求并保持应有的职业怀疑，认真、全面、及时地完成工作任务。”强调“勤勉尽责”，勤勉尽责“即遵守职业准则的要求并保持应有的职业怀疑，认真、全面、及时地完成工作任务”。职业准则包括执业准则和职业道德规范，表述更加准确。

2.《职业道德守则第1号——职业道德基本原则》（中注协2020年12月17日）

第九条　注册会计师应当遵循诚信原则，在所有的职业活动中保持正直、诚实守信。

诚信是我国社会主义核心价值观的重要组成部分，是社会主义道德建设的重要内容，是构建社会主义和谐社会的重要纽带，同时也是社会主义市场经济运行的基础。对注册会计师行业来说，诚信是注册会计师行业存在和发展的基石，在职业道德基本原则中居于首要地位。

第十三条　如果存在对职业判断产生过度不当影响的情形，注册会计师不得从事与之相关的职业活动。

第十四条　在执行审计和审阅业务、其他鉴证业务时，注册会计师应当遵循独立性原则，从实质上和形式上保持独立性，不得因任何利害关系影响其客观公正。

独立性是鉴证业务的灵魂，是专门针对注册会计师从事审计和审阅业务、其他鉴证业务而提出的职业道德基本原则。《中国注册会计师职业道德守则第4号——审计和审阅业务对独立性的要求》《中国注册会计师职业道德守则第5号——其他鉴证业务对独立性的要求》分别针对注册会计师执行审计和审阅业务、其他鉴证业务的独立性作出具体规定。

第十五条 会计师事务所在承接审计和审阅业务、其他鉴证业务时，应当从会计师事务所整体层面和具体业务层面采取措施，以保持会计师事务所和项目团队的独立性。

第二十条 注册会计师应当勤勉尽责，即遵守职业准则的要求并保持应有的职业怀疑，认真、全面、及时地完成工作任务。

（二）证监会作出行政处罚决定时适用《职业道德守则第3号——提供专业服务的具体要求》的相关条款

包括：第三十条、第三十三条。

1.修改说明

2020年12月17日对2009年（会协〔2009〕57号）的本准则修改如下：

（1）将2009年的“第三十条”修改为2020年的“第四十五条”“第四十六条”，内容发生重大变化。

（2）将2009年的“第三十三条”修改为2020年的“第四十八条”，内容没有发生变化。

2.《职业道德守则第3号——提供专业服务的具体要求》（2020年12月17日）

（1）《职业道德守则第3号——提供专业服务的具体要求》（会协〔2009〕57号）：

第三十条 或有收费可能对职业道德基本原则产生不利影响。不利影响存在与否及其严重程序取决于下列因素：

（一）业务的性质；

（二）可能的收费金额区间；

（三）确定收费的基础；

（四）是否由独立第三方复核交易和提供服务的结果。

除法律法规允许外，注册会计师不得以或有收费方式提供鉴定服务，收费与否或收费多少不得以鉴证工作结果或实现特定目的为条件。

（2）《职业道德守则第3号——提供专业服务的具体要求》（2020年12月17日）：

第四十五条 除非法律法规允许，注册会计师不得以或有收费方式提供鉴证服务，收费与否或收费多少不得以鉴证工作结果或实现特定目的为条件。

第四十六条 尽管某些非鉴证服务可以采用或有收费的形式，或有收费仍然可能对职业道德基本原则产生不利影响，特别是在某些情况下可能因自身利益对客观公正原则产生不利影响。下列因素可能与评价此类不利影响的严重程度相关：

（一）业务的性质；

（二）可能的收费金额区间；

（三）确定收费的基础；

（四）向报告的预期使用者披露注册会计师所执行的工作以及收费的基础；

（五）会计师事务所的质量管理政策和程序；

（六）是否由独立第三方复核交易和提供服务的结果；

（七）收费水平是否已由独立第三方（如监管部门）作出规定。

举例来说，下列防范措施可能能够应对上述因自身利益产生的不利影响：

（一）由未参与提供非鉴证服务的适当复核人员复核注册会计师已执行的工作；

（二）预先就收费的基础与客户达成书面协议。

第四十八条　注册会计师为获得客户而支付业务介绍费，将因自身利益对客观公正、专业胜任能力和勤勉尽责原则产生非常严重的不利影响，导致没有防范措施能够消除不利影响或将其降低至可接受的水平。注册会计师不得向客户或其他方支付业务介绍费。

（三）《职业道德守则第4号——审计和审阅业务对独立性的要求》相关条款内容

包括：第八十八条、第一百五十八条、第一百五十九条。

1.修改说明

2020年12月7日与2009年（会协〔2009〕57号）本准则的条序、内容未发生变化。

2.《职业道德守则第4号——审计和审阅业务对独立性的要求》（2020年12月17日）

第八十八条　如果审计客户属于公众利益实体，执行其审计业务的关键审计合伙人任职时间不得超过五年。

在任期结束后的两年内，该关键审计合伙人不得再次成为该客户的审计项目组成员或关键审计合伙人。在此期间内，该关键审计合伙人也不得有下列行为：

（一）参与该客户的审计业务；

（二）为该客户的审计业务实施质量控制复核；

（三）就有关技术或行业特定问题、交易或事项向项目组或该客户提供咨询；

（四）以其他方式直接影响业务结果。

第一百五十八条　或有收费是指收费与否或收费多少取决于交易的结果或所执行工作的结果。如果一项收费是由法院或政府有关部门规定的，则该项收费不被视为或有收费。

第一百五十九条　会计师事务所在提供审计服务时，以直接或间接形式取得或有收费，将因自身利益产生非常严重的不利影响，导致没有防范措施能够将其降低至可接受的水平。会计师事务所不得采用这种收费安排。

二、《鉴证业务基本准则》

（一）证监会作出行政处罚决定时适用本准则的相关条款

包括：第三条、第二十八条、第三十条、第三十四条、第三十六条。

（二）本准则修改过程及相关条款内容修改说明

1.修改过程

2006年6月25日，财政部财会〔2006〕4号文件要求“自2007年1月1日起施行”，包括本准则。

2022年1月5日，财政部下财会〔2022〕1号文件要求“于发布之日起施行”，包括本准则。

2.相关条款内容修改说明

2022年1月5日【财会〔2022〕1号】文件与2006年本准则【财会〔2006〕4号】文件相关条款的条序、内容没有发生变化。

（三）《鉴证业务基本准则》（财会〔2022〕1号）相关条款内容

第三条 本准则所称注册会计师，是指取得注册会计师证书并在会计师事务所执业的人员，有时也指其所在的会计师事务所。

本准则所称鉴证业务要素，是指鉴证业务的三方关系、鉴证对象、标准、证据和鉴证报告。

第二十八条 注册会计师应当以职业怀疑态度计划和执行鉴证业务，获取有关鉴证对象信息是否不存在重大错报的充分、适当的证据。

注册会计师应当及时对制定的计划、实施的程序、获取的相关证据以及得出的结论作出记录。

第三十条 职业怀疑态度是指注册会计师以质疑的思维方式评价所获取证据的有效性，并对相互矛盾的证据，以及引起对文件记录或责任方提供的信息的可靠性产生怀疑的证据保持警觉。

第三十四条 如果针对某项认定从不同来源获取的证据或获取的不同性质的证据能够相互印证，与该项认定相关的证据通常具有更强的说服力。

如果从不同来源获取的证据或获取的不同性质的证据不一致，可能表明某项证据不可靠，注册会计师应当追加必要的程序予以解决。

第三十六条 注册会计师可以考虑获取证据的成本与所获取信息有用性之间的

关系，但不应仅以获取证据的困难和成本为由减少不可替代的程序。

在评价证据的充分性和适当性以支持鉴证报告时，注册会计师应当运用职业判断，并保持职业怀疑态度。

三、《审计准则第1101号——注册会计师的总体目标和审计工作的基本要求》

（一）证监会作出行政处罚决定时适用本准则的相关条款

包括：2007年第十一条（2007年1月1日起执行）。2010年第十七条、第二十条、第二十二条、第二十五条、第二十六条、第二十七条、第二十八条、第二十九条、第三十条、第三十四条。

（二）本准则修改过程及相关条款内容修改说明

1.修改过程

2006年6月25日，财政部财会〔2006〕4号文件要求“自2007年1月1日起施行”，包括本准则。

2010年11月1日，财政部财会〔2010〕21号文件要求“自2012年1月1日起施行”，包括本准则。

2019年2月20日，财政部财会〔2019〕5号文件要求“于2019年7月1日起施行”，包括本准则。

2022年1月5日，财政部财会〔2022〕1号文件要求“于发布之日起施行”，包括本准则。

2022年12月22日，财政部财会〔2022〕36号文件要求“于2023年7月1日起施行”，包括本准则。

2.相关条款内容修改说明

尽管本准则修改频率很高，但2022年12月22日（财会〔2022〕36号）与财会〔2022〕1号文件、财会〔2019〕5号文件、财会〔2010〕21号文件的相关条款内容没有发生重大变化，只发生如下变化。

2022年12月22日（财会〔2022〕36号）将财会〔2022〕1号文件中的本准则第二十二条“（一）通过了解被审计单位及其环境，识别和评估由于舞弊或错误导致的重大错报风险”修改为“（一）通过了解被审计单位及其环境、适用的财务报告编制基础和被审计单位内部控制体系，识别和评估舞弊或错误导致的重大错报风险”。

（三）《审计准则第1101号——注册会计师的总体目标和审计工作的基本要求》相关条款内容

1.《审计准则第1101号——注册会计师的总体目标和审计工作的基本要求》（2006年6月25日）

第十一条 在计划和实施审计工作时，注册会计师应当保持职业怀疑态度，充分考虑可能存在导致财务报表发生重大错报的情形。

2.《审计准则第1101号——注册会计师的总体目标和审计工作的基本要求》（财会〔2022〕36号）

第十七条 职业怀疑，是指注册会计师执行审计业务的一种态度，包括采取质疑的思维方式，对可能表明由于错误或舞弊导致错报的迹象保持警觉，以及对审计证据进行审慎评价。

第二十条 注册会计师应当按照审计准则的规定，对财务报表整体是否不存在舞弊或错误导致的重大错报获取合理保证，以作为发表审计意见的基础。

合理保证是一种高水平保证。当注册会计师获取充分、适当的审计证据将审计风险降低到可接受的低水平时，就获取了合理保证。

由于审计存在固有限制，注册会计师据以得出结论和形成审计意见的大多数审计证据是说服性而非结论性的，因此，审计只能提供合理保证，不能提供绝对保证。

第二十二条 审计准则旨在规范和指导注册会计师对财务报表整体是否不存在重大错报获取合理保证，要求注册会计师在整个审计过程中运用职业判断和保持职业怀疑。

需要运用职业判断并保持职业怀疑的重要审计环节主要包括：

（一）通过了解被审计单位及其环境、适用的财务报告编制基础和被审计单位内部控制体系，识别和评估舞弊或错误导致的重大错报风险；

（二）通过对评估的风险设计和实施恰当的应对措施，针对是否存在重大错报获取充分、适当的审计证据；

（三）根据从获取的审计证据中得出的结论，对财务报表形成审计意见。

第二十五条 在执行财务报表审计工作时，注册会计师的总体目标是：

（一）对财务报表整体是否不存在由于舞弊或错误导致的重大错报获取合理保证，使得注册会计师能够对财务报表是否在所有重大方面按照适用的财务报告编制基础编制发表审计意见；

（二）按照审计准则的规定，根据审计结果对财务报表出具审计报告，并与管理层和治理层沟通。

第二十六条 在任何情况下，如果不能获取合理保证，并且在审计报告中发表保留意见也不足以实现向财务报表预期使用者报告的目的，注册会计师应当按照审计准则的规定出具无法表示意见的审计报告，或者在法律法规允许的情况下终止审计业务或解除业务约定。

第二十七条 注册会计师应当遵守与财务报表审计相关的职业道德要求，包括遵守有关独立性的要求。

第二十八条 在计划和实施审计工作时，注册会计师应当保持职业怀疑，认识到可能存在导致财务报表发生重大错报的情形。

第二十九条 在计划和实施审计工作时，注册会计师应当运用职业判断。

第三十条 为了获取合理保证，注册会计师应当获取充分、适当的审计证据，以将审计风险降低到可接受的低水平，使其能够得出合理的结论，作为形成审计意见的基础。

第三十四条 为了实现注册会计师的总体目标，在计划和实施审计工作时，注册会计师应当运用相关审计准则规定的目标。在运用规定的目标时，注册会计师应当认真考虑各项审计准则之间的相互关系，以采取下列措施：

（一）为了实现审计准则规定的目标，确定是否有必要实施除审计准则规定以外的其他审计程序；

（二）评价是否已获取充分、适当的审计证据。

四、《审计准则第1111号——就审计约定书条款达成一致意见》

（一）证监会作出行政处罚决定时适用本准则的相关条款

包括：第五条、第九条。

（二）本准则修改过程及相关条款内容修改说明

1.修改过程

2006年6月25日，财政部财会〔2006〕4号文件要求“自2007年1月1日起施行”，包括本准则。

2010年11月1日，财政部财会〔2010〕21号文件要求“自2012年1月1日起施行”，包括本准则。

2016年12月23日，财政部财会〔2016〕24号文件包括本准则。

2022年1月5日，财政部下发财会〔2022〕1号要求“于发布之日起施行”，包括本准则。

2.相关条款内容修改说明

尽管本准则修改频率很高，但2022年1月5日财会〔2022〕1号文件与财会〔2016〕24号文件、财会〔2010〕21号文件的相关条款的条序、内容没有发生变化。

（三）《审计准则第1111号——就审计约定书条款达成一致意见》（财会〔2022〕1号）相关条款内容

第五条 注册会计师的目标是，只有通过实施下列工作就执行审计工作的基础达成一致意见后，才承接或保持审计业务：

（一）确定审计的前提条件存在；

（二）确认注册会计师和管理层已就审计业务约定条款达成一致意见。

第九条 注册会计师应当就审计业务约定条款与管理层或治理层（如适用）达成一致意见。

五、《审计准则第1121号——对财务报表审计实施的质量控制》

（一）证监会作出行政处罚决定时适用本准则的相关条款

包括：第三十条、第三十一条、第三十三条、第三十四条、第三十五条、第四十条。

（二）本准则修改过程及相关条款内容修改说明

1.修改过程

2010年11月1日，财政部财会〔2010〕21号文件要求“自2012年1月1日起施行”，包括本准则。

2020年11月19日，财政部财会〔2020〕17号文件，包括本准则。

2.相关条款内容修改说明

2020年11月19日（财会〔2020〕17号）对财会〔2010〕21号文件中的本准则相关条款作如下修改。

（1）将本准则“第三十条”之“项目合伙人应当对项目组按照会计师事务所复核政策和程序实施的复核负责。”修改为“第四十条”之“项目合伙人应当负责对审计项目组成员进行指导、监督并复核其工作。”

（2）将本准则“第三十一条”修改为“第四十四条”。将原“第三十一条”中的“项目合伙人应当通过复核审计工作底稿和与项目组讨论”修改为“项目合伙人应当通过复核审计工作底稿以及与审计项目组讨论”，将“支持得出的结论和拟出具的审计报告”修改为“以支持得出的结论和拟出具的审计报告”。

（3）将本准则“第三十三条”修改为“第四十八条”。将原“第三十三条”中的“对于上市实体财务报表审计以及会计师事务所确定需要实施项目质量控制复核的其他审计业务，项目合伙人应当”修改为“对于需要实施项目质量复核的审计项目，项目合伙人应当承担下列责任”；增加“（二）配合项目质量复核人员的工作，并告知审计项目组其他成员配合项目质量复核人员工作的责任”；在第“（三）”项中增加“重大判断”。

（4）将本准则第三十五条修改为《会计师事务所质量管理准则第5102号——项目质量复核》（2020年11月19日，财会〔2020〕17号）（以下简称“《质量管理准则第5102号》”）第二十八条。

（5）将本准则第四十条修改为《质量管理准则第5102号》第三十三条。

（三）《审计准则第1121号——对财务报表审计实施的质量控制》相关条款内容

1.《审计准则第1121号——对财务报表审计实施的质量控制》（财会〔2020〕17号）

第四十条　项目合伙人应当负责对审计项目组成员进行指导、监督并复核其工作。

第四十四条　在审计报告日或审计报告日之前，项目合伙人应当通过复核审计工作底稿以及与审计项目组讨论，确保已获取充分、适当的审计证据，以支持得出的结论和拟出具的审计报告。

第四十八条　对于需要实施项目质量复核的审计项目，项目合伙人应当承担下列责任：

（一）确定会计师事务所已委派项目质量复核人员；

（二）配合项目质量复核人员的工作，并告知审计项目组其他成员配合项目质量复核人员工作的责任；

（三）与项目质量复核人员讨论在审计中遇到的重大事项和重大判断，包括在项目质量复核过程中识别出的重大事项和重大判断；

（四）只有完成项目质量复核，才签署审计报告。

2.《质量管理准则第5102号》（财会〔2020〕17号）

第二十八条　在实施项目质量复核时，项目质量复核人员应当实施下列程序：

（一）阅读并了解下列信息：

1.与项目组就项目和客户的性质和具体情况进行沟通获取的信息；

2.与会计师事务所就监控和整改程序进行沟通获取的信息，特别是针对可能与项目组的重大判断相关或影响该重大判断的领域识别出的缺陷进行的沟通。

（二）与项目合伙人及其他项目组成员（如适用）讨论重大事项，以及在项目计划、实施和报告时作出的重大判断。

（三）基于从上述第（一）项和第（二）项程序获取的信息，选取部分与项目组作出的重大判断相关的业务工作底稿进行复核，并评价下列方面：

1.作出这些重大判断的依据，包括项目组对职业怀疑的运用（如适用）；

2.业务工作底稿能否支持得出的结论；

3.得出的结论是否恰当。

（四）对于财务报表审计业务，评价项目合伙人确定独立性要求已得到遵守的依据。

（五）评价是否已就疑难问题或争议事项、涉及意见分歧的事项进行适当咨询，并评价咨询得出的结论。

（六）对于财务报表审计，评价项目合伙人确定下列方面的依据：

1.项目合伙人对整个审计过程的参与程度是充分、适当的；

2.项目合伙人能够确定作出的重大判断和得出的结论适合项目的性质和具体情况。

（七）对下列方面实施复核：

1.对于财务报表审计，复核被审计财务报表和审计报告，以及审计报告中对关键审计事项的描述（如适用）；

2.对于财务报表审阅，复核被审阅财务报表或财务信息，以及拟出具的审阅报告；

3.对于财务报表审计和审阅以外的其他鉴证业务或相关服务业务，复核业务报告和鉴证对象信息（如适用）。

第三十三条 项目质量复核人员应当确定对项目质量复核形成的工作底稿足以使未曾接触该项目的、有经验的执业人员了解项目质量复核人员以及对项目质量复核提供协助的人员（如适用）所执行程序的性质、时间安排和范围，以及在实施复核的过程中得出的结论。

项目质量复核人员还应当确定项目质量复核工作底稿中包括下列方面：

（一）项目质量复核人员及协助人员的姓名；

（二）已复核的业务工作底稿的识别特征；

（三）项目质量复核人员根据本准则第三十条的规定作出确定的依据；

（四）按照本准则第二十九条至第三十条的规定进行的通知；

（五）完成项目质量复核的日期。

六、《审计准则第1131号——审计工作底稿》

（一）证监会作出行政处罚决定时适用本准则的相关条款

包括：第三条、第四条、第八条、第九条、第十条、第十二条、第十五条。

（二）本准则修改过程及相关条款内容修改说明

1.修改过程

2010年11月1日，财政部财会〔2010〕21号文件要求“自2012年1月1日起施行”，包括本准则。

2016年12月23日，财政部财会〔2016〕24号文件包括本准则。

2022年1月5日，财政部财会〔2022〕1号文件要求“于发布之日起施行”，包括本准则。

2022年12月22日，财政部财会〔2022〕36号文件要求“于2023年7月1日起施行”，包括本准则。

2.相关条款内容修改说明

（1）2022年1月5日财会〔2022〕1号文件将原第四条（2016年、2010年本条的内容相同）之“（五）便于会计师事务所按照《质量控制准则第5101号——会计师事务所对执行财务报表审计和审阅、其他鉴证和相关服务业务实施的质量控制》的规定，实施质量控制复核与检查”修改为“（五）便于会计师事务所实施项目质量复核、其他类型的项目复核以及质量管理体系中的监控活动”。

本准则相关其他条款的条序、内容没有发生变化。

（2）2022年12月22日财会〔2022〕36号文件与财会〔2022〕1号文件相比较，本准则相关条款的条序、内容没有发生变化。

（三）《审计准则第1131号——审计工作底稿》（财会〔2022〕36号）相关条款内容

第三条　在符合本准则和其他相关审计准则要求的情况下，审计工作底稿能够实现下列目的：

（一）提供证据，作为注册会计师得出实现总体目标结论的基础；

（二）提供证据，证明注册会计师按照审计准则和相关法律法规的规定计划和执行了审计工作。

第四条　审计工作底稿还可以实现下列目的：

（一）有助于项目组计划和执行审计工作；

（二）有助于负责督导的项目组成员按照《中国注册会计师审计准则第1121号——对财务报表审计实施的质量管理》的规定，履行指导、监督与复核审计工作的责任；

（三）便于项目组说明其执行审计工作的情况；

（四）保留对未来审计工作持续产生重大影响的事项的记录；

（五）便于会计师事务所实施项目质量复核、其他类型的项目复核以及质量管理体系中的监控活动；

（六）便于监管机构和注册会计师协会根据相关法律法规或其他相关要求，对会计师事务所实施执业质量检查。

第八条 注册会计师的目标是，编制审计工作底稿以便：

（一）提供充分、适当的记录，作为出具审计报告的基础；

（二）提供证据，证明注册会计师已按照审计准则和相关法律法规的规定计划和执行了审计工作。

第九条 注册会计师应当及时编制审计工作底稿。

第十条 注册会计师编制的审计工作底稿，应当使得未曾接触该项审计工作的有经验的专业人士清楚了解：

（一）按照审计准则和相关法律法规的规定实施的审计程序的性质、时间安排和范围；

（二）实施审计程序的结果和获取的审计证据；

（三）审计中遇到的重大事项和得出的结论，以及在得出结论时作出的重大职业判断。

第十二条 注册会计师应当记录与管理层、治理层和其他人员对重大事项的讨论，包括所讨论的重大事项的性质以及讨论的时间、地点和参加人员。

第十五条 在某些例外情况下，如果在审计报告日后实施了新的或追加的审计程序，或者得出新的结论，注册会计师应当记录：

（一）遇到的例外情况；

（二）实施的新的或追加的审计程序，获取的审计证据，得出的结论，以及对审计报告的影响；

（三）对审计工作底稿作出相应变动的时间和人员，以及复核的时间和人员。

七、《审计准则第1141号——财务报表审计中与舞弊相关的责任》

（一）证监会作出行政处罚决定时适用本准则的相关条款

包括：第四条、第六条、第九条、第十二条、第十三条、第十四条、第十六条、第十七条、第二十条、第二十一条、第二十二条、第二十三条、第二十四条、第二十五条、第二十六条、第二十七条、第二十八条、第二十九条、第三十条、第三十一条、第三十二条、第三十三条、第三十八条、第三十九条、第四十八条、第四十九条、第五十一条;《审计准则第1141号——财务报表审计中对舞弊的考虑》（2007年1月1日实施）第十七条、第二十二条和第五十九条。

（二）本准则修改过程及相关条款内容修改说明

1.修改过程

2006年6月25日，财政部财会〔2006〕4号文件要求“自2007年1月1日起施行”，包括本准则。

2010年11月1日，财政部财会〔2010〕21号文件要求“自2012年1月1日起施行”，包括本准则。

2019年2月20日，财政部财会〔2019〕5号文件要求“于2019年7月1日起施行”，包括本准则。

2022年12月22日，财政部下发财会〔2022〕36号文件要求“于2023年7月1日起施行”，包括本准则。

2.相关条款内容修改说明

（1）2019年2月20日财会〔2019〕5号文件对财会〔2010〕21号文件中本准则的修改如下：

在财会〔2010〕21号文件本准则第九条中增加：“根据法律法规或相关职业道德要求，对于被审计单位的违反法律法规行为（包括舞弊），注册会计师可能承担额外责任。这些责任可能与本准则和其他审计准则不同，或超出了本准则和其他审计准则的规定，例如：

（一）应对识别出的或怀疑存在的违反法律法规行为，包括要求与管理层和治理层专门进行沟通，评价其对违反法律法规行为所作应对的适当性，并确定是否需要采取进一步行动；

（二）向其他注册会计师（例如，在集团财务报表审计中）沟通识别出的或怀疑存在的违反法律法规行为；

（三）对识别出的或怀疑存在的违反法律法规行为的记录要求。

对额外责任的履行，可能提供与注册会计师按照本准则和其他审计准则执行工作相关的进一步信息（如与管理层和治理层诚信相关的信息）。”

其他各条的条序、内容没有发生变化。

（2）2022年12月22日财会〔2022〕36号文件对财会〔2019〕5号文件中本准则的修改如下：

①由于已将《中国注册会计师审计准则第1211号——通过了解被审计单位及其环境识别和评估重大错报风险》修改为《中国注册会计师审计准则第1211号——重大错报风险的识别与评估》，将财会〔2019〕5号文件中的本准则第十六条、第十七

条、第二十六条、第四十八条作相应修改。

②在财会〔2019〕5号文件中的本准则第四十八条中增加“（三）在控制活动中识别出的，用于应对评估的舞弊导致的重大错报风险的控制”。

其他相关条款的条序、内容没有发生变化。

（三）《审计准则第1141号——财务报表审计中与舞弊相关的责任》相关条款内容

1.《审计准则第1141号——财务报表审计中对舞弊的考虑》（财会〔2006〕4号）包括：第十七条、第二十二条和第五十九条。

第十七条 注册会计师应当在整个审计过程中保持职业怀疑态度，考虑管理层凌驾于控制之上的可能性，并应当意识到，可以有效发现错误的审计程序未必适用于发现舞弊导致的重大错报。

第二十二条 注册会计师应当在整个审计过程中以职业怀疑态度计划和实施审计工作，充分考虑由于舞弊导致财务报表发生重大错报的可能性，而不应依赖以往审计中对管理层、治理层诚信形成的判断。

第五十九条 管理层凌驾于控制之上的风险属于特别风险，注册会计师针对该特别风险应当实施的审计程序包括：

（一）测试日常会计核算过程中作出的会计分录以及为编制财务报表作出的调整分录是否适当；

（二）复核会计估计是否有失公允，从而可能产生舞弊导致的重大错报；

（三）对于注意到的、超出正常经营过程或基于对被审计单位及其环境的了解显得异常的重大交易，了解其商业理由的合理性。

2.《审计准则第1141号——财务报表审计中与舞弊相关的责任》（财会〔2022〕36号）

第四条 舞弊是一个宽泛的法律概念，但注册会计师关注的是导致财务报表发生重错报的舞弊。

与财务报表审计相关的故意错报，包括编制虚假财务报告导致的错报和侵占资产导致的错报。

尽管注册会计师可能怀疑被审计单位存在舞弊，甚至在极少数情况下识别出发生的舞弊，但注册会计师并不对舞弊是否已实际发生作出法律意义上的判定。

第六条 在按照审计准则的规定执行审计工作时，注册会计师有责任对财务报表整体是否不存在由于舞弊或错误导致的重大错报获取合理保证。

由于审计的固有限制，即使注册会计师按照审计准则的规定恰当计划和执行了审计工作，也不可避免地存在财务报表中的某些重大错报未被发现的风险。

第九条　在获取合理保证时，注册会计师有责任在整个审计过程中保持职业怀疑，考虑管理层凌驾于控制之上的可能性，并认识到对发现错误有效的审计程序未必对发现舞弊有效。本准则的规定旨在帮助注册会计师识别和评估舞弊导致的重大错报风险，以及设计用以发现这类错报的审计程序。

根据法律法规或相关职业道德要求，对于被审计单位的违反法律法规行为（包括舞弊），注册会计师可能承担额外责任。这些责任可能与本准则和其他审计准则不同，或超出了本准则和其他审计准则的规定，例如：

（一）应对识别出的或怀疑存在的违反法律法规行为，包括要求与管理层和治理层专门进行沟通，评价其对违反法律法规行为所作应对的适当性，并确定是否需要采取进一步行动；

（二）向其他注册会计师（例如，在集团财务报表审计中）沟通识别出的或怀疑存在的违反法律法规行为；

（三）对识别出的或怀疑存在的违反法律法规行为的记录要求。

对额外责任的履行，可能提供与注册会计师按照本准则和其他审计准则执行工作相关的进一步信息（如与管理层和治理层诚信相关的信息）。

第十二条　注册会计师的目标是：

（一）识别和评估由于舞弊导致的财务报表重大错报风险；

（二）通过设计和实施恰当的应对措施，针对评估的由于舞弊导致的重大错报风险，获取充分、适当的审计证据；

（三）恰当应对审计过程中识别出的舞弊或舞弊嫌疑。

第十三条　按照《中国注册会计师审计准则第1101号——注册会计师的总体目标和审计工作的基本要求》的规定，注册会计师应当在整个审计过程中保持职业怀疑，认识到存在由于舞弊导致的重大错报的可能性，而不应受到以前对管理层、治理层正直和诚信形成的判断的影响。

第十四条　除非存在相反的理由，注册会计师可以将文件和记录作为真品。但如果在审计过程中识别出的情况使注册会计师认为文件可能是伪造的或文件中的某些条款已发生变动但未告知注册会计师，注册会计师应当作出进一步调查。

第十六条　按照《中国注册会计师审计准则第1211号——重大错报风险的识别与评估》的规定，项目组成员之间应当进行讨论，并由项目合伙人确定将哪些事项向未参与讨论的项目组成员通报。

项目组内部讨论的重点应当包括财务报表易于发生由于舞弊导致的重大错报的方式和领域，包括舞弊可能如何发生。

在讨论过程中，项目组成员不应假定管理层和治理层是正直和诚信的。

第十七条　当按照《中国注册会计师审计准则第1211号——重大错报风险的识

别与评估》的规定实施风险评估程序和相关活动，以了解被审计单位及其环境时，注册会计师应当实施本准则第十八条至第二十五条规定的审计程序，以获取用以识别由于舞弊导致的重大错报风险所需的信息。

第二十条 如果被审计单位设有内部审计，注册会计师应当询问内部审计人员，以确定其是否知悉任何影响被审计单位的舞弊事实、舞弊嫌疑或舞弊指控，并获取这些人员对舞弊风险的看法。

第二十一条 除非治理层全部成员参与管理被审计单位，注册会计师应当了解治理层如何监督管理层对舞弊风险的识别和应对过程，以及为降低舞弊风险而建立的内部控制。

第二十二条 除非治理层全部成员参与管理被审计单位，注册会计师应当询问治理层，以确定其是否知悉任何影响被审计单位的舞弊事实、舞弊嫌疑或舞弊指控。治理层对这些询问的答复，还可在一定程度上作为管理层答复的佐证信息。

第二十三条 注册会计师应当评价在实施分析程序时识别出的异常或偏离预期的关系（包括与收入账户有关的关系），是否表明存在由于舞弊导致的重大错报风险。

第二十四条 注册会计师应当考虑获取的其他信息是否表明存在由于舞弊导致的重大错报风险。

第二十五条 注册会计师应当评价通过其他风险评估程序和相关活动获取的信息，是否表明存在舞弊风险因素。

存在舞弊风险因素并不必然表明发生了舞弊，但在舞弊发生时通常存在舞弊风险因素，因此，舞弊风险因素可能表明存在由于舞弊导致的重大错报风险。

第二十六条 按照《中国注册会计师审计准则第1211号——重大错报风险的识别与评估》的规定，注册会计师应当在财务报表层次和各类交易、账户余额、披露的认定层次识别和评估由于舞弊导致的重大错报风险。

第二十七条 在识别和评估由于舞弊导致的重大错报风险时，注册会计师应当基于收入确认存在舞弊风险的假定，评价哪些类型的收入、收入交易或认定导致舞弊风险。

如果认为收入确认存在舞弊风险的假定不适用于业务的具体情况，从而未将收入确认作为由于舞弊导致的重大错报风险领域，注册会计师应当按照本准则第五十一条的规定形成相应的审计工作底稿。

第二十八条 注册会计师应当将评估的由于舞弊导致的重大错报风险作为特别风险。如果此前未了解与此类风险相关的控制，注册会计师应当了解相关控制，包括了解控制活动。

第二十九条 按照《中国注册会计师审计准则第1231号——针对评估的重大错报风险采取的应对措施》的规定，注册会计师应当针对评估的由于舞弊导致的财务报表层次重大错报风险确定总体应对措施。

第三十条　在针对评估的由于舞弊导致的财务报表层次重大错报风险确定总体应对措施时，注册会计师应当：

（一）在分派和督导项目组成员时，考虑承担重要业务职责的项目组成员所具备的知识、技能和能力，并考虑由于舞弊导致的重大错报风险的评估结果；

（二）评价被审计单位对会计政策（特别是涉及主观计量和复杂交易的会计政策）的选择和运用，是否可能表明管理层通过操纵利润对财务信息作出虚假报告；

（三）在选择审计程序的性质、时间安排和范围时，增加审计程序的不可预见性。

第三十一条　按照《中国注册会计师审计准则第1231号——针对评估的重大错报风险采取的应对措施》的规定，注册会计师应当设计和实施进一步审计程序，审计程序的性质、时间安排和范围应当能够应对评估的由于舞弊导致的认定层次重大错报风险。例如，针对由于舞弊导致的认定层次重大错报风险，注册会计师应当考虑实施函证程序以获取更多的相互印证的信息。

第三十二条　管理层处于实施舞弊的独特地位，其原因是管理层有能力通过凌驾于控制之上操纵会计记录并编制虚假财务报表，而这些控制却看似有效运行。

尽管管理层凌驾于控制之上的风险水平因被审计单位而异，但所有被审计单位都存在这种风险。

由于管理层凌驾于控制之上的行为发生方式不可预见，这种风险属于由于舞弊导致的重大错报风险，从而也是一种特别风险。

第三十三条　无论对管理层凌驾于控制之上的风险的评估结果如何，注册会计师都应当设计和实施审计程序，用以：

（一）测试日常会计核算过程中作出的会计分录以及编制财务报表过程中作出的其他调整是否适当；

（二）复核会计估计是否存在偏向，并评价产生这种偏向的环境是否表明存在由于舞弊导致的重大错报风险；

（三）对于超出被审计单位正常经营过程的重大交易，或基于对被审计单位及其环境的了解以及在审计过程中获取的其他信息而显得异常的重大交易，评价其商业理由（或缺乏商业理由）是否表明被审计单位从事交易的目的是为了对财务信息作出虚假报告或掩盖侵占资产的行为。

第三十八条　如果识别出某项错报，注册会计师应当评价该项错报是否表明存在舞弊。

如果存在舞弊的迹象，鉴于舞弊不太可能是孤立发生的事项，注册会计师应当评价该项错报对审计工作其他方面的影响，特别是对管理层声明可靠性的影响。

第三十九条　如果识别出某项错报，并有理由认为该项错报是或可能是由于舞弊导致的，且涉及管理层，特别是涉及较高层级的管理层，无论该项错报是否重大，注册会计师都应当重新评价对由于舞弊导致的重大错报风险的评估结果，以及该结果对旨在应对评估的风险的审计程序的性质、时间安排和范围的影响。在重新考虑此前获取的审计证据的可靠性时，注册会计师还应当考虑相关的情形是否表明可能存在涉及员工、管理层或第三方的串通舞弊。

第四十八条 《中国注册会计师审计准则第1211号——重大错报风险的识别与评估》规定注册会计师应当记录对被审计单位及其环境的了解以及对重大错报风险的评估结果。注册会计师应当将下列内容形成审计工作底稿：

（一）项目组内部就由于舞弊导致财务报表重大错报的可能性进行讨论所得出的重要结论；

（二）识别和评估的由于舞弊导致的财务报表层次和认定层次的重大错报风险；

（三）在控制活动中识别出的，用于应对评估的舞弊导致的重大错报风险的控制。

第四十九条 《中国注册会计师审计准则第1231号——重大错报风险采取的应对措施》规定注册会计师应当记录对评估的重大错报风险采取的应对措施。注册会计师应当将下列内容形成审计工作底稿：

（一）对评估的由于舞弊导致的财务报表层次的重大错报风险采取的总体应对措施；

（二）审计程序的性质、时间安排和范围；

（三）审计程序与评估的由于舞弊导致的认定层次的重大错报风险之间的联系；

（四）实施审计程序（包括用于应对管理层凌驾于控制之上的风险而实施的审计程序）的结果。

第五十一条 如果认为收入确认存在舞弊风险的假定不适用于业务的具体情况，注册会计师应当在审计工作底稿中记录得出该结论的理由。

八、《审计准则第1142号——财务报表审计中对法律法规的考虑》

（一）证监会作出行政处罚决定时适用本准则的相关条款

包括：第二十七条。

（二）本准则修改过程及相关条款内容修改说明

1.修改过程

2010年11月1日，财政部财会〔2010〕21号文件要求“自2012年1月1日起施行”，包括本准则。

2019年2月20日，财政部财会〔2019〕5号文件要求“于2019年7月1日起施行”，包括本准则。

2022年12月22日，财政部下发财会〔2022〕36号文件要求“于2023年7月1日起施行”，包括本准则。

2.相关条款内容修改说明

（1）2019年2月20日财会〔2019〕5号文件将财会〔2010〕21号文件中的本准则第二十七条进行修改。将原文“如果由于审计范围受到管理层或治理层以外的其他方面的限制而无法确定被审计单位是否存在违反法律法规行为，注册会计师应当按照《中国注册会计师审计准则第1502号——在审计报告中发表非无保留意见》的规定，评价这一情况对审计意见的影响”修改为“如果因管理层或治理层阻挠而无法获取充分、适当的审计证据，以评价是否存在或可能存在对财务报表产生重大影响的违反法律法规行为，注册会计师应当按照《中国注册会计师审计准则第1502号——在审计报告中发表非无保留意见》的规定，根据审计范围受到限制的程度，发表保留意见或无法表示意见”。

（2）2022年12月22日财会〔2022〕36号文件与财会〔2019〕5号文件相比较，本准则本条款的条序、内容没有发生变化。

（三）《审计准则第1142号——财务报表审计中对法律法规的考虑》（财会〔2022〕36号）相关条款内容

第二十七条　如果因管理层或治理层阻挠而无法获取充分、适当的审计证据，以评价是否存在或可能存在对财务报表产生重大影响的违反法律法规行为，注册会计师应当按照《中国注册会计师审计准则第1502号——在审计报告中发表非无保留意见》的规定，根据审计范围受到限制的程度，发表保留意见或无法表示意见。

九、《审计准则1152号——向治理层和管理层通报内部控制缺陷》

（一）证监会作出行政处罚决定时适用本准则的相关条款

包括：第九条、第十条、第十一条。

（二）本准则修改过程及相关条款内容修改说明

1.修改过程

2010年11月1日，财政部财会〔2010〕21号文件要求“自2012年1月1日起施行”，包括本准则。

2022年12月22日，财政部财会〔2022〕36号文件要求“于2023年7月1日起施行”，包括本准则。

2.相关条款内容修改说明

2022年12月22日，财会〔2022〕36号文件与财会〔2010〕21号文件相比较，本准则相关条款的条序、内容没有变化。

（三）《审计准则1152号——向治理层和管理层通报内部控制缺陷》（财会〔2022〕36号）相关条款内容

第九条 如果识别出内部控制缺陷，注册会计师应当根据已执行的审计工作，确定该缺陷单独或连同其他缺陷是否构成值得关注的内部控制缺陷。

第十条 注册会计师应当以书面形式及时向治理层通报审计过程中识别出的值得关注的内部控制缺陷。

第十一条 注册会计师还应当及时向相应层级的管理层通报下列内部控制缺陷：

（一）已向或拟向治理层通报的值得关注的内部控制缺陷，除非在具体情况下不适合直接向管理层通报；

（二）在审计过程中识别出的、其他方尚未向管理层通报而注册会计师根据职业判断认为足够重要从而值得管理层关注的内部控制其他缺陷。

本条第一款第（一）项所述事项应当采取书面方式通报。

十、《审计准则1153号——前任注册会计师和后任注册会计师的沟通》

（一）证监会作出行政处罚决定时适用本准则的相关条款

包括：第七条、第十八条。

（二）本准则修改过程及相关条款内容修改说明

2010年11月1日，财政部财会〔2010〕21号文件包括本准则。

2010年以后没有进行修改，相关条款内容没有发生变化。

（三）《审计准则1153号——前任注册会计师和后任注册会计师的沟通》（财会〔2010〕21号）相关条款内容

第七条 在接受委托前，后任注册会计师应当与前任注册会计师进行必要沟通，并对沟通结果进行评价，以确定是否接受委托。

第十八条　后任注册会计师应当将沟通的情况记录于审计工作底稿。

十一、《审计准则第1201号——计划审计工作》

（一）证监会作出行政处罚决定时适用本准则的相关条款

包括：第九条、第十条、第十一条、第十二条。

（二）本准则修改过程及相关条款内容修改说明

1.修改过程

2010年11月1日，财政部财会〔2010〕21号文件要求“自2012年1月1日起施行”，包括本准则。

2022年1月5日，财政部下发财会〔2022〕1号文件要求“于发布之日起施行”，包括本准则。

2022年12月22日，财政部财会〔2022〕36号文件要求“于2023年7月1日起施行”，包括本准则。

2.相关条款内容修改说明

2022年1月5日财会〔2022〕1号文件在财会〔2010〕21号文件中的本准则“第九条”中增加“（一）计划对项目组成员实施指导、监督并复核其工作的性质、时间安排和范围”。

2022年12月22日财会〔2022〕36号文件与财会〔2022〕1号文件相比较，本准则相关条款的条序、内容均没有发生变化。

（三）《审计准则第1201号——计划审计工作》（财会〔2022〕36号）相关条款内容

第九条　注册会计师应当制定具体审计计划。具体审计计划应当包括下列内容：

（一）计划对项目组成员实施指导、监督并复核其工作的性质、时间安排和范围；

（二）按照《中国注册会计师审计准则第1211号——重大错报风险的识别与评估》的规定，计划实施的风险评估程序的性质、时间安排和范围；

（三）按照《中国注册会计师审计准则第1231号——针对评估的重大错报风险采取的应对措施》的规定，在认定层次计划实施的进一步审计程序的性质、时间安排和范围；

（四）根据审计准则的规定，计划应当实施的其他审计程序。

第十条　在审计过程中，注册会计师应当在必要时对总体审计策略和具体审计计划作出更新和修改。

第十一条 注册会计师应当就下列事项形成审计工作底稿：

（一）总体审计策略；

（二）具体审计计划；

（三）在审计过程中对总体审计策略或具体审计计划作出的任何重大修改及其理由，包括对项目组成员实施指导、监督和复核的计划作出的重大修改及其理由。

第十二条 在首次审计业务开始前，注册会计师应当开展下列活动：

（一）按照《中国注册会计师审计准则第1121号——对财务报表审计实施的质量管理》的规定，针对接受客户关系和审计业务，实施相应的程序；

（二）如果被审计单位变更了会计师事务所，按照相关审计准则和职业道德要求的规定，与前任注册会计师进行沟通。

十二、《审计准则第1211号——重大错报风险的识别和评估》

（一）证监会作出行政处罚决定时适用本准则的相关条款

包括：第七条、第九条、第十四条、第十五条、第十六条、第十七条、第二十一条、第二十三条、第二十八条、第二十九条、第三十条、第三十一条、第三十二条、第三十四条、第三十五条。

（二）本准则修改过程及相关条款内容修改说明

1.修改过程

2010年11月1日，财政部财会〔2010〕21号文件要求“自2012年1月1日起施行”，包括本准则。

2019年2月20日，财政部财会〔2019〕5号文件要求“于2019年7月1日起施行”，包括本准则。

2022年12月22日，财政部财会〔2022〕36号文件要求“于2023年7月1日起施行”，包括本准则。

2.相关条款内容修改说明

（1）2019年2月20日财会〔2019〕5号文件对财会〔2010〕21号文件相关条款的修改：

①将财会〔2010〕21号文件中的本准则第九条之“（一）询问管理层以及被审计单位内部其他人员”修改为“（一）询问管理层、适当的内部审计人员（如有），以及注册会计师判断认为可能掌握有助于注册会计师识别由于舞弊或错误导致的重大

错报风险的信息的被审计单位内部其他人员”。

②将财会〔2010〕21号文件中的本准则第二十一条增加：“了解与财务报告相关的信息系统应当包括了解信息系统中与财务报表所披露信息相关的方面，无论该信息是从总账和明细账中获取，还是从总账和明细账之外的其他途径获取。”

③将财会〔2010〕21号文件中的本准则第二十九条“（一）在了解被审计单位及其环境（包括与风险相关的控制）的整个过程中，结合对财务报表中各类交易、账户余额和披露的考虑，识别风险”修改为“（一）在了解被审计单位及其环境（包括与风险相关的控制）的整个过程中，结合对财务报表中各类交易、账户余额和披露（包括定量披露和定性披露）的考虑，识别风险”。

本准则其他相关条款的内容没有发生变化。

（2）2022年12月22日财会〔2022〕36号文件对财会〔2019〕5号文件相关条款的修改：

①将《审计准则1211号——通过了解被审计单位及其环境识别和评估重大错报风险》（财会〔2019〕5号）修改为《审计准则第1211号——重大错报风险的识别和评估》。

②由于本准则经过后修改内容发生重大变化，财会〔2019〕5号文件中的第7条、第9条、第14条、第15条、第16条、第17条、第21条、第23条、第28条、第29条、第30条、第31条、第32条、第34条、第35条分别与财会〔2022〕36号文件中的第十七条、第十九条、第二十四条、第二十九条、第二十六条、第二十八条、第三十条、第三十一条、第三十三条、第三十四条和第三十五条与第三十七条、第三十八条、第二十七条、第三十六条、第四十三条、第四十四条大体对应。

（三）《审计准则第1211号——重大错报风险的识别和评估》（财会〔2022〕36号）相关条款内容

第十七条　注册会计师的目标是，识别、评估财务报表层次和认定层次重大错报风险，从而为设计和实施应对措施提供依据。

第十九条　风险评估程序应当包括下列程序：

（一）询问管理层和被审计单位内部其他合适人员，包括内部审计人员；

（二）分析程序；

（三）观察和检查。

第二十四条　注册会计师应当实施风险评估程序，以了解下列方面：

（一）被审计单位及其环境，包括：

1.组织结构、所有权和治理结构、业务模式（包括该业务模式利用信息技术的程度）；

2.行业形势、法律环境、监管环境和其他外部因素；

3.财务业绩的衡量标准，包括内部和外部使用的衡量标准。

（二）适用的财务报告编制基础、会计政策以及变更会计政策的原因。

（三）基于对上述第（一）项和第（二）项的了解，被审计单位在按照适用的财务报告编制基础编制财务报表时，固有风险因素怎样影响各项认定易于发生错报的可能性以及影响的程度。

第二十六条 注册会计师为了解与财务报表编制相关的内部环境，应当实施以下风险评估程序：

（一）了解涉及下列方面的控制、流程和组织结构：

1.管理层如何履行其管理职责，例如，被审计单位的组织文化，管理层是否重视诚信、道德和价值观；

2.在治理层与管理层分离的体制下，治理层的独立性以及治理层监督内部控制体系的情况；

3.被审计单位内部权限和职责的分配情况；

4.被审计单位如何吸引、培养和留住具有胜任能力的人员；

5.被审计单位如何使其人员致力于实现内部控制体系的目标。

（二）评价下列方面的情况：

1.在治理层的监督下，管理层是否营造并保持了诚实守信和合乎道德的文化；

2.根据被审计单位的性质和复杂程度，内部环境是否为内部控制体系的其他要素奠定了适当的基础；

3.识别出的内部环境方面的控制缺陷是否会削弱被审计单位内部控制体系的其他要素。

第二十九条 注册会计师为了解被审计单位对与财务报表编制相关的内部控制体系的监督工作，应当实施以下风险评估程序：

（一）了解被审计单位实施的持续性评价和单独评价，以及识别出控制缺陷的情况和整改的情况；

（二）了解被审计单位的内部审计，包括内部审计的性质、职责和活动；

（三）了解被审计单位在监督内部控制体系的过程中所使用信息的来源，以及管理层认为这些信息足以信赖的依据；

（四）根据被审计单位的性质和复杂程度，评价被审计单位对内部控制体系的监督是否适合其具体情况。

第三十条 注册会计师为了解被审计单位与财务报表编制相关的信息与沟通，应当实施以下风险评估程序：

（一）了解被审计单位的信息处理活动（包括数据和信息），在这些活动中使用的资源，针对相关交易类别、账户余额和披露的信息处理活动的政策。具体包括：

1.信息在被审计单位信息系统中的传递情况，包括交易如何生成，与交易相关的信息如何进行记录、处理、更正、结转至总账、在财务报表中报告，以及其他方面的相关信息如何获取、处理、在财务报表中披露；

2.与信息传递相关的会计记录、财务报表特定项目以及其他支持性记录；

3.被审计单位的财务报告过程；

4.与上述第1点至第3点相关的被审计单位资源，包括信息技术环境。

（二）了解被审计单位如何沟通与财务报表编制相关的重大事项，以及信息系统和内部控制体系其他要素中的相关报告责任。具体包括：

1.被审计单位内部人员之间的沟通，包括就与财务报告相关的岗位职责和相关人员的角色进行的沟通；

2.管理层与治理层之间的沟通；

3.被审计单位与监管机构等外部各方的沟通。

（三）评价被审计单位的信息与沟通是否能够为被审计单位按照适用的财务报告编制基础编制财务报表提供适当的支持。

第三十一条 注册会计师为了解控制活动，应当实施以下风险评估程序：

（一）识别用于应对认定层次重大错报风险的控制，包括：

1.应对特别风险的控制；

2.与会计分录相关的控制，这些会计分录包括用以记录非经常性的、异常的交易，以及用于调整的非标准会计分录；

3.注册会计师拟测试运行有效性的控制，包括用于应对仅实施实质性程序不能提供充分、适当审计证据的风险的控制；

4.注册会计师根据职业判断认为适当的、能够有助于其实现本准则第十八条中与认定层次重大错报风险有关目标的其他控制。

（二）基于上述第（一）项中识别的控制，识别哪些信息技术应用程序及信息技术环境的其他方面，可能面临运用信息技术导致的风险。

（三）针对上述第（二）项中识别的信息技术应用程序及信息技术环境的其他方面，进一步识别：

1.运用信息技术导致的相关风险；

2.被审计单位用于应对这些风险的信息技术一般控制。

（四）针对上述第（一）项以及第（三）项第2点识别出的每项控制：

1.评价控制的设计是否有效，即这些控制能否应对认定层次重大错报风险或为其他控制的运行提供支持；

2.询问被审计单位内部人员，并实施其他风险评估程序，以确定控制是否得到执行。

第三十三条 注册会计师应当识别重大错报风险，并确定其存在于财务报表层次，还是各类交易、账户余额和披露的认定层次。

第三十四条 注册会计师应当确定相关认定，以及相关交易类别、账户余额和披露。

第三十五条 对于识别出的财务报表层次重大错报风险，注册会计师应当从下列两方面对其进行评估：

（一）评价这些风险对财务报表整体产生的影响；

（二）确定这些风险是否影响对认定层次风险的评估结果。

第三十六条 对于识别出的认定层次重大错报风险，注册会计师应当分别评估固有风险和控制风险。

第三十七条 对于识别出的认定层次重大错报风险，注册会计师应当通过评估错报发生的可能性和严重程度来评估固有风险。在评估时，注册会计师应当考虑：

（一）固有风险因素如何以及在何种程度上影响相关认定易于发生错报的可能性；

（二）财务报表层次重大错报风险如何以及在何种程度上影响认定层次重大错报风险中固有风险的评估。

第三十八条 注册会计师应当确定评估的重大错报风险是否为特别风险。

第三十九条 针对某些认定层次重大错报风险，仅实施实质性程序无法为其提供充分、适当的审计证据，注册会计师应当确定评估出的重大错报风险是否属于该类风险。

第四十三条 如果注册会计师新获取的信息与之前识别或评估重大错报风险时所依据的审计证据不一致，注册会计师应当修正之前对重大错报风险的识别或评估结果。

第四十四条 注册会计师应当遵守《中国注册会计师审计准则第1131号——审计工作底稿》的规定，并就下列事项形成审计工作底稿：

（一）项目组内部进行的讨论以及得出的重要结论；

（二）注册会计师根据本准则第二十四条、第二十六条、第二十七条、第二十九条和第三十条的规定了解到的要点和信息来源，以及实施的风险评估程序；

（三）根据本准则第三十一条的规定，对所识别的控制的设计进行的评价，以及如何确定这些控制是否得到执行；

（四）识别、评估的财务报表层次和认定层次重大错报风险，包括特别风险和仅实施实质性程序不能提供充分、适当的审计证据的风险，以及作出有关重大判断的理由。

十三、《审计准则第1231号——针对评估的重大错报风险采取的应对措施》

（一）证监会作出行政处罚决定时适用本准则的相关条款

包括：第四条、第五条、第六条、第七条、第八条、第九条、第十条、第十五条、第二十一条、第二十四条、第二十五条、第二十六条、第二十七条。

（二）本准则修改过程及相关条款内容修改说明

1.修改过程

2010年11月1日，财政部财会〔2010〕21号文件要求“自2012年1月1日起施行”，包括本准则。

2019年2月20日，财政部财会〔2019〕5号文件要求“于2019年7月1日起施行”，包括本准则。

2022年12月22日，财政部财会〔2022〕36号文件要求“于2023年7月1日起施行”，包括本准则。

2.相关条款内容修改说明

2019年2月20日财会〔2019〕5号文件在财会〔2010〕21号文件中的本准则第二十四条中增加：“在作出这一评价时，注册会计师应当考虑财务报表中的列报方式是否能够：（一）对财务信息及其依据的交易、事项和状况进行恰当分类和描述；（二）使财务报表的列报、结构和内容恰当。”其他条款的条序、内容均没有发生变化。

2022年12月22日财会〔2022〕36号文件与财会〔2019〕5号文件中的本准则相比较，本准则相关条款的条序、内容没有发生变化。

（三）《审计准则第1231号——针对评估的重大错报风险采取的应对措施》（财会〔2022〕36号）相关条款内容

第四条　注册会计师的目标是，针对评估的重大错报风险，通过设计和实施恰当的应对措施，获取充分、适当的审计证据。

第五条　注册会计师应当针对评估的财务报表层次重大错报风险，设计和实施总体应对措施。

第六条　注册会计师应当针对评估的认定层次重大错报风险，设计和实施进一步审计程序，包括审计程序的性质、时间安排和范围。

第七条 在设计拟实施的进一步审计程序时，注册会计师应当：

（一）考虑形成某类交易、账户余额和披露的认定层次重大错报风险评估结果的依据；

（二）评估的风险越高，需要获取越有说服力的审计证据。

形成某类交易、账户余额和披露的认定层次重大错报风险评估结果的依据包括：

（一）因相关类别的交易、账户余额或披露的具体特征而导致重大错报的可能性（即固有风险）；

（二）风险评估是否考虑了相关控制（即控制风险），从而要求注册会计师获取审计证据以确定控制是否有效运行（即注册会计师在确定实质性程序的性质、时间安排和范围时，拟信赖控制运行的有效性）。

第八条 当存在下列情形之一时，注册会计师应当设计和实施控制测试，针对相关控制运行的有效性，获取充分、适当的审计证据：

（一）在评估认定层次重大错报风险时，预期控制的运行是有效的（即在确定实质性程序的性质、时间安排和范围时，注册会计师拟信赖控制运行的有效性）；

（二）仅实施实质性程序并不能够提供认定层次充分、适当的审计证据。

第九条 在设计和实施控制测试时，对控制有效性的信赖程度越高，注册会计师应当获取越有说服力的审计证据。

第十条 在设计和实施控制测试时，注册会计师应当：

（一）将询问与其他审计程序结合使用，以获取有关控制运行有效性的审计证据；

（二）确定拟测试的控制是否依赖其他控制（间接控制）。如果依赖其他控制，确定是否有必要获取支持这些间接控制有效运行的审计证据。

注册会计师获取的有关控制运行有效性的审计证据应当包括：

（一）控制在所审计期间的相关时点是如何运行的；

（二）控制是否得到一贯执行；

（三）控制由谁或以何种方式执行。

第十五条 如果确定评估的认定层次重大错报风险是特别风险，并拟信赖针对该风险实施的控制，注册会计师应当在本期审计中测试这些控制运行的有效性。

第二十一条 如果认为评估的认定层次重大错报风险是特别风险，注册会计师应当专门针对该风险实施实质性程序。如果针对特别风险实施的程序仅为实质性程序，这些程序应当包括细节测试。

第二十四条 注册会计师应当实施审计程序，评价财务报表的总体列报（包括披露）是否符合适用的财务报告编制基础的规定。在作出这一评价时，注册会计师应当考虑财务报表中的列报方式是否能够：

（一）对财务信息及其依据的交易、事项和状况进行恰当分类和描述；

（二）使财务报表的列报、结构和内容恰当。

第二十五条　在得出总体结论之前，注册会计师应当根据实施的审计程序和获取的审计证据，评价对认定层次重大错报风险的评估是否仍然适当。

第二十六条　注册会计师应当确定是否已获取充分、适当的审计证据。

在形成审计意见时，注册会计师应当考虑所有相关的审计证据，无论该证据与财务报表认定相互印证还是相互矛盾。

第二十七条　如果对重大的财务报表认定没有获取充分、适当的审计证据，注册会计师应当尽可能获取进一步的审计证据。

如果仍然不能获取充分、适当的审计证据，注册会计师应当对财务报表发表保留意见或无法表示意见。

十四、《审计准则第1251号——评价审计过程中识别出的错报》

（一）证监会作出行政处罚决定时适用本准则的相关条款

包括：第九条。

（二）本准则修改过程及相关条款内容修改说明

1.修改过程

2010年11月1日，财政部财会〔2010〕21号文件要求“自2012年1月1日起施行”，包括本准则。

2019年2月20日，财政部财会〔2019〕5号文件要求“于2019年7月1日起施行”，包括本准则。

2022年12月22日，财政部财会〔2022〕36号文件要求“于2023年7月1日起施行”，包括本准则。

2.相关条款内容修改说明

2022年12月22日财会〔2022〕36号文件与财会〔2019〕5号文件、财会〔2010〕21号文件相比较，本准则第九条的条序、内容没有变化。

（三）《审计准则第1251号——评价审计过程中识别出的错报》（财会〔2022〕36号）相关条款内容

第九条　除非法律法规禁止，注册会计师应当及时将审计过程中累积的所有错报与适当层级的管理层进行沟通。注册会计师还应当要求管理层更正这些错报。

十五、《审计准则第1301号——审计证据》

（一）证监会作出行政处罚决定时适用本准则的相关条款

包括：第三条、第六条、第八条、第九条、第十条、第十一条、第十二条、第十三条、第十四条、第十五条；《中国注册会计师审计准则第1301号——审计证据》（2007年1月1日实施）第四条、第六条、第八条、第十三条、第十六条、第二十四条和第三十二条。

（二）本准则修改过程及相关条款内容修改说明

1.修改过程

2006年6月25日，财政部财会〔2006〕4号文件要求“自2007年1月1日起施行”，包括本准则。

2010年11月1日，财政部财会〔2010〕21号文件要求“自2012年1月1日起施行”，包括本准则。

2019年2月20日，财政部财会〔2019〕5号文件要求“于2019年7月1日起施行”，包括本准则。

2022年12月22日，财政部财会〔2022〕36号文件要求“于2023年7月1日起施行”，包括本准则。

2.相关条款内容修改说明

（1）《审计准则第1301号——审计证据》（财会〔2006〕4号）仅适用证监会在行政处罚决定中明确指出了适用的审计项目，适用的项目较少。因此，不再将财会〔2006〕4号文件中的本准则与财会〔2010〕21号文件、财会〔2019〕5号文件、财会〔2022〕36号文件的本准则相关条款进行比较，仅将2022年12月22日财会〔2022〕36号文件与财会〔2019〕5号文件、财会〔2010〕21号文件中的本准则相关条款进行比较。

（2）2019年2月20日财会〔2019〕5号文件与财会〔2010〕21号文件中的本准则相关条款的条序、内容没有变化。

（3）2022年12月22日财会〔2022〕36号文件对财会〔2019〕5号文件中的本准则第十一条中增加“包括从外部信息来源获取的信息”，其他相关条款的条序、内容均没有变化。

（三）《审计准则第1301号——审计证据》相关条款内容

1.《审计准则第1301号——审计证据》（财会〔2006〕4号）

包括：第四条、第六条、第八条、第十三条、第十六条、第二十四条和第三十二条。

第四条　依据会计记录编制财务报表是被审计单位管理层的责任，注册会计师应当测试会计记录以获取审计证据。

会计记录中含有的信息本身并不足以提供充分的审计证据作为对财务报表发表审计意见的基础，注册会计师还应当获取用作审计证据的其他信息。

第六条　注册会计师应当获取充分、适当的审计证据，以得出合理的审计结论，作为形成审计意见的基础。

第八条　审计证据的充分性是对审计证据数量的衡量，主要与注册会计师确定的样本量有关。审计证据的适当性是对审计证据质量的衡量，即审计证据在支持各类交易、账户余额、列报（包括披露，下同）的相关认定，或发现其中存在错报方面具有相关性和可靠性。

第十三条　如果在实施审计程序时使用被审计单位生成的信息，注册会计师应当就这些信息的准确性和完整性获取审计证据。

第十六条　注册会计师应当详细运用各类交易、账户余额、列报认定，作为评估重大错报风险以及设计与实施进一步审计程序的基础。认定是指管理层对财务报表各组成要素的确认、计量、列报作出的明确或隐含的表达。

第二十四条　注册会计师可以采用下列审计程序获取审计证据：

（一）检查记录或文件；

（二）检查有形资产；

（三）观察；

（四）询问；

（五）函证；

（六）重新计算；

（七）重新执行；

（八）分析程序。

在实施风险评估程序、控制测试或实质性程序时，注册会计师可根据需要单独或综合运用本条前款第（一）项至第（八）项所列审计程序，以获取充分、适当的审计证据。

第三十二条　分析程序是指注册会计师通过研究不同财务数据之间以及财务数据与非财务数据之间的内在关系，对财务信息作出评价。

分析程序还包括调查识别出的、与其他相关信息不一致或与预期数据严重偏离的波动和关系。

2.《审计准则第1301号——审计证据》(财会〔2022〕36号)

第三条 审计证据的可靠性受其来源和性质的影响，并取决于获取审计证据的具体环境。判断审计证据可靠性的一般原则包括：

（一）从被审计单位外部独立来源获取的审计证据比从其他来源获取的审计证据更可靠；

（二）相关控制有效时内部生成的审计证据比控制薄弱时内部生成的审计证据更可靠；

（三）直接获取的审计证据比间接获取或推论得出的审计证据更可靠；

（四）以文件记录形式（包括纸质、电子或其他介质）存在的审计证据比口头形式的审计证据更可靠；

（五）从原件获取的审计证据比从复印、传真或通过拍摄、数字化或其他方式转化成电子形式的文件获取的审计证据更可靠。

通常情况下，注册会计师以函证方式直接从被询证者获取的审计证据，比被审计单位内部生成的审计证据更可靠。

通过函证等方式从独立来源获取的相互印证的信息，可以提高注册会计师从会计记录或管理层书面声明中获取的审计证据的保证水平。

第六条 审计证据的充分性，是对审计证据数量的衡量。注册会计师需要获取的审计证据的数量受其对重大错报风险评估的影响，并受审计证据质量的影响。

第八条 管理层的专家，是指在会计、审计以外的某一领域具有专长的个人或组织，其工作被管理层利用以协助编制财务报表。

第九条 注册会计师的目标是，通过恰当的方式设计和实施审计程序，获取充分、适当的审计证据，以得出合理的结论，作为形成审计意见的基础。

第十条 注册会计师应当根据具体情况设计和实施恰当的审计程序，以获取充分、适当的审计证据。

第十一条 在设计和实施审计程序时，注册会计师应当考虑用作审计证据的信息的相关性和可靠性，包括从外部信息来源获取的信息。

第十二条 如果用作审计证据的信息在编制时利用了管理层的家的工作，注册会计师应当考虑管理层的专家的工作对实现注册会计师目的的重要性，并在必要的范围内实施下列程序：

（一）评价管理层的专家的胜任能力、专业素质和客观性；

（二）了解管理层的专家的工作；

（三）评价将管理层的专家的工作用作相关认定的审计证据的适当性。

第十三条 在使用被审计单位生成的信息时，注册会计师应当评价该信息对实现审计目的是否足够可靠，包括根据具体情况在必要时实施下列程序：

（一）获取有关信息准确性和完整性的审计证据；

（二）评价信息对实现审计目的是否足够准确和详细。

第十四条　在设计控制测试和细节测试时，注册会计师应当确定选取测试项目的方法，以有效实现审计程序的目的。

第十五条　如果存在下列情形之一，注册会计师应当确定需要修改或追加哪些审计程序予以解决，并考虑存在的情形对审计其他方面的影响：

（一）从某一来源获取的审计证据与从另一来源获取的不一致；

（二）注册会计师对用作审计证据的信息的可靠性存有疑虑。

十六、《审计准则第1311号——对存货、诉讼和索赔、分部信息等特定项目获取审计证据的具体考虑》

（一）证监会作出行政处罚决定时适用本准则的相关条款

包括：第三条、第四条、第七条、第九条、第十条，第十一条；《审计准则第1311号——存货监盘》（2007年1月1日实施）第五条、第六条、第十条、第十四条、第十五条、第十九条、第二十二条和第二十九条。

（二）本准则修改过程及相关条款内容修改说明

1.修改过程

2006年6月25日，财政部财会〔2006〕4号文件要求“自2007年1月1日起施行”，包括本准则。

2010年11月1日，财政部财会〔2010〕21号文件要求“自2012年1月1日起施行”，包括本准则。

2019年2月20日，财政部下发财会〔2019〕5号文件要求“于2019年7月1日起施行”，包括本准则。

2.相关条款内容修改说明

（1）《审计准则第1311号——存货监盘》（财会〔2006〕4号）仅适用证监会在行政处罚决定中明确指出了适用的审计项目，适用的项目较少。因此，不再将财会〔2006〕4号文件与财会〔2010〕21号文件、财会〔2019〕5号文件中的本准则的相关条款进行比较，仅将2019年2月20日财会〔2019〕5号文件与财会〔2010〕21号文件中的本准则的相关条款进行比较。

（2）财会〔2010〕21号文件将财会〔2006〕4号文件的《审计准则第1311号——存货监盘》修改为《审计准则第1311号——对存货、诉讼和索赔、分部信息等特定项目获取审计证据的具体考虑》。

（3）2019年2月20日财会〔2019〕5号文件与财会〔2010〕21号文件相比较，本准则相关条款的条序、内容没有变化。

（三）《审计准则第1311号——对存货、诉讼和索赔、分部信息等特定项目获取审计证据的具体考虑》（财会〔2019〕5号）相关条款内容

1.《审计准则第1311号——存货监盘》（财会〔2006〕4号）相关条款内容

包括：第五条、第六条、第十条、第十四条、第十五条、第十九条、第二十二条、第二十九条。

第五条 注册会计师应当根据被审计单位存货的特点、盘存制度和存货内部控制的有效性等情况，在评价被审计单位存货盘点计划的基础上，编制存货监盘计划，对存货监盘作出合理安排。

第六条 在编制存货监盘计划时，注册会计师应当实施下列审计程序：

（一）了解存货的内容、性质、各存货项目的重要程度及存放场所；

（二）了解与存货相关的内部控制；

（三）评估与存货相关的重大错报风险和重要性；

（四）查阅以前年度的存货监盘工作底稿；

（五）考虑实地察看存货的存放场所，特别是金额较大或性质特殊的存货；

（六）考虑是否需要利用专家的工作或其他注册会计师的工作；

（七）复核或与管理层讨论其存货盘点计划。

第十条 存货监盘计划应当包括下列主要内容：

（一）存货监盘的目标、范围及时间安排；

（二）存货监盘的要点及关注事项；

（三）参加存货监盘人员的分工；

（四）检查存货的范围。

第十四条 注册会计师应当对已盘点的存货进行适当检查，将检查结果与被审计单位盘点记录相核对，并形成相应记录。

第十五条 在检查已盘点的存货时，注册会计师应当从存货盘点记录中选取项目追查至存货实物，以测试盘点记录的准确性；注册会计师还应当从存货实物中选取项目追查至存货盘点记录，以测试存货盘点记录的完整性。

第十九条 注册会计师应当获取盘点日前后存货收发及移动的凭证，检查库存记录与会计记录期末截止是否正确。

第二十二条 如果存货盘点日不是资产负债表日，注册会计师应当实施适当的审计程序，确定盘点日与资产负债表日之间存货的变动是否已作出正确的记录。

第二十九条 注册会计师应当根据已获取的审计证据，形成有关期末存货数量和状况的审计结论，并确定对审计报告的影响。

2.《审计准则第1311号——对存货、诉讼和索赔、分部信息等特定项目获取审计证据的具体考虑》（财会〔2019〕5号）相关条款内容

第三条 注册会计师的目标是，针对特定项目的下列方面获取充分、适当的审计证据：

（一）存货的存在和状况；

（二）涉及被审计单位的诉讼和索赔事项的完整性；

（三）按照适用的财务报告编制基础对分部信息的列报。

第四条 如果存货对财务报表是重要的，注册会计师应当实施下列审计程序，对存货的存在和状况获取充分、适当的审计证据：

（一）在存货盘点现场实施监盘（除非不可行）；

（二）对期末存货记录实施审计程序，以确定其是否准确反映实际的存货盘点结果。

在存货盘点现场实施监盘时，注册会计师应当实施下列审计程序：

（一）评价管理层用以记录和控制存货盘点结果的指令和程序；

（二）观察管理层制订的盘点程序的执行情况；

（三）检查存货；

（四）执行抽盘。

第七条 如果在存货盘点现场实施存货监盘不可行，注册会计师应当实施替代审计程序，以获取有关存货的存在和状况的充分、适当3的审计证据。如果不能实施替代审计程序，注册会计师应当按照《中国注册会计师审计准则第1502号——在审计报告中发表非无保留意见》的规定，在审计报告中发表非无保留意见。

第九条 注册会计师应当设计和实施审计程序，以识别涉及被审计单位的可能导致重大错报风险的诉讼和索赔事项。这些审计程序包括：

（一）询问管理层和被审计单位内部其他人员，包括询问被审计单位内部法律顾问；

（二）查阅治理层的会议纪要和被审计单位与外部法律顾问之间的往来信函；

（三）复核法律费用账户记录。

第十条 如果评估识别出的诉讼或索赔事项存在重大错报风险，或者实施的审计程序表明可能存在其他重大诉讼或索赔事项，注册会计师除实施其他审计准则规定的审计程序外，还应当寻求与被审计单位外部法律顾问进行直接沟通。

注册会计师应当通过亲自寄发由管理层编制的询证函，要求外部法律顾问直接与注册会计师沟通。如果法律法规禁止被审计单位外部法律顾问与注册会计师进行直接沟通，注册会计师应当实施替代审计程序。

第十一条 如果管理层不同意注册会计师与外部法律顾问沟通或会面，或者外

部法律顾问拒绝对询证函恰当回复或被禁止回复，并且注册会计师无法通过实施替代审计程序获取充分、适当的审计证据，注册会计师应当按照《中国注册会计师审计准则第1502号——在审计报告中发表非无保留意见》的规定，在审计报告中发表非无保留意见。

十七、《审计准则第1312号——函证》

（一）证监会作出行政处罚决定时适用本准则的相关条款

包括：第五条、第七条、第十条、第十一条、第十二条、第十四条、第十七条、第十八条、第十九条、第二十条、第二十一条、第二十三条。

（二）本准则修改过程及相关条款内容修改说明

2010年11月1日，财政部财会〔2010〕21号文件要求“自2012年1月1日起施行”，包括本准则。

2010年本准则实施后，没有再进行修改，内容没有变化。

（三）《审计准则第1312号——函证》（财会〔2010〕21号）相关条款内容

第五条 函证（即外部函证），是指注册会计师直接从第三方（被询证者）获取书面答复作为审计证据的过程，书面答复可以适用纸质、电子或其他介质等形式。

第七条 消极式函证，是指要求被询证者只有在不同意询证函所列示的信息时才直接向注册会计师回复的一种询证方式。

第十条 在使用函证程序时，注册会计师的目标是，设计和实施函证程序，以获取相关、可靠的审计证据。

第十一条 注册会计师应当确定是否有必要实施函证程序以获取认定层次的相关、可靠的审计证据。在作出决策时，注册会计师应当考虑评估的认定层次重大错报风险，以及通过实施其他审计程序获取的审计证据如何将检查风险降至可接受的水平。

第十二条 注册会计师应当对银行存款（包括零余额账户和在本期内注销的账户）、借款及与金融机构往来的其他重要信息实施函证程序，除非有充分证据表明某一银行存款、借款及与金融机构往来的其他重要信息对财务报表不重要且与之相关的重大错报风险很低。如果不对这些项目实施函证程序，注册会计师应当在审计工作底稿中说明理由。

第十四条　当实施函证程序时，注册会计师应当对询证函保持控制，包括：

（一）确定需要确认或填列的信息；

（二）选择适当的被询证者；

（三）设计询证函，包括正确填列被询证者的姓名和地址，以及被询证者直接向注册会计师回函的地址等信息；

（四）发出询证函并予以跟进，必要时再次向被询证者寄发询证函。

第十七条　如果存在对询证函回函的可靠性产生疑虑的因素，注册会计师应当进一步获取审计证据以消除这些疑虑。

第十八条　如果认为询证函回函不可靠，注册会计师应当评价其对评估的相关重大错报风险（包括舞弊风险），以及其他审计程序的性质、时间安排和范围的影响。

第十九条　在未回函的情况下，注册会计师应当实施替代程序以获取相关、可靠的审计证据。

第二十条　如果注册会计师认为取得积极式函证回函是获取充分、适当的审计证据的必要程序，则替代程序不能提供注册会计师所需要的审计证据。在这种情况下，如果未获取回函，注册会计师应当按照《中国注册会计师审计准则第1502号——在审计报告中发表非无保留意见》的规定，确定其对审计工作和审计意见的影响。

第二十一条　注册会计师应当调查不符事项，以确定是否表明存在错报。

第二十三条　注册会计师应当评价实施函证程序的结果是否提供了相关、可靠的审计证据，或是否有必要进一步获取审计证据。

十八、《审计准则第1313号——分析程序》

（一）证监会作出行政处罚决定时适用本准则的相关条款

包括：第五条、第七条；《中国注册会计师审计准则第1313号——分析程序》（2007年1月1日实施）第二十一条和第二十二条。

（二）本准则修改过程及相关条款内容修改说明

1.修改过程

2006年6月25日，财政部财会〔2006〕4号文件要求“自2007年1月1日起施行”，包括本准则。

2010年11月1日，财政部财会〔2010〕21号文件要求“自2012年1月1日起施行”，包括本准则。

2022年12月22日，财政部财会〔2022〕36号文件要求“于2023年7月1日起施行”，包括本准则。

2.相关条款内容修改说明

2022年12月22日财会〔2022〕36号文件与财会〔2010〕21号文件中的本准则相比较，相关条款的条序、内容没有发生变化。

（三）《中国注册会计师审计准则第1313号——分析程序》（财会〔2022〕36号）相关条款内容

1.《审计准则第1313号——分析程序》（财会〔2006〕4号）相关条款内容

第二十一条 当通过实施分析程序识别出与其他相关信息不一致或者偏离预期数据的重大波动或关系时，注册会计师应当进行调查并获取充分的解释和恰当的佐证审计证据。

第二十二条 在调查异常波动和关系时，注册会计师应当在询问管理层的基础上采取下列措施：

（一）将管理层的答复与注册会计师对被审计单位的了解以及在审计过程中获取的其他审计证据进行比较，以印证管理层的答复；

（二）如果管理层不能提供解释或者解释不充分，考虑是否需要运用其他审计程序。

2.《审计准则第1313号——分析程序》（财会〔2022〕36号）相关条款内容

第五条 在设计和实施实质性分析程序时，无论单独使用或与细节测试结合使用，注册会计师都应当：

（一）考虑针对所涉及认定评估的重大错报风险和实施的细节测试（如有），确定特定实质性分析程序对这些认定的适用性；

（二）考虑可获得信息的来源、可比性、性质和相关性以及与信息编制相关的控制，评价在对已记录的金额或比率作出预期时使用数据的可靠性；

（三）对已记录的金额或比率作出预期，并评价预期值是否足够精确以识别重大错报（包括单项重大的错报和单项虽不重大但连同其他错报可能导致财务报表产生重大错报的错报）；

（四）确定已记录金额与预期值之间可接受的，且无需按本准则第七条的要求作进一步调查的差异额。

第七条 如果按照本准则的规定实施分析程序，识别出与其他相关信息不一致的波动或关系，或与预期值差异重大的波动或关系，注册会计师应当采取下列措施调查这些差异：

（一）询问管理层，并针对管理层的答复获取适当的审计证据；
（二）根据具体情况在必要时实施其他审计程序。

十九、《审计准则第1314号——审计抽样》

（一）证监会作出行政处罚决定时适用本准则的相关条款

包括：第十六条、第二十一条、第二十四条。

（二）本准则修改过程及相关条款内容修改说明

2010年11月1日，财政部下发财会〔2010〕21号文件要求“自2012年1月1日起施行”，包括本准则。

2010年以后没有进行再修改，本准则相关条款的内容没有变化。

（三）《审计准则第1314号——审计抽样》（财会〔2010〕21号）相关条款内容

第十六条　注册会计师应当确定足够的样本规模，以将抽样风险降至可接受的低水平。

第二十一条　注册会计师应当调查识别出的所有偏差或错报的性质和原因，并评价其对审计程序的目的和审计的其他方面可能产生的影响。

第二十四条　注册会计师应当对下列方面进行评价：
（一）样本结果；
（二）使用审计抽样是否已为注册会计师针对所测试的总体得出的结论提供合理基础。

二十、《审计准则第1321号——会计估计和相关披露的审计》

（一）证监会作出行政处罚决定时适用本准则的相关条款

包括：第十七条、第二十八条。

（二）本准则修改过程相关条款内容修改说明

1.修改过程

2010年11月1日，财政部财会〔2010〕21号文件要求“自2012年1月1日起施行”，包括本准则。

2022年12月22日，财政部财会〔2022〕36号文件要求“于2023年7月1日起施行”，包括本准则。

2. 相关条款内容修改说明

（1）2022年12月22日财会〔2022〕36号文件将财会〔2010〕21号文件中的《审计准则第1321号——审计会计估计（包括公允价值会计估计）和相关披露》修改为《审计准则第1321号——会计估计和相关披露的审计》。

（2）2022年12月22日财会〔2022〕36号文件对财会〔2010〕21号文件中的本准则第十七条修改为第十八条至第二十二条、第二十八条修改为第三十五条，内容有重大修改。

（三）《审计准则第1321号——会计估计和相关披露的审计》（财会〔2022〕36号）相关条款内容

1.《审计准则第1321号——审计会计估计（包括公允价值会计估计）和相关披露》（财会〔2010〕21号）相关条款内容

第十七条 基于评估的重大错报风险，注册会计师应当确定：

（一）管理层是否恰当运用与会计估计相关的适用的财务报告编制基础的规定；

（二）作出会计估计的方法是否恰当，并得到一贯运用，以及会计估计或作出会计估计的方法不同于上期的变化是否适合于具体情况。

第二十八条 注册会计师应当就下列事项形成审计工作底稿：

（一）对导致特别风险的会计估计的合理性及其披露的充分性，注册会计师得出结论的基础；

（二）可能存在管理层偏向的迹象。

2.《审计准则第1321号——会计估计和相关披露的审计》（财会〔2022〕36号）相关条款内容

第十八条 如果测试管理层如何作出会计估计，注册会计师应当根据本准则第十九条至第二十二条的规定，设计和实施进一步审计程序，以针对与下列事项相关的重大错报风险获取充分、适当的审计证据：

（一）管理层在作出会计估计时，对方法、重大假设和数据的选择和运用；

（二）管理层如何选择点估计，并就估计不确定性作出披露。

第十九条 在针对管理层使用的方法运用本准则第十八条的规定时，注册会计师应当针对下列方面设计和实施进一步审计程序：

（一）依据适用的财务报告编制基础，选择的方法是否适当，该方法相对于上期发生的变化是否适当（如适用）。

（二）是否有迹象表明，管理层在选择方法时作出的判断可能存在管理层偏向。

（三）是否按照所选择的方法计算、计算是否准确。

（四）如果运用的方法涉及复杂建模，相关判断是否保持了一贯性，并且：

1.模型的设计是否符合适用的财务报告编制基础中的计量目标，是否适合于具体情况，以及该模型相对于上期发生的变化是否适合于具体情况（如适用）；

2.对模型输出结果的调整是否与适用的财务报告编制基础中的计量目标一致，以及是否适合于具体情况。

（五）在运用方法时是否保持了重大假设和数据的准确性、完整性和有效性。

第二十条　在针对管理层使用的重大假设运用本准则第十八条的规定时，注册会计师应当针对下列方面设计和实施进一步审计程序：

（一）依据适用的财务报告编制基础，重大假设是否适当，重大假设相对于上期发生的变化是否适当（如适用）；

（二）是否有迹象表明，管理层在选择重大假设时作出的判断可能存在管理层偏向；

（三）根据注册会计师在审计中了解到的情况，重大假设之间是否相互一致，重大假设是否与其他会计估计中所使用的假设一致、是否与被审计单位业务活动的其他领域中所使用的相关假设一致；

（四）管理层是否具有采取与重大假设相关的特定行动的意图和能力（如适用）。

第二十一条　在针对管理层使用的数据运用本准则第十八条的规定时，注册会计师应当针对下列方面设计和实施进一步审计程序：

（一）依据适用的财务报告编制基础，数据是否适当，数据相对于上期发生的变化是否适当（如适用）；

（二）是否有迹象表明，管理层在选择数据时作出的判断可能存在管理层偏向；

（三）数据在具体情况下是否相关和可靠；

（四）是否已经恰当理解和解读数据，包括合同条款。

第二十二条　在运用本准则第十八条的规定时，注册会计师应当设计和实施进一步审计程序，以确定管理层是否已根据适用的财务报告编制基础，就下列方面采取适当措施：

（一）了解估计不确定性；

（二）选择适当的点估计，并就估计不确定性作出披露，以应对估计不确定性。

第三十五条　注册会计师应当遵守《中国注册会计师审计准则第1131号——审计工作底稿》的规定，并就下列事项形成审计工作底稿：

（一）根据本准则第九条的规定了解到的要点；

（二）进一步审计程序与评估的认定层次重大错报风险之间的联系，包括考虑形成认定层次重大错报风险评估结果的依据；

（三）在管理层没有采取适当措施以了解和应对估计不确定性的情况下，注册会计计师的应对措施；

（四）与会计估计相关的、可能存在管理层偏向的迹象，以及根据本准则第二十八条的规定就这一情况对审计的影响作出的评价；

（五）依据适用的财务报告编制基础，注册会计师为确定会计估计和相关披露是否合理，而作出的重大判断。

二十一、《审计准则第1323号——关联方》

（一）证监会作出行政处罚决定时适用本准则的相关条款

包括：第十一条、第十四条、第十五条、第十六条、第十七条、第二十九条。

（二）本准则修改过程及相关条款内容修改说明

1.修改过程

2010年11月1日，财政部财会〔2010〕21号文件要求“自2012年1月1日起施行”，包括本准则。

2022年12月22日，财政部财会〔2022〕36号文件要求“于2023年7月1日起施行”，包括本准则。

2.相关条款内容修改说明

2022年12月22日财会〔2022〕36号文件与财会〔2010〕21号文件中的本准则相比较，本准则相关条款的条序、内容没有发生变化。

（三）《审计准则第1323号——关联方》（财会〔2022〕36号）相关条款内容

第十一条 注册会计师的目标是：

（一）无论适用的财务报告编制基础是否对关联方作出规定，充分了解关联方关系及其交易，以便能够确认由此产生的、与识别和评估由于舞弊导致的重大错报风险相关的舞弊风险因素（如有）；根据获取的审计证据，就财务报表受到关联方关系及其交易的影响而言，确定财务报表是否实现公允反映。

（二）如果适用的财务报告编制基础对关联方作出规定，获取充分、适当的审计证据，确定关联方关系及其交易是否已按照适用的财务报告编制基础得到恰当识别、会计处理和披露。

第十四条 注册会计师应当向管理层询问下列事项：

（一）关联方的名称和特征，包括关联方自上期以来发生的变化；

（二）被审计单位和关联方之间关系的性质；

（三）被审计单位在本期是否与关联方发生交易，如发生，交易的类型、定价政策和目的。

第十五条 如果管理层建立了下列与关联方关系及其交易相关的控制，注册会计师应当询问管理层和被审计单位内部其他人员，实施其他适当的风险评估程序，以获取对相关控制的了解：

（一）按照适用的财务报告编制基础，对关联方关系及其交易进行识别、会计处理和披露；

（二）授权和批准重大关联方交易和安排；

（三）授权和批准超出正常经营过程的重大交易和安排。

第十六条 某些安排或其他信息可能显示管理层以前未识别或未向注册会计师披露的关联方关系或关联方交易，在审计过程中检查记录或文件时，注册会计师应当对这些安排或其他信息保持警觉。

注册会计师应当检查下列记录或文件，以确定是否存在管理层以前未识别或未向注册会计师披露的关联方关系或关联方交易：

（一）注册会计师实施审计程序时获取的银行和律师的询证函回函；

（二）股东会和治理层会议的纪要；

（三）注册会计师认为必要的其他记录或文件。

第十七条 在实施本准则第十六条规定的审计程序或其他审计程序时，如果识别出被审计单位超出正常经营过程的重大交易，注册会计师应当向管理层询问这些交易的性质以及是否涉及关联方。

第二十九条 注册会计师应当就识别出的关联方名称、关联方关系的性质以及关联方交易类型和交易要素形成审计工作底稿。

二十二、《审计准则第1331号——首次审计业务涉及的期初余额》

（一）证监会作出行政处罚决定时适用本准则的相关条款

包括：第八条。

（二）本准则修改过程及相关条款内容修改说明

1.修改过程

2006年6月25日，财政部财会〔2006〕4号文件要求“自2007年1月1日起施行”，包括《审计准则第1331号——首次接受委托时对期初余额的审计》。

2010年11月1日，财政部财会〔2010〕21号文件要求“自2012年1月1日起施行”，将《审计准则第1331号——首次接受委托时对期初余额的审计》修改为《审计准则第1331号——首次审计业务涉及的期初余额》。

2019年2月20日，财政部下发财会〔2019〕5号文件要求“于2019年7月1日起施行”，包括本准则。

2022年12月22日，财政部财会〔2022〕36号文件要求“于2023年7月1日起施行”，包括本准则。

2.相关条款内容修改说明

2022年12月22日财会〔2022〕36号文件与财会〔2010〕21号文件、财会〔2019〕5号文件相比较，本准则相关条款的条序、内容没有发生变化。

（三）《审计准则第1331号——首次审计业务涉及的期初余额》（财会〔2022〕36号）相关条款内容

第八条 注册会计师应当通过采取下列措施，获取充分、适当的审计证据，以确定期初余额是否包含对本期财务报表产生重大影响的错报：

（一）确定上期期末余额是否已正确结转至本期，或在适当的情况下已作出重新表述；

（二）确定期初余额是否反映对恰当会计政策的运用；

（三）实施一项或多项审计程序。

注册会计师实施的一项或多项审计程序包括：

（一）如果上期财务报表已经审计，查阅前任注册会计师的审计工作底稿，以获取有关期初余额的审计证据；

（二）评价本期实施的审计程序是否提供了有关期初余额的审计证据；

（三）实施其他专门的审计程序，以获取有关期初余额的审计证据。

二十三、《审计准则第1332号——期后事项》

（一）证监会作出行政处罚决定时适用本准则的相关条款

包括：第八条、第九条、第十条、第十一条。

（二）本准则修改过程及相关条款内容修改说明

1.修改过程

2010年11月1日，财政部财会〔2010〕21号文件要求“自2012年1月1日起施行”，包括本准则。

2016年12月23日，财政部财会〔2016〕24号文件包括本准则。

2.相关条款内容修改说明

2016年12月23日财会〔2016〕24号文件与财会〔2010〕21号文件中的本准则相关条款的条序、内容均没有发生变化。

（三）《审计准则第1332号——期后事项》（财会〔2016〕24号）相关条款内容

第八条 注册会计师的目标是：

（一）获取充分、适当的审计证据，以确定财务报表日至审计报告日之间发生的、需要在财务报表中调整或披露的事项是否已经按照适用的财务报告编制基础在财务报表中得到恰当反映；

（二）恰当应对在审计报告日后注册会计师知悉的、且如果在审计报告日知悉可能导致注册会计师修改审计报告的事实。

第九条 注册会计师应当设计和实施审计程序，获取充分、适当的审计证据，以确定所有在财务报表日至审计报告日之间发生的、需要在财务报表中调整或披露的事项均已得到识别。但是，注册会计师并不需要对之前已实施审计程序并已得出满意结论的事项执行追加的审计程序。

第十条 注册会计师应当按照本准则第九条的规定实施审计程序，以使审计程序能够涵盖财务报表日至审计报告日（或尽可能接近审计报告日）之间的期间。

在确定审计程序的性质和范围时，注册会计师应当考虑风险评估的结果。这些程序应当包括：

（一）了解管理层为确保识别期后事项而建立的程序；

（二）询问管理层和治理层（如适用），确定是否已发生可能影响财务报表的期后事项；

（三）查阅被审计单位的所有者、管理层和治理层在财务报表日后举行会议的纪要，在不能获取会议纪要的情况下，询问此类会议讨论的事项；

（四）查阅被审计单位最近的中期财务报表（如有）。

第十一条 在实施本准则第九条和第十条规定的审计程序后，如果注册会计师识别出需要在财务报表中调整或披露的事项，应当确定这些事项是否按照适用的财务报告编制基础的规定在财务报表中得到恰当反映。

二十四、《审计准则第1401号——对集团财务报表审计的特殊考虑》

（一）证监会作出行政处罚决定时适用本准则的相关条款

包括：第十八条、第三十条、第三十一条、第三十八条、第三十九条、第四十条。

（二）本准则修改过程及相关条款内容修改说明

1.修改过程

2010年11月1日，财政部财会〔2010〕21号文件要求“自2012年1月1日起施行”，包括本准则。

2019年2月20日，财政部财会〔2019〕5号文件要求“于2019年7月1日起施行”，包括本准则。

2022年1月5日，财政部财会〔2022〕1号文件包括本准则。

2022年12月22日，财政部财会〔2022〕36号文件要求“于2023年7月1日起施行”，包括本准则。

2.相关条款内容修改说明

2022年1月5日财会〔2022〕1号文件与财会〔2019〕5号文件、财会〔2010〕21号文件中的本准则相关条款的内容没有发生变化。

2022年12月22日财会〔2022〕36号文件将财会〔2022〕1号文件中的本准则第三十条的“注册会计师应当通过了解被审计单位及其环境，识别和评估财务报表重大错报风险”修改为“注册会计师应当通过了解被审计单位及其环境、适用的财务报告编制基础和被审计单位内部控制体系，识别和评估财务报表重大错报风险”。本准则其他相关条款的条序、内容没有变化。

（三）《审计准则第1401号——对集团财务报表审计的特殊考虑》（财会〔2022〕36号）相关条款内容

第十八条 重要组成部分，是指集团项目组识别出的具有下列特征之一的组成部分：

（一）单个组成部分对集团具有财务重大性；

（二）由于单个组成部分的特定性质或情况，可能存在导致集团财务报表发生重大错报的特别风险。

第三十条 注册会计师应当通过了解被审计单位及其环境、适用的财务报告编制基础和被审计单位内部控制体系，识别和评估财务报表重大错报风险。

集团项目组应当：

（一）在业务承接或保持阶段获取信息的基础上，进一步了解集团及其环境、集团组成部分及其环境，包括集团层面控制；

（二）了解合并过程，包括集团管理层向组成部分下达的指令。

第三十一条 集团项目组应当对集团及其环境、集团组成部分及其环境获取充分的了解，以足以：

（一）确认或修正最初识别的重要组成部分；

（二）评估由于舞弊或错误导致集团财务报表发生重大错报的风险。

第三十八条　在确定对合并过程或组成部分财务信息拟执行的工作的性质、时间安排和范围时，如果预期集团层面控制运行有效，或者仅实施实质性程序不能提供认定层次的充分、适当的审计证据，集团项目组应当测试或要求组成部分注册会计师测试这些控制运行的有效性。

第三十九条　就集团而言，对于具有财务重大性的单个组成部分，集团项目组或代表集团项目组的组成部分注册会计师应当运用该组成部分的重要性，对组成部分财务信息实施审计。

第四十条　对由于其特定性质或情况，可能存在导致集团财务报表发生重大错报的特别风险的重要组成部分，集团项目组或代表集团项目组的组成部分注册会计师应当执行下列一项或多项工作：

（一）使用组成部分重要性对组成部分财务信息实施审计；

（二）针对与可能导致集团财务报表发生重大错报的特别风险相关的一个或多个账户余额、一类或多类交易或披露事项实施审计；

（三）针对可能导致集团财务报表发生重大错报的特别风险实施特定的审计程序。

二十五、《审计准第1421号——利用专家的工作》

（一）证监会作出行政处罚决定时适用本准则的相关条款

包括：第十三条、第十四条。

（二）本准则修改过程及相关条款内容修改说明

1.修改过程

2010年11月1日，财政部财会〔2010〕21号文件要求“自2012年1月1日起施行”，包括本准则。

2022年1月5日，财政部财会〔2022〕1号文件包括本准则。

2.相关条款内容修改说明

2022年1月5日财会〔2022〕1号文件与财会〔2010〕21号文件相比较，本准则相关条款的条序、内容没有发生变化。

（三）《审计准第1421号——利用专家的工作》（财会〔2022〕1号）相关条款内容

第十三条　注册会计师应当评价专家的工作是否足以实现审计目的，包括：

（一）专家的工作结果或结论的相关性和合理性，以及与其他审计证据的一致性；

（二）如果专家的工作涉及使用重要的假设和方法，这些假设和方法在具体情况下的相关性和合理性；

（三）如果专家的工作涉及使用重要的原始数据，这些原始数据的相关性、完整性和准确性。

第十四条 如果确定专家的工作不足以实现审计目的，注册会计师应当采取下列措施之一：

（一）就专家拟执行的进一步工作的性质和范围，与专家达成一致意见；

（二）根据具体情况，实施追加的审计程序。

二十六、《审计准则第1501号——对财务报表形成审计意见和出具审计报告》

（一）证监会作出行政处罚决定时适用本准则的相关条款

包括：第十二条、第十四条、第十六条、第二十条、第四十条。

（二）本准则修改过程及相关条款内容修改说明

1.修改过程

2010年11月1日，财政部财会〔2010〕21号文件要求“自2012年1月1日起施行”，包括本准则。

2016年12月23日，财政部财会〔2016〕24号文件包括本准则。

2022年1月5日，财政部财会〔2022〕1号文件包括本准则。

2022年12月22日，财政部财会〔2022〕36号文件要求“于2023年7月1日起施行”，包括本准则。

2.相关条款内容修改说明

（1）2016年12月23日财会〔2016〕24号文件对财会〔2010〕21号文件中的本准则相关条款修改如下：

①将本准则“第十二条”修改为“第十条”，将“（二）通过书面报告的形式清楚地表达审计意见，说明其形成基础”修改为“（二）通过书面报告的形式清楚地表达审计意见”。

②将本准则“第十四条”修改为“第十二条”，将“（三）本准则第十五条至第十八条要求作出的评价”修改为第十二条“（三）本准则第十三条至第十六条要求作出的评价”。

③将本准则“第十六条”修改为“第十四条”，将本条之“（五）财务报表是否

作出充分披露，使财务报表预期使用者能够理解重大交易和事项对财务报表所传递的信息的影响”修改为“（五）财务报表是否作出充分披露，使预期使用者能够理解重大交易和事项对财务报表所传递信息的影响”。

④将本准则“第二十条”修改为“第十八条”，内容没有变化。

⑤将本准则“第四十条”修改为“第四十二条”，内容没有变化。

（2）2022年1月5日财会〔2022〕1号文件对财会〔2016〕24号文件中的本准则相关条款修改如下：

①将本准则第十四条之“（一）财务报表是否充分披露了选择和运用的重要会计政策”修改为“（一）财务报表是否恰当披露了所选择和运用的重要会计政策。作出这一评价时，注册会计师应当考虑会计政策与被审计单位的相关性，以及会计政策是否以可理解的方式予以表述”，第十四条之“（四）财务报表列报的信息是否具有相关性、可靠性、可比性和可理解性”修改为“（四）财务报表列报的信息是否具有相关性、可靠性、可比性和可理解性。作出这一评价时，注册会计师应当考虑：1.应当包括的信息是否均已包括，这些信息的分类、汇总或分解以及描述是否适当；2.财务报表的总体列报（包括披露）是否由于包括不相关的信息或有碍正确理解所披露事项的信息而受到不利影响”。

②将本准则第四十二条之“（一）构成整套财务报表的所有报表（包括相关附注）已编制完成”修改为“（一）构成整套财务报表的所有报表（含披露）已编制完成”。

③本准则其他相关条款的条序、内容没有发生变化。

（3）2022年12月22日财会〔2022〕36号文件与财会〔2022〕1号文件中的本准则相比较，本准则相关条款的条序、内容都没有变化。

（三）《审计准则第1501号——对财务报表形成审计意见和出具审计报告》（财会〔2022〕36号）相关条款内容

第十条　注册会计师的目标是：

（一）在评价根据审计证据得出的结论的基础上，对财务报表形成审计意见；

（二）通过书面报告的形式清楚地表达审计意见。

第十二条　为了形成审计意见，针对财务报表整体是否不存在由于舞弊或错误导致的重大错报，注册会计师应当得出结论，确定是否已就此获取合理保证。

在得出结论时，注册会计师应当考虑下列方面：

（一）按照《中国注册会计师审计准则第1231号——针对评估的重大错报风险采取的应对措施》的规定，是否已获取充分、适当的审计证据；

（二）按照《中国注册会计师审计准则第1251号——评价审计过程中识别出的错报》的规定，未更正错报单独或汇总起来是否构成重大错报；

（三）本准则第十三条至第十六条要求作出的评价。

第十四条 注册会计师应当依据适用的财务报告编制基础特别评价下列内容：

（一）财务报表是否恰当披露了所选择和运用的重要会计政策。作出这一评价时，注册会计师应当考虑会计政策与被审计单位的相关性，以及会计政策是否以可理解的方式予以表述；

（二）所选择和运用的会计政策是否符合适用的财务报告编制基础，并适合被审计单位的具体情况；

（三）管理层作出的会计估计是否合理；

（四）财务报表列报的信息是否具有相关性、可靠性、可比性和可理解性。作出这一评价时，注册会计师应当考虑：

1.应当包括的信息是否均已包括，这些信息的分类、汇总或分解以及描述是否适当；

2.财务报表的总体列报（包括披露）是否由于包括不相关的信息或有碍正确理解所披露事项的信息而受到不利影响。

（五）财务报表是否作出充分披露，使预期使用者能够理解重大交易和事项对财务报表所传递信息的影响；

（六）财务报表使用的术语（包括每一财务报表的标题）是否适当。

第十八条 当存在下列情形之一时，注册会计师应当按照《中国注册会计师审计准则第1502号——在审计报告中发表非无保留意见》的规定，在审计报告中发表非无保留意见：

（一）根据获取的审计证据，得出财务报表整体存在重大错报的结论；

（二）无法获取充分、适当的审计证据，不能得出财务报表整体不存在重大错报的结论。

第四十二条 审计报告应当注明报告日期。审计报告日不应早于注册会计师获取充分、适当的审计证据，并在此基础上对财务报表形成审计意见的日期。

在确定审计报告日时，注册会计师应当确信已获取下列两方面的审计证据：

（一）构成整套财务报表的所有报表（含披露）已编制完成；

（二）被审计单位的董事会、管理层或类似机构已经认可其对财务报表负责。

二十七、《审计准则第1502号——在审计报告中发表非无保留意见》

（一）证监会作出行政处罚决定时适用本准则的相关条款

包括：第八条、第十条、第十二条、第十三条、第十四条。

（二）本准则修改过程及本条款内容修改说明

1.修改过程

2010年11月1日，财政部财会〔2010〕21号文件要求“自2012年1月1日起施行”，包括本准则。

2019年2月20日，财政部财会〔2019〕5号文件，要求“于2019年7月1日起施行”，包括本准则。

2.相关条款内容修改说明

2019年2月20日财会〔2019〕5号文件与财会〔2010〕21号文件的本准则相关条款的条序、内容均没有发生变化。

（三）《审计准则第1502号——在审计报告中发表非无保留意见》（财会〔2019〕5号）相关条款内容

第八条　当存在下列情形之一时，注册会计师应当发表保留意见：

（一）在获取充分、适当的审计证据后，注册会计师认为错报单独或汇总起来对财务报表影响重大，但不具有广泛性；

（二）注册会计师无法获取充分、适当的审计证据以作为形成审计意见的基础，但认为未发现的错报（如存在）对财务报表可能产生的影响重大，但不具有广泛性。

第十条　如果无法获取充分、适当的审计证据以作为形成审计意见的基础，但认为未发现的错报（如存在）对财务报表可能产生的影响重大且具有广泛性，注册会计师应当发表无法表示意见。

第十二条　在承接审计业务后，如果注意到管理层对审计范围施加了限制，且认为这些限制可能导致对财务报表发表保留意见或无法表示意见，注册会计师应当要求管理层消除这些限制。

第十三条　如果管理层拒绝消除本准则第十二条提及的限制，除非治理层全部成员参与管理被审计单位，注册会计师应当就此事项与治理层沟通，并确定能否实施替代程序以获取充分、适当的审计证据。

第十四条　如果无法获取充分、适当的审计证据，注册会计师应当通过下列方式确定其影响：

（一）如果未发现的错报（如存在）可能对财务报表产生的影响重大，但不具有广泛性，注册会计师应当发表保留意见；

（二）如果未发现的错报（如存在）可能对财务报表产生的影响重大且具有广泛性，以至于发表保留意见不足以反映情况的严重性，注册会计师应当在可行时解除业务约定（除非法律法规禁止）；如果在出具审计报告之前解除业务约定被禁止或不可行，应当发表无法表示意见。

二十八、《其他鉴证业务准则第3101号——历史财务信息审计或审阅以外的鉴证业务》

（一）证监会作出行政处罚决定时适用本准则的相关条款

包括：第十三条、第三十四条。

（二）本准则出台过程

2006年6月25日，财政部财会〔2006〕4号文件包括本准则。

本准则此后没有修订过。

（三）《其他鉴证业务准则第3101号——历史财务信息审计或审阅以外的鉴证业务》（财会〔2006〕4号）相关条款内容

第十三条 在计划和执行其他鉴证业务时，注册会计师应当保持职业怀疑态度，以识别可能导致鉴证对象信息发生重大错报的情况。

第三十四条 注册会计师应当获取充分、适当的证据，据此形成鉴证结论。

证据的充分性是对证据数量的衡量。证据的适当性是对证据质量的衡量，即证据的相关性和可靠性。

二十九、《质量管理准则第5101号——业务质量管理》和《质量管理准则第5102号——项目质量管理》

（一）证监会作出行政处罚决定时适用本准则的相关条款

包括：第三十五条、第三十八条、第四十七条、第四十八条、第五十二条、第六十一条、第七十二条。

（二）本准则修改过程及本条款内容修改说明

1.修改过程

2010年11月1日，财政部财会〔2010〕21号文件要求“自2012年1月1日起施行”，包括本准则。

2020年11月19日，财政部财会〔2020〕17号文件批准印发了中国注册会计师协会拟订（修订）了会计师事务所质量管理相关准则，包括《会计师事务所质量管理准则第5101号——业务质量管理》(修订)、《会计师事务所质量管理准则第5102号——项目质量复核》(拟订)以及《中国注册会计师审计准则第1121号——对财务报表审计实施的质量管理》(修订)，相应的《质量控制准则第5101号——会计师事务所对执行财务报表审计和审阅、其他鉴证和相关服务业务实施的质量控制》和《中国注册会计师审计准则第1121号——历史财务信息审计的质量控制》同时废止。

2.相关条款修改内容

2020年11月19日的修改，内容发生重大变化。将《质量控制准则第5101号——会计师事务所对执行财务报表审计和审阅、其他鉴证和相关服务业务实施的质量控制》(财会〔2010〕21号)中的第35条、第38条、第72条与《会计师事务所质量管理准则第5101号——业务质量管理》(财会〔2020〕17号)中的第五十六条、第五十五条，第五十七条，第一百零四条，将第47条、第48条、第52条、第61条与《会计师事务所质量管理准则第5102号——项目质量管理》(财会〔2020〕17号)第二十四条、第十八条、第二十八条、第三十二条和第三十三条的内容大致相对应。

(三)《质量管理准则第5101号——业务质量管理》《质量管理准则第5102号——项目质量管理》相关条款内容

1.修改前的《质量控制准则第5101号——会计师事务所对执行财务报表审计和审阅、其他鉴证和相关服务业务实施的质量控制》(财会〔2010〕21号)相关条款内容

第三十五条　会计师事务所应当制定政策和程序，以合理保证会计师事务所及其人员遵守相关职业道德要求。

第三十八条　会计师事务所应当制定政策和程序，以合理保证能够获知违反独立性要求的情况，并能够采取适当行动予以解决。

这些政策和程序应当包括下列要求：

(一)会计师事务所人员将注意到的、违反独立性要求的情况立即报告会计师事务所；

(二)会计师事务所将识别出的违反这些政策和程序的情况，立即传达给需要与会计师事务所共同处理这些情况的项目合伙人、需要采取适当行动的会计师事务所和网络内部的其他相关人员以及受独立性要求约束的人员；

(三)项目合伙人、会计师事务所和网络内部的其他相关人员以及受独立性要求约束的人员，在必要时立即向会计师事务所报告他们为解决有关问题而采取的行动，以使会计师事务所能够决定是否应当采取进一步的行动。

第四十七条　会计师事务所应当制定政策和程序，以合理保证按照职业准则和适用的法律法规的规定执行业务，使会计师事务所和项目合伙人能够出具适合具体情况的报告。

这些政策和程序应当包括：

（一）与保持业务执行质量一致性相关的事项；

（二）监督责任；

（三）复核责任。

第四十八条 会计师事务所在安排复核工作时，应当由项目组内经验较多的人员复核经验较少的人员的工作。会计师事务所应当根据这一原则，确定有关复核责任的政策和程序。

第五十二条 会计师事务所应当制定政策和程序，要求项目质量控制复核包括下列工作：

（一）就重大事项与项目合伙人进行讨论；

（二）复核财务报表或其他业务对象信息及拟出具的报告；

（三）复核选取的与项目组作出重大判断和得出的结论相关的业务工作底稿；

（四）评价在编制报告时得出的结论，并考虑拟出具报告的恰当性。

第六十一条 会计师事务所应当制定政策和程序，以满足下列要求：

（一）安全保管业务工作底稿并对业务工作底稿保密；

（二）保证业务工作底稿的完整性；

（三）便于使用和检索业务工作底稿。

第七十二条 会计师事务所应当制定政策和程序，要求形成适当的工作记录，以对质量控制制度的每项要素的运行情况提供证据。

2.修改后《会计师事务所质量管理准则第5101号——业务质量管理》（财会〔2020〕17号）相关条款内容

第五十五条 针对相关人员按照相关职业道德要求（包括独立性要求）履行职责，会计师事务所应当设定下列质量目标：

（一）会计师事务所及其人员充分了解规范会计师事务所及其业务的职业道德要求，并严格按照这些职业道德要求履行职责；

（二）受职业道德要求约束的其他组织或人员，包括网络、网络事务所、网络或网络事务所中的人员、服务提供商，充分了解与其相关的职业道德要求，并严格按照这些职业道德要求履行职责。

第五十六条 针对相关职业道德要求，会计师事务所应当制定下列政策和程序：

（一）识别、评价和应对对遵守相关职业道德要求的不利影响；

（二）识别、沟通、评价和报告任何违反相关职业道德要求的情况，并针对这些情况的原因和后果及时作出适当应对；

（三）至少每年一次向所有需要按照相关职业道德要求保持独立性的人员获取其已遵守独立性要求的书面确认。

第一百零四条　会计师事务所应当就下列方面形成工作记录：

（一）对质量管理体系承担最终责任的人员（即主要负责人）和对质量管理体系承担运行责任的人员各自的身份。

（二）会计师事务所的质量目标和质量风险。

（三）对应对措施的描述以及这些措施是如何应对质量风险的。

（四）监控和整改程序，包括下列方面：

1.已执行监控活动的证据；

2.对发现的情况、识别出的缺陷、缺陷的根本原因作出的评价；

3.为应对识别出的缺陷而采取的整改措施，以及对这些整改措施在设计和执行方面的评价；

4.与监控和整改程序相关的沟通。

（五）根据本准则第一百条的规定得出结论的依据。

3.修改后《会计师事务所质量管理准则第5102号——项目质量管理》（财会〔2020〕17号）相关条款内容

第二十八条　在实施项目质量复核时，项目质量复核人员应当实施下列程序：

（一）阅读并了解下列信息：

1.与项目组就项目和客户的性质和具体情况进行沟通获取的信息；

2.与会计师事务所就监控和整改程序进行沟通获取的信息，特别是针对可能与项目组的重大判断相关或影响该重大判断的领域识别出的缺陷进行的沟通。

（二）与项目合伙人及其他项目组成员（如适用）讨论重大事项，以及在项目计划、实施和报告时作出的重大判断。

（三）基于从上述第（一）项和第（二）项程序获取的信息，选取部分与项目组作出的重大判断相关的业务工作底稿进行复核，并评价下列方面：

1.作出这些重大判断的依据，包括项目组对职业怀疑的运用（如适用）；

2.业务工作底稿能否支持得出的结论；

3.得出的结论是否恰当。

（四）对于财务报表审计业务，评价项目合伙人确定独立性要求已得到遵守的依据。

（五）评价是否已就疑难问题或争议事项、涉及意见分歧的事项进行适当咨询，并评价咨询得出的结论。

（六）对于财务报表审计，评价项目合伙人确定下列方面的依据：

1.项目合伙人对整个审计过程的参与程度是充分、适当的；

2.项目合伙人能够确定作出的重大判断和得出的结论适合项目的性质和具体情况。

（七）对下列方面实施复核：

1. 对于财务报表审计，复核被审计财务报表和审计报告，以及审计报告中对关键审计事项的描述（如适用）；

2. 对于财务报表审阅，复核被审阅财务报表或财务信息，以及拟出具的审阅报告；

3. 对于财务报表审计和审阅以外的其他鉴证业务或相关服务业务，复核业务报告和鉴证对象信息（如适用）。

第三十二条 会计师事务所应当制定政策和程序，要求项目质量复核人员的工作底稿符合本准则第三十三条的规定，并将该工作底稿包括在业务工作底稿中。

第三十三条 项目质量复核人员应当确定对项目质量复核形成的工作底稿足以使未曾接触该项目的、有经验的执业人员了解项目质量复核人员以及对项目质量复核提供协助的人员（如适用）所执行程序的性质、时间安排和范围，以及在实施复核的过程中得出的结论。项目质量复核人员还应当确定项目质量复核工作底稿中包括下列方面：

（一）项目质量复核人员及协助人员的姓名；

（二）已复核的业务工作底稿的识别特征；

（三）项目质量复核人员根据本准则第三十条的规定作出确定的依据；

（四）按照本准则第二十九条至第三十条的规定进行的通知；

（五）完成项目质量复核的日期。

三十、《审计准则第1331号——首次审计业务涉及的期初余额》

（一）证监会作出行政处罚决定时适用本准则的相关条款

包括：第五条。

（二）本准则修改过程及本条款内容修改说明

2010年11月1日，财政部财会〔2010〕21号文件要求“自2012年1月1日起施行”，包括本准则。

2019年2月20日，财政部财会〔2019〕5号文件，要求“于2019年7月1日起施行”，包括本准则。

2022年12月22日，财政部财会〔2022〕36号文件要求“于2023年7月1日起施行”，包括本准则。

本准则第八条的条序、内容没能发生变化。

（三）《审计准则第1331号——首次审计业务涉及的期初余额》（财政部财会〔2022〕36号文件）相关条款的内容

第八条　注册会计师应当通过采取下列措施，获取充分、适当的审计证据，以确定期初余额是否包含对本期财务报表产生重大影响的错报：

（一）确定上期期末余额是否已正确结转至本期，或在适当的情况下已作出重新表述；

（二）确定期初余额是否反映对恰当会计政策的运用；

（三）实施一项或多项审计程序。

注册会计师实施的一项或多项审计程序包括：

（一）如果上期财务报表已经审计，查阅前任注册会计师的审计工作底稿，以获取有关期初余额的审计证据；

（二）评价本期实施的审计程序是否提供了有关期初余额的审计证据；

（三）实施其他专门的审计程序，以获取有关期初余额的审计证据。

第四章

受到行政处罚审计项目举行行政听证时的申辩理由与定性意见

第一节　概　述

2013年以来，证监会依法行政，更加注重通过行政听证会方式听取会计师事务所和注册会计师的申辩理由。会计师事务所和注册会计师在从严监管的高压态势下，也更加注重通过行政听证会方式表达正当诉求。证监会在《行政处罚决定书》中对当事人的申辩理由及证监会对申辩理由不予采纳或采纳的意见描述得更加全面和详细。

本章重点将对2013年以来受处罚审计项目行政听证会上的申辩理由和证监会（包括各地证监局）的定性意见进行归类。会计师事务所及注册会计师的“申辩事由”和“证监会（局）意见”来源于对应审计项目的《行政处罚决定书》。为了使会计师事务所和注册会计师服务的上市公司和与其他企业（公司）相区别，对被审计的上市公司统一称为“客户”。

一、2013—2023年会计师事务所举行行政听证的情况

2013—2023年，在证监会下达的95单《行政处罚决定书》中，有9家会计师事务所对13个项目未要求举行行政听证（见表4–1），其余72个项目均要求举行了行政听证。

表4–1　　未要求举行行政听证的会计师事务所情况统计表

年份	序号	会计师事务所	项目名称	年报年份
2016	1	辛H会计师事务所	丹东欣泰电气股份有限公司	IPO和2013—2014年报审计
2017	2	甲A会计师事务所	东莞勤上光电股份有限公司	2013年年度报表审计
2018	3	丁N会计师事务所	广东广州日报传媒股份有限公司	粤传媒收购上海香榭丽传媒股份有限公司
2019	4	丙M会计师事务所	江苏雅百特科技股份有限公司	2015年财务报表
	5	甲A会计师事务所	深圳市零七股份有限公司	2014年财务报表
	6	丙M会计师事务所	宁波圣莱达电器股份有限公司	2015年年度财务报表
	7	戊C会计师事务所	浙江大东南股份有限公司	2016年、2017年年度报告审计
2020	8	辛H会计师事务所	某控股公司	2013年度及2014年第一季度财务报表
	9	戊E会计师事务所	北京蓝山科技股份有限公司	2017—2019年年度报告

续表

年份	序号	会计师事务所	项目名称	年报年份
2022	10	丁N会计师事务所	山东东方海洋科技股份有限公司	2016年、2017年年度报告审计
	11	甲U会计师事务所	乐视网信息技术（北京）股份有限公司	2015年、2016年年报审计
	12	丙A会计师事务所	苏州胜利精密制造科技股份有限公司	2016年、2017年年度报告审计
2023	13	辛F会计师事务所	当代东方投资股份有限公司	资本减少审验未向证监会备案
		合计	13	

二、2013—2023年举行行政听证时被部分或全部采纳的申辩理由

申辩理由被证监会全部或部分采纳，是指会计师事务所的申辩理由被证监会全部或部分采纳，行政处罚决定时不再对该类事项进行责任认定和作出相应行政处罚的情形。在2013—2023年各会计师事务所提出的404项申辩理由中，有14家会计师事务所的33项申辩理由得到证监会部分或全部采纳（详见表4-2）。

表4-2　　2013—2023年会计师事务所申辩理由被部分或全部采纳统计表

序号	会计师事务所	被采纳的申辩理由
1	乙B会计师事务所	2016年：涉案相关事实已超过行政处罚时效
2	丙C会计师事务所	2014年：适用终身禁入措施应考虑当事人配合态度和立功表现 2016年：穿行测试过程确实无法证实风险评估结论 2017年：审计工作底稿收录的访谈记录存在疏忽，不属于审计责任
3	丁D会计师事务所	2017年：出库单提货人签名字迹确实存在差异，但通过实地走访、函证等其他审计程序，确认了相关事实无误，属于勤勉尽责。个人的银行存款流水单的检查并非必需的审计程序，该事实没有造成虚假记载。中介机构要质疑法定权属证书真假的难度大 2018年：穿行测试过程无法证实风险评估结论
4	庚G会计师事务所	2014年：未计提相关借款本金利息的问题有事实依据。会计师事务所主任没有在审计报告上签字，不应当承担责任 2022年：对于事务所提出在业务收入中扣减增值税金额的申辩意见，予以采纳，调减相应业务收入及罚款金额
5	甲U会计师事务所	2017年：处罚决定所包含的处罚范围比实际错报的范围大。未能发现的关联交易金额在历年收入中的占比极低，不影响财务报表的可信程度，不违反审计准则
6	辛H会计师事务所	2020年：对审计收费的认定金额予以调整 2021年：没收业务收入的金额需要调整

续表

序号	会计师事务所	被采纳的申辩理由
7	甲A会计师事务所	2021年：认定的审计业务收入有误 2022年：案涉年报审计业务收入的申辩意见具有合理性，予以采纳，在没收业务收入时已扣除税费 2023年：没收审计业务收入应扣除增值税；会计师事务所及会计师存在配合调查等情形，已在量罚中考虑
8	丙W会计师事务所	2019年：认定的业务收入金额与收入确认原则不符。对签字注册会计师的处罚过重
9	丁X会计师事务所	2021年：相关成品酒抽盘程序已记录在工作底稿中
10	癸X会计师事务所	2022年：采纳部分陈述申辩意见，并调整相关虚增销售收入数据
11	己F会计师事务所	2022年：以扣除增值税后的审计收入计算业务收入，并相应调减罚没款金额 2023年：采纳当事人有关没收的业务收入应扣除增值税的申辩意见；量罚时考虑审计的局限性及当事人积极配合调查的行为；综合考虑熊某在本案中的违法情节和主观过错，对其申辩意见予以部分采纳，对其处罚幅度予以适当调整
12	庚G会计师事务所	2022年：对于事务所提出在业务收入中扣减增值税金额的申辩意见，予以采纳，调减相应业务收入及罚款金额 2023年：扣除增值税金额的申辩意见，调减罚没款金额；量罚已充分考虑主客观情况以及配合调查等因素，对个别符合事实的意见予以采纳，并调整事实认定内容；晨宝（辽宁）设立后，华晨集团转让51%股权不再涉及实物出资情形
13	丁B会计师事务所	2022年：当事人提出的没有主观故意、配合调查等情节，在量罚时予以充分考虑。客户年度报告公开时间晚于事务所出具审计报告时间，在出具审计报告时客观上无法核查客户相关信息
14	戊E会计师事务所	2022年：业务收入认定问题的部分申辩意见予以采纳

三、2013—2023年未被采纳的申辩理由

2013—2023年有31家会计师事务所提出的371项申辩理由未被证监会采纳（详见表4-3）。

表4-3　　2013—2023年会计师事务所申辩理由未被采纳情况表

序号	时间	与前任注册会计师沟通	风险评估、舞弊风险、重大错报风险	审计程序	审计证据与工作底稿	责任认定和行政处罚	事务所内部矛盾	年报披露	会计判断	事务所质量控制	盈利预测审核报告虚假	合计
1	2013—2018年	2	14	49	11	29	5					110
2	2019—2023年	2	14	71	34	130		3	2	4	1	261
	合计	4	28	120	45	159	5	3	2	4	1	371

（一）2013—2023年“审计程序”申辩理由未被采纳情况

2013—2023年涉及“审计程序”的120项申辩理由未被采纳（详见表4–4）。

表4–4　　2013—2023年“审计程序”申辩理由未被采纳情况表

序号	时间分布	合计	控制测试	函证与监盘	充分必要和进一步审计程序
1	2013—2018年	49	3	19	27
2	2019—2023年	71	6	24	41
	合计	120	9	43	68

（二）2013—2023年“审计证据与工作底稿”申辩理由未被采纳情况

2013—2023年涉及“审计证据和工作底稿”的45项申辩理由未被采纳（详见表4–5）。

表4–5　　2013—2022年“审计证据和工作底稿”申辩理由未被采纳情况表

序号	时间分布	合计	审计证据	审计工作底稿
1	2013—2018年	11	5	6
2	2019—2023年	34	28	6
	合计	45	33	12

（三）2013—2023年“责任认定和行政处罚”申辩理由未被采纳情况

2013—2023年涉及“责任认定和行政处罚”的159项申辩理由未被采纳（详见表4–6）。

表4–6　　2013—2023年“责任认定和行政处罚”申辩理由未被采纳情况表

序号	时间分布	合计	责任认定	行政执法依据	行政处罚量罚适度	行政处罚时效
1	2013—2018年	29	23		2	4
2	2019—2023年	130	64	14	32	20
	合计	159	87	14	34	24

第二节　2013—2018年受到处罚审计项目申辩理由的综合分析

2013—2018年，在证监会下达的30单《行政处罚决定书》中，有3家会计师事务所未要求举行行政听证以外，其他会计师事务所都要求举行了行政听证。

一、2013—2018年受到证监会行政处罚时未要求举行行政听证的情况

2013—2018年受证监会行政处罚时，有辛H会计师事务所等3家会计师事务所未要求举行行政听证。情况如表4-7所示。

表4-7　　未要求举行行政听证的会计师事务所情况统计表

时间	序号	会计师事务所	项目名称	年报年份
2016	1	辛H会计师事务所	丹东欣泰电气股份有限公司	IPO和2013—2014年年报审计
2017	2	甲A会计师事务所	东莞勤上光电股份有限公司	2013年度报表审计
2018	3	丁N会计师事务所	广东广州日报传媒股份有限公司	粤传媒收购上海香榭丽传媒股份有限公司

二、2013—2018年受到处罚项目听证时部分或全部被采纳的申辩理由

12家会计师事务所在听证时提出122项申辩理由，其中全部或部分采纳的12项。

（1）涉案相关事实已超过行政处罚时效（2016-6）。

乙B会计师事务所在键桥通讯2009—2011年年报审计、甲I会计师事务所在键桥通讯2012年年度报表审计受处罚听证时提出的申辩理由（行政处罚责任由主体资格承继的甲A会计师事务所承担，下同）：涉案相关事实已超过行政处罚时效。

证监局（深圳）意见：经复核，乙B会计师事务所于2012年4月23日出具键桥通讯2011年审计报告，甲I会计师事务所于2013年3月27日出具键桥通讯2012年审计报告，我局于2014年3月4日对键桥通讯立案稽查，键桥通讯信息披露违法行为同时涉及审计机构的审计行为，发现乙B会计师事务所、甲I会计师事务所违法行为的时间不晚于上述时间。其中，乙B会计师事务所连续承接键桥通讯2009—2011年年报审计业务，该期间的行为主体和行为性质均未发生变化，依据《中华人民共和国行政处罚法》第二十九条的规定，未超出行政处罚时效；支某、陈某薇作为签字注册会计师，受乙B会计师事务所、甲I会计师事务所委派连续执行键桥通讯年审业务，也未超出行政处罚时效；杨某某受乙B会计师事务所委派执行键桥通讯2009年年审业务，其执业行为终止于2009年审计报告的出具日，应视为已超出行政处罚时效。

（2）审计工作底稿收录的访谈记录存在疏忽，不属于审计责任（2017-7）。

丙C会计师事务所在九好集团2013—2015年年度报表审计受处罚听证时提出的

申辩理由：审计工作底稿收录的访谈记录存在疏忽，不属于审计责任。

证监会意见：丙C会计师事务所审计工作底稿中错误、矛盾和疑点众多，前端审计未予以关注，工作未执行到位，复核环节失效。我会是对丙C会计师事务所整体审计工作未勤勉尽责进行处罚，未单独针对访谈记录整理问题进行处罚。

（3）适用终身禁入措施应考虑当事人配合态度和立功表现（2014-1）。

丙C会计师事务所在天丰节能IPO报表审计受处罚听证时提出的申辩理由：在提交给核查小组的电子版本底稿中存在计划类工作底稿，2012年实施了舞弊风险相关程序，计划类工作底稿和舞弊风险评估工作底稿缺失与审计失败没有必然联系，客户虚增收入是客户与银行串通提供虚假银行对账单及与第三方串通函证，与审计程序的执行程度不存在必然联系，对未回函客户部分实施了走访程序，银行询证函和对账单格式的异常可接受，盘点固定资产时进行了函证并已获取了充分适当的审计证据，关联方程序2012年实施了风险评估程序并采取了应对措施等。对其处罚与以往案例相比采取了简单的方式、终身禁入措施适用法律错误、未能考虑其配合态度和立功表现。

证监会意见：会计师在天丰节能IPO审计业务及自查业务中未能勤勉尽责，执业存在诸多问题，特别是在我会要求自查后仍未能尽职，应当予以严惩。但同时，也需要考虑当事人的具体情节。黄某在调查未能第一时间从天丰节能获取电子账簿的情况下，应调查要求提供了会计师保存的公司电子账簿，显示其有配合调查的主观意愿，对本案调查工作有一定贡献，对黄某相关意见部分予以采纳。

（4）出库单提货人签名字迹确实存在差异，但通过实地走访、函证等其他审计程序，确认了相关事实无误，属于勤勉尽责（2017-5）。

丁D会计师事务所在步森股份与康华农业重大资产重组出具康华农业“三年又一期”报表审计受处罚听证时提出的申辩理由：当事人对桂林绿苑米业有限公司和佛山穗丰园粮油有限公司实施了完整审计程序，在审计过程中始终保持着职业怀疑和警觉。

证监会意见：出库单提货人签名字迹确实存在差异，但现有证据难以判断出库单的签名是否出自同一人。当事人虽未对该事项进行关注，但通过实地走访、函证等其他审计程序，确认了相关事实无误，综合判断当事人在该事项上勤勉尽责，对当事人的此项申辩意见，我会予以采纳。

（5）个人的银行存款流水单的检查并非必需的审计程序，该事实没有造成虚假记载（2017-5）。

丁D会计师事务所在步森股份与康华农业重大资产重组出具康华农业“三年又一期”报表审计受处罚听证时提出的申辩理由：当事人只取得康华农业关联个人李某、杜某铭2013年以前的个人银行存款流水单，是基于2012年年底中国证监会发出的财务大核查通知要求而额外进行的审计程序，不属于康华农业重大资产重组项目所必需的审计程序。

证监会意见：当事人认为对李某、杜某铭个人银行存款流水单的核查并非康华农业重大资产重组所必需的审计程序，该事实没有造成虚假记载，对当事人的此项申辩意见，我会予以采纳。

（6）中介机构要质疑法定权属证书真假的难度大（2017-5）。

丁D会计师事务所在步森股份与康华农业重大资产重组出具康华农业“三年又一期”报表审计受处罚听证时提出的申辩理由：当事人对康华农业与桂林华科生物科技有限公司之间土地转让交易予以了充分关注。

证监会意见：康华农业与桂林华科生物科技有限公司之间的《土地使用权转让合同》已由律师事务所审核并出具法律意见，康华农业也取得了国土资源局颁发的《国有土地使用权证》。没有证据确认土地权证是否造假，中介机构要质疑法定权属证书真假的难度大，结合律师事务所出具的法律意见书，认定当事人已做到勤勉尽责，对当事人的此项申辩意见，我会予以采纳。

（7）未计提相关借款本金利息的问题有事实依据（2014-2）。

庚G会计师事务所在莲花味精2007—2008年年度报表审计受处罚听证时提出的申辩理由：关于未审计出2006年“未计提莲花对粤财借款本金利息501万元”的问题有事实依据。

证监会意见：我会认为，根据现有证据，2006年虚减利息审计问题的申辩意见成立，不再追究庚G会计师事务所对于莲花味精2006年虚减利息审计问题的责任。

（8）会计师事务所主任没有在审计报告上签字，不应当承担责任（2014-2）。

庚G会计师事务所在莲花味精2007—2008年年度报表审计受处罚听证时提出的申辩理由：会计师事务所主任没有负责相关项目的审计工作，没有在审计报告上签字，不应当承担责任。

证监会意见：我会认为，根据现有证据，崔某某责任问题的申辩意见成立，不再追究庚G会计师事务所主任崔某某的责任。

（9）穿行测试过程无法证实风险评估结论（2018-2）。

丁D会计师事务所在金亚科技2014年年度报表审计受处罚听证时提出的申辩意见：穿行测试过程无法证实风险评估结论。

证监会意见：当事人针对告知书认定的“穿行测试过程无法证实风险评估结论”进行了陈述申辩，经核实，我会对该申辩意见予以采信，该项行为的不予认定并不影响我会对丁D会计师事务所违法行为的认定。

（10）处罚决定所包含的处罚范围比实际错报的范围大（2017-8）。

甲U会计师事务所在登云股份IPO及2013—2014年年度报表审计受处罚听证时提

出的申辩理由：登云股份2010年年报本身不存在错报问题，甲U会计师事务所不应承担审计责任；登云股份2011年年报的错报问题仅涉及一汽解放汽车有限公司无锡柴油机厂的未入账三包索赔费用，甲U会计师事务所对此客户的函证程序不存在违反业务规则的情况，不应承担审计责任。

证监会意见：经核查，对此项申辩意见予以采纳，并在处罚金额中扣减2010年审计费用26万元，2011年审计费用48万元。

（11）穿行测试过程确实无法证实风险评估结论（2016–1）。

丙C会计师事务所在赛迪传媒2012年年度报表审计受处罚听证时提出的申辩理由：穿行测试过程无法证实风险评估结论。

证监会意见：当事人针对告知书认定的“穿行测试过程无法证实风险评估结论”进行了陈述申辩，经核实，我会对该申辩意见予以采信，该项行为的不予认定并不影响我会对丁D会计师事务所违法行为的认定。

（12）未能发现的关联交易金额在历年收入中的占比极低，不影响财务报表的可信程度，不违反审计准则（2017–8）。

甲U会计师事务所在登云股份IPO及2013—2014年年度报表审计受处罚听证时提出的申辩理由：甲U会计师事务所的行为并不违反《中国注册会计师审计准则第1323号——关联方》第十条的规定。即使甲U会计师事务所未识别出上述公司构成登云股份关联方，所导致的未能发现的关联交易金额在历年收入中的占比也极低，不影响财务报表的可信赖程度，注册会计师未能发现，并不违反审计准则，不构成未勤勉尽责。

证监会意见：当事人辩称，甲U会计师事务所的行为不违反《中国注册会计师审计准则第1323号——关联方》（2010年11月1日修订版）第十条的规定。经核查，我会认为，甲U会计师事务所未充分核查的行为不违反《中国注册会计师审计准则第1323号——关联方》第十条的规定，而是违反第十六条“某些安排或其他信息可能显示管理层以前未识别或未向注册会计师披露的关联方关系或关联方交易，在审计过程中检查记录或文件时，注册会计师应当对这些安排或其他信息保持警觉”的规定，我会对此申辩意见采纳并予以更正。

三、2013—2018年受到处罚项目未被采纳的申辩理由

12家会计师事务所（甲I会计师事务所键桥通讯2012年度年报审计业务收入及罚款，由其法律主体的承继者甲A会计师事务所承担）在听证时提出122项申辩意见中未采纳的110项（详见表4–8）。

表4-8　　2013—2018年受处罚审计项目申辩理由未被采纳情况统计表

序号	事务所	与前任注册会计师沟通	风险评估、舞弊风险、重大错报风险	审计程序	审计证据与工作底稿	责任认定和行政处罚	事务所内部矛盾	合计
1	丁D会计师事务所	1	4	12	4	5		26
2	丙C会计师事务所	1	2	5	4	5	5	22
3	甲A会计师事务所		2	6	1	3		12
4	乙B会计师事务所		1	7	2	5		15
5	壬S会计师事务所		2	6				8
6	甲U会计师事务所		1	3		4		8
7	辛R会计师事务所		1	2		3		6
8	己F会计师事务所		1	3		2		6
9	乙L会计师事务所			3				3
10	壬I会计师事务所			1		1		2
11	庚G会计师事务所			1				1
12	己T会计师事务所					1		1
	合计	2	14	49	11	29	5	110

2013—2018年受处罚项目申辩意见中未被采纳的“审计程序”情况如表4-9所示。

表4-9　　2013—2018年“审计程序”申辩理由未被采纳情况表

序号	事务所	审计程序			
		小计	控制测试	函证与监盘	充分必要和进一步审计程序
1	丁D会计师事务所	12	2	5	5
2	丙C会计师事务所	5		1	4
3	甲A会计师事务所	6		3	3
4	乙B会计师事务所	7		4	3
5	壬S会计师事务所	6	1	4	1
6	甲U会计师事务所	3			3
7	辛R会计师事务所	2		1	1
8	己F会计师事务所	3		1	2
9	乙L会计师事务所	3			3
10	壬I会计师事务所	1			1
11	庚G会计师事务所	1			1
	合计	49	3	19	27

2013—2018年受处罚项目中申辩意见未采纳的“审计证据和工作底稿”情况如表4-10所示。

表4-10　　2013—2018年“审计证据和工作底稿”申辩理由未被采纳情况表

序号	事务所	审计证据和工作底稿		
		小计	审计证据	审计工作底稿
1	丁D会计师事务所	4	1	3
2	丙C会计师事务所	4	3	1
3	甲A会计师事务所	1	1	
4	乙B会计师事务所	2		2
	合计	11	5	6

2013—2018年受处罚项目中申辩意见未采纳的“责任认定和行政处罚”情况如表4-11所示。

表4-11　　2013—2018年“责任认定和行政处罚”申辩理由未被采纳情况表

序号	事务所	责任认定和行政处罚	其中		
			责任认定	行政处罚量罚适度	行政处罚时效
1	丁D会计师事务所	5	4		1
2	丙C会计师事务所	5	5		
3	甲A会计师事务所	3	2		1
4	乙B会计师事务所	5	3		2
5	甲U会计师事务所	4	3		1
6	辛R会计师事务所	3	2	1	
7	己F会计师事务所	2	1	1	
8	壬I会计师事务所	1	1		
9	己T会计师事务所	1	1		
	合计	29	22	2	5

未被采纳的申辩理由及定性意见如下：

（一）与前任注册会计师沟通问题

（1）没有提出具有证明力的证据证明对前任会计师按照业务规则进行沟通（2016-4）。

丙C会计师事务所在福建金森披露的《重大资产重组报告书（草案）》和连城兰花2012年至2014年9月报表审计受处罚听证时提出的申辩理由：口头执行了前后任会计师的沟通程序并形成底稿。

证监会意见：对前后任会计师按照业务规则进行沟通的情况，当事人没有提出具有证明力的证据予以证明，审计工作底稿亦未按要求载明与前任会计师的沟通情况记录。

（2）询问笔录证明《与前任会计师的沟通记录》是补编的（2017-5）。

丁D会计师事务所在步森股份与康华农业重大资产重组出具康华农业“三年又一期”报表审计受处罚听证时提出的申辩理由：当事人未虚构与前任注册会计师沟通的审计程序。

证监会意见：丁D会计师事务所审计工作底稿《与前任会计师的沟通记录》记载，2014年6月12日，王某成、肖某和与康华农业前任注册会计师邓某、李某琦在辛V会计师事务所办公室进行了沟通。当事人称与邓某一直就项目问题保持着沟通，并取得前任会计师事务所审计康华农业工作底稿，即是与前任会计师的沟通。当事人所称的沟通与2014年6月12日记载的与前任注册会计师的沟通，在地点、时间、人物上均不符合，不足以证明2014年6月12日当事人与前任注册会计师沟通。而卢某立的询问笔录则证明《与前任会计师的沟通记录》是补编的，间接证明了2014年6月12日当事人与前任注册会计师沟通事项的不存在。工作底稿应当是真实的工作记录，虚构与前任会计师沟通记录既违反了相关审计准则规定，也缺乏最基本的职业道德。对当事人的此项申辩意见，我会不予采纳。

（二）风险评估、舞弊风险、重大错报风险

（1）无视票据置换相关业务存在多项重大、异常情形，未将应收票据和营业收入等项目评估为舞弊风险或特别风险（2017-6）。

壬S会计师事务所在对博元投资2012年年度报表审计受处罚听证时提出的申辩理由：2011年，博元投资以股改业绩承诺资金购入面值34 705万元的银行承兑汇票业务是经第23次总经理办公会审议通过，并由全体董事签字确认的事项。2012年5月，博元投资拟与林东煤业实施重组，壬S会计师事务所同时作为博元投资年报和重组审计机构，与券商、律师均保持沟通，对票据业务及其相关单位进行了调查，在网络中查阅了博元投资外部环境相关的信息，均未发现票据交易及交易对象存在异常。此外，审计关注的是银行承兑汇票是否有止付、挂失、抵押，而非伪造。因此，审计人员将票据交易判定为2011年的延续事项，在未发现重大异常的情况下，把风险评估确定为存在“重大错报风险”，未判定为舞弊风险是合理的。“风险评估程序”是审计计划的内容，是基于当时的审计环境和情况而作出的初步判断，不应以事后的结果来要求事前审计计划的准确无误。

证监会意见：壬S会计师事务所未将票据贴现收入评估为舞弊风险，也未在审计工作底稿中说明理由，违反了《中国注册会计师审计准则第1141号——财务报表

审计中与舞弊相关的责任》第二十七条的要求。壬S会计师事务所无视博元投资票据置换相关业务存在多项重大、异常情形，未将应收票据和营业收入等项目评估为舞弊风险或特别风险，无法证明其在审计工作中保持了合理的职业怀疑和应有的职业谨慎。审计工作底稿中未有记录壬S会计师事务所与券商、律师的沟通，根据《〈中国注册会计师审计准则第1131号——审计工作底稿〉应用指南》第5条的规定，无法判断其执行情况，根据《中国注册会计师审计准则第1421号——利用专家的工作》第三条的规定，即使壬S会计师事务所与券商、律师就票据真实性问题进行了沟通，也无法减轻壬S会计师事务所在博元投资2012年年报审计中应独立承担的审计责任。

（2）未将银行存款、应收票据、其他业务收入等项目评估为舞弊风险或特别风险（2017–6）。

壬S会计师事务所在对博元投资2013年年度报表审计受处罚听证时提出的申辩理由：当事票据业务是2011年和2012年的延续，2013年票据业务的对手方依旧是天津同杰，在2013年10月份从天津同杰换入最后一批票据后，博元投资对置入的票据委托贴现12 000万元形成银行存款、用作支付形成预付账款25 800万元，故与票据相关的收益是否真实实现均体现在预付账款和货币资金的真实准确性判断中。因此，壬S会计师事务所将预付账款和银行存款判定为特别风险，并对这两个科目实施了大量非常规的审计程序。此外，壬S会计师事务所在网上浏览过与博元投资相关的信息，查阅过博元投资的用章记录，均未发现与票据相关的异常信息或记录。

证监会意见：壬S会计师事务所未将票据贴现收入评估为舞弊风险，也未在审计工作底稿中说明理由，违反了《中国注册会计师审计准则第1141号——财务报表审计中与舞弊相关的责任》第二十七条的要求。《中国注册会计师审计准则第1141号——财务报表审计中与舞弊相关的责任》第九条规定："在获取合理保证时，注册会计师有责任在整个审计过程中保持职业怀疑，考虑管理层凌驾于控制之上的可能性，并认识到对发现错误有效的审计程序未必对发现舞弊有效。"壬S会计师事务所无视博元投资票据置换相关业务存在多项重大、异常情形，未将银行存款、应收票据、其他业务收入等项目评估为舞弊风险或特别风险，未执行超出常规的审计程序，无法证明其在审计工作中保持了合理的职业怀疑和应有的职业谨慎。

（3）实施风险评估五项审计程序时有三项审计程序未执行到位（2016–4）。

丙C会计师事务所在福建金森披露的《重大资产重组报告书（草案）》和连城兰花2012年至2014年9月报表审计受处罚听证时提出的申辩理由：项目组按照审计准则要求的五个方面，履行了风险评估程序，并已经识别出营业收入的确认和计量为重大错报风险并且采取了应对措施。

证监会意见：根据丙C会计师事务所了解被审计单位及其环境的审计底稿，会计师实施风险评估程序包含五项审计程序，其中三项审计程序未执行到位。

（4）风险评估程序执行不到位，未恰当识别和评估在收入确认方面的舞弊风险（2016-6）。

乙B会计师事务所在键桥通讯2009—2011年年报审计、甲I会计师事务所在键桥通讯2012年年度报表审计受处罚听证时提出的申辩理由：已严格按准则要求执行舞弊风险识别与评估程序，依据所获得审计证据及自身专业判断得出了审计结论，不存在错误；已将收入确认作为高风险领域处理。

证监局（深圳）意见：经复核涉案4年年审的风险评估工作底稿，乙B会计师事务所、甲I会计师事务所均没有将收入确认识别为舞弊导致重大错报的风险领域。基于收入确认具有额外的重要性，《中国注册会计师审计准则第1141号》（2006）第五十条、《中国注册会计师审计准则第1141号》（2010）第二十七条均要求应当假定收入确认存在舞弊风险，评价哪些类型的收入、收入交易或认定导致舞弊风险。在该4年年审工作底稿中，并未记录注册会计师已就舞弊风险执行有针对性的审计程序并获取充分证据，并在此基础上排除舞弊风险假定，得出上述风险评估结果。《中国注册会计师审计准则第1141号》（2010）第十三条强调注册会计师不应受到以前对管理层、治理层诚信情况形成的判断的影响，但该4年工作底稿中对上述风险评估结果说明的原因表述却完全一致。键桥通讯2011年至2013年1月，期间三次更换财务负责人，且部分人员缺乏财务背景，2011年、2012年底稿中对于“会计人员变动频繁，或胜任能力不足”的舞弊风险因素，均得出不存在的审计结论，但并未说明依据。综上所述，应认为乙B会计师事务所、甲I会计师事务所在涉案各年年审中风险评估程序执行不到位，未恰当识别和评估键桥通讯在收入确认方面的舞弊风险，得出相关审计结论的理由不恰当。乙B会计师事务所、甲I会计师事务所基于上述风险评估结果，未能针对舞弊风险确定总体应对措施、设计和实施进一步审计程序，不能认为是已勤勉尽责。

（5）执行风险评估程序时，未识别出风电行业风险，也未识别和评估由于舞弊导致的重大错报风险（2015-2）。

丙C会计师事务所在华锐风电2011年年度报表审计受处罚听证时提出的申辩理由：华锐风电由于国家风电行业政策的调整，导致业绩大幅度下滑，即使扣除造假等因素影响，2011年度仍然是盈利，没有本质上的重大影响。从延续审计的角度判断，公司无明显业绩造假的动机。

证监会意见：2011年受国家风电行业政策的较大影响，华锐风电业绩出现大幅下滑，上市第一年即出现业绩变脸，会计师在执行风险评估程序时，未识别出风电行业风险，也未识别和评估由于舞弊导致的重大错报风险。

（6）无论是客户公告议案的股权定价还是根据股权出售价测算的股权账面价值均低于所持长期股权投资的账面价值，对“资产可能发生减值的迹象”未予关注（2017-1）。

甲A会计师事务所在亚太实业2013年年度报表审计受处罚听证时提出的申辩理由：亚太实业转让济南固锝21%股权的期后事项并不足以构成《企业会计准则》第8号所规定的“资产可能发生减值的迹象”。事先告知书中将亚太实业转让济南固锝21%股权的价格8 750 000.00元视为“资产的公允价值”，进而按照股权比例关系计算出转让济南固锝48%股权的价格为20 000 000.00元。这种计算方法既没有现行有效的会计准则的依据，又不符合亚太实业的客观情况。

证监会意见：2013年12月31日，亚太实业对济南固锝所持48%长期股权投资的账面价值为22 377 904.37元（披露《关于转让济南固锝电子器件有限公司21%股权的议案》之前）。2013年12月31日，亚太实业董事会决议披露《关于转让济南固锝电子器件有限公司21%股权的议案》，将亚太实业对济南固锝所持48%长期股权投资定价为2 001.76万元。亚太实业以875万元出售所持济南固锝21%股权，按该价格测算，亚太实业2013年年末持有的济南固锝48%股权的账面价值为2 000万元。无论是依据公告议案对48%股权的定价还是根据21%股权的出售价测算48%股权账面价值，该金额均低于披露议案之前此项长期股权投资的账面价值，属于“资产可能发生减值的迹象”，注册会计师应当关注上述减值迹象，分析判断是否应计提减值准备，并将分析判断过程归入审计底稿。经查阅甲A会计师事务所提交的审计底稿，并未查找到注册会计师如何分析判断长期股权投资是否发生减值迹象的记录，甲A会计师事务所将长期股权投资列为重大错报风险领域，对于可能发生错报的重大风险领域并未保持应有的谨慎和怀疑。此外，温某某在询问笔录中称“在与公司管理层沟通时，我们要求上市公司请大股东作出承诺函，对济南固锝可回收金额作出保证，若低于账面价值，由大股东补足给上市公司，保证上市公司利益”。注册会计师要求亚太实业大股东出具承诺函的行为在一定程度上表明注册会计师对于长期股权投资账面金额低于可回收金额的担心，间接证明了资产可能发生减值的迹象。综上所述，对当事人及其代理人第一（此）项申辩意见不予采纳。

（7）针对评估的重大错报风险的应对措施未得到有效执行（2013-2）。

辛R会计师事务所在万福生科IPO报表审计受处罚听证时提出的申辩理由：对IPO审计阶段评估的重大错报风险领域，已实施包括扩大函证样本量、询证发生额、现场走访客户、增加分析程序、扩大凭证检查样本量等在内的必要审计程序。

证监会意见：辛R会计师事务所及其注册会计师针对评估的重大错报风险，虽已计划确定了包括实质性分析、函证、实地访谈等在内的应对措施，但上述应对措施并未得到有效执行。

（8）未对12月毛利率明显高于年平均水平且当月销售现金回款过高的异常情形保持应有的职业审慎（2013–4）。

己F会计师事务所在新大地IPO报表审计受处罚听证时提出的申辩理由：新大地2009年、2011年月份综合毛利率出现较大波动系由于其生产和销售季节性特点较强的原因，年度之间并未出现重大异常，会计师在报告期内对于现金销售、毛利率波动等风险一直充分关注并实施了审计程序，新大地的会计责任不能扩大为会计师的审计责任。

证监会意见：新大地产品的市场价格与原材料的市场价格具有较强的联动性，毛利率可以持续保持一个高水平而不会出现较大的波动，2009年3月、11月毛利率巨幅波动，2011年12月毛利率明显高于年平均水平且当月销售现金回款过高，己F会计师事务所未对上述异常保持应有的职业审慎。

（9）对涉及数额巨大的合同，未保持合理的职业怀疑，未考虑到因管理层舞弊可能导致的重大错报风险（2018–2）。

丁D会计师事务所在金亚科技2014年年度报表审计受处罚听证时提出的申辩意见：告知书认定丁D会计师事务所“对3.1亿元预付工程款的银行对账单未实施验证程序”“未能发现金亚科技虚增3.1亿元预付工程款”与事实不符。丁D会计师事务所已对3.1亿元预付款执行了7种审计程序，未见异常，可以证实《建设工程施工合同》的真实性及得到合同双方的实际履行。涉案的银行对账单为自助打印，客观上无法实施网页验证，因此告知书的归责不能成立。

证监会意见：金亚科技制作了虚假的建设工程合同，填制了虚假的3.1亿元银行付款单据，该《建设工程施工合同》的主合同部分双方均未盖章签字，且通用条款部分仅盖章未签字。对涉及数额巨大的合同，审计人员应当审慎核查，特别是在发现该合同存在上述疑点的情况下，更应保持合理的职业怀疑，采取进一步审计程序。丁D会计师事务所未保持合理的职业怀疑，未考虑到因管理层舞弊可能导致的重大错报风险。因此，我会对此项申辩意见不予采信。

（10）未能发现的累计错报超过确定的重要性水平（2017–8）。

甲U会计师事务所在登云股份IPO及2013—2014年年度报表审计受处罚听证时提出的申辩理由：即使认为甲U会计师事务所对登云股份的IPO审计程序存在瑕疵，所导致的未能发现的累计错报也极小，远未达到重要性水平，不构成重大错报。会计师事务所即使未能发现，也不违反审计准则，不构成未勤勉尽责。

证监会意见：我会在作出行政处罚时，对当事人提出的重要性水平给予了关注。2013年甲U会计师事务所未能发现的累计错报共计5 351 639.93元（包括三包索赔费用2 422 328.73元及贴现费用2 929 311.20元），超过其2013年确定的重要性水平（4 049 763.54元）。对此项申辩意见不予采纳。

（11）应当通过相应的工作底稿而不是会议纪要中的简单记录来证明已经对其他业务收入执行了风险识别与评估程序（2018–3）。

丁D会计师事务所在超华科技2014年年度报表审计受处罚听证时提出的申辩理由：丁D会计师事务所分析了其他业务收入，并指出其重要性，执行了风险识别和评估程序。

证监局（广东）意见：《中国注册会计师审计准则第1211号——通过了解被审计单位及其环境识别和评估重大错报风险》第八条第一款规定，风险评估程序应当包括：①询问管理层以及被审计单位内部其他人员；②分析程序；③观察和检查。丁D会计师事务所应当通过相应的工作底稿，而不是会议纪要中的简单记录来证明已经对其他业务收入执行了风险识别与评估程序。高某、康某华在接受我局调查期间也明确表示，“没有单独对其他业务收入实施风险识别与评估”。

（12）风险评估程序本身没有覆盖其他业务收入，但对营业收入风险评估的结果却适用了其他业务收入（2018–3）。

丁D会计师事务所在超华科技2014年年度报表审计受处罚听证时提出的申辩理由：广东证监局既然认定丁D会计师事务所风险识别与评估程序未覆盖其他业务收入，则营业收入项目的风险评估结果也不能适用于其他业务收入，丁D会计师事务所对其他业务收入风险评估结果为“需要特别关注其他业务收入的真实性和完整性，对此部分收入需要获得较充分的审计证据”。

证监局（广东）意见：我局认定丁D会计师事务所风险评估程序本身没有覆盖其他业务收入，但对营业收入风险评估的结果适用于其他业务收入。丁D会计师事务所风险评估结果的工作底稿中，识别的重大错报风险包括收入的真实性及应收账款真实性、存货真实性、固定资产、在建工程的真实性和准确性，以及募集资金使用、募投项目管理及工程相关会计核算，不存在有关“需要特别关注其他业务收入的真实性和完整性，对此部分收入需要获得较充分的审计证据”的风险评估结果。高某、康某华在接受我局调查期间明确表示，“主营业务收入的风险识别和评估结论适用于其他业务收入”。

（13）即使无法执行了解废料销售收入的内部控制和控制测试程序，也只能说明审计风险没有降低至可接受的低水平（2018–3）。

丁D会计师事务所在超华科技2014年年度报表审计受处罚听证时提出的申辩理由：执行了解惠州合正内部控制的程序，惠州合正对废料销售收入未建立成文正规的内部控制，无需执行内部控制测试程序。

证监局（广东）意见：丁D会计师事务所的工作底稿中没有对其他业务收入执行

了解内部控制和控制测试程序的记录。本案中，即使丁D会计师事务所无法执行了解废料销售收入的内部控制和控制测试程序，也只能说明审计风险没有降低至可接受的低水平，丁D会计师事务所应该考虑是否发表标准无保留的审计意见。

（14）与客户治理层访谈的目的是核实票据往来的实质，并非针对舞弊风险的评估与应对过程的访谈（2018-6）。

甲A会计师事务所在华泽钴镍2013年和2014年年度报表审计受处罚听证时提出的申辩理由“未能实施有效程序对公司舞弊风险进行识别，未直接与公司治理层沟通关于治理层了解公司是否存在舞弊及治理层如何监督管理层对舞弊风险的识别和应对过程等”认定不符合事实，多次与华泽钴镍法定代表人、实际控制人王某进行了访谈。

证监会意见：关于听证中提到的与华泽钴镍法定代表人、实际控制人王某进行访谈，经核实，与王某的访谈是在应收票据审计过程中针对被审计单位与其他两家公司发生大量无购销业务实质的票据及资金往来进行的访谈，其目的是核实票据往来的实质，并非针对舞弊风险的评估与应对过程的访谈。

（三）审计程序

1.控制测试

（1）未提供其他客观证据证明在听证环节所提交内部控制测试底稿的真实性（2016-2）。

丁D会计师事务所在大智慧2013年年度报表审计受处罚听证时提出的申辩理由：丁D会计师事务所对大智慧销售业务流程进行了了解，并根据了解的业务流程设计和实施了内部控制测试，未发现重大不一致，但提交给调查人员的资料仅包含实质性底稿，未包含相关的内部控制底稿。

证监会意见：未提供其他客观证据证明在听证环节所提交内部控制测试底稿的真实性，且与我会调查时丁D会计师事务所签字注册会计师姜某某出具的保证其所提供审计工作底稿完整性的承诺书不符，故不予采纳。

（2）即便客户在无主业经营的情况下，也应当对业务流程的内部控制进行了解，以作为评估相关认定层次重大错报风险的依据（2017-6）。

壬S会计师事务所在对博元投资2012年年度报表审计受处罚听证时提出的申辩理由：审计人员对内控进行了了解，并编制了了解内部控制的审计工作底稿。内部控制程序分为公司层面和业务层面两部分，审计人员对公司层面的内控进行了了解，根据博元投资当时无主业经营的特点判定不进行业务层面的内控测试，在对所有循环均采用实质性程序后，就不需要做业务层面的内控程序了。

证监会意见：壬S会计师事务所关于其未了解业务层面内部控制的理由不成立。

根据《中国注册会计师审计准则第1211号——通过了解被审计单位及其环境识别和评估重大错报风险》第二十三条的规定，注册会计师应当了解业务层面内部控制，以评估认定层次的重大错报风险，即便在本案中博元投资无主业经营的情况下，也应当对如人事及薪酬、资金管理等业务流程的内部控制进行了解，以作为评估相关认定层次重大错报风险的依据。壬S会计师事务所对该事项的申辩意见混淆了“了解业务层面内部控制”和“控制测试”两个概念。此外，壬S会计师事务所了解公司层面内部控制的审计工作底稿部分结论为空，对执行的程序，例如在询问程序中，无被询问者、询问时间等信息，不足以证明壬S会计师事务所针对博元投资实际执行了了解内控的审计程序。

（3）销售和收款循环的穿行测试审计工作底稿有明确记录，并列明具体抽取的样本，辩称借用“穿行测试”模板的说法不予采信（2018-5）。

丁D会计师事务所在*ST国药2012年和2013年年度报表审计受处罚听证时提出的申辩理由：审计过程中采用了详查的方法，部分合同、提货单不够规范引起的疑问已被全面详查程序所排除，对最终审计结论不产生实质性影响；穿行测试仅仅是丁D会计师事务所借用的模板，用以逐笔完成全部全面实质性测试的表现。

证监会意见：丁D会计师事务所2012年、2013年有关销售和收款循环的穿行测试审计工作底稿中，明确记录“随机抽取一个样本检验该公司销售内控是否得到严格执行”，并且列明了具体抽取的样本，因此，对当事人及其代理人辩称的借用“穿行测试”模板的说法，不予采信。

2.函证与监盘

（1）对大额差异未保持应有的职业谨慎和应有的关注，对取得银行对账单的过程失控（2017-5）。

丁D会计师事务所在步森股份与康华农业重大资产重组出具康华农业“三年又一期”报表审计受处罚听证时提出的申辩理由：当事人对康华农业银行存款实施了完整的函证审计程序，未发现康华农业银行存款造假是因为银行故意提供虚假信息。

证监会意见：丁D会计师事务所审计人员将2011年年末金额填写错误的银行函证寄给银行后，银行对存在巨大错误金额的函证确认无误，对此包含重大舞弊风险的事项，当事人应保持高度警觉。当事人称亲自去银行打印银行对账单后确认康华农业银行存款金额无误，但王某成、肖某和的询问笔录称是从康华农业处取得银行对账单，项目现场负责人卢某立的询问笔录称是券商提供的，证明了当事人并未亲自去银行打印银行对账单，对于高达6 200万余元的差异，未保持应有的职业谨慎和应有关注，对取得银行对账单的过程失控，未能做到勤勉尽责。对当事人的此项申辩意见，我会不予采纳。

（2）未对当期销户的银行账户实施函证程序，也未说明不实施函证程序的理由（2016-4）。

丙C会计师事务所在福建金森披露的《重大资产重组报告书（草案）》和连城兰花2012年至2014年9月报表审计受处罚听证时提出的申辩理由：未对分公司银行存款事实函证程序不能构成未勤勉尽责的依据。

证监会意见：会计师未对当期销户银行账户实施函证程序，审计底稿也未说明不实施函证程序的理由，不符合《中国注册会计师审计准则1312号——函证》有关规定。

（3）将询证函交给客户工作人员发出，未能提交事务所人员将询证函亲自交给快递员发出的证据（2017-3）。

甲A会计师事务所在振隆特产IPO报表审计受处罚听证时提出的申辩理由：有关函证控制问题，函证由项目组成员亲自交给快递员发出。

证监会意见：根据振隆特产相关工作人员的询问笔录，甲A会计师事务所将询证函交给振隆特产工作人员发出。另据审计底稿显示，2012年度及2013年度审计底稿中未对函证发出留痕，2014年度询证函寄出单位是振隆特产、寄出人是振隆特产工作人员。此外，甲A会计师事务所也未提交其将询证函亲自交给快递员发出的证据。

（4）既未实地走访函证对象，也未核实前任注册会计师提供的材料，而是虚构核实函证对象收件地址（2017-5）。

丁D会计师事务所在步森股份与康华农业重大资产重组出具康华农业“三年又一期”报表审计受处罚听证时提出的申辩理由：当事人实地走访了万里种业和金稻谷，未虚构核实函证对象收件地址的审计程序。

证监会意见：询问笔录等证据证实丁D会计师事务所审计项目组人员均未走访过万里种业、金稻谷。当事人称，前任注册会计师安排人员2012年实地访谈万里种业、金稻谷。当事人是2014年6月开始为康华农业提供审计服务，与前任注册会计师走访时间跨度比较大，而且前任注册会计师所做工作不能完全替代当事人所做工作。当事人未保持应有的职业谨慎，未进行实地走访。当事人获取的前任注册会计师2012年1月《康华农业销售客户反馈调查表》、2012年1月和2012年10月《广西康华农业股份有限公司客户尽职调查报告》、2012年10月《广西康华农业股份有限公司主要客户访谈表》未记录有当时走访万里种业、金稻谷的地址。当事人获取的前任注册会计师2012年1月和2012年10月《广西康华农业股份有限公司客户尽职调查报告》留存的图片，当时走访万里种业的地点与当事人向万里种业发函的地址不一致。当事人未妥善使用前任注册会计师的工作成果，未保持应有的职业谨慎，未核实前任注册会计师提供材料中万里种业、金稻谷经营地址情况。当事人既未实地走访函证对象，也未核实前任注册会计师提供材料，而是虚构核实函证对象收件地址，当事人在该事项上未勤勉尽责。对当事人的此项申辩意见，我会不予采纳。

（5）审计计划工作底稿中明确列示“应收票据需获取银行的确认函”，但未见执行获取银行确认函的记录，也未在审计工作底稿主动说明未执行函证的理由（2017-6）。

壬S会计师事务所在对博元投资2012年年度报表审计受处罚听证时提出的申辩理由：壬S会计师事务所2012年审计计划中未包含获取银行确认函的程序，故不存在未完成到票据承兑银行对票据真实性进行查询并获取银行确认函的审计程序的违法事实。

证监会意见：壬S会计师事务所2012年审计计划工作底稿中明确列示“应收票据需获取银行的确认函”，但未见执行获取银行确认函的记录，也未在审计工作底稿中说明未执行的理由。

（6）查询银行对账单以及对存在多项重大、异常情形的账户进行函证时银行不接受的程序，在审计工作底稿中均无相关记录（2017-6）。

壬S会计师事务所在对博元投资2012年年度报表审计受处罚听证时提出的申辩理由：审计人员对所有银行账户进行了函证，但针对已销户账户，银行以系统无法调出相关信息为由不接受函证。针对已销户的银行账户，审计的重点在于销户是否真实。博元投资是对长期不用的5个银行账户同时进行了清理，并非对单一账户进行销户处理，故该销户不存在异常。在已获取的证据并未发现不一致的情况下，无需追加进一步的审计程序。

证监会意见：《中国注册会计师审计准则第1312号——函证》第十二条明确规定，注册会计师应当对银行存款（包括零余额账户和在本期内注销的账户）实施函证。壬S会计师事务所无视农行5952账户存在多项重大、异常情形，仅以博元投资同时对多个银行账户进行了清理为由判定该销户行为不异常，并认为对已销户零余额银行账户的审计只需关注其销户的真实性的说法不成立。当事人辩称的查询银行对账单以及对该账户进行了函证但银行不接受的程序，在审计工作底稿中均无相关记录，根据《〈中国注册会计师审计准则第1131号——审计工作底稿〉应用指南》第5条的规定，无法判断其执行情况。

（7）收回函件的快递单无寄件人的电话和姓名，且寄件地址模糊不易辨认，工作底稿未记录采取何种措施确认函件是直接从客户寄回的（2017-6）。

壬S会计师事务所在对博元投资2012年年度报表审计受处罚听证时提出的申辩理由：实践中，被函证方的办公地址与注册地址或函证地址不一致的情况非常多，审计人员通常以核对公章或电话确认的方式保持对函证的控制。壬S会计师事务所于2011年审计博元投资2010年年报的过程中曾和天津同杰的人员联络，要求提供天津同杰的公司章程，公司章程中显示的电话号码与2012年博元投资提供的天津同杰办公电话号码相同，审计人员通过该号码与天津同杰工作人员确认了函证的接收地址。

证监会意见：审计工作底稿中未记录天津同杰的收函地址，也未记录“电话确认”函证地址的审计程序。在收回函件的快递单无寄件人电话、寄件人姓名，且寄件地址模糊不易辨认，并与天津同杰办公地址不一致的情况下，工作底稿亦未记录采取何种措施确认函件是直接从天津同杰寄回，未达到《〈中国注册会计师审计准则第1312号——函证〉应用指南》第6条的要求。

（8）在客户票据置换相关业务存在多项重大、异常情形下，未对应收票据的发生额实施函证和实地走访，不足以将检查风险降至可接受的水平（2017-6）。

壬S会计师事务所在对博元投资2013年年度报表审计受处罚听证时提出的申辩理由：《中国注册会计师审计准则第1312号——函证》并未规定必须对无余额的应收票据发生额进行函证，注册会计师在确定是否有必要实施函证程序时，应当考虑评估的认定层次重大错报风险，以及通过实施其他审计程序获取的审计证据如何将检查风险降至可接受的水平。壬S会计师事务所通过对预付账款、货币资金实施的审计程序及获取的审计证据已经获得了有关票据贴现收益的充分、适当的审计证据，无需对票据置换业务的对手方再进一步执行函证等进一步的审计程序。

证监会意见：在博元投资票据置换相关业务存在多项重大、异常情形之下，壬S会计师事务所未对应收票据的发生额实施函证、未了解天津同杰业务背景和商业能力、也未实地走访，不足以将检查风险降至可接受的水平。

（9）将监盘与抽盘混为一谈，实际抽盘比例远低于审计底稿记载的比例（2017-3）。

甲A会计师事务所在振隆特产IPO报表审计受处罚听证时提出的申辩理由：关于未实施有效抽盘程序问题。①振隆特产实际盘亏的数量是未经准确核实的，事先告知书对于这一基本事实问题没有查明；②事先告知书混淆了“检查存货”和“执行抽盘”这两个概念；③2012年、2013年及2014年的抽盘比例分别为54.36%、67.85%及88.56%，呈现逐年上涨的态势，表明甲A会计师事务所执行了总体审计策略；④由于各期末监盘程序大致相同，以2014年存货监盘为例，原材料监盘比例为70.19%，库存商品监盘比例为18.37%，总抽盘金额246 448 303.6元，比例为期末存货余额的88.56%。

证监会意见：关于未实施有效抽盘程序问题。首先，我会调查组在调查时对振隆特产各分厂的存货同时进行了盘点，振隆特产对盘点结果进行了确认，事实清楚，证据确凿。其次，我会调查人员在调查时，询问注册会计师抽盘比例接近90%的含义，注册会计师回答：在抽盘时从每一垛存货中抽出一些存货进行称重或查看质量，如果质量和重量上没有问题就认为整垛存货是经过抽盘的。因此，并非我会混淆了“检查存货”与“执行抽盘”这两个概念，而是注册会计师将二者混为一谈。最后，现场监盘是指注册会计师实施评价管理层用以记录和控制存货盘点结果的指令和程序、观察管理层制订的盘点程序的执行情况以及检查存货和执行抽盘在内的审计程序，因此不存在所谓“监盘比例”这一概念，也不能将监盘与抽盘混为一谈。综上，甲A会计师事务所实际抽盘比例远低于审计底稿记载的比例。

（10）未对部分银行账户进行函证，未真实完整编制工作底稿（2013-1）。

乙B会计师事务所在绿大地IPO报表审计受处罚听证时提出的申辩理由：乙B会计师事务所对绿大地前5大销售客户履行了审计程序。在执行审计过程中未违反审计准则，无过错行为。

证监会意见：据相关事实和证据，我会认为，乙B会计师事务所未勤勉尽责，未对部分银行账户进行函证、未真实完整编制工作底稿，乙B会计师事务所的上述做法不符合《中国注册会计师审计准则》的相关规定。作为在审计报告上签字的注册会计师，未勤勉尽责，造成其未发现绿大地在为发行上市所编制的财务报表中编造虚假资产、虚假业务收入。申辩意见不予采纳。

（11）审计工作底稿中没有对客户银行存款实施函证的证据（2013-2）。

辛R会计师事务所在万福生科IPO报表审计受处罚听证时提出的申辩理由：在IPO审计阶段，已实施函证程序或采取必要替代程序，包括已对万福生科2008年年末银行存款实施函证；对万福生科2009年年末银行存款实施了检查等必要程序；对桃源县农信社的银行账户，取得了万福生科开销户申请和询证函回函；对万福生科2008年年末、2009年年末的应收账款，已在对万福生科2010年9月30日应收账款函证的基础上，实施了账项核对、凭证检查等必要程序。

证监会意见：辛R会计师事务所用于证明其已对万福生科2008年年末银行存款实施函证的证据，系其无法证明真实来源的“股改及IPO尽职调查审计”底稿。在我会调查中，当事人提供的IPO审计工作底稿中并无其对万福生科2008年年末银行存款实施函证的任何证据，签字注册会计师王某、黄某某及审计助理梁某某在我会询问笔录中也承认未对2008年年末银行存款实施函证。询证函所涉及的桃源县农信社则称其从未开立过涉案银行账户，也从未受理过辛R会计师事务所听证会上提供的询证函，询证函上的签章也并非桃源县农信社的签章。同时，辛R会计师事务所对万福生科2009年年末银行存款和2008年年末、2009年年末应收账款实施其他审计程序代替函证的做法，辛R会计师事务所实施的“必要程序”，也未能为其发表审计意见提供充分、适当的审计证据。

（12）在未真实走访客户的销售对象的情况下，制作虚假访谈笔录（2013-4）。

己F会计师事务所在新大地IPO报表审计受处罚听证时提出的申辩理由：对梅州绿康虚假访谈事项不构成己F会计师事务所正常履行的复核流程瑕疵，2010年新大地向梅州绿康虚假销售34.48万元，仅占当年主营业务收入的0.39%，并不构成重大影响。

证监会意见：己F会计师事务所在未作真实走访的情况下，制作虚假访谈笔录，不仅未履行勤勉尽责义务，也违背了基本的职业道德。

（13）对关联方的审计结论缺乏审计证据支持，对于客户虚列在建工程，会计师既未进行实地勘察，也未以其他适当方式获取充分的审计证据（2014–4）。

乙B会计师事务所在北生药业2004年年度报表审计受处罚听证时提出的申辩意见：已尽了最大努力，其未能发现北生药业与腾盛建筑、九洲济康、盛世康健的关联关系和北生药业虚构在建工程的问题，更多的是源于当时审计手段的限制（如工商登记信息未充分公开），而非二人（编著者："二人"系指签字注册会计师，下同）未勤勉尽责，请求免除行政处罚。

证监会意见：①乙B会计师事务所审计工作底稿中，没有记录或者说明审计人员向北生药业了解、询问九洲济康和盛世康健股东的详细情况，以及上述两家公司与北生药业实际关系的材料。同时，乙B会计师事务所的审计工作底稿中，未见审计人员对北生药业与九洲济康和盛世康健的往来账款余额进行函证的信封，审计程序不够充分、完整。对于腾盛建筑，乙B会计师事务所审计工作底稿显示，该公司2002年法定代表人为何某良。二人称北海市工商局拒绝其查询腾盛建筑的工商登记信息，只是依靠北生药业以往各年度报告的结论，以及北生药业提供的关联方及交易专项声明实施了替代程序。乙B会计师事务所的审计程序不够充分，其关于腾盛建筑并非北生药业关联方的审计结论，缺乏充分、适当的审计证据支持。②对于北生药业虚列在建工程，二人既未以勤勉尽责的态度进行实地勘察，也未以其他适当方式获取充分的审计证据。桑某、徐某的上述行为，直接导致乙B会计师事务所出具的审计文件内容存在虚假，二人应当对此承担相应的法律责任。

（14）未充分关注发函地址的准确性，未记录收发函物流信息，统计回函结果计算错误，未记录应付款函证结论（2018–2）。

丁D会计师事务所在金亚科技2014年年度报表审计受处罚听证时提出的申辩意见：为核实金亚科技的应付账款余额，丁D会计师事务所发出28份询证函。发函前，丁D会计师事务所发现金亚科技提供的拟发函地址中的8个与注册地址不符，审计人员核实后才最终发函，程序并无不当。询证函中既询证了应付账款期末余额，又询证了2014年度交易额，符合《中国注册会计师审计准则第1312号——函证》第十四条的规定。工作中，丁D会计师事务所将被询证单位信息记录于审计工作底稿，由审计人员亲自交给快递公司。在每份询证函中，均明确要求对方直接向丁D会计师事务所深圳分所回函。对发出、收回询证函的情况，均汇总、统计于审计工作底稿，符合《中国注册会计师审计准则第1312号——函证》第十九条规定，做到了勤勉尽责。

证监会意见：审计工作底稿显示，丁D会计师事务所共向金亚科技28位供应商发询证函，询证过程中，丁D会计师事务所未审慎尽责。①丁D会计师事务所未充分关注发函地址的准确性。②丁D会计师事务所在审计工作底稿中未记录收发函物流信息。③统计回函结果计算错误。在审计工作底稿《“应付账款”函询结果汇总表》中，丁D会计师事务所对应付账款的结果进行了统计，在该表计算的应付账款函证金额为2 936万元（实为2 774万元），回函金额计算错误。④审计工作底稿未记录应付款函证结论。因此，我会对此项申辩意见不予采信。

（15）对连续两年盘点日的实存票据余额为零的重大异常情况未保持职业怀疑，对实质性测试中函证过程的异常情况也未予以应有的关注（2018-6）。

甲A会计师事务所在华泽钴镍2013年和2014年年度报表审计受处罚听证时提出的申辩理由：认定甲A会计师事务所未勤勉尽责不符合事实，缺乏准则依据。①应收票据余额先“激增”后“剧减”有合理解释，并非重大异常。②审计时执行的“函证、盘点、检查其后支付以及检查当期发生情况”等程序已经达到“恰当”标准，足以获取充分适当的审计证据。③在已经决定对应收票据实施全面的实质性测试程序的前提下，再去做穿行测试和控制测试已经没有必要。

证监会意见：华泽钴镍2013年应收票据期末余额为1 325 270 000元，占其2013年总资产的38.84%，2014年应收票据期末余额为1 363 931 170元，占其2014年总资产的32.43%，具有重大性。相应票据均于期前集中背书转入，期后集中背书转出，连续两年盘点日的实存票据余额为零，具有异常性。甲A会计师事务所对上述重大异常情况未保持职业怀疑，未能识别出财务报告的重大错报风险。在盘点日应收票据余额为零、2013年未实施与应收票据相关的控制测试、2014年已经发现银行承兑汇票的背书转让无贸易合同和相关人员签字的资金审批表并得出控制不可信赖的情况下，甲A会计师事务所通过倒轧的方法确定2013年、2014年应收票据余额，其获取的审计证据不可靠。即便如甲A会计师事务所所说其实施了全面的实质性测试，其对实质性测试中函证过程的异常情况也未予以应有的关注，如2013年9家询证函回函均为传真件且收到传真时间集中在5分钟之内，9家涉及金额高达1 294 270 000元。

（16）未对询证函的发出和收回保持控制，未核实被询证客户的名称、地址，也未对未回函客户实施替代审计程序（2016-5）。

乙B会计师事务所在海联讯IPO报表和2011年年度报表审计受处罚听证时提出的申辩理由：当事人在函证海联讯2010年和2011年上半年应收账款时，已按审计准则要求核对被询证客户名称、地址，不能简单以审计工作底稿无记载即认定当事人未作核对；证监会关于当事人在函证海联讯2011年上半年末应收账款时，未对6家未回函客户实施替代审计程序的认定结论有误，当事人已对其中3家未回函客户实施替代审计程序；关于湖南星电函证回函寄出地址为“上海辉电”的问题，当事人当时已实施相应审计程序核实应收账款的真实性，因湖南星电合同项下工程系由海联讯和“上海辉电”联合投标，湖南星电回函从“上海辉电”地址寄出并不异常。

证监会意见：当事人未按照规定实施应收账款函证程序的事实清楚。刘某在接受我会询问时，承认未对海联讯提供的客户联系方式进行核实，没有亲自督促客户回函。海联讯方面同时证实，为确保客户收到函证，避免审计证据不足，会将应收账款询证函寄到海联讯当地项目组人员而非被询证客户，由海联讯当地项目组找客户盖章并寄回。乙B会计师事务所向我会提供的审计工作底稿，也并无核对被询证客户名称、地址的记录。上述事实表明，当事人未对询证函的发出和收回保持控制，未核实被询证客户的名称、地址。此外，当事人对6家未回函客户未实施替代审计程序的事实清楚，其提供的证据并不能表明其已实施替代审计程序。湖南星电回函快递单寄出地址并非其本身地址属于明显异常，当事人应予以适当关注并实施相应的审计程序。"上海辉电"是否与海联讯联合投标，与我会认定当事人未对不可靠询证函实施进一步审计程序的事实无关。另外，联合投标本身，也并不能合理解释询证函来源的异常情况。

（17）未记录会计师曾针对未回函情况和函证回函盖章名称的异常情况实施进一步的审计程序（2016-6）。

乙B会计师事务所在键桥通讯2009—2011年、甲I会计师事务所在键桥通讯2012年年度报表审计受处罚听证时提出的申辩理由：2011年键桥通讯确认了与某工程建设总公司苏丹分公司的2份合同产生的收入，尽管其中1份合同存在函证回函签章单位与合同签约主体不一致的情形，但审计人员结合2份合同均为苏丹项目以及向公司询问的情况，认为该合同签约主体与函证对象在合同履行上是混同的，属于可靠的审计证据；2012年键桥通讯进行的应收账款客户明细账务调整也无明显异常。

证监局（深圳）意见：经复核，该2份合同均为键桥通讯虚增的业务收入，考虑到合同数额较大且涉及海外业务，相互具有关联性，2011年审计底稿未记录注册会计师曾针对未回函情况和函证回函盖章名称的异常情况实施进一步的审计程序，当事人上述解释也均未在审计底稿中予以记录，2012年审计底稿未记录调账的真实原因，且替代测试审计程序执行失效，故应认为注册会计师未勤勉尽责。

（18）事后取得银行回函，且未实施验证程序，导致未能发现银行回函系客户伪造（2018-2）。

丁D会计师事务所在金亚科技2014年年度报表审计受处罚听证时提出的申辩意见：丁D会计师事务所陈某霞事后取得回函并不违反审计准则的规定，且其在笔录中称"核对了询证函上银行是否在核对一致处盖章，其他没核对"，说明其已完成了"核心事项"的核对。陈某霞从银行窗口取回的询证函回函等，本身就是银行工作人员提供的"真的假材料"。

证监会意见：根据现有证据，审计人员未对询证函保持控制，未确认询证函信息，银行询证函仅有个人签章，没有加盖银行的印章，应视为无效的询证函。根据《中国注册会计师审计准则第1312号——函证》（2010年修订）第十四条第（一）项的规定，当实施函证程序时，注册会计师应对询证函保持控制，确定需要确认或填列的信息。审计人员事后才取得银行回函，且取回函证后未实施验证程序，导致丁D会计师事务所未能发现银行回函系金亚科技伪造，金亚科技虚增银行存款217 911 835.55元的事实。因此，我会对此项申辩意见不予采信。

（19）未审慎核查发函地址，未对重要函证的异常情况采取进一步审计程序，未如实统计回函结果（2018–2）。

丁D会计师事务所在金亚科技2014年年度报表审计受处罚听证时提出的申辩意见：告知书认定的“应收账款询证函函证程序不当”不能成立。丁D会计师事务所实际发函24份。发函前，丁D会计师事务所发现有12个拟发函地址与注册地址不一致，审计人员核实后，确认其中的11个地址无误。陈某霞只是审计成员之一，其虽未执行地址查验程序，但邹某梅在后续复核审计时，亲自执行了进一步地址查验程序。审计工作底稿中的发函快递单、回函快递单证实了丁D会计师事务所对函证过程的有效控制。对未收到回函的客户的进一步审计程序，已载于专项审计工作底稿中；审计工作底稿中“回函直接确认”就是函证结论。其中，关于四川省有线广播电视网络股份有限公司（以下简称四川广电）成都分公司的函证地址，根据地址核实情况，丁D会计师事务所将函证材料寄至四川广电奥林营业厅，“营业厅”也是发函对象的组成部分或者分支机构，不能视其为异常。回函时，邮单上填写的寄件人与邮戳显示的寄出地不一致是因为涉及的两家公司存在渊源关系，时有沿用老名称；而邮戳地址体现的是交寄地址，不代表公司地址，回函正文源于被询证方并加盖公章可证明其有效性。

证监会意见：关于丁D会计师事务所就金亚科技的应收账款余额情况发出询证函情况。①审计人员未审慎核查发函地址。发函地址与发票地址不一致的，备注发函地址为办公地址，审计工作底稿未记录上述地址来源。根据审计人员以及金亚科技财务人员的询问笔录可以相互印证以下事实：发函地址由金亚科技提供，在发函地址与发票地址不一致的情况下，负责函证发函的审计人员直接按金亚科技提供的地址发函，未进一步核实；发函快递单上的联系人和手机号码均由金亚科技提供，未进一步核实，且快递单由金亚科技财务人员代为填写，审计人员并未审慎核实发函地址。②审计人员未对重要函证的异常情况采取进一步审计程序。四川广电是金亚科技第一大客户，其中7家四川广电分公司均由四川广电成都分公司统一管理，理应引起足够重视。四川广电成都分公司的回函（寄件人）与发函（接收人）不符，审计人员在收到回函时并未关注，在之后的复核程序中，虽然复核人员关注到该疑点，并要求金亚科技查明，在金亚科技未回复的情况下，审计人员未再采取进一步审计程序。申辩人认为将函证寄至奥林营业厅是正常现象，但是由一个营业厅代表分公司接收询证函这一现象本身值得怀疑，再加上发函地址与回函地址不一致，审计人员更应高度重视并实施进一步审计程序。③未如实统计回函结果。丁D会计师事务所针对应收账款函证做了“回函核对记录”，该记录对30家客户（24份函证）“回函是否直接寄给注册会计师”“回函信封上邮戳显示发出城市或地区是否与询证函一致”和“回函信封上印章以及签名中显示的被询证者名称是否与询证函一致”均填写“是”，“回函可靠性结论”均填写“未见重大异常”。实际上丁D会计师事务所仅收到8份回函。除了四川广电，另外7份回函通过其他快递公司收发，无邮戳，丁D会计师事务所在审计工作底稿中未打印快递单物流信息，无法证实“回函核对记录”内容的真实性。综上，我会对此项申辩意见不予采信。

3.充分必要的审计程序和实施进一步审计程序

（1）未对供应商与客户的实际交易情况进行检查，对收入审计工作底稿中错误和矛盾之处未予以关注（2017-7）。

丙C会计师事务所在九好集团2013—2015年年度报表审计受处罚听证时提出的申辩理由：已按照审计准则执行了必要的审计程序，核实了九好集团90%以上的服务类收入。九好集团与相关企业串通舞弊，正常审计手段难以发现。

证监会意见：九好集团的业务模式为向供应商和客户提供平台，收取服务费。丙C会计师事务所仅审查九好集团与供应商之间的交易，而未对供应商和客户的实际交易情况进行检查。同时，对于现有的收入审计工作底稿中错误和矛盾之处，丙C会计师事务所未予以关注。

（2）未达到收入确认条件而提前确认收入，未关注客户采取伪造收入方式虚增当期利润（2013-3）。

壬I会计师事务所在天能科技IPO报表审计受处罚听证时提出的申辩理由：天能科技IPO项目不存在虚增收入及利润的情况，应县道路亮化工程、金沙植物园太阳能照明工程、和谐小区太阳能照明工程三个项目只是提前确认收入。

证监会意见：天能科技财务造假的事实清楚，虽然应县道路亮化工程、金沙植物园太阳能照明工程、和谐小区太阳能照明工程三个项目真实存在，但在2011年9月均未达到收入确认条件，天能科技采取伪造收入的方式，虚增当期利润占当期利润总额达53.18%，当事人对此情况未予关注。

（3）对于明显影响函证可靠性的情况，未记录如何消除相关不利影响，也未实施替代程序（2016-6）。

乙B会计师事务所在键桥通讯2009—2011年、甲I会计师事务所在键桥通讯2012年年度报表审计受处罚听证时提出的申辩理由：部分函证回函虽然直接寄到键桥通讯，但键桥通讯均按当事人要求转交审计人员拆封，当事人已采取有效措施对回函实施了控制。针对2009年年审未回函往来款执行替代测试覆盖范围不完整的情况，当事人提出系因金额小、风险小等原因而未做替代测试。

证监局意见：经查，审计底稿对于上述明显可能影响函证可靠性的情况，均未记录如何消除相关不利影响，当事人上述辩解在底稿中也无记录，应视为注册会计师未勤勉尽责。经复核，《中国注册会计师审计准则第1312号——函证》（2006）第二十一条已明确要求对于未得到被询证者回应的情形，注册会计师应当实施替代审计程序，当事人相关申辩意见不能成立。

（4）在审计客户对外投资和转让产权中未按照审计准则要求实施必要的审计程序（2015-1）。

辛R会计师事务所在成城股份2011—2012年度年报审计受处罚听证时提出的申辩理由：履行了必要的审计程序，勤勉尽责，审计失败源于公司管理层等的故意舞弊。

证监局意见：辛R会计师事务所及其签字会计师在审计成城股份投资安华保险和转让上海物华广场产权中，未按照审计准则要求实施必要的审计程序，保持必要的执业谨慎，违法事实清楚，证据充分。

（5）对重要的审计科目（如营业收入）的审计程序未执行到位（2016-4）。

丙C会计师事务所在对福建金森披露的《重大资产重组报告书（草案）》和连城兰花2012年至2014年9月报表审计受处罚听证时提出的申辩理由：在判断会计师是否勤勉尽责时，应充分考虑审计的固有风险。

证监会意见：据调查，审计机构对重要的审计科目，如营业收入的审计程序未执行到位，未能收集充分适当的审计证据，作出本处罚决定已经考虑审计固有的风险，通过综合判断认定审计机构未勤勉尽责的违法事实。

（6）未对三包索赔费用予以充分关注，未对客户部分销售收入进行充分核查等，在相关公司存在异常关联线索的情况下，未进行充分核查或者追加必要的审计程序（2017-8）。

甲U会计师事务所在登云股份IPO及2013—2014年年度报表审计受处罚听证时提出的申辩理由：甲U会计师事务所履行了勤勉尽责义务，不违反法律规定或依法制定的业务规则，不应对登云股份的虚假陈述行为承担责任。甲U会计师事务所已根据审计准则要求执行审计程序，基于审计存在的固有限制，对于未能发现的故意舞弊行为，甲U会计师事务所不应承担责任。

证监会意见：甲U会计师事务所未对三包索赔费用予以充分关注，未充分追查函证回函差异、执行函证替代程序不充分，未对登云股份与申源特钢资金往来的性质持续保持应有的职业审慎，未对登云股份部分销售收入进行充分核查，在相关公司存在异常关联线索的情况下，未保持应有的职业审慎，未进行充分核查或者追加必要的审计程序。上述行为均属违反审计准则的行为，构成“未勤勉尽责”。我会在作出行政处罚决定时已考虑了审计的固有限制，我会评判注册会计师工作的标准是注册会计师是否按照审计准则的规定恰当地计划和执行了审计工作，而非要求注册会计师对审计对象的财务报表提供绝对保证。因此，对此项申辩意见不予采纳。

（7）未按审计准则和设计的舞弊风险应对措施及总体审计策略执行相应的存货审计程序（2017–3）。

甲A会计师事务所在振隆特产IPO报表审计受处罚听证时提出的申辩理由：关于未按审计准则及设计的舞弊风险应对措施、总体审计策略执行相应的审计程序问题。①2013年审计底稿2260–6显示，“更严格地检查包装箱中的货物”这一审计程序不适用；②振隆特产的存货密集堆放，各垛物品间没预留可查看空间，这种情形显然不应再适用对“存货堆放方式（如堆为中空）”实施额外的审计程序这一应对措施；③“更严格地检查包装箱中的货物”这一审计程序，2014年审计时已经实施，即委托专业第三方鉴定机构对货物进行检测；④甲A会计师事务所实施了核对库房进销存账与财务账是否一致审计程序并且计入了工作底稿“控制测试—存货与成本流程—存货的日常保管控制测试表”中。

证监会意见：关于未按审计准则、设计的舞弊风险应对措施及总体审计策略执行相应的审计程序问题。①根据审计准则的规定，注册会计师应当针对评估的由于舞弊导致的重大错报风险确定总体应对措施，继而应当设计和实施进一步审计程序，以应对评估的由于舞弊导致的重大错报风险。甲A会计师事务所在2013年风险评估及总体应对措施中提出要更严格地检查包装箱中的货物，其理应设计和实施进一步审计程序，即如何更严格地实施检查程序以应对由于舞弊导致的重大错报风险。但甲A会计师事务所却在后续审计程序中认为该应对措施“不适用”，明显违反了审计准则的规定。②注册会计师在审计过程中已经识别、评估出存货及其相关领域存在舞弊导致的重大错报风险，且在2012—2014年度审计工作中，一直把振隆特产的存货作为重大错报风险领域。在这种情况下，振隆特产存货密集堆放的方式，更需要注册会计师保持职业怀疑，按照审计准则及制订的舞弊风险应对措施，更严格地检查存货，以获取存货存在的审计证据。甲A会计师事务所在给我会《存货监盘具体情况说明》中指出其“用现场随机方式进行抽样”，“分别在顶层、侧面、外围进行抽样”，其并未对垛中心的存货进行检查。甲A会计师事务所应保证所有存货都有被检查的机会，从而为注册会计师针对整个总体得出结论提供合理基础。振隆特产存货密集堆放的方式不能成为注册会计师不对垛中心存货进行检查的理由；相反，注册会计师应避免任何有意识的偏向或可预见性，如回避难以找到的项目。而且，甲A会计师事务所在《存货监盘具体情况说明》中指出其在盘点前要求振隆特产准备好计量器具及必备工具，如磅秤、叉车等，但其在实际监盘时并未使用叉车将外围存货搬离从而实施检查程序。③注册会计师对存货进行检查的首要目的在于确定存货是否存在，其次在于评价存货状况。甲A会计师事务所虽然委托专业第三方鉴定机构对货物进行检测，其只是对存货状况进行了评价，不属于确定存货存在的审计证据。最后，据申辩意见提及的审计底稿显示，甲A会计师事务所执行的不是核对库房进销存账与财务账是否一致这一程序。

（8）对营业收入的审计程序未执行到位（2016-4）。

丙C会计师事务所在福建金森披露的《重大资产重组报告书（草案）》和连城兰花2012年至2014年9月报表审计受处罚听证时提出的申辩理由：项目组具体执行的营业收入的审计超过20大项，在判断是否勤勉尽责时，应整体考虑。

证监会意见：结合被审计单位连城兰花所处的行业状况、经营模式、销售特点等，通过查阅会计师营业收入的审计工作底稿，对照有关业务规则综合考虑认为，会计师对营业收入的审计程序未执行到位，未收集充分适当的审计证据，审计未能勤勉尽责，审计结论不公允。

（9）会计师认为应收账款和存货损失可以由业务员承担，却无法提供对应人员名单和人员名单一一对应（2017-4）。

乙L会计师事务所在天目药业2013年年度报表审计受处罚听证时提出的申辩理由：根据《企业会计准则》规定，存货损失为企业日常收发计量或计算上的差错所造成的损失进“管理费用”，由于天灾等不可抗力造成的损失进“营业外收入”，由过失人赔偿的损失部分应由过失人承担。天目药业销售政策中也有营销人员赔付的规定，因此天目药业的会计处理符合《企业会计准则》规定。

证监局（浙江）意见：乙L会计师事务所认为应收账款和存货损失可以由业务员承担，但是实际上天目药业无法提供对应人员名单，无法确认计提的销售费用是否与相关承担损失责任的业务人员一一对应，乙L会计师事务所未执行充分有效的审计程序。

（10）在知晓客户正在转让相关股权的情况下，未执行充分的审计程序（2017-4）。

乙L会计师事务所在天目药业2013年年度报表审计受处罚听证时提出的申辩理由：关于深圳京柏股权转让期后事项，未到深圳京柏现场审计是因为深圳京柏已聘请其他会计师事务所审计并出具了审计报告。乙L会计师事务所在审计中已关注到股权转让相关事宜，查看了深圳京柏审计报告中股东变化情况，并与审计该公司的会计师进行了沟通，未发现股权转让完成情况。在天目药业现场审计结束后，保持与财务人员及天目药业董秘联系。在审计报告日前，获得了天目药业关于股权转让的进展情况说明、管理层期后事项的声明以及大成律师事务所的律师函，还有天目药业的相关公告、董事会决议，并没有发现转让完成迹象。审计已按照《审计准则—

期后事项》获取了充分、适当的审计证据，因此不应承担该期后事项未在天目药业财务报告附注披露的审计责任。此外，这也是一个不需要调整的期后事项。该股权转让事项披露与否并非重大且不具有广泛性。

证监局（浙江）意见：关于期后事项，同期期后事项披露了天目药业另一家子公司杭州天目医药有限公司的股权转让事宜，该子公司的资产规模、主营业务收入和净利润远低于深圳京柏同类数据。乙L会计师事务所获取的与深圳京柏相关的律师函、审计报告出具时间在2014年1月下旬。深圳京柏股权转让经有关部门核准时间是2014年2月12日。审计报告出具时间是2014年4月14日。相关审计准则已明确要求，“确定所有在财务报表日至审计报告日之间发生的、需要在财务报表中调整或披露的事项均已得到识别”。因此，乙L会计师事务所在知晓天目药业正在转让深圳京柏股权情况下，未执行充分的审计程序，未获得充分适当的审计证据。

（11）对期后事项仅获取了客户管理层期后事项声明书，未对客户次年1月的财务报表、账簿、银行对账单等客观证据予以检查，以识别是否存在需要调整或披露的事项（2017–6）。

壬S会计师事务所在对博元投资2013年年度报表审计受处罚听证时提出的申辩理由：期后事项是对上一期业务有延续，并且业务的延续会发生业务性质改变，需要在财务报表中调整或披露的事项，而票据转让及收到现金是不属于调整或披露的事项。壬S会计师事务所出具审计报告的时间是2014年1月25日，博元投资支出1.2亿元资金的记账时间是2014年1月31日，不属于审计的期后事项，且博元投资以银行对账单是月末才出，以及1月报表和账簿未结为由，没有提供。壬S会计师事务所对该大额收款已经实施了银行函证等审计程序，对票据置换业务涉及的大额收款已经获取了充分、适当的审计证据。且在出具审计报告前，对管理层及财务人员进行了期后事项的调查，并获取了期后事项声明书，没有必要对该款项追加设计和实施必要的期后事项审计程序。针对审计工作底稿中风险评估的结果存在多处不一致甚至自相矛盾的情况，壬S会计师事务所在审计计划中将银行承兑汇票评估为重大错报风险，而在审计过程中又列为特别风险，属于对前期风险评估的修正，并实施了大量非常规的审计程序，已将检查风险降至可接受水平。

证监会意见：《中国注册会计师审计准则第1332号——期后事项》第三条明确规定，“期后事项，是指财务报表日至审计报告日之间发生的事项”，该12 000万元的大额支付发生在2014年1月2日，早于壬S会计师事务所出具审计报告的时间2014年1月25日，属于审计准则规定的期后事项。根据《中国注册会计师审计准则第1332号——期后事项》第二条“财务报表可能受到财务报表日后发生的事项的影响……审计报告的日期向财务报表使用者表明，注册会计师已考虑其知悉的、截至审计报告日发生的事项和交易的影响”，以及第九条“注册会计师应当设计和实施审计程序，获取充分、适当的审计证据，以确定所有在财务报表日至审计报告日之间发生的、需要在财务报表中调整或披露的事项均已得到识别”的规定，注册会计师应当对期后事项予以充分的关注，并考虑对财务报表的影响。该笔12 000万元的收款存在多项重大、异常情形，壬S会计师事务所应当保持职业怀疑并关注期后大额付款的情况。本案中，壬S会计师事务所针对期后事项仅获取了管理层期后事项声明书，未对博元投资2014年1月份的财务报表、账簿、银行对账单等客观证据予以检查，以识别是否存在需要调整或披露的事项，未能达到勤勉尽责的要求。

（12）在客户存在舞弊导致的重大错报风险的情况下，未保持应有的职业怀疑和职业谨慎，未执行存货相关审计程序（2017-3）。

甲A会计师事务所在振隆特产IPO报表审计受处罚听证时提出的申辩理由：事先告知书中的行政处罚过重，不符合行政合理性原则。调查人员只是考虑了振隆特产存在虚增利润、虚增存货这一客观结果，进而倒推确定被告知人的审计工作必然存在“未勤勉尽责”的情形，因此作出行政处罚。并非被告知人的审计违法行为导致审计报告出现错误，而是由于振隆特产的恶意造假所致。在本案中即使被告知人的审计工作存在某些瑕疵，但并未出现严重过错，也没有达到“未勤勉尽责”的程度，这种情形下再对被告知人施以严厉的行政处罚并无必要，违反了比例原则。

证监会意见：我会严格按照《证券法》等法律法规及中国注册会计师执业准则、规则等相关规定认定会计师事务所及其签字注册会计师的违法责任，并区分上市公司的会计责任与注册会计师的审计责任。本案中甲A会计师事务所未对函证保持控制、未按审计准则及其设计的舞弊风险应对措施、总体审计策略执行存货相关审计程序，尤其在振隆特产存在舞弊导致的重大错报风险的情况下，未保持应有的职业怀疑和职业谨慎。上述行为均属严重违反审计准则的行为，构成“未勤勉尽责”。我会根据甲A会计师事务所违法行为的事实、性质、情节及社会危害程度所作出的处罚并无不当。

（13）各家公司的购销合同都有不同的格式和特点，但对客户与欧、美、亚及澳洲的各家公司签订的销售合同格式都大致相同的异常情况，未引起高度警觉（2017-3）。

甲A会计师事务所在振隆特产IPO报表审计受处罚听证时提出的申辩理由：关于与营业收入相关项目审计问题，有关销售合同异常问题，当事人认为事先告知书所述情形不异常。

证监会意见：销售合同异常问题。各家公司的购销合同都有不同的格式和特点，但振隆特产与欧洲、美洲、亚洲及澳洲的各家公司签订的销售合同的格式都大致相同，并且合同中关于货物质量、包装标准、付款条件及需要提交的文件等规定，是双方履行各自义务的约定，属合同必备条款。如果缺少这些内容，交易将无法进行。

因此，事先告知书所述情形实属异常，理应引起注册会计师的高度警觉。

（14）对于资产负债表日前集中确认收入的情形缺乏应有的职业谨慎，未追加进一步的审计程序对收入真实性进行有效验证（2015-2）。

丙C会计师事务所在华锐风电2011年年度报表审计受处罚听证时提出的申辩理由：华锐风电此次会计差错的主要原因是公司内部集体舞弊造成，作为外部审计很难发现此类集体舞弊行为，已执行了必要的审计程序。注册会计师按照审计准则执业还不能发现，应当免责。

证监会意见：①会计师对于华锐风电确认收入的关键证据吊装单的可靠性未予合理判断，对于资产负债表日前集中确认收入的情形缺乏应有的职业谨慎，导致未发现公司存在伪造吊装单的情况。②会计师执行的应收账款函证程序存在对大额应收账款未执行函证程序、函证金额不完整、回函比例低等缺陷，会计师所依赖的替代性测试、截止性测试程序存在明显缺陷，同时在核心审计证据吊装单的可靠性存在缺陷的情况下，会计师未取得公司内部控制中的关键证据项目日动态表、货物发运验收单予以核实，也未追加进一步的审计程序对收入真实性进行有效验证。

（15）审计说明已认定相关业务是加工业务，但审计结论却确认是购销业务，未就已获取的互相矛盾的审计证据实施进一步审计程序（2017-4）。

乙L会计师事务所在天目药业2013年年度报表受处罚听证时提出的申辩理由：经济业务实质是购销业务还是委托加工业务，这是专业判断问题。审计时，取得了采购合同、销售合同、发票及记账凭证等，确认相关业务实质为采购销售业务，并无不妥之处。并且，相关交易方均认为是采购销售业务。

证监局（浙江）意见：审计时已发现同笔业务同时存在购销合同和委托加工协议，天目药业在资金结算时部分应付原材料的款项从应收账款中抵扣，实际金额结算以委托加工协议中约定的加工费结算，乙L会计师事务所的审计说明已认定相关业务是加工业务，但审计结论确认是购销业务，两者有矛盾。在当时审计期间，乙L会计师事务所未就已获取的互相矛盾的审计证据实施进一步审计程序，未获取充分、适当的审计证据来支持其审计结论。其在听证时提交的第三方披露材料并非在年报审计时（审计报告出具前）获取的，而是在听证阶段采集的。

（16）没有向政府求证补助相关细节，对相关应收应付款项没有获得函证，在没有得到银行相关到账回函的情况下作出补助到位的会计确认（2014-2）。

庚G会计师事务所在莲花味精2007—2008年年度报表审计受处罚听证时提出的申辩理由：关于未审计出2007年、2008年政府补助的问题，注册会计师认为既然莲花味精与天安科技、银行三方债务转移是事实，那么政府的4.94亿元补助真实存在；根据相关政府批复、三方债务转让协议及转账凭证判断补助已经到位。

证监会意见：庚G会计师事务所在2007年、2008年审计莲花味精政府补助是否到位的审计程序上确实存在不足：①没有向政府求证补助的相关细节；②对其他应收款、应付款项没有获得天安科技函证；③在没有得到银行相关到账回函的情况下作出补助到位的会计确认。其关于2007年、2008年审计莲花味精政府补助已经尽责的申辩不成立。

（17）对主营业务成本、销售费用、存货跌价准备的审计程序执行不到位（2018–1）。

己F会计师事务所在佳电股份2013—2015年年度报表审计受处罚听证时提出的申辩意见：2015年度佳电股份的资产负债表是真实、准确的，不存在虚假记载；2015年度佳电股份虚减净利润1.98亿元，对2015年度净利润–4.61亿元没有实质性影响。请求免于追究己F会计师事务所2015年度的审计责任。

证监会意见：佳电股份在2015年度对2013年度和2014年度虚减的财务数据进行回调，客观上造成2015年度财务数据失真。己F会计师事务所在对佳电股份2015年财务报告进行审计时，对主营业务成本、销售费用、存货跌价准备的审计程序执行不到位，未发现佳电股份在2015年年报中虚减利润1.98亿元的事实，依据审计准则应承担相应的审计责任。因此，对此项申辩意见不予采纳。

（18）对重大合同的核查过程中未保持合理的职业怀疑（2018–2）。

丁D会计师事务所在金亚科技2014年年度报表审计受处罚听证时提出的申辩意见：部分合同虽然存在金亚科技未在落款处盖章的情形，但是丁D会计师事务所关注到，合同另一方均有盖章，由于签约方分属异地，金亚科技在收到对方寄来的合同后，将给对方的合同文本盖章后寄回，而自己留存的未盖章；有的合同已经盖章，就没再签字。合同中的通知地址，为履约方便双方另行约定的地址，不一定与双方的注册地址或实际办公地址相同。而且，根据现有证据，无法证明审计工作底稿中有7份虚假合同。

证监会意见：丁D会计师事务所对审计工作底稿中仅留存14份合同、部分未签字盖章、部分未确定购买数量等异常情况均作出了解释，我会认为，对于金额较大的合同审计人员应当保持合理的职业怀疑和专业判断。丁D会计师事务所在对重大合同核查方面，存在审计人员忽视合同中的重大异常，且未向合同经办人核实的情况。关于某军工企业有两份相同编号的合同的情况，合同金额分别为70万元、840万元，其中金额为70万元的合同金亚科技盖有合同专用章，并由军品部负责人签字，但是金额为840万元的合同上没有盖章签字，丁D会计师事务所审计人员并未要求金亚科技对该相同合同编号的两份合同进行解释，且军品部负责人在询问笔录中确认自己从未见过金额为840万元的合同，丁D会计师事务所审计人员在询问笔录中亦承认在审计过程中未关注该异常情形。我会认为，丁D会计师事务所在对重大合同的核查过程中未保持合理的职业怀疑。综上，我会对此项申辩意见不予采信。

（19）未按要求执行货币资金、应收账款、应付账款和预付工程款等的审计程序，未能发现财务报表错误情况（2018-2）。

丁D会计师事务所在金亚科技2014年年度报表审计受处罚听证时提出的申辩意见：当事人邹某某及其代理人在听证及申辩材料中提出，不应受到行政处罚。第一，审计计划中评估了金亚科技财务报表的重点风险领域，并得到审核批准。第二，虽审计最终未能发现金亚科技财务报表造假行为，但是审计还是做到了勤勉尽责。第三，即使金亚科技财务报表出现“虚假记载”，也并非审计项目组的原因。当事人程某及其代理人在听证及申辩材料中提出，不应受到行政处罚。①对金亚科技2014年度财报的重点风险领域，审计项目组及签字注册会计师已经尽到合理怀疑义务。②虽审计项目组及签字注册会计师最终未能发现金亚科技的造假行为，但是仍然做到了勤勉尽责。③即使金亚科技财务报表出现“虚假记载”，也并非审计项目组及签字注册会计师的原因。

证监会意见：我会认为，会计师事务所和注册会计师作为资本市场的守门人，应当依法履行职责，注册会计师作为具体实施审计工作的人员，应当在职责范围内发表独立的专业意见并承担相应法律责任。注册会计师应当保持足够的职业审慎，勤勉尽责地开展工作，恪守执业准则，保证所出具的法律文件不存在虚假记载、误导性陈述和重大遗漏。由于丁D会计师事务所未按要求执行货币资金、应收账款、应付账款和预付工程款等的审计程序，未能发现金亚科技2014年度财务报表错误情况，出具了无保留意见的审计报告。邹某某和程某作为直接负责的主管人员，理应保持应有的职业审慎，对金亚科技进行充分核查或者追加必要审计程序，因此，我会对此项申辩意见不予采信。

（20）获取其他业务收入的审计证据明显异常、相互矛盾时，未获取进一步的审计证据以消除疑虑（2018-3）。

丁D会计师事务所在超华科技2014年年度报表审计受处罚听证时提出的申辩理由：惠州合正废料销售出货单、过磅单、价格、成本、购销合同等不存在异常，有的属于单据的填写和传递不规范的问题。

证监局意见：丁D会计师事务所在对惠州合正其他业务收入执行实质性程序过程中，获取的多份审计证据明显异常、相互矛盾，我局在《行政处罚事先告知书》中对此进行了列举。丁D会计师事务所应当保持应有的职业怀疑，获取进一步的审计证据消除疑虑。

（21）对合同和提货单的一些明显异常情况没有发现或认为不异常，没有采取进一步审计程序（2018-5）。

丁D会计师事务所在*ST国药2012年和2013年年度报表审计受处罚听证时提出的申辩理由：经审计确认*ST国药的钢贸业务收入确认符合法律规定，不存在2012

年、2013年年度报告数据披露虚假的情形。

证监会意见：丁D会计师事务所虽然实施了详查，但没有对有关合同和提货单进行分析，对合同和提货单的一些明显异常没有发现或认为不异常，没有保持职业怀疑，没有采取进一步审计程序，以致没有发现鄂欣实业钢材贸易业务收入的错报。

（22）未要求客户董事、监事和高级管理人员填报亲属人员名单，未识别出相关企业属于关联方（2018-5）。

丁D会计师事务所在*ST国药2012年和2013年年度报表审计受处罚听证时提出的申辩理由：对*ST国药已进行了必要的关联方识别。

证监会意见：*ST国药2012年设立子公司鄂欣实业从事钢材贸易的目的在于增加营业收入以维持上市地位。在2012年财务报表审计中丁D会计师事务所明知*ST国药钢材贸易是出于保壳需要，明知鄂欣实业与公合实业同时发生钢材销售和采购业务，未保持应有的职业谨慎，未对公合实业是否为关联方实施进一步的审计程序。此外，《上市公司信息披露管理办法》（证监会令第40号）第七十一条明确规定上市公司董事、监事和高级管理人员的配偶、父母、子女等属于上市公司的关联自然人，关联自然人担任董事、监事和高级管理人员的法人为上市公司关联法人，丁D会计师事务所在2012年、2013年审计时均未要求上市公司董事、监事和高级管理人员填报亲属人员名单，未识别出公合实业属关联方，导致未对与公合实业相关的贸易保持职业怀疑，进而未识别出财务报表错报。

（23）未对客户收入、成本和毛利率重大波动情况予以特别关注并实施相应审计程序（2016-5）。

乙B会计师事务所在海联讯IPO报表和2011年年度报表审计受处罚听证时提出的申辩理由：海联讯各月业务收入、销售成本率、毛利率变化较大是海联讯的业务特点。海联讯2010年9月、2011年6月和2011年9月业务收入、销售成本率、毛利率的变化是正常的业务波动，并无明显异常。审计中已适当关注海联讯收入、成本和毛利率的具体情况，并实施相应审计程序以核实收入、成本的真实性。

证监会意见：当事人未对海联讯收入、成本和毛利率重大波动情况予以适当关注并实施相应审计程序的事实清楚。海联讯先后两次申请IPO，其中第一次IPO未获核准。海联讯第一次IPO未获核准的重要原因之一，即在于核心技术实现销售收入占比不高，其中软件开发与销售收入占比不足10%。海联讯在第二次申请IPO时，即通过伪造合同、验收报告来虚增核心技术销售收入，其中主要是软件开发与销售收入。海联讯2010年9月、2011年6月和2011年9月业务收入、销售成本率和毛利率的重大变化，正是源自海联讯虚构了销售成本率较低的软件开发与销售收入的缘故，而非当事人所谓的“海联讯业务的正常波动”。需要指出的是，2010年9月、2011年6月和2011年9月的时点较为特殊，其临近海联讯IPO援引财务报告的截止时点或潜在截止时点。当事人对涉及海联讯首次IPO申请未获核准、海联讯方面具有舞弊动机且发生时点特殊的异常事项，理应予以特别关注并实施相应的审计程序。但当事人并未做到这一点，其在听证中提供的简单证据材料，并不能表明其已对相关财务数据重大波动情况予以适当关注并实施了相应的审计程序。

（24）未对客户退款和收款异常情况予以适当关注并实施相应的审计程序（2016-5）。

乙B会计师事务所在海联讯IPO报表和2011年年度报表审计受处罚听证时提出的申辩理由：海联讯的退款和收款行为，只要资金往来方是合同相对方，资金往来路径与主体保持一致，那么相关资金收付行为即属双方意思自治行为，并不违反任何法律规定。当事人在货币资金审计和应收账款审计中，已就海联讯2010年年末、2011年上半年末和2011年年末应收账款向客户进行函证并得到客户回函确认，该情形足以判定客户对期中收付款事实的认可，当事人无需再对资金往来发生额采取进一步审计措施。当事人并不存在“丧失职业怀疑态度”的问题。

证监会意见：当事人未对海联讯退款和收款异常情况予以适当关注并实施相应的审计程序的事实清楚。除了伪造合同和验收报告虚增营业收入外，海联讯财务造假的另一最重要手段就是虚构收回应收账款，即通过股东垫资或向他人借款在临近会计期末冲减应收账款并在下一会计期初冲回，解决应收账款余额过大的问题。由于海联讯方面冲减应收账款金额巨大且时点特殊，导致相关会计项目出现明显异常。海联讯2010年和2011年应收账款明细分类账显示，海联讯会计期初有大量的客户退款，摘要类似于“×月×日××银行退××客户款××合同”字样，退款时间绝大部分集中在年初或者季初的第1个工作日。2010年1月、2010年10月、2011年1月、2011年7月，海联讯分别向客户退款1 428万元、5 292万元、8 749万元、8 500万元，笔数分别为7笔、20笔、48笔、67笔，单笔金额介于3.8万元和934万元之间。对海联讯在会计期初频繁的、大额的退款情况，当事人并未予以适当关注并实施相应的审计程序。与此同时，当事人在实施货币资金检查、收入真实性检查、应收账款替代测试等审计工作时，对已获取审计证据显示的海联讯退款和收款异常的情况，也未予以适当关注并实施相应的审计程序。当事人李某、刘某在接受我会询问时，已承认没有关注到这种异常情况。当事人在听证中以已收到客户回函确认为由，来免除其应当保持职业怀疑态度的说法，显然不能成立。实际上，根据我会前面认定的事实，当事人对应收账款实施的函证本身，即已存在明显问题。

（25）三包索赔费用问题涉及销售及回款，直接关系到客户应收账款和利润，会计师虽有关注但未采取进一步审计程序（2017-8）。

甲U会计师事务所在登云股份IPO报表及2013—2014年年度报表审计受处罚听证时提出的申辩理由：关于三包索赔费用问题。甲U会计师事务所对三包索赔费用进行了审慎核查，充分关注了登云股份三包索赔费用的波动情况；对潍柴备品、广西玉柴、东风康明斯、东风朝柴等四家主机厂执行的函证程序符合审计准则规定；告知书对2013年未入账三包索赔费用502万元认定错误；登云股份账外存在的三包索赔费用属于未决争议，告知书直接将未入账发票金额认定为应入账而未入账的金额，没有事实和法律依据；登云股份刻意隐瞒存在争议的三包索赔事项，调查人员是通过行政执法手段予以发现，而注册会计师即使穷尽所有手段也难以查出；调查人员在工作中存在不恰当行为。

证监会意见：关于三包索赔款问题。①三包索赔费用问题涉及登云股份的销售及回款，直接关系到登云股份的应收账款金额及利润，甲U会计师事务所虽然对三包索赔费用的波动情况进行了关注，但分析性程序对三包索赔费用2011年大幅增长、2012年至2013年6月末又大幅下降的分析性描述没有提供相应的客观证据支持，也没有采取进一步审计程序。②关于潍柴备品、广西玉柴、东风康明斯、东风朝柴等四家主机厂函证的情况：其一，潍柴备品的询证函由潍柴动力（潍坊）集约配送有限公司（以下简称“潍柴配送”）盖章后寄回。根据潍柴配送《集约配送关于登云股份的资料说明》，潍柴配送知悉潍柴备品各年采购的产品详细型号、数量，不知悉潍柴备品各年采购的准确金额、各年准确的销售退回金额、各年准确的三包索赔金额、潍柴备品各年年末与登云股份准确的往来余额。因此，当事人关于潍柴备品的询证函可以由潍柴配送盖章后寄回的解释，不具有合理性，也没有证据支持。其二，2013年广西玉柴的询证函回函差异1 370 770.53元，登云股份向甲U会计师事务所提供了8张金额相似的发票，解释差异原因为双方入账时间不一致造成的，但是甲U会计师事务所收到发票后并没有对发票内容和差额进行核实，对造成函证差异的真实原因没有实施进一步的审计程序。其三，对东风康明斯回函应收账款中未查明差异原因的金额，注册会计师以占应收账款回函金额的比例较小，且低于重要性水平为由，未做进一步追查。三包索赔费用问题直接关系到登云股份的应收账款金额及利润，注册会计师应当考虑其性质对利润的影响，仅以回函差异金额低于重要性水平金额而未做进一步追查的解释不能成立。其四，抽查发票等替代程序只能验证已经入账部分财务事项的真实性，并不能发现未入账的财务费用，甲U会计师事务所在未收到东风朝柴2012年、2013年半年度回函的情况下，执行的函证替代程序不充分。③告知书中表述的“登云股份2013年三包索赔费未计入当年销售费用5 020 406.98元”事实准确，5 020 406.98元是2013年登云股份未计入销售费用的三包索赔费金额，其中当年注册会计师审计中因未勤勉尽责而未能发现的三包索赔费用为2 422 328.73元。④登云股份于2016年6月向法院对某客户争议金额较大的三包索赔费提起诉讼，2016年11月法院下发《民事调解书》。诉讼时间明显晚于甲U会计师事务所实施审计行为、为登云股份出具审计报告的时间，民事调解是双方事后对债权债务达成新的认识，对认定甲U会计师事务所在执业当时是否违反业务规则、是否勤勉尽责、出具的文件是否存在虚假记载、是否应承担审计责任没有影响。⑤甲U会计师事务所辩称登云股份故意隐瞒三包索赔费用未入账的事实，通过正常审计程序无法发现，只有通过行政执法手段才得以发现。我会认为，登云股份确有隐瞒三包索赔费用的情节，我们在对中介机构处罚时已充分考虑到该情节，但甲U会计师事务所在审计过程中确实存在未对三包索赔费用予以充分关注、未充分追查函证回函差异、执行函证替代程序不充分等违反业务规则、未勤勉尽责的问题。我会并非苛求甲U会计师事务所在审计过程中发现登云股份财务报表的全部问题，而是要求其在审计过程中遵守相关业务规则，审计程序到位，勤勉尽责，出具的文件不存在虚假记载。⑥调查人员给潍柴动力打电话问询问题核实情况是调查人员的调查方式之一，现有证据未发现调查人员存在不当行为，甲U会计师事务所也未提出相关证据。综上，对此项申辩意见不予采纳。

（26）未对客户的相关公司进行充分核查或者追加必要的审计程序，在关联方审计程序中未勤勉尽责（2017-8）。

甲U会计师事务所在登云股份IPO报表及2013—2014年年度报表审计受处罚听证时提出的申辩理由：关于关联方问题。甲U会计师事务所已经保持了应有的职业审慎，对登云股份的关联方关系及其交易实施了充分的审计程序，履行了勤勉尽责义务。登云股份的时任董事兼总经理欧某先未参与广州富匡全、肇庆达美、山东富达美、山东旺特的实际经营，未对上述四家公司形成实际控制，根据实质重于形式原则，应当认定登云股份与上述四家公司不存在关联关系；甲U会计师事务所已经注意到存在“异常联系”的山东旺特并对此进行充分核实，已经获得合理解释，并未发现关联关系；美国登云通过APC公司向客户Jasper公司销售产品，是为了满足Jasper公司对少数族裔采购以享受税收优惠的要求，不能认定APC公司是登云股份的关联方。

证监会意见：对于关联关系的审计，首先是要重点关注和识别有关主体是否构成关联关系。对关联方的界定，根据《中国注册会计师审计准则第1323号——关联方》第九条、第二十九条以及《公开发行证券的公司信息披露编报规则第15号——财务报告的一般规定》第二条、第五十一条、第五十二条和《企业会计准则第36号——关联方披露》第三条、第四条第（十）项的规定进行判断。①本案中，从相关企业的股权结构上看，2010年8月至2013年2月（处于登云股份IPO报告期内），登云股份时任董事兼总经理欧某先客观上对告知书认定的广州富匡全、肇庆达美、山东富达美、山东旺特能够直接或间接控制。当事人辩称，欧某先未参与上述公司的实际经营，根据实质重于形式的原则并未对上述公司实施实际控制。我会认为，欧某先的持股事实足以能够客观、直观地反映其对上述公司的实际控制，当事人辩称的“未参与实际经营”没有客观证据支持。②当事人辩称，其在审计过程中已经注意到山东旺特曾用名为“山东登云汽配销售有限公司”，并就此向公司财务总监进行询问、核查了登云股份与山东旺特签署的代理协议、对山东旺特进行了实地走访，此外还通过查询山东旺特的工商档案发现其股东为山东富达美，但即使对山东富达美的股权情况再进行核查，也只能获悉其股东为肇庆达美、段某魁和景某东，无法发现其与登云股份的关系。我会认为，只有通过全面了解股权结构，才能够直接、客观地识别出关联关系，访谈和走访等方式可以作为协助的调查方式，但只有全面调查和描绘出完整的股权结构，才足以作出排除关联关系的判断；而在股权结构图的描绘过程中，逐级向上追溯到最终实际控制人（多数情况下应追溯到自然人以获取足够合理保障）是普通人都能理解的、调查应进行到的程度；而当事人查询到山东旺特的股东为山东富达美即止，并认为即便再对山东富达美的股东进行核查也发现不了与登云股份的关联关系，显然该关联方核查程序不够充分到位。③当事人辩称，美国登云通过APC公司向客户Jasper公司销售产品，是为了满足Jasper公司对少数族裔采购以享受税收优惠的要求，不能据此认定APC公司是登云股份的关联方。而甲U会计师事务所收集的APC公司相关单据显示该公司与登云股份存在的多项异常联系，如APC公司装箱单的制作人与美国登云仓库的装箱单制作人相同，APC公司装箱单上的联系地址、联系方式与美国登云相同，美国登云副总经理王某枢2010年之前持有APC公司40%股权等，足以证明APC公司与登云股份之间存在异常联系，注册会计师应进一步核查APC公司与登云股份之间的关系。综上，注册会计师未保持应有的职业审慎，未对相关公司进行充分核查或者追加必要的审计程序，在关联方审计程序中未勤勉尽责，对此项申辩意见不予采纳。

（27）对“期初产成品产值”、自行开发成本核算信息系统测试、销售费用波动等的相关审计程序不到位，也未采取进一步的审计程序（2018-1）。

己F会计师事务所在佳电股份2013—2015年年度报表审计受处罚听证时提出的申辩意见：己F会计师事务所严格按照《企业会计准则》《中国注册会计师审计准则》等相关法规规定，实施佳电股份2013年度、2014年度和2015年度的审计工作，履行了相应的审计义务，尽到勤勉尽责的责任。但由于佳电股份治理层和管理层串通舞弊，蓄意隐瞒，向己F会计师事务所提供虚假的财务数据，以及审计程序的固有限制，导致难以发现佳电股份的重大错报。

证监会意见：①己F会计师事务所对佳电股份2013年度财务报表审计时未勤勉尽责，出具的2013年度审计报告存在虚假记载。其一，佳电股份通过产值成本率结转当期营业成本，期初完工产品产值数据对于计算产值结转正确金额非常重要。经核对2012年和2013年审计工作底稿，记录的2013年年初产品产值与2012年年末产值不一致。己F会计师事务所的情况说明与审计工作底稿中记录的情况不符，注册会计师未执行对佳电股份提供的“期初产成品产值”金额的真实性、准确性的审计程序。其二，己F会计师事务所未充分执行对佳电股份自行开发的成本核算信息系统进行测试的相关审计程序。其三，己F会计师事务所在《关于佳木斯电机股份有限公司相关问题的补充说明》（己F会计师事务所特字〔2017〕003082号）中称2013年度佳电股份网店兑现费分析差异中的1 073万元（高于当年的审计重要性水平），无法确认其金额，审计工作底稿中未见进一步的追查审计程序，未获取到充分、适当的审计证据。②己F会计师事务所对佳电股份2014年度财务报表审计时未勤勉尽责，出具的2014年度审计报告存在虚假记载。其一，调查过程中，经查验审计工作底稿并与注册会计师核实确认：审计中注册会计师未执行对佳电股份提供的“期初产成品产值”金额的真实性、准确性的审计程序。其二，己F会计师事务所未充分执行对佳电股份自行开发的成本核算信息系统进行测试的相关审计程序。其三，己F会计师事务所未执行销售费用截止性测试审计程序。其四，经核实，佳电股份2014年12月记入账面的销售费用存在明显波动，己F会计师事务所在销售费用审计工作底稿中记录了各费用明细科目的各月发生额，但未见对费用波动情况进行风险评估的审计工作底稿。③己F会计师事务所对佳电股份2015年度财务报表审计时未勤勉尽责，出具的2015年度审计报告存在虚假记载。其一，审计中未对佳电股份提供的“期初产成品产值”金额的真实性、准确性的审计程序。2014年度审计工作底稿中记录的期末产值与2015年度审计工作底稿中记录的期初产值净差异巨大。其二，己F会计师事务所未执行对佳电股份自行开发的成本核算信息系统进行测试的相关审计程序。其三，佳电股份2015年全年大部分月份均较往年有大幅度增加的销售费用，己F会计师事务所在分析性程序中发现了上述情况。经己F会计师事务所确认，审计工作底稿中未见对上述大幅增加的销售费用进行充分、适当的审计程序。其四，根据2015年度审计工作底稿的记录，审计工作底稿中未见对佳电股份计提存货跌价准备方法变更执行的相关审计程序。综上，对此项申辩意见不予采纳。

（四）审计证据与审计工作底稿

1. 审计证据

（1）未收集充分合理的审计证据，出具的审计报告存在虚假记载（2016-4）。

丙C会计师事务所在福建金森披露的《重大资产重组报告书（草案）》和连城兰花2012年至2014年9月报表审计受处罚听证时提出的申辩理由：“出具的审计报告存在虚假记载”的描述未能区分审计责任与会计责任。

证监会意见：经过调查，丙C会计师事务所在对连城兰花财务报表进行审计时相应的审计程序未履行到位，未收集充分合理的审计证据，其出具的审计报告存在虚假记载。

（2）在证监局已提示关注且在银行未回函的异常情况下，仅进行简单查询，且在查询结果与相关信息明显矛盾的情形下未获取进一步审计证据（2017-7）。

丙C会计师事务所在九好集团2013—2015年年度报表审计受处罚听证时提出的申辩理由：九好集团虚增3亿元银行存款是九好集团蓄意造假的结果，其应承担相应的会计责任，丙C会计师事务所履行了必要的审计程序，不应承担审计责任。

证监会意见：对于九好集团3亿元定期存单，在浙江证监局已提示关注且银行未回函的异常情况下，丙C会计师事务所仅查询了网银和征信中心的企业信用报告。但网银页面仅显示存款是否存在，而企业信用报告由商业银行进行信息录入，存在滞后性。此外，审计工作底稿中存有一份单位存款质押合同，合同附件明确可见九好集团其中一笔1.5亿元的定期存款在2015年9月22日被质押。在此情况下，丙C会计师事务所仅进行简单查询，在查询结果与相关信息明显矛盾的情形下，未获取进一步审计证据，即出具了审计报告。

（3）针对股权收购购买日的确定，审计证据中仅有一张付款凭证，不能证明会计师执行的相关审计程序获取了充分适当的审计证据（2016-2）。

丁D会计师事务所在大智慧2013年年度报表审计受处罚听证时提出的申辩理由：股权收购购买日的确定：①会计师对天津民泰收购情况、实收资本的情况进行了查验，了解到天津民泰剩余注册资本已于2013年11月1日由新股东大智慧信息科技和原股东杨某萍按股权比例缴足。②“长期股权投资”实质性底稿中取得了股权转让协议，付款凭证。对天津民泰工商登记的情况进行了了解和核实，在审计小节中对控制日的判断结论进行了记录，已尽到勤勉尽责的义务。在发现工商登记资料中相关法律文件落款日期2013年11月4日属事后修改后，会计师对该日期变更事项曾要求大智慧编制情况说明，同时向工商局发函询证，并请大智慧明确上述文件变更的具体日期。③对认定购买日的支持性文件《关于民泰（天津）贵金属经营有限公司战略部署会议纪要》进行了取证和核实。对大智慧与天津民泰整合10月15日导入第一笔业务的记录进行了取证，此外，对工商局出具的说明进行了取证及核实。

证监会意见：针对股权收购购买日的确定，审计工作底稿后附的审计证据中仅有一张付款凭证。审计工作底稿未充分记录会计师对于大智慧已经实际控制天津民泰财务和经营决策的判断过程，不能证明当事人执行的相关审计程序已获取充分、适当的审计证据。

（4）会计估计的变更要有事实、协议等新的证据支撑，不能任意作出变更（2017-1）。

甲A会计师事务所在亚太实业2013年年度报表审计受处罚听证时提出的申辩理由：2012年度济南固锝将质量索赔款确认为营业外支出属于符合会计准则要求的会计估计；2013年度济南固锝鉴于质量索赔款未实际支付且具体赔偿金额尚不能确

定的原因，又对营业外支出进行冲减的行为属于会计估计变更，而不是发生了会计差错。

证监会意见：会计估计的变更要有事实、协议等新的证据支撑，不能任意作出变更。济南固锝在未取得新的证据之前对质量索赔款的调整，不属于会计估计变更。济南固锝对涉案索赔款项的会计处理方式与其对其他类似索赔款项的处理方式明显不同，违背了会计处理的一贯性原则，对质量索赔款的调整属于前期差错，应追溯调整，不应影响2013年的净利润。注册会计师未要求济南固锝做出正确的会计调整，未做到未勤勉尽责。综上所述，对当事人及其代理人第二项申辩意见不予采纳。

（5）认定客户虚增营业收入时，是根据多项证据构成的证据链相互印证而认定的（2016-4）。

丙C会计师事务所在福建金森披露的《重大资产重组报告书（草案）》和连城兰花2012年至2014年9月报表审计受处罚听证时提出的申辩理由：处罚告知书中认定蔡某某、项某某的虚假销售收入累计数额与调查记录存在不一致。

证监会意见：我会在认定连城兰花虚增营业收入时，是根据多项证据构成的证据链相互印证来认定，包括连城兰花出具的关于2012年度、2013年度、2014年1月至9月账面销售金额与实际销售金额差异的情况说明，涉案经销商的银行流水，相关当事人的谈话笔录等，经复核无误。

2.审计工作底稿

（1）对大量销售退回作出的审计调整，没有在工作底稿中记录调整理由，亦未针对期后大额退款的情况重新评估资产负债表日收入确认的合理性（2016-2）。

丁D会计师事务所在大智慧2013年年度报表审计受处罚听证时提出的申辩理由：针对临近资产负债表日销售大增：①会计师在执行了常规审计程序的基础上，实施了追加的审计程序，均未发现大智慧存在“2014年3月31日前可全额退款”的销售政策。②会计师对电话录音实施了询问程序，项目组以普通客户名义电话询问大智慧销售人员的审计程序也可实现与抽样查听电话营销录音同样的审计目标。③针对个人用户无法函证时采取的替代审计程序，采取了相比函证程序更有针对性的审计程序：抽取了销售发票、对应的银行进账单以及服务开通的系统记录，逐一核对记载的客户姓名、金额、销售内容、时间是否一致。对2013年12月大智慧销售收入按照软件产品类型进行了分层测试，测试结果未发现重大异常情况。针对期后退货显著增加，设计并实施了有针对性的审计程序以获取相关证据：①了解期后退货原因。退货增加主要是由于2014年1—2月证券市场低迷，以及部分用户参考大智慧推出的模拟盘（金牌投资顾问模拟盘）导致投资出现严重亏损，在监管部门立即处理投诉的要求下，对该部分客户进行了退货处理。②实施期后退货的实质性测试。根据大智慧退款流程，检查了退货协议、退款申请审批单、付款原始凭证、红冲发票、客服部门退货清单等。客户与大智慧根据《退货协议》就退款事宜协商一致，且部分用户是扣除一定使用费后退还，并非“2014年3月31日可全额退款”的情形。同时，会计师将2014年1月至审计报告日的2 242万元销售收入进行了审计调减处理。

证监会意见：针对2013年大智慧软件产品临近资产负债表日销售大增，期后退货显著增加的情况：①审计工作底稿显示，在常规审计程序的基础上，当事人实施的追加审计程序仅查验一项，并未实施过以普通客户名义询问大智慧工作人员的审计程序。②会计师执行电话查听程序的前提是其已对期后退款事项产生的原因有足够的了解和认识。其一，了解期后退货原因的审计程序在审计工作底稿中未明确记录，且相关的管理层说明系2015年11月30日签署，不能证明会计师实施了该项审计程序以获取充分的审计证据。其二，由于收入和期后退款均存在大幅增加的异常情况，会计师即使取得公司管理层说明，但以内部审计证据就认可管理层提出的退款理由，显然不足以应对可能存在的舞弊风险。其三，《退款协议》为统一制式合同，无法获悉退款的真实原因，且大量退款发生在软件销售合同约定的5个工作日之后，对此异常情况，会计师未执行进一步审计程序。当事人申辩其通过询问大智慧管理层，了解到退款原因系投资顾问业务导致客户亏损从而引发客户过度维权所致，但审计工作底稿中并没有相关记录。故根据大智慧的销售特点，在对个人客户函证效果较差、内部证据可靠性较低的情况下，当事人执行电话查听将是其获取直接的审计证据最有效的程序之一。综上，针对临近资产负债表日的销售大增、期后大量退回，丁D会计师事务所没有取得充分、适当的审计证据。丁D会计师事务所对期后大量销售退回作出的审计调整，未在审计工作底稿中记录调整的理由以及对是否存在其他潜在退款的考虑，亦未针对期后大额退款的情况重新评估资产负债表日收入确认的合理性。

（2）在发现摘要（销售业务）异常的情况下，未对该异常事项的性质进行判断并在审计工作底稿中记录（2016-2）。

丁D会计师事务所在大智慧2013年年度报表审计受处罚听证时提出的申辩理由：丁D会计师事务所对销售业务流程进行了了解，并执行了有针对性的审计程序，如，抽取销售发票、对应的银行进账单以及服务开通的系统记录，逐一核对记载的客户姓名、金额、销售内容、时间是否一致。查验结果未发现重大异常。

证监会意见：注册会计师在发现摘要异常的情况下，未对该异常事项的性质进行判断并在审计工作底稿中进行记录，不符合《中国注册会计师审计准则1251号——评价审计过程中识别出的错报》第七条“如果出现下列情况之一，注册会计师应当确定是否需要修改总体审计策略和具体审计计划：（一）识别出的错报的性质以及错报发生的环境表明可能存在其他错报，并且可能存在的其他错报与审计过程中累计的错报合计起来可能是重大的”的规定，同时也不符合《中国注册会计师审计准则1314号——审计抽样》第二十一条“注册会计师应当调查识别出的所有偏差或错报的性质和原因，并评价其对审计程序的目的和审计的其他方面可能产生的影响”的规定。

（3）客户与其他企业之间当年存在频繁的大额无经济业务实质资金往来，且年末往来款余额为零，审计底稿无记录已采取适当的审计程序以识别错报风险（2016-6）。

乙B会计师事务所在键桥通讯2009—2011年、甲I会计师事务所在键桥通讯2012年年度报表审计受处罚听证时提出的申辩理由：当事人提出，2012年高某公司通过将深圳市天某公司开具的支票背书转账向键桥通讯还款的情形不存在异常；深圳市高某公司背书转让的日期为12月底，此时键桥通讯与深圳市天某公司的往来款已为零。

证监局（深圳）意见：经复核，上述事项涉及的转账款数额较大，且发生在年末；深圳市天某公司与键桥通讯当年存在频繁的大额无经济业务实质资金往来，且年末往来款余额为零。注册会计师应当保持职业怀疑态度，结合上述异常情况予以关注，但审计底稿并无记录已采取适当的审计程序以识别错报风险，应视为注册会计师未勤勉尽责。

（4）审计工作底稿中未见会计师关注年终奖的记录和认为年终奖无需进行审计调整的解释和说明（2016-2）。

丁D会计师事务所在大智慧2013年年度报表审计受处罚听证时提出的申辩理由：针对大智慧跨期确认年终奖，会计师对职工薪酬进行了了解：①2014年1月发放的奖金对应职工人数是1 852人，并非按2013年在职的人员1 993人为基数发放奖金，故奖金发放人数在2013年12月31日已确定的说法不准确。②符合一贯性原则。③大智慧与其员工签订的《劳动合同书》等法律文件中未对其他薪酬（包括年终奖）作出明确的约定或任何的书面承诺。④2014年1月发放年终奖的目的是为维持员工队伍的稳定而给予的一次性的额外补贴，并非完全是按惯例发放的年终奖，亦非归属于2013年度的薪酬。⑤该笔薪酬在2013年12月31日是否发放，发放多少均不能合理预期且不能得到可靠估计。故大智慧年终奖应采用按实列支的方式处理，且该项专业判断得到了有关专家意见的支持。由于采用按实列支的年终奖不适用审计工作底稿程序表中第8项的规定，故审计工作底稿中未作奖金期后支付情况的复核记录。

证监会意见：大智慧2012年12月计提发放2012年奖金10 188 666.00元，2013年12月未计提发放2013年奖金，故大智慧对年终奖的处理不存在所谓的“历史一贯性”。根据大智慧财务总监王某红、财务经理郭某莉的邮件记录，董秘王某在2013年12月已关注过若将2013年年终奖计入2014年是否会引起会计师进行审计调整，加之大智慧2013年年终奖的金额占当年披露利润总额的50%以上，金额显著重大，在2012年12月大智慧已经计提发放2012年大部分奖金，2013年12月未计提发放2013

年奖金的情况下，审计工作底稿中未见会计师关注到2013年年终奖的记录，亦未见会计师认为2013年年终奖无需进行审计调整的解释和说明。

（5）应收账款由第三方代为还款的金额较大、持续时间长，审计底稿并无记录已采取适当的审计程序以识别错报风险（2016-6）。

乙B会计师事务所在键桥通讯2009—2011年、甲I会计师事务所在键桥通讯2012年年度报表审计受处罚听证时提出的申辩理由：当事人提出，键桥通讯2009年、2010年的第三人代为还款行为是单方允诺行为，不存在代还款人追回的可能性，债权人确认则表明应收账款冲销无误；相关审计证据相互印证，不存在重大异常；如果查明键桥通讯在其中存在财务舞弊行为则超越了审计固有的限制。

证监局（深圳）意见：经复核，键桥通讯应收账款由第三方代为还款的金额较大、持续时间长，2009年、2010年各第三方代还款金额合计均超过当年重要性水平，且2010年瑞某商行代还的转账凭单摘要为“借款”。形式上的合法并不能排除在审计上可能被识别为重大错报风险甚至舞弊迹象，注册会计师应当保持职业怀疑态度，结合上述异常情况予以关注，但审计底稿并无记录已采取适当的审计程序以识别错报风险，应视为注册会计师未勤勉尽责。

（6）提交给证监局的审计底稿即为项目组提交给事务所复核的底稿，调查期间事务所未提出要补充审计底稿相关内容（2016-4）。

丙C会计师事务所在福建金森披露的《重大资产重组报告书（草案）》和连城兰花2012年至2014年9月报表审计受处罚听证时提出的申辩理由：审计底稿在报告出具10日后就上报福建证监局检查，尚未完成底稿整理程序。

证监会意见：根据对丙C会计师事务所有关人员询问笔录，提交给福建证监局的审计底稿即为项目组提交给丙C会计师事务所复核的底稿。此外，调查期间，丙C会计师事务所及两名签字会计师从未提出要补充审计底稿相关内容。

（五）事务所内部矛盾

（1）事务所营业执照的作废以及由此引致的经营主体资格丧失，应以工商行政管理部门的公告为准，而非以法院判决为准（2015-2）。

丙C会计师事务所在华锐风电2011年年度报表审计受处罚听证时提出的申辩理由：丙C会计师事务所因内部股东纠纷，相关证照、公章、印鉴等资料由包括温某辉在内的姜某股东团队违法把持，2012年1月4日，北京市工商行政管理局朝阳分局向丙C会计师事务所发出通知，申明以姜某为代表的部分股东限期将营业执照缴回，逾期不缴将予以公告作废。因此，2012年1月19日至4月23日丙C会计师事务所处于法律人格待定、经营资格受限，涉案签字会计师于2012年4月9日出具的审计报告不具有法律效力，与丙C会计师事务所无关。

证监会意见：涉案审计报告出具时，丙C会计师事务所的主体资格并非无效或者处在待定状态。企业营业执照的作废以及由此引致的经营主体资格丧失，应以工商行政管理部门的公告为准，而非以法院判决为准，从现有证据材料中未发现北京市工商局将丙C会计师事务所营业执照作废的公告。

（2）以事务所名义出具审计报告时未表示异议，应视为默认其存在并具有法律效力（2015–2）。

丙C会计师事务所在华锐风电2011年年度报表审计受处罚听证时提出的申辩理由：丙C会计师事务所未委派温某辉作为华锐风电审计项目的项目合伙人，涉案审计报告的签字签发未得到丙C会计师事务所授权，不符合相关法律法规及审计准则的要求和规定，属于注册会计师的个人行为。

证监会意见：丙C会计师事务所默示认可了涉案审计报告。丙C会计师事务所对华锐风电财务报告的审计工作具有连续性；姜某团队以丙C会计师事务所名义既出具了涉案审计报告，也出具了其他审计报告，黄某辉团队并未对其他审计报告的有效性表示异议；而且，涉案审计报告是公之于众的法律文件，黄某辉团队应当知道涉案审计报告以丙C会计师事务所名义出具但在当时未表示异议，应视为默认其存在及法律效力。

（3）证券服务机构不得以股东或者管理人员之间的纠纷为由规避或者逃避其应当承担的法律责任（2015–2）。

丙C会计师事务所在华锐风电2011年年度报表审计受处罚听证时提出的申辩理由：涉案业务所取得的业务收入全部由并入己D会计师事务所“事业三部”执业的注册会计师等受益，留在丙C会计师事务所的注册会计师未得到任何受益。调查人员对工作底稿的调取地点为己D会计师事务所“事业三部”，并非丙C会计师事务所的合法办公场所，涉案证据的提交人员也并非丙C会计师事务所委派的工作人员，具体调查资料未经过丙C会计师事务所的核实，调取审计工作底稿的程序存在明显瑕疵。

证监会意见：丙C会计师事务所双方团队事后以和解协议的方式确认了涉案审计报告，并对相关收入分配、资料保存与配合外部检查作了安排。证券服务机构不得以股东或者管理人员之间的纠纷为由，规避或者逃避其应当承担的法律责任；涉案机构如果认为其他股东、合伙人、职员或者机构外第三方的行为导致该机构财产或者信誉、声誉上的损失，可以按有关民商事法律规定寻求救济。丙C会计师事务所对其出具的审计报告不进行有效控制，上述和解协议从一个侧面反映出和解三方对我会的调查工作已经具有合理预见并已作出安排，我会调查程序并无不当。

（4）以事务所名义签订《审计业务约定书》、出具审计报告、业务收入转入该事务所等，认定事务所为责任主体尚在存续（2014–1）。

丙C会计师事务所在天丰节能IPO报表审计受处罚听证时提出的申辩理由：天丰

节能项目是以姜某为首的项目组非法控制丙C会计师事务所期间负责的业务，以黄某辉为代表的丙C会计师事务所存续股东在丙C会计师事务所失控期间及恢复控制权后均对该项目毫不知情，从未参与项目的审计、复核及业务收入分配，且项目组的办公地点及审计底稿存放均不在丙C会计师事务所营业执照住所地。2013年2月17日IPO审计报告和后续《自查报告》均是在被项目组胁迫的情况下出具的，业务收入亦转入姜某账户，丙C会计师事务所不应为项目组的违法执业承担法律责任。

证监会意见：认定丙C会计师事务所为责任主体的依据在于：①丙C会计师事务所与天丰节能于2010年4月签订《审计业务约定书》时，尚未发生股权纠纷，三名会计师均在丙C会计师事务所正常执业，该协议从形式到实质均不存在法律瑕疵。②虽然丙C会计师事务所内部股东就公司控制权进行诉讼，但其作为法人主体始终存续，本案所涉报告也均是以丙C会计师事务所名义出具。③业务收入转入丙C会计师事务所公司账户，丙C会计师事务所作为独立人格的法人享有对该业务收入的所有权，之后的资金划转属于公司的收益分配。④丙C会计师事务所在公司内部治理已陷入失控局面，审计条件发生重大不确定性情况下，丙C会计师事务所管理层基于利益与风险考虑作出妥协，放弃对天丰节能项目实施正常管控并加盖公章，应视为丙C会计师事务所对天丰节能项目的确认。⑤从申辩材料看，丙C会计师事务所已于2月27日取得所谓被姜某扣留的转制必要材料，但仍在3月28日盖章出具了《自查报告》并由黄某辉签字，此时丙C会计师事务所称受胁迫情形并不存在。丙C会计师事务所在执行天丰节能IPO审计业务中未勤勉尽责，有违对外部报告使用人的信赖义务，破坏证券市场管理秩序。

（5）使用以前年度审计底稿替代IPO底稿，并不意味着以前年度审计报告替代IPO报告，对以前年度财务报告加盖公章是否真假与IPO审计报告无关（2014-1）。

丙C会计师事务所在天丰节能IPO报表审计受处罚听证时提出的申辩理由：2010年、2011年财务报告加盖的是已作废的公章，丙C会计师事务所不应对两份年审报告承担法律责任，2013年的审计报告和《自查报告》不能够反映本案的基本事实。

证监会意见：丙C会计师事务所2013年2月提交的IPO审计报告是独立的审计报告，其使用了以前年度审计底稿代替IPO审计底稿，并不意味着使用以前年度审计报告代替IPO审计报告，因此，2010年、2011年财务报告加盖公章是否真假与IPO审计报告无关，亦与本案认定无关。

（六）责任认定和行政处罚

1.责任认定

（1）其他证监局的监管情况和之前的审计情况不影响本案违法事实的认定（2015-1）。

辛R会计师事务所在成城股份2011—2012年年度报表审计受处罚听证时提出的

申辩理由：吉林证监局审计监管、之前的年报审计工作等均未发现问题。

证监局（江西）意见：吉林证监局的监管情况和之前的审计情况不影响本案违法事实的认定。

（2）审计业务约定书并未对审计收入的分项目收费进行约定，对事务所提出处罚没收业务收入应分阶段的申辩理由不予采信（2016-4）。

丙C会计师事务所在福建金森披露的《重大资产重组报告书（草案）》和连城兰花2012年至2014年9月报表审计受处罚听证时提出的申辩理由：审计收费205万元是用途不同的两个审计报告的合计收费，其中提交给证监会的与重组相关审计报告收费应为109万元。

证监会意见：认定本次审计收费金额的依据是2014年11月丙C会计师事务所和福建金森签订的《审计业务约定书》，而不是单方的情况说明，审计业务约定书并未对本次审计分项目收费进行约定，涉案审计报告的审计期间涵盖合同约定审计区间即2012年1月至2014年9月，且当事人在不同期间对审计业务收入提出了不同的数额，对当事人该项申辩意见不予采信。

（3）对当事人作出行政处罚是基于认定事务所在审计执业中的有关违法事实（2016-4）。

丙C会计师事务所在福建金森披露的《重大资产重组报告书（草案）》和连城兰花2012年至2014年9月报表审计受处罚听证时提出的申辩理由：本项目两名签字注册会计师审计态度一贯严谨，从未有过不良记录。福建金森提交申请材料后7天后就主动撤回申请文件，未对市场产生重大影响。

证监会意见：对当事人作出行政处罚基于本案认定的丙C会计师事务所在审计执业中的有关违法事实。我会已充分考虑福建金森主动撤回申请材料的有关情形。

（4）根据在案各项证据，参考审计准则对审计工作的要求判断当事人未勤勉尽责并无不当（2016-6）。

乙B会计师事务所在键桥通讯2009—2011年、甲I会计师事务所在键桥通讯2012年年度报表审计受处罚听证时提出的申辩理由：就审计准则提出了相关申辩意见。

证监局（深圳）意见：《中国注册会计师审计准则》是注册会计师执行审计业务的基本执业质量标准，我局根据在案各项证据，参考准则对审计工作的要求判断当事人未勤勉尽责并无不当。

（5）未遵守相关准则的要求，未勤勉尽责导致出具的审计报告含有虚假记载，应当承担责任（2017-1）。

甲A会计师事务所在亚太实业2013年年度报表审计受处罚听证时提出的申辩理由：事先告知书中所列明的拟处罚依据存在明显错误或不足，被告知人的行为也没有违反拟处罚依据的相关要求，处罚依据不足。

证监会意见：当事人未遵守相关准则的要求，未勤勉尽责导致出具的审计报告含有虚假记载的内容，违反了《证券法》第一百七十三条“证券服务机构为证券发行、上市、交易等证券业务活动制作、出具审计报告、资产评估报告、财务顾问报告、资信评级报告或者法律意见书等文件，应当勤勉尽责，对所依据的文件资料内容的真实性、准确性、完整性进行核查和验证”的规定，构成《证券法》第二百二十三条所述“证券服务机构未勤勉尽责，所制作、出具的文件有虚假记载、误导性陈述或者重大遗漏”的情形，我会适用法律正确。综上所述，对当事人及其代理人的申辩意见不予采纳。

（6）无论客户还是证券服务机构均不得以内部纠纷为由，或借口已经发布单方面免责声明，逃避证券执法的责任追究（2015-2）。

丙C会计师事务所在华锐风电2011年年度报表审计受处罚听证时提出的申辩理由：丙C会计师事务所对涉案审计报告的出具没有过错，不应当承担该审计报告涉嫌违法的后果。

证监会意见：无论上市公司还是证券服务机构，在违反保护投资者法律规定后，均不得以内部纠纷为由，或者借口已经发布了单方面免责声明，逃避证券执法的追究。

（7）事务所在行业中的声誉口碑与本案的处罚事项无关（2017-8）。

甲U会计师事务所在登云股份IPO报表及2013—2014年年度报表审计受处罚听证时提出的申辩理由：甲U会计师事务所在行业里享有很高的声誉口碑，是行业的一面旗帜，是正能量的代表，请求在本案处理时考虑该情况。

证监会意见：甲U会计师事务所在行业中的声誉口碑与本案处罚事项无关，对此项申辩意见不予采纳。

（8）追究注册会计师行政责任的依据是注册会计师自身在执业过程中违反业务规则、未勤勉尽责、出具的文件存在虚假记载的行为（2017-8）。

甲U会计师事务所在登云股份IPO报表及2013—2014年年度报表审计受处罚听证时提出的申辩理由：会计师事务所的审计责任不同于会计责任，会计师事务所根据准则要求恰当地运用“重要性概念”，对财务报表整体是否不存在由于舞弊或错误导致的重大错报获取“合理保证”，即符合审计准则要求，亦应被认为履行了勤勉尽责的义务。

证监会意见：我会严格按照《证券法》等法律法规及中国注册会计师执业准则、规则等相关规定认定会计师事务所及其签字注册会计师的违法责任，并区分上市公司的会计责任与注册会计师的审计责任。登云股份财务造假的会计责任与注册会计师的审计责任是相互独立的，我会追究注册会计师行政责任的依据并非登云股份的财务造假行为，而是注册会计师自身在执业过程中违反业务规则、未勤勉尽责、出具的文件存在虚假记载的行为。对此项申辩意见不予采纳。

（9）在未勤勉尽责的情形下，客户有组织地系统性财务造假，不能当然成为注册会计师减轻、免除处罚的理由（2017-5）。

丁D会计师事务所在步森股份与康华农业重大资产重组出具康华农业“三年又一期”报表审计受处罚听证时提出的申辩理由：康华农业有组织地系统性财务造假是当事人审计未发现康华农业财务造假的重要原因。

证监会意见：当事人应对财务报表整体是否存在由于舞弊或者错误导致的重大错报获取合理保证。获取合理保证的过程，即当事人勤勉尽责的过程。只有当事人在审计过程中勤勉尽责，才能减轻、免除相应的责任。在当事人未勤勉尽责的情形下，康华农业有组织地系统性财务造假，不能当然成为当事人减轻、免除处罚的理由。对当事人的此项申辩意见，我会不予采纳。

（10）对客户和会计师事务所如何处罚不影响对注册会计师的处罚认定（2015-1）。

辛R会计师事务所在成城股份2011—2012年年度报表审计受处罚听证时提出的申辩理由：（注册会计师认为）成城股份的会计责任、辛R会计师事务所作为单位的审计责任未处罚。

证监局（江西）意见：①成城股份在投资安华保险和转让物华广场产权中的会计违法事实清楚，有充足的证据予以证明。②辛R会计师事务所在上述审计中未实施必要审计程序，审计违法成立。认定处罚签字会计师的事实清楚。对成城股份和辛R会计师事务所如何处罚不影响本案认定。我局已充分考虑涉案违法行为的事实、性质、情节、社会危害程度及当事人配合调查等多种因素，对于当事人在量罚上已经从轻处理。

（11）在证监会发现存在舞弊嫌疑并要求事务所核查的前提下，当事人应当给予特别关注和高度注意，但当事人未履行基本的审慎注意义务（2013-3）。

壬I会计师事务所在天能科技IPO报表审计受处罚听证时提出的申辩理由：主动撤回IPO申请，属于《中华人民共和国行政处罚法》（以下简称《行政处罚法》）第二十七条规定的“主动消除或减轻违法行为危害后果”的情形，应当予以从轻、减轻处罚。

证监会意见：当事人的行为不符合《行政处罚法》第二十七条所述“主动消除或减轻违法行为危害后果”的情形，根据《中国注册会计师执业准则》的要求，会计师应当就舞弊导致的会计差错主动向监管机构报告。在我会发现天能科技存在舞弊嫌疑并要求当事人核查的前提下，当事人应当对核查工作给予特别关注和高度注意，但当事人未履行基本的审慎注意义务。

（12）报送虚假申请文件行为，严重破坏证券市场诚信基础和投资者信心，造成严重的社会影响（2014-1）。

丙C会计师事务所在天丰节能IPO报表审计受处罚听证时提出的申辩理由：天丰节能的行为尚未对社会公众产生实质损害，违法行为显著轻微。

证监会意见：天丰节能报送虚假申请文件行为，情节恶劣，严重破坏证券市场诚信基础和投资者信心，造成严重的社会影响。

（13）签字会计师在对涉案年度财务报告审计过程中未勤勉尽责，存在明显疏漏（2014-3）。

己T会计师事务所在宝硕股份2004—2005年年度报表审计受处罚听证时提出的申辩理由：宝硕股份问题更多的属于会计责任；审计结论出现问题的主要原因是企业系统作弊，而不是注册会计师审计出现问题；宝硕股份问题发生在2006年以前，并未造成很大的社会影响，重整后实现了平稳过渡。

证监会意见：综合审查现有证据，签字会计师在对涉案年度财务报告审计过程中未勤勉尽责，存在明显疏漏，对其申辩意见不予采纳。

（14）实施审计时存在多项违反审计准则规定的情形，出具的审计报告存在虚假记载，以此依法追究事务所及注册会计师的审计责任（2018-1）。

己F会计师事务所在佳电股份2013—2015年年度报表审计受处罚听证时提出的申辩意见：佳电股份向中国证监会提供的材料中所陈述的数据不真实不准确，不能作为处罚的依据，而卷宗中除佳电股份提交的对上述数据的陈述说明外未见数据来源及其他证明材料，希望聘请第三方机构对相关数据进行核实。

证监会意见：佳电股份提交的财务数据及其说明是佳电股份在接受中国证监会调查时出具的对其信息披露违法情况的客观描述，我会依此作出的《行政处罚决定书》〔2017〕97号及《市场禁入决定书》〔2017〕22号属于“国家机关以及其他职能部门依职权制作的公文文书”，属于优先适用的书证。上述事实主要涉及上市公司的会计责任，区别于注册会计师的审计责任。判断会计师事务所及其注册会计师是否承担审计责任主要依据其是否勤勉尽责、审计报告是否有虚假记载以及是否遵守相关业务规则等方面。会计师事务所及注册会计师应按照审计准则恰当地计划和执行审计工作，己F会计师事务所在对佳电股份实施审计时，存在多项违反审计准则规定的情形，出具的审计报告存在虚假记载，我会据此依法追究其审计责任。因此，对此项申辩意见不予采纳。

（15）对客户实施审计时存在多项违反审计准则规定的情形，出具的审计报告存在虚假记载，据此依法追究法律责任（2018-3）。

丁D会计师事务所在超华科技2014年年度报表审计受处罚听证时提出的申辩理由：无法仅凭广东证监局对超华科技的《行政处罚决定书》判断审计报告是否存在虚假。

证监局（广东）意见：我局根据对超华科技的调查情况，依法作出《行政处罚决定书》（〔2017〕14号），相关文书属于国家机关以及其他职能部门依职权制作的公文文书，是优先适用的书证。超华科技根据处罚决定对前期会计差错进行了更正，并予公开披露，相关事项是客观存在、众所周知的事实。同时，判断会计师事务所及其注册会计师是否承担法律责任主要依据其是否勤勉尽责、审计报告是否有虚假记载以及是否遵守相关业务规则等方面。丁D会计师事务所在对超华科技实施审计时，存在多项违反审计准则规定的情形，出具的审计报告存在虚假记载，我局据此依法追究其法律责任。因此，对该项申辩意见，我局不予采纳。

（16）在执业过程中存在多项违反审计准则规定的情形，不能认为已经履行了勤勉尽责义务（2018-3）。

丁D会计师事务所在超华科技2014年年度报表审计受处罚听证时提出的申辩理由：已经履行了勤勉尽责的义务，且虚假收入对超华科技当期营业收入的影响轻微，未对投资者判断造成重大影响，不应对丁D会计师事务所进行处罚。

证监局（广东）意见：如前所述，丁D会计师事务所在执行审计业务过程中，存在多项违反审计准则规定的情形，不能认为已经履行了勤勉尽责的义务。超华科技虚增废料销售收入造成当年虚增利润总额、合并净利润占比均为20%以上，影响较大。

（17）对事务所整体审计工作未勤勉尽责进行处罚，未单独针对有关信息的遗漏和错误描述进行处罚（2018-5）。

丁D会计师事务所在*ST国药2012年和2013年年度报表审计报告受处罚听证时提出的申辩理由：风险评估工作底稿中的遗漏和错误描述属于工作疏忽，不会对审计结论造成影响；建立并执行了质量控制管理制度，履行正常的审计质量三级审核程序，确保出具的审计结论报告准确、适当。

证监会意见：我会针对丁D会计师事务所整体审计工作未勤勉尽责进行处罚，未单独针对有关信息的遗漏和错误描述进行处罚。

（18）未勤勉尽责，出具的文件存在虚假记载，应当依法承担责任（2018-6）。

甲A会计师事务所在华泽钴镍2013年和2014年年度报表审计受处罚听证时提出的申辩理由：华泽钴镍年报虚假记载的原因是华泽钴镍故意实施的舞弊行为导致应收票据期末余额错误，并非甲A会计师事务所未勤勉尽责导致审计报告存在虚假记载，不应由甲A会计师事务所承担责任。事先告知书引用的多条准则，特别是关于应当保持职业怀疑态度的要求，皆为原则性条款，没有强制性具体规则依据。

证监会意见：《证券法》第二百二十三条明确规定，“证券服务机构未勤勉尽责，所制作、出具的文件有虚假记载、误导性陈述或重大遗漏的”，经查，甲A会计师事务所在对华泽钴镍2013年、2014年年报审计过程中未勤勉尽责，出具的文件存在虚假记载，应当依法承担责任。

（19）出具的警示函系行政监管措施，而非行政处罚，本次作出的是行政处罚，并不违反对当事人的“同一个违法行为，不得给予两次以上罚款的行政处罚”的规定（2016-1）。

丙C会计师事务所在赛迪传媒2012年年度报表审计受处罚听证时提出的申辩理

由：对丙C会计师事务所和签字注册会计师免除处罚：①丙C会计师事务所和签字注册会计师对赛迪传媒2013年1月17日召开专题会议并决定退出参与摆放权招标事项不知情。②赛迪传媒2013年1月21日才公开披露其决定退出参与摆放权招标的信息，该事项属于期后非调整事项。③丙C会计师事务所执行商誉减值审计程序时，系“参考”而非“依据”中天华出具的资产评估咨询报告，丙C会计师事务所对赛迪传媒2012年末商誉进行了减值测试，取得了充分、适当的审计证据。④丙C会计师事务所、汪某华、雷某涛因赛迪传媒2012年年度报告审计项目的执业问题，已在2014年7月被中国证监会出具警示函，现在处罚违背了“一事不二罚”的行政处罚基本原则。

证监会意见：丙C会计师事务所的上述申辩理由不能成立：①现有证据证明，丙C会计师事务所在出具审计报告前，已知悉赛迪传媒决定退出参与招标事项。其一，丙C会计师事务所审计工作底稿明确记载，其与赛迪传媒曾就退出参与摆放权招标事宜进行沟通，并将书面沟通函作为底稿留存，该函提到“2013年1月17日，（赛迪传媒）董事会专题讨论了招标事宜，最终决定退出此次招标”；其二，丙C会计师事务所在接受我会调查时提交的书面说明中明确提到，“我所于2013年1月17日出具了赛迪传媒2012年度财务报表审计报告，在出具审计报告前，我所获悉赛迪传媒董事会决议退出参与全国铁路旅客列车杂志摆放权招标”；其三，赛迪传媒财务总监刘某称，专题会结束当日即通知了签字注册会计师汪某华。汪某华在首次接受我会询问时，也明确承认出具审计报告前已获悉赛迪传媒退出参与摆放权招标的事项。②丙C会计师事务所在知悉赛迪传媒决定退出参与摆放权招标的情况下，仍以赛迪传媒延迟披露信息为由，认定该事项发生在审计报告日后（审计报告日与财务报告批准报出日为同一日），不属于资产负债表日后调整事项的做法，不符合《中国注册会计师审计准则1101号——注册会计师的总体目标和审计工作的基本要求》第二十八条、第三十条关于注册会计师应当保持职业怀疑，获取充分、适当的审计证据，以将审计风险降至可接受的低水平的规定。③丙C会计师事务所在知悉摆放权招标变更为全国统一招标方式及赛迪传媒决定退出参与摆放权招标后，仍主要利用中天华出具的资产评估咨询报告结论，测算并确认赛迪传媒2012年年末商誉未发生减值，其商誉减值的审计程序存在缺陷。根据审计工作底稿，丙C会计师事务所对赛迪传媒2012年年末商誉减值执行的审计程序包括：检查中天华的资质，复核资产评估咨询报告中引用的财务数据，了解评估师采用的评估方法、评估过程及主要参数选取等内容，利用资产评估咨询报告结论，计算并确认赛迪传媒商誉不减值。丙C会计师事务所听证中所称其“参考资产评估咨询报告，由会计师对商誉进行减值测试并取得充分、适当的审计证据”的说法与事实不符。④我会对丙C会计师事务所出具的警示函系行政监管措施，而非行政处罚。因此，我会目前作出行政处罚并不违反《中华人民共和国行政处罚法》第二十四条关于“对当事人的同一个违法行为，不得给予两次以上罚款的行政处罚”的规定。

（20）出具的审计报告存在虚假记载，并非源自当事人所谓的“审计的固有限制”，而是源自当事人自身持续的不勤勉尽责（2016–5）。

乙B会计师事务所在海联讯IPO报表和2011年年度报表审计受处罚听证时提出的申辩理由：当事人未能发现海联讯舞弊行为的真正原因，是因为海联讯蓄意实施了伪造合同、验收报告等恶意造假行为，这一行为已超越了审计的固有限制，不应归责于当事人。行政执法不能简单地以“结果倒推”方式，否定当事人在当时情形下所作的职业判断，以当事人在审计时未能“有预见性地”采取准确审计程序，即认定当事人未勤勉尽责。

证监会意见：本案当事人出具的审计报告存在虚假记载，并非源自当事人所谓的“审计的固有限制”，而是源自当事人自身持续的不勤勉尽责。当事人在做海联讯第二次IPO审计时，应当认识到海联讯方面为达到发行上市目的，在业绩压力下可能存在舞弊行为。当事人对收入确认等高风险领域，理应特别关注并严格执行审计程序。但当事人既未适当关注海联讯特定时间营业收入、成本和毛利率的重大波动，也未适当控制询证函的收发并对全部未回函客户实施替代审计程序，更未对海联讯特定时点异常的收款退款行为保持职业怀疑态度。当事人对海联讯明显的舞弊迹象，不仅未能做到专业人士应有的职业审慎，甚至未能做到正常人的合理关注。当事人持续不履行法定职责，忽视海联讯明显的造假迹象，最终导致其出具了有虚假记载的审计报告。正是当事人自身持续的不勤勉尽责本身，导致其发表了不恰当的审计意见，我会并不存在所谓的以“结果倒推”方式认定当事人未勤勉尽责的问题。听证中，当事人对其审计程序不到位的事项，总用“这是海联讯的业务特点”“审计的固有限制”“本人在其他审计程序中已实现相同目的”等来进行辩解，但这些辩解缺乏足够的客观证据支持，不能成立。

（21）审计报告上的签字注册会计师应当承担对会计信息质量进行鉴证的首要责任（2016–5）。

乙B会计师事务所在海联讯IPO报表和2011年年度报表审计受处罚听证时提出的申辩理由：本案李某、刘某二人并非乙B会计师事务所违法行为直接负责的主管人员，乙B会计师事务所质量内控和复核人员应当作为主管人员对本案所涉业务质量问题承担责任。

证监会意见：李某、刘某二人作为注册会计师，在海联讯IPO财务报表审计报告和2011年度财务报表审计报告上签字，应当承担对海联讯会计信息质量进行鉴证的首要责任。二人在执业过程中未严格执行审计准则的行为，是导致乙B会计师事务所发表不恰当审计意见最重要的原因，理应被认定为直接负责的主管人员。

（22）事务所在本案听证前注销的事实，不影响对签字注册会计师的处理（2016-5）。

乙B会计师事务所在海联讯IPO报表和2011年年度报表审计受处罚听证时提出的申辩理由：本案处罚幅度与案件事实、情节和当事人过错程度及行为危害后果不相匹配。当事人即使有一定过错，也仅仅属于审计工作的瑕疵，并非未勤勉尽责。证监会可以通过适当方式对当事人进行警示、教育，而非施加严厉的惩治措施。另外，本案违法主体乙B会计师事务所在听证前已注销，证监会应撤销案件并不再处理李某、刘某二人。

证监会意见：李某、刘某二人作为从业超过10年的注册会计师，知悉法律法规和相关业务规则，二人在执行海联讯财务报表审计业务过程中，应当保持应有的职业怀疑态度，遵守职业道德规范，降低投资者决策风险，维护社会公众利益。但本案相关事实表明，李某、刘某二人在执行审计业务时，并未执行审计准则的要求，对可能导致财务报表发生重大错报的明显舞弊迹象长期视而不见，这绝非简单的“审计工作瑕疵”，而是持续的“不作为”和严重的“未勤勉尽责”，理应依法予以严惩。至于乙B会计师事务所在本案听证前注销的事实，并不影响我会对二人的处理。

（23）未对非采购款的性质、背景等予以充分关注，客户与其他企业达成承兑汇票贴现利息承担协议晚于审计报告出具时间（2017-8）。

甲U会计师事务所在登云股份IPO报表及2013—2014年年度报表审计受处罚听证时提出的申辩理由：关于登云股份少确认贴现费用事宜。甲U会计师事务所对申源特钢执行了有效的审计程序，保持了应有的职业怀疑，已履行勤勉尽责义务。票据贴现费用实际由申源特钢承担，告知书认定登云股份少确认贴现费用没有事实和法律依据。

证监会意见：关于贴现费用问题。①按照合同约定，登云股份向申源特钢以承兑汇票方式支付货款的金额不得超过总采购金额的70%，而登云股份2013年1月至6月及2014年向申源特钢支付的承兑汇票均超过采购金额的100%，注册会计师对该异常情况未充分关注。注册会计师对登云股份与申源特钢的采购业务真实性进行了核查，函证往来余额无误，但注册会计师未对登云股份支付给申源特钢的非采购款的性质、背景等予以充分关注，登云股份与申源特钢之间的业务有融资性质，而注册会计师对贴现费用的承担主体问题没有进行充分关注。②登云股份与申源特钢于2016年5月28日签署了《承兑汇票贴现利息承担协议》，最终由申源特钢承担了涉及双方2013—2014年期间业务的全部票据贴现费用，协议签署时间明显晚于甲U会计师事务所履行审计责任、为登云股份出具审计报告的时间，是双方事后对债权债务达成新的认识，对认定甲U会计师事务所在执业当时是否违反业务规则、是否勤勉尽责、出具的文件是否存在虚假记载、是否应承担审计责任没有影响。综上所述，对此项申辩意见不予采纳。

2.行政处罚量罚适度

（1）对于责任人的处理综合考虑涉案违法行为的事实、性质、情节、社会危害程度及当事人是否配合调查等多种因素（2013-2）。

辛R会计师事务所在万福生科IPO报表审计受处罚听证时提出的申辩理由：虽然审计工作底稿存在某些瑕疵，但并不影响审计报告结论，与能否发现万福生科财务造假行为之间不存在必然联系。同时，王某、黄某某提出其已按审计准则应用指南规定，履行相关监督、复核责任，且积极配合中国证监会调查工作，请求从轻处罚。

证监会意见：未按照审计准则要求执行审计工作并导致出具的审计报告存在虚假记载的事实清楚、证据确凿。注册会计师应对所审计业务的质量负责，王某、黄某某所谓已经勤勉尽责的申辩理由不能成立。我会同时认为，对于责任人的处理，应综合考虑涉案违法行为的事实、性质、情节、社会危害程度及当事人是否配合调查等多种因素。本案中，当事人提出的从轻处罚的理由不能成立。

（2）对事务所及签字注册会计师的处罚综合考虑违法行为的事实、性质、情节、社会危害程度等各种因素（2013-4）。

己F会计师事务所在新大地IPO报表审计受处罚听证时提出的申辩理由：中国证监会拟作出的处罚过重，显失公平。

证监会意见：我会对己F会计师事务所及签字注册会计师的处罚，已综合考虑违法行为的事实、性质、情节、社会危害程度等各种因素，不存在显失公平的情形。

3.行政处罚时效

（1）发现客户违法行为同时涉及事务所的审计行为，发现客户违法行为未超过2年时效，因而发现事务所违法行为的时间并未超过2年时效（2014-4）。

乙B会计师事务所在北生药业2004年年度报表审计受处罚听证时提出的申辩意见：乙B会计师事务所为北生药业2004年年度报告出具审计意见的时间是在2005年4月6日，行政处罚已超过2年追诉时效。

证监会意见：我会在2006年6月对北生药业进行监督检查时发现了北生药业违法行为，而北生药业的相关行为同时涉及乙B会计师事务所的审计行为。因此，我会发现乙B会计师事务所违法行为的时间，并未超过2年的时效。

（2）发现违法行为的时间距离IPO项目出具审计报告日未超过两年时效（2017-8）。

甲U会计师事务所在登云股份IPO报表及2013—2014年年度报表审计受处罚听证时提出的申辩理由：针对甲U会计师事务所对登云股份IPO申请文件、2013年年报的审计工作涉嫌未勤勉尽责的问题，证监会于2016年12月向甲U会计师事务所下发《调查通知书》，已过两年追诉时效，依法不应给予行政处罚。

证监会意见：当事人提出甲U会计师事务所对登云股份IPO申请文件、2013年年报的审计工作涉嫌未勤勉尽责的问题，证监会于2016年12月向甲U会计师事务所下发《调查通知书》，已过两年追诉时效，依法不应给予行政处罚。经核查，我会于2015年4月27日向甲U会计师事务所发出《调查通知书》（编号：调查通字151330号），说明“发现违法行为”的时间明显不晚于2015年4月27日，发现违法行为的时间距甲U会计师事务所为登云股份IPO项目出具审计报告之日（2013年12月4日）未超过两年时效。对此项申辩意见不予采纳。

（3）法定追诉时效不能仅以会计师事务所单独作为被正式立案调查对象的时间作为发现其违法行为的时间（2018-3）。

丁D会计师事务所在超华科技2014年年度报表审计受处罚听证时提出的申辩理由：本案已过法定追诉时效。

证监局（广东）意见：《行政处罚法》第二十九条第一款规定，“违法行为在二年内未被发现的，不再给予行政处罚。法律另有规定的除外”。我局发现丁D会计师事务所违法行为的线索，可以认定为违法行为已被发现。丁D会计师事务所签署涉案审计报告的时间为2015年4月28日，我局于2016年3月18日发现超华科技在2014年年报中存在涉嫌虚增废料销售收入的线索，之后开展核查工作。丁D会计师事务所对超华科技2014年财务报表发表了标准无保留的意见，超华科技对丁D会计师事务所审计后的报表进行披露。2017年2月17日，我局约谈签字注册会计师高某、康某华，了解相关情况。其后，我局决定调取丁D会计师事务所涉案工作底稿，并于2017年5月22日向丁D会计师事务所发出《监督检查通知书》。2018年5月28日，我局向丁D会计师事务所发出《调查通知书》，决定对丁D会计师事务所立案调查。上述从我局发现超华科技和丁D会计师事务所违法行为的线索、到初步核实、到立案调查，执法过程逐步推进、环环相扣、紧密联系，不能割裂或取舍。从我局约谈签字注册会计师等行为上看，丁D会计师事务所违法行为的线索在2017年4月28日前即丁D会计师事务所发表审计意见的二年内被我局发现，不能仅以丁D会计师事务所单独作为被正式立案调查对象的时间，作为我局发现其违法行为的时间。因此，对该项申辩意见，我局不予采纳。

（4）证监会已调取审计工作底稿电子版，未过追责时效（2018-6）。

甲A会计师事务所在华泽钴镍2013年和2014年年度报表审计受处罚听证时提出的申辩理由：2013年报审计已超过处罚追责时效。

证监会意见：关于2013年审计报告追责时效问题，我会已于2015年12月18日向甲A会计师事务所调取了2013年、2014年年报审计工作底稿的电子版，未过追责时效。

第三节　2019—2023年受到处罚审计项目申辩理由的综合分析

2019—2023年，证监会对会计师事务所下达65单《行政处罚决定书》，有9家会计师事务所未要求举行行政听证程序，其余的会计师事务所都要求举行了行政听证。

一、2019—2023年受到证监会行政处罚时未要求举行行政听证的情况

2019—2023年受证监会行政处罚时，有丙M会计师事务所等9家会计师事务所的10个项目未要求举行行政听证。具体情况如表4–12所示。

表4–12　　未要求举行行政听证的会计师事务所情况统计表

年份	序号	会计师事务所	项目名称	年报年份
2019	1	丙M会计师事务所	江苏雅百特科技股份有限公司	2015年财务报表
	2	甲A会计师事务所	深圳市零七股份有限公司	2014年财务报表
	3	丙M会计师事务所	宁波圣莱达电器股份有限公司	2015年年度财务报表
	4	戊C会计师事务所	浙江大东南股份有限公司	2016年、2017年年度报告审计
2020	5	辛H会计师事务所	某控股公司	2013年度及2014年一季度财务报表
	6	戊E会计师事务所	北京蓝山科技股份有限公司	2017—2019年年度报告
2022	7	丁N会计师事务所	山东东方海洋科技股份有限公司	2016年、2017年年度报告审计
	8	甲U会计师事务所	乐视网信息技术（北京）股份有限公司	2015年、2016年年报审计
	9	丙A会计师事务所	苏州胜利精密制造科技股份有限公司	2016年、2017年审计报告审计
2023	10	辛F会计师事务所	当代东方投资有限公司	注册资本和实际资本减少审验未向证监会履行备案程序
		合计	10	

二、2019—2023年受到处罚项目听证时部分或全部被采纳的申辩理由

2019—2023年受处罚项目听证时，在282项申辩理由中，有9家会计师事务所的21项申辩理由得到部分或全部被采纳。

（1）对审计收费的认定金额予以调整（2020-2）。

辛H会计师事务所在林州重机集团股份有限公司2017年年度报表审计受处罚听证时提出的申辩理由：辛H会计师事务所该项审计业务的收入为118万元，请求对审计收费的认定金额予以调整。

证监会意见：对于辛H会计师事务所提出调整审计收费认定金额的意见予以采纳。

（2）认定的审计业务收入有误（2021-4）。

甲A会计师事务所在深圳市索菱实业股份有限公司2016年、2017年年度报表审计受处罚听证时提出的申辩理由：认定的2017年审计业务收入有误。

证监会意见：关于甲A会计师事务所对索菱股份2017年度财务报告审计费用认定问题。一是2015年11月12日，甲A会计师事务所与索菱股份签订“甲A会计师事务所约〔2016〕4423号”《审计业务约定书》，约定索菱股份2015年度财务报告审计费用为80万元；二是2016年11月16日，甲A会计师事务所与索菱股份签订“甲A会计师事务所约〔2017〕1773号”《审计业务约定书》，约定索菱股份2016年度财务报告审计费用为80万元，同时2017年4月18日，甲A会计师事务所与索菱股份签订“甲A会计师事务所约〔2017〕5532号”《审计业务约定书》，约定对索菱股份已收购标的公司即上海三旗通信科技股份有限公司、武汉英卡科技有限公司2家公司2016年度的财务报表、业绩承诺实现情况进行专项审计，审计费用为88万元；三是2018年1月20日，甲A会计师事务所与索菱股份签订“甲A会计师事务所约〔2018〕3455号”《审计业务约定书》，约定索菱股份2017年度财务报告审计费用为150万元，虽然该协议并未明确约定150万元收费包括上海航盛实业有限公司、上海三旗通信科技股份有限公司、武汉英卡科技有限公司3家公司2017年度的财务报表、业绩承诺实现情况进行专项审计，实际上甲A会计师事务所出具了上述三家公司的专项审计报告，并未单独收费。结合上海三旗通信科技股份有限公司、武汉英卡科技有限公司2家公司2016年度的财务报表、业绩承诺实现情况进行专项审计收费88万元的事实、索菱股份前财务总监王某威个人提供说明以及甲A会计师事务所对其他上市公司连续三年年度财务报告审计费用一致的情况，甲A会计师事务所关于索菱股份2017年度财务报告审计费用为80万元的陈述申辩意见具有一定的合理性，予以采纳。

（3）没收业务收入的金额需要调整（2021-8）。

辛H会计师事务所在2016年欢瑞世纪联合股份有限公司重大资产重组报表审计受处罚听证时提出的申辩理由：没收业务收入的金额需要调整。

证监局（重庆）意见：审计准则要求注册会计师对财务报表整体发表审计意见。本次重组审计业务收入为258万元。考虑到2012年不在欢瑞影视最终实施重组事项时的报告期内，将2012年度审计业务收入49.17万元扣除。

（4）认定的业务收入金额与收入确认原则不符（2019-5）。

丙W会计师事务所在抚顺特殊钢股份有限公司2010—2016年年度报表审计受处罚听证时提出的申辩理由：证监会认定的业务收入金额与收入确认原则不符。

证监会意见：关于审计业务收入金额。经复核，当事人相关申辩意见具有合理性，提供了新的证据证明其扣除税费后的审计业务收入金额，我会对其申辩意见依法予以采纳。

（5）对签字注册会计师的处罚过重（2019-5）。

丙W会计师事务所在抚顺特殊钢股份有限公司2010—2016年年度报表审计受处罚听证时提出的申辩理由：证监会对丙W会计师事务所及臧某盛、董某的处罚过重。

证监会意见：关于对臧某盛、董某的罚款金额。考虑到臧某盛、董某积极配合调查，承认自身过错，在抚顺特钢重整过程中发挥一定作用，同时综合考虑丙W会计师事务所的处罚力度，为实现过罚相当，我会对其申辩意见依法予以部分采纳。

（6）相关成品酒抽盘程序已记录在工作底稿中（2021-13）。

丁X会计师事务所在皇台酒业2016年年度报表审计受处罚听证时提出的申辩理由：相关成品酒抽盘程序已记录在工作底稿中（2021-13）。

证监局（甘肃）意见：针对当事人关于相关成品酒抽盘程序已记录在工作底稿中的申辩意见，我局予以采纳，对当事人提出的其他申辩意见不予采纳。对当事人部分申辩意见的采纳，不足以影响《中国证券监督管理委员会甘肃监管局行政处罚事先告知书》（〔2021〕1号）对本案违法行为性质及量罚幅度的认定。

（7）采纳部分陈述申辩意见，并调整相关虚增销售收入数据（2022-1）。

癸X会计师事务所在金刚玻璃2016—2017年年度报表审计受处罚听证时提出的申辩理由：基于风险识别与评估的结论、计划的审计工作等方面，按照准则的要求对3亿元协议存款利息、货币资金、营业收入等执行了相应的审计程序。

证监局（广东）意见：对癸X会计师事务所及相关责任人提出的协议存款不存在银行存单和开户证书原件、应收利息和营业收入等方面的部分陈述申辩意见予以采纳，并调整相关虚增销售收入数据。

（8）以扣除增值税后的审计收入计算业务收入，并相应调减罚没款金额（2022-6）。

已F会计师事务所在长园集团2016年、2017年年度报表审计受处罚听证时提出的申辩理由：年度审计业务收入认定未扣税。

证监局（深圳）意见：关于审计业务收入认定问题。已按照法定的增值税率予以扣除，以扣除增值税后的审计收入计算已F会计师事务所的业务收入为3 867 924.53元，并相应调减罚没款金额。

（9）对于事务所提出在业务收入中扣减增值税金额的申辩意见，予以采纳，调减相应业务收入及罚款金额（2022-13）。

庚G会计师事务所在仁智股份2017年年度报表审计受处罚听证时提出的申辩理由：审计费应予以拆分。对仁智股份2017年度财务报表、内控制度、关联方资金占用情况及四家子公司进行审计并分别出具审计报告。审计业务约定书使用中注协标准格式，其中未能注明各项业务收费情况。但根据其他案例、行业收费惯例、行业内控审计收费占比等，应将各项审计收费拆分，并扣除增值税金额。

证监局（浙江）意见：我局依据审计业务约定书及收费凭证认定审计收费金额，庚G会计师事务所关于业务收入应按照其测算金额进行拆分的主张没有充分证据支持。对于庚G会计师事务所提出在业务收入中扣减增值税金额的申辩意见，我局予以采纳，调减相应业务收入及罚款金额。

（10）案涉年报审计业务收入的申辩意见具有合理性，予以采纳，在没收业务收入时已扣除税费（2022-17）。

甲A会计师事务所在昊华能源2016—2018年年度报表审计工作中受处罚听证时提出的申辩理由：对甲A会计师事务所审计业务收入认定有误。

证监局（北京）意见：经复核，我局认为，根据甲A会计师事务所提交的新证据，结合本案认定的违法事实，考虑甲A会计师事务所对同一上市公司连续审计费用基本一致的情况，甲A会计师事务所关于案涉年报审计业务收入的申辩意见具有合理性，我局予以采纳，在没收业务收入时已扣除税费。

（11）当事人提出的没有主观故意、配合调查等情节，在量罚时予以充分考虑（2022-18）。

丁B会计师事务所在亚太药业2017年、2018年年度报表审计受处罚听证时提出的申辩理由：关于主观状态及配合调查等情节。丁B会计师事务所提出，其对未发现相关财务造假情况没有主观故意，内部控制制度完善且运行有效，积极配合调查工作，不存在重大过错行为且有从轻处罚情节。陈某、赵某荣、周某民提出，上海新高峰财务造假是系统性舞弊，因审计固有限制和核查手段局限性，审计人员虽履行了勤勉尽责义务，仍未能发现其财务造假情况，此外，3名签字会计师积极全面配合调查。

证监局（浙江）意见：当事人提出的没有主观故意、配合调查等情节，我局已在量罚时予以充分考虑。

（12）客户年度报告公开时间晚于事务所出具审计报告时间，在出具审计报告时客观上无法核查客户相关信息（2022-18）。

丁B会计师事务所在亚太药业2017年、2018年年度报表审计受处罚听证时提出的申辩理由：关于对客户信息的关注情况。丁B会计师事务所、陈某、赵某荣提出，客户2017年年度报告公开时间晚于丁B会计师事务所出具审计报告时间，在出具审计报告时客观上无法核查该信息，同时也已对相关收入确认实施了必要的进一步审计程序。

证监局（浙江）意见：对当事人关于对客户信息关注情况的申辩意见，我局予以采纳。

（13）业务收入认定问题的部分申辩意见予以采纳（2022-19）。

戊E会计师事务所在柏堡龙2018—2019年年度报表审计受处罚听证时提出的申辩理由：事先告知对于戊E会计师事务所执行柏堡龙2018年、2019年年度财务报告审计的业务收入认定错误。事先告知中认定的戊E会计师事务所执行柏堡龙2018年、2019年年度财务报告审计业务收入不应涵盖申辩人审计柏堡龙子公司的审计费用以及执行“募集资金审核”“关联方资金占用情况审核”的费用，同时申请认定戊E会计师事务所业务收入时扣除戊E会计师事务所及其合伙人缴纳的增值税、附加税及个人所得税。

证监会意见：关于戊E会计师事务所执行柏堡龙2018年、2019年年度财务报告审计的业务收入认定问题。结合申辩人提交的审计业务约定书以及申辩人作出的说明，我会对申辩人关于业务收入认定问题的部分申辩意见予以采纳。经核实，对戊E会计师事务所的业务收入调减为1 084 905.66元。

（14）采纳当事人有关没收的业务收入应扣除增值税的申辩意见（2023-3）。

己F会计师事务所在獐子岛2016年年度报表审计受处罚听证时提出的申辩理由：认定的己F会计师事务所130万元的业务收入金额不准确，应扣除销项税额、差旅费、外聘专家的费用以及己F会计师事务所单独为子公司出具审计报告的费用。

证监会意见：采纳当事人有关没收的业务收入应扣除增值税的申辩意见。

（15）量罚时考虑审计的局限性及当事人积极配合调查的行为（2023-3）。

己F会计师事务所在獐子岛2016年年度报表审计受处罚听证时提出的申辩理由：己F会计师事务所积极配合证监会的调查工作。

证监会意见：我会对己F会计师事务所的量罚已考虑审计的局限性及当事人积极配合调查的行为。

（16）扣除增值税金额的申辩意见，予以采纳，据此调减罚没款金额（2023-4）。

庚G会计师事务所在科迪乳业2016年至2018年年报审计受处罚时听证提出的申辩理由：与科迪乳业签订审计业务约定书为一揽子综合收费，年审费用应扣除专项用途审计服务收费，并扣除增值税金额。

证监局（河南）意见：除有关扣除增值税的意见外，对其他意见不予采纳。

（17）综合考虑签字注册会计师在的违法情节和主观过错，对其处罚幅度予以适当调整（2023-5）。

己F会计师事务所在蓝盾股份2018年、2019年年度报表审计受处罚听证时提出的申辩理由：熊某未针对人民财险实施追加二次函证程序进行申辩，但提出其并不知悉人民财险致函揭发询证函回函存在虚假印章之事，也不清楚前往人民财险走访的具体原因和走访内容，其他会计师并未告知其存在相关事项，并提交了相关证明材料。熊某认为对其处罚过重，请求免除或减轻行政处罚。

证监局（广东）意见：综合考虑熊某在本案中的违法情节和主观过错，对其申辩意见予以部分采纳，对其处罚幅度予以适当调整。

（18）没收审计业务收入应扣除增值税（2023-9）。

甲A会计师事务所在航天通信2017—2018年度报表审计受处罚听证时提出的申辩理由：涉案审计业务收入计算有误，应扣除上市公司非涉案子公司的审计费用；涉案审计业务收入应扣除已纳税额。

证监会意见：经复核，我会认为，当事人的部分申辩意见具有法律依据，应予采纳，没收审计业务收入应扣除增值税。

（19）会计师事务所及会计师存在配合调查等情形，已在量罚中考虑（2023-9）。

甲A会计师事务所在航天通信2017—2018年度报表审计受处罚听证时提出的申辩理由：甲A会计师事务所及相关会计师存在积极配合我会调查的行为。据此，请求免予处罚。

证监会意见：关于甲A会计师事务所及会计师存在配合调查等情形，我会已在量罚中考虑。

（20）量罚已充分考虑主客观情况以及配合调查等因素，对个别符合事实的意见予以采纳，并调整事实认定内容（2023-13）。

庚G会计师事务所在和佳医疗2020年年报审计受处罚听证时提出的申辩理由：和佳医疗资金占用，由时任董事长和总裁组织、策划、指使，内外协同，通过虚假融资租赁业务划拨资金等方式占用资金。这种共同舞弊行为，具有复杂性和隐蔽性，客观上加大了审计发现的难度。会计师不存在主观故意，未有任何形式的协助或暗示，而且积极配合调查，协助核查和佳医疗违法事实，自身违法情节轻微，并已在此次事件中吸取深刻教训。

证监局（广东）意见：本案量罚已充分考虑主客观情况以及配合调查等因素，量罚适当。对个别符合事实的意见予以采纳，并调整事实认定内容。

（21）晨宝（辽宁）设立后，华晨集团转让51%股权不再涉及实物出资情形（2023-14）。

庚G会计师事务所在华晨集团2017年、2018年年报审计受处罚听证时提出的申辩理由：华晨集团在2017年12月份转让晨宝（辽宁）51%股权后，晨宝（辽宁）新的公司章程中所记录出资方式为实物的情况与事实相符，华晨集团转让该股权不应改变原股东的出资方式。

证监会意见：经复核，我会认为：华晨集团设立晨宝（辽宁）的出资方式是货币和实物出资两种方式。晨宝（辽宁）设立后，华晨集团转让51%股权不再涉及实物出资情形。

三、2019—2023年受到处罚项目没有被采纳的申辩理由

2019—2023年，有25家会计师事务所（甲I会计师事务所业务由主体资格承继的甲A会计师事务所承担）在听证时提出282项申辩意见中未采纳的261项，具体如表4-13所示。

表4-13　　2019—2023年受处罚审计项目申辩理由未被采纳情况统计表

序号	事务所	与前任注册会计师沟通	风险评估、舞弊风险、重大错报风险	审计程序	审计证据与审计工作底稿	责任认定和行政处罚	年报披露	会计判断	事务所质量控制	盈利预测审核报告虚假	合计
1	戊E会计师事务所	1	1	7	6	8					23
2	辛H会计师事务所			3	1	8	1				13
3	辛V会计师事务所			2		3	1				6
4	乙L会计师事务所			2		4		1			7
5	己F会计师事务所		3	8	1	17					29
6	丁D会计师事务所		2		2						4
7	乙V会计师事务所			7	1	1			1		10
8	甲A会计师事务所			10	3	11					24
9	丙W会计师事务所					8					8
10	丁N会计师事务所					3					3
11	庚G会计师事务所	1	4	7	9	21					43
12	壬I会计师事务所		1	6	1	6					14

续表

序号	事务所	与前任注册会计师沟通	风险评估、舞弊风险、重大错报风险	审计程序	审计证据与审计工作底稿	责任认定和行政处罚	年报披露	会计判断	事务所质量控制	盈利预测审核报告虚假	合计
13	甲K会计师事务所					3					3
14	丙M会计师事务所		1	5	1	4				1	12
15	壬W会计师事务所			5		5					9
16	丁X会计师事务所		1	3		5		1	1		11
17	甲Y会计师事务所			2	1	3	1		1		8
18	癸X会计师事务所				1	2					3
19	乙Z会计师事务所				1	3					4
20	丁B会计师事务所				5	1					6
21	己D会计师事务所		1	3		2					3
22	壬S会计师事务所			1	1	3			1		3
23	庚E会计师事务所					4					4
24	癸H会计师事务所					2					2
25	壬G会计量事务所					3					3
	合计	2	14	71	34	130	3	2	4	1	261

2019—2023年受处罚项目申辩意见未被采纳的“审计程序”情况如表4-14所示。

表4-14　　　　2019—2023年“审计程序”申辩理由未被采纳情况表

序号	会计师事务所	合计	控制测试	函证与监盘	充分必要和进一步审计程序
1	戊E会计师事务所	7		5	2
2	辛H会计师事务所	3		2	1
3	辛V会计师事务所	2			2

续表

序号	会计师事务所	合计	控制测试	函证与监盘	充分必要和进一步审计程序
4	乙L会计师事务所	2		1	1
5	己F会计师事务所	8		2	6
6	乙V会计师事务所	7	2	3	2
7	甲A会计师事务所	10		4	6
8	庚G会计师事务所	7	1	2	4
9	壬I会计师事务所	6			6
10	丙M会计师事务所	5	2	1	2
11	壬W会计师事务所	5	1		4
12	丁X会计师事务所	3		2	1
13	甲Y会计师事务所	2		1	1
14	己D会计师事务所	3		1	2
15	壬S会计师事务所	1			1
	合计	71	6	24	41

2019—2023年受处罚项目申辩意见中未被采纳的“审计证据和审计工作底稿”情况如表4-15所示。

表4-15　2019—2023年“审计证据和工作底稿”申辩理由未被采纳情况表

序号	会计师事务所	合计	审计证据	审计工作底稿
1	戊E会计师事务所	6	5	1
2	辛H会计师事务所	1		1
3	己F会计师事务所	1	1	
4	丁D会计师事务所	2	2	
5	乙V会计师事务所	1	1	
6	甲A会计师事务所	3	2	1
7	庚G会计师事务所	9	6	3
8	丙M会计师事务所	1	1	
9	甲Y会计师事务所	1	1	
10	癸X会计师事务所	1	1	
11	乙Z会计师事务所	1	1	
12	丁B会计师事务所	5	5	
13	壬I会计师事务怕	1	1	
14	壬S会计师事务所	1	1	
	合计	34	28	6

2019—2023年受处罚项目申辩意见中未被采纳的“责任认定和行政处罚”情况如表4-16所示。

表4-16　2019—2023年“责任认定和行政处罚”申辩理由未被采纳情况表

序号	会计师事务所	合计	责任认定	行政执法依据	行政处罚量罚适度	行政处罚时效
1	戊E会计师事务所	8	5		3	
2	辛H会计师事务所	8	6	1	1	
3	辛V会计师事务所	3	2			1
4	乙L会计师事务所	4	2		2	
5	己F会计师事务所	17	9	2	3	3
6	乙V会计师事务所	1		1		
7	甲A会计师事务所	11	4	2	4	1
8	丙W会计师事务所	8	7			1
9	丁N会计师事务所	3	2		1	
10	庚G会计师事务所	21	10	1	4	6
11	壬I会计师事务所	6	1	2	2	1
12	甲K会计师事务所	3	3			
13	丙M会计师事务所	4	3			1
14	壬W会计师事务所	5	2	1	2	
15	丁X会计师事务所	5	2		2	1
16	甲Y会计师事务所	3	2		1	
17	癸X会计师事务所	2				2
18	乙Z会计师事务所	3	1	1		1
19	丁B会计师事务所	1			1	
20	庚E会计师事务所	4	1	1	1	1
21	壬G会计师事务所	3	1	1	1	
22	癸H会计师事务所	2	1		1	
23	壬S会计师事务所	3		1	2	
24	己D会计师事务所	2			1	1
	合计	130	64	14	32	20

未被采纳的申辩理由及定性意见如下：

（一）与前任注册会计师沟通问题

（1）与前任会计师只记录有电话沟通，未予以记录电话沟通的内容和向前任发函及相关有效证据（2020-1）。

戊E会计师事务所在新绿股份2015年年度报表审计受处罚听证时提出的申辩理由：针对《告知书》认定的第九项违法事实，当事人承接前已发函沟通，前任会计师未回函并不表示当事人未勤勉尽责。根据审计准则规定，前任注册会计师未回函时，在不存在专业方面的原因，后任注册会计师仍可以接受委托。当事人对新绿股份进行了细致的业务承接评价，认为不存在专业方面的原因拒绝接受委托。

证监会意见：关于《告知书》认定的第九项违法事实的申辩意见，《中国注册会计师审计准则第1153号——前任注册会计师与后任注册会计师的沟通》第七条规定了后任注册会计师在接受委托前应当与前任注册会计师进行必要的沟通，第九条要求沟通内容应当合理、具体，并明确了至少需要沟通的内容，但戊E会计师事务所在工作底稿中只记录了有电话沟通，未予以记录电话沟通的内容，也未记录向前任发函及相关有效证据，违反了《中国注册会计师审计准则第1153号——前任注册会计师与后任注册会计师的沟通》第七条、第十八条的规定。

（2）未向前任注册会计师发出沟通函，也没有将沟通的情况记录于审计底稿（2022-11）。

庚G会计师事务所在公准股份2016年年报审计受处罚听证时提出的申辩理由：庚G会计师事务所要求公准股份联系前任会计师事务所及签字会计师，公准股份口头反馈对方不愿意配合，考虑到以前年度审计报告均为标准无保留意见等因素，庚G会计师事务所决定通过对以前年度审计报告进行分析来替代上年审计意见沟通。

证监局（黑龙江）意见：关于与前任注册会计师沟通的审计程序。庚G会计师事务所既未向前任注册会计师发出沟通函，也没有将沟通的情况记录于审计底稿。

（二）风险评估、舞弊风险、重大错报风险

（1）对应收账款、理财产品认定评价存在重大错报风险时，未广泛地与财务报表整体相关，其风险识别和评估程序存在缺陷（2020-6）。

丁D会计师事务所在风华高科2016年年度报表审计受处罚听证时提出的申辩理由：丁D会计师事务所执行2016年度风险评估审计工作时，已充分考虑相关的资产减值损失、银行存款的风险，并实施复核验算、检查、函证等程序未发现明显异常，未调整该等科目风险评估结论的文字描述本身并不影响相关实施执行的审计工作及其对相关审计结论的支持。

证监局（广东）意见：资产减值损失、银行存款等科目与应收账款、理财产品等事项密切相关，在对应收账款、理财产品的相关认定评价存在重大错报风险时，丁D会计师事务所未按照《中国注册会计师审计准则第1211号——通过了解被审计单位及其环境识别和评估重大错报风险》第二十九条的要求，评价其是否更广泛地与财务报表整体相关，进而潜在地影响多项认定。丁D会计师事务所在风险应对程序中实施实质性程序，不影响关于其风险识别和评估程序存在缺陷的认定。

（2）未将理财产品相关认定与银行存款、应收账款转让相关认定作为关联事项进行必要关注，风险识别和评估程序存在缺陷（2020-6）。

丁D会计师事务所在风华高科2016年年度报表审计受处罚听证时提出的申辩理由：丁D会计师事务所在对风华高科2016年审计过程中未知悉及获取任何证明案涉应收账款和理财产品及投资顾问费之间存在关联的审计证据：①理财产品的购买时间、金额与应收账款转让时间、金额并非高度一致；②风华高科的应收账款、理财产品和投资顾问费分属不同业务环节，没有对应关系；③粤盛资产的财务顾问费包含于风华高科2016年管理费用当中，占当期管理费用总额4亿余元的比例不足1%，在执行审计工作时未抽查到粤盛资产相关投顾协议；④购买理财产品的收益并不固定，投资顾问费金额高于理财产品收益金额的事项本身不足以得出上市公司“购买理财产品的交易行为存在重大异常”。

证监局（广东）意见：风华高科购买粤盛资产委托宏信证券发行理财产品的交易行为存在明显异常：①应收账款转让款收入时间与宏信证券理财产品投资款支付时间均为2016年3月24日，两笔交易金额高度相近；②银行理财产品之外，风华高科2016年购买的委托投资理财产品只有宏信证券与银华财富资本管理（北京）有限公司（以下简称银华资本）先后发行的定向投资理财产品，且该类投资系近三年新增业务；③与宏信证券约定的委托投资理财期限为2年，却于2016年12月15日申请提前赎回，且当天即与银华资本签订《定向资产管理合同》，委托理财产品金额及操作方式与上述向宏信证券购买理财产品相同；④向粤盛资产支付的投资顾问费用明显高于投资收益。对上述异常情形，丁D会计师事务所未考虑是否存在特别风险。此外，不同的业务循环并不是各自完全独立，需要考虑各业务循环以及不同循环会计科目之间的关联关系，丁D会计师事务所未将理财产品相关认定与银行存款、应收账款转让相关认定作为关联事项进行必要关注，丁D会计师事务所的风险识别和评估程序存在缺陷。

（3）未能发现年报错报达到重要性水平（2021-12）。

庚G会计师事务所在科融环境2017年年度报表审计受处罚听证时提出的申辩理由：科融环境2017年年报错报系会计分期差错，业务交易真实，错报金额占企业所有者权益总额、营业收入总额、归母公司净利润及归母公司综合收益总额等直接相关项目金额的比重较低。

证监会意见：庚G会计师事务所审计未能发现的科融环境2017年年报错报达到重要性水平。①科融环境2017年年报存在错报。即使业务真实，也应该在相应年度予以记载。科融环境通过将21个项目调试报告日期由以前年度涂改为2017年，并在当年确认调试收入，虚增当年利润，导致2017年年报存在虚假记载。庚G会计师事务所不能仅关注业务真实与否而忽略其错报之本质。②庚G会计师事务所审计未能发现的科融环境2017年年报错报达到重要性水平。庚G会计师事务所在《科融环境审计策略备忘录》中列明的可容忍错报重要性金额为135万元，而科融环境虚增2017年利润7 178 800.95元，占当年利润总额的17.16%。

（4）未恰当履行舞弊风险识别、评估及应对相关程序，销售与收款控制测试、收入截止性测试未有效执行，未关注多个高毛利项目异常情况（2021-12）。

庚G会计师事务所在科融环境2017年年度报表审计受处罚听证时提出的申辩理由：审计测试依赖职业判断并具有抽样风险，庚G会计师事务所执业无故意或重大过失，已合理关注企业舞弊和应对，已合理关注毛利高业务和年末销售。

证监会意见：庚G会计师事务所的执业行为构成未勤勉尽责。①关于未恰当履行舞弊风险识别、评估及应对相关程序。根据《审计准则》的相关规定，如果注册会计师认为收入确认存在舞弊风险的假定不适用于业务的具体情况，从而未将收入确认作为由于舞弊导致的重大错报风险领域，注册会计师应当在审计工作底稿中记录得出该结论的理由。然而，庚G会计师事务所的审计底稿中没有相关底稿及记录得出该结论的理由。涉案会计师在询问笔录中均承认舞弊程序执行的不完整。②关于销售与收款控制测试未有效执行。发货确认收入和调试确认收入是不同的收入确认方式，涉及的业务流程和内部控制环节存在显著差异。涉案会计师在询问笔录中均表示正常情况下应该把收入确认的业务类型全部覆盖，发货确认和调试确认的样本都要选取。而庚G会计师事务所仅对发货确认收入进行控制测试，未对调试确认收入进行控制测试。调试报告作为调试确认收入的重要依据，会计师在审计过程中应当要求公司提供，予以查看核验并形成底稿文件。但庚G会计师事务所没有对调试报告予以充分关注，工作底稿中未附调试确认收入相关底稿。③关于收入截止性测试未有效执行。庚G会计师事务所在收入截止性测试实际执行过程中，选取样本随意、未发现收入确认依据异常，收入截止性测试仅抽取发货确认收入，未关注或抽取到调试确认收入，截止性测试未能有效执行。④关于未对关注到的多个高毛利项目异常情况进一步审计及未关注2017年12月收入异常增加的情况。对于已经发现的多个高毛利项目异常情况，庚G会计师事务所没有充分关注，也没有再开展进一步审计工作，底稿中未见庚G会计师事务所认为高毛利合理的理由。针对临近资产负债表日的销售收入显著增加，庚G会计师事务所未保持应有的职业怀疑和合理关注，没有按照风险导向审计的要求，结合财务风险、舞弊动机实施有效的符合性测试和实质性测试工作。

（5）未充分关注承诺净利润与实际净利润之间差额，未对新增业务的真实性以及是否具有商业合理性予以审慎关注和保持应有的职业怀疑（2022-5）。

丙M会计师事务所在富控互动2013—2015年年度报表审计受处罚听证时提出的申辩理由：丙M会计师事务所已保持了职业怀疑，执行了舞弊风险评估与应对审计程序。丙M会计师事务所已关注行业业绩下降，并就公司战略调整后的生产模式改变制定了相应的审计策略；丙M会计师事务所已关注到专利使用费、商标使用费、技术服务费收入的大幅增长，并制定了相应的审计策略；丙M会计师事务所已保持应有的职业怀疑，已就是否将专利使用费、商标使用费、技术服务费收入识别为舞弊风险执行了审计程序，合理评估后认为富控互动专利使用费、商标使用费、技术服务费收入不存在舞弊风险，已尽到勤勉尽责义务。

证监会意见：①从实践来看，作出业绩承诺的企业具有更强的舞弊动机，因而在审计计划的制定和执行中应当给予相应的审慎关注。颜某刚（富控互动实际控制人）向富控互动保证并承诺中技桩业2013年、2014年、2015年实际净利润不满足其承诺时，颜某刚将补偿承诺的净利润与实际净利润之间差额的92.95%。注册会计师对此并未予以充分关注。②专利使用费、技术服务费、商标使用费收入属于富控互动2013年开始陆续新增业务，业务性质特殊，为纯收入、没有相应成本的业务，并且金额逐年增长，占富控互动2013—2015年度利润总额的比例分别为25.11%、71.54%、131.67%。此外部分公司与中技桩业实质上构成委托加工关系，约定专利被许可方生产的产品，仅能出售给中技桩业及其体系内公司。丙M会计师事务所未保持应有的职业怀疑，未对上述业务的真实性以及是否具有商业合理性予以充分关注。

（6）未针对性考虑客户子公司因业绩承诺可能的收入舞弊风险，舞弊风险的识别、评估不到位（2022-6）。

己F会计师事务所在长园集团2016年、2017年年度报表审计受处罚听证时提出的申辩理由：长园集团子公司长园和鹰财务造假具有隐蔽性、复杂性特征，己F会计师事务所审计过程中已识别、评估潜在舞弊风险。

证监局（深圳）意见：关于识别、评估潜在舞弊风险。己F会计师事务所未针对性考虑长园和鹰因业绩承诺可能的收入舞弊风险，舞弊风险的识别、评估不到位。对该项申辩意见不予采纳。

（7）未将结算中心存款纳入客户货币资金循环，未充分了解与结算中心存款相关的内部控制，导致其未能准确评估可能存在的重大错报风险（2022-12）。

丁X会计师事务所在永煤控股2017—2019年年度报表审计受处罚听证时提出的申辩理由：永煤控股货币资金的审计程序和审计证据充分适当，丁X会计师事务所对永煤控股货币资金审计保持了职业怀疑，执行了必要的审计程序，职业判断适当。一是审计项目组发现永煤控股报表存在“存贷双高”情形，同时，货币资金构成包含“结算中心存款”。经分析系河南能化对子公司货币资金实行集中统一管理形成的，实施了相应的审计程序后，丁X会计师事务所认为自2009年起永煤控股一直将“结算中心存款”列为“货币资金”，且得到审计确认，不存在错报情形；二是审计项目组在沟通了解以前风险评估、审计计划及审计报告情况后，认为永煤控股货币资金管理制度及流程未发生明显变化，由此设计并执行了与上年相同的审计程序，确定永煤控股货币资金为低风险审计领域。

证监会意见：关于丁X会计师事务所风险评估程序问题。丁X会计师事务所在了解被审计单位内部控制时，未将结算中心存款纳入永煤控股货币资金循环，未充分了解与结算中心存款相关的内部控制，导致其未能准确评估可能存在的重大错报风险。丁X会计师事务所仅依据被审计单位相关制度及流程变动与否来确定风险应对程序，未将结算中心存款纳入永煤控股货币资金循环。此外，丁X会计师事务所通过登录河南能化财务系统账号查询“结算中心存款”数据无法为“结算中心存款”列报的认定提供充分、适当的审计证据。

（8）未关注、核实项目建设情况与合同要求、验收资料的重大不符，未验证相关信息系统实际上线运行情况，也未就其他审计证据的异常性和风险点保持职业怀疑（2022-16）。

己F会计师事务所在致生联发2016年年度报表审计受处罚听证时提出的申辩理由：己F会计师事务所对致生联发内部控制的了解是存在和持续实施的，识别并评估了相关的风险领域。己F会计师事务所通过多种方式获取了审计证据，在现场勘查时谨慎合规地实施了相关程序，不存在异常、矛盾和重大不符，保持了适当的职业怀疑，对南阳项目收入确认和担保事项获取了充分、适当的审计证据。应以审计过程中获取的整体证据评价审计工作，以现场勘查作为造成审计报告存在虚假记载的原因没有逻辑上的合理性。

证监局（北京）意见：己F会计师事务所及涉案会计师的执业行为构成未勤勉尽责。审计准则对注册会计师了解与审计相关的内部控制作出了明确要求，当事人未严格按规定执行。南阳项目是致生联发2016年新增项目，营业收入、应收账款是审计识别的风险领域，担保是南阳项目款项可收回性的重要保证措施，当事人未关注、核实南阳项目建设情况与合同要求、验收资料的重大不符，未验证相关信息系统实际上线运行情况，也未就其他审计证据的异常性和风险点保持职业怀疑，未做到勤勉尽责。

（9）没有考虑保理业务需要基于真实的债权债务关系这一特殊性质，也没有结合保理业务特殊性质对相关风险进行相应的识别和评估（2022-20）。

戊E会计师事务所在仁东控股2019年年度报表审计受处罚听证时提出的申辩理由：戊E会计师事务所已将保理业务相关的营业收入、营业成本评估为可能存在重大错报风险领域，实际审计工作已将保理业务收入作为特别风险加以应对，给予了足够的关注。

证监会意见：经核实，从风险识别和评估的结果看，戊E会计师事务所在子公司层面将保理业务收入识别为重大错报风险领域并作为特别风险，我会对该部分申辩意见予以采纳。然而，从风险识别和评估过程看，戊E会计师事务所在保理业务对仁东控股利润影响较大的情况下，没有考虑保理业务需要基于真实的债权债务关系这一特殊性质，也没有结合保理业务特殊性质对相关风险进行相应的识别和评估，只进行一般性的收入风险评估和应对措施安排，风险识别与评估程序不到位。

（10）应对审计风险设计了审计程序，但执行程序明显不到位，未保持应有的职业怀疑或未合理运用职业判断，对可能表明由于舞弊导致错报的情况未保持警觉（2023-1）。

己D会计师事务所在易见股份2018年、2019年年度报表审计受处罚听证时提出的申辩理由：会计师事务所对企业财务报表承担的是审计责任而非会计责任，仅对财务报表提供“合理保证”而非“绝对保证”。对于易见股份舞弊甚至串通舞弊造成的错报，会计师事务所已经勤勉尽责，依法不应被行政处罚：①会计师事务所根据审计准则恰当设计和执行了审计程序，获取了充分、适当的证据，对财务报表整体不存在重大错报获取合理保证，即应认定已经勤勉尽责。②根据《证券法》和审计准则的规定，己D会计师事务所已经按照准则的规定勤勉尽责地执行了审计工作，未能发现易见股份舞弊甚至串通舞弊造成的财务报表错报，属于审计固有限制，不应被行政处罚。

证监会意见：①根据《证券法》等法律法规及中国注册会计师审计准则等规定，我会一直以来严格区分上市公司的会计责任与会计师事务所及签字会计师的审计责任。易见股份的会计责任与己D会计师事务所以及签字注册会计师的审计责任是相互独立的。我会追究注册会计师行政责任的依据并非易见股份的财务造假行为，而是注册会计师自身在执业过程中违反业务规则、未勤勉尽责、出具的文件存在虚假记载的行为。同时，我会在作出行政处罚决定时已考虑了审计的固有限制，我会评判注册会计师工作的标准是注册会计师是否按照审计准则的规定恰当的设计和执行了审计工作，而非要求注册会计师对审计对象的财务报表提供绝对保证。②本案中，我会对己D会计师事务所及江某、高某华两位签字注册会计师勤勉尽责的判断标准为：是否按照审计准则的规定，切实履行相关审计程序、保持职业怀疑、运用职业判断、获取充分、适当的审计证据、尽到合理的注意义务等来判断其是否尽到审计的勤勉义务，并对上述当事人在执业过程中违反执业准则、未勤勉尽责，出具文件存在虚假记载的行为追究责任。我会在充分调查易见股份的造假手法和易见股份应对审计机构手段的基础上，充分考虑了审计手段的局限性，己D会计师事务所存在的审计问题类型主要集中在以下两方面：一是为应对审计风险设计了审计程序，但执行程序明显不到位，包括审计程序流于形式、缺乏必要的控制、未按照计划实施程序等；二是未保持应有的职业怀疑或未合理运用职业判断，对可能表明由于舞弊导致错报的情况未保持警觉，以及未对审计证据进行审慎评价。

（11）对货币资金存在或完整性等重大错报风险判断不足以体现相关风险，且具体审计计划和风险评估汇总表中对货币资金相关风险判断明显不一致（2023-4）。

庚G会计师事务所在科迪乳业2016年至2018年年报审计受处罚听证时提出的申辩理由：针对风险识别与评估审计程序存在缺陷方面，在多年连续审计情况下，庚G会计师事务所及相关人员未发现或提及舞弊现象和管理层不诚信问题，未发现或提及资金占用等问题；关注到期末“存贷双高”等问题，并执行了比对分析、查阅公开信息、了解内外部环境变化、督促披露大额单笔1天资金占用等审计程序；在2017年、2018年具体审计计划之重要账户或列报的计划总体方案（计划矩阵）中，列明识别的重大错报风险货币资金存在/完整性认定为高；在2017风险评估汇总表之对重要账户和交易采取的进一步审计程序方案（计划矩阵）中，列明识别的重大错报风险货币资金存在认定为高；在2017年和2018年项目组讨论纪要——风险评估中重点指出了货币资金银行流水的核查。

证监局（河南）意见：我局认为：2016—2018年，科迪乳业货币资金有关事项存在多项明显异常情形，庚G会计师事务所关注到相关异常，调查谈话中相关签字注册会计师认为货币资金存在舞弊风险，但庚G会计师事务所所述风险识别与评估审计程序存在缺陷，识别的重大错报风险、舞弊风险或者特别风险等均未包含货币资金，风险评估结果不恰当。2017年、2018年具体审计计划之重要账户或列报的计划总体方案（计划矩阵）和2017年风险评估汇总表之对重要账户和交易采取的进一步审计程序方案（计划矩阵）中，对货币资金存在或完整性等重大错报风险判断不足以体现相关风险，与科迪乳业实际情况不符，且庚G会计师事务所在2018年具体审计计划和风险评估汇总表中对货币资金相关风险判断明显不一致。

（12）未识别和评估销售电子券码业务在内控上存在的薄弱环节，也无证据证明其在先前年度审计中已执行程序确定相关内部控制自前次审计后是否已发生变化，项目风险评估程序上存在明显缺陷（2023-5）。

已F会计师事务所在蓝盾股份2018年、2019年年度报表审计受处罚听证时提出的申辩理由：项目风险评估程序不存在重大缺陷。中经电商销售电子券码业务不是开创性的业务经营模式，市场上早已屡见不鲜。该业务已于2016年开展，并不属于新增业务，已F会计师事务所已在先前年度了解该业务模式。同时，已将营业收入列为认定层次的重大错报风险，并根据风险认定情况恰当的设计和实施了进一步审计程序。

证监局（广东）意见：已F会计师事务所在项目风险评估程序上存在明显缺陷。中经电商销售电子券码业务与传统的车队商务卡业务相比存在重大区别，中经电商通过运营商等电子化渠道向客户或客户指定对象发送电子券码，不再发生实物交付，其业务系统中对电子券码设置了有效期，并增加新的收入确认政策，将业务系统中显示已过期未消费的电子券码全额确认收入，以框架合同、采购订单、内部系统数据确认合同义务履行完毕，而传统商务卡业务双方按月度对账并盖章确认，形成对账单。因此，相比较传统商务卡业务，销售电子券码业务在内控上存在薄弱环节。当事人在风险识别与评估阶段，未针对中经电商当年主营业务之一的销售电子券码业务执行了解内部控制的审计程序，未识别出上述内控薄弱环节。对当事人提出已在先前年度了解销售电子券码业务的意见，其未提交证据证明。即便如当事人所称已在先前年度审计中了解，也无证据证明其已执行程序确定相关内部控制自前次审计后是否已发生变化。此外，在当事人提出的针对营业收入重大错报风险实施的审计程序中，除函证之外，其他审计证据多数由被审计单位自身产生或者由被审计单位提供，相关程序不足以应对可能存在的由于舞弊导致的重大错报风险。

（13）会计师事务所关注到子公司业绩承诺事项，但最终将企业的舞弊风险界定为中风险并认为不存在明显的舞弊迹象，不符合在审计过程中应保持职业怀疑的规定（2023-7）。

壬I会计师事务所在天海防务2017年年度报表审计受处罚听证时提出的申辩理由：壬I会计师事务所在风险识别与评估阶段不存在缺陷，壬I会计师事务所已经充分关注到天海防务包括金海运可能存在的舞弊风险，将包括金海运在内的公司销售收入识别为重大错报风险，针对评估由于舞弊导致财务报表层次重大错报风险制定了总体应对措施，设计和实施进一步审计程序以应对舞弊导致认定层次重大错报风险。

证监局（上海）意见：在天海防务2017年年报审计过程中，金海运被认定为重要组成部分，2017年为金海运原股东、时任执行董事李某就金海运业绩承诺的最后一年，因此存在舞弊的动机或压力。虽然壬I会计师事务所关注到金海运业绩承诺事项，但最终将天海防务的舞弊风险界定为中风险并认为不存在明显的舞弊迹象，上述行为不符合前述审计准则关于注册会计师在审计过程中应保持职业怀疑的规定。

（14）没有当事人所述针对评估的重大错报风险采取的相关应对措施的记录，未有证据证明庚G会计师事务所严格执行了针对“控股股东股票质押率过高”设计的总体应对措施（2023-13）。

庚G会计师事务所在和佳医疗2020年年报审计受处罚听证时提出的申辩理由：已将控股股东股票质押率过高可能导致的资金占用风险识别为属于报表层次的高风险，实施了应对措施。当事人作为第三方审计机构对个人财产的调查手段和调查权限具有局限性。

证监局（广东）意见：在审计底稿及当事人提交的材料中，没有当事人所述针对评估的重大错报风险采取的相关应对措施的记录，未有证据证明庚G会计师事务所严格执行了针对“控股股东股票质押率过高”设计的总体应对措施。

（三）审计程序

1.控制测试

（1）内部控制测试程序与执行实质性程序的目标并不完全一致，执行实质性程序并不足以替代已计划的内部控制测试程序（2021-1）。

乙V会计师事务所在康美药业2016—2018年年度报表审计受处罚听证时提出的申辩理由：乙V会计师事务所2016年及2017年风险识别与评估阶段底稿虽然存在笔误导致描述不一致的情况，但结合底稿实际执行情况，其在执行收入和货币资金控制测试和实质程序时已采取了综合应对方案，在常规程序的基础上，增加了亲自去银行取得流水检查银行余额真实性的特别措施。

证监会意见：内部控制测试程序的侧重点是检查公司是否建立了完善的内部控制来发现、纠正舞弊行为，内部控制是否得到有效执行；实质性程序的侧重点是检查余额、发生额是否准确完整，二者的目标不完全一致，执行实质性程序并不足以替代已计划的内部控制测试程序。

（2）未针对现金对账设计和执行控制测试程序，无法实现整个控制点测试的目标（2021-1）。

乙V会计师事务所在康美药业2016—2018年年度报表审计受处罚听证时提出的申辩理由：货币资金的内部控制测试与捷科系统和金蝶EAS系统的差异问题没有关系，2016年及2017年乙V会计师事务所已通过现场查阅执行了往来款对账，对于“定期存款的审批”测试，后续实施了函证和利息测算等实质性程序，执行的“现金盘点”测试本质与功能相当于“现金对账”测试，因此，不存在重大缺陷。

证监会意见：现金盘点控制点是出纳与财务核算人员进行对账，属于财务部门内部控制节点；现金对账控制点是财务人员与业务人员进行对账，属于跨部门控制节点。乙V会计师事务所“资金对账”测试未针对现金对账设计和执行控制测试程序，设计的审计计划不恰当，无法实现整个控制点测试的目标。

（3）对能够证明货物发出的出入库单据、运费单据未设计程序核查，设计的控制测试程序无法达到控制目标（2019-2）。

丙M会计师事务所在雅百特2015年年度报表审计受处罚听证时提出的申辩理由：丙M会计师事务所对于出库单据的抽查样本达到99%，保留在实质性测试底稿中。

证监会意见：关于控制测试程序设计问题。丙M会计师事务所设计实施的测试程序是抽取凭证，并在底稿中记录凭证编号、发票上是否有相符印戳、是否输入应收账款借方、发票号码等信息，但上述信息不能印证货物已出库。而能够证明货物发出的出入库单据、运费单据丙M会计师事务所并未设计程序核查，其设计的控制测试程序无法达到控制目标。当事人所称“出库单据的抽查保留在实质性测试底稿中”与认定控制测试程序无法达到控制测试目标无关。综上，对此项申辩意见不予采纳。

（4）未按照总体审计策略的要求，对专利使用费收入等纯收入类业务的销售与收款流程执行了解内部控制和控制测试程序及进一步的审计程序（2022-5）。

丙M会计师事务所在富控互动2013—2015年年度报表审计受处罚听证时提出的申辩理由：丙M会计师事务所已保持职业怀疑，设计具体的审计程序时，已经充分考虑了专利使用费、技术服务费收入可能存在舞弊的假设，并执行了全面的实质性测试程序，对富控互动的相关合同收入进行全面检查。在当时的审计环境下，丙M会计师事务所获得的审计证据可以相互印证，足以确认收入的真实性。

证监会意见：①丙M会计师事务所在连续3年的总体审计策略审计工作底稿中，对可能存在重大错报风险的领域均描述为高估收入，低估成本，拟采取的应对措施均为加大控制测试量，然而丙M会计师事务所未按照总体审计策略的要求，对专利使用费收入等纯收入类业务的销售与收款流程执行了解内部控制及控制测试程序，也未对未执行上述程序的原因予以说明。②我会认可丙M会计师事务所执行了访谈、函证等大量实质性程序，然而在富控互动具有舞弊动机、业务合理性存疑以及部分客户为其转让出去的子公司等情况下，存在客户配合造假的可能，丙M会计师事务所未采取进一步的审计程序，未获取进一步的审计证据，常规的实质性程序不足以消除上述疑虑。

（5）未针对贸易类存货“仓单交易”模式设计相对应的、适当的控制测试程序，对42个外部仓库只抽取了一份样本，且将“盘点清查”确定为主要业务控制点，贸易类存货的内控测试执行不到位（2023-10）。

壬W会计师事务所在广州浪奇2018年、2019年年度报告审计受处罚听证时提出的申辩理由：内部控制测试结论有效。采购与付款控制测试方面，“到货验收”作为贸易类存货主要业务控制点属于笔误，“仓单”模式交易实际以“双方盖章的入仓单”进行测试。生产与仓储控制测试方面，样本规模符合规定要求，存货盘点样本均已获取“保管方盖章的对账记录”这一关键控制点的证据。广东奇化贸易类存货期末占合并口径贸易类存货余额比例不高，因此未测试盘点记录，而是直接以函证程序作为主要确认方式。

证监局（广东）意见：关于贸易类存货的内控测试。一是广州浪奇的管理制度并未区分自有存货和贸易类存货的控制要求，壬W也未针对贸易类存货“仓单交易”模式设计相对应的、适当的控制测试程序。如果壬W在已知公司未按制度实施管理的情况下，还是得出相关控制有效的结论，则仍属未勤勉尽责。二是根据广州浪奇制度要求，盘点执行控制的频率为每月一次，而2018年广州浪奇共有42个外部仓库，壬W却只抽取了一份样本，抽样样本规模显然不足。三是广东奇化2018年期末存货余额较2017年期末余额增加1.68亿元，增加的存货基本为贸易类存货，占2018年期末存货余额的84.26%。壬W2018年度审计时，在广东奇化风险评估中将存货科目评价为A类，并将“盘点清查”确定为主要业务控制点。壬W的有关申辩意见与事实不相符。

（6）未在内部控制测试环节将租赁物的现实状况、承租方履约能力等确定为关键控制点，并执行内控测试（2023-13）。

庚G会计师事务所在和佳医疗2020年年报审计受处罚听证时提出的申辩理由：内部控制测试方面。一是和佳医疗自2020年4月起将合同/协议评审流程由线下改为线上，合同审批和合同用印合并为同一流程。即使龚某明一人身兼多职，仍有其他环节发挥控制作用。二是因疫情封控原因，对融资租赁物的异地盘点受到限制，已采用替代程序。部分融资租赁业务客户在2020年12月出现的短期逾期行为未形成重大减值风险，和佳医疗相关会计处理符合准则规定。三是抽取了多笔包括前海润龙等融资租赁业务在内的记账凭证作为控制测试的样本，对于前海润龙合同用章申请时间晚于实际合同签署时间的情况，会计师经与公司沟通后认为解释合理，因此未将此情况判断为内控失效。

证监局（广东）意见：内部控制测试方面。合同/协议评审流程线下改为线上没有改变龚某明实质上“一人多角”的情况。庚G会计师事务所未在内部控制测试环节将租赁物的现实状况、承租方履约能力等确定为关键控制点，并执行内控测试。对前海润龙合同用章申请时间晚于实际合同签署时间等客观情况，庚G会计师事务所以被审计单位的解释即排除公司内控失效，未对应设计审计程序降低审计风险。

2.函证与监盘

（1）对于两次银行函证结果存在盖章不同、经办人员不同等异常点没有关注与重视（2019-6）。

辛H会计师事务所在新绿股份2015年新三板挂牌报表审计受处罚听证时提出的申辩理由：辛H会计师事务所对银行存款账户实施了必要的审计程序，针对银行存款账户对账单保持了应有的执业怀疑，实施了余额函证、抽比例双向核对交易流水与银行回单等进一步审计程序，未发现异常。对银行函证保持了合理的控制，符合《中国注册会计师审计准则》及财协字〔1999〕1号、财会〔2016〕第13号文的规定。但银行函证回函如何盖章、是谁经办是银行自身的内部控制，会计师无法甄别印鉴、辨别人员，《中国注册会计师审计准则》也未要求会计师就银行函证印鉴及签章履行进一步审计程序。

证监会意见：辛H会计师事务所在执行新绿股份银行存款的检查程序时，获取的对账单没有加盖银行印章，对此未保持应有的职业怀疑，未能识别上述情况。注册会计师曾两次派人和新绿股份人员到工商银行莒南支行对造假账户2014年12月31

日银行存款余额和2013年至2015年4月30日银行存款余额实施函证，函证结果均系银行后续邮寄给辛H会计师事务所，辛H会计师事务所及签字会计师对于两次函证结果存在盖章不同、经办人员不同等异常点没有关注重视，也未采取任何进一步审计措施。

（2）对于重要客户和供应商函证回函为复印件的情况未予以关注，未发现收购合同时间晚于收购发票开具时间等异常点（2019-6）。

辛H会计师事务所在新绿股份2015年新三板挂牌报表审计受处罚听证时提出的申辩理由：辛H会计师事务所收到了销售客户杭州农宇科贸有限公司、供应商三井物产（中国）有限公司函证回函。项目组在整理底稿时未向行政人员索取原件替代复印件。供应商李某［Ⅰ］、马某、李某［Ⅱ］、刘某合均为个人供应商，对签订合同及开具发票细节不太重视，存在时间差，但在执行检查程序时入库单、发票、过磅单等单据未发现异常，不存在跨期。风险评估程序属于初步业务活动，是审计计划的内容，是基于当时的审计环境和情况作出的初步判断，不应以事后的结果来要求事前审计计划的准确无误。

证监会意见：注册会计师在实施应收账款和预付账款函证程序时对于重要客户和供应商函证回函为复印件的情况未予以关注，且没有提供证据证明其已收到回函原件。对于新绿股份与供应商签订的合同、开具的发票细节未予以重视，未发现收购合同时间晚于收购发票开具时间等异常点。

（3）未在审计底稿中提供银行存款不实施函证的充分理由，不能因涉案账户业经前任会计师申报审计报告确定即疏于关注该账户的相关情况（2020-1）。

戊E会计师事务所在新绿股份2015年年度报表审计受处罚听证时提出的申辩理由：针对《告知书》认定的第二项违法事实，当事人已按审计准则规定对银行存款实施充分函证程序；未对银行存款账户存在的不符事项执行恰当的审计程序与事实不符，该账户注销时间属于新绿股份挂牌申报期事项，业经前任会计师申报审计报告确定，故未做重点关注；仅从未归档未全面整理的底稿中发现相邻两张单据不相符，就直接得出当事人违反相关规定是错误的。

证监会意见：关于《告知书》认定的第二项违法事实的申辩意见，根据《中国注册会计师审计准则第1312号——函证》第十二条规定，"注册会计师应当对银行存款（包括零余额账户和在本期内注销的账户）、借款及与金融机构往来的其他重要信息实施函证程序，除非有充分证据表明某一银行存款、借款及与金融机构往来的其他重要信息对财务报表不重要且与之相关的重大错报风险很低。如果不对这些项目实施函证程序，注册会计师应当在审计工作底稿中说明理由。"莒南县工行账户系新绿股份伪造银行收款的主要账户，戊E会计师事务所未在审计底稿中提供不实施函证程序的充分理由，违反了审计准则的相关规定。此外，注册会计师应当就被审计事项独立作出判断，不能因涉案账户业经前任会计师申报审计报告确定即疏于关注该账户的相关情况。

（4）对客户提供打印的网银电子回单、银行电子回单号码相同但凭证内容不同、被审计单位直接找被询单位盖章扫描回函复印件等情况，未保持应有关注（2020-1）。

戊E会计师事务所在新绿股份2015年年度报表审计受处罚听证时提出的申辩理由：针对《告知书》认定的第三项违法事实，对应收账款和预付账款当事人已经实施了充分、适当的审计程序。网银出现故障无法查阅，且当事人在前期风险评估中并未认为新绿股份存在舞弊风险，在未知客户舞弊的前提下一般不重点关注银行单据编号。预付账款审计程序中，对回函是复印件的情况补充了替代程序。新绿股份与对方单位串通回函，即使收到的回函为原件也无法发现其造假行为。

证监会意见：关于《告知书》认定的第三项违法事实的申辩意见，①戊E会计师事务所无论是在核查应收账款的期后回款还是预付账款细节性测试中，均未对新绿股份提供自己打印的网银电子回单保持职业怀疑态度，以质疑的思维评价所获取证据的有效性，不符合《中国注册会计师审计准则第1301号——审计证据》第十条、第十一条和第十三条的要求。②注册会计师应当时刻保持职业怀疑，对银行电子回单号码相同但凭证内容不同的情况保持应有关注，勤勉尽责，获取充分适当的审计证据识别与评估由于舞弊导致的重大错报风险。不能仅以新绿股份不存在造假舞弊的初步评估，固化对审计证据的可靠性判断，保持职业怀疑的态度执行审计程序，获取充分、适当的审计证据，应当是对注册会计师勤勉尽责的基本要求。③我会对戊E会计师事务所实施行政处罚，并非由于其未在审计阶段发现新绿股份违法违规行为，审计机构的勤勉尽责义务系过程性要求而非以结果论，故被审计单位串通回函不能作为戊E会计师事务所的免责事由。④根据《中国注册会计师审计准则第1301号——审计证据》第三条，对于新绿股份直接找被询证单位盖章扫描发回的5份回函复印件，会计师应具备职业敏感性，将其作为影响回函可靠性的因素并产生相应的疑虑，从而要求获取原件或者执行进一步的审计程序以消除这些疑虑。戊E会计师事务所上述行为违反了《中国注册会计师审计准则第1312号——函证》第十四条关于“当实施函证程序时，注册会计师应当对询证函保持控制”的规定，且未做到《中国注册会计师审计准则第1312号——函证》第十七条要求的“如果存在对询证函回函的可靠性产生疑虑的因素，注册会计师应当进一步获取审计证据以消除这些疑虑”。

（5）将划款凭证扫描件与原件核对是对一名合格注册会计师的合理要求（2020-1）。

戊E会计师事务所在新绿股份2015年年度报表审计受处罚听证时提出的申辩理由：针对《告知书》认定的第五项违法事实，针对其他应收款当事人已经实施了充分、适当的审计程序。当事人已取得相应协议及付款凭证，并进行核对，上述材料由新绿股份提供且交易双方签字盖章，提供真实资料是新绿股份的责任，当事人未接受文书鉴定培训，无法辨别相关证据真伪。仅针对莒南鸿润2 640.67万元的审计程序就认定未能核实2015年新绿股份与莒南鸿润实际发生关联资金往来数额并无相关事实依据。虽然抽查的新绿股份与山东绿安之间确认大额资金往来中，记账凭证对应山东绿安，后附原始凭证对应山东绿润，但山东绿润也是新绿股份关联方，这种记账凭证与原始单据不符的情况对关联交易的发生额总额没有影响。两家公司名称非常相近，新绿股份记账凭证上因系统设置所限只显示出名称的前三位，导致检查时未发现这一差错。同时当事人对山东绿润和山东绿安都实施了函证程序，并获取了对方的回函确认，故未发现这一差错。当事人已核实山东绿安非关联方，但由于疏忽未对前期已填列的底稿进行核对修改。当事人已经对在审计过程识别出的关联方及关联交易进行了充分披露，仅是没有识别出绿色乐园为新绿股份的关联方，根据绿色乐园较少的发生额及余额来推断当事人对实际关联方资金往来较披露数额高出28 494.37万元负有责任是不合理的。

证监会意见：关于《告知书》认定的第五项违法事实的申辩意见，对于戊E会计师事务所未将新绿股份财务总监邮件发送的莒南鸿润支付养牛户的划款凭证扫描件与原件核对的问题，我会并未从文书鉴定方面对戊E会计师事务所的行为提出异议，将扫描件与原件核对是对一名合格注册会计师的合理要求，新绿股份提供并由双方签字盖章、注册会计师未接受文件真伪鉴定的培训等，均不能构成对其未勤勉尽责行为的免责事由。中国注册会计师执业准则对注册会计师应当对审计证据保持关注警觉作出了明确规定。记账凭证对应山东绿安而后附原始凭证对应山东绿润的差错对关联交易发生额无影响、系统只显示前三位、山东绿润及山东绿安都予以确认均不能构成戊E会计师事务所免责事由，如此显而易见的差错恰恰证明戊E会计师事务所在审计新绿股份过程中未尽到勤勉尽责义务。

（6）对于盘点条件恶劣的情况，应当采取其他替代性程序判断存货情况（2020–1）。

戊E会计师事务所在新绿股份2015年年度报表审计受处罚听证时提出的申辩理由：针对《告知书》认定的第四项违法事实，当事人对存货执行了监盘程序，存货抽盘比率较低与事实不符，按抽盘金额计算，当事人抽盘比例达到26.55%，且产成品大部分存放在冷库，盘点条件比较恶劣，导致相应产成品抽盘比例略低。当事人对新绿股份的存货变动情况执行了相应的审计程序。

证监会意见：关于《告知书》认定的第四项违法事实的申辩意见，戊E会计师事务所在没有实施控制测试的情况下仅对新绿股份8个存货品种和2个牧场进行了抽盘检查，占全部存货品种的比例仅为1.6%，对60%的牧场未实施抽盘检查，抽盘比例较低。对于盘点条件恶劣的情况，应当采取其他替代性程序判断存货情况。

（7）与银行行长访谈笔录、合影以及审计人员亲自前往询证工作记录等，不足以证明执行了银行函证程序及直接获取了银行对账单或流水（2021–1）。

乙V会计师事务所在康美药业2016—2018年年度报表审计受处罚听证时提出的

申辩理由：货币资金的实质性程序中，针对重点账户，项目经理苏某升2016年已按照审计计划直接从银行获取了银行账户对账单并执行了现场函证；2017年直接从银行获取了银行流水并执行了邮寄函证，乙V会计师事务所经核查不存在明显异常，不需要执行进一步审计程序消除疑虑。

证监会意见：苏某升常年担任康美药业年报审计项目经理，负责直接从银行获取重点银行账户2016年和2017年对账单或流水、2016年现场函证及2017年邮寄函证的发出等工作。相关银行对账单、流水、书面回复、快递记录、有关人员询问笔录、QQ聊天记录等证据足以证明，乙V会计师事务所未直接获取银行对账单或流水，未对银行函证实施有效的控制。乙V会计师事务所提供的银行行长访谈笔录、合影以及审计人员亲自前往询证工作记录等，不足以证明乙V会计师事务所按照审计准则及相关问答的要求执行了银行函证程序及直接获取了银行对账单或流水。

（8）未对应收账款函证保持有效控制，对未回函的情况未实施替代程序，函证程序存在缺陷（2021-1）。

乙V会计师事务所在康美药业2016—2018年年度报表审计受处罚听证时提出的申辩理由：营业收入的实质性程序中，项目经理苏某升负责应收账款函证发出工作，仅2016年拦截了12份询证函；回函检查程序不需要检查回函的寄件人；2016年、2017年未执行替代程序仅涉及102个41个客户，分别对应应收账款余额仅为母公司应收账款发函比例的11.57%、6.55%；由于康美药业有预谋系统性造假，而乙V会计师事务所获取的销售合同、纳税申报表等审计证据并无明显异常，无需进一步执行审计程序消除疑虑。此外，在审计底稿中“加塞”走访记录附件二，系康美药业而非乙V会计师事务所为。

证监会意见：乙V会计师事务所实施应收账款函证，未对函证保持有效控制，包括未选择适当的被询证者、未检查回函是否来自预期被询证者，也未进一步获取审计证据消除不可靠因素等；对未回函的情况，乙V会计师事务所未实施替代程序，在案证据足以认定函证程序存在重大缺陷。

（9）未按计划函证销售客户发生额，未在审计工作底稿中说明未执行函证的理由，而相关附件却作为审计证据出现在审计底稿中（2021-1）。

乙V会计师事务所在康美药业2016—2018年年度报表审计受处罚听证时提出的申辩理由：中药材贸易收入是康美药业营业收入一部分，已对营业收入按照特别风险和重大错报风险应对，2018年风险识别与评估阶段底稿存在表述不准确，但后续已实施审计程序，判断中药材贸易业务确实存在、属于公司控制的业务，可以纳入合并范围。

证监会意见：乙V会计师事务所针对营业收入制订的审计计划包括“增加对销售前二十大客户的走访问卷，同时函证全年度发生额及相应余额”，但并未按计划函证发生额，也未在审计底稿中说明未执行该程序的理由，而相关附件却作为审计证据出现在审计底稿中。无论“加塞”行为是谁所为，乙V会计师事务所无正当理由不执行既定审计计划，发表审计意见所依据的审计底稿存在虚假，应当对此承担责任。

（10）在明确“货币资金”为“高风险”项目的情况下，没有亲自前往银行独立、直接获取银行对账单原件，未对新发生业务类型和大额异常资金往来进行抽查，未对大额存单项目予以关注（2021-2）。

甲A会计师事务所在千山药机2015年及2016年年度报表审计受处罚听证时提出的申辩理由：甲A会计师事务所关于货币资金科目的审计程序恰当、充分。涉案审计活动中未有线索能够引发疑虑，依照相关规定甲A会计师事务所直接从千山药机获取银行对账单、未将银行对账单与电子银行进行核对并无不当。甲A会计师事务所已根据风险导向原则合理设计、执行相关审计程序及标准，并在审计活动中对重要银行账户大额资金收付、相关定期存单等执行各项合理审计程序，相关审计过程也同样未有线索显示存在舞弊风险。

证监会意见：按照《中国注册会计师审计准则1301号——审计证据》（2010年修订版）第三条关于审计证据可靠性的要求，注册会计师从被审计单位外部独立来源获取的、直接获取的、以原件形式获取的审计证据比从其他来源获取的审计证据更可靠；第十一条，注册会计师应当考虑用作审计证据的信息的相关性和可靠性。在对千山药机审计中，甲A会计师事务所在2015年、2016年总体审计策略中将“货币资金”项目评定为“高风险”项目。但针对千山药机主要业务发生重大调整，且明确“货币资金”为“高风险”项目的情况下，甲A会计师事务所在审计中没有亲自前往银行独立、直接获取银行对账单原件，也没有底稿记录显示对千山药机提供的银行对账单进行必要的核对检验，未对获取证据的真实性进行有效识别，进而导致后续审计过程中未能发现公司相关会计舞弊行为。按照《中国注册会计师审计准则1313号——审计抽样》（2010年修订版）第十五条、第十六条的要求，注册会计师应当考虑审计程序的目的和抽样总体的特征，应当确定足够的样本规模，以将抽样风险降至可接受的低水平。在审计底稿中确认货币资金科目为高风险项目的情况下，甲A会计师事务所在审计过程中在抽取货币资金科目的样本时以选择公司内部银行账户转账记录为主，未说明抽样标准，且样本规模仅参照《内部控制审计指南》中的最小样本量区间25—60次的下限，不足以证明其获取了充分适当的审计证据。甲A会计师事务所在申辩意见中称“抽查样本远超《事先告知书》认定的数量”，并将银行存款发生额的穿行测试、控制测试、实质性审计程序的样本合并计算。审计过程中，穿行测试、控制测试、实质性审计程序的目的和样本选取标准并不一样，在上述三个阶段的审计程序中，甲A会计师事务所的抽样均是参照最小样本量区间25—60次的下限随机选取，且未按照风险导向要求针对新发生业务类型和大额异常资金往来进行抽样，其样本规模不能将抽样风险降至可接受的低水平。2015年财务报表审计中，甲A会计师事务所对公司华夏银行1345××××9535账户定期存款单1.66亿元进行了检查。但是，2016年，对此大额存单项目未予持续关注，未对该存单项目变化以及相关资金使用情况予以检查核对。甲A会计师事务所底稿仅收录了千山药机2016年货币资金明细表，没有底稿记录显示对该笔存单资金2016年的变化情况执行必要的审计程序。货币资金审计底稿中收录的银行对账单也没有涵盖该笔存单到期结算时的银行账户流水资料，加之甲A会计师事务所没有对对应的相关账户实施恰当的审计程序，进而导致未发现公司隐瞒解除应收账款保理业务的情况。

（11）针对异常背书未连续的应收票据未给予必要的关注，未对应收票据情况进行现场核实，应收账款函证不能代替应收票据查验（2021-2）。

甲A会计师事务所在千山药机2015年及2016年年度报表审计受处罚听证时提出的申辩理由：甲A会计师事务所对应收票据的审计程序充分且适当。2016年审计时，来自华冠花炮的应收票据已全部背书，甲A会计师事务所没有查验原件的客观条件。但甲A会计师事务所已充分关注该情况，执行大量审计程序，对相关票据背书的前手、后手均进行函证，并取得了华冠花炮出具的情况说明，相关审计程序均未显示异常。此外，甲A会计师事务所对于千山药机全部应收票据均进行审计，对于华冠花炮应收票据的审计已100%覆盖。在未发现异常的情况下，甲A会计师事务所抽样检查并记录了相关原始凭证，已充分恰当地执行了对应收票据的检查程序，且取得的审计证据可靠，审计底稿记录完整，符合审计准则规定。

证监会意见：应收票据审计程序存在缺陷。①甲A会计师事务所在审计中对千山药机2016年应收票据已背书未到期票据进行了统计，但是统计的应收票据前手记录中无华冠花炮公司，与公司账面记录不符。针对异常背书未连续的应收票据未给予必要的关注，未执行进一步审计程序。②千山药机与华冠花炮往来会计凭证中未附有相关应收票据的复印件，无证据显示审计中对相关应收票据真实性和背书真实性情况进行查验；2016年审计中，甲A会计师事务所对华冠花炮进行现场走访，也未对应收票据情况进行现场核实。③应收账款函证不能代替应收票据查验，不能证实票据真实性。

（12）除回函收件人所留信息系事务所人员外，其余均为客户财务部工作人员的信息，不符合审计程序独立性的要求（2021-2）。

甲A会计师事务所在千山药机2015年及2016年年度报表审计受处罚听证时提出的申辩理由：甲A会计师事务所已执行充分、恰当的应收账款函证程序。甲A会计师事务所针对应收账款执行的函证程序符合审计准则的独立性要求，所取得的审计证据充分、可靠。“办理说明”实际内容并不影响函证的独立性。

证监会意见：根据《中国注册会计师审计准则第1312号——函证》（2010年修

订）第五条、第十七条及第二十三条的规定，注册会计师应直接从第三方获取书面答复作为审计证据，并对回函可靠性予以关注。“办理说明”中除回函收件人所留信息外，其余均为千山药机财务部工作人员的信息，明显不符合审计程序独立性的要求，函证程序所获取的证据可靠性也无法得到保证。

（13）客户财务总监全程现场陪同进行访谈和当面函证，对审计程序的独立性、审计证据的可靠性均可能产生不当影响（2021-3）。

戊E会计师事务所在斯太尔2016年年度报表审计受处罚听证时提出的申辩理由：当事人在审计过程中保持了职业怀疑，并对访谈程序的有效性进行了评价。当事人通过斯太尔联系苏控集团并由其陪同访谈，是现实审计环境下实施访谈程序的必经环节，审计准则、监管规则均未对此作出禁止性规定。且斯太尔时任财务总监姚某在访谈现场未发言或干涉访谈进程，当事人独立完成了访谈程序。

证监会意见：注册会计师应当遵守与财务报表审计相关的职业道德要求，包括遵守有关独立性的要求。《中国注册会计师审计准则第1301号——审计证据》（2010）第三条规定，“审计证据的可靠性受其来源和性质的影响，并取决于获取审计证据的具体环境”。本案中，斯太尔时任财务总监姚某全程现场陪同戊E会计师事务所对苏控集团唐某昊进行访谈和当面函证，对审计程序的独立性、审计证据的可靠性均可能产生不当影响，戊E会计师事务所对此未保持职业怀疑并审慎评价其对函证和访谈获取的审计证据效力的不利影响，未能就相关收入获取充分、适当的审计证据，其申辩主张不能成立。

（14）仅通过和客户提供的联系人进行电话确认函证地址以及是否为客户员工，无法消除函证地址和注册地址不一致的异常情况，函证控制失效（2021-4）。

甲A会计师事务所在索菱股份2016年、2017年年度报表审计受处罚听证时提出的申辩理由：甲A会计师事务所在向索菱股份客户发出函证时，已采取充分、有效、可执行的审计程序对函证程序保持了控制，并对异常情况进行了充分核查；甲A会计师事务所未对部分银行实施函证程序具有合理性，已获取充分证据表明上述银行账户信息对财务报表不重要且与之相关的重大错报风险很低，未违反审计准则的相关规定。

证监会意见：甲A会计师事务所仅通过和索菱股份提供的联系人进行电话确认函证地址以及是否为客户员工，无法消除函证地址和注册地址不一致的异常情况，注册会计师对函证的控制失效，且在审计底稿中并未记录注册会计师所称的电话确认程序。此外，北京众联晟通、广汽长和等公司的函证地址也不是当事人所称询证对象实际办公地址。如北京众联晟通国际贸易有限公司“从未在北京市朝阳区南四环东路城环城国际汽配城35号办公”，与甲A会计师事务所所称“为被询证对象实际的办公地址”的表述不一致。认定甲A会计师事务所“对未回函客户未执行有效的替代审计程序”，主要系外销客户函证情况，即索菱股份的子公司索菱国际的客户函证情况，在2017年索菱国际审计底稿中，注册会计师共向13家客户发出询证函，5家回函，8家未回函。在大量客户未回函的异常情况下，注册会计师在执行替代测试程序时，所依据的审计证据仍然仅为索菱股份提供的审计证据，且未能采取有效的措施确保审计证据足够可靠。2017年索菱股份审计底稿显示，索菱股份农业银行1434××××1126账户、中国银行7419××××6255账户状态均为正常，但注册会计师未实施函证，也没有在审计底稿中说明未发函的原因。对于农业银行1434××××1126账户，注册会计师所称索菱股份未予配合解除“久悬”，项目组无法自行解除以实施函证程序，并未在审计底稿记录，即使所述属实也不改变该账户未函证的事实，且未在审计底稿中说明未进行函证的理由。我会对该项申辩意见不予采纳。

（15）在已知客户存在违规风险，且发现部分客户银行账户在开户信息上存在但未纳入财务核算的情况下，仍未对相关银行存款采取函证等审计程序（2021–9）。

乙L会计师事务所在盛运环保2016年年度报表审计受处罚听证时提出的申辩理由：在执行银行账户清单与开户信息核对时，宣城中科环保电力有限公司等子公司在开户信息上存在未纳入财务核算的情况，已保持了应有的职业怀疑，并实施了询问子公司财务人员、获取账户未使用说明、大额银行收付业务抽查、查询《企业信用报告》等审计程序，并根据以往在其他审计项目上的经验，判断不需对该等账户再实施函证程序。

证监局意见：乙L会计师事务所在识别和应对舞弊风险时，应当始终保持职业怀疑。在已知上市公司存在违规风险，且发现部分银行账户在开户信息上存在但被审计单位未纳入财务核算的情况下，仍未对相关银行存款采取函证等充分、适当的审计程序。相关申辩理由不予采纳。

（16）未关注出口时间的异常，也未核查显示实际装运日的提单，未对电子邮件方式函证的回函进一步核实（2019–2）。

丙M会计师事务所在雅百特2015年年度报表审计受处罚听证时提出的申辩理由：关于安美国际销售收入审计程序。①关于报关单和游某身份问题。其一，实际出口时间超出合同约定之限在工程项目中较为常见，且采购合同已约定“提单上的日期将视为被装运日期”。其二，游某的名片仅表明其可能在两家公司同时任职，并不异常。②关于销售回款和材料出口问题的陈述申辩意见与木尔坦项目相同。

证监会定性意见：关于安美国际销售收入审计程序。①关于报关单和游某身份问题。其一，安美国际出口业务毛利率高达82%，明显异常。丙M会计师事务所未关注出口时间的异常，也未进一步核查显示实际装运日期的提单，缺乏合理的职业怀疑。其二，丙M会计师事务所通过电子邮件的方式进行函证，安美国际仅发回游某名片作为其身份信息的证明。《中国注册会计师审计准则问题解答第2号——函证》规定：“对以电子形式收到的回函，由于回函者的身份及其授权情况很难确定，对回函的更改也难以发觉，因此可靠性存在风险。注册会计师和回函者采用一定的程序为电子形式的回函创造安全环境，可以降低该风险……注册会计师可以通过电话联系被询证者，确定被询证者是否发送了回函。”现有证据不足以表明丙M会计师事务所创造了安全环境。在名片显示游某有双重身份时，丙M会计师事务所也未联系游某进一步核实，回函的可靠性难以保证。综上，对此项申辩意见不予采纳。②关于销售回款的真实性和提单问题的回应与木尔坦项目相关问题一致。

（17）对于客户人员拒绝审计人员在酒垛顶部、打开酒垛进行抽盘检查的异常情况，只对部分酒垛四周容易取到的箱子进行开箱检查，没有按照审计计划要求执行库存商品监盘程序（2021–13）。

丁X会计师事务所在皇台酒业2016年年度报表审计受处罚听证时提出的申辩理由：当事人认为“库存商品不存在重大错报风险”，已按照审计准则要求执行了库存商品监盘程序。

证监局（甘肃）意见：皇台酒业2016年度审计工作底稿显示，丁X会计师事务所将皇台酒业“期末存货的完整性”列为“重要审计事项和风险领域”，将“存货的真实性”评估为特别风险，与当事人陈述申辩所称“库存商品不存在重大错报风险”表述不一致。在存货监盘程序执行过程中，对于皇台酒业工作人员拒绝审计人员在酒垛顶部、打开酒垛进行抽盘检查的异常情况，丁X会计师事务所未保持应有的职业怀疑，只是对部分酒垛四周容易取到的箱子进行开箱检查。上述事项均证明丁X会计师事务所没有按照审计准则要求执行库存商品监盘程序。

（18）询证函由客户人员负责联系签字盖章，客户人员否认对询证函盖章时有审计人员在场，未对函证过程保持有效控制（2021–13）。

丁X会计师事务所在皇台酒业2016年年度报表审计受处罚听证时提出的申辩理由：丁X会计师事务所对古浪亚细亚、天祝银华、海润商行执行现场函证程序，已按照审计准则的要求发函并对函证过程实施了有效的控制，完全达到了函证的有效性。经阅卷，调查过程中形成的，徐某章与梁某询问笔录中的部分说法与丁X会计师事务所了解到的并不一致。

证监局（甘肃）意见：皇台酒业2016年度审计工作底稿中并未记录向古浪亚细亚、天祝银华、海润商行的发函方式和海润商行回函方式。当事人提交的时任工作人员的访谈记录不能改变审计工作底稿中未记录向古浪亚细亚发函方式的事实；另外，当事人承认向天祝银华、海润商行的发函方式确实未在审计工作底稿中记录。天祝银华回函的快递单显示，寄件人信息一栏填写的寄件人为徐某章（天祝银华负责人），但由皇台日新销售有限公司员工梁某签署，审计人员未关注到此情形。天祝银华、海润商行的询证函分别由皇台日新销售有限公司员工梁某、皇台酒业员工蔡某负责联系签字盖章，且徐某章、梁某、蔡某在询问笔录中均否认对询证函盖章时有丁X会计师事务所审计人员在场。上述事项足以证明丁X会计师事务所未对函证过程保持有效控制。另外，我局调查时形成的询问笔录中，徐某章与梁某所述内容与其他在案证据相互印证。

（19）未能关注到客户及其子公司的银行账户存在的明显异常情况，执行的银行函证程序不到位（2021-15）。

庚G会计师事务所在中融双创《公司债券年度报告（2017年）》报表审计受处罚听证时提出的申辩理由：庚G会计师事务所已按审计准则实施审计，审计过程已勤勉尽责。

证监会意见：庚G会计师事务所在对中融双创《公司债券年度报告（2017年）》进行审计时未能勤勉尽责，未能关注到中融双创及其子公司的银行账户存在的明显异常情况，执行的银行函证程序不到位。①中融双创及其子公司向庚G会计师事务所提供的多份银行账户资料未显示开户银行名称，甚至未显示银行账号；②山东邹平长城能源科技有限公司货币资金实质性程序相关审计底稿显示，庚G会计师事务所以8011×××2029这个账号向齐商银行滨州黛溪支行进行函证，但山东邹平长城能源科技有限公司向庚G会计师事务所提供的《齐商银行对账单》只列示了8011×××1875、8011×××1947、8011×××1954这3个银行账号，未见上述2029账号，庚G会计师事务所未对《齐商银行对账单》所列示的这3个银行账户进行函证。③山东国科新能源科技有限公司、山东梁州能源科技有限公司分别向庚G会计师事务所提供了1份下载时间均为2018年1月4日的《企业历史交易明细》，这2份文件上列示了同一个银行账号9130×××4316，但显示的余额分别为960万元、2 000万元，且文件上其他多处细节也存在明显差异。庚G会计师事务所将上述4316账号的开户行认定为邹平农商行码头支行，将其以2 000万元的余额列入山东国科新能源科技有限公司的银行存款明细表，并在山东梁州能源科技有限公司的银行明细表中列示了账号为9130×××0206、账面余额为960万元的邹平农商行码头支行账户，但相关审计底稿中未见山东梁州能源科技有限公司提供的上述0206账号资料。④山东惠泽农牧科技有限公司平安银行济南文东支行的询证回函快递单上显示的寄件地址并非该银行，而是“御景湾（滨河路）”；山东邹平长城能源科技有限公司招商银行滨州邹平支行、平安银行济南文东支行分处不同行政区域，但回询所寄的顺丰快递单号相近。综上，庚G会计师事务所在对中融双创《公司债券年度报告（2017年）》进行审计时未能勤勉尽责，执行的银行函证程序不到位，故对该项申辩意见不予采纳。

（20）未对函证异常情况予以应有关注，未将异常情况记录于工作底稿，函证程序存在严重缺陷（2022-2）。

甲Y会计师事务所在*ST新亿2018年和2019年年度报表审计受处罚听证时提出的申辩理由：关于函证程序，因受到新疆严重疫情的影响，对亿源汇金应收账款和应付账款函证程序存在部分缺陷是情有可原的，对其他应收款和营业外收入的函证实施了有效控制，对一些异常未作底稿记录，虽存在部分缺陷，但已在审计底稿和审计报告中对其他应收款发表了保留意见，审计报告不存在虚假记载。

证监会意见：甲Y会计师事务所在开展审计工作中，未对应收账款、应付账款函证过程实施有效控制；未对其他应收款函证程序中函证联系人身份存疑、回函真实性存疑等明显异常情况保持合理怀疑，也未将异常情形予以记录；未对营业外收入函证程序中函证地址存在的明显异常情况保持合理怀疑，未进一步确认函证对象身份，也未将异常情形予以记录。甲Y会计师事务所对存在的异常情况未予以应有的关注，未执行进一步审计程序消除异常情况，也未将异常情况在底稿中记录，函证程序存在严重缺陷，并非仅存在部分问题。

（21）对多家回函为同一封快递且寄件人非函证客户的异常情况，询证函的发函留底复印件显示用印覆盖了正文而回函原件落款的印章没有覆盖正文的异常情况，未予以关注，对未回函未执行替代程序（2022-6）。

己F会计师事务所在长园集团2016年、2017年年度报表审计受到处罚听证时提出的申辩理由：应收账款函证程序执行到位。

证监局（深圳）意见：关于应收账款函证程序。长园和鹰2016年与JD&TOYOSHIMA和NAGPEACE发生两笔交易，每笔金额292万美元，形成应收账款余额共584万美元，折合人民币4 052.96万元，两笔应收账款金额长园和鹰合并层面占比达10.51%，金额重大，己F会计师事务所以单笔金额未达到长园集团层面执行的2 050万元重要性水平为由，认为无需执行函证的申辩理由依据不足。2016年审计中，对柬埔寨客户诚浩（柬埔寨）时装有限公司等3家客户回函为同一封快递且寄件人非函证客户的异常情况，己F会计师事务所未在底稿中记录所实施的进一步审计程序，也未对该情况予以说明。2017年底稿中，安徽红爱询证函的发函留底复印件显示用印覆盖了正文，而回函原件落款的印章没有覆盖正文，两份资料差异明显，且回函快递单存在明显异常，己F会计师事务所未予以关注，未实施进一步审计程序。2017年审计中，DAS XING GARMENT未回函，己F会计师事务所未执行替代程序。对该项申辩意见不予采纳。

（22）审计人员没有对获取银行凭证过程保持控制，未发现存款账实不符（2022-11）。

庚G会计师事务所在公准股份2016年年度报表审计受处罚听证时提出的申辩理由：庚G会计师事务所将货币资金作为最重点科目进行审计，从人民银行取得了企业征信报告，获取了开立银行账户明细表等资料，对银行账户余额进行函证，抽查核实账务，原始凭证等，对各账户发生额及余额进行合理性分析。对余额占比高的农业银行账户进行了活期利息收入测算，核对了开户信息，对存款进行细节测试、截止性测试。注册会计师亲自前往银行获取余额凭证，银行与公准股份恶意串通，导致无法识别造假。

证监局（黑龙江）意见：关于货币资金的审计程序。公准股份货币资金余额巨大且占资产总额比重极高，在主要客户和供应商均为个人且往来款数额巨大的情况下，应当充分获取可靠性较高的银行证据，并运用职业判断对证据的适当性保持警觉。庚G会计师事务所未取得《已开立银行结算账户清单》，没有核对并确认银行账户是否完整；对银行函证回函用章明显异常没有保持职业怀疑并执行进一步审计程序；对大额货币资金长期闲置未保持职业怀疑，没有进行合理性分析，审计程序存在缺陷。申辩称注册会计师亲自前往银行获取余额凭证，仅有银行门口照片佐证，底稿中“亲自前往询证工作记录”上接待人员、陪同人员、亲自函证人员等信息均为空白，审计人员没有对获取银行凭证过程保持控制，未发现存款账实不符。申辩称银行与公准股份恶意串通情况未提供证据，不予采信。

（23）对银行账户函证时，或现场函证的陈述内容与事实不符，或未见对询证函发出进行控制的证据，认为银行询证函事项对整体财务报表的影响较小的判断明显不合常理（2023-1）。

己D会计师事务所在易见股份2018年、2019年年度报表审计受处罚听证时提出的申辩理由:《行政处罚事先告知书》认定己D会计师事务所未对2015年度银行询证函保持控制事项，事实不清，证据不足。己D会计师事务所已实施了函证程序，未发现明显异常，已经勤勉尽责，依法不应受到行政处罚。①云南滇中供应链管理有限公司（以下简称滇中供应链）富滇银行股份有限公司昆明银光支行12601101****065270账户（以下简称富滇银行5270账户），己D会计师事务所已按照准则规定执行了现场跟函的审计程序，基于对银行的信赖及通常的职业谨慎，己D会计师事务所认为函证程序有效，未发现明显异常，已经勤勉尽责。②滇中供应链中信银行股份有限公司曲靖分行7305110****00015530账户（以下简称中信银行5530账户），己D会计师事务所根据准则执行了邮寄函证，已经勤勉尽责。“回函寄件人为个人”在当时的审计实践中，并不属于明显异常，不应据此对己D会计师事务所行政处罚。③己D会计师事务所认为，2015年度银行询证函事项仅影响“货币资金”和“其他应收款”科目，不影响资产总额、净资产、收入、利润等核心财务指标，对易见股份整体财务报表的影响较小，情节轻微，不应对其行政处罚。④己D会计师事务所已按照准则规定执行了审计程序，对函证保持控制，已经勤勉尽责，因易见股份、甚至银行工作人员涉嫌串通舞弊，基于审计的固有限制，其确实无法发现银行询证函虚假，不能因此认定申辩人未勤勉尽责。

证监会意见：①当事人申辩意见中对于富滇银行5270账户现场函证的陈述内容与事实不符，多项证据证明审计人员现场函证过程失控。一是经富滇银行核实，审计工作底稿中银行询证函系伪造，没有证据显示银行串通舞弊。经银行询证函底档查询，富滇银行于2016年1月22日受理回复过己D会计师事务所对富滇银行5270账户的银行询证函，显示截至2015年12月31日账户余额为624.74万元。而审计工作底稿中同日5.34亿元银行询证函金额与事实不符，所盖的业务专用章与经办人私章都与真实印章不符。二是根据审计人员自述，其在递交和获取银行询证函过程中未保持控制。三是银行接待人员白某宇证实，审计人员在获取银行询证函过程中未保持控制。四是易见股份陪同人员司机张某文涉嫌参与伪造银行询证函。②己D会计师事务所审计工作底稿中未见对中信银行5530账户询证函发出进行控制的证据，未对银行询证函回函快递单寄件人等异常情况保持职业怀疑，并实施进一步审计程序。一是未见对发函程序进行控制的证据，《货币资金—函证结果汇总表》显示中信银行5530账户“有”跟函记录，审计人员在询证函上手写“跟函记录索引禾嘉股份底稿”，审计工作底稿中未见相应跟函记录，也未见邮寄发函记录。即便有发函快递单，也需要与回函快递单对比回函地址和寄件人与发函地址和收件人是否一致，也需要对取得的回函进行有效评价。二是未对取得的回函进行有效评价，无法保证回函的可靠性。经比对回函日期等，中信银行5530账户与贵州易见供应链管理有限责任公司（以下简称贵州供应链）中信银行7666账户应为一同回函。回函快递单显示日期为2月7日，回函寄件人为“夏”（非银行回函经办人员），联系电话为个人手机号码（经查寄件人为易见股份员工），寄件单位名称和地址均未填列。而同期建设银行、交通银行等回函快递单寄件人与银行经办人员一致、电话为银行座机号码、寄件单位为银行名称和地址，中信银行5530账户回函快递单存在明显异常。己D会计师事务所对被询证银行的地址、联系人等影响函证真实性的重要信息未能有效控制和关注，己D会计师事务所法定代表人在调查中对有关异常情况予以认可。③货币资金属于上市公司重要的财务指标，且货币资金舞弊是财务报表层次风险，对财务报表产生重大影响。中信银行5530账户账面余额为7.78亿元，实际余额为9 761.36万元，虚增银行存款6.81亿元。己D会计师事务所认为2015年度银行询证函事项对易见股份整体财务报表的影响较小的判断明显不合常理。

（24）对重要客户函证控制存在缺陷，且未对二次函证中上述异常情况保持应有的职业怀疑等，抽样选取的客户走访均未发现异常情况（2023-5）。

己F会计师事务所在蓝盾股份2018年、2019年年度报表审计受处罚听证时提出的申辩理由：营业收入实质性审计程序不存在缺陷。一是重要商户收入审计方面。对广州白云执行函证程序，取得合同、对账单并将账面记录与对账单、商户台账、Epay交易流水进行核对、检查工商信息，未发现异常。中石化广州和中石化汕尾预付款金额较大具有合理性。4家大额商户对账单未使用公章或使用不同印章签署符合交易习惯，已对合同、业务资料及财务指标执行恰当审计程序或予充分关注，且执行函证程序并保持应有控制。二是电子券码收入审计方面。合作的保险机构以采购订单作为双方交易凭据符合交易习惯。人寿财险发函与回函方均为湛江分公司，数据由湛江分公司核对具有历史原因，且有充分合理性。联合财险询证函回函地址取得函证单位确认。人民财险虽致函揭发函证存在虚假印章，且走访中对方员工否认合同及采购订单由其签署，但已再次追加审计程序，对人民财险进行了二次函证，2020年4月24日，人民财险回函明确之前致函系经办人不了解情况所致，确认与中经电商有业务往来，出于谨慎原则，项目组对该款项全额计提坏账准备，并没有违规。而且案件证据中也没有针对二次回函进行调查的相关证据，基本事实并未查清。三是对其他保险机构，项目组抽样选取了中国大地财产保险股份有限公司广东分公司（以下简称大地财险）和人寿财险进行走访，均未发现异常情况。

证监局（广东）意见：营业收入实质性审计程序方面存在缺陷。一是重要商户收入审计方面。广州白云存在消费金额及确认佣金收入时点、消费金额及优惠金额月度占比等异常情况，该商户业务合同关键条款缺失、年报联系电话与中经电商关联。中石化广州、中石化汕尾询证函回函印章与工商登记的公司名称不一致、中油碧辟两种业务协议印章不一致，对中油碧辟询证函发函与回函地址相距较远且无合理解释等异常情况客观存在。二是电子券码收入审计方面。从中经电商获取的审计证据不足以证明其已经履行了销售电子券码业务相关的合同履约义务。在审计报告出具之前，当事人并未获得联合财险回函地址取得函证单位确认的证据。关于人民财险的二次函证问题。在第一次函证和走访获悉存在舞弊嫌疑的情况下，继续选择函证并非属于追加了恰当审计程序。即便以二次函证作为追加的审计程序，从回函形式和内容来看，该函加盖的是人民财险财务专用章，而前次揭发致函加盖的是人民财险公章，该函称前次揭发致函系在未充分了解具体情况下发出，涉及信息有误，人民财险与中经电商有正常业务往来，双方业务金额存在争议待进一步解决。从二次函证实施程序来看，当事人仍以中经电商提供的人员及联系方式作为询证函收件人，未对该人员是否为适当的被询证者采取必要的核实措施，且在案证据显示，前次揭发致函所列人民财险联系人、会计师走访人民财险时的联系人，与中经电商人民财险业务的联系人为同一人。综上，当事人仍未对二次函证中上述异常情况保持应有的职业怀疑，未获取充分、适当的审计证据。三是对大地财险和人寿财险走访获取的审计证据，不足以应对可能存在的由于舞弊导致的重大错报风险。而且，对人寿财险的走访发生在2020年5月，是2019年度审计报告出具之后，与2019年度审计工作也无关。

3.充分必要的审计程序和实施进一步审计程序

（1）未按事务所内部管理要求调整审计项目的风险级别并追加相应的审计程序（2019-1）。

壬I会计师事务所在五洋建设用于公开发行公司债券的2012—2014年年度报表审计受处罚时提出的申辩理由：壬I会计师事务所未调整五洋建设审计项目风险级别为

事务所层面的内部管理问题，且非本次立案调查的对象，不应认定为违法事实。

证监会意见：壬I会计师事务所未按其内部管理要求调整五洋建设审计项目的风险级别并追加相应的审计程序，是壬I会计师事务所在五洋建设具体审计项目中未勤勉尽责的一种体现，不符合《中国注册会计师执业准则》中有关“建立和保持质量控制制度”的要求。

（2）单个项目占当期利润总额比重高、毛利率高，具有重大性和异常性，设计和实施的审计程序不到位（2019-2）。

丙M会计师事务所在雅百特2015年年度报表审计受处罚听证时提出的申辩理由：关于木尔坦项目审计程序。①关于木尔坦项目来源的真实性。其一，2015年审计重点应是项目执行情况而非合同签署情况。发包方与施工方签署的合同比缔约过程文件更能证明项目的真实性。其二，丙M会计师事务所通过多种手段关注该项目的非财务信息。其三，HRL公司2016年9月也发函确认了首都工程公司为其分包商。②关于工程回款的真实性。其一，丙M会计师事务所在执行相关审计程序后认为毛利率是合理的。第三方公司回款在境外项目中较常见，交易形式并不复杂。其二，地址信息并非主要检查信息，位置不明显、显示不清晰导致难以发现；实践中存在对境内付款的中介公司，同一公司为不同项目回款不异常。其三，首都工程公司在访谈中表示存在外汇管制，丙M会计师事务所也进行了相应检索。③关于项目建筑材料出口情况。依据《中华人民共和国海关进出口货物申报管理规定》，报关企业接受委托办理报关手续时必须保证随附单证（包括提单）与报关单一并提交海关。报关单已显示运抵国为巴基斯坦，丙M会计师事务所有理由相信该相应提单存在。④关于材料供应和劳务服务。木尔坦项目材料费用和劳务费用的发生额均低于本次审计的重要性水平，且期末余额为零。2016年9月丙M会计师事务所再次走访两家公司后获得的证据也能够印证相关审计结论。

证监会意见：木尔坦项目占当期利润总额的47.09%，且毛利率高达74.16%，具有重大性和异常性，丙M会计师事务所设计和实施的审计程序不到位，未能对木尔坦项目进行充分核查。①关于木尔坦项目来源的真实性问题。其一，丙M会计师事务所将雅百特可能存在重大错报风险的领域（与舞弊相关）认定为收入的真实性。根据《中国注册会计师审计准则第1141号——财务报表审计中与舞弊相关的责任》第三十一条中“针对由于舞弊导致的认定层次的重大错报风险，注册会计师应当考虑实施函证程序以获取更多的相互印证的信息”的规定，丙M会计师事务所应当获取更多信息加以验证，仅获取发包方与施工方正式签署的合同不足以证实木尔坦项目的真实性。其二，丙M会计师事务所关注到的非财务信息均为来源于雅百特的内部证据，其证明效力低于函证等外部证据，且审计底稿并无相关记录。其三，丙M会计师事务所于2016年3月出具审计报告，同年9月取得的《确认函》与年报审计工作无关。综上，对该申辩意见不予采纳。②关于木尔坦工程回款的真实性问题。其一，木尔坦项目毛利率高达74.16%。丙M会计师事务所的审计底稿中仅记录毛利率较高的原因为人工成本低、材料价格下降，没有量化分析人工成本、材料价格对毛利率的具体影响。同时，丙M会计师事务所也未获取充分适当的审计证据支持其结论。第三方公司大批小额回款不具有商业合理性，丙M会计师事务所未对异常回款情况予以充分关注，对其提出的“交易常见、不复杂”等理由不予采信。其二，从现有证据看，地址信息位置明显，显示清晰，丙M会计师事务所提出的申辩理由与事实不符。此外，丙M会计师事务所听证中提交的关于香港西本等四家公司的注册文件仅能证明上述公司在香港注册，不能证明丙M会计师事务所对地址信息的异常情况予以充分关注。当事人所称“存在对境内付款的中介公司”与认定丙M会计师事务所审计程序不到位无关。其三，丙M会计师事务所未对外汇管制与第三方公司回款是否存在因果关系进行核实，其听证中提交的中国银行保险监督管理委员会网站上关于巴基斯坦外汇管制情况的说明，相关内容发布于2017年11月，审计过程中不可能取得，对此项证据不予采信。综上所述，对该申辩意见不予采纳。③关于木尔坦项目使用的建筑材料出口问题。其一，提单是货物所有权人提货的凭证，能够确认货物的最终走向和权属，丙M会计师事务所应当依据提单而非报关单确认货物发出情况。其二，实践中存在报关单显示的运抵国与实际送达的目的地不一致的情形。海关的审核责任与丙M会计师事务所的审计责任应当予以区分，即海关对报关单和提单的审核不能代替丙M会计师事务所的独立审核。基于对法律规定的应然状态和海关审核的信赖均不能代替自身独立的审计程序。综上，对该申辩意见不予采纳。④关于劳务费用与材料费用的确认问题。《中国注册会计师审计准则第1221号——计划和执行审计工作时的重要性》第三条规定：“对重要性的判断是根据具体环境作出的，并受错报的金额和性质的影响，或受两者共同作用影响。”对于重要性的判断不仅是交易金额，也应考虑交易的性质。丙M会计师事务所不应仅以劳务费用和材料费用单项金额低于重要性水平为由，忽视木尔坦项目整体的重大性和异常性，省略访谈和函证程序。同时，劳务费用与材料费用合计2 494.88万元，已超过实际执行的重要性水平1 050万元。其所称2016年9月取得的相关证据与年报审计工作无关。综上，对此项申辩意见不予采纳。

（3）未考虑客户管理层与国内材料客户串通舞弊的可能性，未能对合同背后交易的真实性进行审慎核查，通过常规审计程序获得的证据不足以将风险降低至可接受的水平（2019-2）。

丙M会计师事务所在雅百特2015年年度报表审计受处罚听证时提出的申辩理由：关于国内材料销售收入审计程序。①个别公章和签字笔迹不一致不代表收货和合同不真实，可能是他人代签。丙M会计师事务所也无需对笔迹进行鉴定。②采购合同缺少签订时间和签订人并不影响其法律效力。丙M会计师事务所已经关注到此问题并要求管理层整改。丙M会计师事务所发函比例占国内销售收入的87%，已经实施了恰当的审计程序。

证监会意见：关于国内材料销售收入审计程序。①经客户签字的发货确认单是雅百特确认收入的主要依据，发货确认单的真实性影响收入的真实性，而签字笔迹是发货确认单上的重要信息，丙M会计师事务所未能审慎评价与核实，缺乏应有的职业怀疑。②丙M会计师事务所已将雅百特可能存在重大错报风险的领域（与舞弊相关）认定为收入的真实性，根据《中国注册会计师审计准则第1141号——财务报表审计中与舞弊相关的责任》第三十一条，丙M会计师事务所应当进一步设计和实施能够应对舞弊导致的重大错报风险的审计程序。2015年雅百特国内材料收入在总销售收入中占比大幅增加且收入分类列示更改。丙M会计师事务所未考虑管理层与国内材料客户串通舞弊的可能性，未能对合同背后交易的真实性进行审慎核查，其通过常规审计程序获得的证据不足以将风险降低至可接受的水平。综上，对此项申辩意见不予采纳。

（4）贸易业务收入的实际具体确认方法与自产销售业务不同，未发现贸易业务收入确认具体方法的缺失（2020-3）。

辛V会计师事务所在太化股份2014年年度报表审计受处罚听证时提出的申辩理由：《行政处罚事先告知书》（晋证监处罚字〔2019〕2号，以下简称《告知书》）以自产销售业务的收入确认具体方法来认定太化股份2014年贸易业务收入“未按照上述记录的具体方法确认贸易业务收入”，明显不恰当。太化股份贸易业务实际是按照披露的会计政策确认收入，不存在《告知书》认定的未关注收入确认具体方法不一致的情况。辛V会计师事务所已经对华旭物流实施了“重要客户结构分析”“重要客户收入情况分析”“主要客户交易背景和商业目的调查”等审计程序，《告知书》告知的“未关注该贸易收入的大幅度增长情况”与事实不符。

证监会意见：辛V会计师事务所对太化股份贸易业务收入开展审计的依据与自产销售业务不同，对贸易业务收入的实际具体确认方法与自产销售业务也不同。在两类业务收入确认具体方法存在显著不同情形之下，辛V会计师事务所对太化股份2014年财务报表进行审计时，未发现太化股份2014年财务报表中贸易业务收入确认具体方法的缺失。

（5）在明显意识到“发运日期”这一测试指标无法适用于客户贸易业务的情形下，未发现贸易业务收入确认具体方法的显著缺失（2020-3）。

辛V会计师事务所在太化股份2014年年度报表审计受处罚听证时提出的申辩理由：太化股份2014年贸易业务收入确认单据主要为货物销售结算单、增值税发票、收货确认单据（部分有）等，这些单据表明贸易业务收入确认符合会计准则的相关规定，《告知书》告知的“未见发运单据和发运日期”是没有事实依据的。

证监会意见：太化股份2014年营业收入以贸易业务收入为主，并不存在发运日期。但是，辛V会计师事务所在销售业务循环控制测试中设定了“发运日期”这一指标，并在审计确认贸易业务收入时实际依据货物销售结算单、增值税发票、收货确认单据（部分有）等。在审计过程中，在明显意识到“发运日期”这一测试指标无法适用于对太化股份贸易业务的情形下，辛V会计师事务所却未发现太化股份2014年财务报表中贸易业务收入确认具体方法的显著缺失。

（6）在发现相关异常情况后，未对期后诉讼事项和应收账款异常情况执行进一步审计程序（2020-5）。

己F会计师事务所在奥瑞德2017年年度报表审计受处罚听证时提出的申辩理由：己F会计师事务所及执行审计业务的注册会计师已按照《中国注册会计师审计准则》执行了必要的审计程序，获取了充分适当的审计证据，已经做到勤勉尽责。之所以没有发现奥瑞德的舞弊行为，系被审计单位治理层和管理层与相关单位之间合谋舞弊并刻意隐瞒所致，以会计师事务所的审计手段无法发现。虽然个别审计程序执行中存在瑕疵，但并非发现奥瑞德舞弊行为的关键因素，不属于存在重大过失的行为。因此，请求豁免对己F会计师事务所和执行审计业务注册会计师的行政处罚。

证监局意见：在奥瑞德2017年度财务报表审计项目中，己F会计师事务所在发现相关异常情况后，仍未保持充分的职业怀疑，未对期后诉讼事项和应收账款异常情况执行进一步审计程序，审计工作未勤勉尽责。

（7）对重大客户的大额收入确认未保持应有的职业谨慎，未能及时识别财务报告的重大错报风险（2021-2）。

甲A会计师事务所在千山药机2015年及2016年年度报表审计受处罚听证时提出的申辩理由：甲A会计师事务所对营业收入的审计程序充分且适当。甲A会计师事务所就华冠花炮相关收入确认符合审计准则和千山药机一贯的收入确认政策，且甲A会计师事务所充分关注到花炮机未运输到华冠花炮的情况，进行了补充审计，未发现异常。运输合同手写内容仅指运输行为未发生，不影响收入确认结论。甲A会计师事务所已对烟花生产线进行关注，在符合收入确认条件的情况下，不属于千山药机存货，因此甲A会计师事务所未将其列入盘点计划。就华冠花炮履约能力，甲A会计师事务所也予以了充分关注，通过多种方式进行核查，未发现异常。此外，甲A会计师事务所充分关注了华冠花炮销售回款事项，开展大量审计工作。在千山药机故意串通、蓄意造假的情况下，基于审计局限性，甲A会计师事务所无法发现该等舞弊行为。

证监会意见：甲A会计师事务所在对千山药机2015年、2016年财务报表审计中，对重大客户华冠花炮的大额收入确认未保持应有的职业谨慎，获取充分适当的审计证据，导致未能及时识别财务报告的重大错报风险。①千山药机与华冠花炮的烟花机业务是其2015年开始运营的新增业务类型，对收入和利润有重大影响，且华冠花炮为该业务唯一客户。但是甲A会计师事务所在2015年的审计策略中并未对千山药机业务变化调整、经营环境变化和经营风险等进行针对性研判。②对华冠花炮烟花生产线异常发货情况关注不足。审计人员已发现千山药机烟花生产线未按合同约定发出，收入确认存在明显异常情形，未对暂存在千山药机处的烟花生产线予以盘点查证，未对销售商品所有权上主要风险和报酬是否转移及已售商品能否实施有效的控制获取充分、适当的审计证据，进而未能发表恰当的审计意见。③甲A会计师事务所未对因销售烟花机相关的经济利益是否能可靠地流入公司即因向客户转让商品所有权取得的对价很可能收回获取充分、适当的审计证据。在2015年审计发现发货异常的情况下，甲A会计师事务所并未采取现场走访等进一步审计程序；在2016年进行现场走访中，仅对华冠花炮负责人进行访谈，未获取其他第三方证据验证华冠花炮履约能力；同时，在现场走访中对华冠花炮作为烟花特种行业是否具备生产建设许可等前置审批情况未予关注。④甲A会计师事务所没有对销售回款进行充分适当检查，未直接获取相关银行流水等审计证据，也没有通过电子银行等方式对回款真实性予以核对。

（8）对多张出库单存在制单员为Administrator（系统管理员）的情形，没有关注和亲自查阅客户财务系统（2021-4）。

甲A会计师事务所在索菱股份2016年、2017年年度报表审计受处罚听证时提出的申辩理由：甲A会计师事务所严格按照审计准则要求执行了会计系统及信息系统审计程序，针对出库单存在制单员为Administrator的情形，甲A会计师事务所保持了合理的职业怀疑，并按照审计准则要求执行了严格的审计程序予以核实。

证监会意见：针对出库单存在制单员为Administrator的情形，在2017年审计底稿《控制测试—销售与收款流程—销售货物控制测试表》中，注册会计师检查了编号为XS17041684、XS17041700、XS17041701的出库单，上述出库单的制单人均为Administrator。2017年签字会计师匡某在询问笔录中称没有关注到该情形；殷某民在询问笔录中称没有亲自查阅索菱股份财务系统，也没有收到项目组的反馈。甲A会计师事务所没有保持合理的职业怀疑，对于索菱股份存在的异常情况没有保持应有的关注，未设计和实施有效的进一步审计程序并获取充分、适当的审计证据。我会对该项申辩意见不予采纳。

（9）针对同一客户销售的同类产品同时存在不同编号抬头出库单的情形，未查看系统进行确认和向负责制单的部门进行核实（2021-4）。

甲A会计师事务所在索菱股份2016年、2017年年度报表审计受处罚听证时提出的申辩理由：出库单采取不同的编号抬头具有普遍意义，针对同一客户销售的同类产品同时存在“XS”开头的出库单和“XOUT”出库单的情形，甲A会计师事务所执行了企业询问、查看索菱股份相关人员操作系统、核对相关业务合同及凭证的业务类型、进行销售与收款穿行测试和控制测试、设计和实施函证等审计程序，符合审计准则的规范。

证监会意见：针对同一客户销售的同类产品同时存在不同编号抬头出库单的情形，2017年《销售货物控制测试表》记录了编号为“XOUT17032285”“XOUT17041508”“XS17052698”“XS17052699”的出库单，业务内容均为“757AD众泰W11/专用UI中文凯立德地图”，经查询索菱股份销售出库明细表，对应的客户均为“众泰新能源汽车有限公司永康分公司”。当事人在申辩意见中称索菱股份相关人员解释“XS开头的出库单主要系合并范围内关联方之间的国内销售、国内经销商销售，XOUT开头的出库单主要系前装业务客户销售”，该说法与事实不符，且审计底稿中未见当事人查看系统进行确认或向负责制单的部门进行核实相关问题的记录。殷某民、匡某提供的《情况说明》仅说明“向被审计单位负责销售的财务人员以及销售业务人员询问了解其原因”，并未向负责制单的部门进行核实，且审计工作底稿中并未记录当事人执行企业询问、查看索菱股份相关人员操作系统等审计程序的过程。甲A会计师事务所称其执行了查看索菱股份相关人员操作系统等审计程序，缺少事实依据。我会对该项申辩意见不予采纳。

（10）未对相关银行账户设计和实施有效的进一步审计程序，导致未能发现银行账户存在大额借款未入账和虚假银行流水的情况（2021-4）。

甲A会计师事务所在索菱股份2016年、2017年年度报表审计受处罚听证时提出的申辩理由：甲A会计师事务所在对货币资金执行实质性审计程序时保持了应有的职业怀疑，按照审计准则的要求执行了必要的实质性审计程序，在使用被审计单位产生的信息时，已经充分评价该信息对实现审计目的具有可靠性，针对九江妙士酷开立的中国农业银行1434××××2578账户执行了银行函证程序。

证监会意见：九江妙士酷中国农业银行1434××××2578账户开立于2017年6月20日，销户于2017年11月29日，账户当期开户后又销户，当事人未对该账户发生额情况进行审慎核查，仅以“索菱股份反馈德安县那边没有员工，难以协调打印银行对账单”、账面无发生额以及余额较小等为由，未对该账户设计和实施有效的进一步审计程序，导致未能发现该账户存在7 500万元借款未入账的情况；对于广东索菱2000××××1882银行账户，注册会计师在询问笔录中称“银行流水是在审计人员现场监督下由被审计单位从网银系统打印的”，但审计底稿中保存的该账户2017年流水是虚假的；执行索菱股份审计程序时，2016年抽取的7个银行账户、2017年抽取的9个银行账户中，每年均有6个银行账户的对账单为虚假。甲A会计师事务所未设计和实施有效的进一步审计程序审慎核查该账户发生额，导致未能发现银行账户存在大额借款未入账和虚假银行流水的情况。因此，当事人提出的“审计机构不具备鉴定文件真伪的能力”等申辩意见，不能成为其免责的理由。我会对该项申辩意见不予采纳。对于九江妙士酷中国农业银行1434××××2578账户执行了银行函证程序的申辩意见予以采纳。

（11）未对客户存在Administrator（系统管理员）账户编制出库单的异常情况保持应有的职业怀疑和关注，未充分了解客户与财务相关的系统、流程（2021-4）。

甲A会计师事务所在索菱股份2016年、2017年年度报表审计受处罚听证时提出的申辩理由：认定的部分违法事实证据不足。

证监会意见：对于Administrator账户是否具有超级管理员权限，相关系统日志、相关人员询问笔录均能证明。甲A会计师事务所未对索菱股份存在Administrator账户编制出库单的异常情况保持应有的职业怀疑和关注，却将争议焦点放在Administrator账户是否具有超级管理员权限上，恰恰说明甲A会计师事务所没有实施充分的审计程序了解索菱股份信息系统。另外，甲A会计师事务所提出"自2016年12月启用鼎捷系统，生成的销售出库单是1401开头，编号规则已经改变，既无XOUT也无XS"。实际上，鼎捷系统属于索菱股份的生产管理系统，而销售出库单由金蝶K3系统生成。也说明甲A会计师事务所未充分了解索菱股份与财务相关的系统、流程。我会对该项申辩意见不予采纳。

（12）在收集的相关销售合同明显存在问题的情况下，未设计和实施恰当的审计程序来核实收入确认的时点是否准确（2021-8）。

辛H会计师事务所在欢瑞世纪2016年欢瑞世纪重大资产重组报表审计受处罚听证时提出的申辩理由：审计存在固有限制，辛H会计师事务所在实际执行审计的过程中获取了相应合同，也关注了合同生效时间，只是基于合理职业判断，合同生效时间并非确认销售收入时间的关键依据，并实施了函证及访谈程序。因此，辛H会计师事务所保持了职业怀疑，已勤勉尽责。

证监局（重庆）意见：辛H会计师事务所在执行审计工作过程中，虽然在风险评估时将收入评估为"识别的重大错报风险"，将"收入可能存在提前确认"作为特别风险，但在确认销售收入审计过程中，在收集的相关销售合同存在明显问题的情况下，未保持合理的职业判断和职业怀疑，未设计和实施恰当的审计程序来核实收入确认的时点是否准确。辛H会计师事务所进行的审计工作未能提供审计准则所要求的合理保证，未勤勉尽责，导致出具的审计报告有虚假记载。

（13）在已知客户存在违规风险、收到监管机构风险提示、对相关子公司进行单独审计的情况下，未亲自获取已开立银行结算账户清单，导致未识别出部分银行账户未纳入财务核算范围（2021-9）。

乙L会计师事务所在盛运环保2016年年度报表审计受处罚听证时提出的申辩理由：在2016年盛运环保银行存款审计中，已实施完整的审计程序，对合并范围内全部母子公司的银行账户进行了函证。未获取枣庄中科环保电力有限公司等子公司的已开立银行账户清单，是基于公司日常资金量小、实施银行函证结果满意等因素判断，信任盛运环保提供的银行账户是完整的，不需获取《开立银行结算账户清单》。

证监局（安徽）意见：乙L会计师事务所在盛运环保2016年年报审计过程中，收到了安徽证监局关于盛运环保年报审计监管风险提示，在已知上市公司存在违规风险，并对相关子公司进行单独审计的情况下，仍未保持应有的职业谨慎，未亲自获取已开立银行结算账户清单，导致未识别出部分银行账户未纳入财务核算范围，违反了《中国注册会计师审计准则第1101号——注册会计师的总体目标和审计工作的基本要求》第二十八条、《中国注册会计师审计准则第1141号——财务报表审计中与舞弊相关的责任》第十三条相关规定。其申辩理由不予采纳。

（14）对在建工程及借款费用资本化，虽执行了相关审计程序，但未执行充分、适当的审计程序（2021-10）。

壬W会计师事务所在凯迪生态2016年年度报表审计受处罚听证时提出的申辩理由：壬W会计师事务所对监管部门已关注到的事项已执行了相应审计程序，对在建工程及借款费用资本化已执行了相应审计程序。

证监局（湖北）意见：对在建工程及借款费用资本化，壬W会计师事务所虽执行了相关审计程序，但未执行充分、适当的审计程序，存在未勤勉尽责。

（15）未收到回函实施替代测试程序的证据前后矛盾，进一步印证在执行相关替代性程序时未保持应有的职业怀疑（2021-13）。

丁X会计师事务所在皇台酒业2016年年度报表审计受处罚听证时提出的申辩理由：丁X会计师事务所对古浪天然居实施了独立函证，在未收到回函的情况下实施了替代测试程序。

证监局（甘肃）意见：当事人在陈述申辩意见中主张“由于2016年皇台酒业对古浪天然居没有新增发出成品酒的交易，成品酒的发货单、收条均在2015年，作为连续审计，我所引用上年度的审计证据实施替代程序”，但“由于2016年皇台酒业对古浪天然居没有新增发出成品酒的交易”，与当事人陈述申辩称“我所收到了2016年皇台酒业与古浪天然居销售结算数量的回函”，及签字注册会计师孙某听证笔录“天然居大酒店2016年度销售结算由代销和现销两部分组成，故代销产品和结算产品品种和数量有差异”前后矛盾，进一步印证丁X会计师事务所在执行相关替代性程序时未保持应有的职业怀疑，没有取得充分、适当的审计证据。当事人陈述申辩所提供的证据不足以推翻我局对其未按要求执行替代性程序这一违法事实的认定。

（16）在租金收入只有发票无法提供合同、贸易收入存在重大异常、物业收费确认存在严重缺陷、保理业务收入需要进一步执行向债务人核实的情况下，相关收入审计程序存在严重缺陷（2022-2）。

甲Y会计师事务所在*ST新亿2018年和2019年年度报表审计受处罚听证时提出

的申辩理由：①收入审计不存在严重缺陷，一是《租金抵账协议》倒签不影响其合法有效，确认租金抵账收入符合准则规定；二是已经实施充分必要的审计程序核实贸易收入真实性，确认贸易收入符合准则规定；三是已经实施必要的审计程序核实物业费收入真实性，确认物业费收入符合准则规定；四是已经实施充分审计程序核实法院判决赔偿收入，相关会计处理认定符合准则规定；五是修改、删除审计底稿属于正常的底稿归档整理程序，并非掩盖审计中发现的问题。②审计报告附注对《喀什市开源市场用地规划调整开发协议》的披露，符合疫情暴发不可抗力情形下，行政机关不可能收回土地使用权的实际情况，有合理理由，不构成重大遗漏。③中国证监会认定上市公司虚假收入缺乏证据，应当由财政部、中国注册会计师协会组织专业人员对相关问题进行共同认定，作出正确的专业判断。

证监会意见：关于收入审计程序问题。其一，《租金抵账协议》系在审计发现相关租金收入只有发票、公司无法提供合同并拒绝配合实施现场走访程序等存在重大异常情况下，公司于2020年审计期间倒签，吴某堂在获取协议未签章版本初稿后协助公司方对协议相关表述进行了修改，严重违反审计程序要求，且初稿所记载租赁期限（2019年12月1日至2020年11月30日）与最终签章版内容（2019年1月1日至2019年12月31日）明显不一致，吴某堂方在发回公司方的文档中将含租赁期限在内的变更内容进行突出显示，该审计证据存在严重瑕疵；其二，审计人员在第一次现场审计中发现*ST新亿2019年贸易收入存在重大异常，原拟签字注册会计师了解了第一次现场审计情况后提出“新亿的贸易收入很难确认，我不想签这个业务”，针对第二次现场审计情况，明确提出调减该笔收入的意见。最终甲Y会计师事务所在未取得比第一次现场审计中更多有效证据情况下，确认了*ST新亿2018年和2019年贸易收入，且吴某堂签署报告前对于审计底稿中记录的事项未认真复核，对原拟签字注册会计师提出的意见未予以采纳，也未实施进一步审计程序以获取充分的审计证据。刘某斌在签署报告前，复核底稿未发现相关问题，签署报告后发现问题，删改底稿。相关收入审计程序存在严重缺陷；其三，针对物业费收入，甲Y会计师事务所审计人员初步意见是不予确认，并说明*ST新亿不会因为未确认该笔收入导致连续两年收入低于1 000万元（触发公司暂停上市条件），吴某堂认为公司2019年收入过低；原拟签字注册会计师明确提出鼎盛源2019年物业费收入属于合同安排、财务造假，不同意确认该收入，如果公司坚持确认该笔收入，要在审计报告中将该事项列为保留事项，相关意见吴某堂知悉并进行了讨论。对于审计人员提出的不确认物业费收入的意见，吴某堂一开始并没有提出反对意见，刘某斌也对该笔收入提出过质疑。在此情况下，甲Y会计师事务所仅在宏腾达补充出具由宏腾达承担物业管理成本的情况说明后，即认可*ST新亿确认这笔收入，相关收入审计程序存在严重缺陷；其四，关于保理业务收入，甲Y会计师事务所审计团队在审计中关注到了公司收到营业外收入

7 590万元款项后马上以预付款2 590万元和借款5 000万元形式支付出去异常情况，对资金来源和去向以及交易的商业实质存疑，存在与债务人串通舞弊风险并明确提出了需进一步执行向债务人核实的程序，但最终并未进一步妥善执行审计程序核实相关该笔营业外收入的真实性，相关收入审计程序存在严重缺陷；其五，甲Y会计师事务所在审计过程中未执行充分的审计程序，并在审计报告日后补充审计程序，为掩盖审计中发现的问题对审计底稿进行实质性修改，并非所谓正常的底稿归档整理程序。

（17）未关注决定收入确认的关键时点，未发现利用“阴阳合同”进行财务造假、重复确认收入的情况（2022-6）。

己F会计师事务所在长园集团2016年、2017年年度报表审计受处罚听证时提出的申辩理由：审慎评价审计过程中识别出的异常关系。

证监局（深圳）意见：关于审计证据评价。2016年和2017年审计中，长园和鹰与常荣服饰、LADO、SHARP销售合同中对相关销售风险报酬转移时点进行了特殊约定，影响到付清全款前相关商品的所有权归属或付款义务的确定，决定收入确认的关键时点，但己F会计师事务所未予以关注。2017年审计中，己F会计师事务所获取的合同明细表显示，同一编号的合同“开票金额”栏目均是“合同金额”栏目金额的4倍，己F会计师事务所未关注该异常，未发现利用“阴阳合同”进行财务造假的情况。2017年审计中，替代测试显示，长园和鹰以与东莞倍成的同一份合同在临近日期确认了两笔金额完全一样的销售收入，单笔应收账款金额与合同总额一致，己F会计师事务所未关注到重复确认收入的异常。对该项申辩意见不予采纳。

（18）未分析合同变更的合理性，变更前后两份合同确认收入的差异金额超出了明显微小错报的金额，未合理运用职业判断（2022-6）。

己F会计师事务所在长园集团2016年、2017年年度报表审计受处罚听证时提出的申辩理由：合理运用职业判断。

证监局（深圳）意见：关于合理运用职业判断。己F会计师事务所未分析《7 470万元合同》变更为《3.4亿元合同》的合理性，且根据两份合同确认收入的差异金额超出了明显微小错报的金额。对该项申辩意见不予采纳。

（19）将应确认收入、成本错列，导致虚增营业收入超过明显微小错报的临界值（2022-6）。

己F会计师事务所在长园集团2016年、2017年年度报表审计受处罚听证时提出的申辩理由：其审计中已勤勉尽责，存在的审计瑕疵不构成未勤勉尽责的情形。

证监局（深圳）意见：关于合并报表数据错误问题。己F会计师事务所在对长园和鹰合并层面进行核算时，将山东昊宝服饰有限公司智能工厂项目2017年应确认收入、成本错列，导致长园集团2017年年报虚增营业收入635.72万元，远超过明显微小错报的临界值320万元，己F会计师事务所应当予以调整。对己F会计师事务所关于“公司不建议调整”及“不影响财务报表总体公允性”的申辩意见不予采纳。

（20）第三方代付回款可能涉及虚构交易、调节账龄或其他利益安排等风险，未就第三方代付回款的真实性、商业合理性和合法合规性采取进一步的审计程序（2022-7）。

乙V会计师事务所在ST榕泰2018年年度报表审计受处罚听证时提出的申辩理由：①乙V会计师事务所已对第三方代付应收账款的异常情况保持职业怀疑，并已追加必要充分的审计程序，包括查询获悉金铧贸易与丰华化工的联系电话一致、检查回款银行单据等，获取了充分、适当的审计证据。第三方代付应收账款的情况具有商业合理性，且已在审计报告出具日前偿付完毕。至于代付方与被代付方的关系在不同材料中描述不一致的问题，只是表述上的差异，不影响对广东榕泰2018年度财务报表中坏账准备已充分计提的专业判断。②海威塑胶、万利亨已经注销，对该两家公司的函证是无效的，放入审计底稿是多余记录；且已采取其他充分、必要的审计程序，实现了对应收账款存在及计价的认定，发表了相应的审计意见。③乙V会计师事务所函证中心显示回函地址未见异常，回函快递单未显示寄件人信息，因此未发现回函快递由广东榕泰财务总监寄出的情况，且函证的审计程序与关联方认定这一审计目标没有相关性。

证监局（广东）意见：关于应收账款科目风险应对程序的问题。第三方代付回款可能涉及虚构交易、调节账龄或其他利益安排等风险，需要审计人员保持审慎的态度，重点关注第三方代付回款的商业实质和合法合规性。我局认定乙V会计师事务所在应收账款科目的风险应对程序存在缺陷，系通过多方面证据予以综合认定：一是审计人员获取关于代付人与被代付人“实属同一家公司”与二者为“关联企业”或者“生意上的朋友关系”的审计证据互不一致，代付人与被代付人之间的真实关系不明。二是2018年度审计底稿未见乙V会计师事务所通过相关网站查询金铧贸易工商注销信息的证据，且现有审计证据仍无法排除对代付关系真实性的疑虑。三是审计人员决定对两家已注销客户万利亨、海威塑胶进行函证，但函证程序明显失控，且回函内容本身存在明显异常。函证对象已注销，不能构成审计人员未对函证实施过程保持控制的免责事由。乙V会计师事务所及其审计人员未能保持合理的职业审慎和职业怀疑，就第三方代付回款的真实性、商业合理性和合法合规性采取进一步的审计程序。

（21）审计人员满足于审计初始阶段对关联方事项的核查结论，未追加必要的审计程序，未进一步查实客户与供应商是否存在未披露的关联关系（2022-7）。

乙V会计师事务所在ST榕泰2018年年度报表审计受处罚听证时提出的申辩理由：乙V会计师事务所对广东榕泰与中粤农资、和通塑胶、永佳农资的资金往来金额显著超过采购金额的情况予以了充分关注，通过询问上市公司、查询企查查网站、访谈上市公司管理层并获取相关声明书、走访供应商、核查资金占用总额及使用费等各种力所能及的审计程序，获取了充分、适当的外部证据并加以判断，未发现广东榕泰与三家供应商之间存在关联关系。广东榕泰与三家供应商之间虽存在资金往来，但属于潮汕企业抱团的现象，不代表交易双方是关联方，项目组在审计时点认为相关资金往来不构成关联交易，不属于关联方资金占用。

证监局（广东）意见：关于关联方事项风险应对程序的问题。我局认定乙V会计师事务所在关联方事项风险应对程序存在缺陷，同样系综合多方面证据加以认定：一是广东榕泰与供应商的资金往来金额显著超过采购金额，是超出正常经营过程的重大交易。其中，在核算供应商占用广东榕泰资金的总额及使用费时，对预付账款与供应商转贷未做区分，笼统计算资金占用金额及相应使用费，缺乏合理性。二是相关人员询问笔录、即时通信记录及快递单号等证据能够表明，乙V会计师事务所未对广东榕泰供应商函证程序保持控制。三是采购与付款循环内控测试存在明显异常迹象。针对上述异常迹象，乙V会计师事务所及审计人员满足于审计初始阶段对关联方事项的核查结论，未能在审计过程中始终保持合理的职业怀疑，追加必要的审计程序，进一步核查广东榕泰与供应商是否存在未披露的关联关系，未勤勉尽责。

（22）未关注到承包方对第三方供应商的采购合同订立日期、预付工程款日期早于第三方供应商成立日期等异常情况，未采取进一步审计程序核实预付工程款的合法性（2022-19）。

戊E会计师事务所在柏堡龙2018—2019年年度报表审计受处罚听证时提出的申辩理由：申辩人对柏堡龙其他非流动资产的审计已勤勉尽职。在2018年度、2019年度柏堡龙其他非流动资产审计过程中，项目组保持了应有的职业怀疑，充分关注柏堡龙提前向银广厦支付工程款事项，执行了有效的审计程序，并充分关注衣全球项目施工许可证的取得情况。要求项目组穿透第三方材料供应商或让其提供审计资料已严重超出项目组的审计范围。衣全球项目尚未施工，无须关注采购材料到货情况。

证监会意见：申辩人关于其对柏堡龙其他非流动资产的审计已勤勉尽责的主张与事实不符。在对柏堡龙其他非流动资产（衣全球项目）的审计，申辩人未保持应有的职业怀疑，未关注到承包方对第三方供应商的采购合同订立日期、预付工程款日期早于第三方供应商成立日期的异常情况，未采取进一步审计程序，以至于未发现虚假的承包方网银交易。根据申辩人对承包方的访谈笔录，对于预付工程款是否合法，被访谈人并没有合理的解释，申辩人对此异常情况没有关注到，未采取进一步审计程序核实预付工程款的合法性问题。申辩人在执行对承包方访谈、现场勘察等各项审计程序中未关注材料的到货情况，从签订采购工程用材料的合同日至审计时已经两年多，申辩人以衣全球尚未施工作为其并未关注采购材料理由不能证明其已勤勉尽责。

（23）未能按照审计准则的要求执行审计程序，不属于“核查手段有限、不能发现凌驾于管理层之上的舞弊”的情况（2022-20）。

戊E会计师事务所在仁东控股2019年年度报表审计受处罚听证时提出的申辩理由：根据注册会计师法和审计准则赋予会计师的审计程序和审计手段，戊E会计师事务所不能发现仁东控股凌驾于管理层之上的舞弊行为。

证监会意见：戊E会计师事务所未能按照审计准则的要求执行审计程序，存在未勤勉尽责情形，不属于其辩称的“核查手段有限、不能发现凌驾于管理层之上的舞弊”的情况，对该申辩意见不予采纳。

（24）在设计及执行关联方审计程序时存在缺陷未能有效识别其中多家贸易公司与易见股份员工之间存在交叉任职等异常情况，未有效执行了关联方审计程序（2023-1）。

己D会计师事务所在易见股份2018年、2019年年度报表审计受处罚听证时提出的申辩理由：对于《行政处罚事先告知书》认定的己D会计师事务所未有效执行关联方审计程序，己D会计师事务所认为其已经根据审计准则和交易所规则要求有效执行了关联方审计程序，并审慎查验了所获取的审计证据，据此判断不构成关联方，已经勤勉尽责。①针对通程工贸等9家公司，己D会计师事务所已执行了充分的审计程序，并审慎查验了已获取的审计证据，根据所获取的审计证据判断不构成关联方，符合相关规定，已经勤勉尽责。②2015年度审计时，己D会计师事务所就已识别易见股份的关联方交易未履行审议程序及披露义务、资金占用问题向监管部门进行了汇报，并要求易见股份对通程工贸等7家公司的预付款项作为其他应收款资金占用进行了披露，出具了否定意见内部控制审计报告，证明申辩人已勤勉尽责。

证监会意见：己D会计师事务所在设计及执行关联方审计程序时存在缺陷，未审慎查验获取的审计证据，未能有效识别其中9家贸易公司与易见股份员工之间存在交叉任职等异常情况，未对贸易公司函证地址异常予以关注。①一是己D会计师事务所在2015年度、2016年度以及2018年度至2019年度，未审慎查验获取的易见股份董监高人员及其亲属名单、公司员工花名册、访谈记录和贸易公司工商资料等证据，未能发现通程工贸等贸易公司股东、高管等关键人员与易见股份存在交叉任职等异常情况。己D会计师事务所虽在2015年度、2016年度对通程工贸、宣威市众泰能源有限公司（以下简称众泰能源）等名义实际控制人进行了访谈，但在相关人员对公司无持股、无任职等情况下，己D会计师事务所仅凭其出具的本人为通程工贸、众泰能源实际控制人的《声明》等，即认定为贸易公司实际控制人，缺乏职业谨慎，未针对上述异常情况采取进一步有效的审计应对措施。二是2017年度在设计关联方审计程序中存在缺陷，对于关联方核查工作流于形式。2015年度易见股份经营业态发生重大变化。2015年度、2016年度己D会计师事务所均将易见股份关联方及关联交易识别作为重大风险评估事项。2017年度虽更换审计团队，但在连续审计且与前期团队充分沟通的情况下，未将关联方及关联交易识别作为重大风险评估事项、未获取云南九天投资控股集团有限公司（以下简称九天集团）和易见股份董监高及其亲属名册并对其对外任职情况予以关注、未获取易见股份员工名单并与重要客户、供应商中的关键人员进行比对、未与管理层进行沟通。三是2019年度虽发现云南富源县宏丰铁路货运有限公司等4家贸易公司关键人员与易见股份存在交叉任职的异常情形，但在访谈中轻信冷某晴等人的解释，在对此存在疑虑的情况下，仍未对发现的异常情形保持职业谨慎，并实施进一步审计程序。四是己D会计师事务所未关注贸易公司函证地址异常情况。如：黔西南州吉成煤焦有限公司2015年度至2019年度函证地址与注册地址均不一致，且不断变化，部分函证地址为某小区或营销中心，明显不符合常理。五是己D会计师事务所签字会计师高某华和复核人员对审计工作底稿中贸易公司关键人员与易见股份员工交叉任职等异常情况部分予以确认。②己D会计师事务所在听证会上提出就2015年度审计时已识别易见股份的关联方交易未履行审议程序及披露义务、资金占用问题向监管部门汇报的情况，经核查，未有证据证实。2015年度己D会计师事务所对易见股份出具的否定意见的内部控制审计报告是基于滇中供应链对贵州图南矿业（集团）有限公司下属的煤矿企业、云南工投集团动力配煤股份有限公司（以下简称动力配煤公司）对下属煤矿企业，以及深圳滇中商业保理有限公司对九天集团、动力配煤公司发生的交易合计总金额约40亿未披露等事项，与通程工贸等9家贸易公司无关。

（25）未通过核心企业直接取得与代付款业务、商业保理业务相关基础材料，将对核心企业实施函证程序、对核心企业实施访谈程序作为验证代付款和商业保理业务真实性的重要审计程序，审计程序执行不到位（2023-1）。

己D会计师事务所在易见股份2018年、2019年年度报表审计受处罚听证时提出的申辩理由：对于《行政处罚事先告知书》认定的信息系统审计程序存在缺陷，己D会计师事务所认为，经过一般性控制测试，了解到易见股份区块系统实际仅作为底层交易的展示平台，用于易见股份业务风控评估，与保理及代付款业务收入确认无直接相关，且易见股份保理及代付款业务管理运行是完整的线下人工管理。申辩人对该业务收入确认设计和执行了更为恰当的线下审计程序，并在应用控制测试中对易见股份区块系统的数据真实性及来源问题进行了验证和核实，已经勤勉尽责。对于《行政处罚事先告知书》认定其未对核心企业函证过程保持控制、核心企业访谈程序执行不恰当事项，己D会计师事务所认为自身已按照准则要求执行了对易见股份保理业务和代付款业务收入的审计程序，对核心企业函证和访谈仅用于了解和评估易见股份内部风控措施的实施情况，其已结合实际执行情况，判断已符合设计该程序时的预期目的，已经勤勉尽责。

证监会意见：①己D会计师事务所获取的与代付款业务、商业保理业务相关基础材料，包括供应商与核心企业之间的购销合同、双方盖章确认的结算单等未通过核心企业取得，都是从易见股份取得，证据可靠性低。己D会计师事务所将易见股份区块系统线上线下数据单据进行对照检查，无法对业务真实性予以合理保证。己D会计师事务所未有效设计和执行信息系统审计程序，在信息系统内部控制审计程序中，未对代付款和商业保理业务中的易见股份区块系统数据真实性进行有效验证，未对易见股份信息技术部工作人员所述的有关数据由区块系统用户发起业务流程或申请生成，易见股份无法更改的说法进一步验证，且在访谈中也未对区块系统中的数据是否来源于核心企业进行核实。②己D会计师事务所将2018年度、2019年度对核心企业实施函证程序作为验证代付款和商业保理业务真实性的重要审计程序。2018年度对3家核心企业实施函证程序，其中1家函证存在明显异常。2019年度对11家核心企业实施函证程序，其中6家函证存在明显异常。一是己D会计师事务所未对函证实施过程保持控制，对被询证单位的地址和联系人等影响函证真实性的重要信息未能有效控制和关注，未对被询证单位地址和联系人进行有效核实，部分函证地址与注册地址核查项目填列错误。二是未对取得的回函进行有效评价，无法保证回函的可靠性。三是高某华、江某等在其询问笔录中对函证地址与注册地址不一致、回函地址与函证地址不一致等异常情况进行了确认。③己D会计师事务所将2016年度、2018年度、2019年度对核心企业实施访谈程序作为验证代付款和商业保理业务真实性的重要审计程序。2016年度对2家核心企业实施访谈程序，其中1家存在明显异常；2018年度访谈了7家，其中4家存在明显异常；2019年度访谈了3家，其中1家存在明显异常。己D会计师事务所对核心企业的访谈对象和日程均由易见股份联系和安排，并统一由易见股份人员陪同安排车辆前往，访谈过程缺乏必要的职业谨慎。访谈时未有效核实被访谈人身份和访谈地址，未发现被访谈人签字字迹不一致的异常情况，未现场见证被访谈人签字，无法保证访谈的真实性，部分访谈记录虽有访谈公司印章，但对盖章的访谈记录取得过程未保持职业怀疑。

（26）过度依赖专家结论，未独立审慎评价专家工作的结果，未对相关内容进行有效复核分析，未能发现相关资产与账面记载明显不一致的情况（2023-3）。

己F会计师事务所在獐子岛2016年年度报表审计受处罚听证时提出的申辩理由：己F会计师事务所已按审计准则的规定执行了监盘程序，为獐子岛存货的存在和状况获取了充分、适当的审计证据。一是獐子岛集团的存货盘点方法自上市起一贯执行，且獐子岛集团存货的盘点和监盘是应己F会计师事务所要求，由海洋专家全程参与。存货盘点方法的确定，是在综合考虑时间因素影响、成本效益原则的基础上，最大限度抽取足够的样本规模。二是《定点采集记录》由獐子岛集团、外部专家等共计7

人的签字确认，且在己F会计师事务所参与盘点的54个点位中，并未发现獐子岛集团的盘点程序出现异常和偏差。己F会计师事务所基于对獐子岛存货盘点控制运行有效的信赖，确认了未参与监盘的七天相关的盘点结果。三是獐子岛集团的存货盘点计划历来均未体现“抽样选取原则”“抽样点位有关的具体信息”“航海日志”等盘点相关信息，没有保存“海底摄像录像”，故己F会计师事务所在监盘时无法监督复核这些信息和资料。己F会计师事务所在审计过程中按照审计准则执行监盘程序，这些资料的获取与否不影响审计结论。

证监会意见：经复核，我会认为：针对存货实质性审计程序：（1）监盘计划的合理性。《审计准则第1311号—对存货、诉讼和索赔、分部信息等特定项目获取审计证据的具体考虑》（2010年修订）第四条“如果存货对财务表是重要的，注册会计师应当实施下列审计程序，对存货的存在和状况获取充分、适当的审计证据：（一）在存货盘点现场实施监盘（除非不可行）；（二）对期末存货记录实施审计程序，以确定其是否准确反映实际的存货盘点结果。在存货盘点现场实施监盘时，注册会计师应当实施下列审计程序：（一）评价管理层用以记录和控制存货盘点结果的指令和程序；（二）观察管理层制订的盘点程序的执行情况；（三）检查存货；（四）执行抽盘”。己F会计师事务所有关獐子岛集团存货盘点方法自上市起一贯执行、证监会发审委和大连局从未对獐子岛集团存货盘点方法提出质疑、专家参与盘点和监盘等申辩意见，都不足以成为己F会计师事务所免于独立承担监盘责任的理由。尤其在己F会计师事务所已识别出消耗性生物资产具有较高错报风险、以往年度存在大规模核销减值、獐子岛集团抽盘比例较低的情况下，更加应当审慎考虑并制定相应的监盘策略和计划。《审计准则第1421号–利用专家的工作》（2010年修订）第三条“注册会计师对发表的审计意见独立承担责任，这种责任不因利用专家的工作而减轻”，第十三条“注册会计师应当评价专家的工作是否足以实现审计目的，包括：（一）专家的工作结果或结论的相关性和合理性，以及与其他审计证据的一致性；（二）如果专家的工作涉及使用重要的假设和方法，这些假设和方法在具体情况下的相关性和合理性；（三）如果专家的工作涉及使用重要的原始数据，这些原始数据的相关性、完整性和准确性”。我会认为，己F会计师事务所对专家专业能力的评价不能替代对专家工作结果的评价，借助专家工作不能替代己F会计师事务所独立制定监盘计划和评价监盘结果的责任。（2）相关审计证据的可靠性。《定点采集记录》上签字确认的7人中，6人是獐子岛集团的内部工作人员，1名外部专家长期受雇于獐子岛集团，故该份证据本身的可靠性较低。己F会计师事务所在仅对部分盘点日期参与监盘的情况下，申辩称因信赖被审计单位控制运行的有效性、信赖被审计单位内部生成的证据，就对其未实际参与监盘的七天的盘点结果在《定点采集记录》上亦做了签字确认。经对比北斗导航卫星定位数据，原本该执行盘点任务的海测船在2017年1月23日、1

月24日、1月25日、2月3日和2月7日，己F会计师事务所未参与监盘期间并没有航行轨迹。（3）监盘程序的执行和审计证据的收集情况。根据《盘点计划》，海上盘点工作完成以后，獐子岛集团相关工作人员、己F会计师事务所人员和外部专家应先在盘点表上签字确认，再据此测算各底播海域的虾夷扇贝存量。但所有盘点现场手写的《定点采集记录》中（含测算的存量亩产）均没有己F会计师事务所监盘人员的签名，仅事后整理打印的《定点采集记录》上出现己F会计师事务所监盘人员的签字确认。此外，底稿中仅收录了11张无任何特征信息的照片以证明己F会计师事务所执行了监盘程序，未收集航海日志、海底摄像录影等能客观证明盘点过程的相关审计证据。在己F会计师事务所参与盘点的54个点位中，自称曾经保留了其中20个左右点位的海底摄像录影，但因保存不当无法向我会提供，另34个点位的海底摄像录影未保留也未解释原因。综上，己F会计师事务所过度依赖专家结论，未独立审慎评价专家工作的结果，未对《定点采集记录》地理坐标、航行距离等内容进行有效复核分析，未能发现獐子岛部分海域的底播虾夷扇贝资产已实施采捕，相关资产与账面记载明显不一致的情况。

（27）未考虑成本核算的特殊性并设计相应的控制测试，未获取足够的审计证据验证成本结转的真实性、适当性和准确性，导致所出具的文件存在虚假记载（2023-3）。

己F会计师事务所在獐子岛2016年年度报表审计受处罚听证时提出的申辩理由：己F会计师事务所已按审计准则的规定对成本结转进行了检查、分析性复核，并已获取了充分适当的审计证据。一是在己F会计师事务所2016年审计底稿《生产与仓储循环控制测试汇总表》和《测试程序和过程记录—成本计算》中，对关键控制点的描述均提到了按采捕面积结转成本。在实质性程序中，己F会计师事务所获取并复核了12个月的采捕记录表，且考虑到该表由跨部门多人签字确认，故在控制测试中不需要再专门针对采捕面积进行相应的测试。二是獐子岛结转成本时原始凭证自上市起至2016年均保持了一贯性，2014年证监会现场检查及历年深交所关于成本核算的问询函均未提出疑义。告知书中提出的“采捕船航行日志”等资在獐子岛集团当时的控制活动中并没有形成有效的证据，也未向己F会计师事务所提供。

证监会意见：经复核，我会认为：关于成本结转有关实质性审计程序：首先，根据《审计准则第1231号—针对评估的重大错报风险采取的应对措施》（2010年修订）第八条：“当存在下列情形之一时，注册会计师应当设计和实施控制测试，针对相关控制运行的有效性，获取充分、适当的审计证据：（一）在评估认定层次重大错报风险时，预期控制的运行是有效的（即在确定实质性程序的性质、时间安排和范围时，注册会计师拟信赖控制运行的有效性）；（二）仅实施实质性程序并不能够提供认定层次充分、适当的审计证据”。在增殖分公司的成本被列为重大错报风险领域的情况下，针对采捕面积这一影响成本结转的重要指标，己F会计师事务所未进行控制测试，仅实施了实质性程序，但未在底稿中说明原因。其次，不管己F会计师事务所前述行为是因为认定相关内部控制运行失效，或认为仅依靠实质性程序就足以获得成本结转的充分、适当的审计证据，根据《审计准则第1231号—针对评估的重大错报风险采取的应对措施》（2010年修订）第七条，己F会计师事务所在针对成本结转实施实质性审计程序时，均应当获取更具说服力的审计证据。而己F会计师事务所仅以“一贯性”、监管机构“未提出疑义”以及獐子岛集团在当时的管理和内部控制活动中未形成有效证据为由，在未能获取能客观反映采捕坐标位置、行驶轨迹，以进一步反映捕捞面积的关键审计证据的前提下，发表了无保留意见的审计结论。综上，己F会计师事务所未考虑獐子岛集团成本核算的特殊性并设计相应的控制测试，未获取足够的审计证据验证成本结转的真实性、适当性和准确性，导致所出具的文件存在虚假记载。

（28）已执行的审计程序并不是直接围绕异常情况对网银流水真实性进行的充分有效的检查，未对流水产生疑虑已证明其未保持应有的职业怀疑（2023-4）。

庚G会计师事务所在科迪乳业2016年至2018年年报审计受处罚听证时提出的申辩理由：针对未对获取证据真实性进行有效识别方面，在多年连续审计情况下，庚G会计师事务所相关项目组及相关人员未发现或提及舞弊现象和管理层不诚信问题，未发现或提及资金占用等问题；已经严格执行相关执业规范和准则要求的审计程序，如获取银行账户清单、对账单原件、征信报告、纳税申报表、缴税凭证和缴款单等并比对核查，按照交易发生频率和发生金额大小对银行账户进行抽样核查，独立函证，监盘库存现金和访谈等，关注到大额单笔1天资金占用，未发现其他异常；经履行程序，未对银行对账单存有疑虑，视当时场景未要求获取网银流水；庚G会计师事务所与被审计单位之间是委托合同关系，已采取必要的、合理审慎的应对措施，所审计的材料等主要为委托人提供，无独立调查取证权。

证监局（河南）意见：我局认为：在获取某主要银行账户流水材料过程中，出现未能直接从开户行获取、该流水由公司提供、公章异常、要求获取网银流水而未能获得等多种异常情形，庚G会计师事务所未保持应有的职业怀疑，未对流水真实性进行必要的核查检验，构成未勤勉尽责行为，进而未能发现科迪乳业舞弊行为。当事人所述已执行的审计程序并不是直接围绕以上异常对流水真实性进行的充分有效的检查，未对流水产生疑虑已证明其未保持应有的职业怀疑，与科迪乳业为被委托关系、无独立调查取证权等不能免除其勤勉尽责义务。

（29）资金流水显示企业存在明显异常的大额资金往来，且已关注到该情形，但未对异常情况保持应有的职业怀疑，审计程序执行不到位（2023-4）。

庚G会计师事务所在科迪乳业2016年至2018年年报审计受处罚听证时提出的申辩理由：针对大额货币资金往来审计程序执行不到位方面，已执行查询往来单位工商登记信息、问询公司相关人员、对往来单位经理进行访谈等程序。在执行2017年大额货币资金往来审计程序时，已关注到与个人的大额资金往来，并与公司相关人员进行问询，因审批程序完整等，未实施进一步审计程序；已关注到与相关单位的大额资金往来，经查询工商登记信息、比对银行对账单和日记账等、测算往来账户利息、问询公司相关人员以及函证等，确认上述往来为资金拆借，与生产经营无关，在底稿中记载为与经营业务相关系笔误。在执行2018年大额货币资金往来审计程序时，执行了获取公司声明书，关联方声明书及关联交易制度等，查询往来单位工商登记信息及合同，测算往来资金利息，问询公司相关人员及往来单位经理，核对往来明细、款项性质及原始凭证等，查询相关法律法规及公开信息等程序，发现大额单笔1天资金占用，遵守了准则有关职业怀疑和勤勉尽责要求，获取了充分适当的审计证据。

证监局（河南）意见：我局认为：在2016—2018年审计过程中，资金流水显示科迪乳业存在明显异常的大额资金往来，且庚G会计师事务所、张某在陈述、申辩材料中提及2017年、2018年审计时已关注到该情形，庚G会计师事务所未对异常情况保持应有的职业怀疑，审计程序执行不到位，获取的审计证据不支持对往来款性质的判断，审计结论不恰当，与事实严重不符。

（30）未保持职业怀疑对上述异常情况予以充分关注并设计和实施进一步审计程序予以应对，未能提供充分证据证明已执行分析产品销售结构和价格变动异常原因等程序（2023-7）。

壬I会计师事务所在天海防务2017年年度报表审计受处罚听证时提出的申辩理由：壬I会计师事务所对案涉游乐设施贸易业务在采购端和销售端均进行详细核查，已经获取充分、适当的审计证据。受金海运系涉密企业的影响，壬I会计师事务所执行金海运营业收入实质性程序相关底稿不够完备，但不应据此认定壬I会计师事务所执行实质性程序存在缺陷，具体包括项目组已经将金海运2017年营业收入和2016年营业收入进行比较并已经执行分析产品销售结构和价格变动异常程序但未及时记录；项目组已经对金海运游乐设施业务收入记为海空装备产品收入的原因和合理性进行了关注但未在底稿中记录；项目组已经按照准则规定对金海运销售给江苏环宇的送货及验收回执单保持应有的关注和职业怀疑。

证监局（上海）意见：金海运2017年营业收入相较于2016年变动幅度较大，涉案游乐设施贸易业务显然不属于军工保密业务而金海运却将其记为海空装备产品收入并告知项目组其为军品项目，送货及验收回执单是销售与收款循环中的重要单据却缺少相关印章、发货人签字及发货日期，上述异常情况足以表明金海运2017年营业收入可能存在由于舞弊导致的重大错报风险，壬I会计师事务所未保持职业怀疑对上述异常情况予以充分关注并设计和实施进一步审计程序予以应对。根据《审计准则第1131号——审计工作底稿》（2016年修订）第三条第二项的规定，审计工作底稿的目的是为证明注册会计师按照审计准则和相关法律法规的规定计划和执行了审计工作提供证据，因此在壬I会计师事务所未能提供充分证据证明已执行分析产品销售结构和价格变动异常原因等程序，并且壬I会计师事务所承认其执行金海运营业收入实质性程序相关底稿不够完备的情况下，其声称已进行详细核查并已获取充分、适当审计证据的意见本局实难采纳。

（31）在执行的营业收入检查程序中，未发现企业对相关虚假销售客户并未开具增值税专用发票，在抽查过程中并未实际认真查验每一笔发货单、合同、发票等凭证（2023-8）。

壬I会计师事务所在同济堂2016年至2018年年报审计受处罚听证时提出的申辩理由：会计师在对同济堂收入审计时选取重要的公司开展了大量审计工作，仅部分函证地址存在不同单位联系人、电话、地址一致或联系方式与联系地址归属区域不一致的情况，且医药行业人员流动性强，存在同一业务人员在不同公司从事业务的情况，联系方式与联系地址归属区域不一致等并非异常因素。根据同济堂提供的销售单据及函证回函等资料，未发现相关客户存在异常。

证监会意见：经复核，我会认为：关于销售和收款循环审计程序。审计未关注到部分发函信息的明显异常情况，属于审计过程中的低级错误，本不需要特别专业的审计知识即能发现，且存在异常情形的函证资料恰恰是同济堂的虚假销售客户。当事人提出的申辩理由并不能合理解释上述诸多明显异常。当事人在执行的营业收入检查程序中，未发现同济堂对相关虚假销售客户并未开具增值税专用发票。可见壬I会计师事务所在抽查过程中并未实际认真查验每一笔发货单、合同、发票等凭证。

（32）在应付账款审计程序中，会计师事务所抽查部分供应商，并未实际执行查验每一笔发货单、合同、发票等程序，但仍在审计底稿中记录对抽查的数千笔明细逐一查验过，并得出未见异常的审计结论（2023-8）。

壬I会计师事务所在同济堂2016年至2018年年报审计受处罚听证时提出的申辩理由：会计师就存货及应付款开展了对主要供应商进行函证、抽查若干笔采购交易等大量审计工作。根据同济堂提供的采购资料及函证回函，未发现异常。

证监会意见：经复核，我会认为：关于采购及付款循环审计程序。在应付账款审计程序中，壬I会计师事务所对抽查的部分供应商，并未实际执行查验每一笔发货单、合同、发票等程序，但仍在审计底稿中记录对抽查的数千笔明细逐一查验过，并得出未见异常的审计结论，该项审计程序明显执行不到位。

（33）未按计划执行货币资金审计计划，未关注到银行业务章不一致、矛盾等异常情形，审计程序执行不到位导致不能应对应交税费科目舞弊风险（2023-8）。

壬I会计师事务所在同济堂2016年至2018年年报审计受处罚听证时提出的申辩理由：相关规定未要求会计师亲自前往银行打印对账单或将对账单与电子银行进行

核对，会计师在未能获取银行流水的情况下采取了进一步措施消除疑虑；考虑到余额为零的账户不具有重要性，对当期销户的账户已取得销户证明，因此未进行函证；工作底稿漏记未发函理由属于瑕疵而非重大缺陷；核验印章真伪不属于会计师义务范围，不同渠道、不同年份月份的对账单印章不一致是正常现象，且存在印章不一致的账户为正常账户、不存在虚构银行流水情形。按照审计计划对应交税费执行了审计程序，未发现异常，审计中以为获取的纳税申报表即经税务机关受理的文件；未查看开票系统和报税系统是因为在对应交税费、收入和银行流水检查中未发现异常。

证监会意见：关于货币资金和应交税费审计程序。审计底稿、询问笔录等多项证据显示，壬I会计师事务所未按计划执行货币资金审计计划，同济堂连续两年拒绝配合去银行打印流水的情况也未引起壬I会计师事务所审计关注。同时，会计师也未关注到银行业务章不一致、矛盾等异常情形，更未有针对性地实施进一步审计程序去消除疑虑。壬I会计师事务所2016年至2018年应交税费实质性程序表列示其拟执行的程序，但实际执行中仅获取同济堂提供的未经税务机关受理的纳税申报表，其审计程序执行不到位导致不能应对应交税费科目舞弊风险。

（34）未能发现企业向第三方大额预付款项后资金流转至企业控股股东，并形成关联方非经营性资金占用的行为；没有关注到在建工程的异常点，不能够充分证明已经勤勉尽责（2023-8）。

壬I会计师事务所在同济堂2016年至2018年年报审计受处罚听证时提出的申辩理由：会计师关注到了两笔预付款存在异常，并执行了进一步审计程序以消除疑虑，但由于审计的固有限制，未发现关联资金占用情形；关于在建工程，会计师在执行审计程序时核对了不同合同所用印的公章，并确认公章一致，鉴定字迹不属于审计义务范围；就付款时间与合同规定时间差异较大、合同金额与施工量不匹配等问题，会计师实地查看了在建工程、获取监理等独立第三方的审核文件，未发现异常。

证监会意见：经复核，我会认为：关于预付账款和在建工程审计程序。对于同济堂对武汉日月新、团风县鑫旺药业等两笔预付款，壬I会计师事务所走访得知对方与同济堂资金往来的原因是为了转贷、后续的合作、帮助公司扩大现金流等，与后附采购合同业务完全不相符、且明显不具有商业实质后，仍认可了公司的说法，导致未能发现向第三方大额预付款项后资金流转至同济堂控股股东，并形成关联方非经营性资金占用的行为；关于在建工程，根据审计准则的要求，审计证据出现异常或者矛盾不代表就存在舞弊情形，但会计师应当将这些异常或矛盾的地方记录下来，然后有针对性地实施进一步审计程序去消除疑虑，并记录在底稿中。会计师对鉴证业务提供的合理保证，是一种高水平的保证，要体现出注册会计师的高度专业性和应有的职业水准。从审计底稿来看，本案当事人并没有关注到异常点，相关申辩并不能够充分证明已经勤勉尽责。

（35）对销售业务、海外销售业务、应收账款执行函证等审计程序未执行到位（2023-9）。

甲A会计师事务所在航天通信2017—2018年度报表审计受处罚听证时提出的申辩理由：其在对航天通信2017年、2018年年度财务报表审计过程中对智慧海派与深圳中芯、湖南中芯的销售业务审计，对智慧海派海外销售业务审计，对智慧海派应收账款执行函证程序等做到了勤勉尽责；

证监会意见：甲A会计师事务所对航天通信2017年、2018年财务报表审计过程中未勤勉尽责。一是甲A会计师事务所获取的智慧海派与湖南中芯的《供应链服务协议》中明确约定："乙方（湖南中芯）在本协议下应甲方（智慧海派）要求出具海关报关资料、向甲方开具增值税发票、与甲方签订形式合同文件（包括但不限于采购订单、采购合同、买卖合同、购销合同等）等行为，仅作为乙方完成供应链服务之用，甲乙双方不存在任何形式的买卖关系"，前任审计机构对此出具保留意见。同时，甲A会计师事务所在执行销售与收款流程控制测试合同管理过程中获取的湖南中芯合作框架协议存在签订日期早于该公司成立日期的明显异常。甲A会计师事务所未对上述异常保持合理怀疑，在前任审计机构对此业务提出质疑的情况下，甲A会计师事务所仅依靠扩大实质性程序的抽样范围（如收入抽样比例超90%）和应收账款函证结果，将业务存疑以及保留意见的相关问题归结于会计核算方法问题，而未实施进一步审计程序对业务真实性予以核验，以致审计程序流于形式，未能发现智慧海派与深圳中芯、湖南中芯销售业务虚假。二是与同一客户同时发生销售和采购交易通常表明被审计单位在收入确认方面可能存在舞弊风险迹象，历来都是审计重点。在前任审计机构无法判断智慧海派与湖南中芯、深圳中芯等公司之间的销售业务模式是代理还是购销，从而出具非标意见的情况下，甲A会计师事务所更应保持职业怀疑态度，将计划执行的走访程序执行到位，同时关注采购和销售的情况，而非仅了解智慧海派向湖南中芯、深圳中芯采购情况。三是在智慧海派的海外销售业务及向湖南中芯的代理海外销售业务中，部分收货地为福永仓库，收货人为"郑某春"，但实际上福永仓库并非代理报关公司深圳前海启航供应链管理有限公司（以下简称前海启航）的仓库，郑某春并非前海启航工作人员。甲A会计师事务所申辩材料中称郑某春为前海启航指定的联络人，但底稿中未见相关证据，甲A会计师事务所仅以智慧海派提供的《客户信息登记表》确信收货信息无误，未进一步核实该物流仓库的实际归属和郑某春的身份，未对销售货物物流环节获取充分、适当的审计证据等。

（36）未关注到部分贸易类存货函证地址异常等情况，未对大额暂估凭证执行期后测试，存货周转天数远超过仓储免租期30天却未支付费用，未合理评估现场监盘可行性，贸易类存货的实质性程序执行不到位（2023-10）。

壬W会计师事务所在广州浪奇2018年、2019年年度报表审计受处罚听证时提出的申辩理由：贸易类存货实质性审计程序中获取了充分适当的审计证据。一是对2018年存货函证异常情况保持了怀疑并在底稿中记录，且实施了获取被函证单位说明、实地走访、检查存货相关支持单据等检查程序以验证期末存货存在性。二是对于756号凭证，通过实施函证、交易发生额测试、检查合同、获取对冲协议等，公司按照协议约定对冲部分货款符合商业逻辑。有关访谈问卷记录属笔误。三是对仓储费用进行了检查，获取了大量"仓单"免租期约定的证据，仓储费用极少发生或不发生符合"仓单"交易业务特点，第三方仓储费无异常。四是在2018年度审计中因外贸仓同时保管其他公司同类存货，已充分评估出现场监盘的不可行，并获取了仓储单位盖章确认的对账单和履行函证程序作为替代程序。在2019年度审计中实施了存货监盘，虽无法证明货物权属，但可以证明存货存在，且符合"仓单"交易特点，同时取得仓储方盖章确认的盘点表来确认存货数量、权属。广东奇化贸易类存货也实施了替代测试。

证监局（广东）意见：关于贸易类存货的实质性程序。一是壬W未关注到部分贸易类存货函证地址异常等情况，实施的审计程序也不足以消除因异常情况产生的疑虑。二是壬W在抽取756号凭证时已发现无全部原始单据，未对该笔大额暂估凭证执行期后测试，未发现该凭证对应的采购业务一直未收到增值税发票并结转。三是根据存货周转率计算底稿，有关存货周转天数远超过仓储免租期30天，却未支付费用，存在异常。四是广州浪奇2018年、2019年货物存放情况未有实质变化，壬W未合理评估现场监盘可行性，获取仓库盘点表不符合广州浪奇内部控制要求，未能证明广州浪奇盘点有效实施及仓库有效保管存货，2019年现场监盘也未能确认存货权属。

（37）未关注到外贸仓函证地址等异常情况，未对对冲的商业实质及合理性实施分析，未消除未按照合同约定的付款方式在商业上不合理的疑虑，往来科目审计程序执行不到位（2023-10）。

壬W会计师事务所在广州浪奇2018年、2019年年度报表审计受处罚听证时提出的申辩理由：往来科目的实质性程序中获取了充分适当的审计证据。一是对2018年及2019年往来款函证异常情况保持了怀疑并在底稿中记录，追加实施了审计程序。二是对不同往来科目中不同客商之间的对冲，获取了对冲协议，对交易的真实性进行了测试，2018年度也已按照样本检查程序实施审计工作。三是检查了油料供应、潼洲实业两家供应商的付款及采购情况，截至2019年末，广州浪奇对两家供应商为欠付货款状态，支付的款项均已收到货物，且所有付款均经过公司内部审批流程。

证监局（广东）意见：关于往来科目审计程序。一是壬W未关注到外贸仓函证地址等异常情况，实施的审计程序也不足以消除因异常情况产生的疑虑。二是广州浪奇2018年涉及对冲的客商超过40家，壬W仅在个别客商的回款测试中抽取了部分凭证。壬W虽然对2019年度没有对冲协议的对冲凭证进行了冲销，但仍存在多笔大额往来对冲，壬W未对对冲的商业实质及合理性实施分析。壬W会计师事务所称已按照样本检查程序实施审计工作，并非执行《细节测试列表说明》底稿载明的审计程序。三是壬W对油料供应、潼洲实业实施的审计程序，不足以消除广州浪奇未按照合同约定的付款方式在商业上不合理的疑虑。

（38）实地走访未能发现相关客户不在注册地办公、视频访谈时未核实被访谈对象身份、未核实工程业务属性的员工借款超九成集中发生在2020年12月等，实质性审计程序存在缺陷（2023-13）。

庚G会计师事务所在和佳医疗2020年年报审计中受处罚听证时提出的申辩理由：

实质性审计程序方面。一是因疫情原因未能进入被访谈单位进行面对面访谈，经与被审计单位沟通后安排汇嘉美、金田弘接受视频访谈并全程录音录像，默认被访谈对象系租赁客户工作人员。访谈前与融资租赁业务管理人员进行了沟通，访谈时对方对融资租赁事项、应付融资款发生额及期末余额进行了确认，在双方口头沟通延迟还款的前提下，客户回复不存在违约行为具有合理性，未发现明显异常。二是函证程序有效。将快递地址批量导入快递公司应用软件查询发函记录及函证轨迹，未收到异常提醒，因此未打印发函轨迹。对重要客户进行访谈，确认客户因办公方便及经营需要不在注册地址办公，且注册地址与函证收函地址不一致是普遍存在现象。三是公司业务合同为标准合同。评估报告所涉客户均从事医疗器械业务，相关设备属于通用设备，存在不同客户购买相同产品的情况，且照片经第三方机构鉴定及评估，可以合理信赖。四是关注员工借款情况，并采取了核查措施，未见异常。经向公司管理层了解员工借款原因后认为借款事项符合公司工程业务属性，未将其列入异常关注事项。同时比对2020年员工备用金借款期初与期末余额变化，与公司的收入变化相一致，未发生较大异常变化。

证监局（广东）意见：实质性审计程序方面。一是即便因故不能进入部分融资租赁客户注册地所在办公楼进行实地走访，若通过其他手段如向物业公司核实即能发现相关客户不在此地办公。视频访谈时未核实被访谈对象身份，以访谈前已告知被审计单位及全程录音录像而默认被访谈对象身份作为勤勉尽责实施审计程序的理由不成立。在访谈中未按总体审计策略暨具体审计计划的要求合理设置访谈问题，在视频访谈对方答复内容与实际不符的情况时，也未能采取进一步审计程序。同时，未有证据证明当事人查询发函记录及函证轨迹记录。二是汇嘉美等5家融资租赁客户与不同供应商签订的设备采购合同非使用格式文本，但样式、要素完全相同。对评估报告所附照片存在雷同或共用情况，未保持职业怀疑，简单选择完全信赖评估机构的评估结果，未对租赁物等情况进行必要的复核，未能勤勉尽责。三是和佳医疗员工借款超九成集中发生在2020年12月，且借款员工分属工程、财务、法务、知识产权等部门，并非仅限于工程业务属性。

（39）提供的电子证据规范性无法确认，亦不足以证明其履行了对该合同的核实程序，如会计师事务所适当地履行核实程序，即会关注到该合同中的重大异常情况（2023–14）。

庚G会计师事务所在华晨集团2017年、2018年年报审计受处罚听证时提出的申辩理由：在2017年年报审计过程中，项目组通过凭证抽查的方式查看了转让晨宝（辽宁）股权的记账凭证及原始凭证，并获取股权转让法律文书电子版，在整理底稿时漏打印。根据审计准则相关规定，注册会计师可以获取电子版档案和工作底稿。

证监会意见：经复核，我会认为：在庚G会计师事务所已确认提供全部审计底稿中未见涉及晨宝（辽宁）51%股权转让的法律文书。庚G会计师事务所及贾某鹤提供的电子证据规范性无法确认，亦不足以证明其履行了对该合同的核实程序。如庚G会计师事务所适当地履行核实程序，即会关注到该合同中的重大异常情况。

（40）应收票据的记账日（2018年6月30日）与相关底稿显示出票日（2018年12月16日）、到期日（2019年6月16日）的的出票日期差距较大，会计师事务所未执行进一步审计程序，与所计划审计程序不符（2023–14）。

庚G会计师事务所在华晨集团2017年、2018年年报审计受处罚听证时提出的申辩理由：2018年6月30日，华晨集团作借记应收票据1 900 000 000元凭证所附承兑汇票清单中的信息均为2018年6月开具的承兑汇票信息。事先告知书中所指出票日期2018年12月16日、到期日为2019年6月16日的应收票据为应收票据明细表后附票据。

证监会意见：1 900 000 000元应收票据记账日期为2018年6月30日，与相关底稿显示出票日期2018年12月16日、到期日为2019年6月16日的应收票据出票日期差距较大，庚G会计师事务所未执行进一步审计程序，与所计划审计程序不符。

（41）当事人所提及的相关业务规则与案例解析明确列举了政府补助判断依据，但当事人执行的审计程序明显不符合相关要求（2023–15）。

壬S会计师事务所为希努尔2018—2019年度报表审计受处罚听证时提出的申辩理由：2018年至2019年年报审计时，壬S会计师事务所基于当时实际情况，已按照《财务报表审计工作底稿编制指南（第二版）》（2012年1月1日起施行）、《会计监管风险提示第1号—政府补助》（证监办发〔2012〕22号）的相关要求，严格执行了必要审计程序并获得充分审计证据，保持了必要职业谨慎，审计程序和审计证据充分合理。相关审计程序符合《上市公司执行企业会计准则案例解析（2017）》中相关案例的认定逻辑，无充分证据表明与资产相关时应认定为与收益相关。

证监会意见：经复核，我会认为：当事人所提及的相关业务规则与案例解析明确列举了政府补助判断依据，但当事人执行的审计程序明显不符合相关要求。

（四）审计证据与审计工作底稿

1.审计证据

（1）未区分上年度财务报表期后事项审计与当年财务报表审计的注意事项和应当执行的审计程序，对超出正常经营过程的重大交易未能获取充分、适当的审计证据以评价其商业理由是否合理（2020-6）。

丁D会计师事务所在风华高科2016年年度报表审计受处罚听证时提出的申辩理由：丁D会计师事务所已对应收账款转让事项获取充分、适当的审计证据。一是2016年3月实施审计程序所获取的审计证据，不属于“以前”年度获取的审计证据，而属于“本期”获取的审计证据，且丁D会计师事务所已实施了必要和有针对性的进一步审计程序，不存在直接信赖以前审计中实施实质性程序获取的审计证据的情况。二是丁D会计师事务所已对应收账款转让交易的商业合理性和真实性获取了充分的审计证据。①执行了审核应收账款转让协议、查验应收账款转让交易各方的背景、访谈风华高科管理层等程序；②丁D会计师事务所已经就应收账款对宁夏顺亿实施了函证程序；③走访不属于不可替代的审计程序；④对兰州房地产项目，丁D会计师事务所执行了访谈风华高科管理层、获取风华高科考察兰州地产项目的资料、网络查询调查房地产项目真实性等程序，没有必要对兰州项目进行现场走访。

证监局（广东）意见：针对应收账款事项。①2016年3月针对应收账款转让事项执行的审计程序和获取的审计证据，是基于2015年度财务报表期后事项审计目的进行，丁D会计师事务所基于2016年度财务报表审计目的仅追加执行了访谈风华高科管理层程序，丁D会计师事务所未区分2015年度财务报表期后事项审计与2016年度财务报表审计的注意义务和应当执行的审计程序。②兰州房地产项目投资收益作为宁夏顺亿原价受让应收账款债权的商业理由，丁D会计师事务所仅通过询问风华高科管理层访谈、获取风华高科管理层提供的资料以及网上自行查询资料等程序进行确认，既未实施走访应收账款债务人实际控制人、兰州项目现场等其他补充审计程序，也未在风华高科拒绝安排走访宁夏顺亿时保持合理的职业怀疑，还未就该交易的商业理由对宁夏顺亿进行函证，丁D会计师事务所针对该项超出正常经营过程的重大交易未能获取充分、适当的审计证据以评价其商业理由是否合理。

（2）将理财产品认定具有重大错报风险，却未将涉案理财产品考虑作为属于重大类别的交易并单独实施实质性程序，未获取充分、适当的审计证据（2020-6）。

丁D会计师事务所在风华高科2016年年度报表审计受处罚听证时提出的申辩理由：丁D会计师事务所已对理财产品及投资顾问费事项获取充分、适当的审计证据。①针对案涉理财产品，丁D会计师事务所已经实施检查、函证等必要的审计程序，未发现异常，没有必要再对该等已经全额收回理财产品的投资去向实施审计程序。

②应收账款、理财产品和投资顾问费分属不同业务循环，案涉理财产品只是风华高科众多理财交易中的一笔，当期“咨询费（含顾问费）”（还包含其他费用）仅占风华高科管理费用总额的4.44%。

证监局（广东）意见：针对委托投资理财产品事项。特定类别交易的重要性，不仅需考虑金额的大小，还需要考虑性质的影响，或是否同时受到两者的影响。正如前述，风华高科购买粤盛资产委托宏信证券发行理财产品的交易行为存在明显异常，且丁D会计师事务所也将理财产品认定具有重大错报风险。在当期仅有两个定向投资理财产品的情况下，未将涉案理财产品考虑是否作为属于重大类别的交易并单独实施实质性程序，而是将委托投资理财产品的投资顾问费用与银行理财产品的财务顾问费用一起并入“管理费用”执行抽查，也未从风华高科或宏信证券处获取投资指令函、还款指令等证据，或对理财产品的投资去向实施其他替代程序，丁D会计师事务所针对委托投资理财产品事项未能获取充分、适当的审计证据。

（3）不应不假思索地全盘接受被审计单位提供的证据和解释（2021-2）。

甲A会计师事务所在千山药机2015年及2016年年度报表审计受处罚听证时提出的申辩理由：审计责任不同于会计责任。本案中，千山药机未依承诺向甲A会计师事务所提供真实、完整的会计资料，会计师不对上市公司的财务报表提供绝对保证。千山药机蓄意实施、故意串通、有意隐瞒的舞弊行为已构成刑事犯罪，相关人员被追究刑事责任。甲A会计师事务所已根据审计准则要求执行各项审计程序并获取合理保证，仅基于审计存在的固有限制，而未能发现的千山药机的舞弊行为，不应受到行政处罚。

证监会意见：按照《中国注册会计师审计准则1101号——注册会计师的总体目标和审计工作基本要求》（2010年修订版）第二十八条“在计划和实施审计工作时，注册会计师应当保持职业怀疑，认识到可能存在导致财务报表发生重大错报的情形”，《中国注册会计师审计准则问题解答第1号——职业怀疑》的要求，注册会计师在审计中“不应不假思索全盘接受被审计单位提供的证据和解释”，不应以“千山药机也已承诺向申辩人提供了真实、完整的会计资料”“千山药机蓄意实施、故意串通、有意隐瞒的舞弊行为”作为自身免责或已勤勉尽责的依据。

（4）未关注到审计证据的矛盾、异常情形（2021-3）。

戊E会计师事务所在斯太尔2016年年度报表审计受处罚听证时提出的申辩理由：当事人已充分关注相关审计证据的矛盾，并逐一排除了审计疑虑。一是斯太尔股东大会对之前签订的技术许可协议有权审议追认。二是三款柴油发动机样品需要在斯太尔生产场所检测合格后，才向苏控集团发货，由此导致苏控集团验收报告的日期早于斯太尔发货单日期。三是常州斯太尔向江苏斯太尔销售三台样机的预发货日期是常州斯太尔和江苏斯太尔依据交易进度估计的发货日期，并非实际发货日期。

证监会意见：根据在案证据，当事人未关注到审计证据的矛盾、异常情形。①询问笔录显示，斯太尔审计人员在执行审计时未关注到相关日期存在矛盾。②审计底稿未见审计机构对审计证据的矛盾之处予以关注。此外，当事人在听证中称，由于苏控集团需对发动机样品先予检测，由此导致验收报告日期早于江苏斯太尔发货日期；负责生产发动机的常州斯太尔向江苏斯太尔销售三台样机的预发货日期，系常州斯太尔和江苏斯太尔依据交易进度估计的发货日期，故与前者并不矛盾。但据常州斯太尔的销售出库单显示，三台样机的出库日期为2016年12月22日、12月23日，当事人对相关日期矛盾的解释不能成立。

（5）无同类可比价格及客户为军工保密单位等理由，不构成未获取重大、非常规收入交易标的作价依据的正当事由（2020-3）。

戊E会计师事务所在斯太尔2016年年度报表审计受处罚听证时提出的申辩理由：关于交易的作价依据，当事人审慎运用职业判断，对该技术许可的性质、交易价格的合理性进行了评价。①苏控集团以商业秘密为由拒绝提供交易标的评估报告，并不表明该交易不真实，交易价格不公允；且常州斯太尔是军工保密单位，因此该交易标的是秘密技术许可，涉及保密范畴，交易双方未提供评估报告存在合理性。②在斯太尔未能提供评估报告的情况下，当事人取得了交易双方洽谈记录并了解了相关定价过程，对交易的性质与定价合理性进行了审慎评价。③该交易标的是斯太尔的专项技术，国内没有同类可比技术，且斯太尔与苏控集团不存在关联关系，没有证据表明交易价格不公允。

证监会意见：当事人对其未获取相关评估报告的解释于法无据。根据《上市规则》相关规定，江苏斯太尔技术许可交易应聘请具有从事证券、期货相关业务资格的评估机构进行评估。而相关人员询问笔录、审计底稿均表明，当事人未关注到前述规定，对于未获取相关评估报告这一异常情形未给予应有关注。当事人提出该技术许可交易非关联交易，无同类可比价格及常州斯太尔为军工保密单位等理由，均不构成其未获取重大、非常规收入交易标的作价依据的正当事由，我会不予采纳。

（6）发货单连续编号是体现内部控制有效性重要方面，未保持合理的职业怀疑对提货单审慎审核，未获取充分、适当的证据（2019-2）。

丙M会计师事务所在雅百特2015年年度报表审计受处罚听证时提出的申辩理由：关于未审慎核查销售合同及发货单的问题。①发货单据和销售合同部分不连号、不编号，在实务中有普遍性，仅为内控中的一般缺陷。②丙M会计师事务所就合同编号问题取得了财务人员的解释并进行了函证，并未发现异常。

证监会意见：关于销售合同及发货单问题。①采购方确认后的发货单是雅百特确认销售收入的主要依据，发货单连续编号是体现内部控制有效性重要方面。丙M

会计师事务所未保持合理的职业怀疑对发货单审慎核查，未获取充分、适当的证据，违反了《中国注册会计师其他鉴证业务准则第3101号——历史财务信息审计或审阅以外的鉴证业务》第十三条、第三十四条的规定。②当事人所称“已关注到合同编号问题并取得财务人员的解释”的辩解，现有证据不足以证明。

（7）对营业收入执行内部控制测试程序时评价为“控制活动运行有效且得到执行”，但未获取充分、适当的审计证据（2021-1）。

乙V会计师事务所在康美药业2016—2018年年度报表审计受处罚听证时提出的申辩理由：营业收入内部控制程序中，未识别捷科系统与金蝶EAS系统存在的差异不属于内部控制测试过程中存在的重大缺陷，“销售出库单”控制点测试5个样本的凭证被康美药业进行了删改，正式年报审计时未同步更新5个样本对应的凭证号。

证监会意见：针对营业收入执行内部控制测试程序时，乙V会计师事务所评价“控制活动运行有效且得到执行”，但未获取充分、适当的审计证据。其辩称康美药业在乙V会计师事务所预审抽样后对凭证进行了删改从而导致抽样样本与凭证号不匹配，但未提供证据；也没有提供已按照审计准则要求获取相关控制在剩余期间发生重大变化的审计证据。

（8）对客户及事务所开展行政调查并作出认定，调查卷宗并不需要收录专项检查的证据和结果（2021-15）。

庚G会计师事务所在中融双创《公司债券年度报告（2017年）》报表审计受处罚听证时提出的申辩理由：检查卷宗无数据确认过程、部分证据缺失。多地证监局就中融双创项目对我所进行多次调查，结果不同，且管辖权不明。

证监会意见：依据2005年《证券法》第一百七十九条第（七）项国务院证券监督管理机构“依法对违反证券市场监督管理法律、行政法规的行为进行查处”的规定，我会履行对证券市场违法违规行为行政调查与专项检查的职权，两者适用不同的程序，相对独立。我会对中融双创及庚G会计师事务所案开展行政调查并作出认定，调查卷宗并不需要收录专项检查的证据和结果。故对该项申辩意见不予采纳。关于当事人所述的我会未提供检查过程底稿，导致当事人无法重新计算检查认定虚增金额的问题，已在上述第七条复核意见［即“会计师事务所所提出确认企业年末货币资金余额时未考虑账外资金、应收票据情况以及法人混同情况与本次调查（虚增货币资金）无关”］中进行了阐明。故对该项申辩意见不予采纳。

（9）调查卷宗中关于对银行的调取材料为依法调取的合法有效证据，结合其他证据能够形成完整证据证明当事人的违法违规事实（2021-15）。

庚G会计师事务所在中融双创《公司债券年度报告（2017年）》报表审计受处罚听证时提出的申辩理由：经分析性复核，检查确认金额存在异常。

证监会意见：关于中融双创2017年年末货币资金余额的问题已在第六【编者注：

即“在汇总企业（中融双创2017年年报中）货币资金实际余额时，已将银行账户2017年年末余额（含邹平农商行‘富民盛源’理财产品金额）全部计算在内，不存在差异”】、第七条【编者注：即会计师事务所所提出确认企业年末货币资金余额时未考虑账外资金、应收票据情况以及法人混同情况与本次调查（虚增货币资金）无关】复核意见中进行了阐明。对于我会调查卷宗中关于对银行的调取材料为我会依法调取的合法有效证据，结合其他证据能够形成完整证据予以证明当事人的违法违规事实。故对该项申辩意见不予采纳。

（10）请求调阅客户涉案刑事卷宗事项需依法向司法机关主张（2021-15）。

庚G会计师事务所在中融双创《公司债券年度报告（2017年）》报表审计受处罚听证时提出的申辩理由：请求调阅中融双创涉案刑事卷宗，查清与本案相关事实。

证监会意见：我会依法对庚G会计师事务所就中融双创《公司债券年度报告（2017年）》审计执业未勤勉尽责的行为进行立案调查、审理，案件事实清楚，证据确实充分，现依法对当事人作出行政处罚，中融双创当事人涉及刑事犯罪等问题与本案的主管部门、调查程序、法律适用等皆不相同，当事人请求调阅中融双创涉案刑事卷宗事项需依法向司法机关主张，故对该项申辩意见不予采纳。

（11）未对已取得的明显异常或相互矛盾的证据保持合理的职业怀疑，未采取进一步审计程序消除疑虑，未获取充分适当的审计证据（2022-1）。

癸X会计师事务所在金刚玻璃2016—2017年年度报表审计受处罚听证时提出的申辩理由：针对金刚玻璃2016年度、2017年度审计，执行了了解被审计单位及其环境，识别和评估财务报表层次和认定层次的重大错报风险程序。制订并执行了金刚玻璃2016年总体审计策略和具体审计计划，执行了了解被审计单位内部控制的程序。基于对金刚玻璃ERP系统及其相关内部控制的了解与识别，已认定该系统数据不能就财报认定形成可靠的支持。基于风险识别与评估的结论、计划的审计工作等方面，按照准则的要求对3亿元协议存款利息、货币资金、营业收入等执行了相应的审计程序。

证监局（广东）意见：审计人员编制审计工作底稿，既是作为出具审计报告的基础，也是证明其已按照审计准则和相关法律法规的规定，计划和执行了审计工作。癸X会计师事务所审计工作底稿及相关人员在调查过程中的陈述等在案证据证明，癸X会计师事务所在执行金刚玻璃2016年、2017年年度报告审计项目过程中，未按照审计准则要求执行风险识别与评估程序、内控测试程序，未关注并对比金刚玻璃ERP系统与财务软件系统数据差异，应收利息、货币资金、营业收入等科目的实质性审计程序存在缺陷，未对已取得的明显异常或相互矛盾的证据保持合理的职业怀疑、未采取进一步审计程序消除疑虑、未获取充分适当的审计证据。癸X会计师事务所在执行审计业务过程中，存在多项违反审计准则规定的情形，不能认为已经履行了勤勉尽责的义务。癸X会计师事务所及责任人员的相关陈述申辩意见多为主观论述，缺乏审计底稿等客观证据支持。

（12）投资性房地产审计依赖评估机构的评估报告，未实施必要的审计程序获取充分、适当的审计证据对相关会计处理予以认可（2022-2）。

甲Y会计师事务所在*ST新亿2018年和2019年年度报表审计受处罚听证时提出的申辩理由：投资性房地产审计已经实施了必要的审计程序，在利用评估机构的工作时，实施了必要的审计程序，充分考虑了评估假设、参数设置的合理性，充分尊重资产评估师的专业意见，获取了比较充分、适当的审计证据，支持发表恰当的审计意见。

证监会意见：关于投资性房地产审计事项，甲Y会计师事务所对租金合理性复核流于形式，依赖评估机构中洲评估出具的评估报告，未实施必要的审计程序获取充分、适当的审计证据即对相关会计处理予以认可。

（13）融资租赁业务底稿未留存设备交付及验收报告，仅依赖管理层说明将中介佣金从费用调整至营业成本导致销售毛利率大幅上升，未获取充分适当的审计证据（2022-6）。

己F会计师事务所在长园集团2016年、2017年年度报表审计受处罚听证时提出的申辩理由：已获取充分、适当的审计证据，足以支持相应审计结论。

证监局（深圳）意见：关于审计证据获取的充分、适当性。对于中蔼万家的融资租赁业务，底稿未留存设备交付及验收报告；己F会计师事务所仅依赖长园和鹰管理层说明即将2 200万元中介佣金从费用调整至营业成本；调整后长园和鹰对中蔼万家销售毛利率为49%，远高于2017年长园和鹰同类销售25.92%的平均毛利率。己F会计师事务所未获取充分适当的审计证据。对该项申辩意见不予采纳。

（14）未提供证据证明事务所和注册会计师没有主观过错（2022-9）。

庚G会计师事务所在ST天夏2016年年度报表审计受处罚听证时提出的申辩理由：庚G会计师事务所系天夏智慧在收购杭州天夏之前就聘请的年报审计机构，出具2016年年报审计报告后即被更换，因此没有和收购杭州天夏后的天夏智慧共同财务造假的主观意愿和目的，属于没有主观过错的情形，应不予处罚。

证监局（深圳）意见：关于主观过错。当事人未提供证据证明其没有主观过错。

（15）审计底稿中没有充分证据表明未函证的银行账户重大错报风险很低，未见不实施函证理由的审计证据，未见询问对象、询问记录、被审计单位内控制度的审计证据（2022-10）。

乙Z会计师事务所在公准股份2014年、2015年年度报表审计受处罚听证时提出的申辩理由：注册会计师不存在未勤勉尽责的重大过错。一是对部分银行账户未实施函证程序的原因是基于重要性水平判断，相关账户余额和发生额较小，与经营业务关联度较低，重大错报风险很低。二是根据2014—2016年披露的信息，公准股份有收购、重大资产重组等计划，流动资金未进行定期存款或购买理财产品，甚至有少量短期借款是合理的。三是乙Z会计师事务所补充提供了公准股份2015年度的采购台账、销售台账、原材料入库台账、商品出库台账等证据，并提出对存货实施了询问、观察等程序，并拍照存档；对银行流水和存货的收付款记录进行了核对，因此对存货实施了恰当的审计程序，获取了充分适当的审计证据。

证监局（黑龙江）意见：关于是否勤勉尽责的问题。其一，根据《中国注册会计师审计准则第1312号——函证》第十二条，“注册会计师应当对银行存款（包括零余额账户和在本期内注销的账户）、借款及与金融机构往来的其他重要信息实施函证程序，除非有充分证据表明某一银行存款、借款及与金融机构往来的其他重要信息对财务报表不重要且与之相关的重大错报风险很低。如果不对这些项目实施函证程序，注册会计师应当在审计工作底稿中说明理由。”乙Z会计师事务所审计底稿中没有充分证据表明未函证的银行账户重大错报风险很低，也没有对不实施函证程序说明理由，不符合审计准则规定。其二，乙Z会计师事务所审计底稿中并未留存和记录听证中提供的相关公告信息，所称实施的询问、观察等程序未取得相应审计证据，也没有基于公准股份存在收购、重大资产重组等计划进行合理性分析，无法证明审计人员对大额资金闲置等问题保持了职业怀疑。其三，乙Z会计师事务所在我局调查过程中出具情况说明，承诺已真实、准确、完整地提供了全部审计底稿，听证中提供的未留存在审计底稿中的采购台账等证据真实性存疑，不予采信。申辩称采用询问、观察等程序了解存货控制流程，审计底稿中未见询问对象、询问记录、被审计单位内控制度等证据。

（16）相应的控制测试未取得作为控制点的证据，却得出控制活动有效的结论，部分被访谈者反映事务所未与其本人进行访谈，访谈记录也非其本人签字（2022-11）。

庚G会计师事务所在公准股份2016年年度报表审计受处罚听证时提出的申辩理由：庚G会计师事务所对营业收入的真实性执行了相关审计程序，包括了解收集公准股份主要业务及盈利模式、收入核算流程、购销合同、货款结算方式及收入确认依据、内控制度；取得收入明细账，执行内控测试及实质性底稿；系统抽样选取金额大于250万元的客户执行函证程序；选取前十大客户及本年新增客户执行访谈程序；客户与供应商与公准股份恶意串通。

证监局（黑龙江）意见：关于营业收入的审计程序。庚G会计师事务所将营业收入作为审计重点，并将销售收款及采购付款的控制流程以及确认依据作为重点领域，在项目组讨论纪要中记录“鉴于屠宰业务单据量大单笔金额小的特性，传统抽样方法无法达到所需样本规模，拟采用较高的内部控制依赖程度，较少的实质性测试范围”，但在相应的控制测试中，未取得作为控制点的证据，却得出控制活动有效的结论，审计程序存在缺陷。对客户的函证程序中，未对回函异常保持职业怀疑。庚G会计师事务所对20名客户及供应商执行了访谈程序，仅有1人拍照存档，部分被访谈者反映庚G会计师事务所未与其本人进行访谈，访谈记录也非其本人签字；访谈程序缺少必要的分析和总结等。申辩称客户、供应商与公准股份恶意串通未提供证据，不予采信。

（17）已关注到项目高毛利、当年新增业务存在年底突击确认收入等异常情况，但未针对性地设计和实施进一步审计程序，未能获取充分、适当的审计证据（2022–13）。

庚G会计师事务所在仁智股份2017年年度报表审计受处罚听证时提出的申辩理由：庚G会计师事务所提出：①关于齐齐哈尔油服项目。根据审计准则等执行了所有审计程序，获取了充分、适当的审计证据。还实施了实地走访供应商和客户，就高毛利和交易合理性与对方充分交换意见，以及查看工程现场、分析比较同行业毛利率等追加程序。这些程序完全能够发现单方舞弊错报。但齐齐哈尔项目属于三方串通舞弊。审计是对财务报表整体是否不存在由于舞弊或错误导致的重大错报获取合理保证，由于固有限制的存在，不能获取绝对保证。事后发现舞弊导致的财务报表重大错报，特别是串通舞弊或伪造文件记录导致的重大错报，并不必然表明注册会计师没有遵守审计准则等要求。②关于钢贸业务。就该业务已执行了各项审计程序。因为是2017年新增业务，在四季度开始是可能的。审计通过核实真实性、存在性和截止判断是否存在突击确认收入。审计底稿存有货运单或客户签收单，具体表现为公司采购入库单、采购结算表和客户签字盖章的入库单。同时也执行了函证、走访等程序，均得到交易对手方签字盖章的证明文件。从事后调查结果看，钢材贸易也属于串通舞弊。周某华、欧阳某在其申辩材料中提出：其一，关于齐齐哈尔油服项目。首先，根据相关审计准则，审计意见是合理保证而非绝对保证，在完成审计工作之后，发现舞弊导致的财务报表重大错报，特别是串通舞弊或伪造文件记录导致的重大错报，并不必然表明注册会计师没有遵守审计准则。其次，审计过程中已充分质疑并穷尽能力范围内的程序，实施了对于交易对手方的两方函证、走访、现场查看工程，对于高毛利问题也做了充分的调查分析等。只要有一方未与仁智股份串通舞弊，上述程序完全能够发现。但齐齐哈尔项目属于三方串通舞弊。根据当时的情况，已经获取了充分的审计证据，审计证据均表明没有不确认收入成本的理由。从准则角度看，已经遵守了有关职业怀疑和勤勉尽责的要求。其二，关于钢贸业务。对于抽查的无缝钢管应收、收入确认凭证检查，均附有客户收货入库单等取自于客户的货物转移凭证。同时，执行函证、走访等程序，均得到交易对手方签字盖章的证明文件。从事后调查结果看，钢贸业务也属于串通舞弊。综上，周某华、欧阳某希望慎重考虑其陈述申辩意见。

证监局（浙江）意见：仁智股份2017年通过虚构业务实现扭亏为盈。齐齐哈尔油服项目对当年业绩具有决定性作用。庚G会计师事务所将该项目评估为存在重大错报风险和舞弊风险，关注到高毛利等异常情况，但未能保持与之相适应的职业怀疑并有针对性地设计和实施进一步审计程序，未能获取充分、适当的审计证据，并在此基础上作出恰当的职业判断。钢贸业务为当年新增业务，且存在年底突击确认收入等异常情况。货物控制权实际转移情况是钢贸业务审计的重要内容之一。审计底稿中虽有部分入库单等，但未见货运单等单据，不足以支撑货物权属转移情况，获取的审计证据不充分。按照申辩意见对个别文字表述进行调整。综上，庚G会计师事务所在仁智股份2017年年报审计执业过程中未能做到勤勉尽责。

（18）事务所连续四年进行审计，未获取充分、适当的审计证据支持客户在四年年度报告期末拥有相关资产权属（2022-17）。

甲A会计师事务所在昊华能源2016—2018年年度报表审计工作中受处罚听证时提出的申辩理由：当事人对昊华能源2015年度财务报表审计过程中，针对煤炭资源配置主体事项获取了充分、适当、全面的审计证据，在2016—2018年的审计工作中，取得了充分的审计资料并执行了有针对性的审计程序，历年减值测试及计提是合理、充分的，同时注意到巴彦淖矿权配置主体未发生变化，井田内无矿权争议，已勤勉尽责。

证监局（北京）意见：甲A会计师事务所及涉案会计师的执业行为构成未勤勉尽责。2005年《证券法》第一百七十三条要求证券服务机构应当勤勉尽责，对所依据的文件资料内容的真实性、准确性、完整性进行核查和验证。当事人对昊华能源2015—2018年年度财务报表连续四年进行审计，未对相关审计证据所述的9.6亿吨煤炭资源配置主体并非京东方能源保持应有的关注，未保持职业怀疑并实施进一步审计程序，未获取充分、适当的审计证据支持京东方能源在2015—2018年年度报告期末拥有9.6亿吨煤炭资源（2022-17）。

（19）未提交在审计过程中关注到客户的相关供应商是否具有GLP资质（药物非临床研究质量管理规范）的证据（2022-18）。

丁B会计师事务所在亚太药业2017年、2018年年度报表审计受处罚听证时提出的申辩理由：关于供应商资质的问题。丁B会计师事务所提出，丁B会计师事务所内控制度及培训体系有效，审计人员关注到了供应商资质问题，对业务保持了应有的职业怀疑，且上海新高峰及其供应商是否具备GLP资质与其从事交易的真实性无直接因果关系。陈某、赵某荣、周某民提出，在上海新高峰主要向第三方采购相关服务的交易模式下，主要由综合供应商负责遴选具备资质的实验室。安全性评价只是上海新高峰合同服务内容的一部分，当其仅采购安全性评价服务时，供应商中也有具备GLP资质的实验室。因此，上海新高峰的供应商是否具备GLP资质并不直接影响其从事交易的合理性。此外，审计人员还抽选部分项目实施了检查供应商工商资料、实地走访、抽查资料等程序，以检查交易合理性。

证监局（浙江）意见：安全性评价服务是上海新高峰合同服务内容之一，在上海新高峰不具备GLP资质、主要向第三方采购相关服务的情况下，供应商是否具备GLP资质是判断相关交易是否具有商业合理性的重要因素。当事人陈某在2021年7月2日的询问笔录中称“我们没有关注上海新高峰的供应商是否具备国家药监局GLP认证，我们认为这个资质是业务层面的一个流程，和我们审计相关性不大”、赵某荣在2021年7月2日的询问笔录中称“我们认为供应商不需要这个资质”“没有关注（供应商杭州至重）GLP资质，也没有关注其他供应商是否取得GLP资质”、周某民在2021年7月2日的询问笔录中称“没有特别关注供应商GLP认证资格的情况”，审计底稿中亦无审计人员对供应商是否具备GLP资质执行审计程序的相关材料，且当事人未提交在审计过程中关注到相关供应商具有GLP资质的证据。因此，我局对当事人关于供应商资质问题的申辩意见不予采纳。

（20）审计底稿中无审计人员针对部分合同关键事项未作明确约定进行合理性分析、实施进一步审计程序的相关材料（2022–18）。

丁B会计师事务所在亚太药业2017年、2018年年度报表审计受处罚听证时提出的申辩理由：关于合同异常的问题。上海新高峰对部分合同内容未作出具体约定是因行业特点所致，具有合理性。审计人员已关注到该情况，获取并检查了《预算明细表》等证据，并通过函证就收付款情况、业务进展与客户及供应商进行了确认。对合同异常已保持合理怀疑并实施了进一步审计程序。

证监局（浙江）意见：审计底稿中无审计人员针对上海新高峰部分合同关键事项未作明确约定进行合理性分析、实施进一步审计程序的相关材料，因此我局对当事人关于合同异常问题的申辩意见不予采纳。

（21）审计底稿中无审计人员就合同执行情况而获取研究资料并检查技术指标和参数等的相关材料（2022–18）。

丁B会计师事务所在亚太药业2017年、2018年年度报表审计受处罚听证时提出的申辩理由：关于合同执行情况。审计人员获取了《阶段性课题实施进展确认报告》，其主要内容分为项目研究进展情况和分阶段指标考核情况两部分。对于前者，每年抽取10个左右项目，穿透至末级供应商，获取底层研究资料并检查了技术指标和参数，以评价项目进度的可靠性。对于后者，通过抽样及函证进行确认。此外，还获取了第三方机构报告印证项目完工进度的合理性。

证监局（浙江）意见：审计底稿中无审计人员获取研究资料并检查技术指标和参数等的相关材料，因此我局对当事人关于合同执行情况的申辩意见不予采纳。

（22）未提供就项目进展情况举行项目总结会、类似报告仅有个人签字符合商业会议通常做法等证明完工进度的证据（2022–18）。

丁B会计师事务所在亚太药业2017年、2018年年度报表审计受处罚听证时提出的申辩理由：关于完工进度的问题。上海新高峰与供应商就项目进展情况举行项目总结会，由与会代表签署《下游技术平台项目实施进度确认报告》，此类报告仅有个人签字符合商业会议通常做法且具有法律效力。审计人员已经通过抽样并函证“当年服务进度”、检查合同及工商信息、实地走访等多种方式对完工进度获取了充分、适当的审计证据。

证监局（浙江）意见：当事人未提供证据证明上海新高峰与供应商就项目进展情况举行项目总结会、类似报告仅有个人签字符合商业会议通常做法等，因此我局对当事人关于完工进度问题的申辩意见不予采纳。

（23）审计收费对应多份审计报告的主张没有证据支持（2022-18）。

丁B会计师事务所在亚太药业2017年、2018年年度报表审计受处罚听证时提出的申辩理由：关于审计收费。丁B会计师事务所提出，2017年审计收费75万元，对应审计报告5份，其中单独出具的3家子公司的审计报告不存在事先告知书所述违法事项；2018年审计收费80万元，对应审计报告6份，其中单独出具的4家子公司的审计报告不存在事先告知书所述违法事项，相关收费应予扣除。

证监局（浙江）意见：我局依据审计业务约定书及收费凭证认定丁B会计师事务所对亚太药业2017年和2018年财务报告的审计收费。当事人关于审计收费对应多份审计报告的主张没有证据支持，我局不予采纳。

（24）在审计范围受限的情况下，未能独立从银行获取基本户银行对账单，重新执行项目时未恰当评价前期项目组所获取客户基本户询证函的可靠性，底稿中银行余额调节表编制人为客户的出纳人员（2022-19）。

戊E会计师事务所在柏堡龙2018—2019年年度报表审计受处罚听证时提出的申辩理由：申辩人对柏堡龙货币资金的审计已勤勉尽责。在货币资金循环的内部控制审计中，项目组发现虽然柏堡龙银行存款余额调节表的编制人是出纳陈某茹，但上市公司银行对账单由财务人员陈某琴负责自各银行处获取，交由财务总账会计核对，项目组据此判断柏堡龙不存在职责不分离的情况。在打印对账单受限的情形下，项目组采取了有效的替代审计程序，不存在未关注对账单异常情况的未勤勉尽责情形。2018年度、2019年度银行存款函证程序真实、可控，北京总所项目组进场后，在妥善完成交接工作的基础上直接沿用深圳分所项目组的工作成果，合理、合法。

证监会意见：申辩人关于其对柏堡龙货币资金的审计已勤勉尽责的主张与事实不符。对于柏堡龙基本户银行对账单，在因柏堡龙不配合而导致审计范围受限的情况下，戊E会计师事务所未能独立从银行获取基本户银行对账单，且未能针对该基本户采取有效的替代程序。对于银行存款函证程序，申辩人的审计结论所依据的银行函证，是深圳分所函证执行人未对函证保持应有的职业怀疑和未有效控制函证过程的情况下获取的虚假询证函。深圳分所项目组交接前已强调所有的审计程序需要由北京总部项目组重新执行，不要依赖深圳分所做的审计程序，申辩人未恰当评价深圳分所项目组所获柏堡龙基本户询证函的可靠性，未按照审计计划实施函证程序，未获取充分、适当的审计证据。在对货币资金循环的内部控制审计中，申辩人未保持应有的职业怀疑，未关注到职责不分离的内控缺陷。虽然申辩人辩称项目组发现柏堡龙银行余额调节表的编制人是出纳陈某茹，但上市公司银行对账单由出纳陈某琴负责自各银行处获取，交由财务总账会计核对。复核认为，编制银行余额调节表的目的在于核对银行存款科目企业账目与银行账目的差异等，编制银行调节表本身为稽核工作，且戊E会计师事务所《了解货币资金管理流程、穿行测试及控制测试汇总表》中也对出纳人员不得兼任稽核工作作出了规定。实际上，没有证据显示戊E会计师事务所对柏堡龙2018年各月柏堡龙银行存款余额调节表的编制人都为陈某茹作出关注，项目合伙人赵某红也自认确实没有发现2018年柏堡龙的银行余额调节表编制人为出纳陈某茹。

（25）针对销售与收款的穿行测试审计程序中，实际所获审计证据不足以支持穿行测试得出的审计结论（2022-19）。

戊E会计师事务所在柏堡龙2018—2019年年度报表审计受处罚听证时提出的申辩理由：申辩人对柏堡龙销售与收款循环的审计已勤勉尽责。在销售与收款穿行测试执行过程中，项目组审计程序设置得当、执行到位，审计程序由北京总部项目组与深圳分所项目组共同完成，获取了充分、恰当的审计证据，做到了勤勉尽责。

证监会意见：申辩人关于其对柏堡龙销售与收款循环的审计已勤勉尽责的主张与事实不符。针对销售与收款的穿行测试审计程序中，申辩人实际所获审计证据不足以支持穿行测试得出的审计结论。在针对某公司销售收入的穿行测试中，申辩人抽取的对某公司的所有销售业务中，销售发票的开票日期和销售出库单的出库日基本均为同一天，且申辩人所抽取的柏堡龙对某公司的销售组织收入的业务凭证及附件中销售发票的金额合计数与合同金额合计数不一致，对应的销售合同中销售数量远大于增值税发票及出库单数量，对于上述异常情况，申辩人未获取充分适当的审计证据，未采取进一步的审计程序，且项目经理白某盈在询问笔录中承认审计过程中没有关注到发票、合同和出库单数量及金额不一致的情况。

（26）对保理业务基础资料核查不充分（如缺少应收账款转让通知书），未就保理业务获取充分、适当的审计证据（2022-20）。

戊E会计师事务所在仁东控股2019年年度报表审计受处罚听证时提出的申辩理由：相关保理业务存在反转让通知书，应收账款转让通知书及其回执不是收回保理款的保障以及应收账款转让效力的必备条件，且针对的是应收保理款可收回性这一审计认定。同时，戊E会计师事务所获取了圣地雅等6家客户的应收账款转让通知书，保存在底稿中，并现场查看了保理合同所基于的基础业务合同、发票等凭证。

证监会意见：戊E会计师事务所对保理业务基础资料核查不充分。第一，商业保理业务的核心在于应收账款的转让，缺少应收账款转让通知书作为附件的保理业务合同是异常的。第二，反转让通知书的存在，仅说明保理商将应收账款反转让给债权人，本身并不能免除保理客户对其债务人的通知义务。同时，没有充分证据证明审计人员在审计过程中收集了应收账款反转让通知书。第三，审计人员未关注到不同保理合同对应的应收账款转让通知书存在差异，未保持职业怀疑。第四，经核实，2019年审计底稿中未见圣地雅等6家客户的应收账款转让通知书，不足以证明保理基础业务的真实性。保理基础业务合同、发票等材料是戊E会计师事务所向调查人员出具审计底稿完整性、准确性说明之后补充提交的，且没有归档在审计底稿中，无法证明戊E会计师事务所在出具审计报告前执行了相关审计程序。因此，戊E会计师事务所未就保理业务获取充分、适当的审计证据。

（27）未按照审计计划对子公司执行整体层面和业务层面的内部控制审计工作，不符合《审计准则第1301号——审计证据》的相关规定（2023-7）。

壬I会计师事务所在天海防务2017年年度报表审计受处罚听证时提出的申辩理由：尽管壬I会计师事务所未对金海运开展相关内部控制测试程序，但认为通过实施实质性程序足以将金海运认定层次的重大错报风险降低至可接受水平。

证监局（上海）意见：壬I会计师事务所未按照审计计划对金海运执行整体层面和业务层面的内部控制审计工作，不符合《审计准则第1301号——审计证据》（2016年修订）第十条的规定。

（28）会计师事务所没有保持职业怀疑以及基本的执业审慎，获取的审计证据不充分、不适当（2023-15）。

壬S会计师事务所在希努尔2018至2019年度报表审计受处罚听证时提出的申辩理由：《行政处罚事先告知书》（以下简称《告知书》）所述的“异常情况”均不存在，相应违法事实亦不存在。一是《合作经营协议》约定龙城旅游将保护区的运营管理交由诸城松旅负责，协议内容完整。诸城松旅已取得恐龙项目运营权限，无需另行获取政府审批。二是壬S会计师事务所已关注到在建工程余额较小，但考虑到与扶持奖励资金在会计上和法律上无对应关系，且诸城松旅2018年在建工程的建设尚处于前期勘察设计阶段，所以不认为异常。三是审计人员曾向诸城松旅索取拨付申请书，但诸城松旅未提供，因此壬S会计师事务所追加了对诸城市文化和旅游局负责人员进行访谈的审计程序。相关工作人员对政府补助的定性陈述清楚明确，答复重点为“扶持奖励资金”。四是审计准则未要求审计机构关注公开信息，且即使关注到公开信息，也会因《投资协议书》及其补充协议存在保密条款而无法获取。五是政府补助性质判断以政府拨款文件为准，财政部门银行回单填写为“恐龙大世界专项资金”系因政府部门填写随意，不能据此认定与资产相关。

证监会意见：经复核，针对壬S会计师事务所、谭某嘉、杜某的申辩意见，我会认为：壬S会计师事务所没有保持职业怀疑以及基本的执业审慎，获取的审计证据不充分、不适当。一是希努尔设立全资子公司诸城松旅负责开发建设恐龙项目，而非仅是运营工作。诸城松旅作为项目公司开发建设恐龙项目，需有相关投资或开发建设协议，才符合基本的商业合作规范。二是诸城松旅当年没有开展其他与旅游相关的业务，难以看出对当地旅游发展有贡献，如因对诸城市旅游业作出贡献而收到共计9 739.44万元的扶持奖励，与常理不符。另，在建工程余额比较小，不能得出政府补助与在建工程没有关联的结论，存在在建工程余额反而更应该保持相应职业怀疑。三是实施的走访程序仅能证实政府补助的真实性，不能说明政府补助的性质与列报。旅游局工作人员称“诸城松旅恐龙公司打造的诸城恐龙园项目”“将在以后年度视财政预算及恐龙项目进展情况，继续按市里要求给予该公司扶持奖励资金，以进一步促进我市旅游产业的发展”，均表明该补助性质可能系与资产相关，壬S会计师事务所未就政府补助与恐龙项目间的联系进行追问、了解、核实。四是《雪松文旅再落一子!诸城恐龙大世界项目今日签约》被各大媒体平台转载，明确提到《投资协议书》。五是对银行回单“恐龙大世界专项资金”备注，审计人员未保持职业怀疑；对于银行回单备注不同的情况，审计人员未论证是否代表每笔银行回单对应的政府补助性质可能不同；审计人员未采取进一步的审计程序即认可了“回单填写较为随意”的解释，明显未保持职业怀疑。

2.审计工作底稿

（1）未在风险评估工作底稿中记录业绩对赌事项以及实施的相应审计程序（2019-6）。

辛H会计师事务所在新绿股份2015年新三板挂牌报表审计受处罚听证时提出的申辩理由：在进行风险评估时，基于当时的审计环境，已将营业收入的真实性认定评估为可能存在重大错报风险的特别风险，并执行了相应的交易检查、函证、分析性复核等应对措施。2015年4—7月，新绿股份实际控制人已经因公司未完成对赌协议约定，对其他股东进行了大额补偿，且承诺不再签订其他任何形式的对赌，相关事项已经进行了阐述。据此对赌事项的影响已经不存在。注册会计师在编制舞弊风险评估底稿时，已经了解到上述对赌协议的实际情况。

证监会意见：注册会计师未在风险评估工作底稿中记录2013—2015年存在的业绩对赌事项以及实施的相应审计程序，签字注册会计师承认未对业绩对赌事项予以特别考虑。

（2）审计工作底稿缺失（2021-4）。

甲A会计师事务所在索菱股份2016年、2017年年度报表审计受处罚听证时提出的申辩理由：索菱国际缺失的审计工作底稿，甲A会计师事务所已按照要求执行了相应的审计程序，编制审计底稿索引过程中虽然存在交叉索引错误，但并非未执行相应的审计程序、列示相应的审计程序底稿；广东索菱缺失的审计工作底稿，甲A会计师事务所已执行核查程序，由于广东索菱无对外销售且已执行的程序未存在异常情况，故未将相关银行流水核查程序以底稿形式呈现出来，广东索菱货币资金底稿导引表内交叉索引的4100—9存在书写索引错误，并非未妥善保管审计底稿。

证监会意见：相关注册会计师已承认审计工作底稿缺失。甲A会计师事务所称交叉索引错误、部分核查程序未以底稿形式呈现出来等理由，不影响相关审计工作底稿缺失的认定结论。我会对该项申辩意见不予采纳。

（3）对审计工作底稿中多处“存在异常”的认定，是经依法调查审理后的认定结果（2021-15）。

庚G会计师事务所在中融双创《公司债券年度报告（2017年）》报表审计受处罚听证时提出的申辩理由：检查确认庚G会计师事务所审计工作底稿存在多处“存在异常”，与事实不符。

证监会意见：我会对庚G会计师事务所审计工作底稿中存在问题的认定是经依法调查审理后的认定结果，确认庚G会计师事务所审计工作底稿存在多处“存在异常”，故对该项申辩意见不予采纳。

（4）事务所已取回审计工作底稿原件，申请取回底稿的申辩不予采纳（2021-15）。

庚G会计师事务所在中融双创《公司债券年度报告（2017年）》报表审计受处罚听证时提出的申辩理由：申请取回庚G会计师事务所2017年度审计工作底稿。

证监会意见：2021年11月10日，庚G会计师事务所已前往我会调查组所在地取回中融双创项目2017年度审计工作底稿原件。故对该项申辩意见不予采纳。

（5）事务所及其责任人员的相关陈述申辩意见多为主观论述，缺乏审计底稿等客观证据支持（2022-9）。

庚G会计师事务所在ST天夏2016年年度报表审计受处罚听证时提出的申辩理由：天夏智慧2016年度财务数据造假属于长期系统性财务造假，庚G会计师事务所已经完全按照中国注册会计师审计准则的规定进行审计，在审计工作中全面实施了应有的审计程序，已做到勤勉尽责，但由于审计存在固有限制，仍然未能发现天夏智慧财务报表及附注存在虚假记载。审计意见只是对天夏智慧财务报表不存在重大错报的合理保证而非绝对保证，审计报告所发表的审计意见是基于当时取得的审计证据作出的恰当表达，不应负审计责任。综上，请求减轻或免除处罚。

证监局（深圳）意见：审计机构应对审计意见提供合理保证，该合理保证属于高水平保证，应当体现注册会计师的专业性和应有的职业水准。但审计工作底稿显示，庚G会计师事务所在执行审计业务过程中，未严格执行审计程序，未对已取得的明显异常或相互矛盾的证据保持合理的职业怀疑，未采取进一步审计程序，存在多项违反审计准则规定的情形，不能认为已经履行了勤勉尽责义务。庚G会计师事务所及其责任人员的相关陈述申辩意见多为主观论述，缺乏审计底稿等客观证据支持，经一一核对，《行政处罚事先告知书》认定的庚G会计师事务所审计过程未勤勉尽责的具体事实均无误。综上，我局对当事人的意见不予采纳。

（6）审计底稿中未记录询问客户保理人员、核查代偿企业关联关系等审计程序（2022-20）。

戊E会计师事务所在仁东控股2019年年度报表审计受处罚听证时提出的申辩理由：对于第三方代偿情况，戊E会计师事务所询问了保理业务人员、核查代偿企业，对当时能够获取的审计证据进行了审慎评价。

证监会意见：戊E会计师事务所审计底稿中未记录询问仁东控股保理人员、核查代偿企业关联关系等审计程序。

（五）责任认定和行政处罚

1.责任认定

（1）未能按照审计准则的要求设计和执行审计程序，不属于“审计固有限制、缺乏核查手段”的范畴（2019-2）。

丙M会计师事务所在雅百特2015年年度报表审计受处罚听证时提出的申辩理由：雅百特案系精心策划的舞弊案件，丙M会计师事务所未能发现财务造假是由于审计的固有限制和必要核查手段的缺乏。

证监会意见：我会认定丙M会计师事务所违法违规行为，系因其未能按照审计准则的要求设计和执行审计程序，存在未勤勉尽责情形。上述情形不属于其辩称的“审计固有限制、缺乏核查手段”范畴，对其申辩理由不予采纳。

（2）原会计师事务所因执业质量引发的行政责任由承继执业资格、转制后的特殊普通合伙事务所承担（2019-4）。

甲K会计师事务所在三峡新材2011年、2012年年度报表审计受处罚听证时提出的申辩理由：开展审计业务、出具审计报告的主体为“甲K会计师事务所有限公司”，且该公司至今尚未注销，我局认定行政处罚的主体“甲K会计师事务所（特殊普通合伙）”有误。

证监会定性意见：关于本案行政处罚的主体。《财政部、证监会关于会计师事务所从事证券期货相关业务有关问题的通知》（2012年修订）及《财政部 证监会 国资委关于证券资格会计师事务所转制为特殊普通合伙会计师事务所有关业务延续问题的通知》（财会〔2012〕17号）等文件明确要求具备证券期货相关业务资格的会计师事务所，应当在2013年12月31日前转制为“合伙制或特殊普通合伙制”；转制为特殊普通合伙组织形式后，原会计师事务所的执业资格和证券资格相应延续，原会计师事务所因执业质量可能引发的行政责任由转制后的特殊普通合伙企业事务所承担。按照上述规定，“甲K会计师事务所（特殊普通合伙）”于2013年12月13日设立，并依法承接了甲K会计师事务所有限公司的证券期货业务资格，则其同时也必须承担甲K会计师事务所有限公司承做的三峡新材2011年、2012年审计业务所引发的行政责任，这也是权利义务对等原则的体现。“甲K会计师事务所有限公司”虽然至今尚未注销，也不能成为行政处罚的主体。

（3）在两年的审计服务中因存货相关程序问题导致的违法行为，即使表现存在相同之处，也不能因此认定是同一违法行为（2019-4）。

甲K会计师事务所在三峡新材2011年、2012年年度报表审计受处罚听证时提出的申辩理由：2011年、2012年违法行为均是与存货相关的程序问题，2012年的违法行为其实质是2011年同一个错误的延续，不应认定为两个违法行为。

证监会意见：关于2011年、2012年度的审计事项是否为同一违法行为。我局认为，甲K会计师事务所分别于2012年1月4日、2012年11月20日与三峡新材签订两份不同的审计服务协议，提供了两次不同的审计服务，出具了完全不同的两份审计报告。2012年的审计业务并非2011年审计业务的自然延续，而是两个不同的行为。因此，甲K会计师事务所在2011年、2012年审计服务中因存货相关程序问题导致的违法行为，即使表现形式存在相同之处，也不能因此认定二者是同一违法行为。

（4）审计报告以事务所名义出具，不能仅因签字注册会计师未勤勉尽责而减免事务所责任（2019-4）。

甲K会计师事务所在三峡新材2011年、2012年年度报表审计受处罚听证时提出的申辩理由：未发现存货账实差异，导致未识别出三峡新材通过少结转原材料成本虚增利润的主要责任人是签字注册会计师，事务所在质量控制过程中并不知情，且问题发生后，事务所认真进行了反思和整改，此后再也未发生过违法违规行为，恳请我局考虑其主动改正的态度，对其发生时间较久的错误行为不予处罚或减轻处罚。

证监会意见：对于事务所和会计师责任问题，我局认为，《证券法》对事务所的行政责任有明确规定，审计报告以事务所名义出具，事务所有义务确保其出具的审计报告真实、准确、完整并对其承担相应的法律责任，不能仅因签字注册会计师未勤勉尽责而减免事务所责任。对于事务所称其已经反思整改，未再发生类似违法行为等情形，我局在量罚中已经综合考量。

（5）以用于确认违约协议调解书效力的民事裁定书和出于对政府公文的信赖等事由主张免责的依据不足（2019-5）。

丙M会计师事务所在圣莱达2015年年度报表审计受处罚听证时提出的申辩理由：首先，丙M会计师事务所在审计影视版权转让违约金收入时已经做到勤勉尽责。

①保持应有职业怀疑，对转让协议书及整个版权交易事项进行了充分核查。②转让协议书日期差异问题及日期倒置问题，不影响转让协议的真实性和可靠性，不足以导致丙M会计师事务所认定该等协议存在造假或舞弊情况。③无论是多元调解中心还是朝阳法院，均对转让协议书及整个版权转让交易事项的真实性作出认可，丙M会计师事务所完全有理由信赖和利用该等法院的生效法律文书。④在圣莱达和华视友邦串通舞弊的情况下，丙M会计师事务所根本无法仅通过协议日期存在异常发现潜在的舞弊行为。⑤证监会耗费了大量人力物力，通过多种方式对圣莱达舞弊行为进行调查，丙M会计师事务所作为年报审计机构，无法实施该等调查手段。⑥丙M会计师事务所已经对《饕餮刑警》影视版权全部权利的真实性执行恰当的审计程序。

证监会意见：圣莱达2014年业绩亏损，2015年的盈利情况将直接影响公司的正常上市运行。圣莱达影视版权转让违约金收入及财政补助营业外收入两笔营业外收入高度异常，如影视版权转让合同违约金达成调解的时间为2015年12月20日，收到违约金时间为2015年度财务报告审计之前等；又涉案1 000万元政府补助，系由非公司住所地所在的慈城镇政府给予，且圣莱达于2015年11月9日提出申请，同年12月30日取得该笔收入。此两项收入对公司影响重大，丙M会计师事务所未对其保持应有的职业怀疑，未勤勉尽责，且以用于确认违约协议调解书效力的民事裁定书和出于对政府公文的信赖等事由主张免责，依据不足。

（6）未对有关审计证据的明显异常保持应有的关注和职业怀疑，甚至未关注到转让协议书的日期差异及日期倒置等问题（2019–5）。

丙M会计师事务所在圣莱达2015年年度报表审计受处罚听证时提出的申辩理由：丙M会计师事务所在审计圣莱达财政补助营业外收入时已经做到勤勉尽责。丙M会计师事务所已经获取了财政补助所依据《申请财政补助报告》《政府补贴通知》以及相关的付款凭证和记账凭证，丙M会计师事务所有充分理由认为政府补助是真实的，不存在违反相关审计准则的情形。

证监会意见：我会对丙M会计师事务所实施行政处罚，并非由于丙M会计师事务所未在审计阶段发现圣莱达违法违规行为，审计机构的勤勉尽责义务系过程性要求而非以结果论。丙M会计师事务所作为专业审计机构，调查手段固然有限，但丙M会计师事务所未对有关审计证据的明显异常保持应有的关注和职业怀疑，甚至未关注到转让协议书的日期差异及日期倒置等问题，未采取充分审计程序并获取充分审计证据确保不存在重大错报。综上，我会对以上申辩意见不予采纳。

（7）调查手段固然有限，但应对审计证据中明显的异常保持应有的关注和职业怀疑，不应以手段有限而塞责（2019–6）。

辛H会计师事务所在新绿股份2015年新三板挂牌报表审计受处罚听证时提出的申辩理由：新绿股份挂牌披露的文件及财务报表是由新绿股份编制和披露的，存在虚假记载是由于新绿股份管理层和多方串通舞弊造成的，属于会计责任，不能认定为审计责任。辛H会计师事务所及签字会计师已经按照《中国注册会计师审计准则》规定实施了必要的审计程序，履行了勤勉尽责义务。辛H会计师事务所审计失败，是基于审计程序性质的固有限制，获取审计证据的能力受到实务和法律上的限制，应予以免责。

证监会意见：我会对辛H会计师事务所及相关人员实施行政处罚，并非由于在审计阶段未发现新绿股份违法违规行为，审计机构的勤勉尽责义务为过程性要求而非以结果论，辛H会计师事务所作为专业审计机构，调查手段固然有限，但依法应对审计证据中明显的异常保持应有的关注和职业怀疑；对审计过程中的异常性和风险点，应勤勉尽责，依法履行审计职责，不应以手段有限而塞责。

（8）将审计报告的落款时间认定为审计报告出具日期并无不妥（2019-6）。

辛H会计师事务所在新绿股份2015年新三板挂牌报表审计受处罚听证时提出的申辩理由：根据《中国注册会计师审计准则》中有关规定，审计报告日期是对财务报表形成审计意见的日期，不是出具审计报告日期。

证监会意见：根据在案证据，审计报告的落款时间为2015年6月15日，我会将此认定为审计报告出具日期并无不妥。

（9）审计准则未规定对新三板企业实施差异化审计标准，不能以新三板监管标准较低为由申请免于处罚（2019-6）。

辛H会计师事务所在新绿股份2015年新三板挂牌报表审计受处罚听证时提出的申辩理由：希望能够考虑到案发前新三板差异化监管标准，按照法不溯及既往的原则看待新三板发展中存在的问题。辛H会计师事务所在证监会、财政部对新三板的监管标准改变后及时按照新标准履行审计，从严要求，缩减不合格客户。辛H会计师事务所在发现新绿股份财务指标异常且得不到合理解释情况下与新绿股份解除业务合同，并配合证监会查明事实真相。

证监会意见：审计准则未规定对新三板企业实施差异化审计标准，不能以新三板监管标准较低为由申请免于处罚，而当事人作为被调查对象，积极配合证监会履行调查职责是法律规定的义务。

（10）作出行政处罚时对于非经依法调查取得的证据不会采用（2020-1）。

戊E会计师事务所在新绿股份2015年年度报表审计受处罚听证时提出的申辩理由：案件事实的认定依据不完整，处理程序不合规。

证监会意见：我会已取得了由戊E会计师事务所提供并签字盖章的新绿股份审计底稿。在处理新绿股份相关案件过程中，我会严格遵守《证券法》《行政处罚法》等相关法律规定，对于非经依法调查取得的证据不会采用，程序上并无不当，卷宗的装订符合相关规定要求。

（11）客户的会计责任和事务所的审计责任是相互独立的（2020–1）。

戊E会计师事务所在新绿股份2015年年度报表审计受处罚听证时提出的申辩理由：行政处罚有失公允。

证监会意见：对于危害证券市场正常秩序的违法违规行为，我会依法查处，公平执法。新绿股份的会计责任和戊E会计师事务所的审计责任是相互独立的。我会严格按照《证券法》等法律法规及中国注册会计师执业准则等相关规定认定会计师事务所及签字注册会计师的违法责任，并区分公司的会计责任和注册会计师的审计责任。

（12）虚增主营业务收入及隐瞒关联方资金往来发生额的相关事实的是根据调取证据作出的客观描述（2020–1）。

戊E会计师事务所在新绿股份2015年年度报表审计受处罚听证时提出的申辩理由：《行政处罚事先告知书》（以下简称《告知书》）认定的第一项违法事实中，“虚增主营业务收入36 907.29万元”结论不正确，应修改为“通过伪造银行收款凭单，虚构银行收款”。针对上述修改后的事实，相关论证表明当事人没有未勤勉尽责；《告知书》认定“隐瞒关联方资金往来发生额28 494.37万元”结论不成立。

证监会意见：关于新绿股份2015年年度报告虚增主营业务收入及隐瞒关联方资金往来发生额的相关事实，是我会根据调取证据作出的客观描述，事实清楚，证据充分。

（13）项目合伙人、项目经理均是代表事务所在审计报告上签字，应对该审计业务的总体质量负责，对出具的审计报告负责（2020–2）。

辛H会计师事务所在林州重机2017年年度报表审计受处罚听证时提出的申辩理由：2005年《证券法》第二百二十三条及相关法律法规对直接负责的主管人员没有明确定义，不能直接将签字注册会计师等同于直接负责的主管人员。

证监会意见：认定签字会计师是直接负责的主管人员具有法律依据且是市场共识。①《中国注册会计师审计准则第1501号——对财务报表形成审计意见和出具审计报告》第十一条、第三十三条、第三十四条、第三十五条、第三十九条，明确规定签字会计师应对其审计意见及所执行的工作承担责任。本案中，林州重机2017年年报的审计报告中明确写明“注册会计师对财务报表审计的责任”，并由肖某娟与李某签字确认，作为签字会计师应担承相应的责任。②《中国注册会计师审计准则第1121号——对财务报表审计实施的质量控制》第十三条明确规定签字项目合伙人及另一名签字会计师，是负责某项具体审计业务及其执行的人员，代表会计师事务所在出具的审计报告上签字，同时，该准则第二十二条、第二十九条明确规定两名签字会计师均应对审计业务的总体质量负责，并按照职业准则和适用的法律法规的规定指导、监督与执行审计业务，出具适合具体情况的审计报告。因此，根据上述规定两名签字会计师均应对所出具的审计报告负责，是审计报告的主要责任人员。据此，本案中肖某娟作为项目合伙人、李某作为项目经理，均是代表辛H会计师事务所在林州重机的审计报告上签字，应对该审计业务的总体质量负责，对出具的审计报告负责，是直接负责的主管人员。

（14）签字会计师未深入到项目中，没有到现场指导与监督审计助理的工作，仅仅复核部分科目的电子底稿的情况下签署审计报告，即为未勤勉尽责（2020-2）。

辛H会计师事务所在林州重机2017年年度报表审计受处罚听证时提出的申辩理由：肖某娟与李某在2017年审计报告中签字是因前任签字会计师叶某签字满5年，辛H会计师事务所安排会计师轮换，但两人未被赋予项目管理、组织安排、质量控制、审计报告定稿、与被审计单位沟通、决策等方面的职权，两人不是直接负责的主管人员。

证监会意见：认定肖某娟、李某承担相应的责任具有客观证据支持。①客观证据表明两位会计师知悉其在项目中的工作安排并实际参与了审计工作。当事人和辛H会计师事务所相关人员询问笔录，以及《总体审计策略》《项目合伙人复核声明书》《项目经理复核记录》《项目组成员独立性声明》等客观证据，均可以证明两人自始至终知悉其签字会计师身份及其在审计项目中的工作安排，即肖某娟为项目合伙人，李某为项目经理，同时两人复核了《审计总结》并在复核记录中签字，也说明其对审计程序及发现的相关问题知悉并认可。②两人作为签字会计师并未被限制与审计客户沟通。林州重机出具的《管理层声明》的对象明确是辛H会计师事务所及肖某娟、李某，表明上市公司作为客户知悉肖某娟与李某为签字会计师，同时两人也在笔录中承认接触过上市公司的财务人员，说明两人作为签字会计师并未被限制与上市公司沟通。③两人在明知自己是签字会计师的情况下却未严格履行相应的职责，正是其作为签字会计师未勤勉尽责的表现。肖某娟、李某作为签字会计师本应按照审计准则的要求推进相关工作开展，但实际上并未深入参与到项目中，没有到现场指导与监督审计助理的工作，在复核时也仅是复核部分会计科目的电子底稿，在这种情况下仍签署审计报告，即为未勤勉尽责。

（15）签字注册会计师提供他人违法线索，不能因此免除自身的责任（2020-2）。

辛H会计师事务所在林州重机2017年年度报表审计受处罚听证时提出的申辩理由：肖某娟、李某指认叶某是直接负责的主管人员，叶某负责该项目的组织管理、客户沟通、审计报告编制、质量控制、项目收益等工作，且有权决定报告意见。综上，肖某娟、李某请求免予处罚。

证监会意见：对于肖某娟与李某提交的有关叶某的线索，我会将依法处理，但不能因此免除两人的责任。

（16）为客户年报出具带强调事项段无保留意见审计报告，并不影响对审计报告性质判断和对事务所违法行为的认定（2020-3）。

辛V会计师事务所在太化股份2014年年度报表审计受处罚听证时提出的申辩理由：辛V会计师事务所对太化股份2014年财务报表出具了带强调事项段的审计报告，

该审计报告揭示或提示了太化股份相关风险。《告知书》未提及审计报告意见类型，遗漏主要证据。

证监会意见：辛V会计师事务所出具的审计报告中强调事项内容为“我们提醒财务报表使用者关注，如财务报表附注十三、1所述，按照太原市西山地区综合整治的安排，太化股份公司于2011年7月开始陆续关停合成氨、焦化、氯碱等主要生产装置，截至审计报告日，搬迁工作尚在进行中；截至2014年12月31日，太化股份公司累计亏损4.59亿元。上述情况表明，可能导致对太化股份公司持续经营能力产生重大疑虑的事项或情况存在重大不确定性，本段内容不影响已发表的审计意见”。可见，该强调事项未提示太化股份虚增收入的情形，与太化股份存在虚增收入的情形不具备关联性，未揭示和提示贸易收入相关风险。同时，依据《中国注册会计师审计准则1501号——对财务报表形成审计意见和出具审计报告》第十九条，《中国注册会计师审计准则1503号——在审计报告中增加强调事项段和其他事项段》第四条、第八条规定，《告知书》是否提及辛V会计师事务所为太化股份2014年年报出具带强调事项段无保留意见审计报告，并不影响对审计报告性质判断和对辛V会计师事务所违法行为的认定。

（17）对其他上市公司的年报审计机构是否立案、是否处罚、如何处理等，并不影响对本案所涉及事务所违法行为的认定（2020-3）。

辛V会计师事务所在太化股份2014年年度报表审计受处罚听证时提出的申辩理由：鉴于太化股份“虚增贸易收入”的背景或所处环境，以及社会危害程度，辛V会计师事务所的行为属于轻微违法，可以不予处罚。辛V会计师事务所审计报告即使“存在虚假记载”，虚增贸易收入问题也是次要事实，对财务报表使用者不会产生误导。在众多虚增贸易收入案件中，会计师事务所未立案调查，未受到处罚。《告知书》的处罚决定构成明显不当行政行为，应当以同类或类似行政案件为基准，对本案予以撤销。

证监会意见：中国证监会及其派出机构对其他上市公司的年报审计机构是否立案、是否处罚、如何处理等，并不影响对辛V会计师事务所违法行为的认定，不构成对其从轻、减轻或免除处罚的法定事由。同时，辛V会计师事务所出具存在虚假记载的审计报告，属于客观存在的违法事实，对财务报表使用者是否产生误导，不属于认定辛V会计师事务所违法行为的构成要件。

（18）审计报告所带强调事项段针对的是客户逾期借款和持续经营能力，未能准确反映客户的财务状况，带强调事项段恰恰证明已经关注到存在逾期银行借款问题（2020-4）。

乙L会计师事务所在福鼎白茶2017年年度报表审计受处罚听证时提出的申辩理由：乙L会计师事务所对公司2017年度财务报表出具了带强调事项的审计报告，起到了向投资者提示风险的作用。

证监局（福建）意见：关于审计报告针对公司的风险揭示。一方面，乙L会计师事务所出具的审计报告强调事项段针对的是公司逾期借款和持续经营能力，未能准确反映公司的财务状况。2019年2月19日，白茶股份发布公告，补计提利息费用343.21万元，冲减营业外收入117.25万元，公司2017年净利润由169.33万元调整为-291.13万元，由盈利变为亏损。此外，2019年2月18日，乙L会计师事务所向白茶股份董事会出具《关于福鼎白茶股份有限公司2017年度前期会计差错更正专项说明审核报告》（CAC证专字〔2019〕0020号），对公司上述补计提利息费用、冲减营业外收入等事项进行审核。另一方面，根据《审计准则第1503号——在审计报告中增加强调事项段和其他事项段》第六条的相关规定，该审计报告所带强调事项段并不能免除乙L会计师事务所的审计责任，反而恰恰证明，乙L会计师事务所已经关注到白茶股份存在逾期银行借款2 610万元，但审计底稿未见其向相关银行获取充分的免除逾期银行借款利息的审计证据。

（19）对审计过程中的异常性和风险点，未保持应有关注和职业怀疑，不应以调查手段有限而塞责（2021-4）。

甲A会计师事务所在索菱股份2016年、2017年年度报表审计受处罚听证时提出的申辩理由：我会（证监会）量罚过重。

证监会意见：甲A会计师事务所作为专业审计机构，调查手段固然有限，但依法应对审计证据中明显的异常保持应有的关注和职业怀疑，对审计过程中的异常性和风险点，应勤勉尽责、依法履行审计职责，不应以调查手段有限而塞责，我会量罚时已充分考虑当事人违法行为的事实、性质、情节与社会危害程度，符合我会一贯的执法标准。我会对该项申辩意见不予采纳。

（20）客户财务造假行为是系统性舞弊而不易发现等，不构成事务所和当事人的免责理由（2021-5）。

丙W会计师事务所在抚顺特钢2010—2016年年度报表审计受处罚听证时提出的申辩理由：丙W会计师事务所及注册会计师整体上已履行了审计准则规定的审计程序。其已按审计准则规定执行常规风险导向审计下的抽样审计，抚顺特钢的涉案财务造假行为是有组织的系统性造假，即使充分执行准则规定的审计程序，客观上也难以发现财务舞弊的线索。

证监会意见：丙W会计师事务所及涉案会计师的执业行为构成未勤勉尽责。根据在案证据，丙W会计师事务所2010年至2016年对抚顺特钢历年财务报告的审计工作，未按审计准则规定获取充分、适当的审计证据作为形成审计意见的基础，我会认定的违法事实清楚，证据确实凿、充分，足以认定丙W会计师事务所及涉案会计师的执业行为构成未勤勉尽责。当事人所述抚顺特钢财务造假行为是系统性舞弊而不易发现等不构成免责理由，其提出的申辩理由和证据亦不足以证明其勤勉尽责。

（21）未提出充分证据和理由推翻证监会的认定结论，提交的证据相关性不足、部分证据缺少依据，不足以证明恰当设计并执行审计程序（2021-5）。

丙W会计师事务所在抚顺特钢2010—2016年年度报表审计受处罚听证时提出的申辩理由：证监会关于丙W会计师事务所审计程序违反准则规定的事实认定存在瑕疵。①认定抚顺特钢历年造假金额缺乏依据，且抚顺特钢将历年造假金额人为分摊至2010—2012年，故不认可在没有实物盘存数据核实情况下的数据分摊结果；②证监会认定丙W会计师事务所与存货、原材料、在建工程、固定资产相关的审计程序存在瑕疵与事实不符。

证监会意见：我会认定的违法事实恰当。①关于抚顺特钢2010年至2012年信息披露违法行为，我会结合多项主客观证据认定抚顺特钢历年财务造假行为及金额，当事人未提出充分证据和理由推翻我会认定结论；②关于丙W会计师事务所未按规定执行审计程序的违法行为，当事人提交的证据存在相关性不足、部分证据缺少依据、证据不足以证明其恰当设计并执行审计程序等问题，亦无法推翻我会认定的违法事实。

（22）有限公司制事务所因执业质量可能引发的行政责任由转制后的事务所承担（2021-7）。

丁N会计师事务所在胜通集团2013年至2017年年度报表审计受处罚听证时提出的申辩理由：丁N会计师事务所为胜通集团提供的是年度财务报表审计业务，从未出具“两年一期”或“三年一期”的审计报告，告知书认定的2013—2016年度财务报表审计已经超过法定追诉时效，不应当予以行政处罚。

证监会意见：丁N会计师事务所连续5年出具含有虚假内容的审计报告，其违法行为主体及行为性质未发生变化，违法行为处于连续状态，应将其视为一个整体进行处罚。其中就2013年度与其他年度出具审计报告的主体不同问题，虽然胜通集团2013年度审计报告作出主体是丁N会计师事务所有限公司，非丁N会计师事务所，但后者是由前者转制而来。根据《财政部、证监会、国资委关于证券资格会计师事务所转制为特殊普通合伙会计师事务所有关业务延续问题的通知》（财会〔2012〕17号）第一条以及《关于推动有限责任会计师事务所转制为合伙制会计师事务所的暂行规定》（财会〔2018〕5号）第三条的规定，丁N会计师事务所有限公司因执业质量可能引发的行政责任由转制后的丁N会计师事务所承担。因此，丁N会计师事务所有限公司未勤勉尽责导致出具的2013年度审计报告虚假记载的行政违法责任，由丁N会计师事务所承担。综上，追究其2013—2017年违法行为的责任并不违反《中华人民共和国行政处罚法》关于追责时效的规定。我会对此项申辩意见不予采纳。

（23）追究注册会计师行政责任的依据并非客户的财务造假行为，而是其自身在执业过程中未勤勉尽责（2021-7）。

丁N会计师事务所在胜通集团2013—2017年年度报表审计受处罚听证时提出的申辩理由：①本案中，胜通集团属于有组织、有策划、有分工的系统财务造假，导致审计失败的主要原因是整个审计基础的虚假，申辩人对于胜通集团财务造假行为并未参与。②胜通集团发行中期票据、小公募债券、私募债券和后续信息披露均擅自修改了丁N会计师事务所的审计报告，对证券市场造成的负面影响很大程度上是由胜通集团造成的。

证监会意见：我会严格按照《证券法》等法律法规及中国注册会计师执业准则、规则等相关规定认定会计师事务所及其签字注册会计师的违法责任，并区分公司的会计责任与注册会计师的审计责任。胜通集团财务造假的会计责任与注册会计师的审计责任是相互独立的，我会追究注册会计师行政责任的依据并非公司的财务造假行为，而是注册会计师自身在执业过程中未勤勉尽责，出具的文件存在虚假记载的行为。且丁N会计师事务所出具的审计报告存在虚假记载影响了投资者的判断，对资本市场健康发展产生了不利影响。我会对上述申辩意见不予采纳。

（24）事务所业务收入既不是违法所得，也不是有关业务对应的利润，对当事人提出扣除相关税费的意见不予采纳（2021-9）。

乙L会计师事务所在盛运环保2016年年度报表审计受处罚听证时提出的申辩理由：审计费98万元中含增值税部分，应当扣除。

证监局（安徽）意见：业务收入既不是违法所得，也不是有关业务对应的利润，对当事人提出扣除相关税费的意见不予采纳。

（25）无论客户管理层及相关人员是否存在合谋，将相关情形对事务所予以隐瞒的情节，都不能免除事务所自身应履行的职责及应尽的审计责任（2021-10）。

壬W会计师事务所在凯迪生态2016年年度报表审计受处罚听证时提出的申辩理由：造成虚假记载的根本原因是凯迪生态公司财务报告存在虚假记载，责任在凯迪生态。

证监局（湖北）意见：发表恰当的审计意见是会计师事务所的审计责任，凯迪生态财务报告存在虚假记载，不能免除事务所的审计责任。无论凯迪生态管理层及相关人员是否存在合谋，将相关情形对该所予以隐瞒的情节，都不能免除事务所自身应履行的职责及应尽的审计责任。

（26）在审计过程中是否勤勉尽责，既不单纯以最终审计结论的真实性为依据，也不能仅因审计固有的局限性就排除会计师的义务和责任（2021-11）。

甲A会计师事务所在延安必康2018年年度报表审计受处罚听证时提出的申辩理由：在听证过程中，甲A会计师事务所和郭某、郑某提出审计中已经勤勉尽责：①关联方占用上市公司资金风险的评估已包含于对关联方及交易的风险评估中，对资产侵占、关联交易的舞弊风险评估亦包含于对上市公司的舞弊风险评估程序中；针对延安必康控股股东及实际控制人长期高比例质押所持延安必康股份行为，已向延安必康实际控制人及财务总监进行过了解，未发现异常情况，且以前年度延安必康也存在股东及实际控制人向上市公司提供资金支持及为上市公司大量债务提供担保的情况。2018年1月至2019年4月，上市公司股价每股均在20元以上，远高于平仓价，不存在不能偿付质押款的情况。基于审计时的情况，没有理由仅因存在控股股东及实际控制人长期高比例质押所持延安必康股份的情况，就将舞弊风险评估为高水平。②收到邮寄回函后曾通过电话联系银行工作人员，并核实快递函件的邮寄路径，确认询证函由相关开户银行方面寄出，已经有效控制了函证过程；审计准则未要求银行询证函上加盖会计师事务所骑缝章，甲A会计师事务所加盖骑缝章，系多页行文惯例，并非函证控制点；在已经确认银行对账单系银行提供的情况下，7223账户对账单“借/贷”栏存在全部显示为“贷”的情况属于银行记账方式问题。项目组归档人员整理底稿时看到“审计人员亲自前往询证（跟函）工作记录”，认为该函证为现场跟函，因此未将相关邮寄快递单装订在纸质底稿中，另有电子工作底稿保存记录了邮寄回函情况，并附有相关邮寄资料。

证监会意见：关于审计机构勤勉尽责义务的认定。基于审计的固有限制，审计机构应对审计意见提供合理保证；如果提供了合理保证，则可认定为勤勉尽责。这种合理保证既不是绝对保证，也不是低水平保证，而是一种高水平保证，要在审计工作中体现出会计师的高度专业性和应有的职业水准。审计机构在审计过程中是否勤勉尽责，既不单纯以最终审计结论的真实性为依据，也不能仅因审计固有的局限性就排除会计师的义务和责任，而是应结合被审计对象的具体情况，判断审计行为是否遵循了相应的审计准则，以及在审计过程中是否运用了合理的职业判断、是否尽到特别注意义务、是否保持了合理的职业怀疑，并据此设计并实施了与之相适应的审计程序来降低审计风险。本案中：①在资金占用的风险识别和评估程序方面，控股股东及实际控制人高比例股权质押表明资金紧张，易引发违规占用上市公司资金等行为，系资本市场常见舞弊风险因素；审计机构在实施风险评估程序时，应对占用资金相关舞弊风险因素进行充分分析，关注是否存在资金占用风险，并根据所关注情况设计实施恰当有效的应对措施。延安必康控股股东及实际控制人不仅长期存在高比例质押延安必康股权情形，且上市公司相关公告披露存在部分质押股票强制平仓等情况，表明延安必康控股股东及实际控制人资金状况需重点关注，存在占用上市公司资金的潜在风险。对此，会计师未予以充分关注和识别，未保持合理的职业判断，申辩意见中提到的对相关股权质押情况及潜在资金占用风险进行过了解缺少充分证据支持。②在货币资金审计程序方面，为验证回函真实性、可靠性而加盖骑缝章并在收到回函时进行适当验证系基本审计常识，甲A会计师事务所在收到邮寄回函时对骑缝章的明显异常情形未予以关注；陕西必康7223账户并非信用账户，不会出现存款余额为负数的情况，因此“借/贷”栏一般情况下显示的是资金转入转出情况，而非账户余额情况。会计师未尽到特别注意义务，未关注到邮寄回函存在的上述明显异常事项，未保持合理的职业怀疑，未执行进一步审计程序进行核实验证，导致未发现邮寄回函被篡改的舞弊风险。③纸质审计工作底稿将“邮寄回函”错误记录为“现场回函”，相关邮寄资料及物流信息等均未装订在纸质审计工作底稿中。根据审计准则规定，对邮寄方式收到的回函验证程序和验证信息要求明显高于现场回函，工作底稿对7223账户函证回函方式记载错误，在后续程序中也未能有效识别回函的真实性。需要说明的是：其一，申辩意见所称审计人员已向相关开户银行工作人员电话核实，确认询证函由银行工作人员直接寄出，与相关人员说法不一致，缺少充分证据支持，所称通过邮政官网核实快递函件的邮寄路径并不能确定询证函系相关开户银行直接寄出。其二，申辩意见中提到的工作人员基于“审计人员亲自前往询证（跟函）工作记录”认为函证为跟函形式，因此未将邮寄快递单存放于底稿，系认识错误导致的过失操作。如果工作人员装订底稿时看到邮寄快递单，正常情况下至少应予以核对并据实记录回函方式为“邮寄回函”且将全套材料装订保存于工作底稿，因此该申辩意见不具有合理性。其三，甲A会计师事务所于2019年12月向我局提供了全套纸质审计工作底稿原件，在我局已经就7223账户函证程序问题开展调查之后，直到2020年9月甲A会计师事务所又向我局提供所谓电子版工作底稿，其中附有记录“邮寄回函”的PDF版“审计人员亲自前往询证（跟函）工作记录”。对纸质工作底稿与电子工作底稿关于7223账户回函方式不一致的情况，审计工作底稿中未予记录和说明；纸质底稿作为原件提供在先，在我局提出要求将近一年后甲A会计师事务所才提供电子底稿；电子底稿具有随时可编辑、可修改的特性，其中与本案7223账户回函相关的电子底稿为纸质扫描件，显示最后修改时间为2020年9月，不能证明其最初形成于审计工作开展时。因此，对上述申辩意见我局不予认可。

（27）行政执法中事务所是否实际收到相关费用不影响法定责任的承担（2021-11）。

甲A会计师事务所在延安必康2018年年度报表审计受处罚听证时提出的申辩理由：甲A会计师事务所尚未收到审计费用，延安必康2018年年报审计业务收入金额为0，并非《行政处罚事先告知书》认定的360万元。

证监会意见：关于业务收入认定。《审计业务约定书》明确约定延安必康2018年财务报告审计服务费360万元，甲A会计师事务所按照约定提供审计服务，没有证据表明双方对约定服务费用进行了变更。需要强调的是，调查中延安必康曾称已向甲A会计师事务所支付300万元审计费用，尚余60万元后续将按合同支付，之后又称所支付的300万元并非2018年年报审计费用，后续将向甲A会计师事务所支付相关审计费用；2005年《证券法》对审计机构未勤勉尽责行为明确规定了应没收业务收入、并以业务收入为基数处以相应倍数罚款的责任条款，行政执法中甲A会计师事务所是否实际收到相关费用不影响法定责任的承担。

（28）未按要求执行存货监盘程序和执行委托代销商品函证程序，未按要求记录审计工作底稿，属于审计责任（2021-13）。

丁X会计师事务所在皇台酒业2016年年度报表审计受处罚听证时提出的申辩理由：皇台酒业库存商品虚假记载系公司管理层职务侵占和有组织的偷盗所致，由于审计的固有限制，导致丁X会计师事务所部分审计程序失效，未能及时发现成品酒亏空；应当合理界定会计责任和审计责任；丁X会计师事务所在对皇台酒业2016年年度财务报表审计时，已做到勤勉尽责。

证监局（甘肃）意见：对丁X会计师事务所及相关责任人员实施行政处罚，并非由于丁X会计师事务所在审计阶段未发现皇台酒业违法违规行为，审计机构的勤勉尽责义务为过程性要求而非以结果论，丁X会计师事务所作为专业审计机构，依法应对审计证据中明显的异常保持应有的关注和职业怀疑，对审计过程中的异常和风险点，应勤勉尽责、依法履行审计职责，不应以审计的固有限制而塞责。本案中，丁X会计师事务所未按要求执行存货监盘程序、未按要求对委托代销商品执行函证程序、未按要求记录审计工作底稿，上述行为违反《中国注册会计师鉴证业务基本准则》及审计准则相关规定，属于审计责任。

（29）事务所申辩称对相同银行账户进行多次发函调查的结果存在差异，而证监机构调查后确认不存在差异（2021-15）。

庚G会计师事务所在中融双创《公司债券年度报告（2017年）》报表审计受处罚听证时提出的申辩理由：对相同的银行账户进行多次发函调查，结果存在差异。

证监会意见：①我会在调查中重新调取了庚G会计师事务所审计底稿中列示的中融双创及其子公司的银行账户，已关注到邹平农商行提供的山东梁州能源科技有限公司9130×××0206账户金额、山东邹平长城能源科技有限公司9130×××4553账户2017年年末余额不一致的情形。对此，我会专程调取了上述2个银行账户的交易明细。根据交易明细，该2个银行账户2017年年末余额分别为420万元、2 000万元。②我会在2020年5月29日向工商银行邹平支行发出多份查询通知书，调取了山东国科新能源科技有限公司等多个公司在该行开立的所有银行账户资料，工行邹平支行向调查组提供了被查询公司名下银行账户的开户、销户资料及资金明细。这些银行账户中包括山东国科新能源科技有限公司保证金账户（账号1613×××7438）在内的多个保证金账户。由于此次工行邹平支行提供的相关保证金账户资金明细未直接显示2017年年末余额，为了获取更为直观的证据，我会于2021年5月12日再次到工行邹平支行调取上述保证金账户在2017年年末的资金余额，工行邹平支行确认山东国科新能源科技有限公司尾号7438的保证金账户2017年年末余额为4 000万元，该余额由2笔金额分别为3 000万元、1 000万元的保证金构成。③我会在2020年6月4日向建设银行邹平支行发出的证监深专查字〔2020〕2091号查询通知书，对山东惠泽农牧科技有限公司3705×××0015账户、山东邹平长城能源科技有限公司3700×××72052账户2017年年末余额进行查询，建设银行提供了这2个账户的交易明细，该明细显示这2个账户在2017年年末的余额分别为4 000万元、5 332万元，合计金额为9 332万元。但由于建行邹平支行提供的交易明细未能直接显示上述2个账户的资金余额，为获取更为直观的证据，我会于2021年5月13日再次到建行邹平支行调取这2个账户在2017年年末的资金余额，并要求该银行直接提供上述2个账户的资金余额。建行邹平支行最终确认上述2个账户2017年年末余额分别为4 000万元、5 332万元。我会在汇总中融双创2017年年报中货币资金实际余额时，已将上述银行账户2017年年末余额（含邹平农商行“富民盛源”理财产品金额）全部计算在内。故对该项申辩意见不予采纳。

（30）事务所提出确认客户年末货币资金余额时未考虑账外资金、应收票据情况以及法人混同情况的申辩，与调查虚增货币资金无关（2021-15）。

庚G会计师事务所在中融双创《公司债券年度报告（2017年）》报表审计受处罚听证时提出的申辩理由：检查范围不全。

证监会意见：根据中融双创2017年年报和庚G会计师事务所审计工作底稿，中融双创2017年合并资产负债表中“货币资金”是中融双创自身及其下属12家子公司经审计的“货币资金”余额的合计数，且“货币资金”由库存现金、银行存款、其他货币资金三项构成。庚G会计师事务所审计底稿中保存有中融双创及除长城小贷之外的其余11家子公司（共12家公司）的《货币资金审定表》，以及包括长城小贷在内全部13家公司的个别报表。基于上述证据支持，我会调查认定中融双创合并资产负债表中货币资金2017年年末余额数值由庚G会计师事务所审计工作底稿中记录的中融双创及其2017年报合并范围内除长城小贷之外的11家子公司在2017年12月31日经审定的库存现金余额、上述12家公司2017年年末银行存款（含其他货币资金）余额，以及庚G会计师事务所审计底稿中长城小贷个别报表显示的2017年年末货币资金余额计算得出。综上，我会调取的证据足以确认中融双创合并资产负债表中货币资金2017年年末余额的具体数值以及货币资金虚增的结论。庚G会计师事务所提出我会确认中融双创2017年年末货币资金余额时未考虑账外资金、应收票据情况以及法人混同情况与本次调查无关。我会对该项申辩意见不予采纳。

（31）事务所的审计责任问题和客户的会计责任问题，是不同的法律责任（2021-15）。

庚G会计师事务所在中融双创《公司债券年度报告（2017年）》报表审计受处罚听证时提出的申辩理由：中融双创实际控制人挪用资金已构成刑事犯罪，超出审计合理怀疑。

证监会意见：本案调查事项为庚G会计师事务所对中融双创公开披露的《公司债券年度报告（2017年）》进行审计时是否勤勉尽责，出具的文件是否存在虚假记载、误导性陈述和重大遗漏，涉及庚G会计师事务所的审计责任问题，而中融双创虚增货币资金是企业的会计责任问题，两者是不同的法律责任。由于庚G会计师事务所对中融双创审计时未勤勉尽责，出具存在虚假记载的审计报告，我会对庚G会计师事务所进行处罚，案件事实清楚，证据确实充分，法律适用正确，并不以中融双创涉及刑事判决认定的事实和结论为准，故对该项申辩意见不予采纳。

（32）现行《证券法》虽取消了会计师事务所从事证券业务行政许可准入规定，降低门槛绝不是放任部分不良上市公司和投机分子扰乱证券市场秩序（2022-2）。

甲Y会计师事务所在*ST新亿2018年和2019年年度报表审计受处罚听证时提出的申辩理由：①甲Y会计师事务所在部分原拟签字注册会计师和质量控制复核人拒绝签字的情况下更换相关人员，质量控制虽然存在部分缺陷，但已经完成了必要的审计程序，取得了充分、恰当的审计证据，出具的审计意见是恰当的。②2019年甲Y会计师事务所在审计过程中，针对韩真源已经出具的2018年度审计报告和资产评估报告所涉无法表示意见事项消除情况进行复核，对2018年数据差错进行更正调整，并出具保留意见的审计报告，报告不存在虚假陈述和重大遗漏。③中国证监会对甲Y会计师事务所及项目签字注册会计师拟作出的行政处罚及市场禁入事实不清、定性不准确、处罚特别严重、严重不得当、不公平、不公正，远高于对其他会计师事务所的处罚幅度，过罚不相当，是对当事人的打压迫害、打击报复。

证监会意见：甲Y会计师事务所列举的案件并非适用现行《证券法》予以处罚，不具备可比性。现行《证券法》虽取消了会计师事务所从事证券业务行政许可准入规定，但同时大幅提升了违法违规的法律责任，降低门槛绝不是放任部分不良上市公司和投机分子扰乱证券市场秩序。甲Y会计师事务所和吴某堂明知公司2018年度财务报告被出具无法表示意见的审计意见，2019年年度报告延迟披露，且相关财务指标可能触发暂停上市标准，公司股票面临被暂停上市风险，其不仅未充分评估风险，审慎开展审计业务，而且承诺不发表特定类型审计意见，配合公司调整审计证据，在考虑是否确认部分业务收入时，将会否导致公司股票被暂停上市作为考量因素，在受到外部压力影响、未充分执行审计程序获取充分适当的审计证据的情况下，针对相关收入问题发表了不恰当的审计意见，出具的相关报告存在虚假记载和重大遗漏。甲Y会计师事务所和吴某堂明知被审计单位等相关方对重要事项的财务会计处理存在问题，仍旧配合相关方从事违法行为，在相关方示意下作不实报告，其主观故意明显，行为性质恶劣，违法情节严重。我会根据在案证据，充分考虑当事人违法行为的事实、性质、情节与社会危害程度，对其作出处理，是严格依法履职的行为。

（33）注册会计师对承揽业务取得业务介绍费的行为后果有足够认知，其行为与事务所违法行为高度相关，认定其为事务所违法的其他直接责任人的事实清楚（2022-2）。

甲Y会计师事务所在*ST新亿2018年和2019年年度报表审计受处罚听证时提出的申辩理由：刘某辉申辩称：①其不属于《证券法》第一百六十三条、第二百一十三条第三款规定的处罚对象，并非本案适格的被处罚主体，不应被认定为责任人员，对其处罚缺乏法律依据，且其没有主观故意，情节轻微，也不应被采取证券市场禁入措施。②其不存在胁迫、影响甲Y会计师事务所及其注册会计师违背审计准则或职业操守违规出具审计报告的情形。其主观上没有配合*ST新亿影响甲Y会计师事务所出具审计意见的动机，客观上只是作为居间人（最终未实际签署协议和收取费用）协调双方沟通，转达公司方的意见，也多次表示让甲Y会计师事务所合规开展审计工作，自己作出决定，其本人没有任何立场向甲Y会计师事务所施加影响、提出要求。吴某堂所受到的真正的外部压力来自*ST新亿黄某，吴某堂之所以动摇并要求原拟签字注册会计师更改审计报告意见，是因为担心公司因此解约或拒不支付审计服务费用。甲Y会计师事务所及其注册会计师依法应保有审计机构、注册会计师的独立性，对由其盖章、签字出具的审计报告独立承担审计责任。③甲Y会计师事务所关于*ST新亿2018年和2019年审计报告复核工作并非依赖刘某辉团队完成。甲Y会计师事务所自始至终都是由其内部会计师负责项目质控及复核工作，尤其是吴某堂本人给自己的定位是负责项目全面复核。甲Y会计师事务所从未提出过要求刘某辉团队承担整个项目的质控复核工作，未曾向刘某辉团队提供过审计底稿资料，仅是提供报告初稿给刘某辉“帮把下关”，最终审计报告的定稿权及签字权是由甲Y会计师事务所自主掌控的。刘某辉团队也从未作出过要为甲Y会计师事务所提供审计报告复核服务的意思表示，仅是出于善意，基于专业角度，向甲Y会计师事务所提供了一些客观的修改建议，主要集中在报告的形式审查层面，未更改甲Y会计师事务所原有审计报告意见类型。综上所述，刘某辉请求对其不予行政处罚。

证监会意见：我会认为，其一，刘某辉在微信中与吴某堂就签订补充业务约定书的实质内容进行了商讨，具体情形为：刘某辉于2020年3月17日向吴某堂发送了监管处罚的相关文件“监管信息整理”，吴某堂回复“谢谢！这个会对事务所和注册会计师罚款吗？”，3月19日双方对会计师事务所受到罚款后赔偿金额进行讨价还价，吴某堂初稿中原对会计师事务所受到罚款赔偿金额是100万元，刘某辉还价“还是50吧”，吴某堂回复“没考虑民事诉讼损失”“好”，刘某辉回复吴某堂“这个不可能发生”“因为非标意见”，吴某堂继续问“股民告呢”，刘某辉继续回复“这个不可能发生”“门槛很高”，吴某堂最终要求在业务约定书补充协议中加上“以及法律诉讼损失”，刘某辉回复“ok”。其二，在审计期间，甲Y会计师事务所原拟签字会计师准备对韩真源2018年净资产出具保留意见的审计报告，刘某辉知悉后明确表示“喀什韩真源投资有限责任公司报告意见就这样？你直接跟黄某说吧”“再三强调过韩真源报告保留意见不能接受，现在还是这样，咋回事呢？”，后吴某堂将更改为标准意见但是增加了强调事项段的韩真源2018年净资产审计报告发送给了刘某辉，刘某辉明确表示“如此报告意见，我没有办法向黄某总交差。既然你们坚持己见，我说的意见根本不考虑。以后你们的事也不要找我了”。其三，甲Y会计师事务所原拟签字会计师拒绝签署更改审计意见后的韩真源净资产审计报告并进一步拒绝签署*ST新亿的所有报告提出离职，吴某堂要求其与刘某辉沟通，具体情况为：该会计师向刘某辉发送“刘总，您好。我不想签新亿的报告，可以以我被隔离，无法执行审计程序换一下注师？谢谢刘总”消息，刘某辉回复“不要这样，请再考虑。现在开会。晚点电话”，该会计师继续说“刘总，感谢您对工作的支持与指导。我考虑很清楚。以大局为重，换注师是最好的。因为之前也有项目因为疫情的原因更换。而且从时间上来讲，可能也不能满足公司的要求，至少我是做不到的。刘总，希望你能谅解我的想法”，刘某辉表示“说的这个理由很难成立。再说，已经折腾这么久了，公司和事务所都再经不起折腾了”。其后，吴某堂在刘某辉的建议下同意该会计师辞职，刘某辉明确表示对其离职“要同意。这样才好更换签字会计师”“要同意”。其四，刘某辉团队、甲Y会计师事务所团队和黄某建有关于*ST新亿2018年和2019年年审报告复核的微信群，由刘某辉团队在群内提出修改意见或直接修改，甲Y会计师事务所团队根据意见修改审计报告。刘某辉团队除直接对审计报告部分重要实质性内容进行修改外，还对*ST新亿年审报告提出了明确修改意见，决定了重大及复杂的会计问题处理方法，甚至对审计程序提出了明确要求。吴某堂、刘某斌及甲Y会计师事务所此次项目组成员均在询问中明确表示该项目主要由刘某辉团队进行复核把关，刘某辉也表示“当时*ST新亿公司要求出报告比较急，时间超过了约定期限（具体的期限我不记得了），后来甲Y会计师事务所出的审计报告初稿的质量很差，很多基本勾稽关系有问题，格式也很乱。*ST新亿的黄某请我帮忙看一下。……主要是在线上审核，吴某堂团队成员把*ST新亿2018年和2019年审计报告初稿发到群里，我们一起看有什么错误需要修改。我们主要是把问题提出来，建议甲Y会计师事务所他们自己改，有些明显错误的地方，我们也会用修订模式帮他们改。”综上所述，刘某辉作为注册会计师，理应熟悉审计准则、注册会计师执业准则、职业道德守则等要求，在注册会计师职业道德守则禁止会计师事务所为承揽业务支付业务介绍费的情况下，刘某辉还与甲Y会计师事务所拟订居间合同，要求甲Y会计师事务所支付居间费用。在审计期间深度介入甲Y会计师事务所审计工作，明知约定出具审计意见类型属于严重违规行为依旧向甲Y会计师事务所方表达相关要求，并持续施加压力，催促甲Y会计师事务所尽快出具相关报告，对报告内容进行实质复核并提出修改意见或直接修改。刘某辉对其行为后果有足够认知，其行为与甲Y会计师事务所违法行为高度相关，认定其为甲Y会计师事务所违法行为的其他直接责任人员事实清楚，证据确凿，并无不当。我会对刘某辉的陈述申辩意见不予采纳。

（34）已对客户财务造假行为作出行政处罚，事务所未勤勉尽责，出具了含有虚假记载的审计报告，应当承担审计责任（2022-6）。

己F会计师事务所在长园集团2016年、2017年年度报表审计受处罚听证时提出的申辩理由：《行政处罚事先告知书》混淆“会计责任”与“审计责任”。

证监局（深圳）意见：关于“会计责任”与“审计责任”。我局已于2020年10月22日对长园集团财务造假行为作出行政处罚，己F会计师事务所在对长园集团2016年、2017年年度财务报表审计过程中，未勤勉尽责，出具了含有虚假记载的审计报告，应当承担审计责任。对该项申辩意见不予采纳。

（35）在案证据足以证明财务造假行为及金额，当事人提出的证据和申辩意见不足以推翻认定结论（2022-8）。

己F会计师事务所在东方金钰2017年年度报表审计受处罚听证时提出的申辩理由：证监会认定东方金钰2017年度的财务报表及审计报告存在虚假记载的证据不充分，且东方金钰并不承认其存在虚假采购及虚假销售行为。

证监会意见：经复核，我会认为，关于东方金钰2017年信息披露违法行为，该案证据足以证明东方金钰财务造假行为及金额，当事人提出的证据和申辩意见不足以推翻我会关于东方金钰案的认定结论。

（36）未按审计准则规定获取充分、适当的审计证据作为形成审计意见的基础，足以认定事务所及涉案会计师的执业行为构成未勤勉尽责（2022-8）。

己F会计师事务所在东方金钰2017年年度报表审计受处罚听证时提出的申辩理由：己F会计师事务所已经按照审计准则的要求，获取了充分、适当的审计证据，实施了充分、适当的审计程序，已经勤勉尽责，证监会认定其审计程序存在瑕疵与事实不符。其一，其已经按照审计准则的要求实施了风险评估程序，已经关注到重要组成部分姐告宏宁，亦未对姐告宏宁的营业收入减少实质性程序，只是未在底稿中做相应记录。其二，在执行内部控制测试时其已按照审计准则相关要求充分关注了相关测试内容并执行了审计程序，未发现公司内部控制存在重大缺陷，亦不存在因未识别内部控制重大缺陷而减少实质性程序的情况，其他可能显示内部控制无效的异常情况并不能导致公司财务报告相关的内部控制无效。其三，其已对姐告宏宁的高毛利率、行业交易惯例保持了必要关注。其四，其已经对函证保持了有效的控制；已关注到回函异常等情况；对于未回函的情况，已执行替代程序，即在营业收入、存货细节测试中对其进行检查并获取相关原始凭证附件。其五，审计底稿后附的凭证复印件仅为选取的部分凭证复印件，未将已检查的全部凭证进行复印并不代表未充分执行细节测试程序。其六，翡翠原石交易不需物流运输，因此不存在物流单、提货单等单据。其七，其已对全部原石及编码进行了核实查看，实质上已经按照审计准则的规定执行了存货监盘程序。其八，聘请专家出具的《价值认定报告》是用以作为确定姐告宏宁期末存货可变现净值的依据，而非姐告宏宁存货入账的账面价值依据，部分估值与账面记载不一致属正常情况，亦是确定存货是否存在减值的重要证据。其九，其与前任注册会计师进行了沟通且并未发现存在影响项目承接的相关事项。其十，其已经按照审计准则要求执行了相关审计程序，获取了与期初余额相关的审计证据。

证监会意见：己F会计师事务所及涉案会计师的执业行为构成未勤勉尽责。根据在案证据，己F会计师事务所对东方金钰2017年财务报表的审计工作未按审计准则规定获取充分、适当的审计证据作为形成审计意见的基础，我会认定的违法事实清楚，证据确实、充分，足以认定己F会计师事务所及涉案会计师的执业行为构成未勤勉尽责，具体如下：其一，己F会计师事务所不仅在形式上违反《中国注册会计师审计准则第1141号——财务报表审计中与舞弊相关的责任》（2010年修订）对形成相关审计底稿的要求，而且在实质上也未按照审计准则《中国注册会计师审计准则第1401号——对集团财务报表审计的特殊考虑》（2010年修订）的规定对重要组成部分姐告宏宁进行充分的风险评估。其二，在审计底稿已明确记录己F会计师事务所在控制测试中已发现的执行缺陷下，己F会计师事务所未按照审计准则的要求对其他可能显示内部控制无效的异常情况保持职业怀疑，也未实施充分、适当的审计程序，以评价是否表明存在舞弊风险因素，违反了审计准则的相关规定。其三，审计底稿及其他相关证据显示，己F会计师事务所对翡翠原石行业的高毛利率、代理交易惯例情况进行了较为简单的询问和分析等程序，相关程序不足以应对可能存在的由于舞弊导致的重大错报风险，其提出的申辩理由和证据亦不足以证明其勤勉尽责。其四，关于己F会计师事务所对未回函情况的替代程序，当事人提出营业收入、存货细节测试中部分程序与替代程序部分重合。经核实，我会部分采纳相关申辩意见。其五，己F会计师事务所在未能获取姐告宏宁相关交易关键单据的情况下，未充分核实公司相关自然人客户的背景信息即认可相关交易的真实性。当事人提出翡翠原石交易不存在相关单据等不构成其未对相关销售交易充分关注、审计证据不充分适当的正当理由。其六，审计底稿是注册会计师形成审计报告的基础，己F会计师事务所对于部分重要的审计程序未形成相应的审计底稿，难以证明其已按照审计准则和相关法律法规的规定计划和执行了审计工作。其七，己F会计师事务所聘用专家出具的部分估值报告存在估值结果缺失、与公司账面金额不一致等问题，出现部分估值结果低于账面金额的情况。己F会计师事务所以其作为确定存货可变现净值的依据，却直接以账面金额确认了翡翠原石的期末账面价值，恰恰说明己F会计师事务所在执行存货相关的审计过程中未做到勤勉尽责。其八，关于己F会计师事务所与前任注册会计师的沟通情况。根据己F会计师事务所提供的新证据，我会部分采纳相关申辩意见。其九，关于己F会计师事务所未按规定执行审计程序的其他违法行为，当事人提交的证据存在相关性不足、部分证据缺少依据、证据不足以证明其恰当设计并执行审计程序等问题，亦不足以推翻我会认定的违法事实。

（37）在案证据足以认定事务所审计业务收入金额，当事人未提出充分申辩意见及证据证明其关于审计业务收入的主张（2022-8）。

己F会计师事务所在东方金钰2017年年度报表审计受处罚听证时提出的申辩理由：证监会按照业务约定书认定己F会计师事务所对东方金钰2017年财务报表审计业务收入金额不准确。

证监会意见：关于审计业务收入金额。经复核，在案证据足以认定己F会计师事务所审计业务收入金额，当事人未提出充分申辩意见及证据证明其关于审计业务收入的主张。

（38）财务造假的识别难易与否，后任审计机构是否识别出舞弊行为，都不能免除事务所实施恰当审计程序的责任和履行勤勉尽责的义务（2022-11）。

庚G会计师事务所在公准股份2014年、2015年年度报表审计受处罚听证时提出的申辩理由：公准股份恶意造假难以识别，如果金融机构、发行人的供应商、客户等相关单位提供了不实证明文件，会计师事务所保持了必要的职业谨慎仍未发现，应当免责。

证监局（黑龙江）意见：关于配合造假难以识别的问题。当事人未提供金融机构、发行人的供应商、客户等相关单位出具了不实证明文件的证据，申辩内容缺少证据支持。审计机构应当按照《中国注册会计师审计准则》等相关要求，实施恰当的审计程序，获取充分适当的审计证据。财务造假的识别难易与否，保荐机构、后任审计机构是否识别出舞弊行为，都不能免除乙Z会计师事务所作为审计机构实施恰当审计程序的责任和履行勤勉尽责的义务。

（39）事务所拆分签署《审计业务约定书》不应成为会计师事务所规避行政处罚责任、减轻罚款金额的手段（2022-12）。

丁X会计师事务所在永煤控股2017—2019年年度报表审计受处罚听证时提出的申辩理由：审计业务收费认定与事实不符，没收收入和罚款金额缺乏依据。丁X会计师事务所与永煤控股及其子公司分别签订《审计业务约定书》，执行审计程序并出具了审计报告及财务决算情况专项审计报告。其中，丁X会计师事务所对永煤控股约定的年度审计费用为1万元，三年合计3万元，与证监会认定的审计费用343.87万元金额存在重大差异。

证监会意见：关于丁X会计师事务所审计业务费用问题。2017—2019年丁X会计师事务所审计业务收入应为364.5万元，扣除相关税费后为343.87万元。其一，永煤控股整体的审计业务量与每年1万元的审计费用明显不匹配；其二，永煤控股的审计报告涵盖永煤控股以及纳入合并财务报表的子公司，永煤控股及其子公司分别与丁X会计师事务所另行签订《审计业务约定书》中所约定的服务费用，应当视为永煤控股及其子公司对各期审计费用的分摊约定；其三，拆分签署《审计业务约定书》不应成为会计师事务所规避行政处罚责任、减轻罚款金额的手段。

（40）未严格执行审计程序、未对已取得的明显异常或相互矛盾的证据保持合理的职业怀疑、未采取进一步审计程序，不能认为已经履行了勤勉尽责义务（2022-14）。

丙W会计师事务所在ST天夏2017年、2018年年度报表审计受处罚听证时提出的申辩理由：天夏智慧2016—2018年的财务数据造假属长期系统性造假，通过常规审计难以发现，丙W会计师事务所已经按照中国注册会计师审计准则的规定进行审计，已做到勤勉尽责，但由于审计存在固有限制，丙W会计师事务所无法发现天夏智慧造假行为。审计意见是基于当时取得的审计证据而做出的，只是对天夏智慧合并财务报表不存在重大错报的合理保证而非绝对保证。

证监局（广西）意见：经复核，我局认为，审计机构应对出具的审计意见提供合理保证，该合理保证属于高水平保证，应当体现注册会计师的专业性和应有的职业水准。但审计工作底稿显示，丙W会计师事务所在执行审计业务过程中，未严格执行审计程序，未对已取得的明显异常或相互矛盾的证据保持合理的职业怀疑，未采取进一步审计程序，存在多项违反审计准则规定的情形，不能认为已经履行了勤勉尽责义务。

（41）证监机构调查时未认定相关责任主体在主观上存在故意，认定的是未依据执业准则执行必要的审计程序等而存在主观过错（2022-14）。

丙W会计师事务所在ST天夏2017年、2018年年度报表审计受处罚听证时提出的申辩理由：丙W会计师事务所在执业过程中不存在主观故意，不存在私下与客户勾结共同造假的意愿和行为。

证监局（广西）意见：关于主观故意。本案并未认定相关责任主体在主观上存在故意。丙W会计师事务所未依据执业准则执行必要的审计程序，在发现舞弊迹象时未能追加必要的审计程序以证实或者排除，未根据审计要求采用必要的调查方法获取充分的审计证据，存在主观过错。

（42）监管关注函列示的问题只是当时已确认的违规事实，调查工作具有持续性，处罚结论并未否定监管关注函，二者不存在矛盾（2022-14）。

丙W会计师事务所在ST天夏2017年、2018年年度报表审计受处罚听证时提出的申辩理由：处罚结论与我局以前检查结果相矛盾。我局在2019年12月向丙W会计师事务所出具的监管关注函中并未列示天夏智慧舞弊事实。

证监局（广西）意见：我局2019年12月向丙W会计师事务所出具的监管关注函与本案无关。监管关注函列示的问题只是当时已确认的违规事实。相关违法事实当时尚在调查过程中，调查工作具有持续性。本次处罚结论并未否定监管关注函，二者不存在矛盾。

（43）告知书中所列的部分涉嫌违法事项与实际存在的事实是相符的（2022-14）。

丙W会计师事务所在ST天夏2017年、2018年年度报表审计受处罚听证时提出的申辩理由：告知书中部分涉嫌违法事项与事实不符：一是丙W会计师事务所在2017年审计中，不仅询问了杭州天夏公司负责人，也询问了天夏智慧董秘贾某华、财务总监杨某等管理层人员，已经执行了向管理层询问的程序。二是天夏智慧在审计期间未建立有效运行的内审机构，故审计未实施对内部审计人员的询问程序。三是审计中已在多个涉及舞弊风险评估的底稿中将营业收入评估为“特别风险”，并设计了专门的审计程序。四是2018年已对天夏智慧内控发表了否定意见，在实质性审计中未设计实施基于内控可以完全信赖的审计程序。五是永川项目和大邑项目中相关时间倒挂是行业潜规则，故审计在了解情况后未作特别风险处理。

证监局（广西）意见：关于具体事项。其一，我局对当事人提出的关于审计过程中已执行向管理层询问程序的申辩意见予以采纳，并在本决定书事实部分进行了调整。其二，丙W会计师事务所在2017年审计底稿中收录的天夏智慧《2017年度内部控制评价报告》足以证明天夏智慧2017年已经成立内审部门，审计应当实施对内部审计人员的询问程序。其三，尽管丙W会计师事务所在项目组内部讨论等程序中对营业收入进行过风险评估，但其评估得出的结论是不恰当的收入确认风险不重大，未将舞弊风险假定适用于业务具体情况，未将收入确认作为由于舞弊导致的重大错报风险领域，其未在底稿中记录理由，不符合审计准则规定。其四，内控审计结论不能代替财务报表审计程序的设计和执行。当事人未能提供证据证明其在财务报表审计中采取了相关风险评估及应对措施。其五，审计底稿中没有对永川项目和大邑项目相关异常情况识别及合理性。

（44）当事注册会计师未提供证据证明其配合行政机关查处违法行为有立功表现（2022-14）。

丙W会计师事务所在ST天夏2017年、2018年年度报表审计受处罚听证时提出的申辩理由：丙W会计师事务所请求减轻处罚，谭某明请求免除处罚，何某秋请求免除或减轻处罚。

证监局（广西）意见：何某秋未提供证据证明其配合行政机关查处违法行为有立功表现。

（45）依照相关规定及在案证据，足以认定事务所及涉案会计师在审计执业中未勤勉尽责（2022-16）。

己F会计师事务所在致生联发2016年年度报表审计受处罚听证时提出的申辩理由：没有充分证据和法律依据认定致生联发2016年年报存在虚假记载，对当事人进行处罚的必要前提不存在。

证监局（北京）意见：关于致生联发信息披露违法违规行为，我局已作出行政处罚。我局依照2005年《证券法》等法律法规及审计准则等相关规定及在案证据，足以认定己F会计师事务所及涉案会计师在审计执业中未勤勉尽责。

（46）行政监管措施不是行政处罚，亦不能替代行政处罚，对事务所依法予以行政处罚不属于“一事二罚”（2022-16）。

己F会计师事务所在致生联发2016年年度报表审计受处罚听证时提出的申辩理由：证监局依据同一事实和同一理由以及同一准则，在作出行政监管措施后再进行行政处罚，于理不合。

证监局（北京）意见：行政监管措施不是行政处罚，亦不能替代行政处罚，我局对己F会计师事务所依法予以行政处罚不属于“一事二罚”。

（47）根据事务所提交的延期听证申请，证监机构同意延期，并已提前告知当事人及其委托的代理人，程序合法（2022-16）。

己F会计师事务所在致生联发2016年年度报表审计受处罚听证时提出的申辩理由：己F会计师事务所未收到召开听证会的正式纸质通知书。

证监局（北京）意见：我局于2022年11月15日依法向当事人委托的代理人送达了《听证通知书》，根据己F会计师事务所提交的延期听证申请，我局同意将听证时间延期至12月7日，已提前告知当事人及其委托的代理人，程序合法。

（48）依照相关规定及在案证据，客户与其他公司之间是否有商事纠纷不影响本案认定事务所及涉案会计师在审计执业中未勤勉尽责（2022-17）。

甲A会计师事务所在昊华能源2016—2018年年度报表审计工作中受处罚听证时提出的申辩理由：给予当事人行政处罚有违行政处罚的公正原则，本案发生的根源是上市公司之间的商事违约纠纷，在2015年认定京东方能源拥有9.6亿吨煤炭资源与事实相符，昊华能源认为京东方能源最终将拥有9.6亿吨煤炭资源，当事人审计过程中并无过错，所出具的报告亦没有差错，不应受到行政处罚。

证监局（北京）意见：我局依照2005年《证券法》等法律法规、审计准则等相关规定及在案证据，认定甲A会计师事务所及涉案会计师在审计执业中未勤勉尽责。上市公司之间是否有商事纠纷不影响本案的认定。

（49）依法履行审计职责，不应以财务造假行为的隐蔽、调查手段有限而塞责（2022-19）。

戊E会计师事务所在柏堡龙2018—2019年年度报表审计受处罚听证时提出的申辩理由：申辩人积极配合查处相关违法行为，柏堡龙财务造假案件本身隐蔽性、复杂性，以前年度上市公司造假对2018年度、2019年度年报审计工作存在重大负面影响。

证监会意见：申辩人积极配合查处的情节我会予以认可，我会量罚时已充分考虑当事人违法行为的事实、性质、情节与社会危害程度。我会根据申辩人对柏堡龙2018年度、2019年度财务报表审计未勤勉尽责的事实、证据，而非基于柏堡龙信息披露违法行为，对申辩人作出行政处罚。作为专业审计机构，审计手段固然有限，但依法应对审计证据中明显的异常保持应有的关注和职业怀疑，对审计过程中的异常性和风险点，应勤勉尽责、依法履行审计职责，不应以财务造假行为的隐蔽、调查手段有限而塞责。

（50）事务所首席合伙人明知审计受限等情况，尽管要求项目合伙人按照审计程序审计，但后续却未关注相应问题的应对措施及风险消除情况，审批签发了出具无保留意见审计报告的处理意见（2022-19）。

戊E会计师事务所在柏堡龙2018—2019年年度报表审计受处罚听证时提出的申辩理由：申辩人（首席合伙人）不是柏堡龙项目的承揽、承做、复核人员，而仅仅是戊E会计师事务所的执行事务合伙人，负责整个会计师事务所的管理，而不是具体负责单个项目，将非签字会计师、非项目承做人员列为“直接负责的主管人员”与中国证监会既往处罚的认定标准相矛盾。事先告知中的责任认定混淆了会计师事务所的勤勉尽责义务和申辩人执行事务合伙人的个人责任，扩大了执行事务合伙人的责任边界。

证监会意见：作为首席合伙人明知存在柏堡龙不配合戊E会计师事务所从银行打印基本户对账单的审计受限等问题风险的情况，虽其在听证中提到在看到《现场情况说明》后曾要求项目合伙人赵某红按照审计程序审计柏堡龙，但后续却未关注相应问题的应对措施及风险消除情况，以至于在审计受限尚未消除且未采取有效替代程序获取充分适当审计证据的情况下，审批签发同意出具无保留意见审计报告的处理意见。申辩意见不予采纳。

（51）年度虚增利润的金额较高，且年度担保金额巨大，案涉违法行为的性质、情节严重（2023-2）。

庚E会计师事务所在中天能源2019年至2020年年度报表审计受处罚听证时提出的申辩理由：2019年度的会计差错对2019年审计报告影响有限。

证监局（北京）意见：经复核，我局认为：中天能源2019年年报虚增2019年利润0.72亿元，虚增利润的金额较高，且中天能源2019年度担保金额巨大，案涉违法行为的性质、情节严重。

（52）企业舞弊行为不能免除会计师事务所及注册会计师自身应履行的职责及应尽的审计责任（2023-4）。

庚G会计师事务所在科迪乳业2016年至2018年年报审计受处罚听证时提出的申辩理由：不属于过失，更不属于违法。科迪乳业为系统性舞弊，是在资金链出现问题和监管部门介入的情况下暴露的。在企业资金充足等情况下，常规审计很难发现这种舞弊行为。审计报告中已经明确说明“合理保证是高水平的保证，但并不能保证按照审计准则执行的审计在某一重大错报存在时总能发现”。庚G会计师事务所及相关人员已勤勉尽责，不存在审计过失。庚G会计师事务所及张某请求封存科迪乳业留存的某银行流水原件并鉴定其印鉴真伪。

证监局（河南）意见：我局认为：合理保证是一种高水平保证，应体现其高度专业性和应有的职业水准。相关当事人在科迪乳业2016—2018年报审计中未勤勉尽责，风险识别与评估审计程序存在缺陷、货币资金实质性审计程序执行不到位，违反审计准则规定，存在主观过错，构成2005年《证券法》第二百二十三条所述违法行为，应承担相应法律责任。科迪乳业舞弊行为不能免除会计师事务所及注册会计师自身应履行的职责及应尽的审计责任。相关当事人关于封存银行流水原件并鉴定印鉴真伪的请求，不影响本案事实认定，不予采纳。

（53）行政处罚的案情形存在差异，相互之间不能简单类比（2023–4）。

庚G会计师事务所在科迪乳业2016年至2018年年报审计受处罚听证时提出的申辩理由：同等情况下，拟处罚过重。

证监局（河南）意见：我局认为：本案已充分考虑案情、当事人主观状态、配合调查等情形，量罚适当。因个案情形存在差异，相互之间不能简单类比。

（54）注册会计师在财务报表审计报告上签字确认，相关签字注册会计师应承担相应的责任（2023–4）。

庚G会计师事务所在科迪乳业2016年至2018年年报审计受处罚听证时提出的申辩理由：张某还提出如下申辩意见：张某还提出如下申辩意见：一是已按照审计准则规定进行审计，并无主观过错。二是与类似事项比，拟处罚过重。三是不应认定其为直接负责的主管人员，该项目由部门领导承接并负责，其本人不全盘负责现场，不享有项目业务分配权、参与该项目审计人员决定权以及部门每个人员参与项目数量的决定和分配职责；项目组定期或不定期汇报该项目现场遇到的问题和困难，按要求汇总上报重大问题，由相关领导与科迪乳业董事长等沟通，其本人不知晓具体沟通内容；按部门要求在审计报告上签字，未得到过作为项目负责人的好处；根据相关规定，直接负责的主管人员是指起决定、批准、授意、纵容、指挥等作用的人员。

证监局（河南）意见：我局认为：根据《审计准则第1501号——对财务报表形成审计意见和出具审计报告》第十一条、三十三条、三十四条、三十五条及《审计准则第1121号——对财务报表审计实施的质量控制》第十三条、第二十二条、二十九条的规定，签字注册会计师应对其审计意见及所执行的工作承担责任。本案中，科迪乳业2017年、2018年审计报告中明确写明“注册会计师对财务报表审计的责任”，并经签字确认，相关签字注册会计师应承担相应的责任。张某提出不应认定其为直接负责的主管人员的理由不成立，其提出的参考前期审计以及其他中介机构工作成果等不能免除其法律责任；其提出的推动披露相关资金占用行为与本案事实无关。

（55）连续审计情况下，未发现或提及舞弊现象和管理层不诚信问题、未发现或提及资金占用问题等情形不能免除相关当事人在该审计过程中应承担的法律责任（2023-4）。

庚G会计师事务所在科迪乳业2016年至2018年年报审计受处罚听证时提出的申辩理由：张某提出如下申辩意见：科迪乳业是庚G会计师事务所长期审计客户，其本人所签审计报告参考了前期审计成果及其他中介机构工作。在2019年度审计过程中，组织项目组推动科迪乳业披露相关资金占用行为。积极配合立案调查工作。

证监局（河南）意见：我局认为：连续审计情况下，未发现或提及舞弊现象和管理层不诚信问题、未发现或提及资金占用问题等情形不能免除相关当事人在2016年—2018年审计过程中应承担的法律责任。

（56）询证函回函及签字会计师提出的合同印章真假问题，不影响对本案当事人未勤勉尽责的认定（2023-5）。

己F会计师事务所在蓝盾股份2018年、2019年年度报表审计受处罚听证时提出的申辩理由：对蓝盾股份披露的2018年年度报告和2019年年度报告存在虚假记载没有提供证据证明，该事项为本案对己F会计师事务所处罚的前提。在该案中，蓝盾股份通过伪造材料虚增收入和利润，而本案材料中并无中经电商伪造询证函回函等相关证据，己F会计师事务所的审计行为与蓝盾股份年度财务报告存在虚假记载之间并无必然因果关系。

证监局（广东）意见：蓝盾股份2018年年度报告和2019年年度报告存在虚假记载等信息披露违法违规行为已经我局依法查明并作出行政处罚决定。目前未有其他证据推翻我局关于蓝盾股份信息披露违法案的认定结论。询证函回函及签字会计师提出的合同印章真假问题，不影响对本案当事人未勤勉尽责的认定。

（57）蓝盾股份虚增利润是否考虑扣除成本因素，与认定会计师事务所审计执业勤勉尽责情况无关（2023-5）。

己F会计师事务所在蓝盾股份2018年、2019年年度报表审计受处罚听证时提出的申辩理由：蓝盾股份虚增利润金额未考虑扣除成本因素。

证监局（广东）意见：蓝盾股份虚增利润是否考虑扣除成本因素，与本案认定会计师事务所审计执业勤勉尽责情况无关。

（58）针对涉案游乐设施贸易业务为不具备商业实质的虚构业务，有相关证据予以证明，且前次已作出的行政处罚决定已生效且经复议机关维持（2023-7）。

壬I会计师事务所在天海防务2017年年度报表审计受处罚听证时提出的申辩理由：认定天海防务存在虚构游乐设施贸易业务的行为是认定壬I会计师事务所

出具天海防务2017年年度审计报告存在虚假记载的前提。但本局另案对天海防务及相关责任人员出具的《行政处罚决定书》及另案在案证据不足以证明案涉游乐设施贸易业务为不具备商业实质的虚构业务及天海防务2017年年度报告存在虚假记载。

证监局（上海）意见：经复核，本局认为：本局已查明天海防务2017年年度报告存在虚假记载，其子公司金海运通过先向相关供应商采购游乐设施，再以相对较高价格销售至江苏环宇的方式虚构相关游乐设施贸易业务，并且该业务存在偏离金海运公司主业、前端向供应商采购由江苏环宇人员洽谈、金海运无法提供主要设施出入库证据、江苏环宇部分采购资金实质来源于金海运时任执行董事李某等情形，故金海运涉案游乐设施贸易业务为不具备商业实质的虚构业务。上述违法事实有相关合同、银行账户流水、询问笔录、天海防务的相关定期报告、相关情况说明等证据予以证明，本局于2022年7月29日针对上述违法行为作出生效行政处罚决定（沪〔2022〕16号），且该行政处罚决定已经复议机关维持（〔2022〕182号《行政复议决定书》）。相关证据已经提供给全部当事人查阅并充分听取了当事人的陈述、申辩意见。

（59）期后司法判决不影响依据相关法规、审计准则，对会计师事务所在各审计年度执业勤勉尽责情况的判断（2023–10）。

壬W会计师事务所在广州浪奇2018年、2019年年度报表审计受处罚听证时提出的申辩理由：请求结合主案情况及涉诉判决考量本案处罚。涉及广州浪奇的期后司法判决表明，“对冲协议”和“仓单”签收后具备法律效力，并非以“实物的签收”作为权利义务的判决依据，可证明审计时以“盖章的仓单”取证充分且适当。广州浪奇前管理人员涉嫌犯罪，及内外勾结、恶意侵占国有上市公司资产，壬W不存在审计过失。同时，在广东证监局对广州浪奇事件的调查中，壬W积极配合调查并做了大量辅助性工作。

证监局（广东）意见：期后司法判决不影响本案依据相关法规、审计准则，对中审众环在各审计年度执业勤勉尽责情况的判断。

（60）会计师事务所作为审计机构，应当独立设计并执行审计程序，依法对审计结论承担责任，企业存在长期系统性的财务造假，不构成申辩人审计执业未勤勉尽责的免责理由（2023–11）。

庚G会计师事务所在豫金刚石2017年至2019年的年度报表审计受处罚听证时提出的申辩理由：庚G会计师事务所等当事人辩称，豫金刚石案系上市公司多人通过多种手段长期系统性财务造假，并与客户和供应商串通舞弊。庚G会计师事务所在对豫金刚石项目中已按审计准则的要求履行了审计程序，对告知书所述内容并无主观过错，请求免予或减轻处罚，具体申辩意见如下：①关于豫金刚石2017年财务报表审计工作，庚G会计师事务所辩称：其一，部分询证函回函人员与，针对回函异常等事项，已通过获取出入库单、走访重要客户和供应商办公场所等方式进行核查。其二，庚G会计师事务所已核对物流单据并附于相关底稿中，审计工作已按审计计划执行。其三，在收入核查程序中，已将有客户签字的出库单及商品签收回执附于销售与收款等底稿中。尹某文、麻某华同意上述意见，同时还提出：一是告知书所述询证函回函人员、回函地址异常，涉案合同上豫金刚石客户与供应商登记的地址、电话一致等异常情形，均为个别现象，对此审计人员追加了现场走访等审计程序，了解到珠珠珠宝、佑爱珠宝、大丽珠宝等公司分别与深圳金利福、河南金利福存在关联关系后，详细核查了相关业务资料和进行了详细访谈，均未发现异常。二是存货监盘小结未体现核查物流单据的审计程序，是因为庚G会计师事务所审计人员获取和查看物流单据资料时未见异常，故存货监盘小结未再说明。②关于豫金刚石2018年财务报表审计工作。庚G会计师事务所辩称：其一，关于诉讼与索赔事项。审计过程中已向管理层了解诉讼、冻结事项的原因及背景，获取相关资料，查询征信报告及会议决议等。其二，关于核查应付账款。审计过程中已获取并审阅了豫金刚石与鸿展、艾伦特等公司之间的采购合同等材料，核对了业务清单，并进行了访谈程序，上述两公司均声明与豫金刚石没有任何关联关系，大额资金往来中除正常的商品采购交易款外，均为豫金刚石借款受托支付的资金往来，不存在其他异常情况。中融智造案系郭某希利用其实际控制人身份私自以豫金刚石名义借款，不能据此认定豫金刚石与其他公司之间存在关联关系。崔某强、杨某杰同意上述意见，并称其对2018年度豫金刚石的审计中所有重大事项均保持了充分的执业谨慎，不存在未勤勉尽责的情况。同时在中国证监会调查期间积极配合调查，提供相关材料，即使存在违法行为，也属于较轻情况。③关于豫金刚石2019年财务报表审计工作。庚G会计师事务所辩称：其一，豫金刚石子公司华晶销售所用的出库单系从市场上购买，不同册之间的出库单本就不连号。同时，针对华晶销售内部控制薄弱问题，庚G会计师事务所已设计和执行了围绕获取外部证据为核心的一系列审计程序。其二，关于其他非流动资产审计程序。庚G会计师事务所项目组在了解豫金刚石超支工程款后，获取了林川建筑的起诉状，并要求豫金刚石提供《协议书》，但对方始终未能提供。林川建筑撤诉后，项目组向律师及林川建筑进行了函证。且审计报告已对豫金刚石“是否存在其他未经披露的对外承诺、担保、诉讼事项以及对财务报表产生的影响”进行了保留。其三，关于审计意见类型问题。豫金刚石2019年审计报告保留事项主要涉及预计负债、资产减值的会计估计及资金占用问题，对2019年度的收入、成本、销售费用、管理费用等科目影响有限。同时，庚G会计师事务所已对公司持续经营能力等事项执行了审计程序。马某菊、韩某华同意上述意见，同时还提出：一是针对华晶销售公司销售收入，在设计和实施审计程序时，已充分考虑审计证据的相关性、可靠性，没有将不规范的出库单作为主要的审计证据，而是将获取外部独立证据作为审计重点。二是对林川建筑事项，会计师已检查工程合同、竣工结算书以及付款凭证，对林川建筑的业务始终保持怀疑态度，除履行函证程序外，还执行了检查合同执行及工程结算情况、判断工程建筑情况、核对付款情况等程序，且未发现两者之间存在关联关系。三是豫金刚石2019年审计报告是对豫金刚石应披露而未披露的担保诉讼事项以及由此造成应计提的预计负债的差异，以及报表计提减值与实际应计提减值的差额进行保留，而非对上述所涉事项全部予以保留。同时，审计准则未对无法表示意见作详细规定和解释，并无涉及科目多就判定为具有广泛性的规定，实务中涉及多个科目发表保留意见亦较为常见，故2019年保留意见审计报告的意见类型是恰当的。此外，根据保留意见审计报告公告后，豫金刚石股价较业绩预亏公告日股价下降30%的股价情况，表明保留意见审计报告已让财务报表使用者充分理解财务报表。四是项目组做了大量工作，推动公司变更业绩预告，已穷尽了审计程序，并积极与独立董事和监管机构沟通。

证监会意见：经复核，我会认为，庚G会计师事务所及涉案人员关于其审计工作已勤勉尽责的申辩意见不成立。理由如下：①关于豫金刚石2017年财务报表审计工作。其一，申辩人称在函证及收入核查中已关注到相关异常，并在现场走访中了解到豫金刚石的相关客户与供应商存在关联关系，但审计底稿中并未记录会计师对回函异常情形的关注和说明，会计师访谈记录中亦未涉及珠珠珠宝、佑爱珠宝、大丽珠宝与深圳金利福、河南金利福关联关系等内容。申辩人的主张缺乏证据支持。其二，会计师关于黄金饰品及大单晶的监盘计划中将“重点关注物流信息单据，是否真实发出过”标粗作为重要信息，而听证中申辩人就核查物流单据所提交的三张照片中，仅有一张照片清晰显示为豫金刚石发往某鄂州市客户的快递单据。同时，若会计师如其所言在审计时即发现了饰品业务的供应商和客户间的关联关系，则更应认真执行饰品类商品重点检查物流单据的计划。会计师仅提供1张物流单据，未附该单据对应抽凭的业务资料和审计程序记录，不能看出其审计证据的证明目的，更不能证明会计师已认真核查了饰品类业务的物流单据。②关于豫金刚石2018年财务报表审计工作。其一，庚G会计师事务所及相关会计师明知豫金刚石相关诉讼已经一审判决，却未取得判决书等审计证据，导致未能发现豫金刚石内控失效的情形，也未能对是否需计提预计负债及计提额度作出合理估计。豫金刚石及其控股股东出具的书面声明不能替代一审判决书等诉讼材料。庚G会计师事务所未获取充分、适当的审计证据即形成了关于审计意见的结论，构成未勤勉尽责。其二，豫金刚石与鸿展、艾伦特、木之秀、金之源等供应商存在大量的非经营性往来，庚G会计师事务所及相关会计师应当对此保持关注和职业怀疑，但审计工作底稿显示其并未针对大额非经营性资金流转设计并执行审计程序。针对豫金刚石与木之秀2018年底的大额非经营性往来，申辩人称，豫金刚石将其解释为受托支付，且时间间隔较短，因而未发现重大错报。该情形恰恰表明会计师轻信上市公司的解释，未保持合理的职业怀疑，再加上在诉讼事项审计中未取得中融智造案的一审判决书，结果导致审计失败。③关于豫金刚石2019年财务报表审计工作。其一，庚G会计师事务所及相关会计师未对出库单不连号、出库单缺少签名等异常事项保持职业怀疑，未将上述事项记录于审计工作底稿并执行核查程序，且审计工作底稿中所附出库单并非直接来源于审计工作中获取的审计证据，不符合审计准则相关规定。其二，关于其他非流动资产审计程序。首先，针对豫金刚石账面记录超付却被林川建筑追讨欠款这一明显异常情形，申辩人称其向豫金刚石索要过《协议书》并向律师进行函证，但会计师提供的与豫金刚石员工的聊天记录中，对方并未对该项异常给出合理解释，律师回函内容亦不足以消除相关疑虑，会计师的审计程序不足以获取充分、适当的审计证据以支撑审计结论。其次，会计师称已对涉讼事项发表保留意见，但前述问题不仅影响涉讼事项的确认，也直接影响其他非流动资产数额的确认，会计师对涉讼事项的保留不能免除其在审计其他非流动资产时未勤勉尽责的责任。其三，关于审计意见类型。首先，根据庚G会计师事务所的审计报告、审计工作底稿，审计报告形成保留意见的基础涉及担保及诉讼事项、抵账及资产减值事项（涉及存货、其他应收款、固定资产）、关联方及关联方交易、持续经营能力存在重大不确定性、证监会立案调查影响等多个事项，会计师在实施了检查、盘点、函证、访谈、查看资金流水、复核、管理层访谈等审计程序后，仍无法取得充分、适当的审计证据，以判断预计负债计提的恰当性、对外承诺与担保、诉讼事项披露的完整性、相关交易的商业合理性、资产价值认定的适当性、其他应收款的可收回性、减值准备计提的适当性、关联方关系和关联交易披露的完整性与准确性、证监会立案调查的结果以及上述各事项对财务报表的影响，亦无法取得充分、适当的证据消除对公司持续经营能力存在重大不确定性的疑虑。其中，担保及诉讼、抵账及资产减值两事项影响利润总额的金额为432 401.31元，占利润总额亏损516 942.04元的比例达到83.65%。综合以上情况，我会认为，会计师在2019年度审计时可能未发现的错报对财务报表的影响具备重大性和广泛性，符合审计准则规定的会计师应当发表无法表示意见的情形。其次，申辩人称2019年度审计报告是对计提预计负债、减值准备的所谓“差额”而非全部进行保留，由此保留事项涉及金额不具有重大性，该说法与审计报告表述明显不符，并无事实依据。最后，判断审计意见恰当与否的标准是审计准则相关规定，申辩人以审计报告公告后豫金刚石股价较业绩预亏公告日下跌30%作为其发表保留意见的申辩理由，其主张不能成立。庚G会计师事务所作为审计机构，应当独立设计并执行审计程序，依法对审计结论承担责任。豫金刚石存在长期系统性的财务造假，不构成申辩人审计执业未勤勉尽责的免责理由。

（61）其他审计机构判断及其他案例不应影响对本会计师事务所的独立判断（2023-14）。

庚G会计师事务所在华晨集团2017年、2018年年报审计受处罚听证时提出的申辩理由：会计准则对华晨集团2017年、2018年股权转让交易会计处理无明确规定，项目组与庚G会计师事务所质量控制部门的专业人员进行了充分讨论，结合同行业和其他事务所意见，作出了恰当的职业判断和审计结论，与同行业类似交易会计处理判断结论一致，与华晨集团年报决算审计机构的职业判断一致，不存在过错。

证监会意见：相关证据显示，庚G会计师事务所2017年、2018年在执行股权转让审计程序时存在重大缺陷，投资收益审计程序未有效执行，未保持应有的职业怀疑，其他审计机构判断及其他案例不影响庚G会计师事务所的独立判断。

（62）企业管理层舞弊不能免除相关当事人在审计过程中应承担的法律责任（2023-14）。

庚G会计师事务所在华晨集团2017年、2018年年报审计受处罚听证时提出的申辩理由：华晨集团股权转让交易事项是管理层集体舞弊的行为结果，庚G会计师事务所无明显过错，部分程序方面瑕疵未对审计报告结论产生实质性影响，对其行政处罚不符合过罚相当原则。庚G会计师事务所还提出，华晨集团2017、2018年度审计业务收费较低。

证监会意见：华晨集团管理层舞弊不能免除相关当事人在审计过程中应承担的法律责任。本案已充分考虑当事人违法行为的事实、性质、情节、社会危害程度、当事人主观状态、配合调查情形，量罚适当。庚G会计师事务所关于审计收费较低故应从轻或减轻处罚的意见于法无据。

（63）会计师事务所以自身名义出具审计报告，审计报告中存在虚假记载，且现有证据不足以证明其已勤勉尽责，对于案件事实的认定正确（2023-16）。

壬G会计师事务所在北京文化2018年度报表审计受处罚听证时提出的申辩理由：壬G会计师事务所提出，北京文化2018年度审计报告存在虚假记载，非因壬G会计师事务所未勤勉尽责导致，而是北京文化系统性造假所致；壬G会计师事务所出具的北京文化2018年审计报告将《项目转让协议》项下的收入确认在2018年，与协议是否倒签无关；壬G会计师事务所，不存在违反《中国注册会计师审计准则第1101号——注册会计师的总体目标和审计工作的基本要求》等规定的情形；即便壬G会计师事务所一定程度上存在未勤勉尽责，在北京文化造假的情况下，壬G会计师事务所违法行为的情节较轻、社会危害程度较小，本次行政处罚过重等。

证监局（北京）意见：经复核，我局认为：壬G会计师事务所为北京文化2018年度财务报表提供审计服务，委派朱耀军、刘文军开展审计工作。朱耀军、刘文军作为签字注册会计师，履行案涉职务行为，应遵守审计准则相关规定。根据在案证据，足以认定朱耀军、刘文军知悉《项目转让协议》实际并非在2018年签署，且雅格特于2019年3月向世纪伙伴支付首笔转让费，仍认可北京文化在2018年确认该项业务收入。壬G会计师事务所以自身名义出具审计报告，审计报告中存在虚假记载，且现有证据不足以证明其已勤勉尽责，相关行为违反《证券法》的有关规定。我局对于案件事实的认定正确。

（64）会计师事务所未勤勉尽责，出具的审计报告存在虚假记载，事实清楚、证据充分（2023-17）。

癸H会计师事务所在东方网力2020年年度报表审计受处罚听证时提出的申辩理由：①癸H会计师事务所就东方网力2020年年度财务报表审计收取的审计费用为80万元，并非155万元；②癸H会计师事务所不存在独立性缺失问题；③癸H会计师事务所对于固定资产审计并不存在缺陷；④癸H会计师事务所对上年度保留意见所涉事项的审计已经保持了合理的职业怀疑，执行了必要的审计程序；⑤本次处罚过罚失当，与其他案件中被处罚主体相比，存在比例欠妥的问题。癸H会计师事务所请求减轻处罚。

证监局（北京）意见：癸H会计师事务所为东方网力提供2020年年度财务报表审计服务，未勤勉尽责，出具的审计报告存在虚假记载，事实清楚、证据充分。

2.行政执法依据和程序

（1）违法行为发生的所在地，隶属所在地的证监局管辖范围（2021-8）。

辛H会计师事务所在欢瑞世纪2016年欢瑞世纪重大资产重组报表审计受处罚听证时提出的申辩理由：派出机构仅对辖区内的违法行为进行调查和行政处罚。欢瑞影视注册地为浙江，辛H会计师事务所注册地为北京，均不属于重庆证监局管辖范围。重庆证监局对辛H会计师事务所调查及处罚没有法定依据。综上，当事人请求免予处罚。

证监局（重庆）意见：本案的违法行为发生在重庆，属于重庆证监局管辖范围。辛H会计师事务所与欢瑞影视签订的《补充协议》及相关人员讯问笔录等证据显示，辛H会计师事务所及项目签字注册会计师均明确知晓其为欢瑞影视提供审计服务是为了欢瑞影视重组重庆辖区上市公司欢瑞世纪。且辛H会计师事务所出具的审计报告是通过重庆辖区的上市公司欢瑞世纪对外披露。此外，欢瑞世纪同时公告的《星美联合股份有限公司发行股份购买资产并募集配套资金暨关联交易报告书（草案）》也披露了欢瑞影视相应期间的主要财务数据。

（2）办案程序严格依法进行，不存在违反法定程序、调查不充分的情形（2021-11）。

甲A会计师事务所在延安必康2018年年度报表审计受处罚听证时提出的申辩理由：本案调查不充分，认定事实不清，证据不足，程序违法。

证监局（陕西）意见：关于本案调查过程。从初步调查到立案调查阶段，调查人员进行了大量、充分的调查工作，对相关主体进行了走访、谈话和取证，广泛搜集、审慎甄别证据，针对相关人员询问笔录关于邮寄回函过程不一致的部分未予采信，未作为本案主要违法事实的认定依据。且在拟处罚金额3万元的情况下，同意郭某、郑某一并参加听证，充分保障了当事人权利，办案程序严格依法进行，不存在违反法定程序、调查不充分情形。

（3）2005年修订的《证券法》第一百七十三条、第二百二十三条在后续两次法律修正中未发生变更，依据2005年《证券法》作出行政处罚，法律适用正确（2021-11）。

甲A会计师事务所在延安必康2018年年度报表审计受处罚听证时提出的申辩理由：本案应适用2014年修正的《证券法》，而非2005年《证券法》。

证监局（陕西）意见：关于本案法律适用。2005年修订的《证券法》第一百七十三条、第二百二十三条在后续两次法律修正中未发生变更，本案依据2005年《证券法》作出行政处罚，法律适用正确。

（4）证券监管机构相关询问均出示执法证件，并由被询问人签名确认，调查执法程序合法正当（2022-7）。

乙V会计师事务所在ST榕泰2018年年度报表审计受处罚听证时提出的申辩理由：执法人员在调查询问过程中存在程序违法。本案处罚明显过重。综上，当事人乙V会计师事务所、陈某、马某山请求免于处罚。

证监局（广东）意见：我局调查执法程序合法正当，相关询问均出示执法证件，并由被询问人签名确认，可以用于证明案件事实。

（5）执法过程中严格遵守相关规范性要求，不存在程序违法问题（2022-10）。

乙Z会计师事务所在公准股份2014年、2015年年度报表审计受处罚听证时提出的申辩理由：认为部分执法笔录中被调查人员的基本信息等内容不完整，部分证据是在向乙Z会计师事务所下发《立案告知书》之前获取的，执法程序存在瑕疵。

证监局（黑龙江）意见：关于执法程序的问题。我局执法过程中严格遵守相关规范性要求，不存在程序违法问题。

（6）对于相关违法违规行为，同时作出行政处罚及行政监管措施，并不违背《行政处罚法》关于“一事不再罚”的规定（2022-13）。

庚G会计师事务所在仁智股份2017年年度报表审计受处罚听证时提出的申辩理由：检查时分两次调取审计底稿，且当时项目尚未归档，客观上导致底稿很可能缺失遗漏；前期已对会计师事务所及签字会计师出具了警示函，本次又进行行政处罚，不符合“一事不二罚”原则；上市公司违规被行政处罚并不必然表示执行审计的会计师事务所同样违规。

证监局（浙江）意见：我局依职权对会计师事务所证券业务进行检查，会计师事务所及相关人员应当予以配合。庚G会计师事务所在审计执业过程中违反了相关业务规定，未能勤勉尽责，所出具的审计报告存在虚假记载，就此我局依据《证券法》对庚G会计师事务所及签字注册会计师进行处罚。对于相关违法违规行为，同时作出行政处罚及行政监管措施，并不违背《行政处罚法》关于“一事不再罚”的规定。

（7）同一证监局之前采取的警示函属于监督管理措施，监督管理措施与行政处罚可以并行不悖（2023-2）。

庚E会计师事务所在中天能源2019年至2020年年度报表审计受处罚听证时提出的申辩理由：我局已对同一行为进行过处罚处理。

证监局（北京）意见：经复核，我局认为：《行政处罚法》第四十九条规定：“对当事人的同一个违法行为，不得给予两次以上罚款的行政处罚。”我局之前采取的警示函属于监督管理措施，监督管理措施与行政处罚可以并行不悖。综上，我局对当事人的申辩意见不予采纳。

（8）按照证监会授权，对不在企业注册的会计师事务所涉案违法违规行为依法履行立案调查、行政处罚职责（2023-5）。

己F会计师事务所在蓝盾股份2018年、2019年年度报表审计受处罚听证时提出的申辩理由：己F会计师事务所注册地在北京，蓝盾股份注册地在四川，广东证监局不具有案件管辖权。

证监局（广东）意见：蓝盾股份原为注册地在广州的上市公司，己F会计师事务所其时为蓝盾股份提供审计服务，我局依据《证券法》《中国证监会派出机构监管职责规定》和《证券期货违法行为行政处罚办法》的相关规定，按照中国证监会授权，对己F会计师事务所涉案违法违规行为依法履行立案调查、行政处罚职责。

（9）行政监管措施不是行政处罚，也不替代行政处罚（2023-5）。

己F会计师事务所在蓝盾股份2018年、2019年年度报表审计受处罚听证时提出的申辩理由：己F会计师事务所已经因同一事实、理由及准则被采取行政监管措施决定，不应再予以行政处罚。

证监局（广东）意见：行政监管措施不是行政处罚，也不替代行政处罚

（10）对违法行为的事实、性质、情节、社会危害程度等各种因素综合考虑，对当事人的上述申辩意见不予采纳（2023-6）。

壬I会计师事务所在东方金钰2016年报表审计受处罚听证时提出的申辩理由：由于姐告宏宁设立时间短，业务量相对较少，在相关应收账款期后均已回款的情况下，审计项目组对姐告宏宁的舞弊风险预判不充分，导致部分审计程序执行不到位。恳请考虑到案件情况及申辩人积极配合调查的态度，对申辩人从轻或减轻处罚。

证监局（湖北）意见：经复核，我局认为，本案已对违法行为的事实、性质、情节、社会危害程度等各种因素综合考虑，对当事人的上述申辩意见不予采纳。

（11）在认定当事人未勤勉尽责方面，严格区分了会计责任和审计责任，充分关注会计师在审计过程中是否遵循审计准则等规则，当事人提到的审计固有局限，并不符合本案实际情况（2023-8）。

壬I会计师事务所在同济堂2016年至2018年年报审计受处罚听证时提出的申辩理由：在会计师根据审计准则要求执行审计程序的情况下，基于审计存在的固有限制，对于未能发现的上市公司蓄意舞弊行为，会计师不应承担责任。

证监会意见：经复核，我会认为：审计机构在审计过程中是否勤勉尽责，既不单纯以最终审计结论的真实性为依据，也不能仅因审计固有的局限性就排除会计师的义务和责任，而是应结合被审计对象的具体情况，判断审计行为是否遵循了相应的审计准则，以及在审计过程中是否运用了合理的职业判断、是否尽到特别注意义务、是否保持了合理的职业怀疑，并据此设计并实施了与之相适应的审计程序来降低审计风险。在认定本案当事人未勤勉尽责方面，我会严格区分了会计责任和审计责任，充分关注了会计师在审计过程中是否遵循审计准则等规则，在形成审计意见时，是否运用了合理的职业判断、是否尽到特别注意义务、是否保持了合理的职业怀疑、是否获取了充分、适当的审计证据将审计风险降至可接受的低水平。当事人提到的审计固有局限，并不符合本案实际情况。

（12）根据法律规定对2018年签字会计师依据2005年《证券法》进行处罚、2019年签字注册会计师依据《证券法》（2019）进行处罚，并无不当（2023-10）。

壬W会计师事务所在广州浪奇2018年、2019年年度报表审计受处罚听证时提出的申辩理由：龚某伟、胡某林请求免除处罚。邵某取在申辩材料中提出的申辩意见与中审众环上述涉及2018年审计工作的申辩意见一致，请求免除处罚。卢某桉的陈述申辩意见与上述意见部分一致，同时提出：其一，结合会计师事务所承接审计业务掌握的情况及相关公开信息，截至广州浪奇2019年审计报告日，卢某桉无法获取适当证据证明广州浪奇存在贸易业务造假，也无迹象表明广州浪奇存在财务造假迹象。其二，卢某桉在担任广州浪奇2019年度审计项目经理及签字会计师期间，已对广州浪奇贸易业务异常情况保持职业怀疑并记录于审计工作底稿，将审计中发现广州浪奇存在的重大错报风险向任职会计师事务所、广州浪奇审计委员会和董事会、广州轻工工贸集团有限公司纪委等单位和部门进行了必要的汇报，已勤勉尽责，且积极配合相关调查。其三，2019年正常审计工作受新冠疫情的影响，但已按照审计程序勤勉尽责，不存在未保持职业怀疑的情况。其四，对卢某桉处罚过重，未调查广州浪奇2015年至2017年违法事项，且未处罚广州浪奇2019年度审计报告部分签字董事和高管，对2019年签字注册会计师处罚力度远高于2018年签字会计师。卢某桉因家人患病等原因非常困难。综上，卢某桉请求免除或适当减少罚款金额。

证监局（广东）意见：我局根据事实及证据已另案依法对广州浪奇及相关责任

人员进行处理，本案中根据法律规定对2018年签字会计师依据2005年《证券法》进行处罚、2019年签字注册会计师依据《证券法》进行处罚，并无不当。本案量罚已充分考虑审计局限性及当事人积极配合调查等情形。

（13）本案不属于《行政处罚法》第三十三条第一款所述“违法后果轻微并及时改正”的情形（2023-15）。

壬S会计师事务所在希努尔2018—2019年度报表审计受处罚听证时提出的申辩理由：壬S会计师事务所坚持要求希努尔主动、及时进行差错更正，本次差错更正不影响希努尔扣非后净利润、未对公司股价产生影响，属于没有危害后果或后果明显轻微。

证监会意见：本案不属于《中华人民共和国行政处罚法》第三十三条第一款所述“违法后果轻微并及时改正”的情形。我会在量罚时已充分考虑壬S会计师事务所违法行为的事实、性质、情节与社会危害程度，量罚适当。

（14）对涉案的取证程序合法，证据确实（2023-16）。

壬G会计师事务所在北京文化2018年度报表审计受处罚听证时提出的申辩理由：壬G会计师事务所、朱耀军、刘文军均提出，本案部分证据不符合法定要求。

证监局（北京）意见：本案取证程序合法，证据确实。

3.行政处罚量罚适度

（1）根据当事人违法行为的事实、性质、情节与社会危害程度作出对事务所及签字注册会计师的处罚（2019-1）。

壬I会计师事务所在五洋建设用于公开发行公司债券的2012—2014年年度报表审计受处罚听证时提出的申辩理由：鉴于壬I会计师事务所未有任何协助企业财务造假的主观故意，且积极配合监管部门调查，请求对壬I会计师事务所减轻处罚。

证监会意见：对壬I会计师事务所及签字注册会计师的处罚是根据当事人违法行为的事实、性质、情节与社会危害程度作出的，量罚适当。

（2）虚减财务费用对利润总额的影响情节严重，没有从轻处罚的情形（2020-2）。

辛H会计师事务所在林州重机2017年年度报表审计受处罚听证时提出的申辩理由：鉴于相关行为的性质、情节、危害后果显著轻微，未对报表产生根本影响，请求给予“没一罚一”的处罚。

证监会意见：经复核，我会认为：对于辛H会计师事务所提出从轻处罚的意见不予采纳。辛H会计师事务所审计程序执行不到位，导致所未发现林州重机2017年虚减财务费用对利润总额的影响占当期利润总额的比例为48.72%，情节严重，辛H会计师事务所没有从轻处罚的情形。我会对其处罚是根据其违法行为的事实、性质、情节与社会危害程度作出的，量罚适当。

（3）作出处罚决定时已经考虑到违法事实、情节等因素，量罚幅度相当（2020-4）。

乙L会计师事务所在福鼎白茶2017年年度报表审计受处罚听证时提出的申辩理

由：该案属于轻微过错并考虑同类或类似案件的处理，申请免于处罚。

证监局（福建）意见：关于处罚标准的问题。我局在作出处罚决定时，已经考虑到乙L会计师事务所违法事实、情节等因素，量罚幅度相当。

（4）量罚时已综合考虑违法行为的事实、性质、情节与社会危害程度（2020–5）。

己F会计师事务所在奥瑞德2017年年度报表审计受处罚听证时提出的申辩理由：即便己F会计师事务所和执行审计业务注册会计师存在过失，处罚结果也明显偏重，与实际情况不匹配。恳请对己F会计师事务所的行政处罚酌情考虑。

证监局意见：当事人并没有提供影响我局前期就违法事实认定及违法情节方面的证据，本案量罚时已综合考虑违法行为的事实、性质、情节与社会危害程度。综上，对当事人的申辩意见不予采纳。

（5）积极配合调查等情形已在量罚中予以考量（2021–2）。

甲A会计师事务所在千山药机2015年及2016年年度报表审计受处罚听证时提出的申辩理由：程某彬、刘某、刘某武还提出如下申辩意见：①已经按照审计准则规定及甲A会计师事务所内部规定对千山药机履行了相关职责，审计结果并无异常，不存在未勤勉尽责的情况。②千山药机是系统性舞弊，其蓄意地、有计划地隐瞒、伪造相关会计资料，由于审计局限性的存在，在客观上无论如何履行勤勉尽责义务均无法发现相关舞弊行为。③积极、全面地配合监管部门的调查活动，提供相关资料、反映相关事实，并协调相关人员有效协助监管部门查明案涉有关情况。④从事审计鉴证工作多年，没有受到过行政处罚。请求免于或减轻处罚。

证监会意见：甲A会计师事务所及程某彬、刘某武、刘某三名签字注册会计师提出的其在本案及千山药机信息披露违法案中积极配合我会调查等情形，我会已在量罚中亦予以考量。

（6）对子公司的年度报表进行审计和对公司内部控制进行测试等，均属审计所需开展的具体工作，在量罚时已根据在案证据统筹考虑所出具报告的具体情况（2021–2）。

甲A会计师事务所在千山药机2015年及2016年年度报表审计受处罚听证时提出的申辩理由：甲A会计师事务所对千山药机2015年、2016年财务报表年报审计收费实际各为40万元。甲A会计师事务所与千山药机签订的《审计业务约定书》除包括2015年、2016年千山药机财务报表年报审计费用外，还包括对千山药机子公司的年度财务报表审计费用，以及对千山药机2016年的内部控制审核费用。该部分金额不应认定为甲A会计师事务所的案涉业务收入。

证监会意见：甲A会计师事务所作为上市公司千山药机年度报告的审计机构，其对千山药机子公司的年度财务报表进行审计，以及对公司内部控制进行测试等，均属于对上市公司年度财务报表审计所需开展的具体工作，我会在量罚时已根据在案证据统筹考虑所出具报告的具体情况。

（7）对事务所作出处罚的依据是未勤勉尽责的事实、证据，而非客户的财务舞弊行为（2021-3）。

戊E会计师事务所在斯太尔2016年年度报表审计受处罚听证时提出的申辩理由：当事人已严格按照审计准则的要求对技术交易许可事项执行了相关的审计程序，但不可能识别出苏控集团支付的技术许可交易资金来源于斯太尔未入账的预收政府奖励资金。事先告知书对公司财务舞弊与会计师审计责任的因果关系界定不清，处罚有失公正。

证监会意见：我会系根据当事人对斯太尔2016年度财务报表审计未勤勉尽责的事实、证据，而非基于斯太尔的财务舞弊行为，对当事人作出行政处罚，不存在所谓的将会计责任与审计责任相混淆的情形。

（8）量罚幅度已充分考虑当事人违法行为的事实、性质、情节与社会危害程度（2021-7）。

丁N会计师事务所在胜通集团2013—2017年年度报表审计受处罚听证时提出的申辩理由：丁N会计师事务所及两位签字注册会计师在本案中一直积极配合证监会的调查工作，通过提供底稿等基础资料、梳理并提交大量情况说明及核查说明等文件，协助证监会快速查清胜通集团造假情况以及本案相关事实，具有法定的从轻或减轻处罚的情节。针对申辩人在胜通集团审计执业中涉嫌违规行为，申辩人已开展一系列整改工作，以进一步规范审计执业工作，避免未来再发生审计风险。

证监会意见：关于量罚幅度，我会在量罚时已充分考虑当事人违法行为的事实、性质、情节与社会危害程度，量罚适当。

（9）调查与审理过程中已综合考虑了当事人违法行为的性质、情节等因素（2021-9）。

乙L会计师事务所在盛运环保2016年年度报表审计受处罚听证时提出的申辩理由：未识别出盛运环保部分银行账户未纳入财务核算范围，主要是由于该公司实际控制人蓄意隐瞒，隐蔽性强，难以发现。事务所发现存在未纳入核算的资产负债情况后，及时报告，配合调查。

证监局意见：我局在调查和审理过程中，已综合考虑了当事人违法行为的性质、情节等因素，在对违法事实依法定性的基础上作出相应行政处罚决定。

（10）相关外部环境因素和政策导向，不属于法定的减轻或免于处罚情节（2021-10）。

壬W会计师事务所在凯迪生态2016年年度报表审计受处罚听证时提出的申辩理由：凯迪生态在建工程利息资本化虚假记载事项，系由凯迪生态管理层及相关人员合谋实施，并对其予以隐瞒，事务所不存在故意或重大过失。综上，壬W会计师事务所恳请考虑相关执法实践和政策，对其免于行政处罚。

证监局（湖北）意见：关于处罚案例，按照行政处罚法要求，每起案件均系在综合考虑涉案违法行为的事实、性质、情节与社会危害程度的基础上作出，不能简单类比。我局系在综合考虑壬W会计师事务所及责任人员相关情形基础上，依法对其进行处罚。相关外部环境因素和政策导向，不属于《行政处罚法》法定的减轻或免于处罚情节。因此，我局对其申辩意见不予采纳。

（11）量罚时已经综合考虑违法行为的事实、性质、情节、社会危害程度以及当事人主观状态、配合调查情况等因素（2021-11）。

甲A会计师事务所在延安必康2018年年度报表审计受处罚听证时提出的申辩理由：根据延安必康相关公告，控股股东及其关联方非经营性占用上市公司资金的问题已经解决，甲A会计师事务所涉案行为的社会危害后果较小。郭某、郑某还提出：即便认定审计中存在疏失，由于无主观过错、情节轻微并及时纠正、初次违法、未造成危害后果，根据“类案类处”“过罚相当”等原则，依法也应不予处罚或减轻处罚。

证监会意见：关于本案量罚幅度。本案中甲A会计师事务所及涉案会计师在审计过程中对有关重要事项未保持应有的职业怀疑，执业中存在明显不当的过失性行为，导致出具虚假审计报告，对延安必康信息披露违法行为提供保证，造成不良市场影响，依法不存在减轻或免于处罚情形。本案量罚已经综合考虑违法行为的事实、性质、情节、社会危害程度以及当事人主观状态、配合调查情况等因素，并在法律规定幅度内给予最低处罚，符合法律规定和同类违法行为执法标准。

（12）在量罚时已充分考虑当事人违法行为的事实、性质、情节与社会危害程度（2021-12）。

庚G会计师事务所在科融环境2017年年度报表审计受处罚听证时提出的申辩理由：证监会对庚G会计师事务所的处罚过重。

证监会意见：关于量罚幅度，我会在量罚时已充分考虑当事人违法行为的事实、性质、情节与社会危害程度，量罚适当。

（13）量罚时已充分考虑当事人违法行为的事实、性质、情节与社会危害程度，符合证监会一贯的执法标准（2021-13）。

丁X会计师事务所在皇台酒业2016年年度报表审计受处罚听证时提出的申辩理由：丁X会计师事务所涉嫌违法行为符合行政处罚法不予行政处罚或减轻行政处罚的相关情形，我局量罚过重。

证监局（甘肃）意见：丁X会计师事务所在对皇台酒业2016年年度财务报表审计中，未勤勉尽责，出具了含有虚假记载的审计报告。其审计过程中存在的问题并非显著轻微，其出具的审计报告存在虚假记载影响了投资者的判断，对资本市场健康发展产生了不利影响，造成了一定的社会危害后果，不存在免除或减轻行政处罚的情节。同时，我局量罚时已充分考虑当事人违法行为的事实、性质、情节与社会危害程度，符合中国证监会一贯的执法标准。

（14）证监会已对客户作出行政处罚决定，不存在处罚程序前后因果倒置情况（2021-15）。

庚G会计师事务所在中融双创《公司债券年度报告（2017年）》报表审计受处罚听证时提出的申辩理由：处罚程序前后因果倒置。

证监会意见：对于中融双创的调查和处罚工作我会严格按照程序办理，我会已对中融双创作出〔2021〕114号行政处罚决定书。在确保事实清楚、证据确实充分和法律适用正确的基础上，我会统筹推进案件的审理工作，不存在处罚程序前后因果倒置情况。故对该项申辩意见不予采纳。

（15）即使是同类事项，也会因当事人违法行为的事实、性质、情节与社会危害程度不同，而作出不同的处理结果，不存在执法标准和管辖权不统一的问题（2021-15）。

庚G会计师事务所在中融双创《公司债券年度报告（2017年）》报表审计受处罚听证时提出的申辩理由：同一事项各中介机构受处罚不同，执法标准和管辖权不统一。

证监会意见：即使是同类事项，也会因当事人违法行为的事实、性质、情节与社会危害程度不同，我会依法可以对当事人分别采取行政监管措施和行政处罚决定等不同的处理结果，并不存在执法标准不统一和管辖权不统一的问题。故对该项申辩意见不予采纳。

（16）对注册会计师的处罚充分考虑其违法行为的事实、性质、情节与社会危害程度（2022-2）。

甲Y会计师事务所在*ST新亿2018年和2019年年度报表审计受处罚听证时提出的申辩理由：刘某斌申辩称：其本人于2020年8月21日参与项目，因新疆疫情无法前往现场参与审计，而通过线上底稿复核及电话沟通主要审计事项，8月25日前往深圳进行签字，在8月21日前因没有参与项目，未参与甲Y会计师事务所及吴某堂和黄某、刘某辉有关审计项目的讨论、解决方案以及影响会计师独立性的补充协议和居间协议。针对此次审计也仅获取项目收费3%的签字费用及3%的业务提成，未额外收取任何费用。此次审计出现各种问题，系因新疆疫情特殊原因未去现场实地了解项目情况，确实有未勤勉尽责的情形，但是参照既往行政处罚案例，考虑过罚相当原则以及其本人积极配合调查的情形，且本案未导致投资人重大损失及较大社会影响，相较涉案金额远大于本案的案件，此次处罚过重。刘某斌请求酌情减轻处罚。

证监会意见：我会认为，其一，刘某斌明知原拟签字注册会计师、复核人员因项目风险过高拒绝签字；其二，刘某斌知悉项目团队以吴某堂及其亲属为主，且认为该团队不具备专业胜任能力；其三，刘某斌明知部分审计程序存在缺陷，且在整理审计底稿时发现相关问题；其四，刘某斌对可能被行政处罚存在一定预期，并要求事务所承诺给予补偿。刘某斌作为注册会计师，本应勤勉尽责，严格遵守审计准则、注册会计师执业准则、职业道德守则相关要求开展审计工作，反而在明知项目存在诸多问题的情况下未严格执行审计程序，未对审计证据中明显的异常保持应有的关注和职业怀疑，违反业务规则签署审计报告出具审计意见。我会已经充分考虑其违法行为的事实、性质、情节与社会危害程度，且其并不符合法定的从轻、减轻情形，因此我会对刘某斌的陈述申辩意见不予采纳。

（17）事务所列举的案件与本案在违法行为的事实、性质、情节上存在差异，不具备可比性（2022-12）。

丁X会计师事务所在永煤控股2017—2019年年度报表审计受处罚听证时提出的申辩理由：证监会对丁X会计师事务所行政处罚显失公平，且与类似案例比较明显过于严重。

证监会意见：丁X会计师事务所列举的案件与本案在违法行为的事实、性质、情节上存在差异，不具备可比性。我会根据在案证据，依法对丁X会计师事务所违法行为予以处理。

（18）当事人所主张的证监会其他执法案例，不能简单类推适用本案（2022-18）。

丁B会计师事务所在亚太药业2017年、2018年年度报表审计受处罚听证时提出的申辩理由：关于量罚。丁B会计师事务所提出，中国证监会对同类案件有不予处罚或处以1倍罚款的案例。周某民提出，针对更高比例未被发现的系统性舞弊案件，有多起不处罚注册会计师的案例。

证监局（浙江）意见：当事人所主张的中国证监会其他执法案例，因个案情形存在差异，不能简单类推适用本案。

（19）事务所连续两年执行审计业务未勤勉尽责，其违法行为主体及行为性质未发生变化，其违法行为处于连续或继续状态（2022-19）。

戊E会计师事务所在柏堡龙2018—2019年年度报表审计受处罚听证时提出的申辩理由：事先告知中拟认定的2018年、2019年违法行为跨越了2005年修订的《中华人民共和国证券法》（以下简称2005年《证券法》）以及《证券法》，事先告知中拟认定的2018年、2019年未勤勉尽责行为应当分别适用2005年《证券法》及《证券法》，并相应调减处罚幅度。

证监会意见：戊E会计师事务所连续两年对柏堡龙执行审计业务未勤勉尽责，其违法行为主体及行为性质未发生变化，其违法行为处于连续或继续状态，我会一并处理，法律适用恰当。

（20）不同案件之间的违法事实和情节不同，不能简单类比（2022-20）。

戊E会计师事务所在仁东控股2019年年度报表审计受处罚听证时提出的申辩理由：与本案案情相似的其他案件仅采取行政监管措施，本案处罚过重，执法尺度不一。

证监会意见：不同案件之间的违法事实和情节不同，不能简单类比。

（21）会计师事务所在各年均存在多项审计程序明显违反审计准则规定的情形，其违法行为不属于显著轻微情形（2023-1）。

己D会计师事务所在易见股份2018年、2019年年度报表审计受处罚听证时提出的申辩理由：己D会计师事务所认为，其没有严重违反审计准则规定，所涉问题均是基于当时所获取的审计证据作出的审计判断，具有合理性，没有明显过错，情节极其轻微，依法应不予处罚。因金融机构、核心企业等相关单位提供不实证明文件，其没有过错，依法应不予处罚或从轻、减轻行政处罚。根据行政处罚“过罚相当”的原则，己D会计师事务所存在法定不予处罚或减轻、从轻处罚的情形，恳请对己D会计师事务所依法不予处罚或减轻、从轻处罚。

证监会意见：己D会计师事务所在2015年至2019年年度财务报表审计时，未获取充分、适当的审计证据，未保持应有的职业怀疑，各年均存在多项审计程序明显违反审计准则规定的情形。己D会计师事务所未对2015年度银行询证函保持控制，导致获取了虚假银行询证函，进而未能发现易见股份虚增2015年度银行存款余额。己D会计师事务所未有效执行关联方审计程序，导致未能发现通程工贸等9家贸易公司与易见股份员工存在交叉任职等异常情况，未发现代付款、商业保理等业务存在舞弊迹象。己D会计师事务所未有效执行信息系统审计、核心企业函证和核心企业访谈程序，导致未对代付款、商业保理业务真实性获取充分的审计证据，进而未能发现易见股份虚增营业收入、利润。因此，己D会计师事务所的违法行为不属于显著轻微情形。

（22）当事人未能提供其履行勤勉尽责义务的充分证据，对当事人的量罚幅度适当（2023-2）。

庚E会计师事务所在中天能源2019年至2020年年度报表审计受处罚听证时提出的申辩理由：当事人已尽到勤勉尽责，我局处罚过重。

证监局（北京）意见：经复核，我局认为：当事人未能提供其履行勤勉尽责义务的充分证据。我局已经充分考虑当事人违法行为的事实、性质、情节与社会危害程度，因此，我局对当事人的量罚幅度适当。

（23）《审计业务约定书》未明确约定为单独子公司出具审计报告的费用，且对各子公司的审计是对合并报表进行审计并发表审计结论的基础和必要组成，故为子公司出具审计报告的费用不应单独扣除（2023-3）。

己F会计师事务所在獐子岛2016年年度报表审计受处罚听证时提出的申辩理由：

认定的己F会计师事务所130万元的业务收入金额不准确，应扣除销项税额、差旅费、外聘专家的费用以及己F会计师事务所单独为子公司出具审计报告的费用。

证监会意见：经复核，我会认为：根据2005年《证券法》第二百二十三条规定，对证券服务机构未勤勉尽责的行政处罚是没收“业务收入”，而非“利润”，故不应当扣除相关成本、费用。獐子岛集团与己F会计师事务所签订的《审计业务约定书》中约定的审计费用130万元，未明确约定为单独子公司出具审计报告的费用，且对獐子岛各子公司的审计是对合并报表进行审计并发表审计结论的基础和必要组成，故为子公司出具审计报告的费用不应单独扣除。

（24）会计师事务所关于分拆审计业务收入的主张没有充分证据支持和法律依据，未收到审计业务收入不应作为量罚基数的主张于法无据（2023-4）。

庚G会计师事务所在科迪乳业2016年至2018年年报审计受处罚听证时提出的申辩理由：庚G会计师事务所与科迪乳业签订审计业务约定书为一揽子综合收费，年审费用应扣除专项用途审计服务收费。

证监局（河南）意见：我局认为：2005年《证券法》第二百二十三条明确规定没收业务收入，并以业务收入为基数处以相应倍数罚款的责任条款。我局依据审计业务约定书及相关发票认定业务收入金额，事实清楚、证据确凿。庚G会计师事务所关于分拆审计业务收入的主张没有充分证据支持和法律依据，庚G会计师事务所关于未收到审计业务收入不应作为量罚基数的主张于法无据。

（25）当事人提出的申辩理由不足以证明已勤勉尽责，对当事人提出的陈述申辩意见不予采纳（2023-5）。

己F会计师事务所在蓝盾股份2018年、2019年年度报表审计受处罚听证时提出的申辩理由：张某辉及代理律师在申辩材料及听证过程提出的申辩意见与己F会计师事务所提出的第五点（项目风险评估程序不存在重大缺陷）和第六点（营业收入实质性审计程序不存在缺陷）申辩意见相同，同时，张某辉及其代理律师还提出，询证函存在瑕疵的数量占比极小，张某辉及团队有职责分工，其不可能事无巨细审查相应细微瑕疵，应当考虑瑕疵细节客观发现的可能性，而且，对合同印章等原始凭证真实性的审核，已超过审计团队的专业范畴。张某辉请求免除或请求免除或减轻行政处罚。熊某在申辩材料及听证过程中提出的申辩意见与己F会计师事务所提出的第二点（会计师事务所已经因同一事实、理由及准则被采取行政监管措施决定，不应再予行政处罚）、第四点（蓝盾股份虚增利润金额未考虑扣除成本因素）、第五点、第六点申辩意见相同。熊某未针对人民财险实施追加二次函证程序进行申辩，但提出其并不知悉人民财险致函揭发询证函回函存在虚假印章之事，也不清楚前往人民财险走访的具体原因和走访内容，其他会计师并未告知其存在相关事项，并提交了相关证明材料。熊某认为对其处罚过重，请求免除或减轻行政处罚。

证监局（广东）意见：我局认为，上述当事人提出的申辩理由不足以证明已勤勉尽责，对己F会计师事务所、张某辉提出的陈述申辩意见不予采纳。综合考虑熊某在本案中的违法情节和主观过错，对其申辩意见予以部分采纳，对其处罚幅度予以适当调整。

（26）签字注册会计师提出的事实、理由、证据不足以证明其在审计过程中已经勤勉尽责，同时也不属于《行政处罚法》规定不予处罚的情形（2023-7）。

壬I会计师事务所在天海防务2017年年度报表审计受处罚听证时提出的申辩理由：朱某松提出：第一，认可壬I会计师事务所提出的全部陈述、申辩意见。第二，在金海运2017年年度财务报表审计项目中，项目组严格按照壬I会计师事务所质量控制标准执业，其履行二级复核并已勤勉尽责。第三，其积极配合历次检查、调查。第四，2018年至2021年，壬I会计师事务所及执业团队继续承接天海防务审计，天海防务在此期间基本面逐步改善，即使其在2017年年度审计中存在不足，也请考虑其后期的执业态度和执业质量。综上，朱某松请求对其免于行政处罚。李某提出：第一，认可壬I会计师事务所提出的全部陈述、申辩意见。第二，其在审计计划阶段已充分关注金海运审计风险领域，并督促项目组制定应对措施。第三，其督促审计项目组在现场审计执行时按照既定的审计计划执行了对金海运案涉业务项目的详细核查。第四，其在天海防务2017年年度财务报表审计报告出具阶段已履行质量控制复核程序。第五，其积极配合对天海防务2017年财务报表审计项目的检查工作。综上，李某请求对其免于行政处罚。

证监局（上海）意见：朱某松、李某提出的事实、理由、证据不足以证明其在天海防务2017年年度财务报表审计过程中已经勤勉尽责，同时也不属于《中华人民共和国行政处罚法》规定不予处罚的情形，朱某松、李某作为天海防务2017年年度财务报表审计报告签字注册会计师应认定为直接负责的主管人员，本局在量罚时也已充分考虑上述当事人的违法情节。

（27）为子公司出具审计报告的费用不应单独扣除（2023-9）。

甲A会计师事务所在航天通信2017至2018年度报表审计受处罚听证时提出的申辩理由：涉案审计业务收入计算有误，应扣除上市公司非涉案子公司的审计费用；

证监会意见：对甲A会计师事务所关于扣除子公司审计费用的申辩意见不予采纳。甲A会计师事务所作为航天通信年度报告的审计机构，其对航天通信各子公司的审计是对合并报表进行审计并发表审计结论的基础和必要组成，故为子公司出具审计报告的费用不应单独扣除。

（28）关于部分审计业务收入应当在罚没款金额中扣除的主张于法无据（2023-10）。

壬W会计师事务所广州浪奇2018年、2019年年度报表审计受处罚听证时提出的申辩理由：因广州浪奇债务重整、广州奇化破产清算，壬W2019年部分审计费用已无法收回，应当在罚没款金额中扣除。

证监局（广东）意见：业务收入依据审计业务约定书、相关发票等认定，中审众环关于部分审计业务收入应当在罚没款金额中扣除的主张于法无据。

（29）不同案件之间的违法事实和情节不同，不具可比性（2023-15）。

壬S会计师事务所在希努尔2018—2019年度报表审计受处罚听证时提出的申辩理由：参照监管部门近期对相关案例的处理情况，不应对壬S会计师事务所予以行政处罚。

证监会意见：不同案件之间的违法事实和情节不同，不具可比性。

（30）对签字注册会计师已充分考虑了其违法行为的事实、性质、情节与社会危害程度，量罚适当（2023-15）。

壬S会计师事务所在希努尔2018至2019年度报表审计受处罚听证时提出的申辩理由：李某山在其申辩材料及听证过程中提出：第一，李某山因参与项目而出现的独立性瑕疵问题，属于壬S会计师事务所安排欠周，并非李某山过错，且属于行业惯常做法。第二，李某山签字的“其他合伙人复核意见表”属于二级复核加强层次的复核表，并非应由质控复核人签字的三级层次的复核表，是壬S会计师事务所额外增加的复核程序。第三，参照监管部门近期对相关案例的处理情况，不应对李某山予以行政处罚。第四，李某山已勤勉尽责，不存在重大过错，也没有导致严重后果。杨某在其申辩材料及听证过程中提出：第一，杨某在2018年、2019年年报审计复核工作中已按照准则要求进行质控复核并形成相应底稿。第二，杨某关注到项目组已将政府补助作为重大错报风险领域进行识别并予以应对，执行了充分的相应审计程序，已保持必要的职业谨慎。第三，《告知书》所述部分质控复核程序不到位的事实不存在。第四，杨某作为质控复核人员在质控过程中虽有不严谨、不规范之处，但并无重大过错，已按照审计准则要求勤勉尽责。综上，李某山、杨某请求免予行政处罚。

证监会意见：经复核，我会认为：针对李某山的申辩意见，经复核，我会认为：第一，李某山作为前任签字会计师，违反审计准则关于签字会计师独立性的要求，在复核核对表上签字，显属未勤勉尽责。第二，李某山所述额外增加复核程序未有相关证据支持，且未见杨某在相关复核材料中签字。第三，不同案件之间的违法事实和情节不同，不具可比性。第四，现有证据不能证明李某山已勤勉尽责，我会充分考虑了李某山违法行为的事实、性质、情节与社会危害程度，量罚适当。针对杨某的申辩意见，经复核，我会认为：第一，未见杨某在相关复核底稿上签字，且其提交的证据材料不能证明其尽到复核义务。第二，壬S会计师事务所对政府补助列报的相关审计程序明显不到位，质量控制环节未予以充分关注。第三，现有证据不能证明杨某已勤勉尽责。第四，我会充分考虑了杨某违法行为的事实、性质、情节与社会危害程度，量罚适当。

（31）量罚已充分考虑了违法行为的事实、性质、情节与社会危害程度等情况，量罚适当（2023–16）。

壬G会计师事务所在北京文化2018年度报表审计受处罚听证时提出的申辩理由：朱耀军、刘文军均提出，不知悉世纪伙伴与雅格特签订的《项目转让协议》实际并非在2018年签署，且会计师已勤勉尽责等。

证监局（北京）意见：我局量罚已充分考虑了违法行为的事实、性质、情节与社会危害程度等情况，量罚适当。

（32）根据当事人违法行为的事实、性质、情节与社会危害程度进行责任认定并作出量罚，对责任人员的认定准确，量罚并无不当（2023–17）。

癸H会计师事务所在东方网力2020年年度报表审计受处罚听证时提出的申辩理由：邱某星及其代理人在听证及陈述申辩中提出：①邱某星在癸H会计师事务所没有任职，也不是在册会计师，邱某星的行为不能归属于癸H会计师事务所；②既处罚邱某星也处罚谢某丽属于重复处罚；③邱某星在接受调查的过程中，积极配合，如实陈述，主动提交相关材料，积极改正错误；④对邱某星的处罚明显畸重。邱某星请求减轻处罚。谢某丽及其代理人在听证及陈述申辩中提出：①谢某丽在接受调查的过程中，积极配合，如实陈述，主动提交相关材料，积极改正错误；②对谢某丽的处罚明显畸重。谢某丽请求减轻处罚。杨某及其代理人在听证及陈述申辩中提出：①杨某系初犯，虽然在2020年度的年审工作中存在瑕疵，但积极改正错误；②对杨某的处罚明显畸重。杨某请求减轻处罚。

证监局（北京）意见：经复核，我局认为：我局根据当事人违法行为的事实、性质、情节与社会危害程度进行责任认定并作出量罚。我局对于责任人员的认定准确，量罚并无不当。

4.行政处罚时效

（1）下达对事务所执业质量检查的通知未超过两年，符合《行政处罚法》的相关规定（2020–3）。

辛V会计师事务所在太化股份2014年年度报表审计受处罚听证时提出的申辩理由：行政处罚已超过法定追诉期限。

证监局（山西）意见：辛V会计师事务所于2015年4月26日出具《审计报告》，我局于2017年4月12日向辛V会计师事务所出具《关于对辛V会计师事务所（特殊普通合伙）太化股份2014年年报审计项目进行执业质量检查的通知》（晋证监函〔2017〕167号），该期间未超过两年，符合《行政处罚法》的相关规定。

（2）连续出具含有虚假内容的审计报告，其违法行为处于连续或继续状态，应将其视为一个整体进行处罚（2021–4）。

甲A会计师事务所在索菱股份2016年、2017年年度表审计受处罚听证时提出的申辩理由：索菱股份财务造假手段隐蔽且复杂，甲A会计师事务所未能发现财务造假是由于审计的固有限制和必要核查手段的缺乏。出具2016年年度审计报告的行为已过行政处罚追责期限。

证监会意见：甲A会计师事务所连续两年出具含有虚假内容的审计报告，其违法行为处于连续或继续状态，其违法行为主体及行为性质未发生变化，应将其视为一个整体进行处罚，故其出具2016年年度审计报告的行为在我会发现时未过行政处罚追责期限。我会对该项申辩意见不予采纳。

（3）事务所向证监机构提供年报审计资料的同日发现事务所可能存在出具虚假记载审计报告违法行为的线索，未超过2年追责期限（2021-13）。

丁X会计师事务所在皇台酒业2016年年度报表审计受处罚听证时提出的申辩理由：丁X会计师事务所出具皇台酒业2016年年度审计报告的行为已过行政处罚追责期限。

证监局（甘肃）意见：丁X会计师事务所出具皇台酒业2016年审计报告的时间为2017年4月25日。2018年2月22日，我局向丁X会计师事务所下发《甘肃证监局关于丁X会计师事务所配合皇台酒业专项检查的函》，调取皇台酒业2016年度审计项目工作底稿及内部控制审计工作底稿。2019年1月28日，丁X会计师事务所向我局出具《承诺函》，表明为配合调查工作，提供所有皇台酒业2015年报、2016年报、2017年报审计资料。2019年4月8日，甘肃证监局对皇台酒业涉嫌信息披露违法违规事项立案调查，同时对丁X会计师事务所启动初步调查。我局不晚于2019年1月28日已发现丁X会计师事务所可能存在出具虚假记载审计报告违法行为的线索，未超过2年追责期限。

（4）不存在调查不及时情形，也未超过行政处罚时效，因查办案件数量众多，间隔数月导致立案编号不连续乃正常现象（2021-15）。

庚G会计师事务所在中融双创《公司债券年度报告（2017年）》报表审计受处罚听证时提出的申辩理由：调查立案不及时，调查跨度时间过长，导致取证受限。调查程序存在瑕疵。

证监会意见：庚G会计师事务所对中融双创《公司债券年度报告（2017年）》进行审计，2018年4月23日，庚G会计师事务所出具标准无保留意见审计报告。2019年7月19日至11月22日，我会《关于部署2019年审计与评估机构检查工作的通知》要求对庚G会计师事务所开展现场检查。检查中发现庚G会计师事务所审计的中融双创项目存在货币资金造假，涉嫌信息披露违法，庚G会计师事务所在执业过程中未保持合理职业怀疑，未能勤勉尽责，执行审计程序和收集审计证据存在明显疏漏。2020年1月22日，就检查结果形成《关于对庚G会计师事务所（特殊普通合伙）全面检查情况的报告》。2020年3月26日，我会《关于请调查中融双创及庚G会计师事务所涉嫌违法违规案的函》启动调查，于2020年6月24日依法向中融双创出具《调查通知书》。在查实中融双创《公司债券年度报告（2017年）》存在虚假记载的情况下，我会于2021年4月25日依法向庚G会计师事务所出具《调查通知书》。我会于2021年5月27日对中融双创和庚G会计师事务所立案调查，并分别于2021年6月6日、6月7日向庚G会计师事务所、中融双创送达《调查通知书》，告知其因涉嫌违反证券相关法律法规被立案调查。综上，本案不存在调查不及时情形，也未超过行政处罚时效，调查程序依法合规，故对该项申辩意见不予采纳。此外，《调查通知书》为我会的标准执法文书，因我会查办案件数量众多，间隔数月导致立案编号不连续乃正常现象，并非当事人所称存在调查不规范的情形。故对该项申辩意见不予采纳。

（5）对事务所开展现场检查中已发现审计项目存在货币资金造假，并非在下发《调查通知书》才发现问题，不存已超两年追诉时效（2021-15）。

庚G会计师事务所在中融双创《公司债券年度报告（2017年）》报表审计受处罚听证时提出的申辩理由：行政处罚已超两年追诉时效。

证监会意见：在2019年7月19日至11月22日，我会在对庚G会计师事务所开展现场检查中已发现庚G会计师事务所审计的中融双创项目存在货币资金造假，涉嫌信息披露违法，庚G会计师事务所在执业过程中未保持合理职业怀疑，未能勤勉尽责，执行审计程序和收集审计证据存在明显疏漏等问题，并非在2021年6月6日我会向庚G会计师事务所下发《调查通知书》才发现问题。所以本案不符合当事人所述的“违法行为在两年内未被发现的，不再给予行政处罚”的情形。故对该项申辩意见不予采纳。

（6）前任审计机构与现任审计机构的审计责任是相互独立的，且前任审计机构相关行政责任已超过法定追责时效（2022-1）。

癸X会计师事务所在金刚玻璃2016—2017年年度报表审计受处罚听证时提出的申辩理由：癸X会计师事务所被金刚玻璃有计划、有预谋的系统造假行为蒙蔽，而前任审计机构连续出具标准无保留意见的审计报告，掩盖了金刚玻璃财务虚假问题。对同样存在审计报告虚假记载问题且责任更大的金刚玻璃前任审计机构，仅采取行政监管措施，癸X会计师事务所积极配合执法调查，却被从重处罚，执法标准不统一。对癸X会计师事务所的处罚未合理考虑审计当时条件下穷尽正常审计程序仍不能识别与防止错误或舞弊的客观现实，未合理考虑金刚玻璃整个舞弊过程的隐蔽性、严密性及金融机构回函涉及相关人员串通舞弊等情形，忽略了相关事实认定的原始及历史形成过程、来龙去脉。同时，癸X会计师事务所积极促进企业纠正存在问题，并主动加强执业质量管理工作，纠正不足，请求免除处罚。有关责任人员请求从轻、减轻或免除处罚。

证监局（广东）意见：审计机构的勤勉尽责义务为过程性要求而非以结果论。癸X会计师事务所作为专业审计机构，依法应对审计证据中明显的异常保持应有的关注和职业怀疑，对审计过程中的异常和风险点，应勤勉尽责、依法履行审计职责，不能以审计的固有限制而要求免责。本案中，癸X会计师事务所未按要求对金刚玻璃与财务报告相关的业务系统执行审计程序、未执行风险评估程序、未对获取的相互矛盾或明显异常的审计证据保持职业怀疑、未对函证保持控制、未按既定审计计划执行程序等行为，违反了审计准则相关规定，属于审计责任。同时，本案在量罚时已经综合考虑违法行为的事实、性质、情节、社会危害程度等因素，量罚适当。前任审计机构的审计责任与癸X会计师事务所的审计责任是相互独立的，且前任审计机构相关行政责任已超过法定追责时效。

（7）对事务所及相关责任人的行政处罚没有超过追责期间，也没有超过行政处罚的处理时限要求（2022-1）。

癸X会计师事务所在金刚玻璃2016—2017年年度报表审计受处罚听证时提出的申辩理由：涉案项目已过追责时效期间，不应对癸X会计师事务所及相关审计人员进行追责和处罚，且作出行政处罚的时限也超过法定时限要求。

证监局（广东）意见：根据《行政处罚法》和《证券期货违法行为行政处罚办法》的规定，我局对癸X会计师事务所及相关责任人的行政处罚没有超过追责期间，也没有超过行政处罚的处理时限要求。

（8）《行政处罚法》规定，违法行为有连续或者继续状态的，从行为终了之日起计算，未超过2年追责时效（2022-5）。

丙M会计师事务所在富控互动2013—2015年年度报表审计受处罚听证时提出的申辩理由：本案处罚已过行政处罚时效。

证监会意见：本案对丙M会计师事务所处罚并未超过追责时效。《行政处罚法》规定，违法行为有连续或者继续状态的，从行为终了之日起计算。本案中，丙M会计师事务所连续3年为富控互动出具审计报告（出具报告的时间分别为2014年1月27日、2015年4月22日、2016年4月19日），属于连续多年的同一性质违法行为，主体及其行为性质未发生变化，违法行为处于连续或继续状态。2017年9月26日，我会向丙M会计师事务所出具调查通知书并调取富控互动等审计底稿，并未超过2年追责时效。

（9）向客户送达《现场检查通知书》的同时抄送事务所，发现事务所出具的审计报告存在问题时未过行政处罚追诉时效（2022-6）。

己F会计师事务所在长园集团2016年、2017年年度报表审计受处罚听证时提出的申辩理由：本案已过行政处罚追诉时效。

证监局（深圳）意见：关于行政处罚追诉时效的问题。2019年1月4日我局向长园集团送达了《现场检查通知书》，同时抄送己F会计师事务所，己F会计师事务所长园集团审计项目项目经理于2019年1月29日将部分审计工作底稿送至我局，并在《往来签收登记表》上签字登记。己F会计师事务所出具2016年年度审计报告的行为在我局发现时未过行政处罚追诉时效。对该项申辩意见不予采纳。

（10）客户涉嫌财务造假和事务所涉嫌出具虚假记载审计报告的违法行为线索已经同时进入行政机关视野，应当认定本案违法行为已经被发现，未超过法定追责期限（2022-9）。

庚G会计师事务所在ST天夏2016年年度报表审计受处罚听证时提出的申辩理由：本案处罚时效适用2009年修订的《行政处罚法》。案涉的天夏智慧2016年年报审计报告发布时间为2017年4月11日，违法行为在两年内未被发现，已超过行政处罚追诉时效。

证监局（广西）意见：经复核，我局认为，关于处罚时效。因发现天夏智慧经营状况异常，我局于2018年2月起对天夏智慧开展现场检查，重点核查了公司财务状况，并要求天夏智慧协调审计机构提供公司及重大资产收购对象2014—2016年度审计报告及工作底稿。此时，天夏智慧涉嫌财务造假和庚G会计师事务所涉嫌出具虚假记载审计报告的违法行为线索已经同时进入行政机关视野，应当认定本案违法行为已经被发现，未超过法定追责期限。

（11）违法行为被发现的时间是指可能构成违法的行为进入公权力机关视野的时间，依据《行政处罚法》告知行政相对人享有陈述申辩和听证的权利，与处罚时效无关（2022-10）。

乙Z会计师事务所在公准股份2014年、2015年年度报表审计受处罚听证时提出的申辩理由：乙Z会计师事务所违法行为不存在"连续或继续状态"，已经超过了两年的处罚时效。参照相关案例，应当给予行政监管措施。本案应当适用2009年《行政处罚法》，不应适用2021年修订的《行政处罚法》。

证监局（黑龙江）意见：关于是否已过处罚时效及新旧法律适用问题。根据《行政处罚法》规定，违法行为在两年内未被发现的，不再给予行政处罚。违法行为被发现的时间，是指可能构成违法的行为进入公权力机关视野的时间，也就是公权力机关将行政相对人纳入了以核查为目的的执法范围的时间。我局于2017年7月即对乙Z会计师事务所在审计过程中的勤勉尽责情况进行了关注与核查，未超过处罚时效。我局依据2021年修订的《行政处罚法》第四十五条、第六十三条规定，告知行政相对人享有陈述申辩和听证的权利，与处罚时效无关。参照最高人民法院《关于审理行政案件适用法律规范问题的座谈会纪要》内容，实体问题适用旧法规定，程序问题适用新法规定，我局适用2021年修订的《行政处罚法》保障行政相对人陈述申辩和听证的权利并无不当。

（12）连续两年出具的审计报告存在虚假记载，量罚时已经综合考虑违法行为的事实、性质、情节和社会危害程度，量罚适当（2022-14）。

丙W会计师事务所在ST天夏2017年、2018年年度报表审计受处罚听证时提出的申辩理由：拟罚没金额显失公平且计算基础不当。对丙W会计师事务所和签字会计师的处罚过重，与“惩首恶”的司法精神不符。与审计天夏智慧2016年财务报表的庚G会计师事务所相比，处罚尺度不一致。审计收费应根据收入准则中关于履约义务拆分原则进行分摊。

证监局（广西）意见：关于量罚尺度和基准。丙W会计师事务所及涉案注册会计师在审计过程中对天夏智慧收入舞弊有关重要事项未保持应有的职业怀疑，未勤勉尽责，导致连续两年出具的审计报告存在虚假记载，造成不良影响，本案在量罚时已经综合考虑违法行为的事实、性质、情节和社会危害程度，量罚适当。当事人未提供证据证明本案审计费用存在应予拆分的情形。

（13）收到相关举报和对事务所开展现场检查时，事务所涉嫌违法违规行为已被发现，未过行政处罚时效（2022-16）。

己F会计师事务所在致生联发2016年年度报表审计受处罚听证时提出的申辩理由：本案已超过行政处罚时效。

证监局（北京）意见：我局收到相关举报和对己F会计师事务所开展现场检查时，己F会计师事务所涉嫌违法违规行为已被我局发现，本案未过行政处罚时效。

（14）会计师事务所最后一份虚假记载的审计报告的时间与证监会发现违法行为时点未超过2年，未超过2年的行政处罚时效，证监局出具监管措施即为“发现”会计师事务所违法线索的时点（2023-1）。

己D会计师事务所在易见股份2018年、2019年年度报表审计受处罚听证时提出的申辩理由：天圆全所于2021年9月24日收到证监会《调查通知书》，距离其出具2015年至2018年年度审计报告均已超过两年处罚时效，且审计工作确已勤勉尽责，依法不应给予行政处罚。2019年年度财务报表审计已勤勉尽责，不应行政处罚。

证监会意见：①己D会计师事务所2015年至2019年年度财务报表审计未勤勉尽责处于连续状态，属于连续多年的同一性质违法行为，主体及行为性质未发生变化，违法行为处于连续状态，应将其视为一个整体进行处罚。2020年11月13日，我会四川证监局对易见股份采取出具警示函的监管措施，并对己D会计师事务所及2名签字会计师采取出具警示函的监管措施，是我会发现易见股份及己D会计师事务所违法线索的时点。己D会计师事务所最后一份虚假记载的审计报告为2019年度审计报告，出具日2020年4月29日，距离我会发现违法行为时点2020年11月13日未超过2年。因此，己D会计师事务所2015年至2019年年度财务报表审计未勤勉尽责的违法行为未超过2年的行政处罚时效。②对于本案的签字注册会计师，违法行为发现日距离审计报告出具日超过两年的，应依法认定其违法行为已超过行政处罚时效。因此，我会对易见股份2018年、2019年年度财务报表审计签字会计师进行处罚未超过行政处罚时效。对于申辩人提出的“四川证监局对己D会计师事务所出具监管措施仅是因为未发现保理业务等方面存在明显内控缺陷、实质性程序不到位”等原因。经复核，我会四川证监局对己D会计师事务所及江某、高某华出具监管措施，即为我会“发现”易见股份及己D会计师事务所违法线索的时点。

（15）发现违法行为的时间距案涉违法行为发生未超过两年，本案未过行政处罚时效（2023-2）。

庚E会计师事务所在中天能源2019年至2020年年度报表审计受处罚听证时提出的申辩理由：2019年度审计报告已超出处罚时效。

证监局（北京）意见：经复核，我局认为：我局发现违法行为的时间距案涉违法行为发生未超过两年，本案未过行政处罚时效。

（16）会计师事务所出具审计报告时间与发现违法行为并向会计师事务所出具监督检查文书，未超过两年的行政处罚时效（2023-3）。

己F会计师事务所在獐子岛2016年年度报表审计受处罚听证时提出的申辩理由：已过两年的处罚时效。

证监会意见：2017年3月19日，己F会计师事务所为獐子岛集团出具2016年财务报表审计报告，2018年9月14日，我会发现违法行为并向己F会计师事务所出具监督检查文书，未超过两年的行政处罚时效。

（17）违法行为有连续或继续状态的，从行为终了之日起计算，追责并未超二年时效（2023-4）。

庚G会计师事务所在科迪乳业2016年至2018年年报审计受处罚听证时提出的申辩理由：唐某强、张某提出，已超过二年行政处罚追诉时效，不存在连续违法行为，依法不应行政处罚。

证监局（河南）意见：我局认为：本案对相关责任人处罚并未超过追责时效。《行政处罚法》规定，违法行为有连续或继续状态的，从行为终了之日起计算。本案中，庚G会计师事务所连续三年为科迪乳业出具含有虚假记载内容的审计报告，其违法行为处于连续或继续状态。2018年科迪乳业审计报告出具日期为2019年4月26日，我局向庚G会计师事务所出具监督检查通知书日期为2020年4月13日。唐某强在2016年、2017年、2018年审计报告上签字，张某在2017年、2018年审计报告上签字，我局对其追责并未超二年时效。

（18）涉案违法行为不晚于2019年（即两年之内）发现，因此本案未超过行政处罚时效（2023-7）。

壬I会计师事务所在天海防务2017年年度报表审计受处罚听证时提出的申辩理由：涉案行为已过处罚时效，不应再给予行政处罚。综上，壬I会计师事务所认为其在天海防务2017年年报审计过程中已经勤勉尽责，通过执行初步业务活动、风险评估、内部控制测试以及实质性程序获取了充分、适当的审计证据，同时请求考虑到天海防务军工背景的特殊性、金海运与江苏环宇交易对于天海防务2017年财报影响轻微等，免于对壬I会计师事务所的行政处罚。

证监局（上海）意见：涉案违法行为不晚于2019年被发现，因此本案未超过行政处罚时效。

（19）连续3年出具含有虚假内容的审计报告应视为一个整体，2019年10月在对会计师事务所2018年度审计工作底稿检查时，已发现企业相关业务存在明显异常，表明当时亦已发现2017年度审计涉嫌违法线索，未超过2年时效（2023-11）。

庚G会计师事务所在豫金刚石2017年至2019年的年度报表审计受处罚听证时提出的申辩理由：本案已过2年追责时效。庚G会计师事务所提出，中国证监会于2021年9月8日下发《立案告知书》，距离其出具的2017年度和2018年度审计报告时间已超过2年追责时效。尹某文、麻某华提出，中国证监会2019年对庚G会计师事务所现场检查时仅抽调了豫金刚石2018年度审计底稿，未提及2017年度审计底稿问题，因此对豫金刚石2017年度审计报告签字会计师的行政处罚已过2年追责时效。

证监会意见：本案并未超过行政处罚时效。首先，本案违法行为发现日并非立案告知日。我会在2019年10月对庚G会计师事务所进行专项检查时已发现其在豫金刚石审计项目中未勤勉尽责的违法线索，其时距离豫金刚石2017年年度报告出具审计报告的日期，并未超过2年时效。庚G会计师事务所的申辩意见不能成立。其次，针对2017年度审计报告签字会计师主张其违法行为已过处罚时效，我会认为，庚G会计师事务所作为豫金刚石年报审计机构，连续3年出具含有虚假内容的审计报告，其审计执业未勤勉尽责行为应视为一个整体。我会于2019年10月对豫金刚石2018年年报审计项目作专项检查时，发现相关涉案线索，即表明本案违法行为已进入监管视野。况且，我会在对庚G会计师事务所2018年度审计工作底稿检查时，已发现豫金刚石的黄金饰品业务存在明显异常，而该公司饰品业务的激增自2017年开始，该情况表明我会当时亦已发现庚G会计师事务所2017年度审计涉嫌违法线索。因此，尹某文、麻某华的申辩意见同样不能成立。

（20）违法行为有连续或者继续状态的，从行为终了之日起计算，会计师事务所出具的企业审计报告仍未注销或改正，应认定相关违法行为存在“继续状态”，持续至今（2023-14）。

庚G会计师事务所在华晨集团2017年、2018年年报审计受处罚听证时提出的申辩理由：对其行政处罚已超过2年追诉时效。

证监会意见：经复核，我会认为：庚G会计师事务所出具的华晨集团2017年度、2018年度年报审计报告存在虚假记载事项仍在处罚时效内。《行政处罚法》规定，违法行为有连续或者继续状态的，从行为终了之日起计算。2020年11月20日，华晨集团因信息披露违法违规被证监会立案调查，本案涉及的相关违法行为线索被发现。庚G会计师事务所出具2017年、2018年审计报告的目的为债券发行使用，且华晨集团于2018年9月至2020年2月期间将2017、2018年度审计报告用于申报并发行公司债券，庚G会计师事务所及相关当事人均已确认相关审计报告内容真实准确完整，并承诺承担相应法律责任，截至目前庚G会计师事务所出具的华晨集团2017年度、2018年度审计报告仍未注销或改正，应认定相关违法行为存在“继续状态”，持续至今。

（六）年报披露问题

（1）年报中未完整披露贸易收入确认具体方法（2020-3）。

辛V会计师事务所在太化股份2014年年度报表审计受处罚听证时提出的申辩理由：太化股份已经按照会计准则规定披露收入确认的一般原则，相关会计准则未强制要求披露收入确认的具体方法。

证监会意见：依据《公开发行证券的公司信息披露编报规则第15号——财务报告的一般规定》（证监会公告〔2014〕54号）第十六条规定，太化股份应当结合实际生产经营特点制定收入确认会计政策，并披露具体收入确认时点及计量方法，但是，太化股份2014年年报中未完整披露贸易收入确认具体方法。

（2）对财务报表批准报出事项做虚假记载（2021-8）。

辛H会计师事务所在欢瑞世纪2016年欢瑞世纪重大资产重组报表审计受处罚听证时提出的申辩理由：欢瑞影视财务报表批准报出事项不属于辛H会计师事务所法定职责范围内的事项，且财务报表批准报出事项不具有重大性，即便审计报告所记载有误，辛H会计师事务所也不需要为此负责，不构成虚假陈述。

证监局（重庆）意见：辛H会计师事务所对财务报表批准报出事项做虚假记载，不符合《中国注册会计师审计准则第1501号——对财务报表形成审计意见和出具审计报告》第四十条等规定。

（3）审计报告、附注中有关“关联方及关联交易”的数据勾稽不平（2022-2）。

甲Y会计师事务所在*ST新亿2018年和2019年年度报表审计受处罚听证时提出的申辩理由：不存在未能准确获取与识别*ST新亿关联方关系情况，2019年年度报告中披露的“关联方及关联交易”中关联方应付款项其他应付款信息期初数和期末数包含的关联方是一致的，披露信息准确，关联方及关联交易以审计报告此部分的披露信息为准，相关信息的披露符合准则规定。

证监会意见：关于识别*ST新亿关联方关系问题，吴某堂提出甲Y会计师事务所审计报告第73页2019年审计报告中“八、关联方及关联交易2、关联方应付款项其他应付款期初数8 659 698.04元（合计数），期末数8 342 165.32元（合计数）”是准确的。但是，2019年审计报告第59页中“附注五、（十二）其他应付款3、其他应付款项（1）按款项性质分类关联往来款”期初数为8 659 733.12元，期末数为

20 785 425.40元，审计底稿其他应付款底稿中，非合并范围内关联方（底稿FJ1）期初审定数为8 600 628.91元，期末审定数是8 813 212.91元，三处数据勾稽不平。

（七）会计处理的判断问题

（1）认可利息等有关事项的会计处理的判断依据不充分（2020-4）。

乙L会计师事务所在福鼎白茶2017年年度报表审计受处罚听证时提出的申辩理由：认可白茶股份会计处理的判断并无不妥。主要理由为，审计时，白茶股份已事实履行了执行和解方案，工商银行已接受，根据《合同法》有关规定，《情况说明》提到的执行和解方案已成立；实务中，金融机构与债权人最终和解未加收罚息或免于复利的案例非常多；工商银行与白茶股份达成和解协议对其他金融机构具有导向参考作用；工商银行福鼎支行2019年6月14日确认的《审计业务银行询证函》显示工商银行并未收取白茶股份已还贷款利息，剩余166.78万元本息已由工商银行转让给浙江省浙商资产管理有限公司，如何偿还需重新约定。工商银行当期逾期利息、罚息和复利不应计入虚假记载金额。

证监局（福建）意见：关于乙L会计师事务所认可公司会计处理的判断依据。①工商银行福鼎支行出具《情况说明》中明确执行和解方案“最终审批权在省分行，需省分行审批后方可执行”，乙L会计师事务所并未提交审计时及其后工商银行接受白茶股份按方案执行的证据。即使按乙L会计师事务所述，该执行和解方案为工商银行和公司达成的协议并已成立，则根据《合同法》第45条关于附生效条件合同的有关规定，工商银行福建省分行的审批同意为该协议生效条件，在省分行审批同意前协议尚未生效，对协议双方没有约束力。同时，协议明确了免除利息的前提条件，包括“首先归还保证贷款300万元”“其次归还抵押贷款689万元”，“在2018年5月前抵押物处理完毕归还所欠贷款”，乙L会计师事务所在审计中未取得公司已满足上述条件的充分、适当的审计证据。此外，公司截至2017年年底的实际偿还情况也不能证明工商银行福鼎支行已免除其利息，乙L会计师事务所认可公司减免工商银行利息的会计处理依据不足。②工商银行的和解协议即使生效，对公司其他债权人主张权利并无影响，公司仍需计提对其他债权人的应付利息。③乙L会计师事务所提供的《审计业务银行询证函》复印件为2019年6月14日工商银行福鼎支行签署，不能证明2017年年报审计时工行福鼎支行免除了公司已还贷款的利息，同时表明工行福鼎支行直至2019年的态度仍是将贷款本金与利息一并转让，并未免除相应利息。故乙L会计师事务所在白茶股份2017年年报审计过程中，认可公司就福鼎工行利息等有关事项的会计处理的判断依据不充分。

（2）结算中心存款不应列报为货币资金（2022-12）。

丁X会计师事务所在永煤控股2017—2019年年度报表审计受处罚听证时提出的

申辩理由：永煤控股2017—2019年已审计财务报表不存在虚增货币资金事实，丁X会计师事务所为其出具的无保留意见的审计报告不存在虚假记载。一是丁X会计师事务所按照审计业务约定书内容和相关规定提供了国有企业年度财务报表审计服务，财务报表编制遵循了《企业会计准则》及财政部、国资委相关规定；二是永煤控股资金集中统一管理遵循了国家政策规定，其资金权属未发生转移；三是《企业会计准则解释第15号》出台前，资金管理中心存款列入“货币资金”是业内普遍做法，各政府监管部门也从未提出异议；四是交易商协会的自律调查结果未认定永煤控股货币资金存在重大错报。

证监会意见：关于结算中心存款列报问题。本案中，结算中心存款不应列报为货币资金。其一，河南能化主审所制定的永煤控股会计报表附注披露格式以及河南能化2018年下发的久其软件报表系统不属于恰当的财务报告编制基础，也非审计准则相关规定，不能作为注册会计师发表审计意见的依据和基础；其二，丁X会计师事务所获取的上级部门下发的文件，仅说明可以设立资金管理中心作为加强子公司资金统一管理的方式之一，但不能以此作为结算中心存款列报为货币资金的依据；其三，河南能化财务公司作为为集团成员单位提供财务管理服务的非银行金融机构，应按照中国人民银行、中国银行保险监督管理委员会相关规定进行账户管理，本案中永煤控股根据资金管理中心下达的《资金调度通知书》，将一定数量的货币资金转至河南能化在财务公司开立的账户表明相关货币资金已被归集至母公司河南能化；其四，财政部《关于征求〈企业会计准则解释第15号（征求意见稿）〉意见的函》起草说明部分提及永煤事件中存在资金集中管理问题，且资金集中管理列示在实务中存在差异，并非简单、普遍作为“货币资金”列示，这表明关于结算中心存款的认定存在固有风险，而丁X会计师事务所未实施恰当的程序予以评估和应对；其五，交易商协会的自律调查不能替代行政处罚。

（八）事务所质量控制

（1）事务所未能对工作人员实施有效监督、合理保证审计人员遵守相关职业道德和独立性要求，应当承担责任（2021-1）。

乙V会计师事务所在康美药业2016—2018年年度报表审计受处罚听证时提出的申辩理由：乙V会计师事务所已按照《质量控制准则5101号——会计师事务所对执行财务报表审计和审阅、其他鉴证和相关服务业务实施的质量控制》及《中国注册会计师职业道德守则》的要求制定并执行了所内制度。

证监会意见：乙V会计师事务所提交了已按照《质量控制准则第5101号——会计师事务所对执行财务报表审计和审阅、其他鉴证和相关服务业务实施质量控制》有关规定制定政策和程序的证据材料，但实际执行过程中，乙V会计师事务所未能对工作人员实施有效监督、未能合理保证审计人员遵守相关职业道德和独立性要求，应当承担责任。

（2）承诺约定或有收费、约定居间费用、承诺不出具否定或无法表示意见的审计报告类型等，属于事务所缺乏审计独立性（2022-2）。

甲Y会计师事务所在*ST新亿2018年和2019年年度报表审计受处罚听证时提出的申辩理由：甲Y会计师事务所及项目签字注册会计师不存在审计独立性缺失情况，一是并未承诺无条件不出具否定或无法表示意见的审计报告并约定或有费用；二是基于监管高要求和业务风险考量，约定赔偿条款合情合理合法，符合行业通行做法；三是未实际签署《居间协议》，与刘某辉不存在居间法律关系；四是未违规修改审计报告内容，根据相关方要求作出的修改符合企业实际情况，有合理理由，并不存在重大遗漏，未误导投资者，也未造成投资者损失；五是相关审计报告复核工作并未依赖刘某辉团队完成，刘某辉仅作为外部专家提供咨询意见建议。

证监会理由：关于甲Y会计师事务所缺乏审计独立性问题。其一，甲Y会计师事务所方主张其约定出具特定类型的审计意见系以上市公司配合提供审计所需资料和文件为先决条件，但该条件是审计工作正常开展和出具合适意见审计报告的必要条件，不是出具标准或保留意见审计报告的充分条件，审计机构应从实质上和形式上保持独立性，在任何条件下不应事先约定出具审计意见的类型。甲Y会计师事务所在《审计业务补充约定书》中承诺不出具否定或无法表示意见的审计报告，并基于该承诺约定或有收费，严重丧失独立性；其二，注册会计师应当勤勉尽责并为自己的执业行为负责，甲Y会计师事务所向刘某斌出具承诺函，将注册会计师因未勤勉尽责可能承担的法律后果转移到甲Y会计师事务所，并通过签订《审计业务补充约定书》的形式进一步转移到*ST新亿，违反了独立性要求；其三，根据当事人笔录、微信聊天记录及附件，*ST新亿相关审计业务系刘某辉向吴某堂介绍，双方约定了居间费用并草拟了居间合同，吴某堂要求刘某辉提供审计业务约定书时，刘某辉要求吴某堂先对居间合同签字盖章，刘某辉在双方沟通中也存在“我帮你揽业务”“我中间人”等类似表述，双方合意明确。刘某辉本人在陈述申辩中也多次强调自己的居间人身份。虽因各种原因双方最终未签署合同和发生费用，不影响对刘某辉所起居间作用的认定；其四，吴某堂主张其撰写的《重大审计问题的处理意见》是更改审计意见的理由，但是《重大审计问题的处理意见》未按照相关会议提出的解决方案执行审计程序。且《重大审计问题的处理意见》中关于投资性房地产——房屋建筑物的成本计量的问题，甲Y会计师事务所申辩称其以前任审计机构丙G会计师事务所相关审计结果为依据进行了调账，但是根据甲Y会计师事务所审计底稿中所附与前任会计师沟通记录，未见甲Y会计师事务所审阅丙G会计师事务所的审计底稿，而且前任会计师在上一年度审计报告中明确将“未能就贵公司（*ST新亿）确认的对韩真源投资有限责任公司（以下简称“韩真源”）股权的入账价值和债务重组收益，以及债务入账资产价值的真实性、准确性获取充分、适当的审计证据”列为发表无法表示意见的原因之一。甲Y会计师事务所方在外部人员施压下，更换拟签字注册会计师，并在未充分执行审计程序、未获取充分适当的审计证据的情况下，将拟出具的2018年韩真源净资产审计报告的审计意见由保留意见改为标准无保留意见，明显违规，出具的报告存在虚假记载；其五，开发协议涉及的喀什开源市场资产总额为80 358.00万元，占上市公司最近一期经审计总资产的72.36%，属于应当披露的重大事项，协议中关于“8月24日前未拆除完毕，视为韩真源放弃开发，喀什市自然资源局收回土地使用权”等风险事项关系合同目的能否实现，应当予以完整披露，甲Y会计师事务所方主张所谓相关行政机关“不可能收回”“无权收回”并非不予披露相关信息的免责理由。此外，吴某堂在接受询问时明确表示相关内容是“刘某辉在审核时删除了，他觉得没必要”，而非基于甲Y会计师事务所的审计意见。甲Y会计师事务所在审计报告资产负债表日后事项中未提及相关内容构成重大遗漏，影响投资者判断；其六，吴某堂在接受询问时明确表示，在项目原质量复核人员认为风险太高不愿意签字的情况下，刘某辉及其下属“在为我们做独立质量复核”，双方“在微信群里分享了所有的报告初稿”，刘某辉方“审阅了报告并提出了修改建议”，相关电子文件存在刘某辉方大量修改记录。根据在案证据，刘某辉深度介入了此次审计项目，并非仅作为所谓外部专家提供咨询意见。

（3）质量控制复核人员未对项目组作出的重大判断和据此得出的结论作出客观评价（2022-12）。

丁X会计师事务所在永煤控股2017—2019年年度报表审计受处罚听证时提出的申辩理由：丁X会计师事务所对永煤控股2017—2019年年报审计业务质量控制高度重视，从组织风险研讨、成立审计项目组，到审核批准审计计划、监督执行审计程序，再到实施项目质量复核，都严格按照执业准则要求和丁X会计师事务所质量控制制度规定执行。

证监会意见：关于丁X会计师事务所项目复核工作存在缺陷问题。提高中介机构复核工作质量，避免复核工作“走过场”是我会一以贯之的立场。本案质量控制复核人员在明知永煤控股资金管理中心存款账户开立在河南能化财务公司且账户名称为河南能化，货币资金划转至河南能化的情况下，未对项目组作出的重大判断和据此得出的结论作出客观评价。

（4）会计师事务所在质量控制环节存在明显不到位情形，明知李某山参与审计项目违反审计准则相关规定，仍让其参与并担任项目合伙人角色（2023-15）。

壬S会计师事务所在希努尔2018—2019年度报表审计受处罚听证时提出的申辩理由：壬S会计师事务所2018年至2019年年度审计项目的质量控制执行均已执行到

位，《告知书》所述“异常情况”及复核底稿存在的问题均不存在。其中，《告知书》所述复核底稿中签字人为谭某嘉或李某山的问题，系底稿整理差错，不影响底稿复核程序。

证监会意见：经复核，我会认为：壬S会计师事务所在质量控制环节存在明显不到位情形。一是壬S会计师事务所明知李某山参与审计项目违反审计准则相关规定，仍让其参与并担任重要的项目合伙人角色。二是时任项目质量控制复核人杨某在审计底稿中无复核记录，应由其签字的复核核对表是由李某山签字。三是质量控制环节未充分关注政府补助性质认定的关键证据，未保持职业谨慎。

（九）盈利预测审核报告存在虚假记载

出具的盈利预测实现情况审核报告存在虚假记载（2019-2）。

丙M会计师事务所在雅百特2015年年度报表审计受处罚听证时提出的申辩理由：关于盈利预测实现情况审核服务。丙M会计师事务所在审计雅百特2015年财务报表时已经勤勉尽责，相应也不应因专项审核报告受到处罚。

证监会定性意见：关于盈利预测实现情况审核服务。我会认为丙M会计师事务所在审计雅百特2015年度财务报表时，未勤勉尽责，出具的审计报告存在虚假记载，其相应出具的盈利预测实现情况审核报告也存在虚假记载，对此项申辩意见不予采纳。

第五章

会计师事务所和注册会计师提高防范行政处罚风险的对策

“认识世界是为了改造世界，人类历史是人类自己造出的。”（毛泽东《自由是必然的认识和世界的改造》）。研究证券监管机构对会计师事务所和注册会计师的行政处罚的目的，就是使会计师事务所和注册会计师从正确认识证券监管机构实施行政处罚开始，深入研究影响会计师事务所质量管理的各种因素，提高风险防范意识，增强风险管控措施，减少或避免受到行政处罚，从而有效防范承担行政处罚的风险。

第一节　深入研究影响会计师事务所质量管理的内外部因素

风险是由于个体认知能力的有限性和未来事件发展的不确定性，基于个体的主观评估对预期结果与实际结果的偏离程度及可能性进行的估计。当前，加大会计师事务所监管和违法违规行为的查处力度，已经成为社会与市场的共识，会计师事务所面临监管的压力明显加大，支付的违规成本显著提高，必须深入研究影响会计师事务所质量管理的内外部因素。

一、外部因素

（一）政策环境影响

（1）“放管服”持续深化，证券审计业务市场格局迎来重大变化。“放管服”持续深化，证券业务审计管理方式由审批制改为备案制，证券审计业务市场格局迎来重大变化。取消证券服务进入壁垒，直接导致证券服务业务的参与者增多。部分一体化管理程度较低的原证券所分化，部分执业团队脱离当前共用的证券资格平台。市场参与者扩容加速了执业人员流动，将改变目前证券审计业务的市场格局。

（2）行政责任、民事责任和刑事责任加大。目前，打击证券违法活动的制度体系已形成。新《证券法》在全面推行证券发行注册制、显著提高证券违法成本、完善投资者保护制度、强化信息披露义务、压实中介机构责任等方面作出了制度性改革。《刑法修正案》（十一）回应证券监管要求，在证券犯罪领域的条文修订方面表现出从严从重的趋势。2021年7月6日中共中央办公厅、国务院办公厅印发《关于依法从严打击证券违法活动的意见》，2022年1月21日最高人民法院印发《关于审理证券市场虚假陈述侵权民事赔偿案件的若干规定》（法释〔2022〕2号），更使得会计师事务所的行政责任、民事责任和刑事责任压实和加大。

（二）经济环境影响

（1）宏观经济环境具有不确定性。从全球看，随着不利的供应冲击缓解，硬着陆的可能性逐渐减弱，全球前景面临的风险大致平衡。尽管其他潜在因素将风险分布推向相反的方向，但全球经济增长仍有进一步上行惊喜的空间。

上行风险。全球经济增长强于预期可能来自以下几个方面：第一，更快的通货紧缩：短期内，通胀下降速度快于预期的风险可能再次成为现实，燃料价格下降的传导作用强于预期，职位空缺与失业人员的比例进一步下降，压缩利润率以吸收过去的成本增加。再加上通胀预期下降，这些事态发展可能使央行能够推进其政策宽松计划，也可能有助于改善商业、消费者和金融市场情绪，并促进经济增长。第二，撤回财政支持的速度慢于预期：主要经济体政府在2024–2025年期间撤回财政政策支持的速度可能会比必要的速度和假设的速度慢，这意味着短期内全球增长将高于预期。然而，这种拖延在某些情况下可能会加剧通货膨胀，并且随着公共债务的增加，导致借贷成本上升和更具破坏性的政策调整，从而对随后的全球增长产生负面影响。第三，中国更快的经济复苏：更多与房地产行业相关的改革（包括加快破产房地产开发商的重组，同时保护购房者的利益）或超出预期的财政支持可以提振消费者信心，提振私人需求，并产生积极的跨境影响增长溢出效应。第四，人工智能和供给侧改革：从中期来看，人工智能可以提高工人的生产力和收入，尽管这将取决于各国对人工智能潜力的利用。发达经济体可能比新兴市场和发展中经济体更早地受益于人工智能，这主要是因为它们的就业结构更侧重于认知密集型职位。对于政策环境受限的新兴市场和发展中经济体来说，加快实施供给侧改革可能会带来超出预期的国内外投资和生产率，并更快地向更高收入水平靠拢。

下行风险。全球经济增长仍可能面临一些不利风险：第一，地缘政治和天气冲击导致大宗商品价格飙升：加沙和以色列的冲突可能进一步升级到更广泛的地区，该地区生产世界约35%的石油出口和14%的天然气出口。红海（全球11%的贸易流经红海）的持续袭击以及乌克兰持续的战争有可能对全球复苏产生新的不利供应冲击，从而导致食品、能源和运输成本飙升。集装箱运输成本已大幅上升，中东局势持续动荡。地缘经济的进一步分裂也可能限制大宗商品的跨境流动，导致价格进一步波动。更极端的天气冲击，洪水和干旱等更极端的天气冲击也可能与厄尔尼诺现象一起导致粮食价格飙升，加剧粮食不安全，并危及全球通货紧缩进程。第二，核心通胀持续存在，需要收紧货币政策立场：由于劳动力市场持续紧张和供应链再度紧张等原因，主要经济体核心通胀下降速度低于预期，可能会引发利率预期上升，资产价格下跌。此类事态发展可能会增加金融稳定风险，收紧全球金融状况，引发资本流向安全，并导致美元走强，从而对贸易和增长产生不利影响。第三，中国增长乏力：如果没有针对陷入困境的房地产行业制定全面的重组政策，房地产投资的下降幅度可能会超过预期，而且持续时间可能会更长，从而对国内增长和贸易伙伴产生负面影响。由于地方政府融资限制而出现意外的财政紧缩也是有可能的，在信心低迷的情况下家庭消费也会减少。第四，颠覆性转向财政整顿：许多经济体必须进行财政整顿，以应对不断上升的债务比率。但如果过度大幅转向增税和削减支出，超出预期，可能会导致短期内增长低于预期。不利的市场反应可能会迫使一些缺乏可信中期整顿计划或面临债务困境风险的国家进行严厉的调整。在低收入国家和新兴市场经济体，债务困扰风险仍然很高，限制了必要的促进增长的投资范围（《IMF最新2024年经济展望完整报告》2024年1月31日，【财经姝婷说】）。

从国内看，2024年中国宏观经济主要指标预测具体如下：一是宏观经济将会稳中有升。根据多种模型对2024年我国宏观经济进行预测，多数模型设定和参数组合的预测结果说明2024年我国宏观经济稳中有升。具体来说，我国实际GDP增长速度位于4.6%到5.8%区间，失业率位于5.4%到5.9%区间，通货膨胀率位于0.1%到1.9%区间。二是财政政策将加大稳增长力度。当前通货紧缩螺旋的压力仍然非常明显，在货币政策受到明显制约的条件下，2024年积极的财政政策主调不变，2024年财政的赤字率或有必要继续突破3%。2023年四季度增发1万亿元国债，实际落地大约5 000亿元，剩下的5 000亿元预计将提升2024年GDP大约1.5%。三是大基建稳房价，助力经济抗通缩。随着城中村改造、“三个不低于”等稳房价政策出台，预计固定资产投资名义同比增速或为7%左右，远高于2023年的水平。2024年新建商品房销售面积同比、新开工面积、房地产开发投资名义增速大多会由负转正或跌幅收窄。四是全产业链优势助推外需转正增长。2024年全球经济不确定性将进一步增加。据不完全统计，全球将有40个国家或地区举行选举换届，其中既有美国、俄罗斯等传统大国，也包括印度、印尼以及墨西哥等人口大国，涉及全球近一半的人口。因此，2024年不确定性增加，我国具有全产业链优势和全球最高的工业效率，我国的外贸条件将进一步得到改善，因此，外需对于宏观经济的推动力将由负转正。五是物价水平温和回升，有望走出通货紧缩。2024年物价水平将逐渐脱离偏低的运行轨道，有望在2024年走出通货紧缩的状态，具体形态可能是先低后高。同时，应当看到PPI的回升可能比CPI的回升难度更大，这说明解决的关键在生产端。在工业生产保持平稳、房地产行业逐步止跌的情况下，现在库存偏低的行业可以顺利累库，这会给出厂价格带来支撑。同时也应该提防输入性通货膨胀，主要是产油国的油价冲击。六是房地产市场成为稳内需促增长的关键。2024年经济面临的最大不确定性依然是房地产，房地产是决定2024年中国经济能否实现5%左右增长的关键所在。当下房地产相关政策的放松并未扭转商品房销售的颓势，2024年经济增长将面临更多压力，并继续对上下游行业及全社会的消费和投资信心形成拖累。七是货币政策进一步降准降息。

2023年中国人民银行两次下调政策利率。2024年中国人民银行可能仍然维持这一节奏，进一步降准降息。首先是美联储2024年可能会降息，中美之间的利差约束进一步减弱，大环境有助于我国进一步采取宽松的货币政策；根据我国国内宏观经济的复苏情况，可以进一步采取更加灵活的货币政策。八是人民币对美元汇率走强。2024年我国经济持续恢复，而美联储开启降息周期，进而中美利差缩小，人民币对美元汇率有望走强。九是对居民补贴力度增大。我国之前的经济实践中，主要将补贴发放给企业端，这有助于我国打造世界工厂及全球最完整的产业链。当前我国已经成为超大规模经济体，外需规模相对变小，因此开始逐步将补贴转移到消费端，甚至直接补贴给居民，还可以考虑给居民直接发放现金补助等形式。十是科技创新是经济增长的最大突破口。新质生产力是推动高质量发展的重要引擎，而新质生产力的“新”正是源自科技创新。中央经济工作会议在部署2024年经济工作的九大重点时，将科技创新放在首位。新的科技创新会带来新的投资和消费，并且打破科技封锁（《2024年宏观经济如何走？南开大学发布十大预测》，2024年1月17日，第一财经）。

（2）审计风险受经济环境影响而明显加大。宏观经济环境的不确定性，导致审计风险明显加大。一是会计事项的确认和计量不确定性增多，审计人员作出职业判断的难度上升。一方面，使得经济业务事项不确定性增强，审计人员对会计事项和会计行为本身的判断愈发困难；另一方面，经济环境的多变、会计事项的复杂，加剧了企业的固有风险，导致审计人员在判断时面临更多困难。二是企业舞弊风险加大，审计人员通过职业判断选择有效的审计程序应对此类风险的难度加大。针对欺诈行为，审计人员需要收集的审计证据增多，判断的难度也会加大，审计人员的判断质量将会受到影响。三是境外资产审计受阻，境外审计面临新风险。远程审计具有局限性，通过远程方式执行审计工作获取的审计证据在真实性、完整性、证明力等方面存在不足。四是资产减值凸显，加大审计风险。受疫情影响较大的行业，经营性资产未来产生现金流入量的金额显著减少，甚至低于投资成本，从而使得长期资产面临较大的减值迹象。资产减值涉及管理者的判断、估计等，通常会成为企业操纵利润的手段，进一步加大审计风险。

（三）客户错报或舞弊

执业活动有可能一开始，客户提供的财务报告就是错误的，或是财务报告与会计原则的要求不相符，缺乏真实性、一贯性、合法性、公允性等；或是客户可能由于经营状况不佳，财务面临困境，甚至没有持续经营能力，刻意粉饰企业财务状况，故意制造含有错误信息的财务报告，甚至存在着严重的违法和欺诈行为。因此，从客户状况的角度分析，客户提供财务报告存在错报或舞弊导致的执业风险包括会计政策和会计估计的变更、未决诉讼、资产重组、非常交易、多重控股关系、主营业务业绩不佳和关联方交易等。

（1）会计政策和会计估计的变更。有一些上市企业在没有其他办法的时候，会变更会计政策和会计估计，以此来控制利润。常用的手段主要有存货计价、坏账准备、巨额冲销、潜亏挂账、变更折旧等。如果这些变更是明显不合理的，会计师事务所和注册会计师并没有给出反对意见，就要承担相应的法律责任。

（2）未决诉讼。企业之间的法律纠纷，有些会给企业造成不同数量的损失或者负债，一些较为严重的会使企业失去持续经营能力。如果企业面临的法律纠纷过多，会计师事务所和注册会计师会面临较大的风险。

（3）资产重组。一些上市企业为了达到良好的经营效果，有时会采用资产重组的方式，在购买日采取一些手段来维持较好经营效果。如在年底通过资产重组决策，但从年初开始的经营成果都被收购方合并到上市企业中；在本年度中期进行不良资产的剥离，但是上一年起的相关费用都被同时剥离，从而形成利润等，给会计师事务所和注册会计师带来很大的风险隐患。

（4）非常交易。由于上市企业面临着连续亏损三年就要被摘牌的风险和被取消获取配股资格的压力，一些上市企业为了改变形象，会采取一些资产转让和补贴置换等不等价交换的方式，利用非常交易达到符合配股条件或扭转亏损。如果会计师事务所和注册会计师对这方面的重视程度不足就会产生很大的风险。

（5）多重控股关系。一些企业在经营过程中，为了达到获得某种利益和达到某种目的，会通过多种方法对股权结构进行安排和调整，形成各种各样十分复杂的多重控股关系。企业通过这种手段实现完全自控，从而使一些不当经营和违法活动都能藏在一个圈子之中而不外泄。这样，会计师事务所和注册会计师就难免会陷入企业的圈套之中，从而带来很大的风险。

（6）主营业务业绩不佳。当前很多上市企业存在着主营业务业绩不理想，甚至亏损。而这些企业在扭亏时，大多不是壮大主营业务，而是通过投资项目来进行的。企业在投资项目时，通常只注重扩张规模和升级技术，忽略投资回报和市场前景，这就给会计事务所在客户选择方面带来风险。

（7）关联方交易。关联方交易的存在，财务报告的基础可能就不是公平交易。有时候，关联方之间为了达到提升经营业绩的目的，可能会进行虚假交易。这种情况下，企业财务报告可能存在很大问题，从而给会计师事务所和注册会计师带来执业风险。

（四）执业环境日趋复杂

（1）新技术、新经济、新业态对传统审计技术和方法带来挑战。在市场经济条件下，现代企业的经营规模越来越大，经营活动也越来越复杂，同时，随着社会信息化程度的不断提高，经济业务的种类、性质和内容在不断多样化和复杂化，会计核算业务已远远超过传统的财务会计内容，所得税会计、租赁会计、破产会计、合并会计报表等新内容的不断出现，也给执业带来了更多困难。当前，会计师事务所面临挑战执业风险在不断扩大。新技术、新经济、新业态在资本市场不断涌现，市场主体经济行为和交易复杂的不断提高，对传统审计技术和方法形成了巨大的挑战。受IPO、并购重组等巨额利益的影响，市场主体存在着较强的舞弊动机，对审计人员识别和防范风险的能力也提出了较高的要求。随着股价与会计信息联动性的增强，投资者和社会各界对审计机构保障会计信息质量的要求也越来越高。会计师事务所应对此引起高度重视，完善风险管理机制以提高执业能力和水平。

（2）审计准则与法律规定未能很好衔接。无论是行政监管还是落实民事责任，审计准则都非常重要，它是判定注册会计师审计责任的依据。审计准则对审计责任是有规定的，叫作审计目的（或目标），达到目标就是尽到责任，没有达到目标就没有尽到责任。因此，用审计目的（或目标）来表述："注册会计师针对财务报表是否在所有重大方面按照财务报告编制基础编制并实现公允反映发表审计意见。注册会计师按照审计准则和相关职业道德要求执行审计工作，能够形成这样的意见。"（《审计准则第1101号——注册会计师的总体目标和审计工作的基本要求》第十八条）。也就是说按照审计准则办就能够实现目标，那么接下来意味着只要能办，就能够达到目标，就免责。从表面上看，审计准则本身是自我证明，但是实际上是有注册会计师法支持的。因为注册会计师法规定，注册会计师执行审计业务，必须按照执业准则确定的工作程序出具报告，所以说做审计的人在整个审计体系里面非常重要。证券法对审计责任没有专门条款，而是针对所有中介机构一起提出："证券服务机构为证券的发行、上市、交易等证券业务活动制作、出具审计报告及其他鉴证报告、资产评估报告、财务顾问报告、资信评级报告或者法律意见书等文件，应当勤勉尽责，对所依据的文件资料内容的真实性、准确性、完整性进行核查和验证。"（新《证券法》第一百六十三条）。由此可见，审计准则讲的是注册会计师要对财务报告所有重大方面，它的编制基础是否实现了公允发表意见。而证券法强调的是要针对所依据的文件资料的真实性、准确性、完整性进行核查和验证，要勤勉尽责。这两种表述、语言是不同的。证券法没有提到审计准则的概念，因而带来了审计准则与证券法的衔接的问题，最突出的就是如何判断财务会计报告的真实性、准确性、完整性。如何判断注册会计师勤勉尽责，不仅是一个概念问题，更是一个实践问题。最高人民法院《关于审理证券市场虚假陈述侵权民事赔偿案件的若干规定》（法释〔2022〕2号）在第十九条第一款规定，按照执业准则、规则确定的工作程序和核查手段并保持必要的职业谨慎，仍未发现被审计的会计资料存在错误的，人民法院应当认定其没有过错。

（3）注册会计师审计的合理保证与公众期望差距较大。审计准则提到："注册会计师按照审计准则和相关职业道德要求执行审计工作，能够形成这样的意见。"这句话里有一个潜台词，就是按照审计准则和相关职业道德要求，执行审计工作，提供的是合理保证，是一种高水平的保证，但不是绝对保证，这是审计准则和审计行业、注册会计师行业的认知和共识。但是公众认为，既然发布了审计报告，就应该绝对负责，提供绝对保证或者应该提供高质量的保证。如果没有发现这些财务报告的问题，就没有尽到责任。这实际上是一个期望差距问题。

期望差距，在审计理论上讲得很多，也是一个非常重要的概念。注册会计师行业一直努力缩小希望差距。可以说，注册会计师行业的发展史就是一部不断缩小期望差距的历史。从国际来看，国外虽然有上百年制定审计标准的历史，但却一直在制定的原因就是要不断地完善审计标准，不断地强化对注册会计师的专业指导，提高审计质量，缩小注册会计师审计能够达到的程度和公众期望程度的差距。对于司法部门来讲，在落实注册会计师民事责任上，存在尊重注册会计师行业特性、认同注册会计师审计提供的是合理保证的责任定位。对于注册会计师行业来讲，有持续提高胜任能力、忠实地遵循审计准则、努力缩小期望差距的问题。我们在认定期望差距是一个客观存在、是受准则认可的情况下，如何才能找到期望差距的边界。随着民事责任的落实到位，深入研究这个问题并且能够在各方面达成共识，就显得越来越迫切。

（4）承担过罚相当民事法律责任在过度保护投资者利益中受到影响。注册会计师从事资本市场审计服务，不仅对上市公司承担合约责任，还对合约之外的第三方投资者承担民事法律责任。目前国外公认的看法是，除非注册会计师和上市公司串通造假，否则，注册会计师只对第三方承担比例责任或盖帽责任。

我国新《证券法》要求中介机构承担连带责任。如何理解证券法等相关法律、司法解释关于中介机构与上市公司之间“连带责任”的法律特征，有两种观点：一种是证券法规定的中介机构连带责任包括全部连带责任和比例连带责任。另一种是对于中介机构而言，不应该适用连带责任，而应该适用补充赔偿责任。理论上，一般将共同责任划分为按份责任、连带责任和补充责任。按份责任是指由多数人按照法律规定或合同约定各自承担特定份额的责任。连带责任是由于违反连带债务或共同侵权行为而产生的民事责任。补充责任，是指在应承担责任主责任人的财产不足给付时，补充责任人对不足部分予以补充的责任。不难看出，责任产生的原因和当事人之间的法律关系决定着责任的具体承担方式。就补充责任而言，既强调了共同责任中多个责任主体的主从顺位，也反映了多个责任主体之间过错性质和程度的不同。从实践看，补充责任人要么与主责任人之间存在某种法律上的监督管理或利益支配关系，要么对主责任人的债务不履行行为具有一定的过错。在侵权性的补充责任中，补充责任人承担的是过错补充责任。

合伙制的会计师事务所，其经营特征和公司完全不一样，不是由某一个人控制，合伙人之间有一定的独立性，每个合伙人从某个项目中获取的收益占会计师事务所内的比例较低，与其所获取的收益也不成比例。如果一个合伙人的过失，让全体合伙人和会计师事务所承担连带责任，就会出现过罚不当的问题。从监管机构处罚的案例看，注册会计师绝大部分不是和上市公司故意串通，而是程序或证据瑕疵产生的过失。从审计的特性看，几乎没有不存在瑕疵的审计。对会计师事务所的日常检查与专案调查存在较大差别，在上市公司爆发财务造假的情况下，专案调查是拿着显微镜看问题的，几乎就可以认定注册会计师的过失。在注册会计师100%承担连带责任的情况下，各地诉讼风起云涌，并且出现滥诉现象。会计师事务所无论如何小心执行审计工作，都会有一两单业务中招，而这一两单业务就会摧毁一家大型会计师事务所。

监管机构对上市公司和会计师事务所的专案调查时间长、手段多、认定准，对会计师事务所的行政处罚体现了专业责任的认定。如果会计师事务所在没有受到行政处罚的情况下，法院以上市公司出现财务造假让会计师事务所承担连带责任，还需要做后续责任认定，去干监管机构的活，极大浪费法院的资源。因此，除了注册会计师恶意串通造假的情况外，法律及司法解释应该对中介机构赔偿责任作出限额规定，不能要求中介机构对投资者的偿付义务承担过高的、甚至可能导致其破产的赔偿责任。如此才能将民事责任追究的损失填补与震慑违法两个功能相结合，实现证券市场的平等保护（《"当前资本市场中注册会计师民事法律责任研讨会"实录》，北京大学公司财务法律研究中心，2020年8月6日）。

二、内部因素

（一）审计方法本身存在固有的局限性

任何一种审计方法都存在局限性，审计方法的采用难以规避审计风险。目前我国除了一些大型会计师事务所采用制度基础审计方法外，大多数中小会计师事务所的审计方法还停留在账项审计阶段，在审计实务中广泛地运用抽样技术，如判断抽样、统计抽样等。执业人员在进行抽样审计时，如果样本量过大，会造成人力和时间的浪费，加大审计成本；样本量过小，可能产生误差导致错误结论。如果样本不足以代表总体的特征，那么执业风险就不可避免。

（二）执业人员的有限理性

根据有限理性人假设，完全理性的人在现实中并不存在，而且在特定的经济环境中，理性人也会作出不理智的行为。就执业人员而言，尽管他们已掌握了会计、审计、税法、经济法等方面的知识，并且具备一定的工作经验，但被审计单位造假的手段、方式越来越高明、隐蔽，再加上经济环境非常复杂，使得他们难以完全审查出被审计单位的所有经济问题。再者，更有一部分执业人员自身素质不高，有的在被审计单位经济利益的驱动下，与被审计单位合谋，为其出具虚假的审计报告，给投资者、社会乃至国家造成巨大的经济损失。

（三）风险管理制度不健全使执业风险产生的可能性加大

完善和健全的执业风险管理制度所要实现的目标是树立风险导向监控理念，落实风险导向监控思路，建立统一管理的风险控制体系和程序，完善风险责任划分和责任追究机制，严格控制重大风险事故发生。与发展资本主义国家相比，尽管20世纪初期，在上海、广州等沿海沿江城市出现了我国最早的会计师事务所。但新中国成立以后，很长一段时间受计划经济体制的影响，会计师事务所于20世纪80年代才逐渐恢复发展。因此，会计师事务所的执业风险管理制度尚不健全。主要体现在：一些会计师事务所没有建立统一的风险管理制度和程序，未能做到业务承接有选择、业务委派看能力、业务承做重程序、业务复核抓落实、业务监管求成效；没有树立全员风险控制意识，未能通过合伙文化建设引领合伙人树立风险导向执业理念和提高全员风险控制能力；没有实现分层进行业务风险监控，未能通过合理确定业务分类标准，落实和安排不同层次业务风险的监管程序和监管力量，确保风险控制管理全面有效；没有全面强化风险责任追究机制，未能建立业务风险“一票否决”“责任倒查”“终身追责”机制，将风险事故责任落实到人；没有很好建立以风险为导向的业绩考核与收益分配体系，未能通过建立合理的业务承接、业务承做、业务复核之间的分配关系，为业务风险管理制度落实创造条件和奠定基础。执业风险管理制度不健全，加大了会计师事务所的执业风险。

第二节 完善会计师事务所和注册会计师行业监管体制机制

完善会计师事务所和注册会计师监管体制机制是防范行政处罚法律责任风险的有效措施。

一、完善注册会计师行业管理整体架构

（一）突出财政部的“主管”职能

管理会计师事务所和注册会计师是《中华人民共和国会计法》和《中华人民共

和国注册会计师法》赋予财政部门的管理职责，应当限制财政部门以外具有监管权力的部门“越俎代庖”，如以行政许可为名，变相暂停会计师事务所经营业务等，应当做到即便其他监管机构查出会计师事务所和注册会计师的相关问题，亦应提请或会商财政部门作出相应处罚。《国务院办公厅关于进一步规范财务审计秩序促进注册会计师行业健康发展的意见》（国办发〔2021〕30号）进一步明确了财政的主管职能。

（1）依法加强从事证券业务的会计师事务所监管。行业主管部门严格履行职责，充实财会监督检查力量，推动形成专业化执法检查机制，对从事证券业务的会计师事务所开展有效日常监管。出台会计师事务所监督检查办法，突出检查重点，提高检查频次，严格处理处罚，建立自查自纠报告机制，强化会计师事务所责任。完善相关部门对从事证券业务的会计师事务所监管的协作机制，加强统筹协调，形成监管合力，对会计师事务所和上市公司从严监管，依法追究财务造假的审计责任、会计责任。加强财会监督大数据分析，对财务造假进行精准打击。

（2）严肃查处违法违规行为并曝光典型案例。上下联动、依法整治各类违法违规行为，特别是针对当前行业内较为突出的会计师事务所无证经营、注册会计师挂名执业、网络售卖审计报告、超出胜任能力执业、泄露传播涉密敏感信息等，坚决纠正会计师事务所串通舞弊、丧失独立性等违反职业规范和道德规范的重大问题。梳理一批财务会计领域违法违规典型案件，形成各部门共同行动清单，区分不同情况依法依规严肃处理，坚决做到“零容忍”，对影响恶劣的重大案件从严从重处罚，对违法违规者形成有效震慑。加大典型案例曝光力度，对全社会、全行业形成警示。

（3）加快推进注册会计师行业法律和基础制度建设。制定注册会计师行业基础性制度清单，及时跟进健全相关制度规定，建立健全制度化、常态化的长效机制。推动加快修订注册会计师法，进一步完善行政强制措施、丰富监管工具、细化处罚标准、加大处罚力度。合理区分财务造假的企业会计责任和会计师事务所审计责任，明确其他单位向注册会计师出具不实证明的法律责任。完善会计师事务所组织形式相关规定，明确公众利益实体审计要求。按照过罚相当原则依法处理涉会计师事务所责任案件，研究完善会计师事务所和注册会计师法律责任相关司法解释，进一步明确特殊普通合伙会计师事务所的民事责任承担方式。完善维护信息安全要求，明确境外机构和人员入境执业等相关监管规定。科学合理确定会计师事务所从事上市公司等特定实体审计业务的具体要求，统一公开相关标准。结合实际优化会计师事务所和注册会计师审计轮换机制。

（4）建立健全监管合作机制。建立跨部门合作机制，实现财会监督与其他方面监督有机贯通、协同发力。建立注册会计师行业年度工作会议和日常联席会议机制，整合力量、凝聚共识，切实形成监管合力，及时研究解决制约行业发展的突出问题，不断提升行业监管水平。针对财务会计领域跨区域、跨行业的突出问题，加强中央与地方之间、部门之间监管协调。依法依规开展跨境会计审计监管合作，维护国家经济信息安全和企业合法权益，增强国际公信力和影响力。

（二）提高注册会计师协会“善作为”和“会作为”能力

当前，注册会计师行业担负的执业责任与执业能力之间的差距在扩大，公众对注册会计师行业的认知与注册会计师行业获取价值之间（如行业定价低、议价能力很低）的矛盾在扩大，注册会计师行业制度安排与注册会计师行业内在规律不相适应的分歧在扩大，执业标准国际化与当前国际市场环境不规范、经济环境不断变化的矛盾在扩大，这些构成了制约注册会计师行业加快发展的困境。因此，需要注册会计师协会在会计所事务所正当权益维护，集中行业力量办大事，诸如加强信息化建设、集中财力加大行业注册会计师执业保险投保等方面“善作为”和“会作为”。

二、完善会计师事务所组织形式和业务范围分类管理

（一）完善会计师事务所组织形式

纵观英国、美国、德国等发达国家会计师事务所的组织形式，包括个人独资制、普通合伙制、有限责任公司制、有限责任合伙制四种形式。《中华人民共和国注册会计师法》确定“普通合伙制”和“有限责任公司制”为我国会计师事务所的组织形式。国务院办公厅转发《财政部关于加快发展我国注册会计师行业若干意见的通知》（国办发〔2009〕56号）下发后，要求大中型会计师事务所实行特殊普通合伙转制，特殊普通合伙制仍然属于合伙制的范畴，是特殊的普通合伙形式。由此，形成了目前普通合伙制、有限责任公司制和特殊普通合伙制并存的会计师事务所组织形式。由于“个人独资制”是国际通用的会计师事务所组织形式之一，加上“个人独资制”在《个人独资企业法》中有明确法律依据，特别是大量的会计咨询、会计服务的业务需要，“个人独资制”应当成为会计师事务所的组织形式之一。有限责任合伙制，既是国际通行做法，也是国内大中型会计师事务所呼唤实行的组织形式之一。因此，应当将个人独资制和有限责任合伙制作为会计师事务所法定的组织形式，形成个人独资制、普通合伙制、特殊普通合伙制、有限责任公司制和有限责任合伙制并存的格局。

（二）推进注册会计师业务范围分类管理

在加强会计师事务所和注册会计师的管理过程中，政府主管部门、监管机构和

行业协会及时发布市场需求信息、会计师事务所和注册会计师服务能力信息，推动会计师事务所“有什么样的能力做什么样的事情”十分必要，推动具有不同组织形式的会计师事务所承担不同业务范围的专业服务。同时，对个人独资制、有限责任制会计师事务所设立许可时冠以“会计咨询”或“会计服务”特征，不冠以“会计师事务所”字样，实现执业范围分类管理。

三、加强会计师事务所日常监管和优化执业环境

（一）强化行业日常管理

（1）强化国家统一的会计制度贯彻实施。完善企业会计准则体系，修订相关指南、案例等，加强培训和实务指导，及时解决贯彻实施中存在的突出问题。制定推广会计数据标准，开展企业会计报表电子报送试点，推动部门间会计数据共享。推动加快修订会计法，进一步明确会计核算、内部控制、信息化建设等要求，丰富监管手段，大幅提高处罚标准，加大财务造假法律责任追究力度，推进会计诚信体系建设，全面提升企业会计信息质量。

（2）加强行业日常监管和信用管理。加强信息化建设，构建注册会计师行业统一监管信息平台，通过业务报备、电子证照和签章等手段加强日常监测，提升监管效率和水平。探索建立审计报告数据单一来源制度，推动实现全国范围“一码通”，从源头治理虚假审计报告问题。出台注册会计师行业严重失信主体名单管理办法，依法依规共享和公开相关信息并实施联合惩戒。畅通投诉举报渠道，建立统一的行业举报受理平台，完善投诉举报办理机制，做到“接诉必应、限时核查，查实必处、处则从严”。

（3）完善审计准则体系和职业道德规范体系。立足我国注册会计师执业实践，结合准则国际趋同等需要，及时修订完善审计准则体系并推动落地实施。加强职业道德守则宣传、培训和实施指导，针对职业规范和道德规范执行的薄弱环节，指导会计师事务所改进审计程序，增强审计独立性，提高应对财务舞弊的执业能力。

（二）优化执业环境和能力

（1）引导会计师事务所强化内部管理。加强会计师事务所一体化管理，出台一体化管理办法，建立可衡量、可比较的指标体系，引导会计师事务所在人员调配、财务安排、业务承接、技术标准和信息化建设方面实行统一管理，建立健全公开、透明、规范的一体化管理检查评估程序。进一步完善会计师事务所综合排名机制，将一体化管理检查评估结果作为排名的重要依据，引导会计师事务所对标对表加强内部管理。结合大、中、小型会计师事务所特点，每年从一体化管理、信息化管理、

“专精特”发展等方面树立典型示范，推广先进经验。着力培育一批国内领先、国际上有影响力的会计师事务所，助力更多自主品牌会计师事务所走向世界。

（2）推进以质量为导向的会计师事务所选聘机制建设。加强对企业内部审计工作的指导和监督，调动内部审计和社会审计力量，增强审计监管合力。完善国有企业、上市公司选聘会计师事务所有关规定，压实企业审计委员会责任，科学设置选聘会计师事务所指标权重，提高质量因素权重，降低价格因素权重，完善报价因素评价方式，引导形成以质量为导向的选聘机制，从源头有效遏制恶性竞争。加强对选聘相关规定执行情况的监督，对违反规定的企业和压价竞争的会计师事务所严肃追责并公告。

（3）提升会计师事务所审计风险承担能力。完善职业责任保险制度，修订《会计师事务所职业责任保险暂行办法》，根据资本市场发展和证券业务现状，充分考虑会计师事务所客户群体、风险状况等客观差异，完善保险金额等相关要求。加强职业责任保险和职业风险基金计提情况监督，规范职业风险基金管理和使用，督促会计师事务所提升风险防范能力。探索实行行业集中投保。

（4）加强注册会计师专业培训教育。创新继续教育方式，围绕专业胜任能力、职业技能、职业价值、职业道德等重点，丰富完善教育内容。充分利用信息技术手段，上线继续教育相关应用，切实增强培训效果，持续保持和强化注册会计师专业胜任能力和职业道德操守，提升审计质量。

（5）进一步规范银行函证业务。加强银行函证数字化平台建设，加快推进函证集约化、规范化、数字化进程，利用信息技术解决函证不实、效率低下、收费过高等问题，支持提升审计效率和质量。开展银行函证第三方平台试点工作，总结试点经验，形成配套工作指引，完善业务、数据、安全等标准体系，推动银行函证数字化平台规范、有序、安全运行，并在上市公司年报审计中推广应用。规范银行函证业务及收费行为，对提供不实回函等违法违规行为依法依规严肃查处。

第三节　建立健全会计师事务所全面质量管理体系

建立健全会计师事务所全面质量管理体系是有效防范执业风险的根本措施，是实现高质量发展的根本大计。《会计师事务所质量管理准则第5101号——业务质量管理》（以下简称《质量管理准则第5101号》）规范了会计师事务所设计、实施和运行有关财务报表审计业务、财务报表审阅业务、其他鉴证业务以及相关服务业务的质量管理体系，《会计师事务所质量管理准则第5102号——项目质量复核》（以下简称《质量管理准则第5102号》）规范了项目质量复核人员的委派和资质要求以及项目质量复核人员在实施和记录项目质量复核方面的责任，《中国注册会计师审计准则第1121号——对财务报表审计实施的质量管理》（以下简称《审计准则第1121号》）规范了注册会计师在项目组层面对财务报表审计实施质量管理的具体责任以及项目合伙人与之相关的责任（见表5-1）。会计师事务所应当以此为指导，建立健全适合于自身发展要求的业务质量管理体系。

表5-1　　会计师事务所质量管理体系构成表

序号	准则名称	主要目标	涉及对象
1	《质量管理准则第5101号》	全面质量管理体系	会计师事务所人员（治理与管理层、合伙人、员工）
2	《质量管理准则第5102号》	项目质量复核体系	项目质量复核人员（项目复核合伙人、质量复核辅助人员）
3	《审计准则第1121号》	项目组层面质量管理体系	项目组人员（项目合伙人、签字注册会计师、项目组其他人员）

一、业务质量管理

《质量管理准则第5101号》（以下简称本准则）要求设计和采取应对措施以应对质量风险，应对措施的性质、时间安排和范围取决于相关质量风险的评估结果及得出该评估结果的理由。

（一）会计师事务所目标和运用及遵守本准则的要求

（1）会计师事务所的目标。会计师事务所的目标是，针对所执行的财务报表审计业务、财务报表审阅业务、其他鉴证业务和相关服务业务，设计、实施和运行质量管理体系，为会计师事务所在下列方面提供合理保证：会计师事务所及其人员（包括合伙人和员工）按照适用的法律法规和职业准则的规定履行职责，并根据这些规定执行业务；会计师事务所和项目合伙人（会计师事务所中负责某项业务及其执行，并代表会计师事务所在出具的报告上签字的合伙人）出具适合具体情况的报告。

（2）会计师事务所持续高质量地执行业务是服务公众利益的内在要求。设计、实施和运行质量管理体系可以使会计师事务所能够持续高质量地执行业务。实现业务的高质量，需要执业人员按照适用的法律法规和职业准则的规定计划和执行业务并出具报告。遵守适用的法律法规的规定并实现职业准则的目标需要运用职业判断，针对某些类型的业务，还需要保持职业怀疑。

（3）运用和遵守本准则的所有要求。会计师事务所应当遵守本准则的所有要求，除非由于会计师事务所或其业务的性质和具体情况，某些要求与本会计师事务所不相关。对质量管理体系承担最终责任的人员（即主要负责人），以及对质量管理体系承担运行责任的人员，应当了解本准则及应用指南的全部内容，以正确理解本准则的目标并恰当遵守其要求。

（二）会计师事务所质量管理体系

（1）会计师事务所质量管理体系。质量管理体系，是指会计师事务所设计、实施和运行的系统。会计师事务所应当设计、实施和运行在全所范围内（包括分所或分部）统一的质量管理体系（见图5-1）。

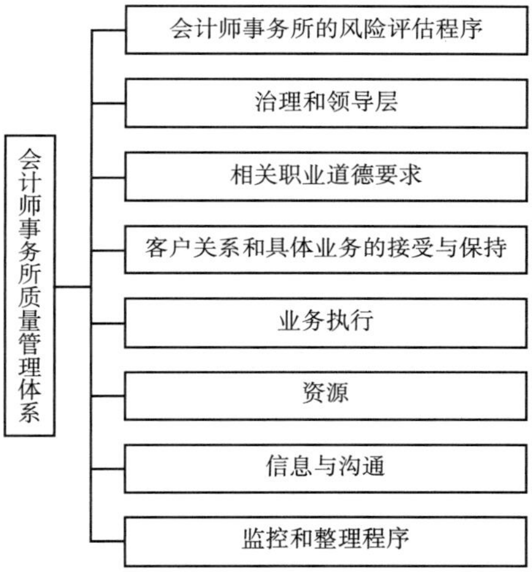

图5-1　会计师事务所质量管理体系

会计师事务所在设计、实施和运行质量管理体系时，应当运用职业判断，并考虑会计师事务所及其业务的性质和具体情况，建立并严格执行一体化管理机制，实现人事、财务、业务、技术标准和信息管理方面的统一管理，对于合并的分所（或分部）也不应当例外。

（2）设计、实施和运行质量管理体系的步骤和考虑因素。会计师事务所设计、实施和运行质量管理体系时，要采用风险导向的方法。

步骤：包括设定质量目标、应当识别和评估质量风险、设计和采取应对措施以应对质量风险。设定的质量目标是由质量管理体系各组成要素相关的目标构成的。识别和评估质量风险为设计和采取应对措施奠定基础。应对措施的性质、时间安排和范围取决于相关质量风险的评估结果及得出该评估结果的理由。

考虑因素：包括会计师事务所的性质和具体情况、执行的业务的性质和具体情况。由于会计师事务所之间、业务之间存在差异，质量管理体系在设计上会存在差异，特别是其复杂程度和规范程度也会存在差异。

（3）架构会计师事务所质量管理体系的要求。质量管理体系应当不断完善和优化，而不是一成不变，应当根据会计师事务所及其业务在性质和具体情况方面的变化，对质量管理体系的设计、实施和运行进行动态调整。

质量管理体系中的治理和领导层应当为质量管理体系的设计、实施和运行，营造良好环境和提供支持。主要负责人（如首席合伙人、主任会计师或者同等职位的人员，下同）应当对质量管理体系承担最终责任。应当指定专门的合伙人（或类似职位的人员）对质量管理体系的运行承担责任。这些特定方面包括遵守独立性要求、监控和整改程序等。

在向相关人员分派责任时，应当确保这些人员同时符合下列条件：具备适当的知识、经验和资质；在会计师事务所内具有履行其责任所需要的权威性和影响力；具有充足的时间和资源履行其责任；充分理解其应负的责任并接受对这些责任履行情况的问责。

应当确保对质量管理体系运行承担责任的人员、对遵守独立性要求承担责任的人员、对监控和整改程序承担责任的人员，能够直接与对质量管理体系承担最终责任的人员（即主要负责人）沟通。

如果属于某一网络（网络是指由多个实体组成，旨在通过合作实现共享收益、分担成本，共享所有权、控制权或管理权，执行统一的质量管理政策和程序，执行同一经营战略，使用同一品牌，共享重要的专业资源中的一个或多个目的的联合体），并且在其质量管理体系中或执行业务时，遵守了网络要求或利用了网络服务，仍然应当对其自身的质量管理体系负责。如果在其质量管理体系中或执行业务时利用了服务提供商提供的资源，仍然应当对其自身的质量管理体系负责。

（三）会计师事务所的风险评估程序

会计师事务所应当设计和实施风险评估程序，以设定质量目标，识别和评估质量风险，并且设计和采取应对措施以应对质量风险。应当设定明确规定的质量目标，以及认为对实现其质量管理体系的目标而言必要的其他质量目标。

（1）识别和评估质量风险。会计师事务所应当识别和评估质量风险，为设计和采取应对措施奠定基础。

在识别和评估质量风险时，一方面，应当了解可能对实现质量目标产生不利影响的事项或情况，包括相关人员的作为或不作为。这些事项或情况包括：会计师事务所的性质和具体情况、会计师事务所业务的性质和具体情况。会计师事务所的性质和具体情况包括：会计师事务所的复杂程度和经营特征，在战略和运营方面的决策与行动、业务流程及业务模式，领导层的特征和管理风格，会计师事务所的资源，法律法规、职业准则的规定以及会计师事务所运营所处的环境，网络要求和网络服务的性质和范围。会计师事务所业务的性质和具体情况，具体包括：执行的业务的类型和出具报告的类型，业务执行对象属于哪种类型的实体。另一方面，考虑这些事项或情况等，可能对实现质量目标产生哪些不利影响以及不利影响的程度。

（2）设计并采取应对质量风险的应对措施。会计师事务所应当设计并采取应对措施，以应对质量风险。设计和采取应对措施的方式，应当根据并针对相关质量风险的评估结果及得出该评估结果的理由。采取的应对措施应当包括本准则明确规定的应对措施。

在某些情况下，由于会计师事务所或其业务的性质和具体情况发生变化，可能需要设定额外的质量目标、评估额外的质量风险，也可能需要调整之前评估的质量风险或采取的应对措施。应当制定政策和程序，以识别表明存在这些情况的信息。如果识别出这些信息，应当加以考虑，并在适当时采取下列措施：设定额外的质量目标或调整之前设定的额外质量目标；识别和评估额外的质量风险，调整已评估的质量风险或重新评估质量风险；设计和采取额外的应对措施，或调整已采取的应对措施。

（四）会计师事务所的治理和领导层

（1）针对治理和领导层设定质量目标。会计师事务所治理和领导层应当为质量管理体系的设计、实施和运行营造良好环境和提供支持。针对治理和领导层，应当设定下列质量目标：在全所范围内形成一种质量至上的文化，树立质量意识；领导层通过实际行动展示其对质量的重视；领导层向会计师事务所人员传递质量至上的执业理念，培育以质量为导向的文化；组织结构以及对相关人员角色、职责、权限的分配是恰当的，能够满足质量管理体系设计、实施和运行的需要；会计师事务所的资源（包括财务资源）需求有计划，并且资源的取得和分配能够保障履行其对质量的承诺。

形成质量至上文化，树立质量意识的文化认同包括：会计师事务所有责任通过持续高质量地执行业务服务于公众利益；职业价值观、职业道德和职业态度的重要性；会计师事务所所有人员都对其执行业务的质量承担责任，或对质量管理体系中执行活动的质量承担责任，并且这些人员的行为应当得当；会计师事务所的战略决策和行动，包括会计师事务所在财务和运营方面对优先事项的安排，都不能以牺牲质量为代价。

（2）建立健全质量管理领导框架。会计师事务所应当建立健全质量管理领导框架（见图5-2）。

会计师事务所应当根据本所及业务的具体情况，设计适合本所的质量管理领导层框架，明确责任，确保其切实有效地发挥作用。

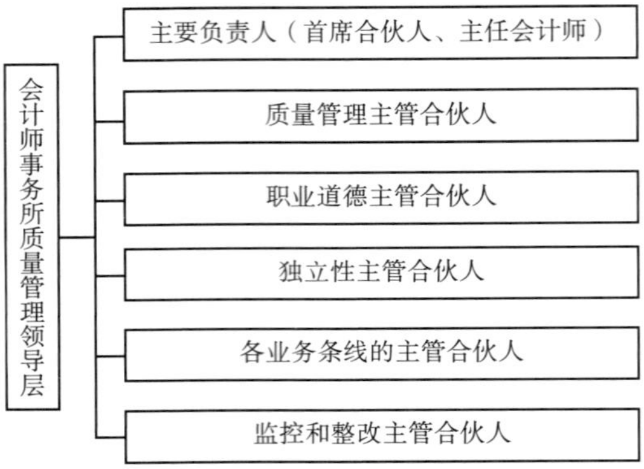

图5-2　会计师事务所质量管理领导层构成

主要负责人（如首席合伙人、主任会计师或者同等职位的人员）对会计师事务所的质量管理体系承担最终责任，并履行下列职责：提名或委任会计师事务所质量管理领导层的其他成员，保障其具备充分的时间、资源、胜任能力和权限履行职责，并对其进行指导、监督、评价和问责；建立并有效运行以质量为导向的合伙人管理机制；合理保证质量管理体系健全并在会计师事务所全所范围内有效运行；通过审核与监控和整改程序相关的报告等方式，每年至少一次对质量管理体系作出评价，并定期评价相关人员的业绩，落实问责和整改措施；领导并决定对质量管理具有重大影响的其他事项。

质量管理主管合伙人（或同等职位的人员）具体负责质量管理体系的设计、实施和运行，并履行下列职责：建立、完善并有效运行会计师事务所质量管理政策和程序，确保会计师事务所持续满足法律法规、职业准则和监管要求；全面参与业务质量管理决策，形成工作记录；对监控和整改程序的运行提供督导，就质量管理存在的问题提出整改措施，并向主要负责人报告；就与重大风险相关的事项提供咨询；其他质量管理职责。如果会计师事务所成立质量管理委员会或类似机构履行质量管理主管合伙人的职责，该委员会的主任委员或类似职位的成员可以参照质量管理主管合伙人承担领导责任。

职业道德主管合伙人（或同等职位的人员）具体负责会计师事务所与职业道德有关的事务，并履行下列职责：制订与职业道德相关的工作计划以及与该计划相关的年度绩效目标，并对职业道德计划的所有方面承担明确的责任；根据相关职业道德要求，建立、完善并有效运行与职业道德相关的政策和程序，包括与违反职业道德后果相关的政策和程序，以确保会计师事务所持续满足相关职业道德要求；计划和组织针对全体合伙人、执业人员以及其他人员的职业道德培训，以增强这些人员对职业道德和职业价值观的认识和理解；建立专门的渠道，供会计师事务所所有人员就职业道德相关问题进行咨询和报告职业道德相关事项和情况，并对这些咨询和报告保密；建立与解决具体职业道德问题相关的流程，确保能够恰当应对所有已识别出的职业道德问题；向主要负责人报告所有与职业道德相关的重大事项；获取会计师事务所所有人员就其遵守职业道德情况的确认，包括已阅读并了解相关职业道德要求，以及是否存在违反相关职业道德要求的情况等；至少每年一次向主要负责人报告与职业道德相关的政策和程序、事件和结果以及后续计划；其他职业道德管理职责。

独立性主管合伙人（或同等职位的人员）具体负责会计师事务所与审计、审阅和其他鉴证业务独立性有关的事务，并履行下列职责：统筹会计师事务所所有与独立性相关的重大事项，包括设计、实施、运行、监督和维护与独立性相关的监控程序；建立和完善与独立性相关的咨询机制，保证提供咨询的人员具备适当的时间、经验、专业胜任能力、客观性、权威性和判断能力；建立和维护相关信息系统，以提供会计师事务所人员禁止投资清单、受限制实体清单、关键审计合伙人执业年限清单等信息，并制定相关政策和程序，以确保这些信息真实、准确和完整；指导、监督和复核会计师事务所独立性相关政策和程序的运行情况；就独立性相关事务开展监控活动；至少每年一次向主要负责人报告与独立性相关的重大事项；及时识别法律法规、职业准则、监管机构对适用的独立性要求作出的修订，并考虑是否更新会计师事务所相关流程。

会计师事务所可以根据本所的实际需要，将职业道德主管合伙人和独立性主管合伙人的职责和人员进行合并。

会计师事务所可以根据本所业务的实际情况和质量管理的需要划分业务条线。例如，可以根据业务的性质，客户所处行业或地区等划分业务条线。各业务条线的主管合伙人负责所主管业务的总体质量，并履行以下职责：确定本业务条线相关计划，包括资源的需求、获取和分配计划，并合理地获取和分配资源；督导项目合伙人有效执行质量管理体系中的政策和程序，并遵守相关职业道德要求；委派或授权他人委派具有足够专业胜任能力、时间与良好诚信记录的项目合伙人执行业务；按照会计师事务所内部规定参与本业务条线中有关业务质量的重大事项的讨论以及意见分歧的解决，发表意见并形成工作记录；其他质量管理职责。如果建立业务条线管理委员会或类似机构履行业务条线主管合伙人职责，该委员会的主任委员或类似职位的成员需要参照业务条线主管合伙人承担领导责任。在各业务线主管合伙人较多时，可以安排1名业务线主管合伙人对各业务线主管合伙人进行总体管理。

监控和整改主管合伙人（或同等职位的人员）对质量管理体系“监控和整改”要素的运行承担责任，包括下列职责：领导与监控和整改相关的政策和程序的设计、实施和运行，并提供适当督导；领导业务检查和其他监控活动的设计、实施和运行工作，并提供适当督导；就业务检查和其他监控活动的结果与主要负责人和质量管理体系中的相关负责人进行及时沟通；其他监控和整改管理职责。

（3）加强治理与管理层质量管理领导的机制建设。会计师事务所领导层成员应当以身作则、率先垂范，带头遵守质量管理体系中的各项政策和程序，不得干扰项目组按照职业准则的要求执行业务、作出职业判断。

会计师事务所应当加强对合伙人晋升、培训、考核、分配、转入、退出的管理，体现以质量为导向的文化，确保合伙人能够按照质量管理体系的要求，切实履行其在质量管理方面的责任，防范业务风险。

应当加强对其员工（包括外部转入人员）晋升合伙人的管理，综合考虑拟晋升人员的执业理念、职业价值观、职业道德、专业胜任能力和执业诚信记录，建立以质量为导向的晋升机制，不得以承接和执行业务的收入或利润作为晋升合伙人的首要指标。应当针对合伙人晋升建立和实施质量一票否决制度。

应当在全所范围内统一进行合伙人考核和收益分配。对合伙人的考核和收益分配，应当综合考虑合伙人的执业质量、管理能力、经营业绩、社会声誉等指标，不得以承接和执行业务的收入或利润作为首要指标，不得直接或变相以分所、部门、合伙人所在团队作为利润中心进行收益分配。

（五）相关职业道德要求

（1）针对相关职业道德要求设定质量目标。会计师事务所针对相关人员按照相关职业道德要求（包括独立性要求）履行职责，应当设定下列质量目标：会计师事务所及其人员充分了解规范会计师事务所及其业务的职业道德要求，并严格按照这些职业道德要求履行职责；受职业道德要求约束的其他组织或人员，包括网络、网络事务所、网络或网络事务所中的人员、服务提供商，充分了解与其相关的职业道德要求，并严格按照这些职业道德要求履行职责。

（2）针对相关职业道德要求制定相关政策和程序。会计师事务所针对相关职业道德要求，应当制定下列政策和程序：识别、评价和应对对遵守相关职业道德要求的不利影响；识别、沟通、评价和报告任何违反相关职业道德要求的情况，并针对这些情况的原因和后果及时作出适当应对；至少每年一次向所有需要按照相关职业道德要求保持独立性的人员获取其已遵守独立性要求的书面确认。

（3）建立健全关键审计合伙人轮换机制和实时监控。会计师事务所应当按照相关职业道德要求，建立并完善与公众利益实体审计业务有关的关键审计合伙人轮换机制，明确轮换要求，确保做到实质性轮换，防止流于形式。应当完善利益分配机制，保证全所的人力资源和客户资源实现一体化统筹管理，避免某合伙人或项目组的利益与特定客户长期直接挂钩，影响独立性。应当定期评价利益分配机制的设计和执行情况。

针对公众利益实体审计业务，应当对关键审计合伙人的轮换情况进行实时监控，通过建立关键审计合伙人服务年限清单等方式，管理关键审计合伙人相关信息，每年对轮换情况实施复核，并在全所范围内统一进行轮换。

（六）客户关系和具体业务的接受与保持

（1）针对客户关系和具体业务的接受与保持设定质量目标。会计师事务所针对客户关系和具体业务的接受与保持，应当设定下列质量目标：一方面，就是否接受或保持某项客户关系或具体业务所作出的判断是适当的，充分考虑了下列方面：是否针对业务的性质和具体情况以及客户（包括客户的管理层和治理层）的诚信和道德价值观获取了足以支持上述判断的充分信息；是否具备按照适用的法律法规和职业准则的规定执行业务的能力。另一方面，在财务和运营方面对优先事项的安排，并不会导致对是否接受或保持客户关系或具体业务作出不恰当的判断。

（2）针对客户关系和具体业务的接受与保持应当制定的政策和程序。会计师事务所应当制定与下列情形相关的政策和程序：在接受或保持某一客户关系或具体业务后知悉了某些信息，而这些信息如果在接受或保持该客户关系或具体业务之前知悉，将会导致其拒绝接受该客户关系或业务；根据法律法规的规定，有义务接受某项客户关系或具体业务。

（3）客户关系和具体业务的接受与保持的风险管理。会计师事务所应当在客户关系和具体业务的接受与保持方面树立风险意识，确保项目风险评估真实、到位。对于在客户关系和具体业务的接受与保持方面具有较高风险的客户，应当设计和实施专门的质量管理程序，如加强与前任注册会计师的沟通、与相关监管机构沟通、访谈拟承接客户以了解有关情况、加强内部质量复核等。

对于从其他会计师事务所转入人员带来的客户，应当严格执行与客户关系和具体业务的接受与保持相关的程序，审慎承接新客户。

应当制定政策和程序，针对客户关系和具体业务的接受与保持，在全所范围内统一决策。对于认定存在高风险的业务，应当经质量管理主管合伙人（或类似职位的人员）或其授权的人员审批。在决策时，应当充分考虑相关职业道德要求、管理层和治理层的诚信状况、业务风险以及是否具备执行业务必要的时间和资源，审慎作出承接与保持的决策。

（七）业务执行

（1）针对业务执行应当设定质量目标。会计师事务所针对业务执行，应当设定下列质量目标：项目组了解并履行其与所执行业务相关的责任，包括项目合伙人对项目管理和项目质量承担总体责任，并充分、适当地参与项目全过程；基于项目的性质和具体情况、向项目组分配的资源以及项目组可获得的资源，对项目组进行的指导和监督以及对项目组已执行的工作进行的复核是恰当的，并且由经验较为丰富的项目组成员对经验较为缺乏的项目组成员的工作进行指导、监督和复核；项目组恰当运用职业判断并保持职业怀疑（如适用）；对困难或有争议的事项进行了咨询，并已按照达成的一致意见执行；项目组内部、项目组与项目质量复核人员之间（如适用），以及项目组与会计师事务所内负责执行质量管理体系相关活动的人员之间存在的意见分歧，能够得到会计师事务所的关注并予以解决；业务工作底稿能够在业务报告日之后及时得到整理，并得到妥善的保存和维护，以遵守法律法规、相关职业道德要求和其他职业准则的规定，并满足会计师事务所自身的需要。

（2）制定业务执行的相关政策与程序。会计师事务所应当制定以下业务执行相关的政策和程序：

应当就项目质量复核制定政策和程序，并对下列业务实施项目质量复核：上市实体财务报表审计业务；法律法规要求实施项目质量复核的审计业务或其他业务；会计师事务所认为，为应对一项或多项质量风险，有必要实施项目质量复核的审计业务或其他业务。

应当制定政策和程序，在全所范围内统一委派具有足够专业胜任能力、时间，并且无不良执业诚信记录的项目合伙人执行业务。其中，对专业胜任能力的评价应当包括下列方面：该人员是否充分了解相关法律法规和监管要求，是否能够熟练掌握和运用相关职业准则的规定，是否充分了解客户所在行业的业务特点、发展趋势、重大风险，以及该行业对信息技术的运用情况等。会计师事务所应当按照质量管理体系的要求对上述委派进行复核。

应当制定与内部复核相关的政策和程序，对内部复核的层级、各层级的复核范围、执行复核的具体要求以及对复核的记录要求等作出规定。

应当制定与解决意见分歧相关的政策和程序，包括下列方面：明确要求项目合伙人和项目质量复核人员复核并评价项目组是否已就疑难问题或涉及意见分歧的事项进行适当咨询，以及咨询得出的结论是否得到执行。明确要求在业务工作底稿中适当记录意见分歧的解决过程和结论。如果项目质量复核人员、项目组成员以外的其他人员参与形成业务报告中的专业意见，也应当在业务工作底稿中作出适当记录。确保所执行的项目在意见分歧解决后才能出具业务报告。

应当制定与出具业务报告相关的政策和程序，要求业务报告在出具前，应当经项目合伙人、项目质量复核人员（如有）复核确认，确保其内容、格式符合职业准则的规定，并由项目合伙人及其他适当的人员签署。

应当加强对业务报告签发过程的控制，委派专门人员负责对报告的签章进行严格管理。

应当制定政策和程序，以接收、调查、解决由于未能按照适用的法律法规、职业准则的要求执行业务，或由于未能遵守会计师事务所按照本准则要求制定的政策和程序，而引发的投诉和指控。

（八）资源

（1）针对资源应当设定质量目标。会计师事务所为及时且适当地获取、开发、利用、维护和分配资源，支持质量管理体系的设计、实施和运行，应当设定下列质量目标：

招聘、培养和留住具备与会计师事务所执行的业务相关的知识和经验、能够持续高质量地执行业务，执行与质量管理体系运行相关的活动或承担与质量管理体系相关的责任等具备胜任能力的人员。

人员通过其行为展示出对质量的重视不断培养和保持适当的胜任能力以履行其职责，通过及时的业绩评价、薪酬调整、晋升和其他奖惩措施对这些人员进行问责或认可。

在质量管理体系的运行方面缺乏充分、适当的人员时，能够从外部（如网络、网络事务所或服务提供商）获取必要的人力资源支持；为每项业务分派具有适当胜任能力的项目合伙人和其他项目组成员，并保证其有充足的时间持续高质量地执行业务。

分派具有适当胜任能力的人员执行质量管理体系内的各项活动，并保证其有充足的时间执行这些活动。

获取、开发、维护、利用适当的技术资源，以支持质量管理体系的运行和业务的执行。

获取、开发、维护、利用适当的知识资源，以为质量管理体系的运行和高质量业务的持续执行提供支持，并且这些知识资源符合相关法律法规（如适用）和职业准则的规定。

结合前述的质量目标，从服务提供商获取的人力资源、技术资源或知识资源能够适用于质量管理体系的运行和业务的执行。

（2）制定资源相关的政策与程序。会计师事务所应当投入足够资源打造一支专业性强、经验丰富、运作规范的质量管理体系团队，以维持质量管理体系的日常运行。

应当建立与专业技术支持相关的政策和程序，配备具备相应专业胜任能力、时间和权威性的技术支持人员，确保相关业务能够获得必要的专业技术支持。

应当建立和运行完善的工时管理系统，确保相关人员投入足够的时间执行业务，并为业绩评价提供依据。

应当建立和完善与业务操作规程、业务软件等有关的指引，把职业准则的要求从实质上执行到位，避免执业人员仅简单勾画程序表格、未实质性执行程序、程序与目标不一致、程序执行不到位、业务工作底稿记录不完整等问题，确保执业人员恰当记录判断过程、程序执行情况及得出的结论。

（九）信息与沟通

（1）针对信息与沟通设定质量目标。针对获取、生成和利用与质量管理体系有关的信息，并及时在会计师事务所内部或与外部各方沟通信息。为支持质量管理体系的设计、实施和运行，会计师事务所应当设定下列质量目标：

会计师事务所的信息系统能够识别、获取、处理和维护来自内部或外部的相关、可靠的信息，为质量管理体系提供支持。

会计师事务所的文化认同并强化会计师事务所人员与会计师事务所之间，以及这些人员彼此之间交换信息的责任。

会计师事务所内部以及各项目组之间能够交换相关、可靠的信息，包括向相关人员和项目组传递信息，传递的性质、时间安排和范围足以使其理解和履行与执行业务或质量管理体系各项活动相关的责任；人员和项目组在执行业务或质量管理体系各项活动的过程中向会计师事务所传递信息。

会计师事务所向外部各方传递相关、可靠的信息，包括向网络、在网络中或向服务提供商（如有）传递信息，使该网络或服务提供商能够履行其与网络要求、网络服务或提供资源相关的责任；根据相关法律法规或职业准则的规定向外部传递信息，或为了帮助外部各方了解质量管理体系而向外部传递信息。

（2）制定信息与沟通相关的政策与程序。会计师事务所应当制定与下列方面相关的政策和程序：在执行上市实体财务报表审计业务时，应当与治理层沟通质量管理体系是如何为持续高质量地执行业务提供支撑的；在何种情况下向外部各方沟通与质量管理体系相关的信息是适当的；进行外部沟通时应当沟通哪些信息，以及沟通的性质、时间安排、范围和适当形式。

（十）监控和整改程序

（1）针对监控和整改程序设定质量目标。会计师事务所应当建立在全所范围内统一的监控和整改程序，并开展实质性监控，以实现下列质量目标：就质量管理体系的设计、实施和运行情况提供相关、可靠、及时的信息；采取适当的行动以应对识别出的质量管理体系的缺陷，以使该缺陷能够及时得到整改。

（2）设计和实施监控活动。会计师事务所应当设计和实施监控活动，包括定期和持续的监控活动，为识别质量管理体系的缺陷奠定基础。

在确定监控活动的性质、时间安排和范围时，会计师事务所应当考虑下列方面：相关质量风险的评估结果及得出该评估结果的理由；应对措施的设计；会计师事务所风险评估程序以及监控和整改程序的设计；质量管理体系发生的变化；以前实施监控活动的结果，包括以前实施的监控活动是否仍然与评价质量管理体系相关，以及为应对以前识别出的缺陷所采取的整改措施是否有效；其他相关信息，包括由于未能按照适用的法律法规、职业准则执行业务，或者由于未能遵守会计师事务所的政策和程序而引发的投诉或指控；从外部检查和服务提供商获取的信息。

监控活动应当包括对已完成项目的检查，并应当确定选择哪些项目和哪些项目合伙人进行检查。在确定时，会计师事务所应当考虑下列方面：前述“在确定监控活动的性质、时间安排和范围时，会计师事务所应当考虑”的所有方面；实施的其他监控活动的性质、时间安排和范围，以及这些监控活动所针对的项目和项目合伙人；周期性地选取已完成的项目进行检查。在每个周期内，对每个项目合伙人，至少选择一项已完成的项目进行检查。对承接上市实体审计业务的每个项目合伙人，检查周期最长不得超过三年。

（3）制定监控活动相关的政策和程序。会计师事务所应当制定下列政策和程序：要求执行监控活动的人员具备有效执行监控活动所必需的胜任能力、时间和权威性；要求执行监控活动的人员具备客观性，这些政策和程序应当禁止项目组成员或项目质量复核人员参与对该项目的任何检查。

（4）评价和发现监控和整改程序的缺陷。会计师事务所应当评价发现的情况，以确定是否存在缺陷，包括监控和整改程序中的缺陷。

应当通过下列方法评价识别出的缺陷的严重程度和广泛性：调查所识别出的缺陷的根本原因，在确定用于调查根本原因的程序的性质、时间安排和范围时，应当考虑这些识别出的缺陷的性质和可能的严重程度；评价这些识别出的缺陷单独或累积起来对质量管理体系的影响。

应当根据对根本原因的调查结果，设计和采取整改措施，以应对识别出的缺陷。对监控和整改程序的运行承担责任的人员应当评价整改措施是否得到恰当的设计，以应对识别出的缺陷及其根本原因，并确定这些程序是否已得到实施。该人员还应当评价针对以前识别出的缺陷采取的整改措施是否有效。如果这些评价表明整改措施并未得到恰当的设计和执行，或未达到预期效果，则对监控和整改程序的运行承担责任的人员应当采取适当措施以确保对这些整改措施已作出必要调整以使其能够达到预期效果。如果发现的情况表明某项业务在执行过程中遗漏了应当实施的程序，或者出具的报告可能不适当，会计师事务所应当予以应对，采取的应对措施应当包括下列方面：采取适当行动，以遵守适用的法律法规和职业准则的规定；当认为出具的报告不适当时，考虑其影响并采取适当的行动，包括考虑是否需要征询法律意见。

对监控和整改程序的运行承担责任的人员，应当及时与对质量管理体系承担最终责任的人员（即主要负责人），以及对质量管理体系的运行承担责任的人员沟通下列事项：对已执行的监控活动的描述；识别出的缺陷，包括这些缺陷的严重程度和广泛性；针对识别出的缺陷采取的整改措施。应当与项目组以及在质量管理体系中承担相关责任的其他人员沟通，以使项目组和这些人员能够根据其职责迅速采取恰当行动。

（5）针对监控中发现的缺陷的性质和影响对相关人员问责。会计师事务所应当制定政策和程序，针对监控中发现的缺陷的性质和影响，对相关人员进行问责。这种问责应当与相关责任人员的考核、晋升和薪酬挂钩。对执业中存在重大缺陷的项目合伙人，会计师事务所应当对其是否具备从事相关业务的职业道德水平和专业胜任能力作出评价。

（6）及时修订完善质量管理体系。会计师事务所应当就监控的实施情况，发现的缺陷，评价、补救和改进措施、问责等形成监控报告。存在缺陷的，应当及时修订完善质量管理体系。

（十一）与完善质量管理体系相关的其他要求

（1）网络要求或网络服务。如果会计师事务所属于某一网络，则应当了解下列事项：网络对质量管理体系的要求，包括要求实施或利用由该网络设计、提供或推行的资源或服务（即网络要求）；由网络提供的，供会计师事务所在设计、实施或运行其质量管理体系时选择实施或利用的服务或资源（即网络服务）；针对为执行网络要求或利用网络服务所采取的必要行动，应当承担的责任。仍然应当对其质量管理体系负责，包括对设计、实施和运行该质量管理体系过程中作出的职业判断负责。不得因遵守网络要求或利用网络服务而违反本准则的规定。

基于上述了解，会计师事务所应当采取下列措施：确定网络要求或网络服务如何与会计师事务所质量管理体系相关，以及如何在该体系中加以考虑，包括这些要求或服务将如何实施；评价会计师事务所是否需要对这些网络要求或网络服务加以调整或补充，以满足本所质量管理体系的需要；如果需要对这些网络要求或网络服务加以调整或补充，考虑如何调整或补充。

当由网络执行与所质量管理体系有关的监控活动时，会计师事务所应当：确定由网络执行的监控活动对按照本准则第八十条至第八十二条（即“会计师事务所应当设计和实施监控活动”、会计师事务所在“在确定监控活动的性质、时间安排和范围时”应当考虑的相关方面、“会计师事务所的监控活动应当包括对已完成项目的检查，并应当确定选择哪些项目和哪些项目合伙人进行检查”）的规定执行的监控活动的性质、时间安排和范围的影响；确定与该监控活动相关的责任，包括需要采取的相关行动；及时从网络获取其实施监控活动的结果，以作为按照本准则第八十四条（“会计师事务所应当评估发现的情况，以确定是否存在缺陷”）的规定评价监控活动发现的情况并识别缺陷的一部分。

对于网络针对本网络中所有事务所实施的监控活动，会计师事务所应当：一方面，了解该类监控活动的总体范围，包括为确定网络要求已在网络事务所之间得到恰当执行而实施的监控活动，以及网络将如何向会计师事务所沟通实施监控活动的结果。另一方面，至少每年一次从网络获取该类监控活动的总体结果的相关信息，并采取下列措施：这些信息传递给各项目组以及在质量管理体系中承担各项责任的其他人员，以使项目组和这些人员能够根据其责任迅速采取恰当的行动；考虑这些信息对本所质量管理体系的影响。

如果会计师事务所识别出网络要求或网络服务中的缺陷，应当采取下列措施：就与已识别出的缺陷相关的信息与网络沟通；按照本准则第八十六条（即“如果上述评价表明整改措施并未得到恰当的设计和执行，或未达到预期效果，则对监控和整改程序的运行承担责任的人员应当采取适当措施以确保对这些整改措施已作出必要调整以使其能够达到预期效果”）的规定，设计和采取整改措施，以应对网络要求或网络服务中识别出的缺陷的影响。

（2）评价质量管理体系。对质量管理体系承担最终责任的人员（即主要负责人）应当代表会计师事务所对质量管理体系进行评价。该评价应当以某一时点为基准，并且应当至少每年一次。基于上述评价，对质量管理体系承担最终责任的人员（即主要负责人）应当代表会计师事务所得出下列结论中的一项：质量管理体系能够向会计师事务所合理保证该体系的目标得以实现；质量管理体系的设计、实施和运行存在严重但不具有广泛影响的缺陷，除与这些缺陷相关的事项外，质量管理体系能够向会计师事务所合理保证该体系的目标得以实现；质量管理体系不能向会计师事务所合理保证该体系的目标得以实现。

如果对质量管理体系承担最终责任的人员（即主要负责人）得出上述“质量管理体系的设计、实施和运行存在严重但不具有广泛影响的缺陷”或“质量管理体系不能向会计师事务所合理保证该体系的目标得以实现”结论，应当采取下列措施：迅速采取适当行动；与各项目组以及在质量管理体系中承担相关责任的其他人员就与其责任相关的事项进行沟通；按照会计师事务所根据本准则第七十八条（即“（一）会计师事务所在执行上市实体财务报表审计业务时，应当与治理层沟通质量管理体系是如何为持续高质量地执行业务提供支撑的；会计师事务所在何种情况下向外部各方沟通与质量管理体系相关的信息是适当的；（三）会计师事务所按照上述第（一）项和第（二）项的规定进行外部沟通时应当沟通哪些信息，以及沟通的性质、时间安排、范围和适当形式。”）的规定制定的政策和程序，与外部各方沟通。

会计师事务所应当定期对下列人员进行业绩评价：对质量管理体系承担最终责任的人员（即主要负责人）；对质量管理体系承担运行责任的人员；对质量管理体系特定方面承担运行责任的人员。在进行业绩评价时，应当考虑对质量管理体系的评价结果。

（3）对质量管理体系的记录。会计师事务所应当对其质量管理体系进行记录，以满足下列要求：为人员对质量管理体系的一致理解提供支持，包括理解其在质量管理体系和业务执行中的角色和责任；为质量管理体系的持续实施和运行提供支持；为应对措施的设计、实施和运行提供证据，以支持对质量管理体系承担最终责任的人员（即主要负责人）对质量管理体系进行评价。

应当就下列方面形成工作记录：对质量管理体系承担最终责任的人员（即主要负责人）和对质量管理体系承担运行责任的人员各自的身份；质量目标和质量风险；对应对措施的描述以及这些措施是如何应对质量风险的；监控和整改程序；根据本准则第一百条的规定得出结论的依据。

监控和整改程序包括下列方面：已执行监控活动的证据；对发现的情况、识别出的缺陷、缺陷的根本原因作出的评价；为应对识别出的缺陷而采取的整改措施，以及对这些整改措施在设计和执行方面的评价；与监控和整改程序相关的沟通。

会计师事务所应当记录本准则第一百零四条（“会计师事务所应当形成工作记录”）所规定的方面中与对网络要求、网络服务的相关事项，以及按照本准则九十五条第（二）项和第（三）项（即“（二）评价会计师事务所是否需要对这些网络要求或网络服务加以调整或补充，以满足本所质量管理体系的需要；（三）如果需要对这些网络要求或网络服务加以调整或补充，考虑如何调整或补充。”）的规定，与对网络要求或网络服务进行评价相关的事项。

会计师事务所应当规定质量管理体系工作记录的保存期限，该期限应当涵盖足够长的期间，以使会计师事务所能够监控质量管理体系的设计、实施和运行情况。如果法律法规要求更长的期限，应当遵守法律法规的要求。

二、项目质量复核

《质量管理准则第5102号》（以下简称“本准则”）规定实施的项目质量复核，属于会计师事务所按照《管理准则第5101号》的规定设计和实施的一项应对措施。项目质量复核，是指在报告日或报告日之前，项目质量复核人员对项目组作出的重大判断及据此得出的结论作出的客观评价。项目质量复核由项目质量复核人员在项目层面代表会计师事务所实施。

（一）项目质量复核人员

项目质量复核人员，是指会计师事务所中实施项目质量复核的合伙人或其他类似职位的人员，或者由会计师事务所委派实施项目质量复核的外部人员。

项目质量复核人员对重大判断的评价是在适用的法律法规和职业准则框架下作出的。然而，项目质量复核并不旨在评价整个项目是否遵守了适用的法律法规和职业准则的规定，或者会计师事务所的政策和程序。

项目质量复核人员不是项目组成员。执行项目质量复核，并不改变项目合伙人对项目实施质量管理以高质量执行业务的责任，以及对项目组成员进行指导和监督并复核其工作的责任。项目质量复核人员并不需要获取证据以支持项目的意见或结论，但是，项目组在回应项目质量复核过程中提出的问题时可能获取进一步证据。

（二）项目质量复核的目标

会计师事务所的目标是，委派符合相关资质要求的项目质量复核人员，对项目组作出的重大判断和据此得出的结论作出客观评价。

会计师事务所和项目质量复核人员应当了解本准则及应用指南的全部内容，以正确理解本准则的目标并恰当遵守其要求。恰当遵守要求旨在为实现目标奠定充分基础。然而，如果认为遵守某些要求不能为实现目标奠定充分基础，会计师事务所或项目质量复核人员应当采取进一步措施以实现目标。

（三）项目质量复核人员的委派和资质要求

（1）项目质量复核人员的统一委派。会计师事务所应当制定政策和程序，要求将委派项目质量复核人员的职责分配给会计师事务所内具有履行该职责所需的胜任能力及适当权威性的人员。这些政策和程序应当要求该人员在全所范围内（包括分所或分部）统一委派项目质量复核人员。

（2）项目质量复核人员及其协助人员的条件。①项目质量复核人员的条件。会计师事务所应当制定政策和程序，以明确项目质量复核人员的任职资质要求。这些政策和程序应当要求项目质量复核人员不得作为项目组成员，并且应当同时满足下列条件：具备适当的胜任能力，包括充足的时间和适当的权威性以实施项目质量复核，项目质量复核人员的胜任能力应当至少与项目合伙人相当；遵守相关职业道德要求，包括与项目质量复核人员如何应对对其客观性和独立性产生的不利影响相关的职业道德要求，并在实施项目质量复核时保持独立、客观、公正；遵守与项目质量复核人员任职资质要求相关的法律法规规定。内部的项目质量复核人员应当是合伙人或类似职位的人员，且在面对来自项目合伙人或内部其他人员的压力时能够坚持原则。项目质量复核人员也可能是会计师事务所委派的外部人员。②项目质量复核人员提供协助的人员的条件。会计师事务所应当制定政策和程序，以明确为项目质量复核人员提供协助的人员的任职资质要求。这些政策和程序应当规定，为项目质量复核人员提供协助的人员不得作为项目组成员，并且应当同时满足下列条件：具备适当的胜任能力，包括充足的时间，以履行对其分配的职责；遵守相关法律法规的规定和相关职业道德要求，其中，相关职业道德要求包括与该人员如何应对对其客观性和独立性产生的不利影响相关的职业道德要求。

（3）安排项目质量复核人员的约束性要求。前任项目合伙人两年内不得担任该项目的项目质量复核人员。会计师事务所根据前述“遵守相关职业道德要求，包括与项目质量复核人员如何应对对其客观性和独立性产生的不利影响相关的职业道德要求，并在实施项目质量复核时保持独立、客观、公正”的规定制定的政策和程序，应当涵盖前任项目合伙人被委任为项目质量复核人员而对其客观性产生不利影响的情形。这些政策和程序应当规定一段冷却期，并要求在冷却期结束之前，前任项目合伙人不得担任该项目的项目质量复核人员。中国注册会计师职业道德守则针对公众利益实体审计和审阅业务的冷却期作出了明确规定，前任项目合伙人应当遵守该规定，对于公众利益实体审计和审阅业务以外的其他情形，冷却期应当至少为两年。

尽量避免同一年度内两个项目之间交叉实施项目质量复核。会计师事务所应当制定政策和程序，规定在为某一项目具体委派项目质量复核人员时，应当充分考虑拟委派人员的胜任能力和客观性。除非出现特殊情况，应当尽量避免在同一年度内需要实施项目质量复核的两个项目之间交叉实施项目质量复核，即由某一项目的项目合伙人对另一项目实施项目质量复核，同时由后者的项目合伙人对前者实施项目质量复核。

（4）制定项目质量复核的政策和程序。会计师事务所应当制定与下列方面相关的政策和程序：要求项目质量复核人员对实施项目质量复核承担总体责任；针对为项目质量复核提供协助的人员，要求项目质量复核人员负责确定对该等人员进行指导和监督，以及对该等人员的工作进行复核的性质、时间安排和范围。

（5）项目质量复核人员更换。会计师事务所应当制定政策和程序，以应对项目质量复核人员不再符合其任职资质要求的情况，并采取适当的措施，包括如何识别这种情况，以及如何委任一位替代者。当项目质量复核人员意识到其不再符合任职资质要求时，应当通知会计师事务所适当人员，并采取下列措施：如果项目质量复核尚未开始，不再承担项目质量复核责任；如果项目质量复核已经开始实施，立即停止实施项目质量复核。

（四）实施项目质量复核

（1）针对项目质量复核的实施的政策与程序。项目质量复核人员有责任根据下列“在实施项目质量复核时项目质量复核人员应当实施的程序”和“项目质量复核人员怀疑项目组作出的重大判断或据此得出的结论并不恰当时，应当告知项目合伙人”的规定，在项目的适当时点实施复核程序，以为客观评价项目组作出的重大判断和据此得出的结论奠定适当基础；项目合伙人与项目质量复核相关的责任，包括禁止项目合伙人在收到项目质量复核人员按照下列“项目质量复核人员应当确定是否遵守了本准则中与实施项目质量复核相关的要求，以及项目质量复核是否已完成”的规定就已完成项目质量复核发出的通知前签署报告；项目组与项目质量复核人员就某项重大判断进行讨论的性质和范围对项目质量复核人员的客观性产生不利影响的情形，以及在这些情形下需要采取的适当行动。

（2）在实施项目质量复核时项目质量复核人员应当实施的程序。在实施项目质量复核时，项目质量复核人员应当实施下列程序：

阅读并了解下列信息：与项目组就项目和客户的性质和具体情况进行沟通获取的信息；与会计师事务所就监控和整改程序进行沟通获取的信息，特别是针对可能与项目组的重大判断相关或影响该重大判断的领域识别出的缺陷进行的沟通。

与项目合伙人及其他项目组成员讨论重大事项，以及在项目计划、实施和报告时作出的重大判断。

选取部分与项目组作出的重大判断相关的业务工作底稿进行复核，并评价下列方面：作出这些重大判断的依据，包括项目组对职业怀疑的运用；业务工作底稿能否支持得出的结论；得出的结论是否恰当。

对于财务报表审计业务，评价项目合伙人确定独立性要求已得到遵守的依据。评价是否已就疑难问题或争议事项、涉及意见分歧的事项进行适当咨询，并评价咨询得出的结论。

对于财务报表审计，评价项目合伙人确定下列方面的依据：项目合伙人对整个审计过程的参与程度是充分、适当的；项目合伙人能够确定作出的重大判断和得出的结论适合项目的性质和具体情况。

对下列方面实施复核：对于财务报表审计，复核被审计财务报表和审计报告，以及审计报告中对关键审计事项的描述；对于财务报表审阅，复核被审阅财务报表或财务信息，以及拟出具的审阅报告；对于财务报表审计和审阅以外的其他鉴证业务或相关服务业务，复核业务报告和鉴证对象信息。

（3）项目质量复核人员怀疑项目组作出的重大判断或据此得出的结论并不恰当，应当告知项目合伙人。如果项目质量复核人员怀疑项目组作出的重大判断或据此得出的结论并不恰当，应当告知项目合伙人。如果这一怀疑不能得到使项目质量复核人员满意的解决，项目质量复核人员应当通知会计师事务所内部的适当人员项目质量复核无法完成。

（4）项目质量复核人员应当确定是否遵守了本准则中与实施项目质量复核相关的要求，以及项目质量复核是否已完成。如果是，项目质量复核人员应当签字确认并通知项目合伙人项目质量复核已完成。

（五）工作底稿

会计师事务所应当制定政策和程序，要求项目质量复核人员负责就项目质量复核形成工作底稿。

项目质量复核人员应当确定对项目质量复核形成的工作底稿足以使未曾接触该项目的、有经验的执业人员了解项目质量复核人员以及对项目质量复核提供协助的人员所执行程序的性质、时间安排和范围，以及在实施复核的过程中得出的结论。

项目质量复核人员还应当确定项目质量复核工作底稿中包括下列方面：项目质量复核人员及协助人员的姓名；已复核的业务工作底稿的识别特征；项目质量复核人员按照前述的“质量复核人员怀疑项目组作出的重大判断或据此得出的结论不恰当，应当通知会计师事务所”和“项目质量复核人员应当确定是否遵守了《质量管理准则第5102号》中与实施项目质量复核相关的要求，以及项目质量复核是否已完成”的规定作出确定的依据和通知；完成项目质量复核的日期。

三、项目组层面质量管理

《审计准则第1121号》（以下简称“本准则”）规范了注册会计师在项目组层面对财务报表审计实施质量管理的具体责任，以及项目合伙人与之相关的责任。由于《质量管理准则第5101号》规范的是“会计师事务所设计、实施和运行有关财务报表审计业务、财务报表审阅业务、其他鉴证业务以及相关服务业务的质量管理体系”，《质量管理准则第5102号》规范的是“项目质量复核人员的委派和资质要求，以及项目质量复核人员在实施和记录项目质量复核方面的责任”，因此，《质量管理准则第5101号》和《质量管理准则第5102号》是本准则的适用前提。

（一）本准则的运用

（1）遵守其他中国注册会计师审计准则的要求，可能能够为项目层面实施质量管理提供相关的信息。

（2）对于每项审计业务，注册会计师都实现本准则及其他审计准则的目标，以持续高质量地执行审计业务，是服务公众利益的内在要求。实现审计业务的高质量，需要会计师事务所执业人员按照适用的法律法规和职业准则的规定计划和执行审计工作并出具审计报告。遵守适用的法律法规的规定并实现职业准则的目标需要运用职业判断，保持职业怀疑。

（3）根据《审计准则第1101号——注册会计师的总体目标和审计工作的基本要求》的规定，审计项目组应当在计划和执行审计工作时运用职业判断并保持职业怀疑。职业判断用于根据审计项目的性质和具体情况，作出适合管理和实现高质量的、知情的行动决策。职业怀疑为审计项目组作出高质量的职业判断提供支持，并通过这些判断，支持审计项目组在项目层面实现高质量的总体效果。保持职业怀疑可以通过审计项目组的行动和沟通展示出来。这些行动和沟通可能包括一些具体的步骤，以应对可能导致难以运用职业怀疑的障碍，如无意识的倾向或资源上的限制。

（4）本准则中的各项要求需要结合每项审计项目的性质和具体情况加以运用。例如：如果某个审计项目完全由项目合伙人执行（如对较不复杂实体的审计），本准则中的某些要求可能与该情形不相关，因为这些要求适用于审计项目组其他成员参与审计项目的情形；如果某个审计项目并非完全由项目合伙人执行，或被审计单位的性质和具体情况较为复杂，项目合伙人可能将设计或实施某些审计程序的任务分配给审计项目组其他成员。

（二）项目组和项目合伙人的责任

（1）项目组的责任。审计项目组在项目合伙人的领导下，在会计师事务所质量管理体系的框架下，通过遵守本准则的要求，承担下列责任：利用会计师事务所传递或从会计师事务所获取的信息，实施会计师事务所政策和程序所要求的、适用于该审计项目的应对措施，以应对质量风险；考虑审计项目的性质和具体情况，确定除会计师事务所的政策和程序外，是否需要在项目层面设计和采取其他应对措施；与会计师事务所沟通来自审计项目的信息，或按照会计师事务所的政策和程序应予沟通的信息，以支持会计师事务所质量管理体系的设计、实施和运行。

（2）项目合伙人对遵守本准则的各项要求承担最终责任。项目合伙人对遵守本准则的各项要求承担最终责任。当本准则某些条款采用“项目合伙人应当负责……”的措辞时，表明本准则允许项目合伙人将设计或实施某些审计程序的任务分配给审计项目组中具有适当的专业知识、技能和经验的成员。对于未采用该措辞的条款，则表明该条款中的要求或责任应当由项目合伙人亲自遵守或承担，但项目合伙人可以从会计师事务所或审计项目组其他成员获取信息。

（三）质量管理的目标、领导责任

（1）质量管理的目标。注册会计师的目标是，在审计项目层面实施质量管理，以就实现高质量获取合理保证。包括下列具体目标：注册会计师按照适用的法律法规和职业准则的规定履行审计职责，并根据这些规定执行审计业务；注册会计师出具适合具体情况的审计报告。

（2）对管理和实现审计高质量的领导责任。项目合伙人应当对管理和实现审计项目的高质量承担总体责任，包括为审计项目组营造强调会计师事务所文化和审计项目组成员行为期望的环境。在此过程中，项目合伙人应当充分、适当地参与整个审计过程，从而能够根据审计项目的性质和具体情况，确定审计项目组作出的重大判断和据此得出的结论是否适当。

在营造环境时，项目合伙人应当采取明确、一致和有效的行动，以体现会计师事务所对质量的重视，并确定和沟通对审计项目组成员的行为期望，包括强调下列方面：审计项目组所有成员都有责任为在项目层面管理和实现业务的高质量作出贡献；审计项目组成员的职业价值观、职业道德和职业态度的重要性；在审计项目组内部进行开放、顺畅、深入沟通的重要性，同时，进行沟通能够支持审计项目组成员提出自己的质疑，而不怕遭受报复；审计项目组成员在整个审计项目中保持职业怀疑的重要性。

如果项目合伙人为了遵守本准则中的某项要求，将设计或实施某些审计程序、执行某些审计工作或采取某些行动的任务分配给审计项目组其他成员，项目合伙人仍然应当通过指导、监督这些审计项目组成员并复核其工作，对管理和实现审计项目的高质量承担总体责任。

（四）相关职业道德要求

项目合伙人应当了解适用于审计业务的性质和具体情况的相关职业道德要求，包括与独立性相关的要求。

项目合伙人应当负责确保审计项目组其他成员知悉适用于审计业务的性质和具体情况的相关职业道德要求，以及会计师事务所的相关政策和程序，包括与下列方面相关的政策和程序：识别、评估和应对对遵守相关职业道德要求（包括与独立性相关的要求）的不利影响；可能导致违反相关职业道德要求（包括与独立性相关的要求）的情形，以及当审计项目组成员意识到这种违反时应当承担的责任；当审计项目组成员意识到被审计单位存在违反法律法规的迹象时应当承担的责任。

如果项目合伙人注意到某些事项，这些事项表明存在对遵守相关职业道德要求的不利影响，项目合伙人应当通过对照会计师事务所的政策和程序，利用来自会计师事务所、审计项目组或其他来源的相关信息，对这些不利影响作出评价，并采取适当行动。

项目合伙人应当通过观察和必要的询问，在整个审计过程中对审计项目组成员违反相关职业道德要求或会计师事务所相关政策和程序的情形保持警觉。

如果项目合伙人通过会计师事务所质量管理体系或其他来源获得的信息，注意到某些事项表明适用于审计业务的性质和具体情况的相关职业道德要求未得到遵守，项目合伙人应当在咨询会计师事务所相关人员后，立即采取适当行动。

在签署审计报告之前，项目合伙人应当负责确定相关职业道德要求（包括与独立性相关的要求）已经得到遵守。

（五）客户关系和审计业务的接受与保持

项目合伙人应当确定会计师事务所就客户关系和审计业务的接受与保持制定的政策和程序已得到遵守，并且得出的相关结论是适当的。

当按照审计准则的规定计划和执行审计工作以及遵守本准则要求时，项目合伙人应当考虑在客户关系和审计业务的接受与保持环节获取的信息。

如果审计项目组在接受或保持某项客户关系或审计业务后获知了某些信息，并且，如果这些信息在接受或保持之前获知，可能会导致会计师事务所拒绝接受或保持该客户关系或审计业务，则项目合伙人应当立即与会计师事务所沟通该信息，以使会计师事务所和项目合伙人能够立即采取必要的行动。

（六）业务资源

项目合伙人应当结合审计项目的性质和具体情况、会计师事务所的政策和程序，以及在执行审计项目过程中可能发生的任何变化，确定充分、适当的资源已被及时分配给审计项目组用于执行审计项目，或使审计项目组能够及时获取这些资源。

项目合伙人应当确保审计项目组成员以及审计项目组成员以外提供直接协助的外部专家或内部审计人员，作为一个集体拥有适当的胜任能力，包括充足的时间执行审计项目。

如果项目合伙人确定所分配的资源或审计项目组能够获取的资源对于审计项目的性质和具体情况来说是不充分、不适当的，项目合伙人应当采取适当的行动，包括与适当的人员沟通，以向审计项目组分配或提供额外的资源或替代资源。

项目合伙人应当负责根据审计项目的性质和具体情况，适当使用向审计项目组分配或提供的资源。

项目合伙人应当在考虑审计项目的性质和具体情况的基础上，制定合理的时间预算，以保证项目合伙人和审计项目组其他成员投入充分时间参与审计项目。

（七）项目组层面的业务执行

（1）项目合伙人对审计项目组成员进行指导、监督并复核其工作。项目合伙人应当负责对审计项目组成员进行指导、监督并复核其工作。项目合伙人应当确定指导、监督和复核的性质、时间安排和范围符合下列要求：按照适用的法律法规和职业准则的规定，以及会计师事务所的政策和程序进行计划和执行；符合审计项目的性质和具体情况，并与会计师事务所向审计项目组分配或提供的资源相匹配。

（2）项目合伙人在审计过程中的适当时点复核审计工作底稿。项目合伙人应当在审计过程中的适当时点复核审计工作底稿，包括与下列方面相关的工作底稿：重大事项；重大判断，包括与在审计中遇到的困难或有争议事项相关的判断，以及得出的结论；根据项目合伙人的职业判断，与项目合伙人的职责有关的其他事项。

（3）贯彻职业准则以及会计师事务所的政策和程序。项目合伙人应当确定，审计项目组成员在审计项目执行过程中，将职业准则以及会计师事务所的政策和程序从实质上执行到位，避免审计项目组成员仅简单勾画程序表格而未实质性执行程序、程序与目标不一致、程序执行不到位、审计工作底稿记录不完整等问题，确保审计项目组成员恰当记录判断过程、程序执行情况及得出的结论。

（4）确保审计证据支持得出的结论和拟出具的审计报告。在审计报告日或审计报告日之前，项目合伙人应当通过复核审计工作底稿以及与审计项目组讨论，确保已获取充分、适当的审计证据，以支持得出的结论和拟出具的审计报告。

在签署审计报告前，为确保拟出具的审计报告适合审计项目的具体情况，项目合伙人应当复核财务报表、审计报告以及相关的审计工作底稿，包括对关键审计事项的描述。

项目合伙人应当在与管理层、治理层或相关监管机构签署正式书面沟通文件之前对其进行复核。

（5）项目合伙人对需要咨询事项的责任。针对审计项目中需要咨询的事项，项目合伙人应当承担下列责任：对审计项目组就相关事项进行咨询承担责任（相关事项包括：困难或有争议的事项，以及会计师事务所政策和程序要求咨询的事项；项目合伙人根据职业判断认为需要咨询的其他事项）；确定审计项目组成员已在审计过程中就相关事项进行了适当咨询，咨询可能在审计项目组内部进行，或者在审计项目组与会计师事务所内部或外部的其他适当人员之间进行；确定已与被咨询者就咨询的性质、范围以及形成的结论达成一致意见；确定咨询形成的结论已得到执行。

（6）项目合伙人在需要实施项目质量复核审计项目中的责任。对于需要实施项目质量复核的审计项目，项目合伙人应当承担下列责任：确定会计师事务所已委派项目质量复核人员；配合项目质量复核人员的工作，并告知审计项目组其他成员配合项目质量复核人员工作的责任；与项目质量复核人员讨论在审计中遇到的重大事项和重大判断，包括在项目质量复核过程中识别出的重大事项和重大判断；只有完成项目质量复核，才签署审计报告。

（7）处理及解决意见分歧。审计项目组内部、审计项目组与项目质量复核人员之间（如适用），或者审计项目组与在会计师事务所质量管理体系内执行相关活动的人员（包括提供咨询的人员）之间如果出现意见分歧，审计项目组应当遵守会计师事务所处理及解决意见分歧的政策和程序。

针对意见分歧，项目合伙人应当承担下列责任：对按照会计师事务所的政策和程序处理和解决意见分歧承担责任；确定咨询得出的结论已经记录并得到执行；在所有意见分歧得到解决之前，不得签署审计报告。

（八）监控与整改

在项目组层面的监控与整改方面，项目合伙人应当负责下列方面：了解从会计师事务所的监控和整改程序获取的信息，这些信息可能是由会计师事务所提供的，也可能来自网络和网络事务所的监控和整改程序（如适用）；确定前述“了解从会计师事务所的监控和整改程序获取的信息”提及的信息与审计项目的相关性及其对审计项目的影响，并采取适当行动；在整个审计过程中，对可能与会计师事务所的监控和整改程序相关的信息保持警觉，并将此类信息通报给对监控和整改程序负责的人员。

（九）对管理和实现高质量承担总体责任

在签署审计报告之前，项目合伙人应当确定其已对管理和实现审计项目的高质量承担责任。在此过程中，项目合伙人应当确定下列事项：项目合伙人充分、适当地参与了审计项目的全过程，以使其能够确定，根据审计项目的性质和具体情况，审计项目组作出的重大判断和据此得出的结论是适当的；在遵守本准则的要求时，已考虑了审计项目的性质和具体情况、发生的任何变化，以及会计师事务所与之相关的政策和程序。

（十）审计工作底稿

注册会计师应当在审计工作底稿中记录下列事项：针对相关方面识别出的事项、与相关人员进行的讨论以及得出的结论［相关方面包括履行与遵守相关职业道德要求（包括与独立性相关的要求）相关的责任；客户关系和审计业务的接受与保持］；在审计过程中进行咨询的性质、范围、得出的结论，以及这些结论是如何得到执行的；如果审计项目需要实施项目质量复核，则应当记录项目质量复核已经在审计报告日或之前完成。

第四节　推进会计师事务所实现全面一体化管理

推进会计师事务所全面一体化管理是贯彻风险导向理念、建立健全业务质量管理体系的重要措施。为了推进会计师事务所实现全面一体化管理，财政部制定了会计师事务所一体化管理办法，要求会计师事务所在人员管理、财务管理、业务管理、技术标准和质量管理、信息化建设等方面实施一体化管理。

一、内部治理

完善的内部治理是推进会计师事务所实现全面一体化管理的基础。完善的内部治理，包括规范合伙人治理制度、完善内部治理机制、规范分支机构管理、强化职能部门管理、加强合伙人队伍建设、严格管理人员问责等。

（1）制定和出台内部治理管理制度。会计师事务所应当形成以《合伙协议》为基本遵循，制定和出台规范合伙人会议、合伙人管理委员会、合伙事务监督委员会、专门（业）委员会、分支机构管理的组织机构管理制度，规范合伙人入伙、合伙人退伙的合伙人队伍建设制度，规范合伙人监督、管理人员问责、合伙人意见表达（提案管理）的监督约束制度，规范合伙人个人重要事项报告、日常事务管理、突发事件应急处置的日常管理制度，并且使这些制度在全所范围内得到一致和有效执行。

（2）完善内部治理机制。会计师事务所应当充分发挥合伙人会议、合伙人管理委员会、合伙事务监督委员会、专门（业）委员会的权力、决策、监督和参谋咨询作用。应当规范合伙人按照《合伙协议》的要求分工负责和执行合伙事务。应当在《合伙协议》中明确首席合伙人、执行事务合伙人和其他合伙人管理委员会委员的职责与分工，明确首席合伙人、质量管理主管合伙人、职业道德主管合伙人、独立性主管合伙人、各业务条线主管合伙人、监控和整改主管合伙人的岗位责任。

（3）规范分支机构管理。会计师事务所应当制定和出台分所管理的制度、政策和程序，强化总部对分所的综合保障、人力资源、财务会计、业务发展、风险管理、质量控制、技术标准、信息技术、培训教育等方面实行一体化管理。

（4）规范总部职能部门管理。会计师事务所应当按照精干、高效原则合理设置管理机构。无论设置多少总部管理部门，但至少要涵盖业务发展（市场开发与项目管理）、技术与信息（专业标准、技术支持和信息支持）、风险管理与质量控制、人力资源、教育培训、财务管理、党群组织建设等管理职能。

（5）规范合伙人管理。会计师事务所应当制定和出台全所统一的合伙人业绩考核和收益分配管理的制度、政策和程序，重点加强入伙、退伙管理。在入伙环节，重点对拟入伙合伙人的专业胜任能力进行评估、综合素质进行考察，注重改善合伙人年龄、知识和专业结构。在退伙环节，重点对拟退伙合伙人包括业务、人员、财务、办公场地等未完结事项审核，要求拟退伙合伙人对退伙后遵守禁（竞）业规定等进行承诺，防范因合伙人退伙可能给会计师事务所留下的各种风险。

（6）规范管理人员问责管理。会计师事务所应当制定和出台全所管理人员问责的制度、政策和程序。合伙人管理委员会委员、专门委员会主任委员、分所负责人、合伙人、管理职能部门负责人肩负着会计师事务所的管理职权，会计师事务所应当依据《合伙协议》等相关规定，制定相应的管理人员问责管理办法，对决策（参与决策）失误、监督不力、管理（参与管理）不当、工作失职（分管或主管的工作与单位或部门发生事故、事件、案件等）等进行问责。根据责任大小，对相关管理人员采取诫勉谈话、通报批评、停职检查、引咎辞职、免职等问责措施。

二、人员管理

人员，是指会计师事务所的合伙人和员工。对于非合伙制会计师事务所，合伙人是指类似职位的人员。

（1）制定和出台统一的人力资源管理制度及配套管理办法。包括人力资源管理制度以及招聘与录用、实习生管理、劳动合同、员工档案、员工执业资格、员工职级、员工晋升、员工考勤与休假、员工内部调动、员工奖惩、员工离职和解聘与退休、员工薪酬与福利、项目人员委派（外派）、员工培训与教育等具体管理办法，并且使这些制度在全所范围内得到一致和有效执行。

（2）事务所内部治理结构合理，关键岗位人员职责、权限明确。会计师事务所的治理结构以及组织架构的相关人员职责、权限分配，能够保障全面一体化管理的实施，在设计质量管理体系相关领导框架时能够明确落实到具体的岗位或人员。

（3）分所的负责人和关键管理人员由总所统一委派或任免。分所负责人为分所所长或主管合伙人，分所关键管理人员包括各业务线负责人、质量控制负责人、其他职能部门负责人。会计师事务所应当制定政策和标准，统一委派或任免分所的负责人和关键管理人员。

（4）全所范围内实现人力资源统一调度。结合一些会计师事务所的分所管理现状，可以分步实施人力资源的统一调度。首先，将业务项目划分为委托分所承接业务、全所统一承接业务，并明确分所承接业务委托分所进行人力资源统一调度，全所承接业务由全所进行人力资源统一调度。然后，逐步做到所有业务项目由全所统一调度人力资源。

（5）统一员工招聘和员工业绩考核、晋升和薪酬管理。应当统一制定和出台员工招聘政策、标准与年度计划，分类制定合伙人、管理人员和员工的业绩考核、晋升和薪酬管理等制度、政策与标准，并在全所范围内得到一致和有效执行。

（6）绩效考核、晋升和薪酬管理充分体现以质量为导向。应当在合伙人、管理人员和员工的绩效考核、晋升和薪酬制度中植入质量导向对综合评价绩效的影响程度和因素，贯彻质量导向理念和树立质量导向价值观。

（7）统一员工培训教育管理。制定统一的培训教育的制度、政策、计划（包括师资安排）和程序，并使其在全所范围内得到一致和有效执行。

三、财务管理

（1）制定和出台统一的财务管理制度及配套管理办法。包括财务管理制度和会计核算、财务预算、固定资产、资金、借款与报销、差旅费、票据及货币资金等具体管理办法，并在全所范围内得到一致和有效执行。

（2）推动和落实合伙人在一个利润池中分配利润。应当制定和出台合伙人业绩考核与利润分配的管理制度，在全所范围内实施统一的合伙人业绩考核和利润分配，所有合伙人（无论是在总所还是分所执业）均在一个利润池中分配利润。

（3）合伙人业绩评价、晋升和利润分配应当充分体现以质量为导向。应当对质量评估等级的高低直接影响综合评价结果作出明确规定，并使其得到一致和有效执行。

（4）制定审计和非审计业务的收费政策和标准。会计师事务所的审计收费以项目工时预算和团队成员小时费率为基础计算并按进度收取，收费水平应当能够充分满足提供高质量审计服务的需要。

（5）统一管理财务预决算、资金调度、费用和支出。应当制定和出台全面预算和资金管理的政策与制度，在全所范围内实现财务预算的统一编制、执行和监控，实行银行账户统管和资金收支两条线管理，实现全所资金的统一管理和集中调度；应当制定合理的费用和支出管理制度（包括费用开支标准、限额和审批流程），并在全所范围内得到一致和有效执行。

（6）制定和出台统一的会计核算制度。实施全所统一的会计核算政策和程序，实现会计核算、财务管理和税务筹划的集中统一管理。

（7）制定和出台全所统一的购买职业责任保险或充分计提风险准备金的管理制度。按照相关政策要求由全所统一购买职业责任保险或充分计提风险准备金。

四、业务管理

（1）制定和出台统一的业务管理与市场开发管理制度。包括市场管理制度和项目备案与立项、业务约定书、项目信息、项目组织协调、内部业务承接规范、投标密钥管理等具体管理办法，并在全所范围内得到一致和有效执行。

（2）统一业务承接的签约、续约与解约的政策与流程。应当制定统一的品牌战略和市场拓展策略，确定新业务承接、老业务续约的标准和审批流程（包括统一的客户及业务风险评估与分类标准，法律审核程序），集中和统一管理全所的中央企业、中央部委、重大项目、战略客户、公众公司等重要项目，并在全所范围内得到一致和有效执行。

（3）由独立的质量管理团队执行业务承接中的相关风险评估和审批。出台业务承接与续约风险评估相关制度，建立业务承接和续约中的相关风险评估流程和审批程序，杜绝业务承接人或项目执行团队自行决定客户和业务承接和续约中的相关风险评估和审批。

（4）统一安排业务项目的分派与承做。出台专业胜任能力与项目承做匹配的管理制度、标准和程序，授权分所所长按照专业胜任能力进行相关项目的分派与承做，总部对直接对承接的中央企业、中央部委项目、重大项目、战略客户和公众公司等重要项目进行分派与承做。

（5）强化业务承做管理：

①业务承做按照客户所处行业、业务性质配备专业化团队。应当根据客户所在行业和区域实施矩阵式管理，由具备专业化服务能力的团队承做相应业务。

②保障审计项目充足的资源投入。会计师事务所的审计项目团队人员配备充足、合理，项目总工时、不同层级专业人员（合伙人、经理和员工）投入工时比例等指标符合提供高质量审计服务的要求。建立全所审计项目工时管理体系和项目工时使用标准。推动审计项目多元化，防止审计项目类型单一和趋同（如年报审计集中）而影响人员配备。

③配备数量充足、高水平的专家团队。应当配备数量充足、高水平的专家团队，包括但不限于信息技术、估值、精算、反舞弊和专精于特定行业的专家。

④不同层级专业人员工作负荷合理且能够满足提供高质量审计服务的要求。应当建立合理的工作负荷监控的政策与程序，包括但不限于对合伙人负责的审计项目

数量、投入审计项目总工时、合伙人与员工数量配比等。建立会计师事务所人员的专业（专长）信息数据库。制定和出台审计项目人员配备和工时预算标准。建立合伙人负责的审计项目数量上限（如一个合伙人一年实现审计收入上限或签字报告上限）和负责投入审计项目的工时总数下限，约定合伙人与员工数量的最低比例，限定员工的工时利用率下限和加班小时数上限。

（6）统一安排业务报告的签发政策与流程。应当制定合理的业务报告签发的政策与流程，并在全所范围内得到一致和有效执行。实施统一的业务报告印章管理，业务报告印章均须经过适当的授权审批后使用。

五、技术标准与质量管理

（1）制定和出台统一的技术管理规范和质量管理制度。应当制定统一的技术标准（如审计方法论、实务指引、范例、底稿模板等）、质量管理制度，并在全所范围内得到一致和有效执行。

（2）加强技术与质量控制团队的建设与管理。应当建立独立于业务团队并有效运行、数量充足、高水平的技术和质量控制团队，为提供高质量审计服务提供有力保障。

应当在全所范围内实现技术与质量控制团队（特别是质量控制合伙人）的统一管理、垂直委派和集中考核。

应当制定合理的项目质量复核政策与流程，包括应纳入项目质量复核的业务范围、可以担任项目质量复核人的资格条件，以及经质量管理合伙人批准的合格项目质量复核人清单等。

（3）制定合理的项目咨询和意见分歧解决的政策与流程，并在全所范围内得到一致和有效执行。

（4）加强独立性与职业道德管理。应当设置独立于业务部门、数量适当、具有专业胜任能力的专责部门或团队有效行使独立性和职业道德的管理职权。应当制定合理完善的独立性管理政策与程序。这些政策与程序包括但不限于：建立并维护“受限实体清单”；人员及其近亲属财务权益的及时申报及核查；关键审计合伙人的定期轮换和冷却期制度，并进行了实质性轮换；非审计服务的独立性评估和批准程序等。应当制定合理的反腐败的政策（包括但不限于给付或收受回扣、不合规的礼品与招待等）、设计合理的针对独立性和职业道德事项的培训计划，并得到一致和有效执行。应当制定合理的独立性、职业道德、审计质量违规行为投诉与举报机制，包括提供便捷的投诉与举报渠道、建立严格的反报复保护措施、及时对投诉与举报事项进行处理等。

（5）制定合理的监控与检查的政策与流程。由会计师事务所的独立团队统一执行质量监控与检查，或通过不同分所交叉复核等方式执行质量监控与检查，以保证对质量管理系统的监控和检查独立于各相关分所。

（6）制定合理的业务项目检查的政策与流程。由会计师事务所独立团队统一执行业务项目检查，或通过不同分所交叉检查等方式执行业务项目检查，以保证业务项目检查独立于相关业务执行团队。

（7）质量监控过程中发现的质量控制缺陷能够全部得到及时的整改。

（8）建立并全面实施有效的质量管理事故问责机制。审计质量问题追责对象为事务所的治理和领导层、审计报告签字合伙人、签字注册会计师、质量控制负责人等。

六、信息化建设

（1）制定和出台信息化建设的管理制度及配套管理办法。包括信息化项目、信息系统安全、计算机机房、上网行为、内部邮箱、电脑使用、计算机病毒防治、信息系统安全检查、信息系统等具体管理办法，并使这些制度在全所范围内得到一致和有效执行。

（2）每年编制将业务收入的一定比例用于信息系统改进和创新审计工具开发的预算，相关预算资金投入充分。

（3）配备数量充足、高水平的信息技术专责部门或团队，负责全所信息化建设与管理。

（4）采用统一的作业软件和管理系统。应当在全所范围内采用统一开发或购置的审计作业软件。应当在全所范围内应用统一的工时记录与管理系统、客户与业务管理系统（相关数据库包含全部客户和业务项目的详细信息）、公司办公邮件系统（包括但不限于即时通信软件、社交媒体软件等）、人员管理系统（相关数据库包含会计师事务所总所和分所全部人员的详细信息）、会计核算与财务管理信息系统（总所可以通过系统及时监控全部分所的会计信息和资金调度）。

（5）开发并部署用于独立性和职业道德管理及监控的信息系统。包括但不限于支持“受限实体”搜索和查询系统、员工申报个人和近亲属财务权益系统等，相关系统具有健全性、有效性和安全性。

（6）建立集中的电子函证平台，并在全所范围内统一执行函证程序。

（7）建立合理的数据、信息与网络安全管理制度与机制，并在全所范围内得到有效运行。

第五节 完善执业风险突发的应急管理机制

一、建立执业风险突发事件应急处理管理制度

执业风险突发事件的发生，不仅影响会计师事务所的正常执业活动，严重的还会直接导致会计师事务所执业资格被撤销，会计师事务所主体资格不复存在。因此，必须建立执业风险突发事件应急处理管理制度。

（一）执业风险突发事件属于会计师事务所的风险危机

突发事件是指突然发生的、有别于日常经营管理的、已经或者可能会对会计师事务所经营管理、财务状况、未来发展、声誉和品牌产生严重影响的，需要采取应急处理措施予以应对的偶发性事件。

按照危害程度、影响范围等因素，会计师事务所需要应对的突发事件包括自然灾害和事故灾难、外部危机和内部危机。外部危机，主要包括主管机关（财政主管部门）、监管机构（证券监管机构、金融监管机构等）、行业协会、其他相关部门（市场监管、税务、统计等部门）等对会计师事务所的立案调查和行政处罚，客户和公众投资者对会计师事务所的起诉，报刊和媒体对会计师事务所进行集中的负面报道，社会上存在不实的传言或信息给会计师事务所造成的重大负面影响等。

（二）健全执业风险突发事件应急管理机制

执业风险突发事件应急处理应坚持预防为主、预防与应急处置相结合的原则，实行统一领导、统筹组织、快速反应、协同应对。会计师事务所应当成立突发事件应急处理工作领导机构或相应管理机构。应急领导机构或管理机构由执行事务合伙人和具有危机处理经验的相关合伙人管理委员会委员组成。应急领导机构或管理机构统一领导会计师事务所突发事件应急处理，就应急处理重大问题作出决策和部署，决定突发事件的对外宣传和信息披露。

（三）建立执业风险预警和预防机制

应当根据执业风险的监测结果对执业风险突发事件可能产生的危害程度进行评估，进而采取相应的应对措施。管理部门、分支机构负责人作为执业风险预警、预防的直接责任人，风险管理合伙人作为执业风险预警、预防的第一责任人，应定期

检查、动态监测，并及时向应急领导机构或管理机构汇报执业风险有关情况，做到及时提示、提前控制，将事态控制在萌芽状态之中。

管理部门、分支机构根据执业风险管理要求落实岗位职责，安排专人或专岗负责执业风险的信息收集、整理和汇总，保持执业风险可能发生的敏感度，持续监测变化趋势，及时收集、整理和汇总可能威胁执业质量的重要信息，并对其转化为执业风险事件的可能性和危害性进行评估。

执业风险事件发生后，管理部门、分支机构应当立即向应急领导机构或管理机构报告。报告包括执业风险事件的类别、起始时间、可能影响的范围、预警事项、已采取的措施、应采取的措施等。报告要及时、客观、真实和全面，不得迟报、谎报、瞒报和漏报。

（四）组织执业风险应急处理

执业风险事件发生时，应急领导机构或管理机构应当立即采取措施控制事态发展。根据执业风险突发事件的性质及事态的严重程度，决定是否启动专项应急预案，是否成立相应的处理工作小组开展应急处理工作，是否在事务所内部通报等。

执业风险事件发生后，应急领导机构或管理机构可以聘请独立的专业机构协助解决，确保会计师事务所处理执业风险事件的公众信誉度、准确度及客观性。

应急领导机构或管理机构应当尽快消除执业风险事件对会计师事务所造成的影响，并及时解除应急状态，恢复正常工作状态。对执业风险突发事件的起因、性质、影响、责任、经验教训等问题进行评估，评价应急处理的效果，拟定执业风险事件善后处理意见，由会计师事务所的决策或权力机构批准后执行。

执业风险事件处理过程中，相关人员应当恪守保密原则，不得擅自泄露有关执业风险事件处理工作中的情况。

二、做好执业风险外部调查取证的应对与配合

执业风险是否酿成执业风险责任事故，涉及会计师事务所和注册会计师的主管机关、监管机构和行业协会的调查取证，会计师事务所应当做好外部来所调查取证的应对和配合工作。

（一）配合外部机构进行执业风险责任调查是会计师事务所的应尽责任

涉及执业风险责任调查的外部机构包括主管部门、监管机构和行业协会，积极配合调查是会计师事务所的责任。

以证监会调查为例，新的《中华人民共和国证券法》第一百七十条规定：“（三）询问当事人和与被调查事件有关的单位和个人，要求其对与被调查事件有关的事项作出说明；或者要求其按照指定的方式报送与被调查事件有关的文件和资料。”第一百七十三条规定：“国务院证券监督管理机构依法履行职责，被检查、调查的单位和个人应当配合，如实提供有关文件和资料，不得拒绝、阻碍和隐瞒。”第二百一十八条规定：“拒绝、阻碍证券监督管理机构及其工作人员依法行使监督检查、调查职权，由证券监督管理机构责令改正，处以十万元以上一百万元以下的罚款，并由公安机关依法给予治安管理处罚。”《中华人民共和国治安管理处罚法》第五十条规定：“有下列行为之一的，处警告或者二百元以下罚款；情节严重的，处五日以上十日以下拘留，可以并处五百元以下罚款；……（二）阻碍国家机关工作人员依法执行职务的；……”由此可见，国家机关、行业主管部门的调查取证不仅在部门规章上有规定，而且在法律法规层面也有相关依据。

（二）做好外部调查的应对和配合

通常主管部门、监管机构、行业协会前来会计师事务所调查取证，一般可分为会计师事务所的客户被立案调查、会计师事务所自身被立案调查两种情况。无论哪种情况，都应当采取配合的态度。

（1）涉及客户立案调查的配合。如果是因为客户被立案调查，相关主管部门、监管机构、行业协会需要向事务所调取相关证据的，由于可能涉及调查、稽查的保密问题，接到配合调查通知的管理部门或分支机构、注册会计师或合伙人，应当在第一时间通知相关主管合伙人、所在部门或分支机构负责人、会计师事务所法律事务人员，再由主管合伙人报会计师事务所风险管理合伙人或执行事务合伙人决定是否通知客户。

尽管是因为客户原因而被要求调查配合，会计师事务所也要认真负责、周密严谨、实事求是，这既是对客户负责，也是对自身负责，因为随着调查的深入，可能由对客户的调查延伸到对会计师事务所进行调查。

（2）涉及会计师事务所自身被立案调查的配合。如果事务所被立案调查，相关主管部门、监管机构、行业协会需要向事务所调取相关证据的，接到配合调查通知的管理部门或分支机构、注册会计师或合伙人，应当在第一时间通知相关主管合伙人、所在部门或分支机构负责人、会计师事务所法律事务人员，并由主管合伙人或所在部门或分支机构负责人按照应急管理制度的要求，及时向风险管理合伙人报告。

相关主管合伙人要立即安排相关项目合伙人和项目组人员，认真复核工作底稿，采取符合要求的补救措施，采取补救措施时不能弄虚作假。要及时研判执业风险酿成风险责任事故的可能性，必要时立即启动应急处理机制。

（三）被调查人员回答问题要严谨，调查笔录签字要慎重

外部调查时，会计师事务所相关人员对调查组询问问题的回答是形成调查笔录的依据，调查笔录是调查取证的原始证据，调查取证的原始证据是执业风险责任定性的直接依据。因此，相关人员在接受调查时，回答问题一定要谨慎、严密，不能抱着“早说早结束，早说早完事”的应付差事的态度回答问题，不能信口开河，更不能无中生有。

被调查人员在接受调查笔录签字时，一定要仔细核对笔录是否是自己真实意思的表达，不能抱着“差不多就行了”的态度，草率签字。调查笔录一旦签字就是执业风险责任认定的证据。

三、做好行政处罚听证工作

行政机关在作出行政处罚决定之前，会计师事务所和注册会计师可以要求举行行政处罚听证程序，在听证会议上提出自己的申辩理由，以维护自身的正当权益。

（一）通过听证会陈述申辩理由是会计师事务所和注册会计师的权利

听证程序，是指行政机关为了查明案件事实、公正合理地实施行政处罚，在作出行政处罚决定前通过公开举行由有关利害关系人参加的听证会广泛听取意见的程序。《中华人民共和国行政处罚法》（简称《行政处罚法》）第六十三条规定：行政机关拟作出较大数额罚款，没收较大数额违法所得、没收较大价值非法财物，降低资质等级、吊销许可证件，责令停产停业、责令关闭、限制从业等处罚时，“应当告知当事人有要求听证的权利，当事人要求听证的，行政机关应当组织听证”“当事人不承担行政机关组织听证的费用”。要求举行行政处罚听证会是会计师事务所和注册会计师的正当权利，应当充分利用。

（二）精心准备听证申辩理由是争取减轻行政处罚的最后关口

在举行听证会议之前，会计师事务所和注册会计师往往准备听证的申辩理由不充分、不专业、不能直击问题要害是突出问题。会计师事务所和注册会计师准备听证会申辩理由时，要借助法律专业人士的支持，立足解决行政处罚预先告知书上相关问题的专业定性问题，不要将与行政处罚无关的问题进行申辩，力求申辩理由被采纳，争取减轻或免除行政处罚。

四、及时进行内部责任追究

行政主管部门、监督机构对会计师事务所和注册会计师进行监管的目的从来不是为了处罚而处罚，而是通过监管督促会计师事务所提高执业质量、降低执业风险，会计师事务所必须及时进行执业风险责任内部追究。及时进行执业风险责任内部追究，能有效防止执业风险扩大。只有将执业风险责任人的责任追究到位，才能起到教育本人、警示他人的作用。进行内部追究，也是向监管部门表明会计师事务所对执业风险“零容忍”的姿态，有利于达到取得监管部门的谅解，可能争取从轻处罚的目的。

附 录

附录1：

2001—2023年受到证监会处罚会计师事务所及执业项目统计表

年份	序号	会计师事务所	项目名称	报告时间	受处罚文号
2001	1	戊Y会计师事务所	张家界旅游开发股份有限公司	1996—1998年度审计报告	证监罚字〔2001〕13号
	2	己Z会计师事务所	福建九州集团股份有限公司	1996—1998年度审计报告	证监罚字〔2001〕22号
	3	庚A会计师事务所	山东渤海实业股份有限公司	1996—1998年度审计报告	证监罚字〔2001〕24号
	4	原辛B会计师事务所	四川金路集团股份有限公司	1997年年报审计报告	证监罚字〔2001〕26号
2002	5	癸T会计师事务所	珠海鑫光集团股份有限公司	1998—1999年审计报告	证监罚字〔2002〕6号
	6	壬I会计师事务所	桂林集琦药业股份有限公司	2000年中报审计报告	证监罚字〔2002〕9号
	7	壬C会计师事务所	郑州宇通客车股份有限公司	1999年度审计报告	证监罚字〔2002〕14号
2003	8	癸D会计师事务所	无锡小天鹅股份有限公司	1999年度审计报告	证监罚字〔2003〕32号
	9	甲E会计师事务所	中炬高新技术实业（集团）股份有限公司	1999年和2000年中报	证监罚字〔2003〕34号
	10	乙F会计师事务所	中炬高新技术实业（集团）股份有限公司	1999年度审计报告	证监罚字〔2003〕35号
	11	癸T会计师事务所	重庆长江水运股份有限公司	1998年、1999年和2000年年度报告	证监罚字〔2003〕30号
2004	12	丙G会计师事务所	中国四川国际合作股份有限公司	1999年度审计报告	证监罚字〔2004〕29号
	13	丁H会计师事务所	合肥丰乐种业股份有限公司	2001年年度报表审计	证监罚字〔2004〕44号
	14	戊O会计师事务所	大连菲菲澳家现代农业股份有限公司	专项收购报表审计	证监罚字〔2004〕39号
	15	戊I会计师事务所	陕西煤航数码测绘（集团）股份有限公司	2001年年度报表	证监罚字〔2004〕46号
	16	庚U会计师事务所	白银铜城商厦（集团）股份有限公司	2000年、2001年年度报表	证监罚字〔2004〕33号
2005	17	甲K会计师事务所	四川天歌科技集团股份有限公司	2001年度财务报告	证监罚字〔2005〕15号
	18	己P会计师事务所	湖南天一科技股份有限公司	2003年财务报告审计	证监罚字〔2005〕27号
2006	19	戊O会计师事务所	北京中关村科技发展（控股）股份有限公司	2001年和2002年年报	证监罚字〔2006〕8号
	20	己J会计师事务所	广东科龙电器股份有限公司	2000年年报审计	证监罚字〔2006〕14号

续表

年份	序号	会计师事务所	项目名称	报告时间	受处罚文号
2007	21	己P会计师事务所	嘉瑞新材料集团股份有限公司	2002—2003年度报表	证监罚字〔2007〕3号
	22	庚K会计师事务所	广东美雅集团股份有限公司	2003年度审计报告	证监罚字〔2007〕18号
	23	辛L会计师事务所	安信信托投资股份有限公司	2004年年报审计	证监罚字〔2007〕24号
	24	甲K会计师事务所	闽越花雕股份有限公司	2004年财务报告	证监罚字〔2007〕27号
2008	25	庚Q会计师事务所	中油龙昌（集团）股份有限公司	2002—2003年年度报表	〔2008〕13号
	26	壬M会计师事务所	浙江信联股份有限公司	2002—2004年年报	〔2008〕18号
	27	乙B会计师事务所	大唐电信科技股份有限公司	2004年年报审计	〔2008〕29号
	28	乙B会计师事务所	衡阳市金荔科技农业股份有限公司	2002—2003年年度报表	〔2008〕27号
	29	癸J会计师事务所	山东九发食用菌股份有限公司	2005—2006年年报	〔2008〕35号
	30	庚Q会计师事务所	陕西精密合金股份有限公司	2002—2003年年报	〔2008〕37号
2009	31	癸N会计师事务所	北亚实业（集团）股份有限公司	2003—2005年度年报审计	〔2009〕11号
	32	癸J会计师事务所	山东德棉股份有限公司	2007年财务报表审计	〔2009〕19号
	33	甲O会计师事务所	夏新电子股份有限公司	2006年年度报表	〔2009〕41号
	34	乙P会计师事务所	衡阳市金荔科技农业股份有限公司	2006年度会计报表	〔2009〕52号、〔2009〕15号（市场禁入）
	35	丙Q会计师事务所	华通天香集团股份有限公司	2004年年报审计	〔2009〕54号
2010	36	乙B会计师事务所	成都聚友网络股份有限公司	2001—2003年年度报表	〔2010〕9号
	37	丁R会计师事务所	南京中北（集团）股份有限公司	2003—2004年年报	〔2010〕11号
	38	戊E会计师事务所	华夏建通科技开发股份有限公司	2004—2005年年度报表	〔2010〕47号

续表

年份	序号	会计师事务所	项目名称	报告时间	受处罚文号
2011	39	戊S会计师事务所	北海银河高科技产业股份有限公司	2004年年度财务报告	〔2011〕20号
	40	壬S会计师事务所	东莞市方达再生资源产业股份有限公司	2007—2008年财务报告	〔2011〕37号
2012	41	癸J会计师事务所	潍坊亚星化学股份有限公司	2009年审计报告	〔2012〕17号
	42	丙C会计师事务所	山东华阳科技股份有限公司	2008—2009年财务报表	〔2012〕35号
2013	43	乙B会计师事务所	云南绿大地生物科技股份有限公司	2004—2006年和2007年半年报	〔2013〕27号、〔2013〕7号（市场禁入）、〔2013〕26号（撤销证券资格）
	44	辛R会计师事务所	万福生科（湖南）农业开发股份有限公司	2008—2010年度和2011年上半年财务报表	〔2013〕49号、〔2013〕14号（市场禁入）、〔2013〕52号（撤销证券资格）
	45	壬I会计师事务所	山西天能科技有限公司	2008—2010年和2011年1—9月报表审计	〔2013〕45号、〔2013〕10号（市场禁入）
	46	己F会计师事务所	广东新大地生物科技股份有限公司	2009—2011年报表审计	〔2013〕54号、〔2013〕10号（市场禁入）
2014	47	丙C会计师事务所	河南天丰节能板材科技股份有限公司	2010—2012年报表	〔2014〕21号、〔2014〕6号（市场禁入）
	48	庚G会计师事务所	河南莲花味精股份有限公司	2007—2008年度报表	〔2014〕52号
	49	己T会计师事务所	宝硕股份有限公司	2004—2005年财务报表	〔2014〕70号
	50	乙B会计师事务所	广西北生药业股份有限公司	2004年年度报表审计	〔2014〕96号
2015	51	辛R会计师事务所	吉林成城集团股份有限公司	2011—2012年报	〔2015〕1号（江西局）
	52	丙C会计师事务所	华锐风电科技（集团）股份有限公司	2011年年度报表审	〔2015〕67号、〔2015〕10号（市场禁入）

续表

年份	序号	会计师事务所	项目名称	报告时间	受处罚文号
2016	53	丁D会计师事务所	上海大智慧股份有限公司	2013年度报表审计	〔2016〕89号
	54	辛H会计师事务所	丹东欣泰电气股份有限公司	IPO和2013—2014年报审计	〔2016〕92号、〔2016〕10号（市场禁入）
	55	丙C会计师事务所	福建连城兰花股份有限公司	2012—2014年9月报表	〔2016〕105号
	56	甲A会计师事务所（原甲I会计师事务所）	深圳键桥通讯技术股份有限公司	2009—2012年度报表审计	〔2016〕8号（深圳）①
	57	丙C会计师事务所	北京赛迪传媒投资股份有限公司	2012年度财务报表	〔2016〕20号
	58	乙B会计师事务所	深圳海联讯科技股份有限公司	IPO和2011年度报表	〔2016〕104号
2017	59	甲A会计师事务所	海南亚太实业发展股份有限公司	2013年年度报表审计	〔2017〕1号
	60	甲A会计师事务所	东莞勤上光电股份有限公司	2013年度报表审计	〔2017〕3号（广东局）
	61	甲A会计师事务所	辽宁振隆特产股份有限公司	2012—2014年报表	〔2017〕22号、〔2017〕3号（浙江局）
	62	乙L会计师事务所	杭州天目山药业股份有限公司	2013年度报表审计	〔2017〕3号（浙江局）
	63	丁D会计师事务所	浙江步森服饰股份有限公司	2011—2013年和2014年1—4月报表（康华农业）	〔2017〕55号
	64	壬S会计师事务所	珠海市博元投资股份有限公司	2012—2013年度报表	〔2017〕84号
	65	丙C会计师事务所	浙江九好办公服务集团有限公司	2013—2015年度报表审计	〔2017〕85号
	66	甲U会计师事务所	怀集登云汽配股份有限公司	IPO及2013—2014年报	〔2017〕101号
2018	67	己F会计师事务所	哈尔滨电气集团佳木斯电机股份有限公司	2013—2015度报表	〔2018〕70号
	68	丁D会计师事务所	金亚科技股份有限公司	2014年度报表	〔2018〕78号
	69	丁D会计师事务所	广东超华科技股份有限公司	2014年度报表	〔2018〕18号（广东局）

续表

年份	序号	会计师事务所	项目名称	报告时间	受处罚文号
2018	70	丁N会计师事务所	广东广州日报传媒股份有限公司	粤传媒收购上海香榭丽传媒股份有限公司	〔2018〕115号
	71	丁D会计师事务所	武汉国药科技股份有限公司	2012—2013年度报表	〔2018〕119号
	72	甲A会计师事务所	成都华泽钴镍材料股份有限公司	2013—2014年度报表	〔2018〕126号
2019	73	壬I会计师事务所	五洋建设集团股份有限公司	2012—2014年年度财务报表	〔2019〕6号、〔2019〕1号（市场禁入）
	74	丙M会计师事务所	江苏雅百特科技股份有限公司	2015年财务报表	〔2019〕37号
	75	甲A会计师事务所	深圳市零七股份有限公司	2014年财务报表	〔2019〕4号（深圳局）
	76	甲K会计师事务所	三峡新型建材股份有限公司	2011年、2012年年度报告	〔2019〕4号（湖北局）
	77	丙M会计师事务所	宁波圣莱达电器股份有限公司	2015年年度财务报表	〔2019〕110号
	78	辛H会计师事务所	山东新绿食品股份有限公司	新三板挂牌审计	〔2019〕135号
	79	戊C会计师事务所	浙江大东南股份有限公司	2016年、2017年年度报告审计	〔2019〕8号（浙江局）
2020	80	戊E会计师事务所	山东新绿食品股份有限公司	2015年审计报告	〔2020〕20号
	81	辛H会计师事务所	林州重机集团股份有限公司	2017年财务报表	〔2020〕85号
	82	辛V会计师事务所	太原化工股份有限公司	2014年年报	〔2020〕1号（山西局）
	83	乙L会计师事务所	福鼎白茶股份有限公司	2017年财务报表	〔2020〕4号（福建局）
	84	己F会计师事务所	奥瑞德光电股份有限公司	2018年财务报表	〔2020〕4号（重庆局）
	85	丁D会计师事务所	广东风华高新科技股份有限公司	2016年度审计报告	〔2020〕19号（广东局）
2021	86	乙V会计师事务所	康美药业股份有限公司	2016—2018年年度审计报告	〔2021〕11号、〔2021〕4号（市场禁入）
	87	甲A会计师事务所	湖南千山制药机械股份有限公司	2015年及2016年年度财务报表	〔2021〕21号
	88	戊E会计师事务所	斯太尔动力股份有限公司	2016年年度财务报表	〔2021〕52号

续表

年份	序号	会计师事务所	项目名称	报告时间	受处罚文号
2021	89	甲A会计师事务所	深圳市索菱实业股份有限公司	2016—2017年财务报表	〔2021〕69号
	90	丙W会计师事务所	抚顺特殊钢股份有限公司	2010—2016年审计报告	〔2021〕74号
	91	辛H会计师事务所	某控股公司	2013年度及2014年第一季度财务报表	〔2021〕80号
	92	丁N会计师事务所	山东胜通集团股份有限公司	2013—2017年年度审计报告	〔2021〕91号、〔2021〕20号（市场禁入）
	93	辛H会计师事务所	欢瑞世纪联合股份有限公司	2013年至2016年6月30日财务报表审计报告	〔2021〕2号（重庆局）
	94	乙L会计师事务所	安徽盛运环保（集团）股份有限公司	2016年审计报告	〔2021〕3号（安徽局）
	95	壬W会计师事务所	凯迪生态环境科技股份有限公司	2016年年度报告	〔2021〕4号（湖北局）
	96	甲A会计师事务所	延安必康制药股份有限公司	2018年年度财务报表审计	〔2021〕2号（陕西局）
	97	庚G会计师事务所	雄安科融环境科技股份有限公司	2017年年度审计报告	〔2021〕118号
	98	丁X会计师事务所	甘肃皇台酒业股份有限公司	2016年年度财务报表审计报告	〔2021〕1号（甘肃局）
	99	戊E会计师事务所	北京蓝山科技股份有限公司	2017—2019年年度报告	〔2021〕99号
	100	庚G会计师事务所	中融双创（北京）科技集团有限公司	中融双创《公司债券年度报告（2017年）》审计报告	〔2021〕128号
2022	101	癸X会计师事务所	广东金刚玻璃科技股份有限公司	2016年、2017年年度财务报表审计	〔2022〕2号（广东局）
	102	甲Y会计师事务所	新疆亿路万源实业投资控股股份有限公司	2018年、2019年年度报告审计	〔2022〕6号、〔2022〕3号（市场禁入）
	103	丁N会计师事务所	山东东方海洋科技股份有限公司	2016年、2017年年度报告审计	〔2022〕2号（山东局）
	104	甲U会计师事务所	乐视网信息技术（北京）股份有限公司	2015年、2016年年报审计	〔2022〕19号

续表

年份	序号	会计师事务所	项目名称	报告时间	受处罚文号
2022	105	丙M会计师事务所	上海富控互动娱乐股份有限公司	2013—2015年年度报告审计	〔2022〕21号
	106	己F会计师事务所	长园集团股份有限公司	2016年、2017年年报审计	〔2022〕3号（深圳局）
	107	乙V会计师事务所	广东榕泰实业股份有限公司	2018年年报审计	〔2022〕10号（广东局）
	108	己F会计师事务所	东方金钰股份有限公司	2017年财务报表审计	〔2022〕32号
	109	庚G会计师事务所	天夏智慧城市科技股份有限公司	2016年年报审计	〔2022〕2号（广西局）
	110	乙Z会计师事务所	公准肉食品股份有限公司	2014年、2015年年报审计	〔2022〕1号（黑龙江局）
	111	庚G会计师事务所	公准肉食品股份有限公司	2016年年报审计	〔2022〕2号（黑龙江局）
	112	丁X会计师事务所	永城煤电控股集团有限公司	2017—2019年财务报告审计	〔2022〕55号
	113	庚G会计师事务所	浙江仁智股份有限公司	2017年财务报表审计	〔2022〕31号（浙江局）
	114	丙W会计师事务所	天夏智慧城市科技股份有限公司	2017年、2018年年报审计	〔2022〕3号（广西）
	115	丙A会计师事务所	苏州胜利精密制造科技股份有限公司	2016年、2017年审计报告审计	〔2022〕60号
	116	己F会计师事务所	致生联发信息技术股份有限公司	2016年度财务报表审计	〔2022〕18号（北京局）
	117	甲A会计师事务所	北京昊华能源股份有限公司	2015—2018年年报审计	〔2022〕17号（北京局）
	118	戊E会计师事务所	仁东控股股份有限公司	2019年度报表审计	〔2022〕69号
	119	戊E会计师事务所	广东柏堡龙股份有限公司	2018—2019年年报审计	〔2022〕36号
	120	丁B会计师事务所	浙江亚太药业股份有限公司	2017年和2018年年报审计	〔2022〕1号（浙江局）
2023	121	己D会计师事务所	易见供应链管理股份有限公司	2018年至2019年年报审计	〔2023〕3号
	122	庚E会计师事务所	中兴天恒能源科技（北京）股份公司	2019年至2020年年报审计	〔2023〕8号（北京局）

续表

年份	序号	会计师事务所	项目名称	报告时间	受处罚文号
2023	123	己F会计师事务所	獐子岛集团股份有限公司	2016年年度报表审计	〔2023〕18号
	124	庚G会计师事务所	河南科迪乳业股份有限公司	2016年至2018年年报审计	2023年3月20日作出（河南证监局）
	125	己F会计师事务所	蓝盾信息安全技术股份有限公司	2018年至2019年年报审计	〔2023〕8号（广东局）
	126	壬I会计师事务所	东方金钰股份有限公司	2016年年报审计	〔2023〕2号（湖北局）
	127	壬I会计师事务所	天海融合防务装备技术股份有限公司	2017年年报审计	〔2023〕1号（上海局）
	128	壬I会计师事务所	新疆同济堂健康产业股份有限公司	2016年至2018年年报审计	〔2023〕42号
	129	甲A会计师事务所	航天通信控股集团股份有限公司	2017年至2018年年报审计	〔2023〕51号
	130	壬W会计师事务所	广州市浪奇实业股份有限公司	2018年至2019年年报审计	〔2023〕17号（广东局）
	131	庚G会计师事务所	郑州华晶金刚石股份有限公司	2017年至2019年年报审计	〔2023〕58号
	132	辛F会计师事务所	当代东方投资股份有限公司	2021年3月31日注册资本及实收资本减少审验	〔2023〕3号（山西局）
	133	庚G会计师事务所	珠海和佳医疗设备股份有限公司	2020年年报审计	〔2023〕24号（广东局）
	134	庚G会计师事务所	华晨汽车集团控股有限公司	2017年至2018年年报审计	〔2023〕78号
	135	壬S会计师事务所	希努尔男装股份有限公司	2018年至2019年年报审计	〔2023〕79号
	136	壬G会计师事务所	北京京西文化旅游股份有限公司	2018年度报表审计	〔2023〕18号（北京局）
	137	癸H会计师事务所	东方网力科技股份有限公司	2020年年度报表审计	〔2023〕17号（北京局）
	合计	137			

注：①乙B会计师事务所在对深圳键桥通讯技术股份有限公2009—2011年和甲I会计师事务所在对键桥通讯2012年度财务报表审计中受到处罚，行政处罚责任由承继主体资格的甲A会计师事务所承担。

附录2：

2001—2023年受到证监会处罚的会计师事务所统计表

单位序号	累计序号	会计师事务所	项目数量	项目名称	报告时间	受处罚文号
1	1	甲A会计师事务所	1	海南亚太实业发展股份有限公司	2013年年报审计	〔2017〕1号
	2	甲A会计师事务所	2	东莞勤上光电股份有限公司	2013年年报审计	〔2017〕3号（广东局）
	3	甲A会计师事务所	3	辽宁振隆特产股份有限公司	2012至2014年年报审计	〔2017〕22号、〔2017〕3号（浙江局）
	4	甲A会计师事务所	4	成都华泽钴镍材料股份有限公司	2013至2014年年报审计	〔2018〕126号
	5	甲A会计师事务所	5	深圳市零七股份有限公司	2014年年报审计	〔2019〕4号（深圳局）
	6	甲A会计师事务所	6	湖南千山制药机械股份有限公司	2015至2016年年报审计	〔2021〕21号
	7	甲A会计师事务所	7	深圳市索菱实业股份有限公司	2016至2017年年报审计	〔2021〕69号
	8	甲A会计师事务所	8	延安必康制药股份有限公司	2018年年报审计	〔2021〕2号（陕西局）
	9	甲A会计师事务所	9	北京昊华能源股份有限公司	2015至2018年年报审计	〔2022〕17号（北京局）
	10	甲A会计师事务所（原甲I会计师事务所）	10	深圳键桥通讯技术股份有限公司	2009至2012年年报审计	〔2016〕8号（深圳局）①
	11	甲A会计师事务所	11	航天通信控股集团股份有限公司	2017至2018年年报审计	〔2023〕51号
2	12	庚G会计师事务所	1	河南莲花味精股份有限公司	2007至2008年年报审计	〔2014〕52号
	13	庚G会计师事务所	2	雄安科融环境科技股份有限公司	2017年年报审计	〔2021〕118号
	14	庚G会计师事务所	3	中融双创（北京）科技集团有限公司	中融双创《公司债券年度报告（2017年）》审计	〔2021〕128号
	15	庚G会计师事务所	4	天夏智慧城市科技股份有限公司	2016年年报审计	〔2022〕2号（广西局）
	16	庚G会计师事务所	5	公准肉食品股份有限公司	2016年年报审计	〔2022〕2号（黑龙江局）
	17	庚G会计师事务所	6	浙江仁智股份有限公司	2017年年报审计	〔2022〕31号（浙江局）

续表

单位序号	累计序号	会计师事务所	项目数量	项目名称	报告时间	受处罚文号
2	18	庚G会计师事务所	7	河南科迪乳业股份有限公司	2016年至2018年年报审计	2023年3月20日作出
	19	庚G会计师事务所	8	郑州华晶金刚石股份有限公司	2017年至2019年年报审计	〔2023〕58号
	20	庚G会计师事务所	9	珠海和佳医疗设备股份有限公司	2020年年报审计	〔2023〕24号（广东局）
	21	庚G会计师事务所	10	华晨汽车集团控股有限公司	2017年至2018年年报审计	〔2023〕78号
3	22	己F会计师事务所	1	广东新大地生物科技股份有限公司	2009至2011年年报审计	〔2013〕54号、〔2013〕10号（市场禁入）
	23	己F会计师事务所	2	哈尔滨电气集团佳木斯电机股份有限公司	2013至2015年年报审计	〔2018〕70号
	24	己F会计师事务所	3	奥瑞德光电股份有限公司	2018年年报审计	〔2020〕4号（重庆局）
	25	己F会计师事务所	4	长园集团股份有限公司	2016年至2017年年报审计	〔2022〕3号（深圳局）
	26	己F会计师事务所	5	东方金钰股份有限公司	2017年年报审计	〔2022〕32号
	27	己F会计师事务所	6	致生联发信息技术股份有限公司	2016年年报审计	〔2022〕18号（北京局）
	28	己F会计师事务所	7	獐子岛集团股份有限公司	2016年年报审计	〔2023〕18号
	29	己F会计师事务所	8	蓝盾信息安全技术股份有限公司	2018年至2019年年报审计	〔2023〕8号（广东局）
4	30	乙B会计师事务所	1	大唐电信科技股份有限公司	2004年年报审计	〔2008〕29号
	31	乙B会计师事务所	2	衡阳市金荔科技农业股份有限公司	2002至2003年年报审计	〔2008〕27号
	32	乙B会计师事务所	3	成都聚友网络股份有限公司	2001至2003年年报审计	〔2010〕9号
	33	乙B会计师事务所	4	云南绿大地生物科技股份有限公司	2004至2006年和2007年半年报审计	〔2013〕27号、〔2013〕7号（市场禁入）、〔2013〕26号（撤销证券资格）
	34	乙B会计师事务所	5	广西北生药业股份有限公司	2004年年报审计	〔2014〕96号
	35	乙B会计师事务所	6	深圳海联讯科技股份有限公司	IPO和2011年年报审计	〔2016〕104号

续表

单位序号	累计序号	会计师事务所	项目数量	项目名称	报告时间	受处罚文号
5	36	丙C会计师事务所	1	山东华阳科技股份有限公司	2008至2009年年报审计	〔2012〕35号
	37	丙C会计师事务所	2	河南天丰节能板材科技股份有限公司	2010至2012年年报审计	〔2014〕21号、〔2014〕6号（市场禁入）
	38	丙C会计师事务所	3	华锐风电科技（集团）股份有限公司	2011年年报审计	〔2015〕67号、〔2015〕10号（市场禁入）
	39	丙C会计师事务所	4	福建连城兰花股份有限公司	2012年至2014年9月报表审计	〔2016〕105号
	40	丙C会计师事务所	5	浙江九好办公服务集团有限公司	2013至2015年年报审计	〔2017〕85号
	41	丙C会计师事务所	6	北京赛迪传媒投资股份有限公司	2012年年报审计	〔2016〕20号
6	42	丁D会计师事务所	1	上海大智慧股份有限公司	2013年年报审计	〔2016〕89号
	43	丁D会计师事务所	2	浙江步森服饰股份有限公司	2011至2013年和2014年1—4月报表审计（康华农业）	〔2017〕55号
	44	丁D会计师事务所	3	金亚科技股份有限公司	2014年年报审计	〔2018〕78号
	45	丁D会计师事务所	4	广东超华科技股份有限公司	2014年年报审计	〔2018〕18号（广东局）
	46	丁D会计师事务所	5	武汉国药科技股份有限公司	2012至2013年年报审计	〔2018〕119号
	47	丁D会计师事务所	6	广东风华高新科技股份有限公司	2016年年报审计	〔2020〕19号（广东局）
7	48	戊E会计师事务所	1	华夏建通科技开发股份有限公司	2004至2005年年报审计	〔2010〕47号
	49	戊E会计师事务所	2	山东新绿食品股份有限公司	2015年年报审计	〔2020〕20号
	50	戊E会计师事务所	3	斯太尔动力股份有限公司	2016年年报审计	〔2021〕52号
	51	戊E会计师事务所	4	北京蓝山科技股份有限公司	2017至2019年年报审计	〔2021〕99号
	52	戊E会计师事务所	5	仁东控股股份有限公司	2019年年报审计	〔2022〕69号
	53	戊E会计师事务所	6	广东柏堡龙股份有限公司	2018至2019年年报审计	〔2022〕36号

续表

单位序号	累计序号	会计师事务所	项目数量	项目名称	报告时间	受处罚文号
8	54	壬I会计师事务所	1	桂林集琦药业股份有限公司	2000年中报审计	证监罚字〔2002〕9号
	55	壬I会计师事务所	2	山西天能科技有限公司	2008至2010年和2011年1—9月报表审计	〔2013〕45号、〔2013〕10号（市场禁入）
	56	壬I会计师事务所	3	五洋建设集团股份有限公司	2012至2014年年报审计	〔2019〕6号、〔2019〕1号（市场禁入）
	57	壬I会计师事务所	4	东方金钰股份有限公司	2016年年报审计	〔2023〕2号（湖北局）
	58	壬I会计师事务所	5	天海融合防务装备技术股份有限公司	2017年年报审计	〔2023〕1号（上海局）
	59	壬I会计师事务所	6	新疆同济堂健康产业股份有限公司	2016年至2018年年报审计	〔2023〕42号
9	60	辛H会计师事务所	1	丹东欣泰电气股份有限公司	IPO和2013至2014年年报审计	〔2016〕92号、〔2016〕10号（市场禁入）
	61	辛H会计师事务所	2	山东新绿食品股份有限公司	新三板挂牌审计	〔2019〕135号
	62	辛H会计师事务所	3	林州重机集团股份有限公司	2017年年报审计	〔2020〕85号
	63	辛H会计师事务所	4	某控股公司收购证券公司5%股权	2013年及2014年第一季度报表审计	〔2021〕80号
	64	辛H会计师事务所	5	欢瑞世纪联合股份有限公司	2013年至2016年6月30日报表审计	〔2021〕2号（重庆局）
10	65	癸J会计师事务所	1	山东九发食用菌股份有限公司	2005至2006年年报审计	〔2008〕35号
	66	癸J会计师事务所	2	山东德棉股份有限公司	2007年年报审计	〔2009〕19号
	67	癸J会计师事务所	3	潍坊亚星化学股份有限公司	2009年年报审计	〔2012〕17号
11	68	甲K会计师事务所	1	四川天歌科技集团股份有限公司	2001年年报审计	证监罚字〔2005〕15号
	69	甲K会计师事务所	2	闽越花雕股份有限公司	2004年年报审计	证监罚字〔2007〕27号
	70	甲K会计师事务所	3	三峡新型建材股份有限公司	2011年至2012年年报审计	〔2019〕4号（湖北局）

续表

单位序号	累计序号	会计师事务所	项目数量	项目名称	报告时间	受处罚文号
12	71	乙L会计师事务所	1	杭州天目山药业股份有限公司	2013年年报审计	〔2017〕3号（浙江局）
	72	乙L会计师事务所	2	福鼎白茶股份有限公司	2017年年报审计	〔2020〕4号（福建局）
	73	乙L会计师事务所	3	安徽盛运环保（集团）股份有限公司	2016年年报审计	〔2021〕3号（安徽局）
13	74	丙M会计师事务所	1	江苏雅百特科技股份有限公司	2015年年报审计	〔2019〕37号
	75	丙M会计师事务所	2	宁波圣莱达电器股份有限公司	2015年年报审计	〔2019〕110号
	76	丙M会计师事务所	3	上海富控互动娱乐股份有限公司	2013至2015年年报审计	〔2022〕21号
14	77	丁N会计师事务所	1	广东广州日报传媒股份有限公司	粤传媒收购上海香榭丽传媒股份有限公司报表审计	〔2018〕115号
	78	丁N会计师事务所	2	山东胜通集团股份有限公司	2013至2017年年报审计	〔2021〕91号、〔2021〕20号（市场禁入）
	79	丁N会计师事务所	3	山东东方海洋科技股份有限公司	2016年至2017年年报审计	〔2022〕2号（山东局）
15	80	壬S会计师事务所	1	东莞市方达再生资源产业股份有限公司	2007至2008年年报审计	〔2011〕37号
	81	壬S会计师事务所	2	希努尔男装股份有限公司	2018年至2019年年报审计	〔2023〕79号
	82	壬S会计师事务所	3	珠海市博元投资股份有限公司	2012至2013年年报审计	〔2017〕84号
16	83	戊O会计师事务所	1	大连菲菲澳家现代农业股份有限公司	专项收购报表审计	证监罚字〔2004〕39号
	84	戊O会计师事务所	2	北京中关村科技发展（控股）股份有限公司	2001年和2002年年报审计	证监罚字〔2006〕8号
17	85	己P会计师事务所	1	湖南天一科技股份有限公司	2003年年报审计	证监罚字〔2005〕27号
	86	己P会计师事务所	2	嘉瑞新材料集团股份有限公司	2002至2003年年报审计	证监罚字〔2007〕3号
18	87	庚Q会计师事务所	1	中油龙昌（集团）股份有限公司	2002至2003年年报审计	〔2008〕13号
	88	庚Q会计师事务所	2	陕西精密合金股份有限公司	2002至2003年年报审计	〔2008〕37号

续表

单位序号	累计序号	会计师事务所	项目数量	项目名称	报告时间	受处罚文号
19	89	辛R会计师事务所	1	万福生科（湖南）农业开发股份有限公司	2008至2010年年和2011年上半年报表审计	〔2013〕49号、〔2013〕14号（市场禁入）、〔2013〕52号（撤销证券资格）
	90	辛R会计师事务所	2	吉林成城集团股份有限公司	2011至2012年年报审计	〔2015〕1号（江西局）
20	91	癸T会计师事务所	1	珠海鑫光集团股份有限公司	1998至1999年年报审计	证监罚字〔2002〕6号
	92	癸T会计师事务所	2	重庆长江水运股份有限公司	1998至2000年年报审计	证监罚字〔2003〕30号
21	93	甲U会计师事务所	1	怀集登云汽配股份有限公司	IPO及2013至2014年报审计	〔2017〕101号
	94	甲U会计师事务所	2	乐视网信息技术（北京）股份有限公司	2015年至2016年年报审计	〔2022〕19号
22	95	乙V会计师事务所	1	康美药业股份有限公司	2016至2018年年报审计	〔2021〕11号
	96	乙V会计师事务所	2	广东榕泰实业股份有限公司	2018年年报审计	〔2022〕10号（广东局）
23	97	丙W会计师事务所	1	抚顺特殊钢股份有限公司	2010至2016年年报审计	〔2021〕74号
	98	丙W会计师事务所	2	天夏智慧城市科技股份有限公司	2017年至2018年年报审计	〔2022〕3号（广西局）
24	99	丁X会计师事务所	1	甘肃皇台酒业股份有限公司	2016年年报审计	〔2021〕1号（甘肃局）
	100	丁X会计师事务所	2	永城煤电控股集团有限公司	2017至2019年年报审计	〔2022〕55号
25	101	壬W会计师事务所	1	凯迪生态环境科技股份有限公司	2016年年报审计	〔2021〕4号（湖北局）
	102	壬W会计师事务所	2	广州市浪奇实业股份有限公司	2018年至2019年年报审计	〔2023〕17号（广东局）
26	103	戊Y会计师事务所	1	张家界旅游开发股份有限公司	1996至1998年年报审计	证监罚字〔2001〕13号
27	104	己Z会计师事务所	1	福建九州集团股份有限公司	1996至1998年年报审计	证监罚字〔2001〕22号
28	105	庚A会计师事务所	1	山东渤海实业股份有限公司	1996至1998年年报审计	证监罚字〔2001〕24号
29	106	辛B会计师事务所	1	四川金路集团股份有限公司	1997年年报审计	证监罚字〔2001〕26号
30	107	壬C会计师事务所	1	郑州宇通客车股份有限公司	1999年年报审计	证监罚字〔2002〕14号

续表

单位序号	累计序号	会计师事务所	项目数量	项目名称	报告时间	受处罚文号
31	108	癸D会计师事务所	1	无锡小天鹅股份有限公司	1999年年报审计	证监罚字〔2003〕32号
32	109	甲E会计师事务所	1	中炬高新技术实业（集团）股份有限公司	1999年和2000年中报审计	证监罚字〔2003〕34号
33	110	乙F会计师事务所	1	中炬高新技术实业（集团）股份有限公司	1999年年报审计	证监罚字〔2003〕35号
34	111	丙G会计师事务所	1	中国四川国际合作股份有限公司	2000年年报审计	证监罚字〔2004〕29号
35	112	丁H会计师事务所	1	合肥丰乐种业股份有限公司	2001年年报审计	证监罚字〔2004〕44号
36	113	戊I会计师事务所	1	陕西煤航数码测绘（集团）股份有限公司	2001年年报审计	证监罚字〔2004〕46号
37	114	己J会计师事务所	1	广东科龙电器股份有限公司	2000年年报审计	证监罚字〔2006〕14号
38	115	庚K会计师事务所	1	广东美雅集团股份有限公司	2003年年报审计	证监罚字〔2007〕18号
39	116	辛L会计师事务所	1	安信信托投资股份有限公司	2004年年报审计	证监罚字〔2007〕24号
40	117	壬M会计师事务所	1	浙江信联股份有限公司	2002至2004年年报审计	〔2008〕18号
41	118	癸N会计师事务所	1	北亚实业（集团）股份有限公司	2003至2005年年报审计	〔2009〕11号
42	119	甲O会计师事务所	1	夏新电子股份有限公司	2006年年报审计	〔2009〕41号
43	120	乙P会计师事务所	1	衡阳市金荔科技农业股份有限公司	2006年年报审计	〔2009〕52号、〔2009〕15号（市场禁入）
44	121	丙Q会计师事务所	1	华通天香集团股份有限公司	2004年年报审计	〔2009〕54号
45	122	丁R会计师事务所	1	南京中北（集团）股份有限公司	2003至2004年年报审计	〔2010〕11号
46	123	戊S会计师事务所	1	北海银河高科技产业股份有限公司	2004年年报审计	〔2011〕20号
47	124	己T会计师事务所	1	宝硕股份有限公司	2004至2005年年报审计	〔2014〕70号
48	125	庚U会计师事务所	1	白银铜城商厦（集团）股份有限公司	2000年至2001年年报审计	证监罚字〔2004〕33号

续表

单位序号	累计序号	会计师事务所	项目数量	项目名称	报告时间	受处罚文号
49	126	辛V会计师事务所	1	太原化工股份有限公司	2014年年报审计	〔2020〕1号（山西局）
50	127	癸X会计师事务所	1	广东金刚玻璃科技股份有限公司	2016年至2017年年报审计	〔2022〕2号（广东局）
51	128	甲Y会计师事务所	1	新疆亿路万源实业投资控股股份有限公司	2018年至2019年年报审计	〔2022〕6号、〔2022〕3号（市场禁入）
52	129	乙Z会计师事务所	1	公准肉食品股份有限公司	2014年至2015年年报审计	〔2022〕1号（黑龙江局）
53	130	丙A会计师事务所	1	苏州胜利精密制造科技股份有限公司	2016年至2017年报审计	〔2022〕60号
54	131	丁B会计师事务所	1	浙江庚G会计师事务所药业股份有限公司	2017年至2018年年报审计	〔2022〕1号（浙江局）
55	132	戊C会计师事务所	1	浙江大东南股份有限公司	2016年至2017年年报审计	〔2019〕8号（浙江局）
56	133	己D会计师事务所	1	易见供应链管理股份有限公司	2018年至2019年年报表审计	〔2023〕3号
57	134	庚E会计师事务所	1	中兴天恒能源科技（北京）股份公司	2019年至2020年年报审计	〔2023〕8号（北京局）
58	135	辛F会计师事务所	1	当代东方投资股份有限公司	2021年3月31日注册资本及实收资本减少审验	〔2023〕3号（山西局）
59	136	壬G会计师事务所	1	北京京西文化旅游股份有限公司	2018年年报审计	〔2023〕18号（北京局）
60	137	癸H会计师事务所	1	东方网力科技股份有限公司	2020年年报审计	〔2023〕17号（北京局）
合计	137					

注：①乙B会计师事务所在对深圳键桥通讯技术股份有限公2009—2011年和甲I会计师事务所在对键桥通讯2012年度财务报表审计中受到处罚，行政处罚责任由承继主体资格的甲A会计师事务所承担。

附录3：

2001—2023年会计师事务所及注册会计师受处罚情况统计表

年份	序号	会计师事务所	受处罚情况		
			处罚文号	事务所	注册会计师
2001	1	戊Y会计师事务所	证监罚字〔2001〕13号	对事务所处以警告，没收其违规所得20万元，并罚款10万元	对该所注册会计师杨某某罚款5万元；对该所注册会计师戴某某、甘某某和王某某分别罚款3万元；暂停该所注册会计师杨某某从事证券业务许可证6个月
	2	己Z会计师事务所	证监罚字〔2001〕22号	对事务所处以警告，没收其非法所得25万元，并罚款25万元	对直接责任人庄某罚款5万元，对徐某、程某某罚款3万元；暂停庄某从事证券业务一年，暂停徐某、程某某从事证券业务6个月
	3	庚A会计师事务所	证监罚字〔2001〕24号	—	对原庚A会计师事务所注册会计师邱某、朱某金、朱某华处以警告
	4	原辛B会计师事务所	证监罚字〔2001〕26号	没收原事务所对金路公司1997年报审计收入20万元，并处以罚款20万元	对签字的会计师张某儒、张某根各罚款3万元，并暂停证券从业资格1年
2002	5	癸T会计师事务所	证监罚字〔2002〕6号	对事务所处以警告	对注册会计师刘某某、张某各罚款5万元，对注册会计师彭某某罚款3万元；卢某某的行为违反《股票条例》，第七十三条规定，但已过追诉时效，决定不予行政处罚，给予公开批评
	6	壬I会计师事务所	证监罚字〔2002〕9号	对事务所处以警告，没收2 000中报收入15万元，罚款15万元	对注册会计师吴某某、蔡某各罚款3万元
	7	壬C会计师事务所	证监罚字〔2002〕14号	没收事务所非法所得30万元	对签字会计师赛某某、董某分别处以警告
2003	8	癸D会计师事务所	证监罚字〔2003〕32号	对原无锡公证所处以10万元罚款	对负有直接责任的注册会计师马某某、金某某各罚款3万元
	9	甲E会计师事务所	证监罚字〔2003〕34号	对事务所没收违法所得30万元并罚款10万元	对签字会计师何某某和曾某分别处以警告并各罚款5万元。暂停何某某签字执行证券、期货相关业务半年
	10	乙F会计师事务所	证监罚字〔2003〕35号	对事务所罚款15万元	对签字会计师何某某和张某分别处以警告并各罚款5万元
	11	癸T会计师事务所	证监罚字〔2003〕30号	—	对凌某良和张某分别处以警告并各罚款5万元

续表

年份	序号	会计师事务所	受处罚情况		
			处罚文号	事务所	注册会计师
2004	12	丙G会计师事务所	证监罚字〔2004〕29号	对事务所处以警告	对杨某某、何某分别处以警告
	13	丁H会计师事务所	证监罚字〔2004〕44号		对谭某某罚款5万元，对李某罚款3万元
	14	戊O会计师事务所	证监罚字〔2004〕39号	对事务所给予警告，并处以40万元罚款	对负有直接责任的注册会计师童某某、王某某分别给予警告
	15	戊I会计师事务所	证监罚字〔2004〕46号	对事务所处以罚款60万元	对签字会计师丰某某、杜某某、王某某各处以罚款5万元
	16	庚U会计师事务所	证监罚字〔2004〕33号	对事务所处以警告、罚款5万元	对刘某文、唐某广、秦某处以警告
2005	17	甲K会计师事务所	证监罚字〔2005〕15号	对甲K会计师事务所处以警告、罚款30万元	对呙某某、辛某某分别处以5万元罚款
	18	己P会计师事务所	证监罚字〔2005〕27号	对事务所罚款20万元	对负有直接责任的注册会计师李某某、唐某某罚款5万元
2006	19	戊O会计师事务所	证监罚字〔2006〕8号	对事务所处以20万元罚款	对李某、景某某分别处以5万元罚款
	20	己J会计师事务所	证监罚字〔2006〕14号	—	对安达信华强所原注册会计师王某某、向某某处以警告
2007	21	己P会计师事务所	证监罚字〔2007〕3号	对己P会计师事务所有限公司所给予警告，并处以40万元罚款	对负有直接责任的注册会计师隆某某和汪某某各罚款5万元
	22	庚K会计师事务所	证监罚字〔2007〕18号	对事务所给予警告，并处以10万元罚款	对何某某、周某某分别处以3万元罚款
	23	辛L会计师事务所	证监罚字〔2007〕24号	对事务所处以20万元罚款	对夏某某、张某某给予警告
	24	甲K会计师事务所	证监罚字〔2007〕27号	对甲K会计师事务所给予警告	对陈某某、李某某分别给予警告
2008	25	庚Q会计师事务所	〔2008〕13号	对事务所给予警告并处以40万元的罚款	对常某某、古某某分别处以5万元的罚款
	26	壬M会计师事务所	〔2008〕18号	对己F会计师事务所处以5万元的罚款	对李某某、徐某某分别给予警告
	27	乙B会计师事务所	〔2008〕29号	对乙B会计师事务所处以30万元的罚款	对刘某（男）和刘某（女）分别处以5万元和3万元的罚款
	28	乙B会计师事务所	〔2008〕27号	对乙B会计师事务所给予警告，并处以10万元的罚款	对张某某、陈某分别处以5万元的罚款

续表

年份	序号	会计师事务所	受处罚情况		
			处罚文号	事务所	注册会计师
2008	29	癸J会计师事务所	〔2008〕35号	责令事务所改正违法行为，没收业务收入50万元，并处以50万元罚款	对许某某、崔某某、张某某、刘某某分别给予警告，并各处以3万元罚款
	30	庚Q会计师事务所	〔2008〕37号	对事务所给予警告，并处以30万元的罚款	对常某某处以10万元的罚款；对古某某、张某分别处以5万元的罚款
2009	31	癸N会计师事务所	〔2009〕11号	没收丙C会计师事务所信隆非法所得60万元，并处以罚款50万元	对王某某、王某和曹某某分别处以5万元罚款
	32	癸J会计师事务所	〔2009〕19号	责令事务所改正，并处以10万元罚款	分别给予毕某某、刘某某警告，并处以3万元罚款
	33	甲O会计师事务所	〔2009〕41号	没收丁B会计师事务所业务收入75万元，并处以25万元罚款	对姚某某、周某某给予警告，并分别处以5万元罚款
	34	乙P会计师事务所	〔2009〕52号，〔2009〕15号（市场禁入）	对事务所没收业务收入50万元，并处以50万元罚款	对卫某某、徐某某、文某给予警告，并分别处以10万元罚款；对胡某给予警告，并处以3万元罚款。认定卫某某为市场禁入者，3年内不得从事任何证券业务
	35	丙Q会计师事务所	〔2009〕54号	对事务所给予警告，并处以10万元罚款	对邱某某处以3万元罚款；对谢某某给予警告
2010	36	乙B会计师事务所	〔2010〕9号	对乙B会计师事务所给予警告，并处以20万元罚款	对张某某、姚某某分别处以5万元罚款
	37	丁R会计师事务所	〔2010〕11号	对事务所给予警告、没收违法所得17.50万元，并处以20万元的罚款	对诸某某、张某某分别处以8万元的罚款；对孙某某处以4万元的罚款
	38	戊E会计师事务所	〔2010〕47号	对事务所给予警告，并处以10万元罚款	—
2011	39	戊S会计师事务所	〔2011〕20号	对事务所给予警告，并没收违法所得40万元	对刘某某、黄某某分别处以10万元罚款
	40	壬S会计师事务所	〔2011〕37号	责令壬S会计师事务所改正，没收壬S会计师事务所业务收入100万元	对张某某给予警告，并处以5万元罚款；对马某某、黄某某给予警告，并分别处以3万元罚款

续表

年份	序号	会计师事务所	受处罚情况		
			处罚文号	事务所	注册会计师
2012	41	癸J会计师事务所	〔2012〕17号	责令事务所改正，没收业务收入35万元，并处以罚款35万元	对刘某某、贺某某给予警告，并分别处以3万元罚款
	42	丙C会计师事务所	〔2012〕35号	责令丙C会计师事务所改正，没收丙C会计师事务所业务收入70万元	对李某某、黄某某、孙某、王某某给予警告，并分别处以3万元罚款
2013	43	乙B会计师事务所	〔2013〕27号，〔2013〕7号（市场禁入），〔2013〕26号（撤销证券服务业务许可）	没收乙B会计师事务所业务收入60万元，并处以60万元的罚款。撤销乙B会计师事务所的证券服务业务许可	对姚某某、廖某某给予警告并分别处以10万元罚款。认定姚某某、廖某某为市场禁入者，自我会宣布决定之日起，终身不得从事证券业务或者担任上市公司董事、监事、高级管理人员职务
	44	辛R会计师事务所	〔2013〕49号，〔2013〕14号（市场禁入），〔2013〕52号（撤销证券服务业务许可）	责令辛R会计师事务所改正违法行为，没收业务收入98万元，并处以196万元罚款。撤销辛R会计师事务所证券服务业务许可	对王某、黄某某给予警告，并分别处以10万元罚款。认定王某、黄某某为证券市场禁入者，自我会宣布决定之日起，终身不得从事证券业务或者担任上市公司董事、监事、高级管理人员职务
	45	壬I会计师事务所	〔2013〕45号	没收壬I会计师事务所业务收入60万元，并处以120万元罚款	对胡某某给予警告，并处以10万元罚款；对吴某某给予警告，并处以5万元罚款
		壬I会计师事务所	〔2013〕10号（市场禁入）		认定胡某某、吴某某为市场禁入者，自我会宣布决定之日起，终身不得从事证券业务或担任上市公司董事、监事、高级管理人员职务
	46	己F会计师事务所	〔2013〕54号	没收己F会计师事务所业务收入90万元，并处以90万元的罚款	对王某某给予警告，并处以10万元的罚款；对刘某某给予警告，并处以5万元的罚款
		己F会计师事务所	〔2013〕17号（市场禁入）		认定王某某、刘某某为证券市场禁入者，自我会宣布决定之日起，7年内不得从事证券业务或者担任上市公司董事、监事、高级管理人员职务

续表

年份	序号	会计师事务所	受处罚情况		
			处罚文号	事务所	注册会计师
2014	47	丙C会计师事务所	〔2014〕21号	对丙C会计师事务所没收业务收入60万元，并处以120万元罚款	对黄某、温某某给予警告，并分别处以10万元罚款；对汪某某给予警告，并处以8万元罚款
		丙C会计师事务所	〔2014〕6号（市场禁入）		认定黄某、温某某为证券市场禁入者，自我会宣布决定之日起，10年内不得在任何机构中从事证券业务或担任上市公司董事、监事或高级管理人员职务
	48	庚G会计师事务所	〔2014〕52号	对庚G会计师事务所给予警告，没收项目收入132万元，并处以132万元罚款	对秦某某给予警告，并处以4万元罚款；对赵某给予警告，并处以3万元罚款；对张某某给予警告
	49	己T会计师事务所	〔2014〕70号	没收己T会计师事务所违法所得92.709万元，并处以92.709万元罚款	对齐某某处以20万元罚款；对李某、王某、艾某某分别处以10万元罚款
	50	乙B会计师事务所	〔2014〕96号	对乙B会计师事务所给予警告	对深圳桑某、徐某给予警告
2015	51	辛R会计师事务所	〔2015〕1号（江西）	责令辛R会计师事务所改正违法行为	对李某某给予警告，并处以3万元罚款；对熊某某给予警告，并处以3万元罚款
	52	丙C会计师事务所	〔2015〕67号	责令丙C会计师事务所改正，没收业务收入95万元，并处以95万元罚款	对温某某、王某给予警告，并分别处以10万元罚款
		丙C会计师事务所	〔2015〕10号（市场禁入）	—	对温某某采取5年证券市场禁入措施，鉴于温某某已被我会采取10年证券市场禁入措施（中国证监会市场禁入决定书〔2014〕6号），待该证券市场禁入期满后，追加实施5年证券市场禁入，在禁入期间内，不得从事证券业务或者担任上市公司董事、监事、高级管理人员职务；对王某采取5年证券市场禁入措施，自我会宣布决定之日起，在禁入期间内，不得从事证券业务或者担任上市公司董事、监事、高级管理人员职务

续表

年份	序号	会计师事务所	受处罚情况		
			处罚文号	事务所	注册会计师
2016	53	丁D会计师事务所	〔2016〕89号	责令丁D会计师事务所改正违法行为，没收业务收入70万元，并处以210万元罚款	对姜某某、葛某给予警告，并分别处以10万元的罚款
	54	辛H会计师事务所	〔2016〕92号	责令辛H会计师事务所改正违法行为，没收业务收入322.44万元，并处以967.32万元罚款	对王某某、杨某某、王某某给予警告，并分别处以10万元罚款
	54	辛H会计师事务所	〔2016〕10号（禁入）		对王某某、杨某某分别采取5年证券市场禁入措施，自我会宣布决定之日起，在禁入期间内，不得从事证券业务或者担任上市公司董事、监事、高级管理人员职务；对王某某采取3年证券市场禁入措施，自我会宣布决定之日起，在禁入期间内，不得从事证券业务或者担任上市公司董事、监事、高级管理人员职务
	55	丙C会计师事务所	〔2016〕105号	没收丙C会计师事务所业务收入205万元，并处以205万元罚款	对直接负责的主管人员王某、田某某给予警告，并分别处以5万元罚款
	56	甲A会计师事务所（原己D会计师事务所）	〔2016〕8号（深圳）①	责令己D会计师事务所改正，没收己D会计师事务所键桥通讯2012年度年报审计业务收入70万元，并处以70万元的罚款，由己D会计师事务所法律主体的承继者甲A会计师事务所（特殊普通合伙）承担	对支某、陈某某2名签字者给予警告，并分别处以10万元的罚款
	57	丙C会计师事务所	〔2016〕20号	没收丙C会计师事务所业务收入35万元，并处以35万元罚款	对汪某华、雷某涛给予警告，并分别处以5万元罚款
	58	乙B会计师事务所	〔2016〕104号	鉴于乙B会计师事务所已于2015年12月28日注销，我会不再予以行政处罚	对李某、刘某给予警告，并分别处以10万元罚款

续表

年份	序号	会计师事务所	受处罚情况		
			处罚文号	事务所	注册会计师
2017	59	甲A会计师事务所	〔2017〕1号	对甲A会计师事务所责令改正，没收业务收入39万元，并处以78万元罚款	对温某某、秦某给予警告，并分别处以5万元罚款
	60	甲A会计师事务所	〔2017〕3号（广东局）	没收甲A会计师事务所业务收入95万元，并处以95万元的罚款	刘某、孙某某给予警告，并分别处以5万元罚款
	61	甲A会计师事务所	〔2017〕22号	责令甲A会计师事务所改正违法行为，没收业务收入130万元，并处以260万元罚款	对侯某某、肖某给予警告，并分别处以10万元罚款
		甲A会计师事务所	〔2017〕6号（市场禁入）		对侯某某、肖某分别采取5年证券市场禁入措施，自我会宣布决定之日起，在禁入期间内，不得在任何机构中从事证券业务或者担任上市公司董事、监事、高级管理人员职务
	62	乙L会计师事务所	〔2017〕3号（浙江局）	责令乙L会计师事务所改正违法行为，没收业务收入45万元，并处以45万元罚款	对杨某某、刘某某给予警告，并分别处以3万元罚款
	63	丁D会计师事务所	〔2017〕55号	没收丁D会计师事务所业务收入45万元，并处以45万元罚款	对王某某、肖某某给予警告，并分别处以6万元罚款
	64	壬S会计师事务所	〔2017〕84号	没收壬S会计师事务所业务收入150万元，并处以450万元罚款	对聂某某、张某某给予警告，并分别处以10万元罚款；对李某某给予警告，并处以5万元罚款
	65	丙C会计师事务所	〔2017〕85号	没收丙C会计师事务所业务收入150万元，并处以750万元罚款	对蒋某某、李某警告，并分别处以10万元罚款
	66	甲U会计师事务所	〔2017〕101号	责令甲U会计师事务所改正，没收业务收入32万元，没收违法所得188万元，并处以220万元罚款	对郭某某、夏某给予警告，并分别处以5万元罚款

续表

年份	序号	会计师事务所	受处罚情况		
			处罚文号	事务所	注册会计师
2018	67	己F会计师事务所	〔2018〕70号	没收己F会计师事务所业务收入150万元，并处以450万元的罚款	对张某某、高某某、谭某给予警告，并处以8万至10万元的罚款
	68	丁D会计师事务所	〔2018〕78号	没收丁D会计师事务所业务收入90万元，并处以270万元的罚款	对邹某某、程某给予警告，并分别处以10万元的罚款
	69	丁D会计师事务所	〔2018〕18号（广东局）	没收丁D会计师事务所业务收入75万元，并处以75万元的罚款	对高某、康某华给予警告，并分别处以3万元罚款
	70	丁N会计师事务所	〔2018〕115号	没收丁N会计师事务所业务收入66万元，并处以198万元罚款	对直接负责的主管人员朱某崴、李某阳给予警告，并分别处以5万元的罚款
	71	丁D会计师事务所	〔2018〕119号	没收丁D会计师事务所业务收入95万元，并处以95万元的罚款	对周某文、陶某给予警告，并分别处以10万元的罚款
	72	甲A会计师事务所	〔2018〕126号	没收甲A会计师事务所业务收入130万元，并处以390万元的罚款	对王某江、刘某锋、张某平给予警告，并分别处以10万元的罚款
2019	73	壬I会计师事务所	〔2019〕6号	对壬I会计师事务所责令改正，没收壬I会计师事务所业务收入60万元，并处以180万元罚款	对钟某和、孙某伟给予警告，并分别处以10万元罚款
		壬I会计师事务所	〔2019〕1号（市场禁入决定书）		对钟某和、孙某伟分别采取五年的证券市场禁入措施，自证监会宣布决定之日起，五年内不得从事证券业务或者担任上市公司、非上市公众公司董事、监事、高级管理人员职务
	74	丙M会计师事务所	〔2019〕37号	责令丙M会计师事务所改正，没收业务收入54万元，没收违法所得12万元，并合计处以174万元罚款	对孙某、顾某给予警告，并分别处以8万元罚款
	75	甲A会计师事务所	〔2019〕4号（深圳局）	对甲A会计师事务所责令改正，没收零七股份2014年年报审计业务收入55万元，并处以55万元罚款	—

续表

年份	序号	会计师事务所	受处罚情况		
			处罚文号	事务所	注册会计师
2019	76	甲K会计师事务所	〔2019〕4号（湖北局）	没收甲K会计师事务所审计业务收入95万元，并处以95万元的罚款	对叶某辉、刘某给予警告，并分别处以5万元的罚款
	77	丙M会计师事务所	〔2019〕110号	对丙M会计师事务所责令改正，没收业务收入35万元，并处以105万元罚款	对孙某、戴某宏给予警告，并分别处以10万元罚款
	78	辛H会计师事务所	〔2019〕135号	对辛H会计师事务所责令改正，没收业务收入30万元，并处以60万元罚款	对直接负责的签字注册会计师宜某民、刘某给予警告，并分别处以5万元的罚款
2020	79	戊C会计师事务所	〔2019〕8号（浙江局）	责令戊C会计师事务所改正违法行为，没收业务收入140万元，并处以140万元罚款	对吴某光给予警告，并处以8万元罚款；对吴某航、蒋某国给予警告，并分别处以5万元罚款
	80	戊E会计师事务所	〔2020〕20号	对戊E会计师事务所责令改正，没收审计业务收入25万元，并处以25万元罚款	对注册会计师孙某伟和许某磊给予警告，并分别处以5万元罚款
	81	辛H会计师事务所	〔2020〕85号	对辛H会计师事务所责令改正，没收业务收入118万元，并处以236万元罚款	对肖某娟、李某给予警告，并分别处以5万元罚款
	82	辛V会计师事务所	〔2020〕1号某（山西局）	没收辛V会计师事务所业务收入60万元，并处以60万元罚款	对王某才、王某民给予警告，并分别处以5万元罚款
	83	乙L会计师事务所	〔2020〕4号（福建局）	对乙L会计师事务所责令改正，没收业务收入15万元，并处以15万元的罚款	对姚某海、贺某钊给予警告，并分别处以5万元的罚款
	84	己F会计师事务所	〔2020〕4号（重庆局）	责令己F会计师事务所改正，没收审计业务收入60万元，并处以120万元罚款	对于某永和段某峰给予警告，并分别处以5万元罚款
	85	丁D会计师事务所	〔2020〕19号	责令丁D会计师事务所改正，没收业务收入75万元，并处以75万元罚款	对宣某辰和陈某给予警告，并分别处以3万元罚款

续表

年份	序号	会计师事务所	受处罚情况		
			处罚文号	事务所	注册会计师
2021	86	乙V会计师事务所	〔2021〕11号,〔2021〕4号（市场禁入）	对乙V会计师事务所责令改正，没收业务收入1 425万元，并处以4 275万元罚款	对杨某蔚、张某璃、苏某升给予警告，并分别处以10万元罚款；对刘某给予警告，并处以3万元罚款。对杨某蔚、张某璃分别采取5年证券市场禁入措施，对苏某升采取10年证券市场禁入措施。自我会宣布决定之日起，在禁入期间内，除不得继续在原机构从事证券业务或者担任原上市公司、非上市公众公司董事、监事、高级管理人员职务外，也不得在其他任何机构中从事证券业务或者担任其他上市公司、非上市公众公司董事、监事、高级管理人员职务
	87	甲A会计师事务所	〔2021〕21号	没收甲A会计师事务所业务收入140万元，并处以280万元的罚款	对程某彬、刘某武、刘某给予警告，并分别处以5万元的罚款
	88	戊E会计师事务所	〔2021〕52号	对戊E会计师事务所责令改正，没收业务收入180万元，并处以180万元罚款	对杨某龙、王某栋给予警告，并分别处以5万元罚款
	89	甲A会计师事务所	〔2021〕69号	责令甲A会计师事务所改正，没收甲A会计师事务所（特殊普通合伙）业务收入160万元，并处以320万元的罚款	对殷某民、匡某给予警告，并分别处以5万元的罚款
	90	丙W会计师事务所	〔2021〕74号	对丙W会计师事务所责令改正，没收其对抚顺特钢2010—2016年年报审计业务收入363万元，并处以1 089万元罚款	对臧某盛、董某给予警告，并分别处以7万元罚款
	91	辛H会计师事务所	〔2021〕80号	责令辛H会计师事务所改正违法行为，没收审计业务收入100万元，并处以100万元罚款	对韩某利、姜某东给予警告，并分别处以5万元的罚款

续表

年份	序号	会计师事务所	受处罚情况		
			处罚文号	事务所	注册会计师
2021	92	丁N会计师事务所	〔2021〕91号	对丁N会计师事务所责令改正，没收业务收入575万元，并处以1 150万元罚款	对杨某刚、张某富给予警告，并分别处以10万元罚款
		丁N会计师事务所	〔2021〕20号（市场禁入）		对杨某刚、张某富分别采取5年证券市场禁入措施，自我会宣布决定之日起，在禁入期间内，除不得继续在原机构从事证券业务或者担任原上市公司、非上市公众公司董事、监事、高级管理人员职务外，也不得在其他任何机构中从事证券业务或者担任其他上市公司、非上市公众公司董事、监事、高级管理人员职务
	93	辛H会计师事务所	〔2021〕2号（重庆所）	责令辛H会计师事务所改正，没收审计业务收入208.83万元，并处以626.49万元罚款	对邹某文和贾某伟给予警告，并分别处以10万元罚款
	94	乙L会计师事务所	〔2021〕3号（安徽局）	没收乙L会计师事务所业务收入98万元，并处以196万元罚款	对梁某芳、金某平给予警告，并分别处以5万元罚款
	95	壬W会计师事务所	〔2021〕4号（湖北局）	没收壬W会计师事务所审计业务收入400万元，并处以400万元的罚款	对汤某俊、彭某给予警告，并分别处以5万元罚款
	96	甲A会计师事务所	〔2021〕2号（陕西局）	责令改正，没收业务收入360万元，并处以360万元罚款	对郭某、郑某给予警告，并分别处以3万元罚款
	97	庚G会计师事务所	〔2021〕118号	责令改正，没收业务收入60万元，并处以60万元罚款	对吴某权、周某华给予警告，并分别处以5万元罚款
	98	丁X会计师事务所	〔2021〕1号（甘肃局）	责令改正，没收审计业务收入40万元，并处以40万元罚款	对范某华、孙某给予警告，并分别处以5万元罚款
	99	戊E会计师事务所	〔2021〕99号	责令改正，没收业务收入55万元，并处以110万元罚款	对刘某、李某庆给予警告，并分别处以30万元罚款；对赵某宾给予警告，并处以20万元罚款
	100	庚G会计师事务所	〔2021〕128号	责令改正，没收业务收入130万元，并处以390万元的罚款	对陈某、李某念给予警告，并分别处以10万元的罚款

续表

年份	序号	会计师事务所	受处罚情况		
			处罚文号	事务所	注册会计师
2022	101	癸X会计师事务所	〔2022〕2号（广东局）	责令改正，没收业务收入120万元，并处以120万元罚款	对吕某波给予警告，并处以5万元罚款；对张某1和张某2给予警告，并分别处以3万元罚款
	102	甲Y会计师事务所	〔2022〕6号、〔2022〕3号（市场禁入）	对甲Y会计师事务所责令改正，没收甲Y会计师事务所业务收入1 970 297.01元，处以11 821 782.06元的罚款，并暂停从事证券服务业务1年	对吴某堂给予警告，并处以100万元的罚款；对刘某斌给予警告，并处以50万元的罚款；对刘某辉给予警告，并处以30万元的罚款。对吴某堂、刘某斌、刘某辉分别采取10年、5年、3年证券市场禁入措施，自我会宣布决定之日起，除不得继续在原机构从事证券业务或者担任原上市公司、非上市公众公司董事、监事、高级管理人员职务外，也不得在其他任何机构中从事证券业务或者担任其他上市公司、非上市公众公司董事、监事、高级管理人员职务
	103	丁N会计师事务所	〔2022〕2号（山东局）	对丁N会计师事务所（特殊普通合伙）责令改正，没收业务收入943 396.2元，并处以943 396.2元罚款	对杨某刚给予警告，并处以80 000元罚款；对李某波给予警告，并处以50 000元罚款；对王某霜梁给予警告，并处以50 000元罚款
	104	甲U会计师事务所	〔2022〕19号	责令甲U会计师事务所改正违法行为，没收业务收入1 509 434元，并处以3 018 868元罚款	对常某波、白某敏给予警告，并分别处以5万元罚款
	105	丙M会计师事务所	〔2022〕21号	责令丙M会计师事务所（特殊普通合伙）改正，没收丙M会计师事务所（特殊普通合伙）业务收入3 962 264.14元，并处以3 962 264.14元罚款	对李某祥、周某给予警告，并分别处以6万元的罚款
	106	己F会计师事务所	〔2022〕3号（深圳局）	对己F会计师事务所（特殊普通合伙）责令改正，没收业务收入3 867 924.53元，并处以7 735 849.06元罚款	对刘某强、张某富、莫某民、陈某给予警告，并分别处以6万元罚款

续表

年份	序号	会计师事务所	受处罚情况		
			处罚文号	事务所	注册会计师
2022	107	乙V会计师事务所	〔2022〕10号（广东局）	责令乙V会计师事务所（特殊普通合伙）改正，没收业务收入130万元，并处以130万元罚款	对陈某、马某山给予警告，并分别处以3万元罚款
	108	己F会计师事务所	〔2022〕32号	责令己F会计师事务所（特殊普通合伙）改正，没收其对东方金钰2017年财务报表审计业务收入110万元，并处以220万元罚款	对李某坤、罗某芳给予警告，并分别处以五万元罚款
	109	庚G会计师事务所	〔2022〕2号（广西局）	对庚G会计师事务所（特殊普通合伙）责令改正，没收业务收入679 245元，并处以1 358 490元罚款	对王某军、汪某宁给予警告，并分别处以5万元罚款
	110	乙Z会计师事务所	〔2022〕1号（黑龙江局）	对乙Z会计师事务所（特殊普通合伙）责令改正，没收业务收入25万元，并处以75万元罚款	对解某给予警告，并处以7万元罚款；对李某忠给予警告，并处以5万元罚款
	111	庚G会计师事务所	〔2022〕2号（黑龙江局）	对庚G会计师事务所（特殊普通合伙）责令改正，没收业务收入40万元，并处以120万元罚款	对潘某、张某给予警告，并分别处以5万元罚款
	112	丁X会计师事务所	〔2022〕55号	对丁X会计师事务所没收审计业务收入343.87万元，并处以343.87万元罚款	对陈某给予警告，并处以五万元罚款；对杨某华、赵某给予警告，并分别处以二十五万元罚款；对于某给予警告，并处以二十万元罚款
	113	庚G会计师事务所	〔2022〕31号（浙江局）	对庚G会计师事务所（特殊普通合伙）责令改正，没收业务收入101.89万元，并处以101.89万元罚款	对周某华、欧阳某给予警告，并分别处以3万元罚款
	114	丙W会计师事务所	〔2022〕3号（广西局）	对丙W会计师事务所（特殊普通合伙）责令改正，没收业务收入1 792 452元，并处以5 377 356元罚款	对谭某明、何某秋给予警告，并分别处以10万元罚款

续表

年份	序号	会计师事务所	受处罚情况		
			处罚文号	事务所	注册会计师
2022	115	丙A会计师事务所	〔2022〕60号	对丙A会计师事务所（特殊普通合伙）责令改正，没收业务收入4 575 471.70元，并处以4 575 471.70元罚款	对谈某忠给予警告，并处以5万元罚款；对谢某彬给予警告，并处以3万元罚款
	116	己F会计师事务所	〔2022〕18号（北京局）	对己F会计师事务所（特殊普通合伙）责令改正，没收业务收入141 509.43元，并处以283 018.86元的罚款	对赵某波、颜某才给予警告，并分别处以5万元的罚款
	117	甲A会计师事务所	〔2022〕17号（北京局）	对甲A会计师事务所（特殊普通合伙）责令改正，没收业务收入3 726 414.99元，并处以3 726 414.99元的罚款	对李某、宋某民给予警告，并分别处以5万元的罚款
	118	戊E会计师事务所	〔2022〕69号	对戊E会计师事务所（特殊普通合伙）责令改正，没收业务收入1 415 094.34元，并处以2 830 188.68元罚款	对齐某华、王某栋给予警告，并分别处以30万元罚款
	119	戊E会计师事务所	〔2022〕36号	对戊E会计师事务所责令改正，没收业务收入1 084 905.66元，并处以2 169 811.32元罚款	对姚某春、赵某红、白某盈给予警告，并分别处以30万元罚款
	120	丁B会计师事务所	〔2022〕1号（浙江局）	对丁B会计师事务所（特殊普通合伙）责令改正，没收业务收入155万元，并处以310万元罚款	对陈某给予警告，并处以8万元罚款；对赵某荣、周某民给予警告，并分别处以5万元罚款
2023	121	己D会计师事务所	〔2023〕3号	责令改正，没收业务收入3 632 075.45元，并处以7 264 150.90元的罚款	对江某、高某华予以警告，并分别处以30万元的罚款
	122	庚E会计师事务所	〔2023〕8号（北京局）	责令改正，没收业务收入2 264 150.94元，并处以2 264 150.94元的罚款；	对高某、周某然给予警告，并处以30万元的罚款。

续表

年份	序号	会计师事务所	受处罚情况		
			处罚文号	事务所	注册会计师
2023	123	己F会计师事务所	〔2023〕18号	责令改正，没收业务收入1 226 415.09元，并处以2 452 830.18元的罚款；（责令大华会计师事务所（特殊普通合伙）改正，没收业务收入1 226 415.09元，并处以2 452 830.18元的罚款；	对董某、李某给予警告，并分别处以5万元的罚款
	124	庚G会计师事务所	2023年3月20日作出	责令改正，没收业务收入2 216 981.07元，并处以4 433 962.14元罚款	对唐某强、张某给予警告，并分别处以6万元、4万元罚款。
	125	己F会计师事务所	〔2023〕8号（广东局）	责令改正，没收业务收入3 339 622.53元，并处以6 679 245.06元罚款。	对张某辉给予警告，并处以55万元罚款；对熊某给予警告，并处以30万元罚款。
	126	壬I会计师事务所	〔2023〕2号（湖北局）	责令改正，没收其审计业务收入89.62万元，并处以89.62万元罚款	李某、雷某给予警告，并分别处以5万元罚款。
	127	壬I会计师事务所	〔2023〕1号（上海局）	责令改正，没收业务收入1 415 094.31元，并处以1 415 094.31元的罚款	对朱某松、李某给予警告，并分别处以5万元罚款。
	128	壬I会计师事务所	〔2023〕42号	责令改正，没收业务收入148.11万元，并处以296.22万元罚款	对杨某给予警告，并处以10万元罚款；对邹某文给予警告，并处以8万元罚款。
	129	甲A会计师事务所	〔2023〕51号	责令改正，没收业务收入3 169 811.32元，并处以6 339 622.64元的罚款	对袁某山、左某民给予警告，并分别处以10万元的罚款。
	130	壬W会计师事务所	〔2023〕17号（广东局）	责令改正，没收业务收入1 363 207.54元，并处以1 363 207.54元罚款；	对龚某伟、邵某取给予警告，并分别处以5万元罚款；对胡某林、卢某桉给予警告，并分别处以20万元罚款
	131	庚G会计师事务所	〔2023〕58号	责令改正，没收业务收入2 075 471.7元，并处以6 226 415.1元的罚款	对马某菊、韩某华给予警告，并分别处以25万元的罚款；对尹某文、麻某华、崔某强、杨某杰给予警告，并分别处以8万元的罚款

续表

年份	序号	会计师事务所	受处罚情况		
			处罚文号	事务所	注册会计师
2023	132	辛F会计师事务所	〔2023〕3号（山西局）	责令改正，并处以5万元罚款	
	133	庚G会计师事务所	〔2023〕24号（广东局）	责令改正，没收业务收入943 396.20元，并处以943 396.20元罚款	对孙某山给予警告，并处以20万元罚款；对李某龙给予警告，并处以20万元罚款
	134	庚G会计师事务所	〔2023〕78号	责令改正，没收其业务收入1 018 867.90元，并处以2 037 735.80元罚款	对贾某鹤、秦某胜、栗某博给予警告，并分别处以6万元、4万元、4万元罚款
	135	壬S会计师事务所	〔2023〕79号	责令改正，没收业务收入226.41万元，并处以226.41万元罚款	给予谭某嘉、杜某警告，并分别处以25万元罚款；给予杨某、李某山警告，并分别处以20万元罚款
	136	壬G会计师事务所	〔2023〕18号（北京局）	责令改正，没收业务收入660 377.34元，并处以1 981 132.02元的罚款	对朱某军、刘某军给予警告，并分别处以10万元的罚款
	137	癸H会计师事务所	〔2023〕17号（北京局）	责令改正，没收业务收入1 462 264.11元，处以7 311 320.55元的罚款，并暂停从事证券服务业务6个月	对邱某星、谢某丽、杨某给予警告，并分别处以150万元、以100万元的罚款；对杨某给予警告，并处以50万元的罚款。

注：①乙B会计师事务所在对深圳键桥通讯技术股份有限公司2009—2011年和甲I会计师事务所在对键桥通讯2012年度财务报表审计中受到处罚，行政处罚责任由承继主体资格的甲A会计师事务所承担。

附录4：

2001—2023年受到证监会行政处罚审计项目对应企业情况统计表

年份	序号	项目名称	股票代码	上市公司简称	更名或退市
2001	1	张家界旅游开发股份有限公司	000430	张家界	
	2	福建九州集团股份有限公司	000653	九州股份	2002年9月13日起终止上市
	3	山东渤海实业股份有限公司	600858	山东渤海	更名为银座股份
	4	四川金路集团股份有限公司	000510	新金路	
2002	5	珠海鑫光集团股份有限公司	000405	*ST鑫光	2004年3月19日起终止上市
	6	桂林集琦药业股份有限公司	000750	*ST集琦	国海证券
	7	郑州宇通客车股份有限公司	600066	宇通客车	
2003	8	无锡小天鹅股份有限公司	000419	小天鹅A	通程控股
	9	中炬高新技术实业（集团）股份有限公司（两个事务所受处罚）	600872	中炬高新	
	10	中炬高新技术实业（集团）股份有限公司（两个事务所受处罚）	600873	中炬高新	
	11	重庆长江水运股份有限公司	600369	长江水运	西南证券
2004	12	中国四川国际合作股份有限公司	600852	ST中川	2005年9月16日终止上市
	13	合肥丰乐种业股份有限公司	000713	丰乐种业	
	14	大连菲菲澳家现代农业股份有限公司	000769	菲菲农业	2005年9月21日终止上市
	15	陕西煤航数码测绘（集团）股份有限公司	600700	数码测绘	2005年退市
	16	白银铜城商厦（集团）股份有限公司	000672	铜城集团	上峰水泥
2005	17	四川天歌科技集团股份有限公司	000509		*ST华塑
	18	湖南天一科技股份有限公司	000908	天一科技	景峰医药
2006	19	北京中关村科技发展（控股）股份有限公司	000931	中关村	
	20	广东科龙电器股份有限公司	000921	S*ST科龙	海信电器
2007	21	嘉瑞新材料集团股份有限公司	000156	嘉瑞新材	华数传媒
	22	广东美雅集团股份有限公司	000529	*ST美雅	广弘控股
	23	安信信托投资股份有限公司	600816	安信信托	ST安信
	24	闽越花雕股份有限公司	600659	闽越花雕	2006年3月23日终止上市
2008	25	中油龙昌（集团）股份有限公司	600772	S*ST龙昌	2006年11月30日终止上市
	26	浙江信联股份有限公司	600899	*ST信联	2005年9月21日起终止上市
	27	大唐电信科技股份有限公司	600198	ST大唐	

续表

年份	序号	项目名称	股票代码	上市公司简称	更名或退市
2008	28	衡阳市金荔科技农业股份有限公司	600762	S*ST金荔	2007年11月20日起终止上市
	29	山东九发食用菌股份有限公司	600180	*ST九发	瑞茂通
	30	陕西精密合金股份有限公司	600092	S*ST精密	2006年11月30日终止上市
2009	31	北亚实业（集团）股份有限公司	600705	S*ST北亚	中航产融
	32	山东德棉股份有限公司	2072	德棉股份	*ST凯瑞
	33	夏新电子股份有限公司	600057	*ST夏新	厦门象屿
	34	衡阳市金荔科技农业股份有限公司	600762	S*ST金荔	2007年11月20日起终止上市
	35	华通天香集团股份有限公司	600225	S*ST天香	*ST松江
2010	36	成都聚友网络股份有限公司	000693	S*ST聚友	后改名为成都华泽钴镍材料股份有限公司，*ST华泽2019年7月23日终止上市
	37	南京中北（集团）股份有限公司	000421	南京中北	南京公用
	38	华夏建通科技开发股份有限公司	600149	华夏建通	廊坊发展
2011	39	北海银河高科技产业股份有限公司	000806	银河科技	*ST银河
	40	东莞市方达再生资源产业股份有限公司	600656	*ST方源	2008年8月5日，公司名称变更为东莞市方达再生资源产业股份有限公司。2011年9月14日公告，公司名称变更为“珠海市博元投资股份有限公司”。2016年3月21日终止上市
2012	41	潍坊亚星化学股份有限公司	600319	亚星化学	*ST亚星
	42	山东华阳科技股份有限公司	600532	*ST华科	未来股份
2013	43	云南绿大地生物科技股份有限公司	002200	*ST大地	ST云投
	44	万福生科（湖南）农业开发股份有限公司	300268	万福生科	隆华科技
	45	山西天能科技有限公司	IPO	天能科技	
	46	广东新大地生物科技股份有限公司	IPO	新大地	
2014	47	河南天丰节能板材科技股份有限公司	IPO	天丰节能	
	48	河南莲花味精股份有限公司	600186	莲花味精	莲花健康
	49	宝硕股份有限公司	600155	宝硕股份	华创阳安
	50	广西北生药业股份有限公司	600556	北生药业	天下秀

续表

年份	序号	项目名称	股票代码	上市公司简称	更名或退市
2015	51	吉林成城集团股份有限公司	600247	*ST成城	2021年3月22日终止上市
	52	华锐风电科技（集团）股份有限公司	601558	华锐风电	2020年4月30日终止上市
2016	53	上海大智慧股份有限公司	601519	大智慧	
	54	丹东欣泰电气股份有限公司	300372	欣泰电气	2017年6月23日终止上市
	55	福建连城兰花股份有限公司	被重组时造假	连城兰花	
	56	深圳键桥通讯技术股份有限公司	002316	键桥通讯	亚联发展
	57	北京赛迪传媒投资股份有限公司	000504	赛迪传媒	南华生物
	58	深圳海联讯科技股份有限公司	300277	海联讯	
2017	59	海南亚太实业发展股份有限公司	000691	亚太实业	
	60	东莞勤上光电股份有限公司	002638	勤上股份	
	61	辽宁振隆特产股份有限公司	IPO	振隆特产	
	62	杭州天目山药业股份有限公司	600671	天目药业	ST天目
	63	浙江步森服饰股份有限公司	2569	步森股份	ST步森
	64	珠海市博元投资股份有限公司	600656	博元投资	2016年3月21日终止上市
	65	浙江九好办公服务集团有限公司	资产重组	九好集团	
	66	怀集登云汽配股份有限公司	002715	登云股份	
2018	67	哈尔滨电气集团佳木斯电机股份有限公司	000922	佳电股份	
	68	金亚科技股份有限公司	300028	金亚科技	2020年6月5日终止上市
	69	广东超华科技股份有限公司	002288	超华科技	
	70	广东广州日报传媒股份有限公司	002181	粤传媒	
	71	武汉国药科技股份有限公司	600421	国药科技	华嵘控股
	72	成都华泽钴镍材料股份有限公司	000693	*ST华泽	2019年7月23日终止上市
2019	73	五洋建设集团股份有限公司	发行债券	五洋建设	
	74	江苏雅百特科技股份有限公司	002323	*ST百特	*ST博雅
	75	深圳市零七股份有限公司	000007	零七股份	*ST全新
	76	三峡新型建材股份有限公司	600293	三峡新材	
	77	宁波圣莱达电器股份有限公司	002473	*ST圣莱	
	78	山东新绿食品股份有限公司	834632	新绿股份	ST新绿
	79	浙江大东南股份有限公司	002263	大东南	
2020	80	山东新绿食品股份有限公司	834632	新绿股份	
	81	林州重机集团股份有限公司	002535	林州重机	ST林重

续表

年份	序号	项目名称	股票代码	上市公司简称	更名或退市
2020	82	太原化工股份有限公司	600281	太化股份	华阳新材
	83	福鼎白茶股份有限公司	832946	ST白茶	
	84	奥瑞德光电股份有限公司	600666	*ST瑞德	
	85	广东风华高新科技股份有限公司	000636	风华高科	
2021	86	康美药业股份有限公司	600518	*ST康美	
	87	湖南千山制药机械股份有限公司	300216	千山药机	2020年7月14日终止上市
	88	斯太尔动力股份有限公司	000760	*ST斯太	2021年6月2日终止上市
	89	深圳市索菱实业股份有限公司	002766	*ST索菱	
	90	抚顺特殊钢股份有限公司	600399	抚顺特钢	
	91	某证券公司	某证券公司	某证券公司	
	92	山东胜通集团股份有限公司	债券发行	胜通集团	
	93	欢瑞世纪联合股份有限公司	000892	欢瑞世纪	
	94	安徽盛运环保（集团）股份有限公司	300090	盛运环保	2020年6月18日终止上市
	95	凯迪生态环境科技股份有限公司	000939	凯迪生态	2020年10月28日终止上市
	96	延安必康制药股份有限公司	002411	延安必康	
	97	雄安科融环境科技股份有限公司	300152	科融环境	
	98	甘肃皇台酒业股份有限公司	995	皇台酒业	
	99	北京蓝山科技股份有限公司	IPO	蓝山科技	
	100	中融双创（北京）科技集团有限公司	公司债券发行	中融双创	
2022	101	广东金刚玻璃科技股份有限公司	300093	金刚玻璃	
	102	新疆亿路万源实业投资控股股份有限公司	600145.SH	*ST新亿	2022年3月22日股票终止上市
	103	山东东方海洋科技股份有限公司	002086	*ST东洋	
	104	乐视网信息技术（北京）股份有限公司	300104	乐视网	2020年5月14日股票终止上市
	105	上海富控互动娱乐股份有限公司	SH：600634	*ST富控	2021年6月2日进入退市整理期
	106	长园集团股份有限公司	600525	长园集团	
	107	广东榕泰实业股份有限公司	600589	ST榕泰	
	108	东方金钰股份有限公司	600086	东方金钰	
	109	天夏智慧城市科技股份有限公司	000662	ST天夏	2021年2月18日终止上市
	110	公准肉食品股份有限公司	830916	公准股份	

续表

年份	序号	项目名称	股票代码	上市公司简称	更名或退市
2022	111	公准肉食品股份有限公司	830916	公准股份	
	112	永城煤电控股集团有限公司	122976	永煤集团	
	113	浙江仁智股份有限公司	002629	仁智股份	
	114	天夏智慧城市科技股份有限公司	000662	ST天夏	
	115	苏州胜利精密制造科技股份有限公司	002426	胜利精密	
	116	致生联发信息技术股份有限公司	830819	致生联发	
	117	北京昊华能源股份有限公司	601101	昊华能源	
	118	仁东控股股份有限公司	002647	仁东控股	
	119	广东柏堡龙股份有限公司	002776	柏堡龙	ST柏龙
	120	浙江亚太药业股份有限公司	002370	亚太药业	
2023	121	易见供应链管理股份有限公司	600093	易见股份	2022年6月23日终止上市
	122	中兴天恒能源科技（北京）股份公司	600856	中天能源	
	123	獐子岛集团股份有限公司	002069	獐子岛	
	124	河南科迪乳业股份有限公司	002770	科迪乳业	*ST科迪
	125	蓝盾信息安全技术股份有限公司	300297	蓝盾股份	
	126	东方金钰股份有限公司	600086	东方金钰	2021年2月18日，深交所终止上市
	127	天海融合防务装备技术股份有限公司	300008	天海防务	
	128	新疆同济堂健康产业股份有限公司	600090	*ST济堂	
	129	航天通信控股集团股份有限公司	600677	航天通信	2021年3月18日予以摘牌
	130	广州市浪奇实业股份有限公司	000523	广州浪奇	
	131	郑州华晶金刚石股份有限公司	300064.SZ	豫金刚石	深交所决定：最后交易日期为2022年6月24日
	132	当代东方投资股份有限公司	000673.SZ	当代东方	深交所决定：最后交易日期为2022年7月1日
	133	珠海和佳医疗设备股份有限公司	300273.SZ	和佳医疗	深交所决定公司股票终止上市，自2023年6月13日起进入退市整理期
	134	华晨汽车集团控股有限公司	600609	华晨集团	2020年1月20日宣布破产
	135	希努尔男装股份有限公司	002485	希努尔	2021年8月23日，希努尔正式更名为“雪松发展”，隐性退市
	136	北京京西文化旅游股份有限公司	000802	ST北文	
	137	东方网力科技股份有限公司	300367	ST网力	

附录 4-1：

2001—2023 年受到处罚项目对应 IPO、新三板、退市公司情况统计表

年份	序号	项目名称	股票代码	上市公司简称	后更名
2001	1	福建九州集团股份有限公司	000653	九州股份	2002 年 9 月 13 日起终止上市
2002	2	珠海鑫光集团股份有限公司	000405	*ST 鑫光	2004 年 3 月 19 日起终止上市
2004	3	中国四川国际合作股份有限公司	600852	ST 中川	2005 年 9 月 16 日终止上市
2004	4	大连菲菲澳家现代农业股份有限公司	000769	菲菲农业	2005 年 9 月 21 日终止上市
2004	5	陕西煤航数码测绘（集团）股份有限公司	600700	数码测绘	2005 年退市
2007	6	闽越花雕股份有限公司	600659	闽越花雕	2006 年 3 月 23 日终止上市
2008	7	中油龙昌（集团）股份有限公司	600772	S*ST 龙昌	2006 年 11 月 30 日终止上市
2008	8	浙江信联股份有限公司	600899	*ST 信联	2005 年 9 月 21 日起终止上市
2008	9	陕西精密合金股份有限公司	600092	S*ST 精密	2006 年 11 月 30 日终止上市
2009	10	衡阳市金荔科技农业股份有限公司	600762	S*ST 金荔	2007 年 11 月 20 日起终止公司股票上市
2010	11	成都聚友网络股份有限公司	000693	S*ST 聚友	后改名为成都华泽钴镍材料股份有限公司，*ST 华泽 2019 年 7 月 23 日终止上市
2011	12	东莞市方达再生资源产业股份有限公司	600656	*ST 方源	公司股票于 1990 年 12 月 19 日在上海证券交易所上市交易。2001 年 3 月 14 日，公司更名为上海华源制药股份有限公司。2008 年 8 月 5 日，公司名称变更为东莞市方达再生资源产业股份有限公 司。 自 2008 年 8 月 13 日 起，公司证券简称由“ST 源药”变更为“ST 方源”，证券代码仍为“600656”。2011 年 9 月 14 日 公告，公司名称变更为“珠海市博元投资股份有限公司”。2016 年 3 月 21 日终止上市
2013	13	山西天能科技有限公司	IPO	天能科技	
2013	14	广东新大地生物科技股份有限公司	IPO	新大地	
2014	15	河南天丰节能板材科技股份有限公司	IPO	天丰节能	
2015	16	吉林成城集团股份有限公司	600247	*ST 成城	2021 年 3 月 22 日终止上市
2015	17	华锐风电科技（集团）股份有限公司	601558	华锐风电	2020 年 4 月 30 日终止上市

续表

年份	序号	项目名称	股票代码	上市公司简称	后更名
2016	18	丹东欣泰电气股份有限公司	300372	欣泰电气	2017年6月23日终止上市
2016	19	福建连城兰花股份有限公司	被重组时造假	连城兰花	
2017	20	辽宁振隆特产股份有限公司	IPO	振隆特产	
2017	21	珠海市博元投资股份有限公司	600656	博元投资	2016年3月21日终止上市
2017	22	浙江九好办公服务集团有限公司	资产重组	九好集团	
2018	23	金亚科技股份有限公司	300028	金亚科技	2020年6月5日终止上市
2018	24	成都华泽钴镍材料股份有限公司	000693	*ST华泽	2019年7月23日终止上市
2019	25	五洋建设集团股份有限公司	公司发行债券	五洋建设	
2020	26	山东新绿食品股份有限公司	834632	新绿股份	ST新绿
2020	27	福鼎白茶股份有限公司	832946	ST白茶	
2021	28	湖南千山制药机械股份有限公司	300216	千山药机	2020年7月14日终止上市
2021	29	斯太尔动力股份有限公司	000760	*ST斯太	2021年6月2日终止上市
2021	30	某证券公司	某证券公司	某证券公司	
2021	31	山东胜通集团股份有限公司	公司债券发行	胜通集团	
2021	32	安徽盛运环保（集团）股份有限公司	300090	盛运环保	2020年6月18日终止上市
2021	33	凯迪生态环境科技股份有限公司	000939	凯迪生态	2020年10月28日终止上市
2021	34	北京蓝山科技股份有限公司	IPO	蓝山科技	
2021	35	中融双创（北京）科技集团有限公司	公司债券发行		
2022	36	新疆亿路万源实业投资控股股份有限公司	600145.SH	*ST新亿	2022年3月22日股票终止上市
2022	37	乐视网信息技术（北京）股份有限公司	300104	乐视网	2020年5月14日股票终止上市
2022	38	上海富控互动娱乐股份有限公司	SH：600634	*ST富控	2021年6月2日进入退市整理期
2022	39	东方金钰股份有限公司	600086	东方金钰	2021年1月13日，上交所正式作出终止上市决定
2022	40	天夏智慧城市科技股份有限公司	000662	ST天夏	2021年2月18日终止上市
2022	41	公准肉食品股份有限公司	新三板	公准股份	
2022	42	永城煤电控股集团有限公司	IPO	永煤集团	
2022	43	致生联发信息技术股份有限公司	新三板	致生联发	
2022	44	广东柏堡龙股份有限公司	002776	ST柏龙	2022年5月5日开市起停牌

续表

年份	序号	项目名称	股票代码	上市公司简称	后更名
2023	45	易见供应链管理股份有限公司	600093	易见股份	2022年6月23日终止上市
	46	航天通信控股集团股份有限公司	600677	航天通信	2021年3月18日予以摘牌
	47	郑州华晶金刚石股份有限公司	300064.SZ	豫金刚石	深交所决定：最后交易日期为2022年6月24日
	48	当代东方投资股份有限公司	000673.SZ	当代东方	深交所决定：最后交易日期为2022年7月1日
	49	珠海和佳医疗设备股份有限公司	300273.SZ	和佳医疗	深交所决定公司股票终止上市，自2023年6月13日起进入退市整理期
	50	华晨汽车集团控股有限公司	600609	华晨集团	2020年1月20日宣布破产
	51	希努尔男装股份有限公司	002485	希努尔	2021年8月23日，希努尔正式更名为“雪松发展”，隐性退市

附录4-2：

2001—2023年会计师事务所受到处罚企业尚在持续经营情况统计表

序号	门类名称及代码	行业大类代码	行业大类名称	上市公司代码	上市时简称	现在简称
1	农、林、牧、渔业（A）	2	林业	002200	*ST大地	ST云投
2	农、林、牧、渔业（A）	4	渔业	002086	东方海洋	*ST东洋
3	农、林、牧、渔业（A）	4	渔业	002069	獐子岛	獐子岛
4	农、林、牧、渔业（A）	5	农、林、牧、渔服务业	000713	丰乐种业	丰乐种业
5	农、林、牧、渔业（A）	13	农副食品加工业	300268	万福生科	隆华科技
6	农、林、牧、渔业（A）	13	农副食品加工业	000529	*ST美雅	广弘控股
7	采矿业（B）	6	煤炭开采和洗选业	601101	昊华能源	昊华能源
8	采矿业（B）	11	开采辅助活动	002629	仁智股份	仁智股份
9	制造业（C）	14	食品制造业	600186	莲花味精	莲花健康
10	制造业（C）	14	食品制造业	600872	中炬高新	中炬高新
11	制造业（C）	14	食品制造业	002770	*ST科迪	*ST科迪
12	制造业（C）	15	酒、饮料和精制茶制造业	000995	皇台酒业	皇台酒业
13	制造业（C）	18	纺织服装、服饰业	002569	步森股份	ST步森
14	制造业（C）	26	化学原料和化学制品制造业	000510	新金路	新金路
15	制造业（C）	26	化学原料和化学制品制造业	000691	亚太实业	亚太实业
16	制造业（C）	26	化学原料和化学制品制造业	600319	亚星化学	*ST亚星
17	制造业（C）	26	化学原料和化学制品制造业	600589	广东榕泰	ST榕泰
18	制造业（C）	26	化学原料和化学制品制造业	000523	广州浪奇	广州浪奇
19	制造业（C）	27	医药制造业	000908	天一科技	景峰医药
20	制造业（C）	27	医药制造业	000931	中关村	中关村
21	制造业（C）	27	医药制造业	600518	*ST康美	*ST康美
22	制造业（C）	27	医药制造业	002411	延安必康	延安必康
23	制造业（C）	27	医药制造业	600671	天目药业	ST天目
24	制造业（C）	27	医药制造业	002370	亚太药业	亚太药业
25	制造业（C）	29	橡胶和塑料制品业	002263	大东南	大东南
26	制造业（C）	30	非金属矿物制品业	000672	铜城集团	上峰水泥
27	制造业（C）	30	非金属矿物制品业	600293	三峡新材	三峡新材
28	制造业（C）	30	非金属矿物制品业	300093	金刚玻璃	金刚玻璃
29	制造业（C）	31	黑色金属冶炼和压延加工业	600399	抚顺特钢	抚顺特钢
30	制造业（C）	32	有色金属冶炼和压延加工业	600281	太化股份	华阳新材
31	制造业（C）	34	通用设备制造业	600421	国药科技	华嵘控股

续表

序号	门类名称及代码	行业大类代码	行业大类名称	上市公司代码	上市时简称	现在简称
32	制造业（C）	35	专用设备制造业	002535	林州重机	ST林重
33	制造业（C）	36	汽车制造业	002715	登云股份	登云股份
34	制造业（C）	36	汽车制造业	600066	宇通客车	宇通客车
35	制造业（C）	38	电气机械和器材制造业	000806	银河科技	ST银河
36	制造业（C）	38	电气机械和器材制造业	000921	S*ST科龙	海信家电
37	制造业（C）	38	电气机械和器材制造业	000922	佳电股份	佳电股份
38	制造业（C）	38	电气机械和器材制造业	002473	*ST圣莱	*ST圣莱
39	制造业（C）	38	电气机械和器材制造业	002638	勤上股份	勤上股份
40	制造业（C）	39	计算机、通信和其他电子设备制造业	000636	风华高科	风华高科
41	制造业（C）	39	计算机、通信和其他电子设备制造业	002288	超华科技	超华科技
42	制造业（C）	39	计算机、通信和其他电子设备制造业	002766	*ST索菱	*ST索菱
43	制造业（C）	39	计算机、通信和其他电子设备制造业	600198	*ST大唐	*ST大唐
44	制造业（C）	39	计算机、通信和其他电子设备制造业	600666	ST瑞德	ST瑞德
45	制造业（C）	39	计算机、通信和其他电子设备制造业	600525	长园集团	长园集团
46	制造业（C）	39	计算机、通信和其他电子设备制造业	002426	胜利精密	胜利精密
47	制造业（C）	39	计算机、通信和其他电子设备制造业	300367	ST网力	ST网力
48	电力、热力、燃气及水生产和供应业（D）	44	电力、热力生产和供应业	600149	华厦建通	廊坊发展
49	电力、热力、燃气及水生产和供应业（D）	45	燃气生产和供应业	000421	南京中北	南京公用
50	电力、热力、燃气及水生产和供应业（D）	45	燃气生产和供应业	600856	中天能源	中天能源
51	建筑业（E）	48	土木工程建筑业	300008	天海防务	天海防务
52	建筑业（E）	50	建筑装饰和其他建筑业	002323	*ST丰特	*ST雅博
53	批发和零售业（F）	51	批发业	600180	*ST九发	瑞茂通
54	批发和零售业（F）	51	批发业	600532	*ST华科	未来股份
55	批发和零售业（F）	51	批发业	600090	*ST济堂	*ST济堂

续表

序号	门类名称及代码	行业大类代码	行业大类名称	上市公司代码	上市时简称	现在简称
56	批发和零售业（F）	52	零售业	600858	山东渤海	银座股份
57	批发和零售业（F）	52	零售业	000419	小天鹅A	通程控股
58	信息传输、软件和信息技术服务业（I）	64	互联网和相关服务	002072	德棉股份	*ST凯瑞
59	信息传输、软件和信息技术服务业（I）	64	互联网和相关服务	600556	北生药业	天下秀
60	信息传输、软件和信息技术服务业（I）	65	软件和信息技术服务业	002316	键桥通讯	亚联发展
61	信息传输、软件和信息技术服务业（I）	65	软件和信息技术服务业	300277	海联讯	海联讯
62	信息传输、软件和信息技术服务业（I）	65	软件和信息技术服务业	300297	蓝盾股份	蓝盾股份
63	金融业（J）	67	资本市场服务	600155	宝硕股份	华创阳安
64	金融业（J）	67	资本市场服务	000750	*ST集琦	国海证券
65	金融业（J）	67	资本市场服务	600369	长江水运	西南证券
66	金融业（J）	69	其他金融业	600816	安信信托	ST安信
67	金融业（J）	69	其他金融业	601519	大智慧	大智慧
68	金融业（J）	69	其他金融业	600705	S*ST北亚	中航产融
69	金融业（J）	69	其他金融业	002776	仁东控股	仁东控股
70	房地产业（K）	70	房地产业	000007	零七股份	*ST全新
71	房地产业（K）	70	房地产业	600225	S*SST天香	*ST松江
72	租赁和商务服务业（L）	72	商务服务业	002181	粤传媒	粤传媒
73	租赁和商务服务业（L）	72	商务服务业	600057	*ST厦新	厦门象屿
74	科学研究和技术服务业（M）	75	科技推广和应用服务业	000504	赛迪传媒	南华生物
75	水利、环境和公共设施管理业（N）	77	生态保护和环境治理业	300152	科融环境	科融环境
76	水利、环境和公共设施管理业（N）	78	公共设施管理业	000430	张家界	张家界
77	卫生和社会工作（Q）	83	卫生	000509	天歌科技	*ST华塑
78	文化、体育和娱乐业（R）	86	广播、电视、电影和影视录音制作业	000156	嘉瑞新材	华数传媒
79	文化、体育和娱乐业（R）	86	广播、电视、电影和影视录音制作业	000892	欢瑞世纪	欢瑞世纪
80	文化、体育和娱乐业（R）	86	广播、电视、电影和影视录音制作业	000802	ST北文	ST北文

附录5：

2001—2023年受到处罚会计师事务所对应上市公司所在地域分布情况统计表

序号	地域分布	2001—2021年	2022年—2023年	累计（家）
1	广东	16	8	24
2	北京	8	7	15
3	浙江	8	3	11
4	山东	8	2	10
5	河南	4	3	7
6	四川	6		6
7	辽宁	4	2	6
8	湖北	4	1	5
9	湖南	5		5
10	福建	5		5
11	广西	3	2	5
12	上海	3	2	5
13	河北	4		4
14	江苏	3	1	4
15	黑龙江	3	1	4
16	陕西	3		3
17	安徽	2		2
18	山西	2		2
19	甘肃	2		2
20	云南	1	1	2
21	新疆		2	2
22	吉林	1		1
23	海南	1		1
	合计	96	35	131

附录6：

审计准则颁布时间分布情况一览表

序号	审计准则名称	说明
1	中国注册会计师鉴证业务基本准则	财会〔2022〕1号
2	审计准则第1101号——注册会计师的总体目标和审计工作的基本要求	财会〔2022〕36号
3	审计准则第1111号——就审计业务约定条款达成一致意见	财会〔2022〕1号
4	审计准则第1121号——对财务报表审计实施的质量控制	财会〔2020〕17号
5	审计准则第1131号——审计工作底稿	财会〔2022〕36号
6	审计准则第1141号——财务报表审计中与舞弊相关的责任	财会〔2023〕36号
7	审计准则第1142号——财务报表审计中对法律法规的考虑	财会〔2023〕36号
8	审计准则第1151号——与治理层的沟通	财会〔2023〕36号
9	审计准则第1152号——向治理层和管理层通报内部控制缺陷	财会〔2023〕36号
10	审计准则第1153号——前任注册会计师和后任注册会计师的沟通	财会〔2010〕21号
11	审计准则第1201号——计划审计工作	财会〔2022〕36号
12	审计准则第1211号——通过了解被审计单位及其环境识别和评估重大错报风险（重大错报风险的识别与评估）	财会〔2022〕36号
13	审计准则第1221号——计划和执行审计工作时的重要性	财会〔2019〕5号
14	审计准则第1231号——针对评估的重大错报风险采取的应对措施	财会〔2023〕36号
15	审计准则第1241号——对被审计单位使用服务机构的考虑	财会〔2023〕36号
16	审计准则第1251号——评价审计过程中识别出的错报	财会〔2023〕36号
17	审计准则第1301号——审计证据	财会〔2023〕36号
18	审计准则第1311号——对存货、诉讼和索赔、分部信息等特定项目获取审计证据的具体考虑	财会〔2019〕5号
19	审计准则第1312号——函证	财会〔2010〕21号
20	审计准则第1313号——分析程序	财会〔2023〕36号
21	审计准则第1314号——审计抽样	财会〔2010〕21号
22	审计准则第1321号——审计会计估计（包括公允价值会计估计）和相关披露（会计估计和相关披露的审计）	财会〔2023〕36号
23	审计准则第1323号——关联方	财会〔2023〕36号
24	审计准则第1324号——持续经营	财会〔2023〕36号
25	审计准则第1331号——首次审计业务涉及的期初余额	财会〔2023〕36号
26	审计准则第1332号——期后事项	财会〔2016〕24号
27	审计准则第1341号——书面声明	财会〔2023〕36号

续表

序号	审计准则名称	说明
28	审计准则第1401号——对集团财务报表审计的特殊考虑	财会〔2022〕36号
29	审计准则第1411号——利用内部审计人员的工作	财会〔2022〕36号
30	审计准则第1421号——利用专家的工作	财会〔2022〕1号
31	审计准则第1501号——对财务报表形成审计意见和出具审计报告	财会〔2022〕36号
32	审计准则第1502号——在审计报告中发表非无保留意见	财会〔2019〕5号
33	审计准则第1503号——在审计报告中增加强调事项段和其他事项段	财会〔2022〕1号
34	审计准则第1504号——在审计报告中沟通关键审计事项	财会〔2023〕36号
35	审计准则第1511号——比较信息：对应数据和比较财务报表	财会〔2019〕5号
36	审计准则第1521号——注册会计师对含有已审计财务报表的文件中的其他信息的责任	财会〔2016〕24号
37	审计准则第1601号——审计特殊目的财务报表的特殊考虑	财会〔2023〕36号
38	审计准则第1602号——验资	财会〔2006〕4号
39	审计准则第1603号——审计单一财务报表和财务报表特定要素的特殊考虑	财会〔2021〕31号
40	审计准则第1604号——对简要财务报表出具报告的业务	财会〔2021〕31号
41	审计准则第1611号——商业银行财务报表审计	财会〔2006〕4号
42	审计准则第1612号——银行间函证程序	财会〔2006〕4号
43	审计准则第1613号——与银行监管机构的关系	财会〔2006〕4号
44	审计准则第1631号——财务报表审计中对环境事项的考虑	财会〔2023〕36号
45	审计准则第1632号——衍生金融工具的审计	财会〔2006〕4号
46	审计准则第1633号——电子商务对财务报表审计的影响	财会〔2023〕36号
47	审阅准则第2101号——财务报表审阅	财会〔2006〕4号
48	其他鉴证业务准则第3101号——历史财务信息审计或审阅以外的鉴证业务	财会〔2006〕4号
49	其他鉴证业务准则第3111号——预测性财务信息的审核	财会〔2006〕4号
50	相关服务准则第4101号——对财务信息执行商定程序	财会〔2006〕4号
51	相关服务准则第4111号——代编财务信息	财会〔2006〕4号
52	《会计师事务所质量管理准则第5101号——业务质量管理》	财会〔2020〕17号
53	《会计师事务所质量管理准则第5102号——项目质量复核》	财会〔2020〕17号

附录7：

2013—2023年会计师事务所违反审计准则情况统计表

序号	项目名单	事务所	报告类型	违法处罚依据
1	云南绿大地生物科技股份有限公司	乙B会计师事务所	2004—2006年和2007年半年报审计	《审计准则第1301号——审计证据》第6条、《审计准则第1312号——函证》第11条、《审计准则第1331号——审计工作底稿》第4条，《证券法》第20条，《证券法》第223条
2	万福生科（湖南）农业开发股份有限公司	辛R会计师事务所	2008—2010年度和2011年上半年财务报表审计	《审计准则第1312号——函证》《审计准则第1231号——针对评估的重大错报风险实施的程序》
3	山西天能科技有限公司	壬I会计师事务所	2008—2010年和2011年1—9月报表审计	《证券法》第20条和第223条
4	广东新大地生物科技股份有限公司	己F会计师事务所	2009—2011年报表审计	《审计准则（2006年）第1313号——分析程序》《审计准则（2010年）第1313号——分析程序》《证券法》第20条、第173条、第223条
5	河南天丰节能板材科技股份有限公司	丙C会计师事务所	2010—2012年报表审计	《审计准则第1231号——针对评估的重大错报风险采取的应对措施》第5条、第6条，《审计准则第1141号——财务报表审计中与舞弊相关的责任》第10条、第11条、第13条、第15条、第16条、第17条，《审计准则第1312号——函证》第14条、第19条、第23条，《审计准则第1323号——关联方》第14条、第15条和第16条，《证券法》第20条、第173条和第223条
6	河南莲花味精股份有限公司	庚G会计师事务所	2007—2008年度报表审计	《证券法》第223条
7	宝硕股份有限公司	己T会计师事务所	2004—2005年财务报表审计	《股票条例》第35条，《证券法》第173条和第223条
8	广西北生药业股份有限公司	乙B会计师事务所	2004年年度报表审计	《股票条例》第73条
9	吉林成城集团股份有限公司	辛R会计师事务所	2011—2012年报审计	《鉴证业务基本准则》第34条，《审计准则第1101号——注册会计师的总体目标和审计工作的基本要求》第28条和第30条，《审计准则第1231号——针对评估的重大错报风险采取的应对措施》第7条、《审计准则第1301号——审计证据》第3条、第10条和第11条，《审计准则第1141号——财务报表审计中与舞弊相关的责任》第30条和第33条，《审计准则第1312号——函证》第10条和第11条

续表

序号	项目名单	事务所	报告类型	违法处罚依据
10	华锐风电科技（集团）股份有限公司	丙C会计师事务所	2011年年度报表审计	《证券法》第223条
11	上海大智慧股份有限公司	丁D会计师事务所	2013年年度报表审计	《审计准则第1301号——审计证据》第10条、《审计准则第1314号——审计抽样》第21条、《审计准则第1131号——审计工作底稿》等
12	丹东欣泰电气股份有限公司	辛H会计师事务所	IPO和2013—2014年报审计	《鉴证业务基本准则》第28条，《审计准则第1101号——注册会计师的总体目标和审计工作的基本要求》第22条、第28条，《审计准则第1141号——财务报表审计中与舞弊相关的责任》第6条、第9条、第26条，《审计准则第1301号——审计证据》第10条，《审计准则第1312号——函证》第12条、第19条
13	福建连城兰花股份有限公司	丙C会计师事务所	2012年至2014年9月会计报表审计	《审计准则1153号——前任注册会计师与后任注册会计师的沟通》第7条和第18条，《审计准则1211号——通过了解被审计单位及其环境识别和评估重大错报风险》第9条、第14条，《审计准则1301号——审计证据》第10条、第11条，《审计准则1312号——函证》第12条
14	深圳键桥通讯技术股份有限公司	甲A会计师事务所（原己D会计师事务所）	2012年年度报表审计	《证券法》第173条和第223条
15	北京赛迪传媒投资股份有限公司	丙C会计师事务所	2012年年度财务报表	《审计准则第1332号——期后事项》第9条、第11条，《审计准则第1421号——利用专家的工作》第13条、第14条，《证券法》第173条、第223条
16	深圳海联讯科技股份有限公司	乙B会计师事务所	IPO和2011年年度报表	《审计准则第1313号——分析程序》（2006）第21条、《审计准则第1312号——函证》（2006）第18条、第21条、第25条、《审计准则第1101号——财务报表审计的目标和一般原则》（2006）第11条、《审计准则第1313号——分析程序》（2010）第7条、《审计准则第1101号——注册会计师的总体目标和审计工作的基本要求》（2010）第28条、《证券法》第173条、《证券法》第20条、第223条
17	海南亚太实业发展股份有限公司	甲A会计师事务所	2013年年度报表审计	《审计准则第1332号——期后事项》第11条，《审计准则第1101号——注册会计师的总体目标和审计工作的基本要求》第28条。《职业道德守则第1号——职业道德基本原则》第7条、第10条，《审计准则第1251号——评价审计过程中识别出的错报》第9条

续表

序号	项目名单	事务所	报告类型	违法处罚依据
18	东莞勤上光电股份有限公司	甲A会计师事务所	2014年年度报表审计	《审计准则第1312号——函证》第12条，《审计准则第1101号——注册会计师的总体目标和审计工作的基本要求》第28条
19	辽宁振隆特产股份有限公司	甲A会计师事务所	2012—2014年报表审计	《鉴证业务基本准则》第28条、《审计准则第1312号——函证》第14条、《审计准则第1231号——针对评估的重大错报风险采取的应对措施》第5条、《审计准则第1311号——对存货、诉讼和索赔、分部信息等特定项目获取审计证据的具体考虑》第4条
20	杭州天目山药业股份有限公司	乙L会计师事务所	2013年度报表审计	《鉴证业务基本准则》第28条，《审计准则第1301号——审计证据》第10条、第15条，《审计准则第1231号——针对评估的重大错报风险采取的应对措施》第27条，《审计准则第1101号——注册会计师的总体目标和审计工作的基本要求》第28条、第29条
21	浙江步森服饰股份有限公司	丁D会计师事务所	2011—2013年和2014年1—4月报表审计（康华农业）	《职业道德守则第1号——职业道德基本原则》，《审计准则1312号——函证》第14条，《审计准则第1301号——审计证据》第10条，《审计准则1153号——前任注册会计师和后任注册会计师的沟通》第7条
22	珠海市博元投资股份有限公司	壬S会计师事务所	2012—2013年年度报表审计	《审计准则第1211号——通过了解被审计单位及其环境识别和评估重大错报风险》第15条、第23条，《审计准则第1101号——注册会计师的总体目标和审计工作的基本要求》第28条、第30条，《审计准则第1141号——财务报表审计中与舞弊相关的责任》第27条、第51条，《审计准则第1211号——通过了解被审计单位及其环境识别和评估重大错报风险》第31条，《审计准则第1131号——审计工作底稿》第10条，《审计准则第1312号——函证》第11条、第12条、第14条，《审计准则第1141号——财务报表审计中与舞弊相关的责任》第27条，《审计准则第1231号——针对评估的重大错报风险采取的应对措施》第7条，《审计准则第1301号——审计证据》第3条，《审计准则第1332号——期后事项》第9条，《证券法》第173条、第223条
23	浙江九好办公服务集团有限公司	丙C会计师事务所	2013—2015年年度报表审计	《审计准则第1312号——函证》第12条、第19条、第20条，《审计准则第1501号——对财务报表形成审计意见和出具审计报告》第14条、第20条，《审计准则第1301号——审计证据》第10条、第11条，《审计准则第1312号——函证》第14条、第17条、第18条

续表

序号	项目名单	事务所	报告类型	违法处罚依据
24	怀集登云汽配股份有限公司	甲U会计师事务所	IPO及2013—2014年年报审计	《审计准则第1312号——函证》第19条、第21条，《审计准则问题解答第2号——函证》第4条，《审计准则第1101号——注册会计师的总体目标和审计工作的基本要求》第28条，《审计准则第1301号——审计证据》第9条、第13条，《审计准则第1323号——关联方》第16条
25	哈尔滨电气集团佳木斯电机股份有限公司	己F会计师事务所	2013—2015年年度报表审计	《审计准则第1301号——审计证据》第13条，《审计准则第1211号——通过了解被审计单位及其环境识别和评估重大错报风险》第21条，《审计准则第1313号——分析程序》第5条、第7条，《审计准则第1321号——审计会计估计（包括公允价值会计估计）和相关披露》第17条、第28条
26	金亚科技股份有限公司	丁D会计师事务所	2014年年度报表审计	《审计准则第1312号——函证》第14条，审计准则第1312号——函证》第19条《审计准则第1141号——财务报表审计中与舞弊相关的责任》第13条、第14条
27	广东超华科技股份有限公司	丁D会计师事务所	2014年年度报表审计	《审计准则第1211号——通过了解被审计单位及其环境识别和评估重大错报风险》第28条、第29条，《审计准则第1141号——财务报表审计中与舞弊相关的责任》第31条、第49条，《审计准则第1231号——针对评估的重大错报风险采取的应对措施》第8条
28	广东广州日报传媒股份有限公司	丁N会计师事务所	粤传媒收购上海香榭丽传媒	《审计准则第1101号——注册会计师的总体目标和审计工作的基本要求》第28条，《审计准则第1211号——通过了解被审计单位及其环境识别和评估重大错报风险》第29条，《审计准则第1314号——审计抽样》第21条，《审计准则第1231号——针对评估的重大错报风险采取的应对措施》第10条，《审计准则第1312号——函证》第14条，《鉴证业务基本准则》第30条、第34条，《审计准则第1301号——审计证据》第10条、第11条，《上市公司重大资产重组管理办法（2011年版）》第16条，《审计准则第1141号——财务报表审计中与舞弊相关的责任》第6条、第9条，《证券法》第20条、第173条、第223条
29	武汉国药科技股份有限公司	丁D会计师事务所	2012—2013年年度报表审计	《审计准则第1101号——注册会计师的总体目标和审计工作的基本要求》第28条、第30条，《审计准则第1323号——关联方》第16条，《审计准则第1101号——注册会计师的总体目标和审计工作的基本要求》第28条、第30条，《审计准则第1131号——审计工作底稿》第10条，《审计准则第1313号——分析程序》第5条

续表

序号	项目名单	事务所	报告类型	违法处罚依据
30	成都华泽钴镍材料股份有限公司	甲A会计师事务所	2013—2014年年度报表审计	《审计准则第1141号——财务报表审计中与舞弊相关的责任》第21条、第22条、第26条，《审计准则第1101号——注册会计师的总体目标和审计工作的基本要求》第22条、第28条，《审计准则第1312号——函证》第17条、第18条，《审计准则第1301号——审计证据》第10条、第15条、第23条
31	五洋建设集团股份有限公司	壬I会计师事务所	用于公开发行公司债券的2012—2014年年度财务报表	《鉴证业务基本准则》（2006年）第28条，《审计准则第1301号——审计证据》（2010年修订）第10条，《审计准则第1121号——对财务报表审计实施的质量控制》（2010年修订）第3条，《证券法》第173条、第223条
32	江苏雅百特科技股份有限公司	丙M会计师事务所	2015年财务报表审计	《审计准则第1301号——审计证据》第10条、第15条，《审计准则第1101号——注册会计师的总体目标和审计工作的基本要求》第28条，《审计准则第1141号——财务报表审计中与舞弊相关的责任》第33条，《审计准则问题解答第3号——存货监盘》，《〈审计准则第1311号——对存货、诉讼和索赔、分部信息等特定项目获取审计证据的具体考虑〉应用指南》，《审计准则第1313号——分析程序》第7条，《审计准则第1501号——对财务报表形成审计意见和出具审计报告》第16条，《其他鉴证业务准则第3101号——历史财务信息审计或审阅以外的鉴证业务》第13条、第34条
33	深圳市零七股份有限公司	甲A会计师事务所	2014年财务报表审计	《审计准则第1211号》（2010）第17条、第34条，《审计准则第1141号》（2010）第4条、第9条、第13条、第24条、第25条、第33条、第38条，《审计准则第1231号》（2010）第26条、第27条，《审计准则第1312号》（2010）第21条，《审计准则第1301号》（2010）第11条，《审计准则第1501号》（2010）第20条，《证券法》第173条、第223条
34	三峡新型建材股份有限公司	甲K会计师事务所	2011—2012年年度报告	《审计准则第1311号——对存货、诉讼和索赔、分部信息等特定项目获取审计证据的具体考虑》（2010年修订）第4条、《审计准则第1301号——审计证据》（2010年修订）第10条，《证券法》第173条、第223条
35	宁波圣莱达电器股份有限公司	丙M会计师事务所	2015年年度报表	《审计准则第1301号——审计证据》第11条、《审计准则第1141号——财务报表审计中与舞弊相关的责任》第13条、第14条、第24条和第25条、《审计准则第1121号——对财务报表审计实施的质量控制》第31条和第34条、《职业道德守则第1号——职业道德基本原则》第17条、《审计准则第1101号——注册会计师的总体目标和审计工作的基本要求》第28条、《审计准则第1301号——审计证据》第10条，《证券法》第173条、第223条

续表

序号	项目名单	事务所	报告类型	违法处罚依据
36	山东新绿食品股份有限公司	辛H会计师事务所	新三板挂牌审计	《审计准则第1141号——财务报表审计中与舞弊相关的责任》第十三条和第十四条、《中国注册会计师鉴证业务基本准则》第二十八条、《中国注册会计师职业道德守则第1号——职业道德基本原则》第十七条、《审计准则第1301号——审计证据》第十条和第十一条、《审计准则第1312号——函证》第十四条和第十七条、《中国注册会计师职业道德守则第1号——职业道德基本原则》第十七条、《审计准则1211号——通过了解被审计单位及其环境识别和评估重大错报风险》第九条、第十四条、第二十八条和第二十九条,《证券法》第一百七十三条、《证券法》第二百二十三条
37	太原化工股份有限公司	辛V会计师事务所	2014年财务报表	《审计准则第1301号——审计证据》第九条、第十条,《审计准则第1501号——对财务报表形成审计意见和出具审计报告》第十六条、《审计准则第1231号——针对评估的重大错报风险采取的应对措施》第十条、《证券法》第一百七十三条、第二百二十三条
38	山东新绿食品股份有限公司	戊E会计师事务所	2015年审计报	《审计准则第1312号——函证》第十二条、第十四条、第二十一条,《中国注册会计师鉴证业务基本准则》第二十八条,《审计准则第1301号——审计证据》第十条、第十一条、第十三条,《审计准则第1153号——前任注册会计师与后任注册会计师的沟通》第七条、第十八条,《非上市公众公司监督管理办法》(证监会令第96号)第六条,《证券法》第一百七十三条,《国务院关于全国中小企业股份转让系统有关问题的决定》第五条,《非上市公众公司监督管理办法》第五十九条,《证券法》第二百二十三条
39	福鼎白茶股份有限公司	乙L会计师事务所	2017年财务报表	《中国注册会计师鉴证业务基本准则》第二十八条,《审计准则第1301号——审计证据》第十条
40	林州重机集团股份有限公司	辛H会计师事务所	2017年年度审计报告	《审计准则第1301号——审计证据》第十条,《审计准则第1101号——注册会计师的总体目标和审计工作的基本要求》第三十条,《审计准则第1501号——对财务报表形成审计意见和出具审计报告》第十一条、第三十三条、第三十四条、第三十五条、第三十九条,《审计准则第1121号——对财务报表审计实施的质量控制》第十三条、第二十二条、第二十九条,《证券法》第一百七十三条、第二百二十三条
41	奥瑞德光电股份有限公司	己F会计师事务所	2017年年度财务报表	《中国注册会计师鉴证业务基本准则》第二十八条、第三十条,《审计准则第1301号——审计证据》第九条、第十条,《审计准则第1332号——期后事项》第八条、第九条,《审计准则第1311号——对存货、诉讼和索赔、分部信息等特定项目获取审计证据的具体考虑》第九条、第十条,《审计准则第1312号——函证》第十七条,《证券法》第一百七十三条、第二百二十三条

续表

序号	项目名单	事务所	报告类型	违法处罚依据
42	广东风华高新科技股份有限公司	丁D会计师事务所	2016年年度财务报表	《审计准则第1211号——通过了解被审计单位及其环境识别和评估重大错报风险》(2010年修订)第二十九条第一、二项及第三十一条第六项,《审计准则第1101号——注册会计师的总体目标和审计工作的基本要求》(2010年修订)第三十条,《审计准则第1301号——审计证据》(2010年修订)第十条,《中国注册会计师鉴证业务基本准则》第二十八条第一款、第三十六条第一款,《〈审计准则第1231号——针对评估的重大错报风险采取的应对措施〉应用指南》(2010年修订)第54条,《证券法》第一百七十三条、第二百二十三条
43	康美药业股份有限公司	乙V会计师事务所	2016—2018年年度财务报表	《审计准则第1211号——通过了解被审计单位及其环境识别和评估重大错报风险》第21条、第31条,《审计准则第1301号——审计证据》第3条、第10条、第15条,《审计准则第1141号——财务报表审计中与舞弊相关的责任》第25条、第31条、第48条,《中国注册会计师职业道德守则第1号——职业道德基本原则》第7条,《审计准则第1231号——针对评估的重大错报风险采取的应对措施》第6条、第7条、第8条、第21条、第27条,《审计准则第1312号——函证》第14条、第17条、第19条,《审计准则第1101号——注册会计师的总体目标和审计工作的基本要求》第27条、第28条,《审计准则第1141号——财务报表审计中与舞弊相关的责任》第25条、第31条,《质量控制准则第5101号——会计师事务所对执行财务报表审计和审阅、其他鉴证和相关服务业务实施的质量控制》第35条、第38条、第47条,《证券法》第二百二十三条
44	湖南千山制药机械股份有限公司	甲A会计师事务所	2015年及2016年年度财务报表	《审计准则第1101号——注册会计师的总体目标和审计工作的基本要求》第28条,《审计准则第1301号——审计证据》第3条、第10条、第11条、第15条,《审计准则第1314号——审计抽样》第15条、第16条,《审计准则第1312号——函证》第5条、第17条、第23条,《证券法》第一百七十三条、第二百二十三条
45	欢瑞世纪联合股份有限公司	辛H会计师事务所	2016年重大资产重组审计报表	《中国注册会计师鉴证业务基本准则》第二十八条、第三十条、第三十一条,《审计准则第1101号——注册会计师的总体目标和审计工作的基本要求》第二十二条、第二十八条、第三十条,《审计准则第1141号——财务报表审计中与舞弊相关的责任》第六条、第九条、第十二条、第三十一条,《审计准则第1301号——审计证据》第九条、第十条、第十三条,《审计准则第1312号——函证》第十条、第十四条,《审计准则第1131号——审计工作底稿》第十条,《审计准则第1501号——对财务报表形成审计意见和出具审计报告》第四十条,《证券法》第二十条第二款、第一百七十三条、《证券法》第二百二十三条

续表

序号	项目名单	事务所	报告类型	违法处罚依据
46	安徽盛运环保（集团）股份有限公司	乙L会计师事务所	2016年审计报告	《审计准则第1101号——注册会计师的总体目标和审计工作的基本要求》第二十八条，《审计准则第1141号——财务报表审计中与舞弊相关的责任》第十三条，《审计准则第1312号——函证》第十二条，《审计准则第1301号——审计证据》第十条、第十一条，《证券法》第一百七十三条、第二百二十三条
47	斯太尔动力股份有限公司	戊E会计师事务所	2016年年度财务报表	《审计准则第1211号——通过了解被审计单位及其环境识别和评估重大错报风险》第十四条，《审计准则第1141号——财务报表审计中与舞弊相关的责任》第十三条，《审计准则第1301号——审计证据》第三条、第十一条、第十二条、第十五条，《审计准则第1231号——针对评估的重大错报风险采取的应对措施》第六条，《证券法》第一百七十三条、第二百二十三条
48	凯迪生态环境科技股份有限公司	壬W会计师事务所	2016年年度报告	《审计准则第1211号——通过了解被审计单位及其环境识别和评估重大错报风险》第十四条、第十五条、第十六条、第二十一条、第三十一条、第三十三条第三项，《审计准则第1231号——针对评估的重大错报风险采取的应对措施》第八条、第十五条、第二十一条、第二十六条，《审计准则第1401号——对集团财务报表审计的特殊考虑》第十八条、第三十一条、第三十九条、第四十条，《审计准则第1201号——计划审计工作》第九条，《审计准则第1301号——审计证据》第六条、第七条、第十条，《审计准则第1314号——审计抽样》，《证券法》第一百七十三条、第二百二十三条
49	抚顺特殊钢股份有限公司	丙W会计师事务所	2010—2016年审计报告	《审计准则第1311号——存货监盘》第五条、第六条、第七条、第十条、第十四条、第十五条、第十九条、第二十二条、第二十九条，《审计准则第1311号——对存货、诉讼和索赔、分部信息等特定项目获取审计证据的具体考虑》第四条、第五条，《审计准则第1131号——审计工作底稿》第八条、第十条、第十一条，《审计准则第1301号——审计证据》第四条、第六条、第七条、第八条、第十条、第十三条、第二十四条、第三十二条，《审计准则第1313号——分析程序》第二十一条、第二十二条，《审计准则第1313号——分析程序》第五条、第七条，《审计准则第1101号——财务报表审计的目标与一般原则》第十一条、第二十八条，《审计准则第1141号——财务报表审计中对舞弊的考虑》第九条、第十三条、第十七条、第二十二条、第三十三条、第五十九条、第三十三条，《审计准则第1101号——注册会计师的总体目标和审计工作的基本要求》第二十八条、第三十条，《证券法》第一百七十三条、第二百二十三条

续表

序号	项目名单	事务所	报告类型	违法处罚依据
50	深圳市索菱实业股份有限公司	甲A会计师事务所	2016年、2017年年度财务报表	《审计准则第1211号——通过了解被审计单位及其环境识别和评估重大错报风险》第二十一条，《审计准则第1301号——审计证据》第三条、第十条，《审计准则第1141号——财务报表审计中与舞弊相关的责任》第十三条，《审计准则第1312号——函证》第十二条、第十四条、第十七条、第十九条，《审计准则第1131号——审计工作底稿》第九条、第十九条，《证券法》第一百七十三条、第二百二十三条
51	某控股公司申请证券公司新增5%以上股东资格	辛H会计师事务所	2013年度及2014年一季度财务报表	《审计准则第1152号——前后任注册会计师的沟通》第五条、第七条，《证券法》第一百七十三条、第二百二十三条
52	山东胜通集团股份有限公司	丁N会计师事务所	2013—2017年年度财务报表	《审计准则第1101号——注册会计师的总体目标和审计工作的基本要求》第二十八条，《审计准则第1141号——财务报表审计中与舞弊相关的责任》第十四条、第二十三条，《审计准则第1211号——通过了解被审计单位及其环境识别和评估重大错报风险》第二十一条，《审计准则第1231号——针对评估的重大错报风险采取的应对措施》第八条、第九条，《审计准则第1301号——审计证据》第十条、第十一条，《审计准则第1312号——函证》第十四条、第二十条、第二十三条，《证券法》第一百七十三条、第二百二十三条
53	延安必康制药股份有限公司	甲A会计师事务所	2018年年度财务报表	《审计准则第1101号——注册会计师的总体目标和审计工作的基本要求》第二十八条，《审计准则第1141号——财务报表审计中与舞弊相关的责任》第十三条、第二十五条，《审计准则第1301号——审计证据》第十一条，《审计准则第1312号——函证》第十四条、第十七条，《证券法》第一百七十三条、第二百二十三条
54	雄安科融环境科技股份有限公司	庚G会计师事务所	2017年年度审计报告	《审计准则第1101号——注册会计师的总体目标和审计工作的基本要求》第二十八条，《审计准则第1141号——财务报表审计中与舞弊相关的责任》第十三条、第二十七条，《审计准则第1251号——评价审计过程中识别出的错报》第七条，《审计准则第1301号——审计证据》第十条、第十四条，《审计准则第1313号——分析程序》第七条，《审计准则第1314号——审计抽样》第二十一条、第二十四条，《证券法》第一百七十三条、第二百二十三条

续表

序号	项目名单	事务所	报告类型	违法处罚依据
55	山东东方海洋科技股份有限公司	丁N会计师事务所	2016年和2017年年度报告审计	《审计准则第1101号——注册会计师的总体目标和审计工作的基本要求》第二十八条、《审计准则第1301号——审计证据》第十条、《审计准则第1312号——函证》第十二条和第二十三条，《证券法》第一百七十三条、第二百二十三条
56	乐视网信息技术（北京）股份有限公司	甲U会计师事务所	2015年和2016年年报审计	《鉴证业务基本准则》第二十八条，《审计准则第1141号——财务报表审计中与舞弊相关的责任》第三十一条，《审计准则第1211号——通过了解被审计单位及其环境识别和评估重大错报风险》第十六条，《审计准则1231号——针对评估的重大错报风险采取的应对措施》第八条，《审计准则第1301号——审计证据》第十条、第十三条，《审计准则第1312号——函证》第十九条，《审计准则第1314号—审计抽样》第二十一条、第二十四条，《证券法》第一百七十三条、第二百二十三条
57	上海富控互动娱乐股份有限公司	丙M会计师事务所	2013—2015年年度报告审计	《审计准则第1101号——注册会计师的总体目标和审计工作的基本要求》第二十八条，《审计准则第1141号——财务报表审计中与舞弊相关的责任》第九条、第三十三条，《审计准则1231号——针对评估的重大错报风险采取的应对措施》第八条，《审计准则第1301号——审计证据》第十条。《证券法》第一百六十三条、第二百一十三条第三款
58	长园集团股份有限公司	己F会计师事务所	2016年、2017年年报审计	《审计准则第1101号——注册会计师的总体目标和审计工作的基本要求》第二十八条、第二十九条，《审计准则第1141号——财务报表审计中对舞弊的相关责任》第十三条、第十四条、第二十三条，《审计准则第1211号——通过了解被审计单位及其环境识别和评估的重大错报风险》第十四条、第三十一条，《审计准则第1301号——审计证据》第十条、第十五条，《审计准则第1312号——函证》第十三条、第十七条、第十九条，《审计准则第1313号——分析程序》第七条（财会〔2010〕21号），《证券法》第一百七十三条、第二百二十三条
59	广东榕泰实业股份有限公司	乙V会计师事务所	2018年年报审计	《审计准则第1101号——注册会计师的总体目标和审计工作的基本要求》第二十八条，《审计准则第1231号——针对评估的重大错报风险采取的应对措施》第八条、第十条，《审计准则第1301号——审计证据》第十条、第十五条，《审计准则第1312号——函证》第五条、第十四条，《审计准则第1323号——关联方》第八条、第十六条、第十七条、第二十二条。《证券法》第一百七十三条、第二百二十三条

续表

序号	项目名单	事务所	报告类型	违法处罚依据
60	东方金钰股份有限公司	己F会计师事务所	2017年财务报表审计	《审计准则第1101号——注册会计师的总体目标和审计工作的基本要求》（2010年修订）第二十八条，《审计准则第1131号——审计工作底稿》（2016年修订）第三条、第八条，《审计准则第1141号——财务报表审计中与舞弊相关的责任》（2010年修订）第二十四条、第二十五条、第二十七条、第三十三条、第五十一条，《审计准则第1152号——向治理层和管理层通报内部控制缺陷》（2010年修订）第九条、第十条、第十一条，《审计准则第1153号——前任注册会计师与后任注册会计师的沟通》（2010年修订）第七条、第十八条，《审计准则第1211号——通过了解被审计单位及其环境识别和评估重大错报风险》（2010年修订）第三十四条、第三十五条，《审计准则第1231号——针对评估的重大错报风险采取的应对措施》（2010年修订）第八条、第十条，《审计准则第1301号——审计证据》（2016年修订）第三条、第十条、第十一条、第十五条，《审计准则第1311号——对存货、诉讼和索赔、分部信息等特定项目获取审计证据的具体考虑》（2010年修订）第三条，《审计准则第1312号——函证》（2010年修订）第十四条、第十七条、第十八条、第二十三条，《审计准则第1331号——首次审计业务涉及的期初余额》（2010年修订）第八条，《审计准则第1401号——对集团财务报表审计的特殊考虑》（2010年修订）第三十条、第三十一条、第三十八条、第三十九条，《审计准则第1421号——利用专家的工作》（2010年修订）第十三条、第十四条
61	天夏智慧城市科技股份有限公司	庚G会计师事务所	2016年财务报表审计	《审计准则第1101号——注册会计师的总体目标和审计工作的基本要求》（财会〔2010〕21号）第二十八条，《审计准则第1141号——财务报表审计中与舞弊相关的责任》（财会〔2010〕21号）第十三条、第二十条、第二十三条、第三十三条，《审计准则第1211号——通过了解被审计单位及其环境识别和评估的重大错报风险》（财会〔2010〕21号）第三十一条，《审计准则第1231号——针对评估的重大错报风险采取的应对措施》（财会〔2010〕21号）第八条，《审计准则第1301号——审计证据》（财会〔2010〕21号）第十条、第十五条。2005年《证券法》第一百七十三条、第二百二十三条

续表

序号	项目名单	事务所	报告类型	违法处罚依据
62	公准肉食品股份有限公司	乙Z会计师事务所	2014年、2015年年报审计	《审计准则第1101号——注册会计师的总体目标和审计工作的基本要求》（2010年修订）第二十八条，《审计准则第1211号——通过了解被审计单位及其环境识别和评估重大错报风险》（2010年修订）第十四条，《审计准则第1231号——针对评估的重大错报风险采取的应对措施》（2010年修订）第八条，《审计准则第1312号——函证》（2010年修订）第十二条、第十四条、第十七条，《审计准则第1301号——审计证据》（2010年修订）第十条、第十一条、第十五条。《非上市公众公司监督管理办法》（证监会令第96号）第六条，2005年《证券法》第一百七十三条、第二百二十三条
63	公准肉食品股份有限公司	庚G会计师事务所	2016年年报审计	《审计准则第1101号——注册会计师的总体目标和审计工作的基本要求》（2010年修订）第二十八条，《审计准则第1153号——前任注册会计师和后任注册会计师的沟通》（2010年修订）第七条、第十八条，《审计准则第1301号——审计证据》（2010年修订）第十条、第十一条、第十四条、第十五条、《审计准则第1312号——函证》第十七条。《非上市公众公司监督管理办法》（证监会令第96号）第六条，《证券法》第一百七十三条、第二百二十三条
64	永城煤电控股集团有限公司	丁X会计师事务所	2017—2019年财务报告审计	《审计准则第1101号——注册会计师的总体目标和审计工作的基本要求》（2010）第二十八条、第三十条，《审计准则第1111号——就审计业务约定条款达成一致意见》（2016年）第九条，《审计准则第1131号——审计工作底稿》（2016）第八条，《审计准则第1211号——通过了解被审计单位及其环境识别和评估重大风险》（2010）第九条、第十五条、第十六条、第二十八条，《审计准则第1231号——针对评估的重大错报风险采取的应对措施》（2010）第二十四条，《审计准则第1301号——审计证据》（2016）第十条、第十一条，《审计准则第1312号——函证》（2010）第十四条、第十九条、第二十三条，《审计准则第1501号——对财务报表形成审计意见和出具审计报告》（2010）第十二条、第十四条，《质量控制准则第5101号——会计师事务所对执行财务报表审计和审阅、其他鉴证和相关服务业务实施的质量控制》（2010）第五十二条。《证券法》（2005年）第一百六十三条、第一百七十三条、第二百二十三条、第二百一十三条第三款

续表

序号	项目名单	事务所	报告类型	违法处罚依据
65	浙江仁智股份有限公司	庚G会计师事务所	2017年财务报表审计	《鉴证业务基本准则》第二十八条，《审计准则第1101号——注册会计师的总体目标和审计工作的基本要求》（2010年修订）第二十条第一款，《审计准则第1141号——财务报表审计中与舞弊相关的责任》（2010年修订）第九条第一款、第三十一条、第三十三条第三项，《审计准则第1231号——针对评估的重大错报风险采取的应对措施》（2010年修订）第四条，《审计准则第1301号——审计证据》第十条、第十一条的规定。《证券法》（2005）第一百七十三条、第二百二十三条
66	天夏智慧城市科技股份有限公司	丙W会计师事务所	2017年、2018年年报审计	《鉴证业务基本准则》（财会〔2006〕4号）第二十八条，《审计准则第1101号——注册会计师的总体目标和审计工作的基本要求》（财会〔2010〕21号）第二十八条，《审计准则第1141号——财务报表审计中与舞弊相关的责任》（财会〔2010〕21号）第十二条、第二十四条、第二十七条、第三十二条、第五十一条，《审计准则第1301号——审计证据》（财会〔2016〕24号）第九条，《审计准则第1141号——财务报表审计中与舞弊相关的责任》（财会〔2010〕21号）第二十四条，《审计准则第1312号——函证》（财会〔2010〕21号）第十四条。《证券法》第二百二十三条
67	苏州胜利精密制造科技股份有限公司	丙A会计师事务所	2016年、2017年审计报告审计	《审计准则第1231号——针对评估的重大错报风险采取的应对措施》（2010年11月1日修订）第二十五条、第二十六条第一款，《审计准则第1301号——审计证据》（2010年11月1日修订、2016年12月23日修订）第十条、第十一条，《审计准则第1312号——函证》（2010年11月1日修订）第十四条、第十七条、第十八条、第二十三条。《证券法》（2005）第一百七十三条、第二百二十三条
68	致生联发信息技术股份有限公司	己F会计师事务所	2016年度财务报表审计	《审计准则第1101号——注册会计师的总体目标和审计工作的基本要求》（财会〔2010〕21号）第二十八条，《审计准则第1211号——通过了解被审计单位及其环境识别和评估重大错报风险》（财会〔2010〕21号）第十四条第一款第六项、第十五条，《审计准则第1301号——审计证据》（财会〔2010〕21号）第十条、第十一条、第十五条，《非上市公众公司监督管理办法》（证监会令第96号）第六条、第五十九条，《证券法》（2005年）第一百七十三条，《国务院关于全国中小企业股份转让系统有关问题的决定》（国发〔2013〕49号）第五条。《证券法》（2005）第一百七三条、第二百二十三条

续表

序号	项目名单	事务所	报告类型	违法处罚依据
69	北京昊华能源股份有限公司	甲A会计师事务所	2015—2018年年度财务报表审计	《审计准则第1101号——注册会计师的总体目标和审计工作的基本要求》（财会〔2010〕21号）第二十八条，《审计准则第1231号——针对评估的重大错报风险采取的应对措施》（财会〔2010〕21号）第六条、第二十七条，《审计准则第1301号——审计证据》（财会〔2010〕21号、财会〔2016〕24号）第十条。《证券法》（2005）第一百七十三条、第二百二十三条
70	浙江大东南股份有限公司	戊C会计师事务所	2016年、2017年年度审计	《审计准则1101号——注册会计师的总体目标和审计工作的基本要求》第二十二条、第二十八条，《审计准则第1301号——审计证据》第十条、第十一条
71	仁东控股股份有限公司	戊E会计师事务所	2019年年度财务报表审计	《审计准则第1211号——通过了解被审计单位及其环境识别和评估重大错报风险》（2019年2月20日修订）第二十九条，《审计准则第1101号——注册会计师的总体目标和审计工作的基本要求》（2019年2月20日修订）第二十八条、《中国注册会计师审计准则第1301号——审计证据》（2016年12月23日修订）第十条，《审计准则第1332号——期后事项》（2016年12月23日修订）第九条。《证券法》第一百六十三条、第二百一十三条
72	广东柏堡龙股份有限公司	戊E会计师事务所	2018—2019年年报审计	《审计准则第1101号——注册会计师的总体目标和审计工作的基本要求》第十七、第二十、第二十二、第二十八、第三十条，《审计准则第1141号——财务报表审计中与舞弊相关的责任》第九、十三条，《审计准则第1142号——财务报表审计中对法律法规的考虑》第二十七条，《审计准则第1231号——针对评估的重大错报风险采取的应对措施》第二十五条、第二十六条、第二十七条的规定，《审计准则第1301号—审计证据》第三条、第四条、第五条、第六条、第十条、第十一条，《审计准则第1312号——函证》第十四条、第十七条、第二十三条，《审计准则第1502号——在审计报告中发表非无保留意见》第八条、第十条、第十二条、第十三条、第十四条。《证券法》第一百六十三条、第二百一十三条
73	易见供应链管理股份有限公司	己D会计师事务所	2018年至2019年年报审计	《审计准则第1312号——函证》第十四条、第二十三条，《审计准则第1101号——注册会计师的总体目标和审计工作的基本要求》第二十八条，《审计准则第1301号——审计证据》第十条、
74	中兴天恒能源科技（北京）股份公司	庚E会计师事务所	2019年至2020年年报审计	《审计准则第1501号——对财务报表形成审计意见和出具审计报告》（财会〔2019〕5号）第十四条、《审计准则第1101号——注册会计师的总体目标和审计工作的基本要求》（财会〔2019〕5号）第二十八条、《审计准则第1301号——审计证据》（财会〔2016〕24号）第十条、第十一条、第十二条和《审计准则第1321号——审计会计估计（包括公允价值会计估计）和相关披露》（财会〔2010〕21号）第二十三条

续表

序号	项目名单	事务所	报告类型	违法处罚依据
75	獐子岛集团股份有限公司	己F会计师事务所	2016年年报审计	《审计准则第1311号——对存货、诉讼和索赔、分部信息等特定项目获取审计证据的具体考虑》第四条，《审计准则第1231号——针对评估的重大错报风险采取的应对措施》第五条、第七条、第八条，《审计准则问题解答第3号——存货监盘》，《审计准则第1101号——注册会计师的总体目标和审计工作的基本要求》第三十条，《中国注册会计师审计准则第1301号——审计证据》第十条、第十三条
76	河南科迪乳业股份有限公司	庚G会计师事务所	2016年至2018年年报审计	《审计准则第1141号——财务报表审计中与舞弊相关的责任》第四条、第十三条、第二十五条、第三十三条，《审计准则第1211号——通过了解被审计单位及其环境识别和评估重大错报风险》第三十一条、第三十四条，《审计准则第1301号——审计证据》第三条、第十一条，《审计准则第1313号——分析程序》第七条，
77	蓝盾信息安全技术股份有限公司	己F会计师事务所	2018年至2019年年报审计	《审计准则第1211号——通过了解被审计单位及其环境识别和评估重大错报风险》（2010、2019）第十四条、第十五条、第三十二条，《审计准则第1101号——注册会计师的总体目标和审计工作的基本要求》（2010、2019）第二十八条，《审计准则第1301号——审计证据》（2016）第十条、第十五条，《审计准则第1312号——函证》（2010）第五条、第十四条、第十七条，《审计准则第1141号——财务报表审计中与舞弊相关的责任》（2010、2019）第三十九条
78	东方金钰股份有限公司	壬I会计师事务所	2016年年报审计	《审计准则第1101号——注册会计师的总体目标和审计工作的基本要求》（2010）第二十八条，《审计准则第1141号——财务报表审计中与舞弊相关的责任》（2010）第九条、第十三条、第二十四条、第二十五条、第二十九条、第三十条、第三十一条、第五十一条，《审计准则第1211号——通过了解被审计单位及其环境识别和评估重大错报风险》（2010）第三十一条、第三十四条和《审计准则第1401号——对集团财务报表审计的特殊考虑》（2010）第十八条、第三十条、三十一条，《审计准则第1231号——针对评估的重大错报风险采取的应对措施》（2010）第八条、第十条、第十七条，《审计准则第1312号——函证》（2010）第十四条、第十七条、第十八条、第二十三条，《审计准则第1301号——审计证据》（2010）第三条、第十条、第十一条
79	天海融合防务装备技术股份有限公司	壬I会计师事务所	2017年年报审计	《审计准则第1101号——注册会计师的总体目标和审计工作的基本要求》（2010年修订）第二十八条，《审计准则第1141号——财务报表审计中与舞弊相关的责任》（2010年修订）第十三条、第二十三条、第三十三条第三项，《审计准则第1301号——审计证据》（2016年修订）第十条、第十五条

续表

序号	项目名单	事务所	报告类型	违法处罚依据
80	新疆同济堂健康产业股份有限公司	壬I会计师事务所	2016年至2018年年报审计	《审计准则第1141号——财务报表审计中与舞弊相关的责任》第十三条、第二十四条、第二十五条、第二十七条、第二十八条、第三十一条、第五十一条，《审计准则第1211号——通过了解被审计单位及其环境并评估重大错报风险》第十七条、第二十九条、第三十四条，《审计准则第1101号——注册会计师的总体目标和审计工作的基本要求》第二十二条、第二十八条，《审计准则第1314号——审计抽样》第二十一条，《审计准则第1231号——针对评估的重大错报风险采取的应对措施》第六条、第八条、第十条、第二十四条，《审计准则第1312号——函证》第十二条、第十四条、第十七条，《职业道德守则第1号——职业道德基本原则》第十七条，《审计准则第1301号——审计证据》第十条、第十一条、第十五条
81	航天通信控股集团股份有限公司	甲A会计师事务所	2017至2018年年报审计	《鉴证业务基本准则》第二十八条、第三十条，《审计准则第1101号—注册会计师的总体目标和审计工作的基本要求》第二十二条、第二十八条，《审计准则第1141号—财务报表审计中与舞弊相关的责任》第九条、第十三条，《审计准则第1301号—审计证据》第十条、第十一条，《审计准则第1312号—函证》第十四条、第十七条，《审计准则问题解答第2号——函证》
82	广州市浪奇实业股份有限公司	壬W会计师事务所	2018年至2019年年年报审计	《审计准则第1101号——注册会计师的总体目标和审计工作的基本要求》(2010年、2019年修订)第二十八条，《审计准则第1231号——针对评估的重大错报风险采取的应对措施》(2010年、2019年修订)第八条、第二十条、第二十六条，《审计准则第1314号——审计抽样》(2010年修订)第十六条，《审计准则第1141号——财务报表审计中与舞弊相关的责任》(2010年修订)第三十三条，《审计准则第1301号——审计证据》(2016年修订)第十条、第十一条、第十五条，《审计准则第1311号——对存货、诉讼和索赔、分部信息等特定项目获取审计证据的具体考虑》第四条、第七条，《审计准则第1312号——函证》(2010年修订)第十七条、第二十一条
83	郑州华晶金刚石股份有限公司	庚G会计师事务所	2017年至2019年年报审计	《鉴证业务基本准则》(2006)第二十八条，《审计准则第1312号——函证》(2010)第十四条、第十七条、第十八条、第二十一条、第二十三条，《审计准则第1201号——计划审计工作》(2010)第十条、第十一条、第十二条，《审计准则第1301号——审计证据》(2016)第十条、第十一条、第十三条、第十五条，《审计准则第1502号——在审计报告中发表非无保留意见》(2019)第十条

续表

序号	项目名单	事务所	报告类型	违法处罚依据
84	当代东方投资股份有限公司	辛F计师事务所	股票回购注销事项出具验资报告	违反了《证券法》第一百六十条第二款的规定
85	珠海和佳医疗设备股份有限公司	庚G会计师事务所	2020年年报审计	《审计准则第1231号——针对评估的重大错报风险采取的应对措施》(2019)第四条、第五条、第六条、第十条,《审计准则第1301号——审计证据》(2016)第十条,《审计准则第1323号——关联方》(2010)第十六条,《审计准则第1141号——财务报表审计中与舞弊相关的责任》(2019)第二十九条,《审计准则第1211号——通过了解被审计单位及其环境识别和评估重大错报风险》(2019)第十五条、第十六条,《审计准则第1101号——注册会计师的总体目标和审计工作的基本要求》(2019)第二十八条,《审计准则第1312号——函证》(2010)第十四条、第十七条、第十八条
86	华晨汽车集团控股有限公司	庚G会计师事务所	2017年至2018年年报审计	《审计准则第1141号——财务报表审计中与舞弊相关的责任》第十三条、第二十五条、第三十三条,《审计准则第1211号——通过了解被审计单位及其环境识别和评估重大错报风险》第三十一条、第三十四条,《审计准则第1101号——注册会计师的总体目标和审计工作的基本要求》第二十二条、第二十八条、第三十四条,《审计准则第1301号——审计证据》第十条,《审计准则第1312号——函证》第十四条,《审计准则第1131号——审计工作底稿》第十二条,《审计准则第1151号——与治理层的沟通》第五条
87	希努尔男装股份有限公司	壬S会计师事务所	2018年至2019年年报审计	《审计准则第1211号——通过了解被审计单位及其环境识别和评估重大错报风险》(2010年修订)第七条、第四十条、(2019年修订)第十四条、第四十条,《审计准则第1101号——注册会计师的总体目标和审计工作的基本要求》(2010年修订、2019年修订)第二十八条,《审计准则1231号——针对评估的重大错报风险错报的应对措施》(2010年修订、2019年修订)第二十六条,《审计准则第1301号——审计证据》(2016年修订)第十条,《质量控制准则第5101号——会计师事务所对执行财务报表审计和审阅、其他鉴证和相关服务业务实施的质量控制》(2010年修订)第四十八条、第六十一条、第七十二条、(2019年修订)第四十八条、第七十二条,《中国注册会计师职业道德守则第4号——审计和审阅业务对独立性的要求》(2010年修订)第八十八条

续表

序号	项目名单	事务所	报告类型	违法处罚依据
88	北京京西文化旅游股份有限公司	壬G会计师事务所	2018年年报审计	《审计准则第1101号——注册会计师的总体目标和审计工作的基本要求》（财会〔2010〕21号）第二十七条，《职业道德守则第1号——职业道德基本原则》（会协〔2009〕第57号）第七条、第十七条
89	东方网力科技股份有限公司	癸H会计师事务所	2020年年报审计	《职业道德守则第1号——职业道德基本原则》（会协〔2009〕第57号）第十条、第十一条、第十三条，《职业道德守则第3号——提供专业服务的具体要求》（会协〔2009〕第57号）第三十条，《职业道德守则第4号——审计和审阅业务对独立性的要求》（会协〔2009〕第57号）第一百五十八条、第一百五十九条，《审计准则第1101号——注册会计师的总体目标和审计工作的基本要求》（财会〔2019〕5号）第二十七条、第二十八条、第三十条，《审计准则第1301号——审计证据》（财会〔2016〕24号）第十条、第十二条，《审计准则第——首次审计业务涉及的期初余额》（财会〔2019〕5号）第八条

附录8：

2013—2023年违反审计准则相关条款在新旧准则中的条序对照表

序号	审计准则名称	2013—2023年适用相关条款*	最新审计准则（尚在使用）相关条款对照
1	《职业道德守则》	《职业道德守则第1号》第7条、第10条、第11条、第13条、第17条，《职业道德守则第3号》第30条、第33条，《职业道德守则第4号》第88条、第158条、第159条	中注协2020年12月17日：《职业道德守则第1号——职业道德基本原则》第九条、第十三条、第十四条、第十五条、第二十条，《职业道德守则第3号——提供专业服务的具体要求》第四十五条、第四十六条、第四十八条，《职业道德守则第4号——审计和审阅业务对独立性的要求》第八十八条、第一百五十八条、第一百五十九条
2	《鉴证业务基本准则》	第3条、第28条、第30条、第34条、第36条	财会〔2022〕1号：第三条、第二十八条、第三十条、第三十四条、第三十六条
3	《审计准则第1101号——注册会计师的总体目标和审计工作的基本要求》	（2007）第11条，第17条、（2010）第20条、第22条、27条、第28条、第29条、第30条。（2019年）第25条、第26条、第27条、第28条、第30条、第34条	财会〔2022〕36号：第十七条、第二十条、第二十二条、第二十五条、第二十六条、第二十七条、第二十八条、第二十九条、第三十条、第三十四条
4	审计准则第1111号——就审计约定书条款达成一致意见》	（2016年）第5条、第9条	财会〔2022〕1号：第五条、第九条
5	《审计准则第1121号——对财务报表审计实施的质量控制》	第30条、第31条、第33条、第34条、第35条、第40条	财会〔2020〕17号：第四十条、第四十四条、第四十八条，《质量管理准则第5102号》第二十八条、第三十三条
6	《审计准则第1131号——审计工作底稿》	第3条、第4条、第8条、第9条、第10条、第12条、第15条	财会〔2022〕36号：第三条、第四、第八条、第九条、第十条、第十二条、第十五条

续表

序号	审计准则名称	2013—2023年适用相关条款*	最新审计准则（尚在使用）相关条款对照
7	《审计准则第1141号——财务报表审计中与舞弊相关的责任》	第4条、第6条、第9条、第12条、第13条、第14条、第16条、第17条、第20条、第21条、第22条、第23条、第24条、第25条、第26条、第27条、第28条、第29条、第30条、第31条、第32条、第33条、第38条、第39条、第48条、第49条、第51条。《审计准则第1141号——财务报表审计中对舞弊的考虑》（2007年1月1日实施）第17条、第22条和第59条	财会〔2022〕36号：第四条、第六条、第九条、第十二条、第十三条、第十四条、第十六条、第十七条、第二十条、第二十一条、第二十二条、第二十三条、第二十四条、第二十五条、第二十六条、第二十七条、第二十八条、第二十九条、第三十条、第三十一条、第三十二条、第三十三条、第三十八条、第三十九条、第四十八条、第四十九条、第五十一条
8	《审计准则第1142号——财务报表审计中对法律法规的考虑》	第27条	财会〔2022〕36号：第二十七条
9	《审计准则1152号——向治理层和管理层通报内部控制缺陷》	第9条、第10条、第11条	财会〔2022〕36号：第九条、第十条、第十一条
10	《审计准则1153号——前任注册会计师和后任注册会计师的沟通》	第7条、第18条	财会〔2010〕21号：第七条、第十八条
11	《审计准则第1201号——计划审计工作》	第9条、第10条、第11条、第12条	财会〔2022〕36号：第九条、第十条、第十一条、第十二条
12	《审计准则1211号——通过了解被审计单位及其环境识别和评估重大错报风险》	第7条、第9条、第14条、第15条、第16条、第17条、第21条、第23条、第28条、第29条、第30条、第31条、第32条、第34条、第35条	《审计准则第1211号——重大错报风险的识别和评估》（财会〔2022〕36号）：第十七条、第十九条、第二十四条、第二十六条、第二十七条、第二十八条、第二十九条、第三十条、第三十一条、第三十四条和第三十五条与第三十七条、第三十六条、第三十八条、第四十三条、第四十四条
13	《审计准则第1231号——针对评估的重大错报风险采取的应对措施》	第4条、第5条、第6条、第7条、第8条、第9条、第10条、第15条、第21条、第24条、第25条、第26条、第27条	财会〔2022〕36号：第四条、第五条、第六条、第七条、第八条、第九条、第十条、第十五条、第二十一条、第二十四条、第二十五条、第二十六条、第二十七条

续表

序号	审计准则名称	2013—2023年适用相关条款*	最新审计准则（尚在使用）相关条款对照
14	《审计准则第1251号——评价审计过程中识别出的错报》	第9条	财会〔2022〕36号：第九条
15	《审计准则第1301号——审计证据》	第3条、第6条、第8条、第9条、第10条、第11条、第12条、第13条、第14条、第15条、《审计准则第1301号——审计证据》（2007年1月1日实施）第4条、第6条、第8条、第13条、第16条	财会〔2022〕36号：第三条、第六条、第八条、第九条、第十条、第十一条、第十二条、第十三条、第十四条、第十五条
16	《审计准则第1311号——对存货、诉讼和索赔、分部信息等具体考虑》	第3条、第4条、第7条、第9条、第10条，第11条；《审计准则第1311号——存货监盘》（2007年1月1日实施）第5条、第6条、第10条、第14条、第15条、第19条、第22条和第29条规定	财会〔2019〕5号：第三条、第四条、第七条、第九条、第十条、第十一条
17	《审计准则第1312号——函证》	第5条、第7条、第10条、第11条、第12条、第14条、第17条、第18条、第19条、第20条、第21条、第23条	财会〔2010〕21号：第五条、第七条、第十条、第十一条、第十二条、第十四条、第十七条、第十八条、第十九条、第二十条、第二十一条、第二十三条
18	《审计准则第1313号——分析程序》	第5条、第7条；《审计准则第1313号——分析程序》（2007年1月1日实施）第21条和第22条	财会〔2022〕36号：第五条、第七条
19	《审计准则第1314号——审计抽样》	第16条、第21条、第24条	财会〔2010〕21号：第十六条、第二十一条、第二十四条
	《审计准则第1321号——审计会计估计（包括公允价值会计估计）和相关披露》	第17条、第28条	《审计准则第1321号——会计估计和相关披露的审计》（财会〔2022〕36号）：第十八条、第十九条、第二十条、第二十一条、第二十二条、第三十五条
21	《审计准则第1323号——关联方》	第11条、第14条、第15条、第16条、第17条、第29条	财会〔2022〕36号：第十一条、第十四条、第十五条、第十六条、第十七条、第二十九条

续表

序号	审计准则名称	2013—2023年适用相关条款*	最新审计准则（尚在使用）相关条款对照
22	《审计准则第1331号——首次审计业务涉及的期初余额》	（2010）第8条	财会〔2022〕36号：第八条
23	《审计准则第1332号——期后事项》	第8条、第9条、第10条、第11条	财会〔2016〕24号：第八条、第九条、第十条、第十一条
24	《审计准则第1401号——对集团财务报表审计的特殊考虑》	第18条，第30条、第31条、第38条、第39条、第40条	财会〔2022〕36号：第十八条、第三十条、第三十一条、第三十八条、第三十九条、第四十条
25	《审计准则第1421号——利用专家的工作》	（2010年）第13条、第14条	财会〔2022〕1号：第十三条、第十四条
26	《审计准则第1501号——对财务报表形成审计意见和出具审计报告》	第12条、第14条、第16条、第20条、第40条	财会〔2022〕36号：第十条、第十二条、第十四条、第十八条、第四十二条
27	《审计准则第1502号——在审计报告中发表非无保留意见》	第8条、第10条、第12条、第13条、第14条	财会〔2019〕5号：第八条、第十条、第十二条、第十三条、第十四条
28	《其他鉴证业务准则第3101号——历史财务信息审计或审阅以外的鉴证业务》	第13条、第34条	财会〔2006〕4号：第十三条、第三十四条
29	《质量控制准则第5101号——会计师事务所对执行财务报表审计务实施的质量控制》	第35条、第38条、第47条、第52条、第61条、第72条，（2019）第48条、第72条	《质量控制准则第5101号》第五十六条、第五十五条，第五十七条，第一百零四条，《质量管理准则第5102号——项目质量管理》第二十四条、第十八条、第二十八条、第三十二条和第三十三条
30	《审计准则第1331号——首次审计业务涉及的期初余额》	第5条（2019）	第五条

*注：没有特别说明，相关条款指财会〔2010〕21号相关准则中的条款。

后　记

2016年上半年开始，我们开始关注中国证监会对本土大型会计师事务所的行政处罚，并着手系统分析证券监管机构对会计师事务所及注册会计师作出行政处罚决定的审计失败案例。7年多以来，我们系统分析了2001—2023年中国证监会对会计师事务所及注册会计师作出行政处罚决定的相关内容，集结形成《计学精要——CPA证券业务行政处罚案例分析》。集结出版本书的目的在于提高会计师事务所和注册会计师适应资本市场“强监管时代”要求的能力与水平。

本书可以作为会计师事务所的内部培训教材，也可以作为主管部门、监管机构和行业协会的研究资料与工具。

本书在研究过程中得到了周火见、刘宁宇、张天福、谢峰、孙奇、陈奕蔚、范志伟、孙晓娜、王丰、陈擎、闵超、来芳、李云彬、于春雨、赵文明、刘启明、李海英、高鹏、王飞飞、苗艳梅、曾莉、郭幼英、段小娟、官媛媛、金超、王致用、孙立民、田志伟、郭洋等单位领导和同事的热情鼓励和大力支持，得到了南京审计大学中审学院施平教授、叶邦银教授的专业指导，在此一并致谢！

作者

2024年2月